Provence
Côte d'Azur

Klaus Simon

DUMONT RICHTIG REISEN

PROVENCE 2010 · JULIA KASUSKE

Inhalt

Wissenswertes über die Provence und die Côte d'Azur

Wissenswertes für die Reise

Unterwegs in der Provence und an der Côte d'Azur

Kapitel 1 Im Norden der Provence

Inhalt

Kapitel 2 Haute-Provence

Kapitel 3 Das Tal der Rhône

Kapitel 4 Camargue und Crau

Kapitel 5 Die Mitte

Inhalt

Inhalt

Themen

Alle Karten auf einen Blick

Das Klacken der Boulekugeln ist eine Klangfarbe der Provence und der Côte d’Azur

Wissenswertes über die Provence und die Côte d'Azur

Sehnsuchtsziele Provence und Côte d'Azur

Im Rücken die Alpen, vor der Haustür das Mittelmeer – schon die Lage von Provence und Côte d'Azur ist traumhaft. Zwischen Lavendelfeldern und Reben wirft eine Platanenallee lange Schatten. Daneben gurgelt ein Kanal, vielleicht noch aus römischer Zeit – Wasser ist der eigentliche Reichtum der Provence. Vom Mont Ventoux im Norden bis zum Massif des Maures im Süden grünt es folglich das ganze Jahr über. Wo die Natur nicht so üppig austeilt, hilft der Mensch nach. So erwuchs aus den Felsen der Côte d'Azur ein blühender Garten.

Provence und Côte d'Azur gehören zu den Sehnsuchtszielen dieser Welt. Mit beiden verbinden sich endlose Sommerfreuden unter Palmen und Platanen, weltabgewandte Felsdörfer, quirlige Boulevards, das Leben der Happy Few, Avantgarde und grandiose Naturlandschaften – kurzum der Süden in seiner allerschönsten Form, gewürzt mit einer kräftigen Prise Nichtstun. Es ist ein Genuss ohne Reue. Lästige Gesundheitsvorsorge oder unbekömmliche Kost? Fehlanzeige! Passkontrollen oder Sicherheitsrisiko? Gibt es nicht. Dafür findet man mit an Sicherheit grenzender Wahrscheinlichkeit das kleine Dorfbistro mit leckerer Hausmannskost oder das Nobelrestaurant mit Stern, die herzerfrischend unkomplizierte Landherberge oder das durchdesignte Chambre d'hôte, die stille Wiese mit dem schattigen Olivenbaum oder den quirligen Boulevard mit himmelhohem Platanendach. Der Urlaubstraum liegt zudem vor der Haustür. Nur eine Tagesreise mit dem Auto, eine halbe mit dem Zug, zwei Stunden mit dem Flugzeug trennen die meisten von uns von der Radtour durch Weinberge oder dem Liegestuhl am Strand.

Provence und Côte d'Azur sind längst mehr als nur ein Urlaubsziel – sie sind ein Lebensstil, bei dem sich mediterrane Leichtigkeit mit französischem Savoir vivre paart. Modeschöpfer Christian Lacroix schickt die heiteren Farben seiner Heimatstadt Arles in Paris, London und Mailand auf den Laufsteg. Was in dieser Saison hip in St-Tropez ist, wird es das nächste Jahr in der Welt sein. Südfranzösischer Landhausstil prägt Lofts in New York und die Beletage in Berlin. Mit Stoffen in den traditionellen Mustern der Provence und Fayence-Geschirr holen wir uns ein Stück Süden in den Alltag, mit Olivenöl achten wir auf gesunde Ernährung. Mit Lavendel im Blumenkasten zaubern wir den Sommer vors Fenster, mit Rosmarin setzen wir dem Winter ein sattes Grün entgegen, mit einem Gläschen Rosé holen wir die Caféterrasse von der letzten Provence-Reise auf unseren Balkon.

Die beste Medizin gegen die Sehnsucht bleibt jedoch eine Reise in die Provence und an die Côte d'Azur selbst. Das Vergnügen ist fast ganzjährig zu haben. Im Februar kündigt die Mandelblüte das Ende der kalten Jahreszeit an. Letzte verschwörerische Blicke taxieren auf den Trüffelmärkten sündhaft teure Pilzknollen. Man plauscht wieder von Fenster zu Fenster. Es ist Frühling auf den Uferterrassen von Marseille bis Nizza, über den Lavendelfeldern des Pays de Forcalquier oder den Weinbergen längs der Rhône. Alles verheißt Lebenslust, das Gläschen Rosé unter kraftvoll ausschlagenden Platanen, das erste Off-Shore-Rennen in St-Tropez, die mit knallrotem Klatschmohn gesprenkelte Wiese im Luberon, die bunten Surfsegel an der Plage d'Almanarre von Hyères. Noch etwas benommen von der Stille der Nebensaison pendelt sich die Provence auf die umtriebige Heiterkeit des Sommers ein. Noch strömen die Fremden nicht in Scharen, noch gehören einem antike Arenen, mittelalterliche Dorfplätze, Sammlungen moderner Kunst und Strände fast allein. Noch glitzern auf den Dreitausendergipfeln der südlichen Alpenausläufer Schnee und Eis. *Attention,* das Frühlingsglück ist fragil. Wenn der Mistral mit eisigem Atem aus den Alpen pfeift, verwaisen schlagartig Caféstühle und Bouleplätze. Freuen über den Nordwind können sich die Winzer, denn er pustet Schädlinge und Feuchtigkeit von den Reben. Aber genauso plötzlich, wie der Nordwind zu wüten begonnen hat, taumeln die Schmetterlinge wieder ums ockerfarbene Ferienhaus.

Der Mistral hat auch seine gute Seite. Herrisch fegt er jede Wolke vom Firmament und beschert statt grauer Wintertage blaue Stunden. So weit der Mistral reicht, reicht auch die Provence, glauben die Einheimischen. Das bedeutet von Nyons im Norden über das Plateau de Valensole im Osten bis Arles im Südwesten. Genauso weit reicht auch das Blau des Himmels. Nicht mehr im Bann des Mistrals liegen Cannes, Nizza, Menton. Aber die östliche Côte d'Azur braucht den Wind nicht, weil der Himmel dort ohnehin blau ist – dafür garantiert schließlich ihr Name.

Dann ist Sommer, schlagartig und heiß. Auf den Plätzen von Avignon und den Boulevards von Aix wird die Nacht zum Tag gemacht. Über der Provence flimmert die Hitze. Wer die Frische sucht, flieht in die Einsamkeit der Hochprovence – oder ans Wasser. Dorthin zieht es die meisten. Prompt fiebert die Côte d'Azur unter dem Ansturm. Hochglanzillustrierte und People-Magazine im Fernsehen vermelden wie in Trance die Namen prominenter Besucher. Endlos lang ist jeder Tag, Lichtjahre entfernt der Alltag. Ende August baut der Sommerzirkus so plötzlich wieder ab, wie er über das Land hereingebrochen ist. Bis nächsten Sommer dann! Zugegeben: Man ist auch froh, dass der Herbst mit stillen Stunden, erträglicheren Temperaturen und einer Farbsymphonie beginnt. Gold tönt die Herbstsonne die grauweißen Felsen der Alpilles. Blutrot, quittengelb und orange leuchten die Wälder der Montagne de Lure. An der Côte d'Azur genießt man den Luxus einsamer Buchten, mit den Füßen im von langen Sommertagen noch warmen Wasser. Selbst in den angesagtesten Bistros und den renommiertesten Restaurants bekommt man mühelos einen Platz. Wunderbar, denn die Liebe zur Provence und der Côte d'Azur geht nicht zuletzt durch den Magen. Über keiner anderen Region Frankreichs schütten die Gourmetbibeln jedes Jahr so viele kulinarische Sterne und Hauben aus. Fisch kommt fangfrisch im Hafen zum Verkauf, das Gemüse taufrisch von einem Bauernhof, das Obst von der Sonne noch ganz warm in die Küche. So ist die Region für jeden Koch ein gesegneter Landstrich. Thymian, Rosmarin, Salbei und Basilikum sprießen immer irgendwo um die Ecke. Für den Rest garantieren üppig bestückte Märkte und ein Klima, das fast rund ums Jahr reiche Ernte beschert.

Vom saisonalen Auf und Ab unbeeindruckt geht das provenzalische Leben seinen Gang. Zwölf Uhr mittags bimmelt das Arme-Sünder-Glöckchen vom Campanile der Dorfkirche. Zum High Noon *à la provençale* rappelt aus den Weinbergen und Melonenfeldern eine kleine Armada französischer Kastenwagen und japanischer Pick-ups vor die Bar. Während beim Bäcker letzte Kunden artig mit einem Baguette im Korb und einem *bon appétit!* auf den Lippen verabschiedet werden, geht es an der Bar hoch her. Gegeben wird großes provenzalisches Provinztheater. Ein Hauch von Vendetta weht über Pastisgläsern und Aschenbechern. Man munkelt im rollenden Akzent des Midi über Trüffelspionage in britischen Labors, wettert lauthals gegen Eurokraten in Brüssel und reiche Nordeuropäer, die die Immobilienpreise hochtreiben. Man selbst ist vielleicht zum zweiten oder dritten Mal da und zählt schon dazu, was ein freundlicher Gruß oder, noch besser, ein Pastis besiegelt. Schließlich ist das Leben zu schön, um eine Tragödie daraus zu machen.

Steckbrief Provence-Côte d'Azur

Daten und Fakten

Name: Provence-Alpes-Côte d'Azur (PACA)

Fläche: 31 430 km^2

Einwohnerzahl: 4 305 000 (7,6 % der französischen Bevölkerung)
Hauptstadt: Marseille (807 000 Einwohner)
Sprache: Amtssprache Französisch, Umgangssprache Provenzalisch

Währung: Euro

Zeitzone: MEZ mit Sommerzeitregelung wie in Deutschland

Landesvorwahl: 00 33

Landesflagge Frankreich: Trikolore (s. o.).
Zwei provenzalische Flaggen: die gelb-rot gestreifte Flagge mit den Farben Aragons und die blaue Flagge mit der goldenen Bourbonen-Lilie.

Geografie

Die Grenzen der Verwaltungsregion Provence-Alpes-Côte d'Azur (PACA) hat Paris im Rahmen der regionalen Neugliederung Frankreichs festgelegt. Einige urprovenzalische Orte kommen nicht darin vor: Nyons etwa liegt zu weit nördlich im Departement Drôme und damit in der Nachbarregion Rhône-Alpes. Einfacher machen es die natürlichen Grenzen: Südalpen, Mittelmeer und Rhône. Von Nordost nach Südwest flacht die Provence ab, beginnend mit über 3000 m hohen Gipfeln. Topfeben ist die Provence nur in der Camargue und der Crau-Steppe. Ein Viertel der Region liegt in Höhen zwischen 500 und 1000 m. Dazwischen erstrecken sich so unterschiedliche Landschaften wie die felsige Einöde der Haute-Provence oder die seit der Antike geformten Kulturlandschaften von Vaison-la-Romaine bis St-Rémy-de-Provence.

Drei französische Departements und das Fürstentum Monaco teilen sich die ca. 300 km lange Côte d'Azur. Im Westen, in den Bouches-du-Rhône, ähnelt die Küste einer Provence mit Strandzugang. Die Küste des Departements Var ist von sanften Mittelgebirgsketten, familiären Badeorten und versteckten Buchten geprägt. Im Osten folgt das Departement Alpes-Maritimes: *Bienvenue* an der prestigeträchtigen Riviera mit den Südalpen dahinter. In die Alpes-Maritimes eingebettet ist das Fürstentum Monaco.

Geschichte

Die Kultur der Griechen und Römer prägt die Provence bis in die Gegenwart: Sie brachten Olivenbaum und Weinrebe mit. Mit dem Untergang des Römischen Reiches erlebte die Provence einen Niedergang, aus dem sie um das Jahr 1000 als Grafschaft wiedererstand. Die französische Krone verleibte sich die

Grafschaft im 13. Jh. ein. Ein Jahrhundert später lenkten sieben aufeinanderfolgende Päpste von Avignon die Geschicke der Christenheit. Politisch gesehen fiel die Provence jedoch kaum ins Gewicht: Die Macht saß in Paris. Unter dem Ancien Régime wurde Marseille zum Tor nach Afrika und Toulon zum wichtigsten Kriegshafen Frankreichs. Im 19. Jh. rückte der Süden dank Eisenbahn-, Kanal- und Straßenbau näher an Paris. Erst mit der Regionalreform der 1970er Jahre aber bekommt die Provence eine gewisse Autonomie zurück.

Ende des 18. Jh. begann die touristische Entdeckung der Côte d'Azur. Noch reiste man im Winter. Seit den 1930er Jahren ist die ›blaue Küste‹ auch ein Sommerziel, seit den 1970ern eines für Pauschalurlauber.

Staat und Politik

Frankreich ist eine Präsidialdemokratie, dessen Staatsoberhaupt auf fünf Jahre gewählt wird. Das Parlament setzt sich aus der Nationalversammlung und dem Senat zusammen. Sechs Departements bilden die Verwaltungsregion Provence-Alpes-Côte d'Azur (PACA). In der Region liegt die Entscheidungsgewalt bei den gewählten Mitgliedern des Conseil Régional. Über die Politik jedes Departements entscheidet ein auf sechs Jahre gewählter Conseil Général.

Monaco ist eine konstitutionelle Monarchie. Die Verfassung garantiert dem regierenden Fürsten die Exekutivmacht. Er ernennt den Staatsminister aus den Reihen hoher französischer Beamter oder ehemaliger Diplomaten.

Wirtschaft und Tourismus

Ganze 8 % der Provence werden landwirtschaftlich genutzt, auf die 3,7 % der Arbeitsplätze entfallen, die jedoch 20 % des französischen Obst- und Gemüseanbaus bündeln. Ein Nord-Süd-Gefälle prägt den Arbeitsmarkt der Provence: In den südlichen Flussniederungen und Küstenebenen sind 95 % aller Arbeitsplätze in der Region zu finden. Klassische Industrien wie die Ölraffinerien und Stahlwerke an der Rhône-Mündung sind wechselnden Krisen der Weltwirtschaft ausgesetzt. Hightech wie das Beispiel des Techno-pôle Sophia-Antipolis bei Valbonne und Kongresszentren mindern die durch den Zusammenbruch traditioneller Industriezweige bedingte Arbeitslosigkeit. Der tertiäre Sektor bürgt für über 1 Mio. Beschäftigte und macht je nach Departement zwischen 11 und 14 % des Bruttosozialprodukts aus. Zwei Drittel aller Besucher der Region Provence-Alpes-Côte d'Azur strömen an den Strand, was die Côte zu Frankreichs bedeutendster Fremdenverkehrsregion macht.

Bevölkerung und Religion

Auf die Fläche der unteren Provence verteilen sich 90 % der Menschen: Liegt die Bevölkerungsdichte in den Alpes-de-Haute-Provence bei 18,9 Menschen pro km^2, sind es in den Bouches-du-Rhône 345,8 Menschen. Der Anteil der Stadtbevölkerung liegt deutlich über dem Landesdurchschnitt. Den größten Ausländeranteil stellen Immigranten aus den Maghrebstaaten Algerien, Marokko, Tunesien. In Städten wie Toulon oder Grasse machen sie bis zu 15 % der Bewohner aus. Entsprechend hoch ist der Anteil muslimischer Glaubensangehöriger in einem sonst zu weit über 90 % katholischen Land. Vor allem die Küste ist wegen des Zuzugs sonnenhungriger Senioren aus dem Norden überaltert. Ihre Zahl liegt in Cannes oder Nizza mit 25 % über dem landesweiten Durchschnitt.

Natur und Umwelt

Extreme geografische und klimatische Kontraste kennzeichnen die Provence-Côte d'Azur. Im Nordosten erreichen die Südalpen fast die 4000-Meter-Grenze, im Südwesten breitet sich die tischtuchflache Camargue aus. Im Sommer sticht die Hitze über dem Rhône-Delta, im Winter beherrscht klirrender Frost die Hochprovence.

Garrigue

Die immergrüne, an Trockenheit, Hitze und nährstoffarme Kalkböden angepasste Strauch- und Krüppelbaumvegetation der Garrigue bestimmt weite Teile der Region. Der Name ›Garrigue‹ leitet sich aus dem okzitanischen Wort *garric* ab. Gemeint ist damit ein stacheliges, undurchdringliches Buschwerk von Ginster, Lavendel, Stechwacholder, Hasenrohr, Zistrosen, Kermes- und Steineichen sowie den Kräutern Thymian, Rosmarin, Oregano, Salbei mit ihrem würzigen, mittelmeertypischen Duft. Ein Duft, der eigentlich abschrecken soll: z. B. Tiere, die den Duft der als Verdunstungsschutz wirkenden ätherischen Öle verabscheuen, aber auch Pflanzen. Ihr hartes Wurzelwerk dringt tief in die spärlich mit Erde angefüllten Felsspalten. Sträucher und Bäume wie der an seiner schuppigen Rinde erkennbare Erdbeerbaum, die schirmförmige Pinie, der Wacholder- und Pistazienbaum oder die kurzstämmige Kermeseiche sind Überlebenskünstler. Sie alle geben sich mit einer dünnen Krume zufrieden und bleiben das ganze Jahr über grün, um Energie und Feuchtigkeit zu sparen, die ein jährlicher Neuaustrieb des Blattwerks erfordern würde. Auch der Olivenbaum ist äußerst genügsam. Seine Erträge steigen jedoch, wenn er auf nährstoffreicheren und feuchteren Böden in der Ebene kultiviert wird.

Bewohnt wird die Garrigue von bis zu 60 cm großen Perleidechsen, spanischen Sandläufern (ebenfalls eine Eidechsenart), Eidechsennattern, Gottesanbeterinnen, Heuschrecken und Spitzmäusen. Unter den Vögeln dominieren die braunbrüstigen Weißbartgrasmücken, die grauen Samtkopfgrasmücken, die zierlichen Provencegrasmücken und die Rothühner.

Camargue

Die Camargue ist ein amphibisches Land an der Rhône-Mündung, gerahmt von den beiden Armen des Stroms, der sich in Petit und Grand Rhône teilt. Kaum ein Baum oder Strauch brechen den Wind über den ausgemergelten Böden. Allein 86 300 ha Feuchtwiesen, Sümpfe, Salinen, Reisfelder, Dünen, Teiche und Weiden stehen unter Naturschutz: Teiche und Schilf bieten Flamingos und Zugvögeln ein ideales Brutrevier. Über 365 Vogelarten können in der Camargue und der benachbarten, ebenfalls topfebenen, doch trockenen Crau beobachtet werden. An die 20 000 Flamingopaare nisten hier. Hinzu kommen Dünnschnabelmöwen, Lachseeschwalben, Brachschwalben, Purpur-, Kuh-, Grau-, Silber- und Seidenreiher, Rohrdommeln, Rallen, Enten, denen Queller, Tamariske, Riesenknabenkraut Deckung bieten.

Seit Jahrhunderten nutzt der Mensch das flache Salzwassergebiet, um durch natürliche Verdunstung Salz zu gewinnen. Wo der Boden fester wird, geben Rinderbarone und Gardians, die Cowboys der Camargue, den Ton an.

Calanques

Die Calanques zwischen Marseille und Cassis verdanken ihre Einzigartigkeit zwei glücklichen Umständen. Zum einen hatte das Meer seit dem Ende der letzten Eiszeit Zeit genug, um sich bis zu 2 km ins weiche Kalkgestein des Marseilleveyre-Massivs zu fressen. Zum anderen stehen die Buchten mit ihren bis zu 500 m hohen Klippen seit Jahrzehnten unter rigorosem Naturschutz. Mittelmeergecko und Bonelli-Adler sagen sich in der schroffen Schönheit Gute Nacht. Aleppokiefern rücken bis ans Ufer vor.

In einigen wenigen Buchten leben Fischer, die ihre Hütten aus Gewohnheitsrecht behalten dürfen. Abenteuerlich steile Sträßchen purzeln bis vor ihre einstöckigen *cabanons* (Häuschen). Im Hochsommer, wenn in den zundertrockenen Pinienwäldern allerhöchste Brandgefahr herrscht, dürfen nur Anlieger diese Wege benutzen. Selbst die Wanderwege sind dann gesperrt. Um zu den meisten Calanques zu kommen, gibt es auch außerhalb des Hochsommers nur zwei Alternativen: Anmarsch entweder zu Fuß über den Wanderweg GR 98 oder Anfahrt mit dem Boot ab Marseille und Cassis.

Mittelmeer

Überfischung, Abwasserbelastung, illegale Altölentsorgung von Frachtschiffen und Wilderei gefährden das Mittelmeer. Viel wurde allerdings in den vergangenen 20 Jahren zur Rettung des Ökosystems unternommen. In Marseille entstanden die modernsten Kläranlagen des gesamten Mittelmeerraums. Schon seit Anfang der 1980er Jahre steht der Zackenbarsch unter Schutz – der für das Mittelmeer typische Fisch drohte wegen Überfischung auszusterben. Vor allem die felsigen Abschnitte der Côte d'Azur sind beliebte Fisch- und Tauchreviere. In den Felsspalten verstecken sich die so genannten *poissons de roche,* Rotbarben und Drachenkopf etwa. Seeanemone, Muräne, Meeraal, Tintenfisch und Qualle bevölkern ebenfalls das unterseeische Felsenreich. Das wogende Neptungras der Posidonienwiesen bevorzugen Streifenlippfisch, Sägebarsch und Goldstrieme.

In der Camargue zu Hause: die gleichnamigen halbwilden weißen Pferde

Seestern und Languste sind Einzelgänger, Seehecht, Tunfisch, Gabelmakrele tauchen in Schwärmen auf. Die größte Bedrohung geht zurzeit von einer Alge aus: Die aus den Tropen ins Mittelmeer eingeschleppte *caulerpa taxifolia* erstickt die einheimische Flora. 2004 betrug die Ausbreitung bereits mehrere 1000 ha.

Wälder

Die Provence ist eine waldreiche Region. Allein 200 000 ha sind von Aleppokiefern bedeckt. Im Massif des Maures kommen ausdehnte Korkeichen- und Esskastanienwälder hinzu, in der Montagne de Lure ein Mischwald aus Buchen und Kastanien. Die ausgedehntesten Wälder findet man im Innern des Departements Var, der so genannten Provence Verte: Bis zu zwei Drittel des mittleren und oberen Var sind von (Kork-)Eichen- und Kiefernarten bedeckt. Zwergohreule, Nachtigall, Rotkehlchen, Gartenbaumläufer und Heidelerche finden in den Wäldern Schutz. Singzikaden sorgen im Sommer für die typische Hintergrundmelodie des Midi.

Südalpen

Ein Gipfel neben dem anderen kennzeichnet die alpin anmutende Bergwelt zwischen Gorges du Verdon (Grand Margès, 1577 m) im Süden, Mont Ventoux (1909 m) im Westen, Roya-Tal (Col de Tende, 1871 m) im Osten und dem Brianconnais (Col d'Izoard, 2360 m) im Norden.

Das Gebiet unterteilt sich in die Südalpen selbst (Queyras und Brianconnais), die Bergmassive der Mitte (Mercantour-Kette), das mittlere Durance-Tal (Gebiet zwischen Sisteron, Digne und Manosque) und die Voralpen (Baronnies, Plateau de Vaucluse, Montagne de Lure, Mont Ventoux, Préalpes de Castellane, Grasse und Seealpen von Nizza). Die drei großen Flüsse Durance, Rhône und Var werden von zahlreichen Zuflüssen gespeist. Die jahreszeitlichen Wasserstandsschwankungen sind enorm: Den Var rauschen zwischen 17 und 5000 m³ Wasser pro Sekunde hinunter. Sintflutartige Regenfälle in Frühjahr und Herbst sowie die Schneeschmelze verwandeln harmlose Gebirgsbäche regelmäßig in reißende, über alle Ufer tretende Sturzbäche.

Die Einsamkeit der Zwei- und Dreitausender ist die Heimat von Steinbock, Mufflonschaf, Gemse, Murmeltier und Hermelin. An die 1000 Schmetterlingsarten taumeln über saftige Almwiesen und von Mai bis August blühende Alpenanemonen, Edelweiß, Enzian, Rhododendron hinweg.

Exotische Küstenvegetation

Bis ins 19. Jh. war vor allem die östliche Côte d'Azur eine Küste nackter Felsen. Dann brachten Fernreisende erste Tropenpflanzen aus den Kolonien mit und ausländische Besucher ihre Vorliebe für alles exotisches Grün. Die Bananenstaude stammt aus Äthiopien, die Agave aus Südamerika, der Eukalyptus und die Mimose aus Australien. Vom Dutzend an der Côte d'Azur verbreiteten Palmenarten stammen die bekanntesten aus dem Südosten und von der Westküste Nordamerikas (Sabal- und Washingtoniapalme) sowie von den Kanarischen Inseln (Dattelpalme). Bougainvilleen wurden aus Südamerika und Nordafrika eingeführt. Die weiß blühende Euryops stammt wie die blaue Kapmargarite aus Südafrika. Den Feigenkaktus schließlich brachte Napoleon III. vom Mexiko-Feldzug mit.

Wind und Wasser

Mangio fango – ›Schlammfresser‹ – nennen die Provenzalen den Mistral: Der mächtige Nordwind trocknet die Böden aus, die dann nicht mehr die bei starken Regenfällen gewaltigen Wassermassen absorbieren können. Die Folgen sind bisweilen katastrophal. 2002 hieß es im Westen des Departements Vaucluse und fast im gesamten Departement

Gard infolge kräftiger Herbstgüsse Land unter. Im Jahr darauf trafen die Herbstüberschwemmungen das Departement Bouches-du-Rhône. Wieder hatten starke Südwinde zum Sommerende Wolken über das Mittelmeer gegen die kühleren Hänge der Cevennen getrieben. Das Ergebnis waren sintflutartige Regenfälle.

Abhalten kann das Unglück nur der aus dem Norden gegen die Regenwolken anpustende Mistral. Vermutlich entsteht der Mistral aus einem Ungleichgewicht zwischen einem Tiefdruckgebiet über dem Golfe de Lion und einem Hochdruckgebiet nördlich vom Zentralmassiv. Zwischen 150 und 180 Tage im Jahr bläst er mit bis zu 200 km/h schnellen Böen über die westliche Provence-Côte d'Azur. Sein bevorzugter Windkanal ist das Rhône-Tal, wo der Mistral auf der Höhe von Valence in Fahrt kommt.

Naturparks

Die Kernzone eines *Parc National* ist in der Regel unbewohnt und unterliegt strengen Auflagen. Anders im *Parc Naturel Régional:* Der Schutz der Umwelt umfasst hier nicht nur Fauna und Flora, sondern schließt auch Mensch und Kultur ein.

Nationalparks

Gletscher, Alpenseen und Gipfel sind die Merkmale von **Les Ecrins.** Königsadler und Auerhahn vermehren sich im Schatten des 3983 m hohen Meije. Gemse und Steinbock wurden mit großem Erfolg wieder eingebürgert. 1500 Pflanzenarten, darunter die seltene Alpenkönigin, sind katalogisiert. **Le Mercantour** reicht von Barcelonnette bis kurz vor die italienische Grenze. Arktis und Mittelmeer scheinen sich zwischen schneebedeckten Dreitausendern und azurblauem Himmel zu treffen. Gemse, Steinbock, Mufflonschaf und Murmeltier sind keine Seltenheit. Der Park ist die Heimat zigtausender Schafe, die im Frühjahr auf die Hochwiesen getrieben werden. **Port Cros** wurde 1963 als Frankreichs erster Nationalpark gegründet. Unter Schutz stehen

Regional- und Nationalparks

die autofreie Mittelmeerinsel selbst sowie die sie umgebenden Gewässer und Felseilande. In den Posidonienwiesen (Neptungras) verstecken sich Sepia, Seenadel, Leopardenschnecke, Meerbarbe, Steckmuschel und Meerjunker.

Regionalparks

Unter Schutz steht die so genannte **Grande Camargue** zwischen großer und kleiner Rhône. Vor allem Birdwatcher kommen auf ihre Kosten. Mit dem **Queyras** geht es erneut in die Südalpen. Höhepunkte des sich zwischen Gap und der italienischen Grenze erstreckenden Parks sind der 3841 m hohe Mont Viso und St-Véran, der mit 2000 m höchstgelegene Ort Europas. Hochgebirgsseen, Almen und enge Täler sind unter Wanderern sehr beliebt. Der **Verdon** kann mit Europas spektakulärstem Canyon, den Gorges du Verdon, auftrumpfen. Der Park umfasst jedoch weit mehr als die Schlucht. Im Westen schließt sich die Hochebene von Valensole an. Mächtige Buchen-, Ahorn- und Lindenwälder sowie Felsdörfer kommen im Jabron-Tal hinzu. Eine Bilderbuchprovence tut sich im Luberon auf. Den Bergrücken teilt eine tiefe Kluft bei Lourmarin in **Petit** und **Grand Luberon.** An den Flanken gedeihen Wein, Oliven und Melonen, auf den Kämmen stehen Blauzedern, Eichen und Kiefern.

Wirtschaft, Soziales und aktuelle Politik

Der Südosten Frankreich ist dank Hightech-Industrien und Tourismus eine wohlhabende Region. So wohlhabend allerdings, dass sich viele nicht ganz so betuchte Einwohner angesichts explodierender Immobilienpreise den Kauf eines Hauses nicht mehr leisten können. Vom Wohlstand abgeschnitten sind zudem die Bewohner vieler Vorstadtviertel. Die daraus resultierenden Konflikte verschärfen sich.

Alles auf Tourismus

Bei den Übernachtungen ist der Var die Nummer eins unter den französischen Departements, dicht gefolgt vom Departement Alpes-Maritimes, dessen 10 Mio. Besucher pro Jahr nur für Platz zwei reichen. Neben dem Urlaubstourismus wächst der geschäftlich bedingte Reiseverkehr. Allein in den Alpes-Maritimes sind es 1,8 Mio. Geschäftsreisende und 400 000 Kongressteilnehmer pro Jahr. Längst ist der Flughafen von Nizza der zweitgrößte Frankeichs. Längst stellt der Dienstleistungssektor die meisten Arbeitsplätze in der Region – allein 27 000 Jobs bringen Segelschulen, -jachten, -häfen, -läden und -werften.

An der Schurkenküste

1989 stiegen die Immobilienpreise im Departement Alpes-Maritimes um sagenhafte 30 %. Danach stagnierte der Markt leicht, um bald wieder in Steilflug zu gehen. Kein Wunder, dass illegale Bauten zum Alltag gehören. Die ärgsten Bausünder sitzen nicht selten in den Rathäusern. In Ermangelung eines umfassenden Nutzungsplans darf jeder Bürgermeister sein eigenes Betonsüppchen kochen, und dies erst recht, seit die Zügel im Rahmen der Dezentralisierung gelockert wurden. Früher musste jede Turnhalle in Paris bewilligt werden. Heute entscheiden die Bürgermeister. Im Gegenzug versucht das Conservatoire du Littoral Land an der Küste aufzukaufen oder unter Schutz zu stellen. Dies gelang der Küstenschutzbehörde auf 16 km in den Calanques von Marseille, Teilen der Camargue oder an der Côte Bleue. Oft aber siegt die Korruption. Bis heute ist das Verschwinden der Erbin des Casinos Ruhl in Nizza ungeklärt. 1990 musste Bürgermeister Jacques Médecin aus der Stadt nach Uruguay fliehen, um der Verhaftung wegen Steuerhinterziehung und Betrugs zu entgehen. Der Luxus zieht das Verbrechen an. Organisierte Einbrecherbanden knacken die Villen der Superreichen. Zwischen Marseille und Nizza kamen 2005 jeden Tag pro Stunde vier Autos abhanden.

Demografisches Ungleichgewicht

Die Faustregel lautet: wachsende Städte, immer stärker bevölkerte Küste auf der einen, menschenleere Hochgebirgstäler, entvölkerte Dörfer auf der anderen Seite. So zählt das Departement Alpes-de-Haute-Provence knapp 149 000, das Departement Bouches-du-Rhône mit den Städten Marseille, Aix und Arles 1,835 Mio. Einwohner, die zu 40 % in Städten leben. Im Vaucluse lebt jeder fünfte

Man zeigt, was man hat – in Monaco

Einwohner in Avignon. Insgesamt wohnen über 60 % aller Provenzalen in zwei von sechs Departements der Region – dem Vaucluse und den Bouches-du-Rhône. Dicht besiedelt ist ebenfalls der schmale Küstensaum des Departements Alpes-Maritimes. Ein Gegentrend macht sich bemerkbar. Nach den Jahrzehnten der Landflucht aus dem Hinterland gewinnt die Hochprovence an Terrain. Autobahn und der TGV binden auch die tiefste Provinz an die wirtschaftlichen Zentren an. Immer mehr Arbeitnehmer können dank Internet und Computer zudem fernab der Stadt ihren Beruf ausüben.

Integrationsprobleme

Neujahr 2006: Vorstadtjugendliche bringen einen Regionalzug auf dem Weg von Nizza nach Marseille auf Höhe von St-Raphael in ihre Gewalt. Stundenlang werden einige hundert Zuggäste bedroht, drangsaliert, ausgeraubt. Als der Zug in Draguignan-Les Arcs per Notbremse zum Halten kommt, entkommen die meisten Delinquenten unerkannt. Die von der Polizei gestellten Täter sind größtenteils noch minderjährig, stammen aus den Trabantenstädten von Marseille, haben ihre Wurzeln mutmaßlich im Maghreb und in Afrika. Genaueres erfährt man nicht: Zum einen verbietet ein französisches Gesetz, Straftäter nach deren Herkunft oder Hautfarbe oder Religion zu erfassen, zum anderen übt Paris Druck auf die Medien aus, damit diese den Vorfall verschweigen. Schätzungsweise 6 % der Bevölkerung der Provence stammen aus dem Ausland. Davon entfallen 35 % auf europäische und 45 % auf nordafrikanische Herkunftsländer. Für Letztere steht es nicht gut in puncto Integration. Fast alle Städte des Midi haben mit der gescheiterten Integration von Mitbürgern (nord-)afrikanischer Herkunft ihre Probleme. Die Szenarien gleichen sich: seelenlose Hochhausviertel, Drogenkonsum und -handel, islamistische Rattenfänger, fehlende berufliche Perspektiven. Im Alter von 16 bis 25 Jahren liegt die Arbeitslosigkeit bei Personen maghrebinischer Herkunft landesweit bei 40 %, bei Gleichaltrigen französischer Herkunft bei der Hälfte. Die Reaktion sind kriminelle Bandenbildungen und religiöse Radikalisierung. Fazit: Das republikanische Integrationsmodell ist gescheitert. Ein neues ist nicht in Sicht, doch die Lage so ernst, dass die Überlegungen auf Hochtouren laufen. Anfang 2006 machte die Regierung einen ersten Schritt mit einem Gesetz, das es ermöglicht, Eltern bei Vernachlässigung ihrer Aufsichtspflicht Sozialleistungen zu streichen und freiwillige berufliche Förderungen für Jugendliche aus sozialen Brennpunkten vorsieht.

Druck von rechts

Das Wahljahr 1998 sorgte in Europa für negative Schlagzeilen über den französischen Süden. Le Pens Front National hatte bei den Kommunalwahlen in Orange, Marignane, Vitrolles und Toulon die absolute Mehrheit errungen. Die Bürgermeister der rechtsextremen Partei schafften Fremdenverkehrsvereine und Kulturzentren ab und verordneten den Kantinen von Schulen, an denen ein Gutteil der Schuler Muslime sind, Schweinefleisch – das ein Muslim aus religiösen Gründen nicht isst. Ironie der Geschichte: Im selben Jahr führte ausgerechnet Zidi Zidane, Sohn algerischer Einwanderer und Mitglied im Fußballverein Olympique Marseille, die französische Nationalmannschaft zum Weltmeistertitel.

1995 gewann mit Jean-Marie Le Chevalier in Toulon erstmals ein rechtsextremer Politiker die Wahl zum Bürgermeister einer provenzalischen Stadt. Die Munition für den Wahlkampf lieferten fremdenfeindliche Töne, die mit dem ungelösten Integrationsproblem der aus dem Maghreb stammenden Zuwanderer punkteten. 1999 verstrickten sich die Rechtsextremen in innerparteiliche Konflikte, an deren Ende Le Pen außen vor stand und der neue Front-National-Chef Bruno Mégret hieß. 2002 verlor Le Pen wegen eines tätlichen Angriffs auf eine Abgeordnete zudem sein Mandat im Regionalrat, doch der Imageschaden bleibt für die Region groß.

Die Dorfkneipe soll leben! Thema

1992 wurde im Pays de Forcalquier et Montagne de Lure die als gemeinnützig anerkannte Association Bistrots de Pays (deutsch etwa: Gesellschaft zum Schutze der Dorfkneipe) mit Zuschüssen aus dem europäischen LEADER-Programm gegründet. Denn die Uhren standen in der Hochprovence auf fünf vor zwölf: Immer mehr Dörfer verödeten, weil die letzte Kneipe, das letzte Restaurant schlossen.

Laut Charta der Gesellschaft muss das Bistrot de Pays ganzjährig geöffnet und ›multifunktional‹ sein, also neben dem Kneipenbetrieb auch typisch regionale Speisen anbieten. Die Wirte halten zudem touristische Informationen bereit und stellen ihr Lokal für kulturelle Veranstaltungen zur Verfügung. Jedes Jahr wird das Label erneuert – oder entzogen. Der Nutzen ist unmittelbar spürbar: Nichts bekämpft die Landflucht besser als ein Dorfbistro.

Das gilt auch für das Bistrot de la Lavande in Lardiers, das Norbert und Emmanuelle vor neun Jahren übernahmen. Die Kommune hatte das kleine, fast immer geschlossene Ecklokal den Vorbesitzern abgekauft – wenigstens das Bistro wollte der Bürgermeister in Lardiers halten, nachdem schon Bäcker, Metzger und Lebensmittelhändler verschwunden waren. Als Pächter kamen der Weinhändler aus Bordeaux und die Mathematikstudentin aus Paris gerade recht. Die Einrichtung ist schlicht, eingedeckt aber wird mit weißer Tischwäsche, altem Silber und passendem Weinglas. Im Schankraum ist gerade mal für ein halbes Dutzend Tische mit 20 Gedecken Platz. Das Bistro bleibt das einzige Geschäft in Lardiers, obwohl wieder über 100 Einwohner gemeldet sind. Tendenz steigend. Mittlerweile reist man von Lyon oder Avignon an, um bei Emmanuelle und Norbert zu speisen. Jahreszeit und der Markt in Forcalquier bestimmen das Tagesmenü. An die Weite der Hochprovence haben sich die beiden Inhaber längst gewöhnt: »Man darf einfach keine Angst vor Kilometern haben.«

Angst vor Kilometern haben die Besitzerinnen des Café de la Tonnelle in Ongles ebenfalls nicht. Marie und Malvina arbeiten abwechselnd im Zweitagesrythmus. Abends stehen die Ehemänner Christophe und Ossama mit hinter der Theke. Nur so kann das Café, das Kneipe, Restaurant, Behelfs-Office-de-Tourisme und Verkaufsstelle der Tageszeitung ›La Provence‹ in einem ist, jeden Tag geöffnet sein. »Wir wollten etwas für unser Dorf tun«, begründen Marie Boyer und Malvina Brochoire ihren Entschluss, ein Bistro in Ongles zu eröffnen. Zufällig war das Haus am Platz zu verkaufen, in dem Malvinas Großeltern bereits vor dem Ersten Weltkrieg ein Café führten. Die Familien spendierten den für den Umbau nötigen Kredit.

Café de la Lavande: Rue Principale, Lardiers, Tel. 04 92 73 31 52, Di abend, Mi geschl., im Sommer Mi abend geöffnet, Menü 21 €. Reservieren!

Café de la Tonnelle: Pl. Principale, Ongles, Tel. 04 92 73 19 89, tgl. 7.30–21 Uhr, Fr, Sa länger.

Weitere Bistros findet man über das Bureau national des Bistrots de Pays, BP 41, Forcalquier, Tel. 04 92 75 13 91, www.bistrotsdepays.com.

Geschichte

Die Antike bleibt bis in die Fundamente von Arles oder Marseille erlebbar. Das Mittelalter blüht mit dem Papstpalast von Avignon weiter. Die Moderne spannt einen Bogen von den barocken Adelspalästen in Aix über die Art-déco-Palais an der Côte d'Azur bis zu den futuristischen TGV-Bahnhöfen der Rhône-Schiene. Die Geschichte ist in der Region Provence-Côte d'Azur immer auch eine zum Anfassen.

Vorgeschichte

In der Region Provence-Côte d'Azur begann die Geschichte des Homo erectus um 700 000 v. Chr. mit einer Steinzeitkultur, deren Existenz durch Werkzeugsteine und Feuerstellen belegbar ist. Gefunden wurden die paläolithischen Beweisstücke in einer Grotte bei St-Estève Janson oberhalb der Durance. Erste Hütten des Steinzeitmenschen (um 400 000 v. Chr.) fanden sich auf dem Gelände der archäologischen Fundstätte Terra Amata in Nizza. In der Übergangsphase von Alt- zu Jungsteinzeit besiedelte der Magdalénien-Mensch (ca. 20 000–15 000 v. Chr.) das Gebiet der heutigen Provence. Einen enormen kulturellen Quantensprung stellen die Funde in der Grotte de Cosquer bei Cassis dar: 1991 entdeckte der Tauchlehrer Henri Cosquer in den Calanques eine Grotte, deren Eingang unter dem Meeresspiegel liegt. Die unzugängliche Lage bewahrte die um 4000–2000 v. Chr. in der Grotte entstandenen Felsmalereien vor späterer Zerstörung. Glaubte man bislang, dass die frühzeitliche Jägerkultur auf dem Gebiet der Provence-Côte d'Azur keine Höhlenkunstwerke hinterlassen habe, spricht man seit 1991 von der Grotte Cosquer als dem ›provenzalischen Lascaux‹ – in Anspielung an die Malereien in der Höhle im südwestfranzösischen Lascaux. Die Jagdszenen sind teils in den Fels geritzt, teils darauf gemalt und belegen eine hochentwickelte Kultur.

Antike

Um 3000 v. Chr. drangen Ligurer aus Norditalien in den französischen Südosten vor. Die Ligurer waren Meister in der Verarbeitung von Metall und Silber – der Übergang von der Stein- zur Bronzezeit wurde vollzogen. Erste befestigte Oppida entstanden auf geschützten Hügeln. Im ersten vorchristlichen Jahrtausend wanderten indoeuropäische Kelten aus dem Norden ein, die sich scheinbar ohne größere Konflikte mit den Ligurern vermischten. Die Kelto-Ligurer betrieben Handel mit den Phöniziern und Etruskern im Mittelmeerraum. Griechen aus dem kleinasiatischen Phokäa gründeten schließlich im Umkehrschluss in der Calanque von Lacydon das Handelskontor Massalia – das spätere Marseille. Massalia avancierte zur florierenden Handelsstadt, von der aus weitere griechische Siedlungen wie Glanum bei St-Rémy-de-Provence, Antipolis (Antibes), Nicäa (Nizza) entstanden. Im 3. Jh. v. Chr. stellte sich Massalia während der Punischen Kriege zwischen Rom und Karthago auf die Seite der Römer. Die Bündnistreue belohnte Rom, als Massalia 125 v. Chr. um Hilfe gegen einen keltischen Einfall bat. Doch die Großzügigkeit erwies sich als Berechnung. Auch als die Kelten durch Quintus Fabius Maximus Allobrogicus abgewehrt wurden, blieben die Römer. 122 v. Chr. gründeten sie Aquae Sextius (Aix) auf den Fundamenten eines Oppidums, 80 v. Chr. die

Provincia Narbonensis. Vorerst blieb Massalia unabhängig. Das änderte sich 49 v. Chr., als die Griechensiedlung im Machtstreit zwischen Julius Cäsar und Pompeius aufs falsche Pferd setzte – Pompeius. Letzterer wurde von Cäsar geschlagen, der die Stadt besetzen ließ. Der gesamte französische Süden war nun römische Provinz.

In Arles, Nîmes, Vaison-la-Romaine und Orange entstanden Theater und Arenen, in Orange und La Turbie Triumphbögen und Denkmäler. Der Ackerbau florierte dank grandioser Bauwerke wie dem Aquädukt Pont du Gard. Fernstraßen wie die Via Domitia und Brücken wie der Pont Julien bei Bonnieux erleichterten den Handel. Unter den Römern gewann das Christentum im späten 2. Jh. n. Chr. an Einfluss und wurde Staatsreligion. Als Motor der Christianisierung erwiesen sich die Klöster. Auf den Lérins-Inseln vor Cannes gründete der aus Trier stammende Heilige Honoratius 410 ein Kloster. In Marseille gründete der Mönch Cassianus fast zeitgleich die Abtei St-Victor.

Zugleich begann der Niedergang des Römischen Reiches. Die Westgoten erreichten Südfrankreich und nahmen die Bischofsstadt Arles ein. 536 fiel die Provence ans Frankenreich, deren Machtzentrum jedoch weit entfernt lag. Entsprechend blutig kämpften vor Ort regionale Fürsten und Kirchenmänner um die Macht. Im Sog der Auseinandersetzungen verarmten die Städte. Viele Dörfer blieben verlassen zurück.

Mittelalter

Ab dem 7. Jh. bedrohten die in Spanien herrschenden Sarazenen Südfrankreich. Ein Jahrhundert lang erlebte die Region wüste Raubzüge. Erst Karl Martell schlug die Araber 736 und 739 zurück. Die Provence fiel unter die Herrschaft der Karolinger, blieb jedoch von Sarazenenexpeditionen aus dem Westen und Piratenüberfällen vom Mittelmeer bedroht. 838 wurde Marseille belagert und geplündert. 883 gelang es arabischen Piraten, sich im Massif des Maures festzusetzen. Allen Widrigkeiten zum Trotz gründete der Karolingervasall Boson im selben Jahrhundert das Königreich Provence. Sein Sohn Ludwig ging gegen die arabischen Piraten im Massif des Maures vor, deren endgültige Vertreibung erst 974 Wilhelm Graf von Arles gelang. Wilhelm, genannt ›der Befreier‹, gründete daraufhin die erste Grafschaft Provence.

Die Herrschaftsverhältnisse blieben wirr. 1032 verleibte sich das Heilige Römische Reich deutscher Nation für kurze Zeit die Provence ein, doch noch im 11. Jh. fiel das südöstliche Territorium durch Heirat an Raymond Berenger Graf von Barcelona, während der Nordwesten an die Grafen von Toulouse ging. Aix wurde Residenzstadt der Grafen von Barcelona. Mit dem Kreuzzug der französischen Krone gegen die Albigenser im Südwesten geriet auch die Provence unter Druck. 1215 bemächtigten sich die Genueser Nizzas. 1229 mussten die Grafen von Toulouse ihr Territorium an Frankreich und das Venaissin an den Papst abtreten. Karl von Anjou, Bruder des französischen Königs Ludwig IX., erhielt durch Heirat das Gebiet der Grafen von Barcelona. Als diese zugleich Könige von Neapel wurden, gehörte die Provence zum Königreich Unteritalien.

In Rom fühlten sich derweil die Päpste durch die politisch instabile Lage bedroht: 1309 verlegte der französische Papst Klemens V. seinen Amtssitz nach Avignon. Die Avignoner Päpste blieben bis 1411, trotz der seit 1378 in Rom in Amt und Würden eingeführten Gegenpäpste. Erst das Konzil von Konstanz beendete 1418 offiziell die Kirchenspaltung. Das 14. Jh. markierte eine Periode des Niedergangs, zu deren Eckdaten 1347 die Schwarze Pest und 1388 die Entscheidung Nizzas zählten, sich den Grafen von Savoyen anzuvertrauen. Ein letztes Mal konnte das Haus Anjou mit König René (1434–1480) punkten. Der als ›guter König René‹ verehrte Souverän ließ sich 1471 in der Provence nieder und leitete eine Zeit des Friedens und Wiederaufbaus ein. Als sein Nachfolger Karl III. 1481 ohne Erben starb, fiel die Provence aber endgültig an die französische Krone.

Ancien Régime

Das Ancien Régime, gemeint ist die französische Monarchie bis zu ihrem Fall 1789, gewährte der Provence anfangs einige Privilegien wie Handels- und Zollfreiheit. Dann begann schrittweise die Repression. 1501 wurde mit dem Parlament von Aix ein zentraler Verwaltungsappart installiert, 1539 durch die Ordonnanz von Villers-Cotterêt Französisch als alleinige Amtssprache im okzitanischsprachigen Süden festgesetzt. 1545 metzelte eine Militärexpedition die angeblich ketzerischen Waldenser im Luberon nieder. Die 3000 Opfer fordernden Bluttaten sind nur das Vorspiel zu den Religionskriegen zwischen Protestanten, die der Fürst von Orange unterstützt, und Katholiken, die die Liga des Herzogs von Guise auf ihrer Seite wissen. Erst nach 40 Jahren endeten unter Heinrich IV. die Konflikte.

Das 17. Jh. ist als Jahrhundert der Auseinandersetzungen zwischen der Zentralmacht in Versailles und den Territorialfürsten der Provence bekannt. Das Parlament von Aix erhob sich, woraufhin das savoyische Nizza Hauptstadt der Provence wurde. Ludwig XIV. griff schließlich hart durch. 1660 besetzten seine Truppen Marseille. Im selben Jahr erloschen die restlichen Privilegien der Provence. Von 1707 bis 1713 besetzten die Franzosen Nizza. Frankreich bekam am Ende des Grenzkonflikts mit Savoyen das Tal von Barcelonette und das Fürstentum von Orange zugeschlagen. Ludwig XIV. ließ die Grenzen der Provence mit Festungsbauten sichern. Gegen die Große Pest von 1720 waren die Mauern freilich zwecklos – 100 000 Tote, die meisten davon in Marseille, forderte die Epidemie. Trotzdem florierte die Wirtschaft. Tuchwebereien und -druckereien, Korbflechtereien, Gerbereien, Seifensiedereien, Papiermanufakturen und Fayencewerkstätten entstanden in allen Teilen der Provence. Vom wirtschaftlichen Boom beflügelt, wuchs die Bevölkerung – und mit ihr wuchsen auch die Städte.

Das Amphitheater in Orange

Durch die Revolution wurde die Entwicklung kurzfristig abgebremst. Bereits 1787 waren in Aix die provenzalischen Stände einberufen worden. 1790 wurde die Provence wie das gesamte Land in Departements neu aufgeteilt. Bürgerkriegsähnliche Zustände markierten das Jahr 1793: Im Departement Var revoltierte man gegen die blutrünstigen Jakobiner in Paris und öffnete im August der englischen Flotte den Hafen von Toulon. Nach dem Sieg Napoleons über die alten europäischen Mächte wurde Nizza bis 1814 französisch.

Neuzeit

Napoleon sorgte am Ende seines Zeitalters noch einmal für Unruhe in der Provence. 1815 verließ der von den alliierten Mächten ins Exil nach Elba geschickte Ex-Kaiser die Insel, ging in Golfe-Juan an Land und marschierte unter großem Anteil der Bevölkerung durch das Var-Tal auf Paris. Der Rest ist Geschichte: Der ein zweites Mal geschlagene Napoleon endete auf St-Helena. Im Midi setzte sich der wirtschaftliche Boom fort. Im aufstrebenden Weinbau markierte die Reblausinvasion 1860 eine scharfe Krise. Unbeeinträchtigt entwickelte sich hingegen der Ausbau von Anbauflächen für Obst und Gemüse. Das nötige Wasser sprudelte aus modernen Kanälen, allen voran dem Canal de la Durance. Die zum Transport nötigen Fernstraßen und Eisenbahnen entstanden mit Dutzenden von Brücken über Durance und Rhône. Toulon und Marseille wandelten sich angesichts moderner Werften und Industrieanlagen zu Arbeiterstädten. Marseille, dessen Bevölkerung zwischen 1850 und 1900 von 200 000 auf eine halbe Million Einwohner anwuchs, erlebte mit pompösen Bauten und Prachtachsen den Ausbau zur südlichen Vorzeigestadt des Second Empire.

Gleichzeitig kam der Winteraufenthalt an der Côte d'Azur in Mode. 1834 strandete Lord Brougham, ein ehemaliger Schatzkanzler der Queen von England, wegen der in der Provence grassierenden Cholera in Cannes

Atomkraft ja bitte

Thema

Die am 28. Juni 2005 in Moskau von den Vertretern Japans, Südkoreas, Russlands, Chinas, der USA und der EU verkündete Nachricht hat in der Provence niemanden überrascht: Cadarache im Departement Bouches-du-Rhône wird Standort des internationalen Forschungsreaktors Iter werden.

Das lateinische ›Iter‹ bedeutet ›Weg‹, und dieser führt in Frankreich seit Jahrzehnten zur Atomenergie. Strom ist entsprechend billig bei unserem westlichen Nachbarn, der Glaube an die allmächtige Technik traditionell groß, und der Blick ist stets auf die Arbeitsplätze gerichtet, die an der Atomkraft hängen. Frankreich darf nach zähem Ringen, aus dem der Hauptkonkurrent Japan als Verlierer schließlich ausschied, die Anlage in Cadarache bei Marseille bauen, mit der man zu demonstrieren versucht, dass die Energieerzeugung durch Fusion technisch machbar ist. Dafür sei man bereit, den eigenen finanziellen Beitrag auf rund 900 Mio. Euro zu verdoppeln, so der französische Forschungsminister François d'Aubert.

Seit 2001 lagen die Pläne für Iter fertig in der Schublade, sodass man mit dem Bau nach der Entscheidung sofort beginnen konnte. Die Inbetriebnahme ist für 2015 geplant. Allein bis zur Fertigstellung bringt das Projekt 1400 Arbeitsplätze in die Provence. Nach der Fertigstellung verspricht man sich 800 direkte und 2500 indirekt von Iter abhängige Arbeitsplätze. Knapp 5 Mrd. Euro wird Europa investieren. Dafür könnten in dem 30 m hohen Tokamak die Wasserstoffisotope Deuterium und Tritium bei Temperaturen von 100 Mio. °C in extrem starken Magnetfeldern zu Helium verschmelzen. Für mehrere Minuten soll das Fusionsfeuer aufrechterhalten und das Zehnfache der aufgewendeten Heizleistung – etwa 50 Megawatt – erzeugt werden. Der Fusionsreaktor wird unter Fachleuten nach der internationalen Raumstation ISS als das wichtigste Forschungsprojekt aller Zeiten bewertet.

und blieb. Bald folgten ihm weitere betuchte Briten, angezogen vom milden Klima. Von 1887 bis zum Ersten Weltkrieg stieg die Zahl der an der Côte d'Azur registrierten Wintergäste von 22 000 auf 150 000 pro Saison.

1860 kehrte die Grafschaft Nizza nach Frankreich zurück: Bei der Volksabstimmung fiel das Votum eindeutig aus. Mit Grasse verschmolz die Grafschaft zum Departement Alpes-Maritimes. Gleich nebenan war das Fürstentum Monaco notorisch pleite. Die Lösung der Finanzmisere kam in Form der *Société des Bains de Mer,* kurz SBM genannt. Was offiziell als Meeresbädergesellschaft gegründet worden war, war in Wirklichkeit ein kluges Konzept zur Anhäufung von Geld durch Glücksspiel. Der Aufbau des Vergnügungsviertels östlich des Hafens begann 1866. Fürs Casino mit opulentem Opernhaus konnte man sich 1878 bereits Charles Garnier, Architekt der Pariser Oper, leisten.

La grande guerre wird in Frankreich der Erste Weltkrieg genannt. Mit dem ›großen Krieg‹ gingen nicht nur in Europa, sondern auch an der Côte d'Azur die Lichter aus. Aus Palasthotels wurden Lazarette. Nach 1918 war die alte europäische Klientel ruiniert. Dafür entdeckten reiche Amerikaner die Côte d'Azur. Die Besucher aus der Neuen Welt führten die Sommersaison und die Mode ›gesunder‹ Bräune ein. In Cannes öffneten erstmals 1931 die Hotels im Sommer. Das Jahr 1936 markierte eine erste Demokratisierung des Badevergnügens: Die sozialistische Regierung in Paris führte den bezahlten Urlaub ein. Der Zweite Weltkrieg wirkte sich anfangs für den französischen Süden kaum aus. Erst am 11. November 1942 wurde auch die Provence-Côte d'Azur von deutschen und italienischen Truppen besetzt. Am 15. August 1944 begann an den Stränden des Departements Var die Landung der alliierten Truppen, der Bombardements von Avignon, Marseille und Toulon vorangegangen waren.

Die unmittelbare Nachkriegszeit stand im Zeichen einer kulturellen Erneuerung. 1947 eröffnete das Palais für die Filmfestspiele von Cannes, im selben Jahr wurde das Theaterfestival von Avignon gegründet, 1948 das Musikfestival von Aix. Gleichzeitig öffnete sich die Region dem Massentourismus.

Als 1962 der Algerienkrieg endete, trafen Hunderttausende ehemaliger Kolonialfamilien und Nordafrikaner, die auf Seiten Frankreichs gekämpft hatten, in der Provence-Côte d'Azur ein. In den 1970er Jahren kamen Scharen von Gastarbeitern aus den Maghreb-Staaten hinzu. Altstadtquartiere von Marseille, Toulon oder Grasse verwandelten sich in Souks. Die 1980er Jahre standen im Zeichen des Niedergangs der klassischen Industrien. Nicht nur in La Ciotat schlossen die Werften. Umso mehr setzte man auf den Tourismus als allein heilbringende Lösung. Vor allem die Küste geriet in die Fänge der Immobilienwirtschaft. Das böse Wort von der *côte béton* machte die Runde.

Gegenwart

Politisch rutscht der Midi seit den 1990er Jahren nach rechts. Hintergrund der Entwicklung sind wirtschaftliche Probleme und die ungelöste Integrationsfrage der nordafrikanischen Bevölkerung. Gleichzeitig behauptet sich die Provence als Lieblingsziel betuchter Ferienhausbesitzer aus der ganzen Welt und Traumziel der Franzosen selbst. Aix stieg in landesweiten Umfragen zur beliebtesten Stadt Frankreichs auf. Um das Ungleichgewicht zwischen den Städten abzubauen, setzt man auf den großzügigen Ausbau von Marseille zur Euroméditerranée: Das Konzept umfasst Innenstadtsanierung, den Umbau der Docks zum Dienstleistungszentrum und den Ausbau des Kreuzfahrthafens. Nicht nur Marseille versucht, seine Altstadtprobleme in den Griff zu bekommen. Bereits Ende der 1990er Jahre wurde in Nizza die Sanierung der Altstadt beendet.

2001 konnte die TGV-Linie Méditerranée eröffnet werden, der die Côte d'Azur mit nur gut drei Stunden Fahrtzeit an Paris heranrückt. In der Region setzt man zudem verstärkt auf den Ausbau von Hightech-Zentren wie dem bereits 1974 bei Antibes gegründeten Sophia Antipolis.

Zeittafel

Um 20 000 v. Chr.	Prähistorische Jägergesellschaften siedeln in den Höhlen der Côte d'Azur.
Um 2000 v. Chr.	Erste Oppida entstehen auf den Felshängen der Küste, die vermutlich Ligurer aus Norditalien gegründet haben.
Um 1000 v. Chr.	Ligurer und Kelten aus Mitteleuropa formen eine kelto-ligurische Kultur.
Um 600 v. Chr.	Griechen aus Phokäa gründen Massilia (Marseille). Es folgen Siedlungen in Antibes, Monaco und Nizza. Die Koexistenz mit den Kelto-Ligurern verläuft friedlich.
1. Jh. v. Chr.	Die Mittelmeerküste wird Teil der römischen Provincia Gallia Narbonensis. Bis heute wirkt die durchgreifende Romanisierung der Region in Sitten und Gebräuchen nach.
476	Zusammenbruch des Weströmischen Reiches
838 – 842	Marseille und Arles werden von arabischen Truppen geplündert.
972	Gründung der provenzalischen Grafschaft durch Wilhelm von Arles
1032	Die Provence fällt an das Heilige Römische Reich deutscher Nation.
12. Jh.	Aufteilung der Provence unter die Grafen von Toulouse und Barcelona
1226	Ludwig VIII. von Frankreich besetzt Avignon.
1247	Die Päpste erhalten zum Dank für ihre Mithilfe beim Katharerfeldzug das Venaissin (Nordprovence).
1248	Ludwig IX. bricht von Aigues-Mortes zum 6. Kreuzzug auf.
1297	Die Grimaldis kommen durch Kauf in den Besitz von Monaco.
1309 – 1376	Exilpapsttum in Avignon
1377	Kirchenschisma: In Rom wird Urban VI. zum Papst gekürt. In Avignon regiert ein Gegenpapst.

Mit Graf René von Anjou, dem ›guten König René‹, erlebt die Provence eine kulturelle und wirtschaftliche Blüte. Nach dem Tod des letzten Grafen fällt die Provence an Frankreich und sinkt zum Status einer französischen Provinz herab. Die französische Krone ›erbt‹ die Provence (den westlichen Teil der alten Grafschaft).	**1434 – 1481**
Gründung der Universität von Arles	**1409**
Religionskriege schwächen die Region. Heinrich IV. gliedert die Provence in das französische Staatsgebilde ein. Französisch wird 1593 Amtssprache.	**16. Jh.**
Ludwig XIV. besetzt Marseille und bürdet der mehr und mehr geknechteten Provence harte Steuern auf.	**1660**
Toulon wird Kriegshafen, es ist bis heute Frankreichs wichtigster Flottenstützpunkt im Mittelmeer.	**Ab 1680**
Die ›große Pest‹ bricht in Marseille aus, eingeschleppt an Bord der Grand-Saint-Antoine. Allein in Marseille erliegen 50 000 Menschen der Seuche, noch einmal so viele in der Provence.	**1720**
Erstmals überwintern Engländer an der Côte und bereiten das Terrain für den kometenhaften Aufstieg zur europäischen Urlaubsregion.	**Ende 18. Jh.**
Schaffung der Departements Basses-Alpes (Alpes-de-Haute-Provence), Var, Bouches-du-Rhône und Vaucluse	**1790 – 1791**
Napoleon landet aus der Verbannung in Golfe-Juan und marschiert auf Paris.	**1815**
Gründung der Fremdenlegion	**1831**
Eisenbahn- und Straßenbau machen die Täler von Rhône, Durance und Var für den Massenverkehr passierbar. Mit modernen Kanälen, allen voran dem Kanal längs der Durance, lassen sich die Felder leichter bewässern. Der Gemüse- und Obstanbau erlebt einen Aufschwung.	**1860er Jahre**
Die Reblauskrise vernichtet die Weinberge.	**1860**

Zeittafel

1861	Frankreich kauft den notorisch verarmten Grimaldi-Fürsten Roquebrune und Menton ab. Die Côte d'Azur erhält ihre aktuellen Grenzen.
1887	Stephen Liégeards Buch ›La Côte d'Azur‹ verleiht der Küste ihren Namen.
1890er Jahre	Maler entdecken die Küste des Lichts: Signac in St-Tropez, Cézanne und Braque in L'Estaque. Viele Künstler folgen ihrem Beispiel. Die Côte etabliert sich als Mekka der modernen Kunst mit renommierten Sammlungen und Museen.
1942	Deutsche Wehrmacht und SS besetzen das freie Frankreich und die Provence.
1944	Mit der Landung der Alliierten an der Mittelmeerküste beginnt die Befreiung. Toulon wird bei Angriffen stark zerstört.
1947	Das Festival d'Avignon wird begründet. Durch Volksentscheid wird das obere Roya-Tal (zuvor italienisch) französisch.
1962	Nach dem Ende des Algerien-Krieges treffen 1,5 Mio. Vertriebene *(pieds noirs)* und Nordafrikaner in Marseille ein, von wo aus sie sich über Südfrankreich verteilt neu ansiedeln.
1970er Jahre	Schaffung der Verwaltungsregion Provence-Alpes-Côte d'Azur mit Marseille als Hauptstadt. Das Gebiet umfasst eine dicht besiedelte Küste und durch die Agrarkrise verarmte, menschenverlassene Gebirgsregionen.
1974	Schaffung der Technopole Sophia-Antipolis, heute ein Zentrum für Biotechnologie
1980er Jahre	Anhaltender Bauboom, der das Schlagwort ›Côte Béton‹ prägt. Die Côte d´Azur wird zum Massenreiseziel.
1981	Die von Mitterrand eingeleitete Dezentralisierung bringt der Provence einen Teil Autonomie zurück.
1984	Extremer Frost führt zur Vernichtung von zigtausenden Olivenbäumen und Palmen.

Verheerende Waldbrände an der Montagne Ste-Victoire	**1989**
Entdeckung der Grotte Cosquer in den Calanques von Cassis (prähistorische Malereien).	**1991**
Hochwasserkatastrophe durch schwere Regenfälle. In Vaison-la-Romaine ertrinken über 50 Menschen.	**1992**
Gewinne der Rechtsradikalen unter Le Pen bei Kommunal- und Regionalwahlen. 1998 erreicht der Front National in Orange die absolute Mehrheit.	**1990er Jahre**
Marseille wird zur Euroméditerranée ausgebaut. Das Konzept umfasst die Innenstadtsanierung, den Umbau der Docks zum Dienstleistungszentrum und den Ausbau des Kreuzfahrtschiffhafens.	**1995 – 2010**
Man zählt 8,3 Mio. Touristen an der Côte d´Azur – ein Plus von 9 % gegenüber dem Vorjahr.	**1997**
Sanierung der Altstadt von Nizza. Die Promenade des Anglais wird komplett erneuert.	**1999/2000**
Le Pen verliert wegen eines tätlichen Angriffs auf eine Abgeordnete sein Mandat im Regionalrat. Bandenkriege in Nizza und Überfälle auf Autobahnen bringen eine Welle der Gewalt.	**2000**
Vollendung der TGV-Linie Méditerranée. Marseille rückt auf gut 3 Std. Fahrzeit an Paris heran.	**2001**
Durch den Streik des technischen Personals fallen die Festivals von Avignon und Aix aus – mit beträchtlichem Image-Schaden und enormen finanziellen Ausfällen für Hoteliers, Künstler und Bühnen. Waldbrände vernichten große Teile des Massif des Maures und fressen sich bis an die Küste vor. Nach den Boomjahren gehen die Touristenzahlen merklich zurück.	**2003**
Nach dem Tod von Fürst Rainier übernimmt Sohn Albert die Regentschaft im Fürstentum Monaco.	**2005**
Entwarnung nach mehreren Dürresommern. Grund sind die massiven Schneefälle in den Alpen im vorangegangenen Winter.	**2006**

Gesellschaft und Alltagskultur

Die Provence-Côte d'Azur ist reich an Bräuchen. Was auf den ersten Blick wie hübsch inszenierte Folklore erscheinen mag, dient zur Bekundung der eigenen Identität, zu der weit mehr als ein paar Worte Provenzalisch gehören. Apropos Worte: Provenzale ist nicht gleich Provenzale. Verschwiegen sind die Menschen in der Hochprovence, herzerfrischend verplappert die an der Côte d'Azur.

Wie bei den Nachbarn im Mittelmeerraum bestimmen Sonne und Hitze den Tagesablauf. Die Menschen arbeiten bevorzugt in den kühlen Morgenstunden und genießen die vergleichsweise frischen Abende. Eine *sieste* gehört im Südfrankreich nachmittags ebenso zu den Ritualen wie in Spanien oder Italien – wenn auch die Sitte, sich nach dem Mittagessen, somit während der größten Tageshitze aufs Ohr zu legen, in Zeiten standardisierter Arbeitsabläufe an Gültigkeit verliert. Man scherzt ausgesprochen gern, zu jeder Gelegenheit, über Gott, die Welt und sich selbst. Hinzu kommt eine alle Alltagssituationen begleitende *convivialité.* Mit ›vergnügter Geselligkeit‹ ließe sich diese Urtugend des Südens vielleicht am ehesten übersetzen. Gemeint ist ein freundliches *ça va?,* eine heitere Tischrunde oder der gemeinsam getrunkene Pastis zur Versüßung des Alltags.

Pastis ist provenzalisch und bedeutet schlicht Mischung. Hinein gehören grüner Anis, Lakritz, Fenchel, Muskat, Vanille, Zimt, Zucker und natürlich 45-prozentiger Alkohol. So schreibt es das Rezept vor, mit dem Paul Ricard in den 1930er Jahren die Bars der Provence eroberte. Der Rest ist eine Sache des eigenen Geschmacks: Eine *momie* ist ein winziges Gläschen Pastis, ein *perroquet* eine Pastis-Minzsirup-Mischung, eine *tomate* eine Mischung aus Pastis und Granatapfelsirup, eine *mauresque* hingegen eine Mischung aus Pastis und Mandelmilchsirup.

Provenzalisch

»Qué pastis!« – so was aber auch! – heißt es, wenn man auf Provenzalisch sein Erstaunen ausdrücken möchte. *Dormiasse* bezeichnet einen Langschläfer, *ensuqué* jemanden, der langsam denkt, *fada* jeden Verrückten. *Cagnard* ist die Sonne, *pescadou* der Fischer. Provenzalisch ist eine der vier Untersprachen des Okzitanischen, das sich im Mittelalter aus der gallorömischen Umgangssprache Südfrankreichs entwickelt hat. Im 16. Jh. erhob die französische Krone Französisch zur allein gültigen Staatssprache. Das Provenzalische verschwand zunehmend, blieb die Sprache der Unterprivilegierten, bis im 19. Jh. Intellektuelle wie Frédéric Mistral die Félibrige-Bewegung zur Rettung der Heimatsprache ins Leben riefen. Mistral schrieb Wörterbuch und Grammatik fürs Provenzalische. *Boudiou!* – Na also!

Verspielte Provenzalen

Die Spiel- und Sportleidenschaft der Provenzalen ist legendär. Entweder man steigt am Sonntag aufs Rennrad – so wie es sich für ein Land gehört, das die Tour de France erfunden hat. Oder man ist wenigstens eingefleischter OM-Anhänger. Hinter dem Kürzel verbirgt sich der Fußballclub Olympique Marseille. Wenn die Spieler im himmelblau-weißen Trikot im heimischen Vélodrome antreten, bleibt keiner der 40 000 Plätze frei. Gleichzeitig bleibt kein Fernseher ausgeschaltet, weder daheim noch in der Bar.

Die Kugel im Anschlag – Pétanque

Allein eine halbe Million Profispieler sind in Frankreichs Pétanque-Clubs eingetragen, die Zahl der Amateure übersteigt das Schätzvermögen. Beim wahlweise Pétanque oder Boule genannten Spiel ist eine 650 bis 800 g schwere Stahlkugel aus einer Entfernung von 6 bis 10 m einem Buchsbaumkügelchen (*cochonnet,* deutsch: ›Schweinchen‹) möglichst treffsicher hinterherzuwerfen. Pétanque ist Nationalsport, für die Herren jedenfalls. Frauen sieht man allenfalls bei Familienfeiern die Kugel schleudern, auf Dorfplätzen fast nie. Im Hafenstädtchen La Ciotat östlich von Marseille behauptet man, die heutige Variante des Spiels sei hier 1907 erfunden worden: *les pieds tanqués,* verballhornt zu Pétanques (mit den Füßen nebeneinander) soll die Spielanleitung eines gewissen Jules-le-Noir aus La Ciotat gelautet haben. Der ›schwarze Jules‹ litt an Rheuma und konnte die Vorläuferversion Longue, bei der die Kugel aus dem Anlauf heraus an die 15 m weit geschleudert werden musste, nicht mehr spielen – und erfand kurzerhand neue Regeln. *Carreau* heißt der Treffer, bei der die im Weg liegende Kugel der gegnerischen Mannschaft mit lautem Klacken weggeräumt wird. Und genau darauf kommt es an.

Stierkampf light

Es muss nicht immer mit einer *mise à mort* enden, wenn provenzalische Toreros zum Kampf mit dem Stier in die Arena schreiten. Im Gegensatz zur blutrünstigen *corrida,* die mit dem Tod des Stiers und manchmal mit dem des Matadors endet, kehrt der Stier nach der in der Camargue verbreiteten *course camarguaise* in die Sumpfwiesen des Rhône-Deltas zurück. Ein weiterer Unterschied: Steht bei der *corrida* der Torero in großen Lettern auf dem Plakat, so ist es bei der *course camarguaise* der Stier. Die Bullen sind dem lokalen Publikum von anderen Kämpfen bekannt. Zwischen ihren Hörnern prangt die *cocarde.* Die bunte, gefältelte

Kühner Sprung in die Sicherheit bei der Course à la Cocarde

Stoffrosette vom Stierkopf zu reißen, ist das Ansinnen der *razeteurs* genannten mutigen Mannen. Als Hilfswerkzeug fungiert der *crochet,* eine eiserne Kralle, die eine gewisse Entfernung zum Stier erlaubt. Ab Mai veranstalten viele Städte und Dörfer in den Departements Gard und Bouches-du-Rhône ihre *feria.* Auch eine andere, selten blutig endende Tradition hat überlebt: Die *course de rue* ist eine nicht ganz ungefährliche Volksgaudi, bei der ein paar Stiere die übermütige männliche Dorfbevölkerung durch die Gassen jagen.

Auf der Jagd

La chasse ist in der Provence heilig und ein Massenphänomen, zudem verbrieftes Recht seit der Französischen Revolution. Zwischen Oktober und März wird es daher in den Wäldern für Wanderer gefährlich. Ganze ohne Witz raten Wandervereine für die Wintersaison zu auffällig leuchtender Kleidung und einem Lied auf den Lippen. So entgeht man am ehesten der Gefahr, für ein Wildschwein gehalten zu werden. Offiziell darf nur mittwochs (wenn nachmittags schulfrei ist) und am Wochenende (wenn wieder schulfrei ist) geballert werden – aber daran hält man sich nur bedingt.

Anarchie im Alltag

Zwei Jahrtausende Fremdherrschaft, angefangen bei den Römern über Pariser Beamte bis hin zu Brüsseler Bürokraten, haben die Provenzalen souverän mit einer gehörigen Prise Anarchie überstanden. Private Verabredungen, berufliche Termine, Verkehrsvorschriften werden äußerst entspannt gehandhabt. Steuern sind gleichbedeutend mit Fron, Beamte bleiben eine Geißel im ansonsten heiteren Alltag. Das ist gewöhnungsbedürftig, etwa wenn die Wasserleitung im Ferienhaus tropft und der Klempner zum verabredeten Termin nicht erscheint. Oder die Autopanne zu einem weiteren Tag warten führt, weil der Mechaniker vielleicht gerade zum Bademeister oder Gleitschirmlehrer umsattelt. *On se débrouille* – man wurschtelt sich durch. Dazu gehört auch, öfter mal den Job zu wechseln, abenteuerlustig etwas ganz Neues anzufangen. Notfalls wird in der Kirche eine Kerze für den zuständigen Schutzheiligen angezündet.

Religiöse Feste

Fast alle Feste der Provence haben einen religiösen Ursprung. Denn erstens hat jedes Dorf seinen Schutzpatron, dem einmal im Jahr ein **Votivfest** zusteht. Zweitens gibt es in Ermangelung eines Heiligen immer noch ein Monster aus grauer Vorzeit, dessen Vertreibung es ebenfalls zu feiern gilt. Die schönsten Votivfeste werden mit einer *bravade* begangen, bei der der Heilige feierlich durch die geschmückten Gassen getragen wird. Die Träger sind Männer aus dem Ort, die sich zuvor in bunte Matrosen-, Musketier- oder Husarenkostüme geworfen haben. Während der Bravade knallen Salutschüsse, Trommler und Pfeifer sorgen für Musik. Der Pfarrer segnet Dorf und Bewohner und mit an Sicherheit grenzender Wahrscheinlichkeit wird ein Festbankett eröffnet. Auch beim **Corso fleuri** ziehen die Bewohner durch den Ort, diesmal jedoch mit blumengeschmückten Wagen, auf denen überlebensgroße Figuren, ebenfalls mit Blumen bedeckt, schaukeln. Mit dem Corso fleuri wird der Frühling eingeläutet, mit je nach Saison verfügbaren Blumen. Ernster geht es bei einigen Prozessionen zu, allen voran die **Passionsprozession** von Roquebrune im August, mit der an das Ende der Pest im Jahr 1467 erinnert wird. Laiendarsteller übernehmen wie in Oberammergau die Rollen von Jesus Christus und seinen Aposteln. Ausnahmsweise nicht Einheimische, sondern die bis heute als Fremde empfundenen *gitans* (Roma und Sinti) sind die Hauptakteure der großen **Marienwallfahrten** von Les Saintes-Maries-de-la-Mer im Mai und Oktober.

An das Wunder des plötzlichen Erscheinens eines Rindviechs, das zum Ende einer Hungersnot führte, erinnert im Januar die

Fête des Tripettes in Barjols – mit im Treiben schwingt der heidnische Ursprung. Das gilt auch für die **Fête de la Tarasque** in Tarascon. Zum Kostümumzug im Juni fällt das Tarasque-Monster in einer Pappmachéausführung in das Städtchen ein.

Provenzalische Weihnachten

In der Französischen Revolution wurden Krippen und Mitternachtsmessen in den Kirchen als Relikte eines überholten Kults verboten. Prompt begannen die wohlhabenderen Bürger von Marseille und anderen Städten, in ihren Privathäusern Krippen aufzustellen. Die Krippenfiguren, *santons,* spielten dabei eine wichtige Rolle. Man stellte nicht nur die Protagonisten des biblischen Geschehens dar, sondern auch die Vertreter des dörflichen Lebens im 18. und 19. Jh. Neben den Hirten findet man Vertreter aller Berufe: Bäcker, Müller, Fischverkäufer – bis hin zum Bürgermeister. Jeder in seiner Tracht und mit den typischen Werkzeugen. Der klassische Santon ist aus Ton, entweder gänzlich bemalt oder mit echten Stoffen bekleidet.

Neben den Krippen mit den Tonfigürchen gibt es in der Weihnachtszeit in vielen Kirchen auch ›lebende Krippen‹: Die Einwohner des Ortes oder auch Folkloregruppen stellen das biblische Geschehen nach. Die mitternächtliche Christmette wird in vielen Orten in provenzalischer Sprache gefeiert. Höhepunkt einer solchen Messe ist oft die *pastrage,* bei der ein neu geborenes Lamm, natürlich das schönste der Herde, den Gläubigen als Symbol von Christi Geburt gezeigt wird, so etwa in der Abtei St. Michel de Frigolet bei Tarascon.

Bevor man sich zur Mitternachtsmesse begibt, verbringt man den Abend im Kreis der Familie nach altem Brauch: Das älteste männliche Familienmitglied begießt ein Holzscheit, das aus einem Obstbaum geschlagen sein muss, dreimal mit Wein. Daraufhin wird dieser Weihnachtsscheit *(bûche de Noël)* ebenso viele Male vom ältesten und jüngsten Familienmitglied durchs ganze Haus getragen, in den Kamin gelegt und angezündet. *Cacho-fio* heißt dieses rituelle Anzünden des Feuers auf Provenzalisch. Danach setzt sich die Familie zum *gros souper,* dem traditionellen Weihnachtsessen, an den festlich geschmückten Tisch. Fleisch ist dabei nicht erlaubt, denn der Heilige Abend ist ein Fastentag! Hauptbestandteile sind daher Fisch und Gemüse, wobei die verschiedenen Arten je nach der Gegend und der Nähe zum Meer variieren. Den krönenden Abschluss bilden die *treize desserts.* Sage und schreibe 13 verschiedene Desserts, die Jesus und die zwölf Apostel symbolisieren sollen, kommen auf den Tisch: *fougasse*, ein Hefegebäck, weißer und dunkler Nougat, getrocknete Feigen, Mandeln, Nüsse, Rosinen, Äpfel, Birnen, Orangen oder Mandarinen, Datteln, kandierte Zedrafrüchte und Quittenmarmelade.

Staatliche Feiertage

Neujahr
Ostermontag
1. Mai (Tag der Arbeit)
8. Mai (deutsche Kapitulation 1945)
Pfingstsonntag
14. Juli (Nationalfeiertag)
15. August (Mariä Himmelfahrt)
1. November (Allerheiligen)
11. November (Waffenstillstand 1918)
19. November (Nationalfeiertag im Fürstentum Monaco)
25. Dezember (Weihnachten)

Feste und Festivals

Januar

Fête des Tripettes: In **Barjols** gedenkt man einer Hungersnot vor langer Zeit, die die wundersame Ankunft eines Rindes beendete. Zur Fête des Tripettes gibt's deshalb Innereien (jeweils am Wochenende, das dem Patronatsfest des Saint-Marcel am 17. Jan. am nächsten liegt).

Fête de la Ste-Dévote: Monaco gedenkt der auf Korsika getöteten Heiligen, die in einem Boot nach Monaco getrieben worden sein soll. Am 26. Januar wird ein Boot vor der Kirche Ste-Dévote verbrannt. Am 27. zieht eine Prozession zum Palais Princier.

Les Oursinades: Die Fischerorte der Côte Bleue feiern den Seeigelfang. Verköstigung an langen Tischen im Hafenbecken, mit einem kühlen Glas Weißwein – an den drei letzten So im Jan. in **Sausset-les-Pins,** den drei ersten So im Feb. in **Carry-le-Rouet,** Ende Feb. in **Fos-sur-Mer.**

Februar

Fête de la Chandeleur: Lichterprozession durch **Marseille** zur Basilika St-Victor. Der Bischof segnet zudem die benachbarte Bäckerei Le Four à Navettes (2. Feb.).

Fête du Citron: Zitronenfest in **Menton.** Der Legende nach soll Eva eine Zitrone aus dem Paradies mitgenommen haben, deren Kerne sie in Menton pflanzte (Mitte Feb. bis Anfang März, www.feteducitron.com).

Fête du Mimosa: Wagenkorso, mit Mimosen geschmückt, in **Mandelieu** (Mitte Feb., mehrere Tage).

Salon de Truffe: Trüffelmarkt in **Carpentras** mit Trüffelmesse, Veranstaltungen, Produkteschau (2. So, s. auch Nov.).

Corso fleuri: In **Bormes-les-Mimosas** findet der prächtigste Blumenumzug der westlichen Côte d'Azur statt. Die Mimose, knallgelbe Symbolblume des Dorfes, darf nicht fehlen. Am Schluss regnet's zur *Bataille des Fleurs* Blumen (3. So).

Carneval de Nice: In den beiden Wochen vor Veilchendienstag steht **Nizza** Kopf, und dies seit dem 13. Jh. Am *Mardi gras* (Karnevalsdienstag) gibt es den Umzug mit den ›großen Köpfen‹ (Pappmachéfiguren). Anschließend wird König Karneval am Strand eingeäschert.

März

Fête des Violettes: Wagenkorso in **Tourrettes-sur-Loup** mit Veilchen, die im Dorf für die Parfümeure von Grasse angebaut werden (Anfang März).

April

Feria de Pâques: Ostern ist in **Arles** Auftakt der Stierkampfsaison in den Arenen. In den Bodegas der Stierkampfclubs geht's bis in

den frühen Morgen hoch her, die Stadt quillt über von *aficionados* (Stierkampfliebhabern).

Marché des Antiquaires: Zu Ostern organisiert **L'Isle-sur-la-Sorgue** einen der wichtigsten Antiquitätenmärkte Frankreichs.

Mai

Fête de la Rose/Expo Rose: In **Grasse** wird die für die Parfümherstellung wichtige Blume gefeiert (an 3 Tagen Anfang bis Mitte Mai).

Internationales Filmfestival: Cannes steht für das wichtigste Filmfestival weltweit (Mitte–Ende Mai, www.festival-cannes.fr).

Bravade: Fest zu Ehren des hl. Torpes, dessen Leichnam in einem Nachen in **St-Tropez** gestrandet sein soll. Die Statue zieht in feierlicher Prozession durch St-Tropez (16.–18. Mai).

Große Zigeunerwallfahrt: Nach der Morgenandacht wird in **Les Saintes-Maries-de-**

Bunt und bewegt sind die Straßen und Plätze beim Festival Off in Avignon

la-Mer eine Barke mit zwei Marienbildnissen an den Strand getragen. Der Bischof segnet vom Fischerboot aus das Meer. Abschließend Rückkehr der Prozession zur Kirche mit Musik, Freudengesängen, Glockengeläut – sowie Massenandrang und Taschendieben (24.–25. Mai).

Off-Shore-Schnellbootrennen: In **St-Tropez** ist die Sommersaison eröffnet. Mit den Schnellbooten kommen auch Playboys und Bikini-Schönheiten zurück (meist an den beiden letzten Wochenenden).

Grand Prix de Monaco: Die Schumachers dieser Welt röhren durch die Straßen von **Monaco,** und dies seit 1929 (Ende Mai).

Fête des Gardians: Fest der Bruderschaft der Gardians des hl. Georg, seit 1512 in **Arles.** Auftakt ist am 1. Mai auf der Place du Forum vor dem Frédéric-Mistral-Denkmal. Es folgt eine Messe auf dem Platz vor Notre-Dame La Major. Das Ganze hoch zu Pferd, so wie es sich für die Camargue-Cowboys gehört. Höhepunkt ist die Wahl der Reine d'Arles, der ›Königin von Arles‹ als Repräsentantin des provenzalischen Erbes (alle 3 Jahre, das nächste Mal 2008, www.reinedarles.com).

L'Arbre de mai: Zu Ehren der Dorfpatronin Ste-Tulle wird in **Cucuron** ein Pappel-Maibaum vor der Kirche aufgestellt. Dazu wird gesungen und getanzt (Sa nach dem 21. Mai).

Festival de Jazz du Luberon: Jazz in **Gargas, Bonnieux, Goult, Roussillon, St-Saturnin-lès-Apt, Rustrel, Saignon, Cavaillon** (Ende Mai, www.jazzluberon.net.fr).

Juni

Segelwoche in Antibes und Juan-Les-Pins: Regatta mit den schönsten Schiffen der

Welt und den großen Namen des Segelsports (1. Wochenende).

Fête de la Transhumance: Fest in **St-Rémy-de-Provence** zum Auftrieb der Schafherden in die Alpilles, mit zwei Ehrenrunden durch die Stadt (Pfingstmontag, 10.30–12.30 Uhr).

Fête de la St-Jean: Nächtliches Feuer in **Allauch** zur Feier der Sonnenwende, mit Auftritt des Garamaudo-Monsters (23. Juni).

Nuit du Petit St-Jean: 400 Laiendarsteller, Fackel- und Hellebardenträger folgen in **Valréas** einem drei- bis fünfjährigen Kind, das in ein Schaffell gekleidet ist. Ziel ist das Château, wo der Petit Jean für ein Jahr inthronisiert wird. Seit 1504! (23. Juni.)

Fête du Drac: Einmal im Jahr kriecht in **Mondragon** der Drache aus der Rhône in den Ort: Dort warten auf das Feuer speiende Ungeheuer Festwagen, Falkner, Gaukler (24. Juni).

Fête de la Tarasque: Kostümumzug in **Tarascon** und mittelalterliches Bankett. Zum Schluss zieht das Monstrum Tarasque (aus Pappmaché) durch die Gassen, begleitet vom Lokalhelden Tartarin (letztes Wochenende).

Fischerfeste (Fête de la St-Pierre): In **Marseille** (Vallon des Auffes), **La Ciotat, Cassis** (meist letztes Wochenende).

Juli

Jazz à Juan: Internationales Jazz-Festival in **Antibes,** seit 1960 eines der wichtigsten seiner Art in Europa: 250 Musiker aus 15 Ländern geben Openair-Konzerte im Pinienwald (Mitte Juli, www.antibesjuanlespins.com).

Les Baroquiales: Musik-, Theater- und Festveranstaltungen in den Orten der Route du Baroque durch das **Roya-Bévéra-Tal** (1. Juli-Hälfte).

Fête St-Eloi: Tende ehrt den Schutzheiligen der Mauleseltreiber. Mit vielen Grautieren, was Kindern gefällt (1. Wochenende).

Festival d'Avignon: Berühmtes und gut besuchtes Theater- und Tanzfestival in **Avignon** (3 Wochen, Tel. 04 90 14 14 14, www.festival-avignon.com). Parallel dazu läuft das Festival Off (Tel. 04 48 05 01 19).

Festival international d'Art Lyrique: Hochkarätiges Opern- und Konzertfestival in **Aix-en-Provence,** mit Openair-Aufführungen im Hof des Bischofspalasts (erste 3 Juliwochen, Office de Tourisme, Tel. 04 42 17 34 34, www.festival-aix.com).

Rencontres Internationales de la Photographie (RIP): 1970 in **Arles** gegründetes Fotofestival mit Ausstellungen (viele bis Sept.), Events, Kolloquien in der gesamten Stadt (1. Juli-Hälfte, Büro der RIP, Tel. 04 90 96 76 06, www.rencontres-arles.com).

Le Pegoulado: Arles' Folklorefest ist das trachtenträchtigste der Provence. Höhepunkt ist der abendliche Umzug mit Hunderten von herausgeputzten Arlésiennes – erkennbar an der Spitzenhaube (4. Juli).

Festival de Vaison-la-Romaine: Tanz- und Theaterfestival im antiken Theater von **Vaison-la-Romaine** (2. Juli-Hälfte,Tel. 04 90 28 84 49, www.vaison-festival.com).

Melons en fêtes: Eine Woche im Zeichen der berühmten Melone aus **Cavaillon.** Markt, Verköstigung, Melonenmenüs in den Restaurants der Stadt (um den 14. Juli, Tel. 04 90 71 42 99).

Les Chorégies: 1869 gegründetes Opern- und Konzertfestival im antiken Theater von **Orange** (Ende Juli–Anfang Aug., Tel. 04 90 34 24 24, www.choregies.asso.fr).

August

Les Riches Heures Musicales de la Rotonde: Klassische Konzerte und Gesang in der Rotunde über **Simiane-la-Rotonde** (Anfang–Mitte Aug., Reservierungen Tel. 04 92 75 90 14, www.festival-simiane.com).

Festival International de piano: Klavierkonzerte über einen ganzen Monat in **La Roque-d'Anthéron** (Ende Juli–Ende Aug., Tel. 04 42 50 51 51, www.festival-piano.com).

Foire aux produits de Haute-Provence: Großer Markt in **Forcalquier** für die Produkte der Hochprovence – Honig, Banon-Käse, Wurst und Kräuter (Anfang Aug.).

La Véraison: Gefeiert wird in **Châteauneuf-du-Pape** der Beginn der Traubenreife, mit mittelalterlichem Bankett (Fr abend), Markt am Sa und Umzug am So (Anfang Aug.).

Les Choralies: Das Chorfestival in **Vaison-la-Romaine** ist eines der bedeutendsten Europas (alle 3 Jahre Anfang Aug., nächster Termin 2007).

Passionsprozession: Ihren Ursprung hat die Prozession von **Roquebrune** im Jahr 1467, als die Bewohner des Ortes nach dem Abklingen der Pest ein Gelübde ablegten. Seither stellen Laienschauspieler die Stationen der Passionsgeschichte dar (5. Aug.).

Lavandes en Fête: Lavendelfest im Hippodrom von **Sault,** in dessen Mitte ein Feld mit den wohlriechenden Pflanzen blüht. Mit Wettkampf im Lavendelschneiden (15. Aug.).

Internationale Festspiele der Kammermusik: u.a. nächtliche Konzerte in **Menton** vor der Basilika St. Michel, mit Kerzenlicht, Fackeln und Blick auf die Riviera (1. Aug.-Hälfte, www.festivalmusiquementon.com).

Theaterfestival Gérard Philippe: Das Festival zu Ehren des Schauspielers Gérard Philippe zeigt in **Ramatuelle** innovatives Theater (1. Aug.-Hälfte).

Marché des Antiquaires: Vier Tage lang wird in **L'Isle-sur-la-Sorgue** einer der wichtigsten Antiquitätenmärkte Frankreichs gehalten (um den 15. Aug.)

Concours mulassier: Wer ist der schönste Maulesel der Alpes-de-Haute-Provence? Die Entscheidung fällt in **Seyne-les-Alpes** beim Concours mulassier, zu dem die Grautiere ins Gebirgsdorf getrieben werden (2. Sa).

Töpferfest: In **Vallauris** lassen sich die Töpfer des Dorfes ins Atelier schauen (2. So).

September

Internationales Oldtimer-Treffen: Die noblen Karrossen paradieren über die Croisette von **Cannes** (wechselndes Datum).

Les Voiles de St-Tropez (La Nioulargue): Treffen und Regatta alter Segelschiffe in **St-Tropez** (Ende Sept., Anfang Okt.).

Ban des Vendanges: Fest zur Eröffnung der Weinlese, im Beisein aller Winzerbruderschaften der Côtes du Rhône. Über 100 Winzer schenken in **Avignon** ihre Weine zur Verprobung aus (um das 1. Wochenende).

Feria du Riz: Fest zur Reisernte mit Kostümkorso und Corrida in den Arenen von **Arles.** Ganz Arles im Sonntagsstaat (2. Wochenende, Bureau des Arènes, Tel. 04 90 49 36 74).

Oktober

Marathon des Gorges du Verdon: Marathon von **Moustiers-Ste-Marie** nach **Castellane** (Anfang Okt., Office de Tourisme de Castellane, Tel. 04 92 83 61 14, www.castellane.com).

Fête de la Châtaigne: Nach der Maronenernte beginnt in **Collobrières** das Kastanienfest. An den letzten 3 So im Okt. wird mit Ständen und Folklore gefeiert.

Pélérinage d'octobre: Die kleinere der beiden Marienprozessionen von **Saintes-Maries-de-la-Mer,** mit berittenen Gardians, Zigeunern, Pilgern, aber deutlich weniger Schaulustigen als im Mai (19.–20. Okt.).

November

Marché aux truffes: In **Richerenches** findet von Nov. bis Ende Feb. jeden Sa einer der größten Trüffelmärkte Frankreichs statt – am So nach dem 15. Jan. (St. Antonius) mit Trüffelmesse und Versteigerung.

La Fête du Millésime: Weinfest am Hafen von Bandol. Verkostet wird der neue Jahrgang (1. So).

Salon des Vins AOC de la Vallée des Baux: Winzerfest in der Burg von Les Baux-de-Provence, mit Degustationen, Versteigerung (um den 11. Nov., Tel. 04 90 54 34 39).

Salon International des Santonniers: Verkaufsmesse der Santon-Hersteller im St-Trophime-Kloster von **Arles,** die größte ihrer Art (Nov.–Jan.).

Fête des bergers: Schäferfest in **Istres** mit Herdenauftrieb, Folkoregruppen, provenzalischer Messe etc. (30. Nov.–1. Dez.).

Dezember

Fête de l'Huile Nouvelle: In **Mouriès** wird das neue Olivenöl aus allen sieben Mühlen der AOC Vallée des Baux verkostet. Umzug der Bruderschaft der Olivenbauern (1. Wochenende).

Salon des Santonniers: Carpentras ist in den Wochen vor Weihnachten Hauptstadt der provenzalischen Krippenfiguren: Alle Schnitzer der Region stellen Anfang Dez. ihre Ware aus.

Heiligabend: In der **Abbaye du Thoronet** und der **Abbaye de Frigolet** ist jedermann zur Mitternachtsmesse willkommen.

Architektur und Kunst

Frühzeitliche Wandbilder, die vor 6000 Jahren in der Grotte Cosquer bei Cassis entstanden, sind die ersten künstlerischen Zeugnisse in der Provence. Weit über die Antike hinaus prägten später die Römer die Formensprache von Architektur und Skulptur. So zitieren die romanischen Kirchen des Mittelalters und die barocken Palais der frühen Neuzeit antike Vorlagen. Die Moderne schließlich wählte die Côte d'Azur zu ihrer Heimat. Kaum ein Ort, in dem nicht ein Picasso oder Yves Klein gemalt hätte – und kaum ein Ort, an dem es nicht etwas zu besichtigen gäbe.

Architektur

Augustäische Klassik

Im 1. Jh. n. Chr. entstanden in der gesamten, nun endgültig römischen Provinz öffentliche Großbauten wie Aquädukte, Theater, Tempel und Arenen. An den Sieg der Römer erinnert in La Turbie eine 40 m hohe Siegestrophäe aus dem Jahr 6 v. Chr., die heute mitsamt der Huldigungsinschrift an Kaiser Augustus zu den Schlüsselbauten der römischen Architektur in der Provence gilt. Der Pont du Gard trotzt seit fast 2000 Jahren den Hochwasserfluten des Gardon. Drei insgesamt etwa 50 m hohe Etagen mit Bogen verschiedener Höhe und Breite, die bis auf die obere, wasserführende Arkadenreihe überwiegend mörtellos aus jeweils 6 t schweren Blöcken zusammengesetzt sind, überspannen auf einer Länge von 275 m die beiden Ufer des Flüsschens. Auch die Theater von Arles und unbeschadeter noch das von Orange überdauerten die Zeiten. Beiden gemein sind das steil ansteigende Zuschauerhalbrund und die kolossale, mit Statuen und Nischen reich verzierte Bühnenwand. Von den römischen Triumphbögen ist der von Orange der am besten erhaltene. Die Bezeichnung täuscht wie bei den ramponierten Bögen von Glanum (bei St-Rémy-de-Provence) oder Carpentras: Nicht der Triumph der römischen Legionen, sondern die Stadtgründung sollte mit diesen Bauwerken gefeiert werden. Bäderruinen sind in Nizza oder Arles freigelegt worden: Die Fußbodenheizung wurde aus Ziegeln gemauert, über die man große Terrakottaplatten auslegte. Der Hohlraum ließ sich beheizen. Wasserdicht wurde der Badboden mit einer Art Beton aus zerstoßenen Ziegeln gemacht, der über die Platten gegossen wurde. Eine ganze Stadt inklusive antiker Brücke blieb als Bodendenkmal in Vaison-la-Romaine erhalten: Die freigelegten Villen künden mit Mosaikböden, Innenhofgarten und Therme vom Luxus der römischen Provinz.

Romanische Provence

Ihren Einzug feierte die Romanik im französischen Süden um das Jahr 1000. Erste Kirchen mit Gewölben mit kleinen, rundbogigen Fenstern und Türen entstanden. Bald wurde prachtvoller gebaut. Als architektonisches Vorbild diente das vorhandene antike Erbe. Ihren Höhepunkt erreichte die Romanik in der Provence im 12. Jh. Die Anfang des 12. Jh. begonnene Abteikirche St-Gilles beeindruckt durch ein kolossales Westwerk, in dessen üppig gestalteter Portalanlage die Architektur römischer Triumphbögen weiterlebt. So zeigt sich deutlich, wie eng sich die südfranzösische Romanik an antike Vorgaben anlehnt.

Antik ist auch die Aufteilung von St-Trophime in Arles. Wie durch einen reich verzierten Triumphbogen schreitet man in die Kirche. Bei St-Sauveur in Aix verraten sich die Anleihen bei römischen Vorbildern im geometrischen und floralen Kapitelldekor. Ausgerechnet drei schlichte Bauwerke, die als die ›drei Schwestern‹ in die Kunstgeschichte eingegangen sind, aber begründen den Ruf der provenzalischen Romanik. Die Musterbeispiele der provenzalischen Romanik wurden von den aus Burgund stammenden Zisterziensern erbaut, die sich mit den Abteien von Sénanque, Silvacane und Le Thoronet auch im Süden ein Denkmal gesetzt haben. Allen drei Anlagen gemein sind klare Linien und mit Bedacht gesetzte Proportionen. Den Grundriss der Kirche formt das lateinische Kreuz. Ein schlichter Dachreiter krönt den Bau. Figürliche Darstellungen waren verpönt – immerhin, die Kapitelle der Abbaye de Sénanque sind mit floralen Motiven verziert. Schlicht wie die Kirchen der dem Armutsideal verpflichteten Zisterzienser sind auch die romanischen Kirchen der Hochprovence. Die Nähe zu Italien hat dabei zu Stilanleihen geführt. So wechseln beim Portal von Notre-Dame du Bourg in Digne die Reihen verschiedenfarbiger Steine – ganz so wie in Italien.

Provence-Barock

Classique wird das Zeitalter des Barock in Frankreich genannt. Mit ›klassisch‹ ist der Rückgriff auf griechisch-römische Stilelemente in der Architektur des 17. und 18. Jh. gemeint. In der vom Machtzentrum ins Abseits gedrängten Provence setzte sich der neue Stil nur zögerlich durch. Mitte des 17. Jh. aber entstand in Aix mit dem Mazarin-Viertel ein Paradebeispiel klassizistischer Stadtarchitektur. Die Straßenzüge wirken wie mit dem Lineal gezogen. Perspektiven, Plätze und Flaniermeilen verleihen dem montonen Schachbrettmuster eine gewisse Dramatik. Die Fassaden der *hôtels particuliers* (Adelspalais) ähneln sich in Traufhöhe, Fenstergliederung und Stein, doch groteske Steinmasken, Portalschmuck, Karyatiden und Atlanten

Die römische Brücke von Vaison-la-Romaine ist unverwüstlich

nach antiken Vorbildern verleihen den Bauten eine individuelle Note. Besonders ausgeprägt ist in der Provence die Schmiedeeisenkunst: Fantasievolle Gitter begrenzen die schmalen Balkone vor den bodentiefen Fenstertüren der Schaufassade. Was in Aix auf Betreiben des Erzbischofs (der zugleich ein Schwager des einflussreichen Kardinals und Premierministers Mazarin war) entstand, verdankte Marseille direkt königlicher Gnade. Ludwig XIV. wollte die befriedete Stadt nach seinem Geschmack umbauen lassen. Beauftragt wurde Pierre Puget. Unter der Leitung des Barockbaumeisters entstanden das neue Rathaus, die von einer steinernen Kuppel gekrönte Charité sowie der Cours Belsunce. Der städtische Baustil fand auf dem Land Nachahmer. *Pavillon* oder *folie* heißen die um Aix errichteten Barockschlösschen, die alle Stilmerkmale von schmiedeeisernem Balkon bis zum Dreiecksgiebel wiederholen. In der übrigen Provence fallen die Landsitze nüchterner aus und heißen *bastide*. Die Zeiten, in denen man sich mit abweisenden Mauern und Türmen gegen anstürmende Feinde verteidigen musste, waren endgültig vorbei. Entsprechend groß sind nun Fenster und Portale, entsprechend luxuriös die Ausstattung mit Fresken, Stuck, schmiedeeisernem Treppengeländerschmuck, Parkett und Prunkkaminen. Der Einfluss aus dem benachbarten Italien wog stark. Flächenreliefs an den Kirchenfassaden (Chapelle des Pénitents Noirs in Avignon), Glockengiebel (Pfarrkirche von Lambesc), korinthische Kapitelle, Nischen und Voluten des Jesuitenbarock (Jesuitenkolleg Avignon) sind direkte Übernahmen aus Genua und Turin.

Bäderarchitektur an der Riviera

Viel ist vom architektonischen Glanz der Riviera für immer verschwunden – man denke an das Fantasieschloss auf Nizzas ehemaliger Seebrücke oder an das legendäre Hôtel Ruhl an der Promende des Anglais. Im Gegenzug können Cannes, Monte Carlo oder Menton noch immer mit Uferfronten auftrumpfen, die an pompösen Palästen, stilistischen Anleihen und Exotik weltweit ihresgleichen suchen. Von der Mitte des 19. Jh. bis in die 1920er Jahre hinein war den Architekten erlaubt, was ihren Auftraggebern gefiel. Russische Fürsten ließen sich in Nizza Villen ›im russischen Stil‹ und die am Moskauer Kreml angelehnte Kathedrale St-Nicolas bauen. Wer als betuchter Europäer die Grand Tour durch die Schweiz, das Rhein-Tal, Ägypten, vielleicht auch Indien absolviert hatte, wollte am standesgemäßen Domizil an der Riviera demonstrieren, wohin die Bildungsreise geführt hatte. So entstanden die neomaurische Villa Djezair in Juan-les-Pins, die neogotischen Schlösser Château Scott in Cannes und das Château de Turenne in La Théoule sowie die vermeintlich altgriechische Villa Kérylos in Beaulieu-sur-Mer. Beherzt wurden Stile vermischt: ein bisschen Schweizer Chalet, eine Prise Rhein-Burg, ein orientalisch anmutendes Dach, fertig war das Traumschloss mit Blick aufs Meer. Kein Material konnte zu teuer, kein Zierrat zu aufwendig sein. Kolossale Grand-Hotels mit imposanten Kuppeln, Erkern, Balkonen wie das Hôtel de Paris in Monte Carlo, das Négresco in Nizza oder das Carlton in Cannes sorgten für weltläufiges Flair unter Palmen. Engagiert wurden die besten – und teuersten – Architekten ihres Zeitalters, wie etwa Charles Garnier, der für die Oper von Monte-Carlo verantwortlich zeichnete. Mit dem aus anderen Kulturkreisen entliehenen Pomp vorbei war es bei Ausbruch des Ersten Weltkriegs, nicht aber mit der Idee, etwas Ausgefallenes zu bauen. Eileen Gray entwarf sich ein Haus am Cap Martin, Le Corbusier ganz in der Nähe eine Strandhütte. Mit Nizzas in purem Art déco vollendeten Palais de la Méditerranée klang 1929 die große Zeit der Bäderarchitektur aus.

Maler des Lichts

Vincent van Gogh mietete sich an einem lausig kalten Februartag 1888 in Arles ein und packte gleich am nächsten Morgen im Mistral bibbernd die Staffel aus, »um ein anderes Licht zu sehen«. Er fand es über den Son-

Mehr Licht – van Gogh fand es in der Provence, hier der ›Pont de Langlois‹ von 1888

nenblumenfeldern des Rhône-Tals, so wie Paul Cézanne an der Montagne Ste-Victoire oder Pablo Picasso in den Hügeln von Mougins: Tintenblau bricht für Cézanne der Morgen am blitzblanken Himmel an, Nachmittage färben Picassos Bilder ockergelb und altrosa, van Goghs Abende kommen blutrot über die Rhône daher. Allen drei schien der Himmel über der Provence grenzenlos.

Ihren Einzug in die Kunstgeschichte hielten die lichtdurchfluteten Landschaften der Provence bereits etliche Jahrzehnte vor van Goghs Ankunft in Arles. Mit den Malern Joseph Vernet in Avignon, François-Marius Granet in Aix oder Adolphe Monticelli in Marseille begann die Entdeckung des Midi als Sujet zwischen dem Ende des 18. und der Mitte des 19. Jh. Erst unter dem Einfluss von Cézanne und van Gogh aber gab es für die Maler aus dem Norden kein Halten mehr. Mit ihnen kamen die bedeutendsten Strömungen der Moderne in den Süden.

1870 strandete Cézanne in L'Estaque – der Deutsch-Französische Krieg hatte ihn in das Hafennest in der Bucht von Marseille getrieben. Irritiert schrieb er an Malerkollege Pis-

Nur der Mond war Zeuge

Thema

»Verbrechen sind für mich nur ein Vorwand, um eine Stimmung einzufangen, eine Abenddämmerung, ein Morgengrauen über der kargen, einsamen, tragischen Landschaft«, gesteht Krimiautor Pierre Magnan, der seinen Kommissar Laviolette seit nunmehr 30 Jahren zwischen Montagne de Lure, Durance- und Ubaye-Tal ermitteln lässt.

Magnan kommt 1922 in Manosque zur Welt. Sein Lehrmeister heißt Jean Giono, auf dessen Ermunterung der Jugendliche zur Feder greift. Ein erster Roman, ›L'Aube insolite‹, findet bei Kritik und Lesern 1946 halbwegs Wohlgefallen. Drei weitere Bücher werden Misserfolge. Der Verleger rät zu einem Résistance-Roman, kurz nach dem Zweiten Weltkrieg ein Garant zur Auflagensteigerung. Als überzeugter Pazifist lehnt Magnan dies ab.

Der verhinderte Schriftsteller nimmt im Raum Paris eine Anstellung bei einer Firma für Kühlsysteme an. Das tägliche Pendeln im Vorortzug von Bueil nach Paris nutzt er, um zu schreiben. Vor dem Abteilfenster rauscht die Ile-de-France vorbei, im Kopf hat der junge Angestellte nur die Hochprovence: »Ich könnte niemals einen Roman schreiben, der in Rio spielt, sondern nur einen, der in den Basses-Alpes beheimatet ist.« Also schreibt Magnan auf der Hinfahrt über den Herdenabtrieb im Oktober, bei dem sich Tausende Schafe durch die Clues de Barles zwängten. Abends auf dem Rückweg dann über den Duft der Schnapsdistillerien, deren magerer Rauch kerzengerade im Winterhimmel steht.

Als nach knapp 30 Jahren die Kündigung ausgesprochen wird, ist Pierre Magnan 54 Jahre alt. Die Rücklagen reichen für den Kauf eines Gehöfts im Pays de Forcalquier. »Ich musste bei meiner Rückkehr in die Hochprovence Geld verdienen und beschloss, einen Roman über Digne zu schreiben«, blickt Magnan zurück. Krimis verkauften sich schon damals gut. Folglich zieht sich eine Blutspur durch ›Le Sang des Artrides‹ (›Das Zimmer hinter dem Spiegel‹). Im 1977 veröffentlichten Sittenbild von Digne streckt ein Oberschüler die Liebhaber seiner verwitweten Mutter mit inzestuösem Furor nieder. Seine Waffe: eine Steinschleuder. Nur einer vermag die menschlichen Abgründe im bourgeoisen Mief der Präfekturstadt auszuloten: Kommissar Laviolette.

Sechs Jahre später erscheint ›La Maison assassinée‹ (›Das ermordete Haus‹). Wieder bricht Magnans Hochprovence bedrückend und melancholisch über den Leser herein, inklusive düsterer Herbstabende und nebulöser Ängste. Nur der Vollmond ist Zeuge, als in einer Poststation über dem Durance-Tal die Familie des Fuhrhalters Monge niedergemetzelt wird. Die mit Imkerhauben vermummten Täter übersehen in der Wiege den erst wenige Monate alten Säugling. Oder wurde Séraphin bewusst verschont? 23 Jahre später kehrt Séraphin Monge aus den Schützengräben des Ersten Weltkriegs in die Hochprovence zurück. Der Hüne trägt das elterliche Haus Stein für Stein ab. Mit drei Schuldscheinen glaubt er eine Spur zu finden. ›La Maison assassinée‹ wird Magnans größter Erfolg. Der Roman erscheint in Englisch, Italienisch, Spanisch, Griechisch, auf Norwegisch, Schwedisch, Dänisch, als erstes Magnan-Buch auf Deutsch und wird verfilmt.

Pierre Magnan im Internet: www.lemda.com.fr.

saro nach Paris: »Rote Dächer vor dem blauen Meer ... Die Sonne ist hier so fürchterlich, dass es mir scheint, als ob alle Gegenstände sich als Silhouetten abhöben, und zwar nicht nur in Schwarz oder Weiß, sondern in Blau, in Rot, in Braun, Violett.« Cézanne, der aus Aix stammte, ging noch einmal nach Paris zurück und kam 1882 endgültig in seine Heimat zurück. Er zog an den Stadtrand von Aix und malte bis zu seinem Tod 1906 die Montagne Ste-Victoire – wieder und wieder.

Paul Gauguin reiste van Gogh nach Arles hinterher – trotz heftiger Auseinandersetzungen malten die beiden eine Zeitlang quasi Schulter an Schulter. Allein van Gogh vollendete in den 15 Monaten seines Arles-Aufenthalts an die 200 Gemälde, malte buchstäblich bis zum Wahnsinn. Renoir blieb bis zu seinem Tod 1919 in seiner Wahlheimat Cagnes an der Côte d'Azur, wo er sich 1907 niedergelassen hatte. Signac entschied sich für St-Tropez und lockte mit Dufy, van Dongen, Picabia, Braque, Bonnard und Seurat die großen Maler seiner Zeit an die Côte d'Azur. August Macke machte westlich von Marseille in L'Estaque Zwischenstation, bevor es nach Tunis weiterging. Untrennbar ist Biot mit Léger, Nizza mit Chagall und Matisse, Antibes oder Vallauris mit Picasso verbunden. Vom Impressionismus über den Fauvismus bis zur Ecole de Nice (Yves Klein) und zur Freien Figuration wechselten sich die Strömungen bis in die 1960er Jahre ab. 1985 starb Chagall in St-Paul de Vence. Es war das Ende einer Epoche – die internationale künstlerische Avantgarde lebt heute nicht mehr in der Provence.

Die Provence im Kino

1995 feierte La Ciotat ausgiebig den 100. Geburtstag des Kinos: Im Badeort hatten die Gebrüder Lumière ihr Erstlingswerk ›Ankunft eines Zuges im Bahnhof von La Ciotat‹ gedreht. Auguste und Louis Lumière waren die Söhne eines auf fotografische Artikel spezialisierten Industriellen aus der Franche-Comté, der seit 1891 in La Ciotat lebte. In der feudalen Villa flimmerten die ersten Streifen seiner beiden Erfindersöhne, zunächst nur im privaten Kreis. Erst in den 1930er Jahren wurde die Provence selbst Filmsujet für Millionen. Marcel Pagnol drehte in Marseille, Aubagne und dem Hinterland der Hafenstadt Klassiker wie ›César‹ (1936), ›Le Schpountz‹ (1938) und ›Manon des Sources‹ (1953). Die Popularität seines Lieblingsschauspielers Fernandel trug nicht unerheblich zum internationalen Erfolg bei. Im Sommer 1956 aber schuf Roger Vadim in St-Tropez den Film, der für Jahrzehnte das Bild der Côte d'Azur prägen sollte. ›Et Dieu créa la femme‹ hieß der Streifen, mit dem Brigitte Bardot schlagartig berühmt wurde. Der Film zeigte all das, vor dem sich Grace Kelly kurz zuvor in Hitchcocks ›Über den Dächern von Nizza‹ zierte: Sinnenfreude, pralles Leben, reine Lust. Auch ›La Piscine‹, der Film, in dem es zwischen Alain Delon und Romy Schneider in den 1970er Jahren noch einmal kräftig knisterte, wirkt vergleichsweise zahm. Die Unschuld des Südens war ohnehin verloren, wie William Friedkins Gangsterfilm ›French Connection‹ 1971 zeigte. So wie zuvor Jean-Paul Belmondo in ›Sie nannten ihn Rocca‹ (1963) und Alain Delon in ›Borsalino‹ (1969) wurde nun Gene Hackmann in die Machenschaften der Marseiller Unterwelt verstrickt.

Im Zuge der Rückbesinnung auf die großen Autoren der Provence begann in den 1980er Jahren ein neues Fimkapitel. Claude Berri drehte 1986 den Historienfilm ›Jean Florette‹. Jean-Paul Rappeneau gelang 1995 mit dem in Vaugines gedrehten ›Husar auf dem Dach‹ ein Welterfolg – beide gehen auf Romane von Marcel Pagnol zurück. Dem realitätsnahen Stil Pagnols verpflichtet ist auch Robert Guédiguain, der in L'Estaque eine Reihe kleiner, authentischer Filme schuf, allen voran ›Marius und Jeanette‹ (1997). Im Jahr darauf gab Leonardo Di Caprio den ›Mann mit der Eisernen Maske‹ nach dem Roman von Alexandre Dumas. ›Taxi‹ (1997) von Gérard Krawczyk aber hieß der große Publikumserfolg der letzten Jahre – längst ist eine Fortsetzung auf der Leinwand zu sehen gewesen.

Essen und Trinken

Ein Schuss Olivenöl gehört immer hinein, ein guter Rosé passt immer dazu – Essen und Trinken zählt im Midi zu den Wonnen des Alltags. Doch die *Cuisine du terroir,* die bodenständige Küche des französischen Südens, hat die bäuerlichen Niederungen längst verlassen, um die Hochküche international zu prägen.

La Cuisine du terroir

Von Starkoch Paul Bocuse aus Lyon stammt das Bonmot, dass die Aussteiger der 1968er-Generation mit ihrem Rückzug in die Provence dafür gesorgt hätten, dass in seinem Luxusrestaurant wieder guter Ziegenkäse auf der Karte stehen konnte. Gemeint hat Bocuse, dass im Süden Frankreichs eher als in anderen Regionen eine Rückbesinnung auf die traditionelle Zubereitung bei Käse, Wurst oder Olivenöl einsetzte. So kommt der würzige Banon-Käse, der vom Schaf oder von der Ziege stammen kann, weiterhin in Kastanienblätter eingewickelt auf den Tisch und deshalb gehört an den Picodon-Ziegenkäse aus der Nordprovence nach wie vor ein Schuss Weißwein. Stolz ist man in der Provence auf die alten Rezepte, stolz auch auf den Erfolg der Cuisine du terroir. Das ist eine Küche, die nach Thymian, Salbei und Bohnenkraut schmeckt, in der mit Knoblauch nicht gegeizt wird. Auberginen, Fenchel oder Zucchini entfalten dank der üppig scheinenden Sonne ihr volles Aroma. Die südliche Herkunft zählt: Wenn Lamm, dann besteht man auf Lamm aus Sisteron, weil dem Fleisch der würzige Geschmack der Hochprovence anhängt. Cavaillon-Melonen aus dem Pays de la Sorgue schmecken so süß wie Honig, Venasque-Kirschen vom Plateau de Vaucluse sind fest und saftig zugleich. Trüffel verströmen das erdige Aroma der Böden in der Drôme provençale.

Spezialitäten aus der Provence

Die Güte der Produkte ersetzt komplizierte Gerichte. **Aigo boulido** ist nicht mehr als eine Suppe, zu der Knoblauch, viel Salbei, ein bisschen Olivenöl, Salz und Pfeffer sowie Brotstückchen in den Topf mit kochendem Wasser kommen. Kalt wird die **Soupe au pistou** serviert, eine Gemüsesuppe mit viel Basilikum für heiße Sommertage. **Ratatouille** besteht aus Tomaten, Auberginen und Zucchini, die kurz in Olivenöl gedünstet werden, um dann gemeinsam im Topf zu schmurgeln. **Tapenade** ist ein würziger Brei aus zerstoßenem Knoblauch und Oliven, dem ein Schuss Olivenöl die sämige Konsistenz verleiht. Zur Knoblauchmayonnaise **Aioli** kommt das in mundgerechte Happen geschnittene Gemüse roh auf den Tisch. **Caillettes** sind Mangold-Lammfleischbällchen – als zu bäuerlich lange von den Restaurantkarten verbannt, werden sie längst im Sternerestaurant angeboten. Die **Brouillade aux truffes** ist wegen der Trüffel nicht ganz billig, aber einfach ein Rührei, bei dem die rohen zerschlagenen Eier bereits über Nacht den Geschmack der teuren Schlauchpilze angenommen haben. Im Winter erfreuen Schmortöpfe wie die **Gardiane de taureau** aus der Camargue, für die nur Fleisch von echten Camargue-Stieren in Frage kommt, oder die in der ganzen Provence beliebte **Daube provençale,** bei der das Rindfleisch in Rotwein eingelegt wird. Etwas Süßes zum Schluss? **Weißer Nougat** aus Lavendelhonig und kandierten Früchte wird in vielen Kleinbetrieben hausgemacht. Als **Nougat glacé** kommt das Ganze als Eis auf den Tisch. Noch leichter ist ein fruchtiges Dessert, etwa eine **Soupe aux pêches,** bei der weiße Pfirsiche vom Ast direkt im mit Minzeblättern gewürzten Roséwein landen.

Spezialitäten von der Côte d'Azur

Wenn im Frühjahr die Tester der großen Restaurantführer von Michelin bis Gault Millau ihre Auszeichnungen vergeben, regnen über keiner anderen Region Frankreichs so viele Sterne, Kochmützen und -löffel wie über der Côte d'Azur. Grande Cuisine wird hier großgeschrieben, dafür bürgen die in ganz Frankreich prominenten Namen der Sternenköche – Ducasse in Monaco, Chibois in Grasse oder Tarridec in St-Tropez. Doch daneben existiert eine bodenständige Küche mit frischen Produkten aus dem Meer und dem Hinterland. Einer ihrer Vorreiter heißt Dominique Le Stanc aus Nizza. Der Ex-Dreisternekoch hat eines Tages das Handtuch im Palasthotel Le Négresco geworfen, um ein Bistro in der Altstadt zu übernehmen. Auf der Karte von Dominiques Méranda stehen mit gefüllten Sardinen und Zucchiniblütenkrapfen die schmackhaften, traditionellen Spezialitäten der Côte d'Azur. Dazu zählt von Cassis bis Toulon die **Bouillabaisse,** eine Fischsuppe mit geröstetem Brot, Aioli (s. S. 48) und mindestens vier verschiedenen Sorten Fisch. Apropos Fisch: Spezialitäten sind gegrillte **Dorade, Loup au fenouil** (Seebarsch mit Fenchel), oder **Supions,** kleine, in Mehl gerollte Tintenfische, die in Olivenöl frittiert werden. Auch **Petites fritures,** winzige Fischchen, werden als Ganzes frittiert. Die **Brandade de morue** stammt aus Nîmes: Stockfisch vom Kabeljau, serviert mit Knoblauch und olivenölbeträufelten Kartoffeln. Nizza ist bekannt für Teigwaren, allen voran Ravioli – Italien ist nah. Ebenfalls aus Nizza stammen die **Pissaladiera,** eine Art Pizza mit Sardellen, und die **Socca,** ein Fladenbrot aus Kichererbsenmehl. **Lou fassoum** heißt eine Köstlichkeit aus Grasse, bei der scharf gewürztes Lammhack in Kohl gewickelt vor sich hin köcheln muss. Leicht und sommerlich ist auch knackig frisches, zerschnittenes Gemüse, das in Aioli, Knoblauchmayonnaise, gedippt wird. In den **Mesclum-Salat** (von *mesclumo,* was im Nizzaer Dialekt Mischung bedeutet) gehören Blätter von Kopfsalat, Löwenzahn und Roquette – voilà. Sehr deftig sind **Pieds-paquets,** mit Fleisch und Gewürzen gefüllte Kaldaunen. Manchmal aber soll es nur eine kleine Kleinigkeit auf die Hand sein. Ein **Pan bagnat** ist dann genau richtig: Es besteht aus zwei Brotscheiben, die mit Knoblauch eingerieben und mit Olivenöl beträufelt werden und zwischen die man Tomaten, Paprika, Basilikum, Oliven, Ei, Tunfisch klemmt – oder was sonst gerade da ist.

Weine der Provence

Seit ein paar Jahren versuchen ehrgeizige Winzer, mit qualitativ hochwertigen Tropfen das Urlaubswein-Image zu widerlegen. Deren Flaschen kosten dann ein paar Euro mehr als der billige Rosé, lohnen dafür die Mitnahme nach daheim. Immerhin zählt die Region eine Reihe von **Appellations d'Origine Contrôlée.** Das vom **Institut National des Appellations d'Origine** verliehene Label garantiert für Herkunft und Erzeugermethode. Als geografische Zuordnung dient entweder ein Ort (Bandol, Cassis) oder das *terroir* (Coteaux des Baux, Coteaux varois). Côte oder Coteau bedeutet übrigens Hang, und damit meist bessere Lagen als im Flachland. Die älteste AOC wurde 1936 festgeschrieben: Hinter der AOC Cassis verbirgt sich ein blumiger, leicht nervöser Weißwein, von dem pro Jahr ganze 4000 hl gekeltert werden. Aus den Sauvignon- und Marsannetrauben schmecken Kenner die Nähe zum Meer heraus. Ebenfalls zum Meer gewandt ist die AOC Bandol. Mourvèdre-Reben machen den Tropfen zu einem robusten Rotwein, der gut altert (10–15 Jahre) und somit dem Schnell-durch-die-Kehle-Ruf der Provence-Weine widerspricht. Die AOC-Palette umfasst ein kleines Weingebiet nördlich von Aix.

Madame Rosé

Thema

Pétale de Rose, Rosenblatt, heißt die Cuvée aus Grenache, Cinsault, Syrah und Mourvèdre, die in keinem Restaurant zwischen Monaco, Cannes und St-Tropez fehlen darf, das in den einschlägigen Gourmetführern mit Sternen oder Kochmützen bedacht wird. Pétale de Rose und _toute la Provence_ denkt an Régine Sumeire, die Winzerin, die sich gleich zwei Weingüter aufgeschultert hat und den besten Rosé der Provence keltert.

Die Roséweine vom Château Barbeyrolles in Gassin und vom Château de la Tour de l'Evêque in Pierrefeu-du-Var verschmähen selbst Weinkenner nicht, die die Welt ausschließlich in den Kategorien Weiß oder Rot beschreiben. Ein Hauch Anis liegt auf der Zunge. Leicht in der Frucht ist der Rosé, dabei äußerst konzentriert, ja fett. Nonchalance gepaart mit Fülle und Konzentration. So hell in der Farbe, dass man ihn fast für einen Weißwein halten könnte. »Die Grenache-Rebe verleiht der ›Pétale de Rose‹ den blassen, ins Gelb weisenden Ton«, kommentiert Régine Sumeire.

Für die Winzerin führte der Weg zum eigenen Gut durch die Hörsäle der Universität Aix. Sie studierte Politikwissenschaft und Spanisch, promovierte jedoch in Geschichte. In den Semesterferien half sie ihrem Vater auf dem Château de la Tour de l'Evêque. Die junge Frau hatte ihre eigene Meinung, wie man den damals als plump verrufenen Symbolwein der Provence rehabilitieren könnte. Mit einer *vendange verte* etwa, bei der ein Teil der noch grünen Trauben weggeschnitten wird, um dem Rosé die volle Kraft von *terroir* und Rebe zugute kommen zu lassen. Mit sanfter Pressung und ohne Einmaischung der Trauben. Doch vor allem mit sehr viel Experimentierfreude bei der Cuvée und den Kellermethoden. Papa ließ die energiegeladene Tochter auf ein paar Hektar des Château de la Tour de l'Evêque gewähren. Eines Tages rief der Besitzer des Château Minuty, ein Freund der Familie, an: Das Nachbarweingut Château de Barbeyrolles stünde mit 12 ha Reben zum Verkauf. Roger Sumeire redete seiner Tochter gut zu. 1977 wurde der Kaufvertrag unterzeichnet.

Vom Vater habe sie gelernt, in der Männerwelt des Weinbaus klarzukommen, erzählt Régine beim Spaziergang durch die Reben. Einen kleinen Aufstand galt es etwa bei der ersten *vendange verte* abzuwehren, als die Erntehelfer über die angebliche Verschwendung maulten. Diplomatie und Dickköpfigkeit halfen der Jungwinzerin damals weiter. Auch klare Aufgabenteilungen: »Ich fahre keinen Traktor und werde es auch weiterhin nicht tun. Meine Domäne ist der Weinkeller.«

Nach dem Tod des Vaters übernahm Régine auch das Château de la Tour de l'Evêque mit 89 ha Reben. Die Qualitätslatte hängt auf beiden Gütern hoch. In kritischen Jahren wird Traube für Traube vor der Lese kontrolliert. In jedem Jahr irgend etwas im Keller verbessert. Eine neue Presse, eine andere Kühlanlage, Inox-Tanks mit Taille, die sie in kalifornischen Weinkellern ausgekundschaftet hat – die promovierte Historikerin schaut in technischen Dingen bedingungslos in die Zukunft.

Château de la Tour de l'Evêque: Pierrefeu-du-Var, Route de Cuers (D 14), Tel. 04 94 28 20 17. **Château Barbeyrolles:** Gassin, Presqu'île de St-Tropez (D 61), Tel. 04 94 56 33 58. Für beide: Fax 04 94 56 33 49, www.toureveque.com.

Den Löwenanteil unter den AOC stellen mit 80 % aller Weinberge die Côtes de Provence. Vor allem an den Collines des Maures wird ein raffinierter Rosé gekeltert. Auch die Lagen der Montagne Ste-Victoire werden für ihre Rot- und Roséweine geschätzt, ebenso wie die Weißweine von den Kalkfelsen des oberen Var-Tals. Jahrgänge spielen angesichts der alle Sommer wieder günstigen klimatischen Bedingungen eine geringe Rolle. Noch dominiert der Rosé (60 %) unter den Côtes de Provence, doch die Roten (derzeit 35 %) gewinnen an Terrain. Ihre Skala reicht von leicht und fruchtig bis würzig und solide.

Erst 1985 kamen einige Coteaux d'Aix-en-Provence und Coteaux des Baux-de-Provence dank des energischen Qualitätsstrebens ihrer Winzer zu AOC-Ehren. Bei den Coteaux des Baux sind es ganze neun Winzer, die den Wein in den Alpilles anbauen. Das Gebiet der Coteaux d'Aix zwischen Durance-Tal und Küste ist dagegen deutlich größer, doch nicht jeder Tropfen kommt als AOC in die Flasche. Man hält sich am besten an die vor Ort gekelterten Weine, in Manosque etwa an einen Coteaux de Pierrevert, in Apt an einen Coteaux du Luberon.

Mit der Nachbarregion Rhône-Alpes teilt sich die Provence das Gebiet der Côtes du Rhône. Von Nord nach Süd wechselt der Charakter der im Rhône-Tal angebauten Weine von kühl-eleganten zu temperamentvoll-facettenreichen Tropfen. Die Weine der 17 besten Dörfer der südlichen Rhône sind als Côtes-du-Rhône-Villages zusammengefasst. Der bekannteste und auch teuerste Wein vom Rhône-Ufer ist der Châteauneuf-du-Pape, dessen kräftiges Bouquet 13 Rebsorten bestimmen. Klingende Namen sind ebenfalls die körperreichen, manchmal leicht pfeffrigen Gigondas, Vacqueras und das für seine natursüßen Muscatweine bekannte Beaumes-de-Venise. Aufgeholt haben jedoch die Weine der Coteaux du Tricastin, mit denen die Grenze zum Departement Drôme (und damit zur Region Rhône-Alpes) überschritten wäre – es handelt sich um attraktive Landweine mit guter Lagerzeit.

Weinbaugebiete in der Provence

Eines der bekanntesten Weinbaugebiete der Provence: Châteauneuf-du-Pape

Restaurants und Lokale

Morgens geht es fast spartanisch los, ein Stück Baguette, vielleicht ein Croissant oder ein *pain au chocolat,* dazu Butter, Konfitüre sowie Kaffee und Tee – so sieht ein klassisches Hotelfrühstück aus. Fazit: Die im Preis-Leistungs-Verhältnis teuerste Mahlzeit bleibt das Frühstück. Wenn es nicht im Hotelpreis inbegriffen ist, kann man zu Café au lait samt Croissant ins Café um die Ecke ausweichen. Apropos Café: Café oder Bar bedeutet soviel wie Kneipe. Für den Hunger zwischendurch gibt es ein Sandwich, vielleicht auch eine Quiche. Für *petits fours* und Kuchen geht man hingegen in einen **Salon de thé.** Mittags bieten viele Bars und Cafés ein preiswertes Menü oder Tagesgericht *(plat du jour)* an. Nach dem Aperitif für die heimkehrende werktätige Bevölkerung schließen jedoch etliche dieser Etablissements, meist gegen 20 Uhr. Jetzt schlägt die Stunde des **Restaurants,** wo ab etwa 19.30 Uhr die ersten Bestellungen entgegengenommen werden. Entweder wählt man zwischen den vom Haus zusammengestellten Menüs oder man speist teurer à la Carte. Über die Rechnung entscheidet auch die Art des gewählten Tisches. Man hat die Wahl zwischen dem kleinen Bistro um die Ecke und dem Restaurant *gastronomique* – wo man allerdings tief ins Portemonnaie greifen muss.

Im Sommer kann man vor allem an der Küste bis spät in die Nacht speisen. Viele Restaurants nutzen die Hochsaison und legen gegen 22 Uhr einen zweiten Service ein. Im Winter macht die Küche dagegen gegen 21.30 Uhr dicht: Gute Gerichte wollen lange vorbereitet sein, und fürs Küchenpersonal gilt die 38-Stunden-Woche.

Weniger streng an Mittags- und Abendzeiten halten sich **Brasserien:** Nachtschwärmer in Avignon oder Aix etwa können hier nach dem Kinobesuch noch einkehren. Das Rezept heißt ›durchgehend warme Küche‹, auch zu später Stunde. Unter **Bistro** verstand man früher einfache Restaurants, in denen man unkompliziert schnell etwas essen konnte. Der Begriff hat einen enormem Bedeutungswandel durchlaufen. Michelin-Stern und Bistro schließen sich schon lange nicht mehr aus. An die Herkunft des Bistros erinnert noch der im Gegensatz zum Restaurant weniger offizielle Rahmen – die Preise indes nicht mehr. Immer verbreiteter wird die **Table d'hôtes:** Man speist bei den Gastgebern der Chambre d'hôtes. Serviert wird ein auf Absprache mit dem Gast komponiertes Menü. Ähnlich funktioniert die **Ferme-Auberge:** Man geht nach vorheriger Reservierung auf einem Bauernhof zu Tisch. Aufgetragen werden nur Speisen vom eigenen oder dem benachbarter Höfe. So schreibt es die Charta der Landwirtschaftskammer vor.

Noch eins: Samstagabend und Sonntagmittag sind in Frankreich die für ein Essen außer Haus beliebtesten Zeiten – entsprechend groß ist der Andrang, besonders an der Küste. Viele Restaurants legen nach dem Ansturm am Sonntagabend und Montag ihren Ruhetag ein. Den Tisch zu reservieren, empfiehlt sich fast immer. Wo ein Michelin-Stern prangt, sollte man sogar niemals auf gut Glück vorbeischauen: Je renommierter der *chef de cuisine,* desto schneller heißt es *complet* – kein Platz mehr frei.

Kleiner Preis, großes Essen

Als generelle Regel gilt: Mittags speist man im Restaurant günstiger. Auch feinere Adressen locken dann mit einem Menü zu kleinem Preis *(menu de la semaine),* wobei sich das Angebot auf die Zeit von Montag bis Freitag beschränkt. Eine Tendenz bei hochkarätigen Restaurants sind Ableger in Form eines Bistros: Auch hier speist man günstig und bekommt doch einen Geschmack vom Können eines ›großen‹ Chef de cuisine. Bei den Restaurants der Vereinigung Logis de France steht ein im Preis-Leistungs-Verhältnis attraktives *menu du terroir* auf der Karte: Es umfasst drei Gänge, serviert wird nur Regionaltypisches.

Restaurant-Knigge

Man setzt sich nicht sofort und schon gar nicht zu anderen Gästen an den Tisch, sondern überlässt es dem Kellner, einen Tisch vorzuschlagen – den man natürlich höflich ablehnen und um einen anderen bitten kann. Nachdem die Speisekarten verteilt sind, fragt der Kellner, ob man einen Aperitif wünsche *(Désirez-vous prendre un apéritif?).* Die Getränkekarte erhält bei gemischten Paaren immer der Mann, dem später auch die Probe des Weins vom Kellner angetragen wird. Hat man gewählt, signalisiert man dies durch das Zuschlagen der Karte. Die Bedienung wird mit *Monsieur!* oder *Madame!* angeredet. Zwar lockern sich die Restaurantregeln, doch abends allein einen Salat oder eine Vorspeise zu bestellen, ist ein Unding. Mittags nur einen Hauptgang zu bestellen, ist hingegen kein Fauxpas mehr.

Die rituelle Abfolge von Vorspeise, Hauptgang, Dessert und Kaffee erfordert Zeit. Nicht wundern, wenn in größeren Tafelrunden diejenigen, die ihr Essen bereits vor sich stehen haben, sofort beherzt zugreifen. *Il faut manger quand c'est chaud* – gegessen wird solange es warm ist – lautet die Regel. Alles andere beleidigt den Koch.

Die Rechnung wird am Schluss nur auf Aufforderung gebracht. Dazu reicht ein Zeichen – lautes Zurufen ist verpönt. Die *addition* umfasst immer den Gesamtbetrag und sollte von einer Person beglichen werden – getrennt zu bezahlen, käme keinem Franzosen in den Sinn. Trinkgeld ist auf der Rechnung ausgewiesen, doch den Betrag je nach Höhe der Rechnung mit 5 bis 10 % aufzurunden, ist nach wie vor üblich. Man legt das Trinkgeld nach Herausgabe des Restgelds dezent auf den Tisch.

Obwohl strenge Kleiderordnungen passé sind, gehören Shorts auf die Café-Terrasse, nicht an eine *grande table*. Die Krawatte ist hingegen nirgendwo noch Pflicht. In guten Restaurants wird *tenue correcte* erwartet, was heute jedoch nicht viel mehr als lange Hosen bedeutet. Anders am Strand, wo es locker zugeht und Sommerfähnchen, Shorts plus T-Shirt den Dress Code bestimmen.

Kulinarisches Lexikon

Allgemeines

Appetithappen	amuse bouche
Gedeck	couvert
Mittagessen	déjeuner
Abendessen	dîner
Beilagen	garnitue
Vorspeisen	hors d'œuvre
(Tages-)Gericht	plat (du jour)
(Trink-)Glas	verre

Fisch und Meeresfrüchte

anchois	Sardellenfilets
anchoiade	würzige Paste aus Sardellen, Olivenöl, Knoblauch, Kapern, Zitrone
bourride	Fischsuppe mit Aioli und Kartoffeln
calamar	Tintenfisch
coquillages	Schalentiere
daurade	Dorade, Goldbrasse
espadon	Schwertfisch
gambas	Garnelen
homard	Hummer
huîtres	Austern
langouste	Languste
langoustines	Scampi
lotte de mer	Seeteufel
moules	Miesmuscheln
rascasse	Drachenkopf
rougets	Rotbarben
saint-pierre	Petersfisch
sardines	Sardinen
saumon	Lachs
seiche	Sepia
thon	Tunfisch

Fleisch

agneau	Lamm
cabri	Zicklein
carré (d'agneau)	(Lamm-)Rücken
côte de ...	Rippenstück
entrecôte	Zwischenrippenstück
escargots	Schnecken
escalope	Schnitzel/Schnitte
gigot (d'agneau)	(Lamm-)Keule
porc	Schwein
veau	Kalb
tripes	Kutteln

Geflügel und Wild

foie gras	Stopfleber
gésier	Geflügelmagen
lapin (à la provençale)	Kaninchen (in Senf mit Weißweinsauce)
lièvre	Hase
magret de canard	Entenbrust
poule	Huhn
poulet	Hähnchen
sanglier	Wildschwein

Gemüse und Kräuter

ail	Knoblauch
artichaut	Artischocke
avocat	Avocado
basilic	Basilikum
câpres	Kapern
cèpes	Steinpilze
champignons de Paris	weiße Champignons
courgettes	Zucchini
fenouil	Fenchel
fleurs de courgettes	Zucchiniblüten
herbes (de Provence)	Kräuter (der Provence)
menthe	Minze
oignon	Zwiebel
pistache	Pistazie
poivron	große Paprika
sariette	Bohnenkraut
sauge	Salbei
thym	Thymian
truffes	Trüffeln

Obst

abricot	Aprikose
cerises	Kirschen
figue	Feige

fraises (des forêts)	(Wald-)Erdbeeren
framboises	Himbeeren
griotte	Sauerkirsche
marron	Esskastanie
melon	Honigmelone
pastèque	Wassermelone
pêche	Pfirsich
poire	Birne
pomme	Apfel
raisins (secs)	Trauben (Rosinen)

Käse

banon	Ziegenkäse im Kastanienblatt
brébis	Schaf, Schafskäse
cabécou	kleiner Ziegenkäse
chèvre	Ziege, Ziegenkäse
fromage blanc	Quark, Frischkäse
picodon	Ziegenkäse der Haute-Provence

Süßes, Gebäck, Nachspeisen

brioche	süßes Hefebrot
calissons	Mandel-Melonen-plätzchen
charlotte (aux fraises)	Dessert aus Löffel-biscuits mit Creme-füllung (und Erdbeeren)
coupe de glace	Eisbecher
crème anglaise	Vanillecreme
crème Chantilly	Schlagsahne
crêpe	dünner Pfannkuchen
fougasse (auch fouace)	Hefebrot mit einge-backenen Kräutern und Oliven
fruits confits	kandierte Früchte
gâteau	Kuchen
île flottante	Dessert aus Eischnee in Vanillecreme
meringue	weiches Baiser
vacherin (aux abricots)	Desserttorte aus Milcheis, Baiser, Sahne (mit Aprikosen)

Zubereitung/Spezialitäten

bien cuit	gut durchgebraten (Fleisch)
braisé, braisée	geschmort
brochette	Spießchen
chaud, chaude	heiß
civet de ...	Ragout von ...
confit de ...	Eingelegtes/ Eingekochtes von ...
cru, crue	roh
(en) croûte (de sel)	im (Salz-)Mantel
escabèche	saurer Sud
farci/farcie	gefüllt
glacé/glacée	gefroren, geeist
grillé/grillée	gegrillt
(à l')huile d'olive	(in) Olivenöl
nage de ...	Sud von ...
(à la nage de ...)	(in einem Sud von ...)
nature	in Salz gekocht, ohne Gewürze
petits farcis	verschiedene junge Gemüse mit Füllung
à la plancha)	vom Grill
(au) pistou	(mit) Basilikumpaste
(à) point	medium gebraten
saignant	blutig/roh
rouille	sehr scharfe Knob-lauchmayonnaise mit Peperoni- und Chilischoten
taboulé	Grießgericht (nordafrik. Ursprung), oft kalt als Salat mit Minze

Getränke

bière (pression)	frisch gezapftes Bier
boisson	Getränk
bouchon	Korken
bouteille	Flasche
eau de vie	Schnaps, Obstbrand
eau gazeuse/plate	Mineralwasser mit Kohlensäure/ stilles Wasser
en carafe/au pichet	offener Wein

Bunt getünchte Häuser in Roussillon scheinen Werbung für die Ockersteinbrüche der Umgebung zu machen

Wissenswertes für die Reise

Informationsquellen

Provence/Côte d'Azur im Internet

Landeskennung: fr

Frankreich allgemein

www.franceguide.com: Homepage der Maison de la France (dt.), mit über 600 Reiseveranstaltern, die ihre Programme vorstellen.
www.frankreich-info.de: Das gut sortierte Frankreich-Portal enthält viel Material über die Provence/Côte d'Azur (dt.).

Provence-Alpes-Côte d'Azur

www.index-paca.net: Verzeichnis aller Internetseiten in der Region Provence-Alpes-Côte d'Azur, geordnet nach Themen und Regionen (bebildert, frz.).
www.cr-paca.fr: Portal des regionalen Fremdenverkehrsbüros mit Informationen zu Festen und Veranstaltungen.
www.provenceweb.fr: viel Service mit Fotos, Landkarten, Rubriken und Links.
www.provence.guideweb.com: Onlineguide für die gesamte Region (plus Ardèche) mit breit gefächerten Infos, auch in Englisch.
www.provence-online.com: Hintergrundinformationen zu *santons* (Krippenfiguren), Ockerpigmenten, Küche, Traditionen etc.

Côte d'Azur

www.cote.azur.fr: Aktuelles von der Küste, von Kino, Jobmarkt übers Wetter bis zum neuesten Witz (frz.).
www.rivieraworld.com: Kunst, Kultur, Freizeitaktivitäten, touristische Infos, Panoramakarten, immer aktuell, inkl. Wetter (frz.).

Einzelne Departements

www.visitprovence.com: Portal des Dept. Bouches-du-Rhône (Arles, Camargue, Alpilles, Côte d'Azur von Cassis bis Les Lecques).
www.tourismevar.com: Portal des Dept. Var (Gorges du Verdon, Provence Verte, Côte d'Azur von Bandol bis Le Trayas).
www.guideriviera.com: Portal des Dept. Alpes-Maritimes (Grasse, Roya-Tal, Riviera von Le Trayas bis Menton).
www.drometourisme.com: Portal des Dept. Drôme (Drôme provençale mit Nyons, St-Paul-Trois-Châteaux).
www.alpes-haute-provence.com: Portal des Dept. Alpes-de-Haute-Provence (Manosque, Sisteron, Plateau de Valensole, Gorges du Verdon).
www.provenceguide.com: Portal des Dept. Vaucluse (Avignon, Orange, Luberon).

Sonstiges

www.olivierdeprovence.com: alles über Oliven (Sorten, Öle, Geschichte).
www.olympiquedemarseille.com: *die* Seite des Fußballclubs von Marseille. Mit Reservierungsmöglichkeit für die Plätze im Stadion.

Fremdenverkehrsamt

... in Deutschland

Maison de la France
Zeppelinallee 37, D-60325 Frankfurt/Main
Tel. 01 90/57 00 25 (0,62 €/Min., 9–16.30 Uhr)
Fax 01 90/59 90 61
Info.de@franceguide.com
www.franceguide.com

... in Österreich

Argentinierstraße 41a, A-1040 Wien
Tel. 09 00/25 00 15 (0,68 €/Min.)
Fax 01/503 28 71
Info.at@franceguide.com
www.franceguide.com

... in der Schweiz

Renweg 42, Postfach 7226, CH-8023 Zürich
Tel. 09 00/90 06 99
(1,20 € Einwahlgebühr plus 0,30 €/Min.)
Fax 04 42 17 46 17
Info.zrh@franceguide.com
www.franceguide.com

... in der Provence und an der westlichen Côte d'Azur

(Cassis bis Corniche de l'Estérel)

Comité Régional du Tourisme Provence-Alpes-Côte d'Azur
Les Docks, Atrium 10,5, 13567 Marseille
Tel. 04 91 56 47 00, Fax 04 91 56 47 01
www.cr-paca.fr

... in der Drôme provençale

(Montélimar/Nyons/St-Paul-Trois-Châteaux)

Comité Départemental du Tourisme de la Drôme
31, Av. du Président Herriot, 26000 Valence
Tel. 04 75 82 19 26, Fax 04 75 56 01 65
www.dromeprovencale.fr

... an der Riviera

(von Théoule-sur-Mer bis Menton)

Comité Régional du Tourisme Riviera
BP 3126, 400, Promenade des Anglais
06203 Nizza Cedex 3, Tel. 04 93 37 78 78
Fax 04 93 86 01 06, www.crt-riviera.fr

Karten

Die **Michelin-Karte 528** (Reihe Regional, 1:200 000) deckt das gesamte Gebiet inkl. Côte d'Azur und Drôme provençale ab. Kleinteiligere Karten gibt es zu den Departements und einzelnen Landstrichen (www.ViaMiche lin.com). Das Institut Géographique National (www.ign.fr) gibt flächendeckend für die gesamte Provence **(Rad)Wanderkarten** im Maßstab 1:25 000 (Reihe TOP 25, blau) und **Freizeitkarten** mit Besichtigungshinweisen (Reihe Carte touristique, 1:60 000, grün) heraus.

Lesetipps

Aue, Walter: Die Augen sind unterwegs. Frankfurt a. M. (2000): Eine Spurensuche im Süden Frankreichs, einfühlsam dokumentiert. Die Fährten enden am Grab von Albert Camus in Lourmarin, am Bronzedenkmal für Jean-Henri Fabre in Sérignan, vor der Villa in L'Isle-sur-la-Sorgue, in der René Char seine Kindheit verbrachte, am Windmühlenturm von Franz Werfel in Sanary.

Harpprecht, Klaus: Port Madeleine. Reinbek (2000): Dass einem die Charaktere und Stimmungen der ›Dorfgeschichten aus der Provence‹ wohlvertraut vorkommen, liegt an den klugen Beobachtungen des ehemaligen Redenschreibers von Willy Brandt und erfolgreichen Publizisten – mit Wohnsitz in Frankreich.

Izzo, Jean-Claude: Total Cheops, Chourmo, Solea. Zürich (2004): drei Krimis, die als Marseille-Trilogie Furore gemacht haben.

Jaccottet, Philippe: Antworten am Wegrand. München (2001): Der gebürtige Schweizer mit Wohnsitz bei Grignan beobachtet in meditativer Stille den Anbruch eines eiskalten Morgens über den Dentelles de Montmirail, das im Abendlicht brennende Rot reifer Kirschen bei Venasque, den Schatten von Grashalmen unter dem Vollmond im Tricastin.

Kemmer, Ernst (Hg.): Contes provencaux. Ditzingen (1998): große Provence-Literatur zu kleinem Preis. Sieben Erzählungen von Mistral, Bosco, Giono, Daudet, Roumanille, de Marande. Keine ganz taufrische, aber eine immer wieder lohnenswerte Lektüre aus zwei Jahrhunderten.

Langer, Tanja: Cap Estérel. München (2005): Die roten Felsen des Estérel-Gebirges reichen bis nach St-Raphaël. Dort spielt der Roman. Im Mittelpunkt steht der Architekt Michael. Der erfolgsverwöhnte Deutsche reist an die Côte d'Azur, auf der melancholischen Suche nach der eigenen verlorenen Zeit.

Magnan, Pierre: Tod unter der Glyzinie, Das Zimmer hinter dem Spiegel, Das ermordete Haus. Frankfurt a. M. (2004): Die Morde in Digne oder Sisteron, selbst die Figur von Kommissar Laviolette seien nur ein Vorwand, um über die karge, einsame, tragische Hochprovence zu schreiben. So spricht einer, der erst im Alter von 54 Jahren zum Schriftsteller wurde.

Mann, Erika und Klaus: Das Buch von der Riviera. Reinbek (2003): Im Sommer 1930 klapperten die *enfants terribles* aus dem Hause Mann die Küste von Marseille bis Genua ab.

Mayle, Peter: Mein Jahr in der Provence, Toujours Provence, Hotel Pastis. München (2000, 2006): Drei Bücher von einem, der einen unterhaltsamen Beststeller schrieb und dann fröhlich weitermachte. Peter Mayle, Brite und Wahlprovenzale, zeichnet Sittenbilder aus dem Luberon, die nicht zuletzt dank der Popularität seiner Bücher verblassen. Denn der Metzger ohne Unterhose und die trinkende Bäckersfrau aus ›Mein Jahr in der Provence‹ haben ihre Häuser längst an betuchte Fans des Autors verkauft.

Müller-Bek, Marlies, Passelaigue, Martine (Hg.): Provence-Lesebuch/La Provence, un florilège. München (1997): ›Florilège‹ bedeutet Blumenlese. Auf Stilblüten wird man in diesem Lesebuch freilich nicht stoßen. Dafür bürgen die Autoren. Alphonse Daudet, Jean-Henri Fabre, Jean Giono, Frédéric Mistral oder Marcel Pagnol gehören zur ersten Garde der Provence-Schriftsteller. Doch auch Autoren, die ›nur‹ über die Provence geschrieben haben, kommen zu Wort – Emile Zola etwa. Und dies im Original sowie in der Übersetzung.

Nestmeyer, Ralf (Hg.): Provence Côte d'Azur. Ein literarischer Reisebegleiter. Erlangen (2006): Für Simone de Beauvoir war die Provence Liebe auf den ersten Blick. Wolfgang Koeppen verfiel dem Licht. Hemingway zog es zu den alten Männern ans Meer nach Le Grau-du-Roi. Sie alle kommen zu Wort, zusammen mit gut 50 weiteren Schriftstellern, darunter Deutsche, Franzosen, Italiener, die eines eint – die Faszination Provence.

Pagnol, Marcel: Eine Kindheit in der Provence. München (1999): Pagnols Jugenderinnerungen Marcel & Marcel und Isabelle entführen in die Provence um 1900. Im Mittelpunkt steht der Autor, damals ein Junge aus Marseille im Alter von elf Jahren. Beim Sommerurlaub mit der Familie entdeckt Marcel die trägen Wonnen der Provence. Das zweite Buch widmet sich Pagnols *éducation sentimentale.*

Scherer, Hans: Côte d'Azur. Frankfurt (1998): Wer schon immer einen Leitfaden durch das komplizierte Strandsystem von Cannes gesucht hat, ist mit dem Buch gut beraten. Ebenfalls die, die bei Nizza an Nietzsche denken und denen hysterische Hunde den Ausflug mit dem Pinienzapfenzug verderben können. Kurzum ein Buch für Flaneure alter Schule, wie es der Reisefeuilletonist und langjährige FAZ-Redakteur Scherer einer war.

Simenon, Georges: Mein Freund Maigret. München (2005): Kommissar Maigret ist dem Mörder von Marcelin auf der Spur. Wie immer mit Hut und Pfeife, doch diesmal auf der Mittelmeerinsel Porquerolles.

Simenon, Georges: Sonntag. München (2001): Geschichte einer *amour fou* zwischen Emile, der aus der Bastide oberhalb von Cannes eine florierende Herberge macht, und Ada, dem Dienstmädchen, für die die Geschichte tödlich endet.

Sobin, Gustaf: Das Taubenhaus. Berlin (2003): Britischer Schriftsteller trifft rätselhafte, elegante Französin. Deren Geheimnis führt zurück in den Zweiten Weltkrieg …

Vanderbeke, Birgit: Gebrauchsanweisung für Südfrankreich. München (2002): Warum Derrick die Provenzalen das Fürchten lehrt? Worauf es bei der Trüffelsuche ankommt? Was man schon immer über Südfrankreich wissen wollte – hier stehen die Antworten.

Wunderlich, Heike: Spaziergänge an der Côte d'Azur der Literaten. Zürich (1993): Katherine Mansfield in Bandol, Thomas Mann in Sanary-sur-Mer, Anna Seghers in Marseille, Guy de Maupassant in Cannes – mal kamen sie mit Vergnügen, mal unfreiwillig an die Côte d'Azur. Die Romanistin Heike Wunderlich begibt sich auf die literarische Spurensuche von Marseille bis Nizza.

Provence und Côte d'Azur als Reiseland

So unterschiedlich Landschaften und Städte der Provence-Côte d'Azur sind, so vielfältig ist das Angebot für das ganz eigene Urlaubsglück. **Im Norden** locken mit den Südausläufern der Alpen im Winter Skipisten, im Sommer Hochgebirgswanderwege, Mountainbike-Routen und Kletterfelsen für sportlich Anspruchsvolle. Hinzukommen Beobachtungsposten für Naturfreunde, die Gemsen, Steinböcken und Adlern auf das geschützte Fell bzw. Gefieder rücken möchten. Flamingos, Reiher und eine Vielzahl von Zugvögeln lassen sich hingegen in der **Camargue** beobachten. Das tischtuchflache Feuchtland im Delta der Rhône bietet neben Birdwatching zudem einsame Naturstrände und die Möglichkeit zu einem echten Reiterurlaub – noch immer ist das Pferd der beste Freund der Rinderbarone aus der Camargue. Die **Städte im Rhône-Tal** begeistern Kultur- und Geschichtsinteressierte mit den architektonischen Hinterlassenschaften der Antike: Römisch sind die Arenen in Arles, der Triumphbogen in Orange, die Amphitheater in Vaison-la-Romaine und Orange. Avignon hingegen lockt mit der Pracht des mittelalterlichen Papstpalastes, Aix mit der Eleganz seiner barocken Palais. In den Dörfern ist die Kirche im Zweifelsfall romanisch und mit an Sicherheit grenzender Wahrscheinlichkeit ein kunsthistorisches Kleinod.

Marseille ist zuallererst Hafenstadt und Pforte nach Afrika und zugleich hipper Schmelztiegel, wo die Nacht zum Tag gemacht wird. Weiter östlich erinnern Städte wie **Cannes, Monte-Carlo** oder **Nizza** an luxuriöse Vitrinen des Müßiggangs mit pompösen Palasthotels, Uferpromenaden und Königspalmen. Dazwischen gestreut sind Fischerdörfer: mal mit internationalem Flair wie **St-Tropez,** wo sich das Who ist who aus den People-Magazinen zur ewigen Party zusammenfindet. Mal verbummelt wie an der **Mauren- oder Estérel-Küste,** wo das Glück unter einer einsamen Pinie liegt. Mal familienfreundlich mit Sandstrand und Ferienappartements wie in **Fréjus.** Wer kunstinteressiert ist: Die **Museen für moderne Kunst** sind an der Côte d'Azur Legion: Picasso in Antibes, Matisse und Yves Klein in Nizza, das gesamte Spektrum der Moderne in St-Paul-de-Vence. Das **Hinterland der Côte d'Azur** duftet nach Blumen, aus denen in der Parfümhauptstadt Grasse Parfüm destilliert wird – Mitschnuppern erwünscht. Das gilt auch für das Plateau de Valensole, wo die Luft schwer von Lavendelduft und die Provence eine lila Sause ist. Auf der ›Route de lavende‹ kann man der Symbolpflanze der Hochprovence hinterherreisen.

Sportlich und spektakulär kommen hingegen die **Gorges du Verdon** daher: An Europas Grand Canyon kann man am Abgrund staunen oder zum Wandern und Kanufahren in die Talsohle herabsteigen. Dem Canyon vorgelagert ist die **Provence Verte** – das Herz des Departements Var bleibt dank der vielen Bäche und Flüsschen ganzjährig üppig grün. In die Pedale treten auf Frankreichs größtem Radwegenetz oder stille Tage unter den Dorfplatanen genießen, lautet die Wahl im **Luberon.** Etwas People Watching gehört wieder dazu, schließlich ist der zauberhafte Mittelgebirgszug bei der Internationale betuchter und prominenter Ferienhausbesitzer besonders beliebt. Etwas weiter nördlich verführen die **Montagne de Lure** und der **Mont Ventoux** erneut zu sportlichen Aktivitäten, ob zu Fuß oder mit dem Rad.

Nicht zu vergessen, Provence und Côte d'Azur sind eine **Genussregion.** Weinfreunde und Gourmets bereisen ein wahres Schlaraffenland, das von Sternen und Kochhauben gespickt ist. Und egal, für welchen Landstrich der Provence oder der Côte d'Azur man sich entscheidet: Das ganze Jahr über lädt ein Reigen von **Patronats,- Ernte- oder Folklorefesten** dazu ein mitzufeiern.

Tipps für die Reiseorganisation

Provence und Côte d´Azur lassen sich ohne Probleme **individuell** bereisen. Vor der Reise informieren die regionalen, departementalen, städtischen Verkehrsämter und die jeweilige Maison-de-la-France-Repräsentanz im Heimatland. Vor Ort findet man ein dichtes Netz lokaler oder regionaler Offices de Tourisme und Syndicats d'Initiative. Hinzukommen unzählige Spezialveranstalter für sportliche Aktivitäten, Kulturprogramme oder Genussaufenthalte. Bei der Hotelbuchung kann es günstiger sein, das ausgesuchte Haus über Internet oder falls möglich aus dem Katalog eines Reiseveranstalters zu buchen. Frühzeitige Reservierungen bei Hotels, vergünstigten TGV-Tickets (Hochgeschwindigkeitszug) und Low-Cost-Flügen empfehlen sich besonders für die Monate Juni bis August, die französischen Ferien und so genannte Brückenwochenenden (Ostern, Pfingsten, Mariä Himmelfahrt).

Fast alle **großen Reiseveranstalter** wie Neckermann, TUI, Airtours, Thomas Cook, Ameropa, Dertour, ITS, ADAC Reisen, Studiosus haben Provence- und/oder Côte d'Azur-Pauschalreisen im Angebot.

Spezialveranstalter in alphabetischer Reihenfolge

Crown Blue Line, Marktplatz 4, 61118 Bad Vilbel, Tel. 061 01/50 10 33, Fax 061 01/50 10 66, www.crownblueline.com
Hausboot-Urlaub in der Camargue.

Kleins Wanderreisen, Ruderstal 3, 35686 Dillenburg, Tel. 027 71/268 00, Fax 027 71/26 80 99, www.kleins-wanderreisen.de
Organisierte Wanderungen in der Provence.

Locaboat Holidays, Ludwigstr. 1, 79104 Freiburg, Tel. 07 61/207 37 37, Fax 07 61/207 37 73, www.locaboat.de
Von Les Saintes-Maries-de-la-Mer bis Arles: Urlaub im Hausboot.

Natours, Untere Eschstr. 15, 49170 Ostercappeln, Tel. 054 73/922 90, Fax 054 73/82 19 (www.natours.de)
Rad,- Wander- und Kanutouren.

ReNatour, Brunner Hauptstr. 2a, 90475 Nürnberg, Tel. 09 11/89 07 04, Fax 09 11/89 07 79, www.renatour.de
Programme für Familien, Wanderer, im Zelt, im Wohnwagen etc.

Schimmel-Reisen, Daimlerstr. 4, 67141 Neuhofen, Tel. 062 36/555 55, Fax 062 36/555 45, www.schimmel-reisen.de
Gruppenradtouren.

SKR Studien- und Kontaktreisen, Kurfürstenallee 5, 53177 Bonn, Tel. 02 28/935 73 24, Fax 02 28/935 73 50, www.skr.de
Mal- und Sprachkurse in der Provence und an der Côte d'Azur.

Vamos Eltern-Kind-Reisen, Eichstr. 57A, 30161 Hannover, Tel. 05 11/400 79 90, Fax 05 11/31 31 09, www.vamos-reisen.de
Ferienwohnungen, Häuser, Hotels mit Kinderbetreuung.

Weinradel Velomar, Weststr. 7, 52074 Aachen, Tel. 02 41/87 62 62, Fax 02 41/87 53 07, www.weinradel.de
Radreisen.

Vorschläge für Rundreisen

Kürzere Rundreise (14 Tage)

Als erster Halt bietet sich **Orange** 1 an: Die Kleinstadt gilt als Tor zur Provence und verweist mit grandiosen antiken Ruinen auf die römischen Wurzeln der Region. An Tag zwei geht es über **Vaison-la-Romaine** 2, wo es erneut antike Ruinen zu bestaunen gibt, zum **Mont Ventoux** 3 – die Passstraße auf den Gipfel ist abenteuerlich. Endstation ist **Carpentras** 4, ein von Stadttoren eingefasstes, charmantes Städtchen. Über **Châteauneuf-du-Pape** 5 und seine Weinberge führt der Weg an Tag drei nach **Avignon** 6: Die geballte mittelalterliche Pracht von Palais, Kirchen, Papstpalast beansprucht auch den vierten Tag. Tag fünf führt durch die gezackten Felskämme der Alpilles nach **St-Rémy** 7, ein mit Platanenboulevard, Cafés und antikem Grabungsfeld typisch provenzalisches Kleinstädtchen. Nach Arles ist es tags drauf nur ein Katzensprung. Unterwegs bietet sich ein Halt in **Les Baux-de-Provence** 8, Ruinendorf über Olivenhainen, an.

Tag sieben gehört **Arles** 9, wo die römischen Arenen für Stierkämpfe genutzt werden. Ein erster Hauch Cowboyfolklore liegt in der Luft – die **Camargue** reicht bis an die Stadt. Ein Ausflug führt in die **Salinen von Giraud** 10 und an die einsamen Strände von **Beauduc** 11, ein zweiter vorbei an Stieren und Flamingos nach **Les Saintes-Maries-de-la-Mer** 12.

Am zehnten Tag steht **Marseille** 13 auf dem Plan: Es garantiert mit dem Panier-Viertel, dem alten Hafen und dem nordafrikanischen Belsunce-Viertel einen umtriebigen, langen Tag.

Ruhiger geht es an Tag elf in **Aix** 14 zu. Die eleganteste Stadt der Provence wirkt wie eine einzige Flaniermeile. Zum Ausklang lockt entweder der Bergrücken des **Luberon** 15 mit zauberhaften Dörfern wie Bonnieux oder Cucuron. Oder es geht nochmal ans Meer: entweder nach **Cassis** 15 und von dort mit dem Boot zum Baden in die Calanques. Oder nach **Bandol** 15, wo einer der besten Rotweine der Provence angebaut wird, oder nach **Sanary** 15, wo man auf den Spuren deutscher Exilanten aus den 1930er Jahre spazieren kann.

Erweiterte Rundreise (3–4 Wochen)

Die dritte Woche beginnt mit den **Gorges du Verdon** 1. Zwei Tage sollte man für den majestätischen Canyon veranschlagen, einen für eine Fahrt über die Uferhöhenstraßen, den zweiten für eine Wanderung am Fuß der Schlucht oder einen Badetag am Lac de Ste-Croix. Tag 17 entführt auf das **Plateau de Valensole** 2: Zwischen Riez und St-Jurs blüht der Lavendel in endlosen Reihen. Auf der anderen Seite der Durance beginnt das Pays de Forcalquier, Ziel der zwei folgenden Tage. Auf dem Programm stehen das Marktstädtchen **Forcalquier** 3, dann **Manosque** 4, die Geburtsstadt von Giono, schließlich die Montagne de Lure mit ihren majestätischen Laubwäldern.

An Tag 20 führt die Reise über das Bäderstädtchen **Digne** 5 auf die Route Napoléon. Die N 85 führt direkt nach **Grasse** 6 – Tag 21 vergeht mit dem Blumenmarkt und der Besichtigung einer Parfümerie sowie des Parfümmuseums in der ›Hauptstadt des Duftes‹.

Moderne Kunst folgt am Tag darauf mit der Fondation Maeght in **St-Paul-de-Vence** 7 und der Matisse-Kapelle in **Vence** 8, bevor es nach Nizza geht. Mit der italienisch anmutenden Altstadt und den mondänen Strandhotelpalästen von **Nizza** 9 endet an Tag 23 die dritte Woche.

Wer noch eine vierte Woche Zeit hat, reist nach zwei Tagen über das noble **Cap Ferrat** 10 und das glamouröse **Monaco** 11 nach **Menton** 12 weiter. Nirgendwo blühen die Gärten üppiger als in den historischen Gärten der Stadt, von deren Strand man nach Italien rüberschaut.

Mit Tag 27 beginnt die Rückreise in Richtung Westen. **Cannes** 13 und die berühmte Croisette sind die erste Etappe. Tags drauf geht es durch den Wald des **Estérel-Massivs** nach **Fréjus** 14, dessen Bischofspalast ebenso sehenswert ist wie die Vielzahl römischer Ruinen. Die letzten drei Tage stehen im Zeichen von People Watching und Baden in **St-Tropez** 15.

Wem's zu bunt wird, macht einen Tagesausflug durch das **Mauren-Massiv** 16 mit Ziel Collobrières, das Kastanienbauerndorf, oder geht an den unverbauten Stränden von **Bormes-les-Mimosas** 17 ins Wasser. Oder weicht gleich auf eine der autofreien **Hyères-Inseln** 18 aus.

Kürzere und längere Rundreise

Reisen mit Kindern

Kinder werden in Frankreich weder im Restaurant noch im Hotel als störend empfunden. **Ermäßigter Eintritt** bei Sehenswürdigkeiten *(réduction pour enfants)*, kindergerechte **Museumsaktivitäten** *(animation pour enfants)*, ein preisgünstiges **Kindermenü** *(menu enfant)* und ein **Zustellbett** im Hotelzimmer sind Selbstverständlichkeiten. Spielzeug oder Spielecken etwa im Restaurant gibt es hingegen nicht – in Frankreich werden bei Tisch Erwachsene und Kinder nicht getrennt. **Pizzerien** oder **Crêperien** mit bei Kindern beliebten Speisen finden sich in Urlaubsorten leicht. Informeller als im ›großen‹ Restaurant geht es ohnehin am Strand oder auf der Terrasse eines Dorfgasthofs zu – Spielen in Sichtweite (natürlich nicht zwischen den Tischen) ist kein Problem!

Am **Strand** wird speziell für die Jüngeren einiges geboten. Unter dem Label ›Station Kid‹ **(www.stationskid.com)** firmieren Strandorte, die Angebote für Kinder zwischen vier und zwölf Jahren bereithalten, etwa Kurse in Segeln und Schwimmen, Radwege, Spielgeräte oder Betreuer, die die Kleinen ins Sandburgenbauen einführen. **Kinderfreundliche Angebote** – etwa Segel- und Paddelkurse oder Animationsveranstaltungen – sind auch Aushängeschild des Feriendorf- und -wohnungsspezialisten ›Pierre & Vacances‹ (s. S. 70).

Besondere Gesundheits- oder Hygienevorkehrungen entfallen. **Windeln** *(couches)* und **Babyartikel** sind überall erhältlich, und im Notfall ist es zum nächsten **Kinderarzt** *(pédiatre)* nicht weit. An Kopfbedeckung, langes T-Shirt, Hosen sowie Sonnencreme mit hohem Schutzfaktor und Mückenschutzmittel sollte man schon vor der Abreise denken.

Anreise und Verkehr

Einreisebestimmungen

Für EU-Bürger und Schweizer reichen Personalausweis oder Identitätskarte. Kinder unter 16 Jahren ohne eigenen Ausweis müssen im Reisedokument der Eltern eingetragen sein. Frankreich ist dem Schengener Abkommen beigetreten, kontrolliert aber infolge der Terrorismusdebatte gründlich. Auch EU-Bürger benötigen für einen Aufenthalt über drei Monate eine Aufenthaltsgenehmigung.

Zollfrei mitgenommen werden dürfen 10 l Spirituosen, 20 l andere alkoholische Getränke mit max. 22 %, 90 l Wein, davon max. 60 l Schaumwein, 110 l Bier. Bei Tabak liegen die Grenzen bei 800 Zigaretten, 400 Zigarillos, 200 Zigarren und 1 kg Tabak.

Anreise

... mit dem Flugzeug

Die internationalen Flughäfen **Nizza-Côte d'Azur** und **Marseille-Marignane** werden direkt angeflogen: Air France fliegt von München, Düsseldorf, Frankfurt und Stuttgart nach Nizza sowie von Frankfurt nach Marseille. Mit Umsteigen über Paris erhöht sich die Zahl der Verbindungen erheblich. Für Reisen in die Nordprovence kommt ebenfalls der **Flughafen Lyon** mit etlichen Deutschlandverbindungen von **Air France** infrage (Reservierungszentrale: Tel. 018 05/83 08 30, www.airfrance.de). Auch **Lufthansa** bietet unter dem Druck der Low-Cost-Airlines günstige Sondertarife an (Tel. 01 80/380 38 03, www.lufthansa.de). Aus der Schweiz startet **Swiss International Air Lines** von Genf, Zürich und Basel nach Marseille und Avignon (www.swiss.com).

Unter den **Billigfliegern** fliegt Germanwings (Tel. 018 05/95 58 55, www.germanwings.de) von Köln/Berlin nach Nizza, Hapag Lloyd Express (Tel. 018 05/09 35 09, www.hl-express.de) von Köln nach Marseille und von Hannover nach Nizza, Ryanair (Tel. 01 90/66 99 00, www.ryanair.com) von Frankfurt/Hahn nach Montpellier, dba von Düsseldorf und Stuttgart nach Nizza (www.flydba.com), Easyjet von Berlin, Dortmund, Genf nach Nizza (www.easyjet.com), helvetic von Zürich nach Nizza (www.helvetic.com).

Billigflieger im Internet:
www.billig-flieger-vergleich.de

... mit der Bahn

Fast immer führt der Weg über Paris. Für Reisende aus Westdeutschland geht es in die französische Hauptstadt am schnellsten mit dem Hochgeschwindigkeitszug **Thalys** von Köln via Brüssel nach Paris-Nord (www.thalys.com). Bei der Weiterfahrt muss der Bahnhof gewechselt werden – die Züge in den Süden fahren von der Gare de Lyon ab. Im Zeitalter des **TGV** (Hochgeschwindigkeitszug) ist Marseille auf drei Stunden an Paris gerückt. Weitere TGV-Bahnhöfe sind Montélimar, Orange, Avignon, Nizza, Antibes, Cannes, Toulon, im Sommer auch Hyères und Monaco (Reservierung und Zuschlag erforderlich, beides bekommt man auch am Automaten im Bahnhof). In Deutschland erteilt das **Rail-Europe-Büro** der fanzösischen Eisenbahngesellschaft SNCF Auskunft (Tel. 01 80/521 82 38). Direktverkauf von Fahrscheinen im Kölner Rail Europe Shop (Bahnhofsvorplatz 1, Fax 02 21/91 39 31 20, www.raileurope.de). Fahrplanauskünfte erhält man zudem über das Straßburger Rail-Europe-Büro der SNCF (deutschsprachig), Tel. 08 23 35 35 36, oder im Internet unter www.voyages-sncf.com. Ein TGV verbindet Genf mit Avignon und Marseille (Auskunft über die Schweizer Eisenbahngesellschaft, Tel. 09 00/300 300, www.cff.com).

An vielen Bahnhöfen verleiht die SNCF Fahrräder im **train + vélo-Service.** Von Mai bis Oktober verkehrt ein **Autoreisezug** von verschiedenen deutschen Städten nach Avignon und Fréjus (Buchung 8–22 Uhr, Tel.

018 05/24 12 24, 0,12 €/Min, www.dbautozug.de).

Mit dem Auto

Von Norden führt die Autoroute du Sud A 6 bis nach Orange. Weiter geht es über die A 7 bis Marseille. Den allsommerlichen Stau auf der A 6 zwischen Beaune und Lyon kann man vermeiden: Die A 39 verbindet Dôle mit Bourg-en-Bresse. Klassisch ist die Anreise auf der **Route Nationale 7** durch Burgund und das Rhône-Tal nach Aix und zum Massif de la Ste-Baume. Ab Grenoble führt die **Route Napoléon** (N 85) durch die Seealpen zu den Gorges du Verdon. Ab Sisteron kann man auf die A 51 in Richtung Aix wechseln.

Ein **Auslandsschutzbrief** (Unfall, Diebstahl, Krankheit) und die **grüne Versicherungskarte** sind empfehlenswert.

Verkehrsmittel im Land

Bahn

Größere Orte sind von der staatlichen Eisenbahngesellschaft SNCF mit dem Zug verbunden.

Auskunft landesweit: Tel. 08 92 35 35 35 (tgl. 7–22 Uhr, 0,34 €/Min.), www.voyages-sncf.com.

Für **Nahverbindungen** (Transports Express Régionaux, TER) gibt es in allen Bahnhöfen ein Gratisheft. Im Internet stehen die Verbindungen unter www.ter-sncf.com/paca.

Bus

Einen **Busbahnhof** *(gare routière)* findet man in allen größeren Orten. Von Stadt zu Stadt ist die Verbindung gut. Ins Umland ist der Fahrplan dagegen mager. Busse bringen Reisende zwar in abgelegene Dörfer, verkehren jedoch oft nur morgens und abends. Auf Hauptstrecken sind auch werktags mehrere Verbindungen üblich, am Wochenende dagegen nicht. Die Société des cars Alpes-Littoral (SCAL) unterhält etliche Expressfernlinien (LER), Tel. 04 92 51 06 05.

Taxi

Neben der Grundgebühr von 2 € berechnet sich der Preis pro Kilometer. Kilometerpauschale von 7 bis 19 Uhr etwa 0,6 €, sonst 1 €. Sonntags und an Feiertagen wird der höhere Tarif berechnet. Für Gepäckstücke ab 5 kg ist 1 € Aufpreis fällig.

Leihwagen

Leihautos können über TUI Cars (Tel. 05 11/567 89 17, Fax 05 11/567 43 40, **tuicars@tui.de)** bequem im Voraus gebucht werden. Wie bei den Airlines kommen vermehrt Billigangebote auf den Markt. So hat Sixt (**www.sixt.de**) die Tochter Sixti gegründet. Günstige Angebote sucht im Internet Holiday Autos (Tel. 018 05/17 91 92, 0,12 €/Min., **www.holidayautos.de**).

Verkehrsregeln

In Ortschaften gilt 50 km/h, auf Landstraßen 90 km/h, auf Schnellstraßen 110 km/h, auf Autobahnen 130 km/h **Höchstgeschwindigkeit.** Im Kreisverkehr hat man Vorfahrt. Anschnallen ist Pflicht. Die **Alkoholgrenze** liegt bei 0,5 Promille. Kontrollen sind häufig und die Geldbußen drastisch! Der Führerschein ist bei extremem Rasen und Alkoholkonsum sofort weg. Das Schild ›Toutes directions‹ weist die Streckenführung für Durchreisende aus. **Parkverbot** herrscht vor Postämtern, Polizeistationen, Krankenhäusern, vielen Schulen und Kindergärten sowie an gelb markierten Bordsteinen.

Autofahren

Das **Straßennetz** ist dicht, die Straßen gut ausgebaut. Vorsicht im Winter, vor allem in der Hochprovence – es drohen Glatteis und Raureif. **Staus** sind im Sommer auf Küstenstraßen wie der N 98 von Cannes nach Nizza oder der N 7 von Nizza nach Menton vorpro-

Dem Stau entkommen … Abseits der großen Straßen, hier in Pernes-les-Fontaines, geht es eher gemächlich zu

grammiert. Tipp: Wer den allsommerlichen Staus auf Routes Nationales und Routes Départementales entgehen möchte, nutze die geheiligte Mittagszeit. *Toute la France* sitzt *à table*, man selbst hat von Schlag 12 Uhr bis ungefähr 14.30 Uhr Ortsdurchfahrten und Landstraßen für sich.

Verkehrsfunk: Frequenz FM 107,7

Autobahnen: Die Autoroute du Soleil (A 7) folgt von Montélimar bis Avignon der Rhône und schwenkt dann nach Aix ab. Von Aix führt die Autoroute La Provençale (A 8) über Brignoles, Cannes, Nizza, Monaco nach Menton. Die A 50 folgt der westlichen Côte d'Azur von Marseille bis Hyères. A 8 und A 50 verbindet auf Höhe von Toulon die A 57. Die Autobahnen werden von verschiedenen Gesellschaften betrieben und sind gebührenpflichtig (***péage***). Tipp: Kleingeld hilft an vielen Autobahnmautstellen weiter, vor allem auf der A 8 von Cannes nach Menton, wo alle paar Kilometer eine neue *péage* zum Anhalten zwingt. Wer die zwischen 0,80 € und 3 € hohe Gebühr in Münzen parat hat, wirft das Geld in einen Plastiktrichter (Quittung – *reçu* – gibt's auf Knopfdruck), und die Schranke hebt sich. Informationen über Tankstellen, Radarposten, Rastplätze unter www.franceautoroutes.com.

Tanken: Das Tankstellennetz ist dicht, fast überall kann man mit Karte zahlen. Tanken ist in Frankreich etwas günstiger als in Deutschland. Man wählt zwischen *sans plomb* (bleifrei), *essence* 95 (Super) und *essence* 98 (Super plus) oder *gazole* (Diesel), das deutlich günstiger als Benzin ist. Am billigsten tankt man an den Zapfsäulen der großen Supermärkte.

Pannenhilfe: Auf Autobahnen kann Hilfe über die Notrufsäulen angefordert werden, sonst über den Polizeinotruf 17. Der ADAC unterhält einen deutschsprachigen Notdienst in Lyon, Tel. 04 72 17 12 22.

Das Angebot reicht vom luxuriösen Palasthotel über den traditionellen Dorfgasthof und der liebevoll dekorierten *chambre d'hôtes* bis zum einfachen Campingplatz mit kalter Dusche. Allgemein gilt die Faustregel Hochsaison (Juli/Aug.) = Höchstpreise, Nebensaison (Mai–Juni, Sept.–Okt.) = moderate Preise, Wintersaison = niedrige Preise. Für die Côte d'Azur gilt zudem: Je näher das Bett am Wasser steht, desto teurer wird es.

Hotels

Hotels werden nach Sternen (* bis ****L) eingeteilt. Das Frühstück *(petit déjeuner)* ist im Zimmerpreis oft nicht inbegriffen. Zu den meisten Hotels gehört ein Restaurant mit attraktivem Halb- oder Vollpensionsangebot (Achtung: In der Hauptsaison muss man oft Halbpension/HP buchen). In der Regel gilt der Preis für das Zimmer.

Schlosshotels & Herrenhäuser: Die Preislagen variieren von der eines Zwei-Sterne-Hotels bis zum Luxusniveau. Kataloge verschicken die Vereinigungen Relais & Châteaux (Luxushotels in herrschaftlichen Gemäuern, resarc@relais-chateaux.fr), Châteaux et Hôtels de France (Schlosshotels und Hotels mit besonderem historischen Charme, www.chateauxethotels.com) oder Esprit de France (Schloss- und Luxushotels mit typisch französischem Flair, www.esprit-de-france.com).

Logis de France: gepflegte Traditionshotels, die man am gelbgrünen Kaminsymbol der Vereinigung erkennt. Es handelt sich um Familienbetriebe mit soliden Preisen. Jahreskatalog im Reisebuchhandel oder direkt über Logis de France (83, Av. d'Italie, 75013 Paris, Tel. 01 45 84 70 00, Fax 01 45 83 59 66, www.logis-de-france.fr).

Relais du Silence: Häuser, die in diesen Verband exklusiver Hotels aufgenommen werden, garantieren himmlische Ruhe und hohe gastronomische Leistungen (Relais du Silence, 2, Passage du Guesclin, 75015 Paris, Tel. 01 45 66 77 77, Fax 01 40 65 90 09, www.silencehotel.com).

Formule 1: Bei diesen Kettenhotels überzeugt in erster Linie der Preis. Die mit einem Doppel- und einem Einzelbett, Waschbecken und Fernseher ausgestatteten Zimmer liegen an Autobahnen, Durchgangsstraßen oder in Industriegebieten. WC und Dusche auf der Etage (Formule 1, Immeuble Le Descartes, 29, Promenade Michel-Simon, BP 159, 93163 Noisy-le-Grand Cedex, Tel. 01 43 04 01 00, Fax 01 43 05 31 51, www.hotelformule1.com).

Pieds dans l'eau: bedeutet »mit den Füßen im Wasser‹. Unter dem Begriff haben sich eine Reihe familiärer Hotels zusammengeschlossen, die vor allem die Lage direkt am Meer eint. Ansonsten reicht die Skala vom nüchternen Betonkubus der 1960er Jahre bis zur verspielten Belle-Epoque-Villa (www.lespiedsdansleau.com).

Chambre d'hôtes

Chambre d'hôtes heißt die französische Variante von Bed & Breakfast. In der Provence erinnern nicht wenige Chambres d'hôtes an Luxusunterkünfte aus internationalen Inneneinrichtungsmagazinen. Sie heißen dann Chambres d'hôtes de charme – und entsprechend hoch sind die Preise. Im schönsten Fall kommt bei der Chambre d'hôtes eine *table d'hôtes* hinzu – die Möglichkeit, gemeinsam mit den Besitzern und anderen Gästen zu speisen. **Ferme-auberges** (Bauernhöfe, auf denen man speisen kann) sind in der Provence vor allem im Hinterland zu finden. Manche bieten Gästezimmer und Ferienwohnungen an. Letztere heißen *gîtes.* Staatlich geprüft und je nach Ausstattung mit ein bis zu vier Ähren klassifiziert sind die **Gîtes de France.** Bei vielen Chambres und Tables d'hôtes kann man nicht mit der Kreditkarte bezahlen.

Gîtes de France: Die Besitzer sind in der Regel Leute aus der Gegend. Je nach Lage und Ausstattung werden die Ferienhäuser mit ein bis drei Kornähren klassifiziert. Die Auswahl ist nach den 95 Departements oder nach Themen, und dann landesweit, unterteilt. Gîtes Panda (Ferienwohnungen im Naturpark mit WWF-Label), Gîtes en Vignoble (Ferienwohnungen und -häuser im Weinberg), Séjours Equestres (Reiterhöfe), Gîtes d'enfants (kinderfreundliche Ferienunterkünfte) ... Alles direkt buchbar. Kataloge über die französische Reservierungszentrale (Gîtes de France, 35, Rue Godot de Mauroy, 75009 Paris, Tel. 01 49 70 75 75, www.gîtes-de-france.fr).
Clévacances: halbstaatliche Organisation mit 1800 Chambres d'hôtes und 20 000 *locations* (Wohnungen/Häuser) – je nach Komfort mit ein bis fünf Schlüsseln und direkt buchbar (www.clevacances.com).
Fleurs-Soleil: Es handelt sich vornehmlich um Chambres d'hôtes. Die Besitzer wohnen immer mit im Haus, es gibt max. fünf Gästezimmer. Gehobener Komfort und landestypischer Stil (www.fleurs-soleil.tm.fr).

Ferienhäuser

Die Kataloge der Großveranstalter erhält man im Reisebüro. Bei **Pierre & Vacances,** größter französischer Freizeitimmobilienanbieter, hat man die Wahl zwischen Feriendörfern, Residenzen, Hotels und Villen – je nach Bedürfnis mit Selbstversorgung oder Hotelservice. Die Objekte befinden sich immer in bevorzugter Lage (www.pierre-et-vacances.de).
Darüber hinaus gibt es eine ganze Reihe von kleineren Anbietern:
Cuendet, Gotenring 11, 20937 Hamburg
Tel. 018 04/000 330 (0,24 €/Min.)
www.cuendet.de
Domizile Reisen, Planegger Str. 9a
81241 München, Tel. 089/83 30 84
Fax 089/834 17 60, www.domizile.de
Inter Chalet, Postfach 5420
79021 Freiburg, Tel. 07 61/21 00 77
Fax 07 61/210 01 54, www.interchalet.com
Lagrange Ferienwohnungen, Schwabstr. 47, 70197 Stuttgart, Tel. 07 11/61 11 18, Fax 07 11/61 04 11, www.lagrange-holidays.de
Marion Kutschank Feriendomizile, Schlesierweg 10, 79117 Freiburg, Tel./Fax 076 61/677 66, www.ferienhaus.com
www.meer-provence.com
Novasol, Gotenstr. 11, 20097 Hamburg
Tel. 040/23 88 59 82, 030/308 78 10
www.novasol.de
Provence-Soleil Ferienhäuser, Hauptstr. 14, 64678 Lindenfels, Tel. 06 55/95 26 15
Fax 06 55/95 26 14, www.prov-sol.de
SPS Feriendomizile, Rosenstr. 34
73054 Eislingen, Tel. 071 61/98 95 55
Fax 071 61/98 95 54, www.feriendomizil.com, www.meer-provence.com
Wolters Reisen, Bremer Str. 61, 28816 Stuhr/Bremen, Tel. 04 21/89 99 90
Fax 04 21/80 14 47, www.wolters-reisen.de

Camping

Vom luxuriösen Platz mit Pool und Tennisplatz bis zum *camping à la ferme* (Zelten auf dem Bauernhof) mit Gartenschlauchdusche findet jeder einen Platz nach seinem Geschmack. Für die Hauptsaison muss lange im Voraus **reserviert werden.** Ein Verzeichnis kann man beim regionalen Fremdenverkehrsamt anfordern (s. S. 58f.).

Jugendherbergen

Ein **internationaler Jugendherbergsausweis** ist erforderlich. Verzeichnis französischer Herbergen über die Fédération Unie des Auberges de Jeunesse (FUAJ, 27, Rue Pajol, 75018 Paris, Tel. 01 44 89 87 27, Fax 01 44 89 87 10, www.fuaj.org).

Baden

Die **schönsten Sandbuchten** der Côte d'Azur liegen im Westen zwischen Le Lavandou und St-Tropez sowie am Golf von Fréjus und um das Cap d'Antibes. Unter den **Calanques** von Marseille und Cassis gilt die von d'En-Vau dank eines von Felsnadeln gerahmten Strandes als Badeparadies. Auf **Porquerolles** muss man 3 km wandern, um die Plage Notre-Dame zu erreichen – dafür stört kein Verkehrslärm das Badevergnügen auf der nahezu autofreien Insel. Bei St-Tropez kommen Südseegefühle angesichts türkisfarbenen Wassers und gelbem Sand an der mit Discos und Strandrestaurants bestückten **Plage Tahiti** auf. Les Issambres an der **Côte des Maures** lockt mit versteckten Badefjorden. Cannes' **Croisette-Strände** bieten Einblicke in die Riten der mondänen Côte. Nirgendwo sonst ist der Quadratmeter Sand teurer und ein frei zugänglicher Abschnitt seltener. Am **Cap d'Antibes** erlaubt die Plage de la Garoupe den Blick auf Antibes und Voralpen. Fast alle Hotels am Ufer zwischen Cannes und Menton bewirtschaften einen Strandabschnitt, der mit Liegen, Schirmen und einer Bar ausgestattet ist – was freilich kostet.

Strände gibt es ebenfalls in der **Provence,** etwa rund um den Lac de Ste-Croix (Stausee). In Sisteron kann man sich am Plan d'Eau des Marres, in Digne am Lac des Ferréols, bei Manosque am Plan d'Eau des Vannades, in Moustiers-Ste-Marie im Petit Lac abkühlen.

Bootsurlaub

Das Revier par excellence ist die amphibische Landschaft der **Camargue** mit ihren Kanälen und Teichen direkt hinter dem Küstensaum. Mehrere Spezialisten für Bootsurlaub haben die Camargue zwischen Les Saintes-Maries-de-la-Mer und Arles im Angebot.

Drachen- und Gleitschirmfliegen

Ausgewiesene Plätze gibt es in der gesamten Provence. Die interessanten Startplätze liegen jedoch in den **Seealpen** und der **Hochprovence.**

Auskunft für Events, Schulen und Basislager erteilt die Ligue de Vol Libre de Provence (11, Rue du 4-Septembre, 83000 Draguignan, Tel. 04 94 68 98 76, www.ffvl.fr).

Golf

Die Liste schön gelegener Golfplätze ist in der **Provence** ellenlang: Digne, Orange, Saumane, Les Baux und Aix sind nur einige der knapp 50 Plätze (9- und 18-Lochanlagen).

Mit zwei über 100 Jahre alten Golfplätzen (Mandelieu und Valescure) kann die **Côte d'Azur** auf eine lange Rasentradition zurückblicken. Der Golfplatz Mandelieu (18- und 9-Loch) ist gemeinsam mit dem Riviera Golf Club (kleiner, aber schwieriger) ein Mekka für Golfer. Vom Golfplatz Frégate (Parcours von 6210 m durch 72) und vom Platz Cap Estérel in St-Raphaël geht der Blick aufs Meer. Der Club von Valescure wurde 1895 eröffnet: Die Linienführung (6051 m durch 68) erfordert große Präzision.

Informationen bei der Fédération Française de Golf, 75116 Paris, 69, Av. Victor-Hugo, Tel. 01 44 17 63 32, Fax 01 44 17 63 63. Auf der Internetseite sind 52 Golfplätze der Côte d´Azur vorgestellt (www.ffgolf.fr).

Kanu, Kajak und Rafting

Eher gemächlich sind Kanufahrten auf der Sorgue oder dem Lac de Ste-Croix. **Wildwassertouren** bieten sich hingegen in den Gorges du Verdon und in der nahen Ardèche-Schlucht an – wobei man die Monate Juli/

August meiden sollte. Der Wasserstand ist relativ niedrig, der Andrang umso höher.

Informationen über die Fédération Française de Canoë-Kayak (87, Quai de la Marne, 94340 Joinville-le-Port, www.ffck.org).

Klettern

Spektakulärstes Klettergebiet der Provence sind die **Gorges du Verdon.** Steilwände finden sich auch in den Alpilles, im Luberon, im oberen Durance-Tal, im Var-Tal und in den Alpes-de-Haute-Provence. An der Côte d'Azur locken die über 400 m hohen Klippen der Calanques in die Wand. Weitere Kletterzentren sind die Felshänge um Grasse und die Steilwände bei La Turbie und Roquebrune.

Eine Liste von Klettergebieten, -schulen und -anbietern gibt es beim Comité Départemental de la Montagne et de l'Escalade (3, Bd. du Temps Perdu, 04100 Manosque, Tel. 04 92 72 39 40). Weitere departementale Büros der Fédération française de la Montagne et de l'Escalade unter www.ffme.fr. Informationen erteilt auch der Club Alpin Français, 14, Av. Mirabeau, 06000 Nizza, Tel. 04 93 62 59 99. Weitere Büros des Club Alpin Français etwa in Marseille (www.clubal pin.com).

Rad

Schöne Tagestouren für jedermann sind um Vaison-la-Romaine (18–37 km), Valréas (37 km) und Bollène ausgeschildert. **Mountainbiker** (frz. VTT) zieht es in die Alpes-de-Haute-Provence (ausgeschilderte Wege mit grünem Dreieck und zwei gelben Punkten).

Informationen über die Association Départementale des Relais et Itinéraires (ADRI 04), 19, Rue du Docteur Honnorat, 04000 Digne, Tel. 04 92 31 07 01.

Nur für Sportler: Von Bédoin (Office de Tourisme, Tel. 04 90 65 63 95) geht es zum Mont Ventoux hoch, eine klassische **Etappe der Tour de France.** Ideal für Radler mit durchschnittlicher Kondition ist der **Radfernwanderweg durch den Luberon** (s. S. 226f.).

Nach und nach entstehen auch an der Küste Radwege, etwa von Nizza nach Villefranche. Auch die Promenade des Anglais in Nizza wurde nach der Sanierung für Räder freigegeben. Für längere Touren interessanter wird es im Departement Var: Die Lücken im von der Straße getrennten Fahrradweg längs der Küste schließen sich zusehends. Von Hyères kann man mittlerweilen bequem bis nach Lalonde-des-Maures radeln.

Reiten

Für Reiter an erster Stelle steht die **Camargue.** Einige Stierzüchterhöfe bieten Reiturlaub im Stil der Camargue-Cowboys an (Informationen über die Association Camarguaise de Tourisme Equestre, Tel. 04 90 97 86 32). Auch im Inland haben sich etliche Höfe auf Reiterurlauber eingestellt, so etwa in der **Drôme:** Die Vereinigung La Drôme à Cheval (Rue Pasteur, 26260 St-Donat, Tel. 04 75 45 78 79, www.drome-a-cheval.com) unterhält ein fast 2500 km langes Wegenetz für Reitwanderer, mit 50 Unterkünften für Ross und Reiter. Informationen zu Reiterferien erteilt die Fédération Française d'Equitation (Tel. 01 58 17 58 17, www.ffe.com).

Segeln

Segeln ist an der Côte Volkssport. Kurse werden auf Katamaran und Jacht angeboten. Segelschulen und Bootsverleiher gibt es darüber hinaus in fast jedem Küstenort. Einen Überblick im Internet vermittelt die Fédération Française de Voile (www.ffvoile.org).

Surfen

In Marseille ist die Plage Borély fest in Surferhand. In Six-Fours-les-Plages zieht der Strand von Bonnegrâce selbst weit gereiste Surfer an. Les Lecques, Cabasson und St-Tropez (Plage Bouillabaisse) bieten ebenfalls gute Möglichkeiten, doch als bester Strand hat sich die **Plage d'Almanarre** in Hyères herumgesprochen. Über Aktuelles aus der Surferszene informiert die Fédération Française de Surf im Internet: www.fedesurf.com. Wer einen Surfkurs belegt, sollte auf das von der Fédération erteilte **Qualitätslabel** Ecole Française de Surf achten.

Tauchen

Die Küstenregion bei Marseille gilt als Tauchereldorado, vor allem wegen der Calanques. Der Nationalpark Port-Cros lockt mit einem Unterwasserpfad zwischen der Plage de la Palud und dem Rascas-Inselchen auf die Hyères-Insel. Interessante Tauchgründe liegen um die Ile Bendor bei Bandol, um die Iles des Embiez bei Six-Fours sowie an der Corniche de l'Estérel.

Tauchschulen u. a. in Cassis, La Théoule, La Napoule, Cannes, Antibes, Menton. Informationen gibt es bei der Fédération Française d'Etudes et de Sports Sous-marins (24, Quai de Rive-Neuve, 13007 Marseille, Tel. 04 91 54 77 43). Auf dieser Internetseite wird tagesaktuell über das **Wetter** und die Gezeiten informiert: www.ffessm.fr.

Thalassotherapie

Warme Schlammwickel, Fitness am Strand und ein raffiniertes Mahl – *Wellness à la française* verheißt ein sinnliches Vergnügen. Thalassa nennen die Griechen das Meer. An der Côte d'Azur taucht das Wort immer öfter auf: Ein **Centre de Thalassothérapie** gibt es etwa auf der Halbinsel von Giens (Thalassa Hyères, Allée de la Mer, La Capte, Tel. 04 94 58 00 94, www.accor.com), in Fréjus (Hôtel de Thalassothérapie Port-Fréjus, Rue des Forces Françaises Libres, Port Fréjus Oeust, Tel. 04 94 52 56 61, Fax 04 94 52 56 01) und in Monte-Carlo (1, Av. de Monte Carlo), Tel. 00 37/92 16 40 40, www.montecarloresort.com).

Jedes Centre de Thalassothérapie ist eine Einladung, sich von Stress, Tabaksucht, Rückenschmerzen, Schlafstörungen oder einfach dem Alltag zu verabschieden. Zum Programm gehören u. a.: Massage mit Meerwasserberieselung, heiße Algenschlammpackungen, Joggen am Strand, Sprudelbäder in der Multi-Strahl-Massagewanne, Gymnastik im Meerwasserschwimmbad.

Wandern

Provence und Côte d'Azur sind ideale Wanderreiseziele. Trockene, klare Winter, das zeitige Frühjahr und der späte Herbst setzen kaum saisonale Grenzen. Im Sommer sind obendrein etliche Wandergebiete für den motorisierten Verkehr gesperrt. Für kurze Wanderungen empfehlen sich die gelb markierten PR-Wege *(Petite Randonée),* deren Dauer max. 6 Std. beträgt. Ansonsten durchzieht ein Netz von **Fernwanderwegen** (Sentier de *Grande Randonnée,* GR, rotweiße Markierung) die Provence. Wer mehrtägige Strecken scheut, kann mit Hilfe eines Wanderführers aus der Edition ›Topo-Guide‹ (im frz. Buch- und Zeitschriftenhandel) ein Teilstück beliebiger Länge heraussuchen. Zu den Klassikern gehört der GR 98, der von den felsigen Calanques-Buchten östlich von Marseille auf das Massif de la Ste-Baume führt. Dem Kamm der Montagne Ste-Victoire folgt der GR 9, dem des Luberon der GR 97. Der GR 4 ist wegen einer Tagesetappe durch die Gorges du Verdon berühmt.

Alpines Niveau erreichen die Wanderwege in der Haute-Provence. Schon ein kurzer, halbtägiger Rundweg vom Dorf St-Jurs am nördlichen Rand des Plateau de Valensole steigt auf über 1300 m an. Der GR 6 über die Montagne de Lure erreicht in menschenleerer Gebirgslandschaft Höhen von über 1800 m. Der GR 51 folgt auf weiten Strecken inklusive Fernsicht auf die Côte dem Küstenverlauf, bevor er oberhalb von Grasse ins Tal des Loup abbiegt. Und wer von Digne aus in die Montagne de Coupe aufbricht, muss sich auf gewaltige Steigungen zum 2323 m hohen Gipfel des Cheval Blanc einstellen. Vor allem in der Haute-Provence gilt: unbedingt vorher nach den **Wettervorhersagen** erkundigen! Auch der weiter westlich gelegene Mont Ventoux (1909 m) kann bis weit ins Frühjahr mit Eis und Schnee überraschen. Wer mittlere Höhen bevorzugt: Dentelles de Montmirail (GR 4), Plateau de Valensole oder Alpilles (GR 6) bleiben auf kommodem Mittelgebirgsniveau.

Die **Streckenverläufe und Wandererunterkünfte aller GR** stehen im Internet: www.gr-infos.com.

Neben den GR sind kürzere Regionalwanderwege ausgezeichnet. Viele Verkehrsämter bieten zudem selbst in kleinen Orten Faltblätter mit Kurz-/Tagestouren an, so die Gemeinden im Parc Régional du Luberon. Als **beste Wanderzeit** empfehlen sich die Monate November/Dezember sowie April/Mai, für die Südalpen Juni bis September.

Neben den Inlandswanderwegen existieren viele **Küstenwanderwege,** die zu einer Halb- oder Tageswanderung einladen. Ein alter Zollweg führt von Bandol nach Les Lecques (gelb markiert). Rund um Porquerolles erschließt ein Weg die Insel. Gelb markiert sind die Wanderwege um die Halbinsel von Giens. Wunderschön ist der Küstenwanderweg um die Halbinsel von St-Tropez. Schattiger sind die Wege im Hinterland: Von Bormes aus durchquert der GR 90 das dicht bewaldete Massif des Maures. Vom Küstenort Le Trayas (ab Bahnhof ausgeschildert) geht es in zwei Stunden hoch ins Massif d'Estérel zum über 300 m hohen Pic de l'Ours. Im Hinterland von Nizza verbindet ein Wanderweg (2 Std.) die Dörfer Peille und Peillon. Am Cap Ferrat erlaubt der Spaziergang um die Pointe St-Hospice einen Blick auf Beaulieu und Monaco.

Wellness

Das **Etablissement Thermal Eurothermes von Digne-les-Bains** (Rte. des Thermes, Tel. 04 92 32 32 92, Fax 04 92 32 38 15, www.eurothermes.com) bietet moderne Wellnesspakete an. Die heißen Quellen (29–49 °C) werden seit der Antike zu therapeutischen Zwecken genutzt. Der moderne Komplex in einem Tal außerhalb der Stadt bietet Kuren gegen Atemwegsbeschwerden und Rheuma sowie Wellnessprogramme mit Balnéothérapie (Algen) zur Entspannung und zum Stressabbau an.

Auch die **Thermes Troglodytes Celtes et Romains Gréoux-les-Bains** (Chaîne Thermale du Soleil, Tel. 04 90 70 40 00, Fax 04 92 74 27 38) berufen sich auf eine Tradition, die bis zu Kelten und Römern zurückreicht. Neben der klassischen Kur gegen Rheuma und Lungenerkrankungen steht Wellness mit Hydrotherapie, Wassergymnastik, Sauna und Körperpflege auf dem Programm.

Aix-en-Provence ist eine Bäderstadt – der Stadtname geht auf das lateinische Wort *aqua* für Wasser zurück. **Les Thermes Sextius** (55, Cours Sextius, Tel. 04 42 23 81 81, www.thermes-sextius.com) heißt das moderne Wellnesszentrum auf den Fundamenten der antiken Thermen. Das Wasser für Hydromassage, Sprudelbad und Starkstrahldusche kommt aus einer 34 °C warmen Quelle.

Für Kletterfreunde ein Paradies: die Gorges du Verdon

Vente directe

So heißt das Zauberwort. Wo solch ein Schild am Wegesrand auftaucht, macht der Winzer oder Ölmühlenbesitzer auf die Möglichkeit aufmerksam, **direkt beim Erzeuger** zu kaufen – mit Probe selbstverständlich. Apropos Öl und Wein: Beide schmecken so verschieden wie die Böden, klimatischen Bedingungen, Reben und Ölbaumsorten zwischen Rhône-Tal und den Südalpen ausfallen. Eine ganze Reihe kleiner und feiner Läden verlockt seit Generationen mit Produkten aus eigener Herstellung. »De père en fils«, vom Vater auf den Sohn, steht nicht selten über der Ladenschwelle. Viele Orte verdanken ihr Renommee einem bestimmten Produkt. Sault steht etwa für den hier hergestellten weißen Nougat. Aix für *calissons* (Konfekt mit Mandeln und kandierten Früchten), Banon für den gleichnamigen Käse. Stolz ist man in Forcalquier auf die lokalen Kräuterschnäpse, in Apt auf die *fruits confits* (kandierte Früchte), auf dem Plateau de Valensole auf den Lavendelhonig.

Die Provence steht zudem für einen Stil, zu dem **Fayencen** ebenso zählen wie die **farbenkräftigen Stoffe** von Souleiado und eleganten *indiennes* von Les Olivades. Hinzukommen schmiedeeiserne Möbel, Kacheln, Korbwaren, Terrakottakübel, bunt lackierte Möbel. Neu, oder auch antik – wobei im letzteren Fall die Preise kräftig steigen.

In der Vorweihnachtszeit beginnt die Saison für ***santons,*** die traditionellen Krippenfiguren der Provence. Die Beliebtheit der Figuren hat freilich dazu geführt, dass Santons mittlerweile ganzjährig zu kaufen sind.

Fürs Wohlbefinden gedacht sind **Körperpflegemittel.** Den Anfang machte einmal die gute alte, mit Olivenöl angereicherte Savon de Marseille, doch wo Lavendel, Rosen und die Zitronen üppig blühen, sind Kosmetiker und Parfümeure nicht weit. Naturprodukte sind nicht erst seit der Ökowelle selbstverständlich. Das steigende Bewusstsein für schonende Rohstoffbehandlung und unverfälschte Mixturen aber haben den Düften und Pflegeserien provenzalischer Herkunft den Weg nach Paris, New York und Hamburg geebnet.

Märkte

Märkte bleiben der Ort, an dem alles, was die Region zu bieten hat, zusammengetragen wird. Zu einem ordentlichen ***marché*** gehören eben nicht nur die zu Pyramiden aufgeschaufelten Honigmelonen aus Cavaillon, ein Miniaturgebirge rubinroter Kirschen aus Apt oder die über den Köpfen baumelnden Hartwürste der Hochprovence. Neben den Viktualienständen breiten sich die Händler für Haushaltswaren, Stoffe, Sommerfähnchen, Trödel und Antiquitäten aus – damit sich der Besuch in jedem Sinne lohnt.

Das üppigste Blumenangebot gibt es auf den Marchés aux fleurs von Nizza (Cours Saleya, Mo) und Grasse (Di–So). Der Markt von Antibes zwängt sich in den engen Cours Masséna (Di–So) und wirkt wie der Bauch der Côte d'Azur. Überraschend bodenständig ist der Markt Forville-Halle von Cannes (Di–So), italienisch angehaucht der in der Halle von Menton (Di–So). Der Marché provençal in Toulon ist ein Erlebnis – unverfälscht und riesig (Cours La Fayette, Di–So). Für den besten Käse und die würzigsten Würste der Hochprovence reist man montags nach Forcalquier. Unüberschaubar bleibt das Angebot auf dem Platanenkorso von Carpentras (Fr); konspirativ wirkt der im Winter ebenfalls hier freitags abgehaltene Trüffelmarkt.

Apropos: Als Nummer eins unter den Trüffelmärkten behauptet sich der im winzigen Richerenches (Sa, Nov.–Feb.). Der Wochenmarkt in Bonnieux (Fr) ist besonders stimmungsvoll. Der Marché agricole in Velleron hat sich mit Früchten und Gemüse, die die

Für jeden den richtigen Duft ...

Bauern der Sorgue-Region anbieten, einen Namen gemacht – nicht zuletzt auch, weil es erst abends losgeht (Mo–So, ab 18 Uhr). Der bunteste Markt aber bleibt der Samstagsmarkt in Arles: ein Lindwurm aus gestreiften Markisen, unter denen sich Paellapfannen aus Spanien, falsche Le-Creuset-Töpfe, Körbe, Sommerfähnchen, Käse, Wurst, Nougat stapeln.

Bei **Antiquitäten** denkt *toute la Provence* zunächst an den Trödelmarkt in L'Isle-sur-la-Sorgue (So); das Angebot auf dem Marché d'Antiquités in Nizza (Cours Saleya, So) ist freilich ebenso groß, das auf dem Trödelmarkt von Carpentras (So) günstiger, das in Avignon (Pl. des Carmes, So) klein und fein. **Alte Bücher und Stiche** bekommt man in Toulon (Pl. Victor Hugo, erster Sa des Monats).

Öffnungszeiten

Kernöffnungszeiten sind 9–12 und 14–19 Uhr – Verschiebungen nach Belieben. Im Sommer ist abends länger geöffnet, im Winter früher geschlossen. Supermärkte in Städten haben über Mittag geöffnet, ihre großen Filialen vor den Stadttoren bleiben an einigen Abenden *(nocturnes)* sogar bis 21 oder 22 Uhr geöffnet. Samstags bleiben alle Geschäfte nachmittags offen. Sonntagvormittags wird in vielen Städten Markt gehalten, viele Lebensmittelläden haben dann ebenfalls auf, Bäckereien immer. Montags ist zumindest in kleinen Orten Ruhetag.

Beim Winzer, Käse- oder Olivenbauern ruft man am besten vorher an, ob jemand zu Hause ist; **tabu für den Besuch ist die Mittagszeit** – die im Süden lang ist.

Auf einen Apéritif

In nordeuropäischen Ländern trifft man sich, um ein Glas zu trinken – in Frankreich, um **essen zu gehen.** Oder aber man trifft sich vor dem Essen zum **Apéritif:** Am späten Nachmittag sind in der Provence und an der Côte d'Azur alle Terrassen rappelvoll. Auf dem Land bleibt danach oft nur die Alternative Restaurant. Auch in den Städten ist das Nachtleben nicht so ausgeprägt wie etwa in Deutschland. In **Aix** oder **Avignon** beschränkt es sich auf die Caféterrassen von Plätzen und Boulevards, wo man zu vorgerückter Stunde einen Absacker, Kaffee oder eine *infusion* (Tee) trinkt. Je heißer es im Sommer wird, desto länger währt das nächtliche Treiben. In **Marseille** geht es umtriebiger zu, da eine ganze Reihe von hippen Bars mit trendigem Publikum die Nacht zum Tag werden lässt. Auch an der **Côte d'Azur** mehren sich neben den klassischen Cafés seit ein paar Jahren coole Locations, etwa in St-Tropez, Nizza oder Cannes.

Diskotheken & Co.

Für Nachtschwärmer bleiben ansonsten Diskotheken (frz. *boîte).* Je angesagter der Laden ist, umso höher wird die Latte bei der **Gesichts- und Dresskontrolle** gelegt – Diskotheken wie Les Caves du Roy oder der VIP Club in St-Tropez oder der Zebra Club in Monte-Carlo zählen die Beckhams, Hilton-Erbinnen und Versace-Chefinnen dieser Welt zu ihren Stammgästen. Das **Eintrittsgeld ist hoch,** ein Drink sündhaft teuer. Billig wird es selbst auf dem Land nicht. Wenn Franzosen tanzen gehen, dann richtig. Soll heißen: Es wird sich aufgedonnert und nicht auf den Euro geachtet.

An bewirtschafteten Stränden veranstalten viele Barbetreiber tagsüber **Chill-Out-** oder **Lounge-Events** – die größte Auswahl bieten die Pampelonne-Strände bei St-Tropez.

Verhalten

Erste Faustregel

Die erste Faustregel lautet: **Mittagszeit** = geheiligte Zeit, weil Essenszeit. Im Hotel-Restaurant wird es jetzt bisweilen schwierig, das Zimmer zu beziehen. Verwaist die Rezeption, weil die gesamte Equipe im Restaurantservice gebraucht wird. Oder, weil alle gerade selbst zu Tisch sind und nur das ungläubige Lächeln einer Putzfrau durch die Flure schwebt. Besser, man geht ebenfalls zu Tisch. Der sollte sowohl in der Haupt- als auch der Nebensaison vorbestellt sein.

Zweite Faustregel

Faustregel zwei: *tranquille!* Was so viel bedeutet wie: ruhig. Soll heißen, **schalten Sie einen Gang runter,** denn die Uhren ticken hier bedächtiger als daheim. Dies gilt vor allem im tiefen Hinterland, wo es bisweilen dauern kann, bis das Getränk oder die Rechnung kommt, oder wo ein Schwatz im Laden zum Alltag gehört und nervöses Drängeln schlecht ankommt. Ganz ruhig also – und bloß nicht das durchorganisierte Nordlicht geben, das es besser weiß. *Tout s'arrange,* alles kommt ins Lot, heißt es in Frankreich. Das allerdings nimmt in der Provence mehr noch als im übrigen Land etwas Zeit in Anspruch ...

Dritte Faustregel

Die dritte Faustregel betrifft die Völkerverständigung: **Fremdsprachenkenntnisse** darf man in der Provence nicht voraussetzen – Deutsch erst recht nicht. Umgekehrt erleichtern ein paar höfliche Floskeln den Alltag: Ein vorangestelltes *S'il-vous-plaît* oder *Excusez-moi* erhöht die Auskunftswilligkeit enorm. Sich für Auskunft und Service zu bedanken, ist allemal üblich. *Merci!*

Behinderte

Spezielle Einrichtungen sind selten und wenn, dann meist in den Städten zu finden. Die Association des Paralysés de France (APF, Délégation Paris, 22, Rue du Père-Guérin, 75013 Paris, Tel. 01 40 78 69 00, www.apf.asso.fr) verschickt gegen Gebühr einen **Hotel- und Restaurantführer.** Einzelne Departements unterhalten eigene Büros, wie das AFP des Bouches-du-Rhône in Marseille, Tel. 04 91 79 99 99, das AFP du Vaucluse in Avignon, Tel. 04 90 16 47 40, das AFP des Alpes-de-Haute-Provence in Manosque, Tel. 04 92 71 74 50. Die **Skigebiete in den Südalpen** halten spezielle Angebote für Behinderte bereit (www.alpesdusud.com/afp).

Knapp **100 französische Städte** werden vom französischen Verband für die Rehabilitation von Behinderten in der gebührenpflichtigen Broschüre ›Tourisme quand même‹ bewertet (CNRH, 236 bis, Rue de Tolbiac, 75013 Paris, Tel. 01 53 80 66 66, Fax 01 53 80 66 67).

Auf der Internetseite des französischen Fremdenverkehrsamts, Maison de la France (www.franceguide.com), findet man die Rubrik ›Tourismus und Handikap‹. Eine Suchmaschine informiert über alle **Veranstalter,** die die Kriterien für behindertengerechtes Reisen erfüllen.

Diplomatische Vertretungen

Deutschland

Botschaft der Bundesrepublik Deutschland
13/15, Av. Franklin D. Roosevelt, 75008 Paris, Tel. 01 53 83 45 00, Fax 01 43 59 74 18, www.amb-allemagne.fr
Generalkonsulat
338, Av. du Prado, 13295 Marseille Cedex 8, Tel. 04 91 16 75 20, Fax 04 91 16 75 28

Österreich

Botschaft der Republik Österreich
6, Rue Fabert, 75007 Paris, Tel. 01 45 55 95 66
Honorarkonsulat
27, Rue Pierre-Puget, 13006 Marseille
Tel. 04 91 53 02 08, www.amb.autriche.fr

Schweiz

Botschaft der Schweiz
142, Rue de Grenelle, 75007 Paris
Tel. 01 25 55 67 00, Fax 01 45 51 34 77
www.amb.eda.admin.ch
Generalkonsulat
7, Rue d'Arcole, 13291 Marseille Cedex 6
Tel. 04 96 10 14 10, Fax 04 91 57 01 03

Gesundheit

Apotheken *(pharmacie)* erkennt man am grün blinkenden Neonkreuz. Die ärztliche Versorgung durch Praxen/Krankenhäuser ist gut und flächendeckend. Wichtig für EU-Bürger: Die neue **Europäische Krankenversicherungskarte** hat den Auslandskrankenschein abgelöst. Der Abschluss einer Auslandsreisekrankenversicherung empfiehlt sich.

Post

Briefmarken *(timbres)* und Telefonkarten *(télécartes)* gibt es auf dem Postamt *(Bureau de poste)* und im Tabakladen *(Bureau de tabac,* erkennbar an der roten Rombe). Bei Karten in Länder der EU beträgt das Porto 50 Cents.

Öffnungszeiten: Mo–Fr 8–12, 14–18.30, in Großstädten 9–19, Sa bis 12 Uhr.

Radio/TV

Der Fernsehsender FR 3 strahlt um 19 Uhr das Regionalprogramm Provence aus. Einige Städte wie Marseille oder Martigues verfügen

Notruf
Polizei: 17 **Feuerwehr:** 18
Krankenwagen und Notarzt: (S.A.M.U.) 15 oder im Telefonbuch nachschlagen
Pannenhilfe: ADAC Lyons (deutschsprachig), Tel. 04 72 17 12 22

über ein Lokalfernsehen (Canal A bzw. Canal Maritima). France Bleu Provence und RFM Provence heißen die führenden regionalen Radiosender. Radio Monte-Carlo unterhält einen deutschsprachigen und einen englischsprachigen Kanal.

Rauchen

Auch in Frankreich wird das Rauchverbot im öffentlichen Raum mehr und mehr ausgedehnt. In Restaurants und Cafés sind Raucher- und Nichtraucherzonen ausgewiesen – an die sich jedoch oft nicht gehalten wird. Faustregel: Je höher das Niveau des Restaurants, desto selbstverständlicher ist das Recht auf einen ›qualmfreien‹ Tisch.

Sicherheit

An vielen Parkplätzen warnen Schilder davor, nichts, wirklich nichts im Wagen zurückzulassen. Autoknacker sind zum Fluch der Provence geworden. Es kommt selten vor, dass Touristen vom Flughafen oder Hotel gefolgt wird, um die auserkorenen Opfer an abgelegener Stelle zu überfallen. Wenn's passiert: Den Helden zu spielen, sollte man anderen überlassen. Es ist ratsamer, Gepäck oder Kamera dem Gangster zu überlassen, als eins auf die Nase zu bekommen. Auch Ferienhäuser sind bei Einbrechern beliebt – am besten, man lässt Wertsachen nicht herumliegen, vor allem keine Autoschlüssel.

Telefonieren

Innerhalb Frankreichs gibt es keine Vorwahl. **Billigtarife** 21.30–8, Sa ab 14 Uhr sowie So. Bei Gesprächen aus dem Ausland entfällt die erste Null der stets zehnstelligen Nummer. Das **Handy** funktioniert problemlos dank entsprechender Partnergesellschaften des heimischen Anbieters – nur in abgelegenen Winkeln der Hochprovence bekommt man manchmal kein Netz. Bei längeren Aufenthalten lohnt vor Ort der Kauf einer **Prepaid-Karte.** Mit der Karte erhält man eine Nummer, unter der man erreichbar ist, ohne für die ankommenden Anrufe zahlen zu müssen.
Auslandsvorwahlen: F 00 33, D 00 49, A 00 43, CH 00 41.

Trinkgeld

Trinkgeld ist mit 15 % in der Rechnung inbegriffen *(service inclus).* Die Rechnung aufzurunden ist in Café und Restaurant jedoch üblich. Der Taxifahrer erhält ca. 5 % Trinkgeld. Im Hotel hinterlässt man je nach Kategorie 2 und mehr € pro Nacht.

Zeitungen

Die große Tageszeitung ›La Provence‹ mit Sitz in Marseille kommt in etlichen Regionalausgaben heraus. Nur aufs Departement Vaucluse beschränkt ist der ›Vaucluse Matin‹, auf die Riviera der ›Nice Matin‹. Als regionales Wochenmagazin führt ›Marseille l'Hebdo‹. Donnerstags kommt für das Vaucluse das Wochenmagazin ›Vaucluse l'Hebdo‹ heraus. Gratis in Marseille gibt es das Magazin ›Ventilo‹ mit vielen Ausgehtipps.

Alle drei Monate erscheint das Kultur- und Genießermagazin ›Terre Provençale‹, alle sechs Monate der Konkurrent ›Pays de Provence‹.

Währung und Bankwesen

Landeswährung ist der Euro. Kreditkarten haben sich überall durchgesetzt (gängig sind Visa-, Master- und Eurocard). Mit der EC/Maestro-Karte kann an vielen Bankautomaten Geld abgehoben werden. Banken öffnen nur bis 16 Uhr.

1 € = 1,45 CHF bzw. 1 CHF = 0,68 €.

Reisebudget

Abgesehen von der Côte d'Azur, wo es das hohe Preisniveau mancherorts mit dem von Paris aufnehmen kann, sind die Preise mit denen in Deutschland vergleichbar.

Bus- und Bahnfahren kostet pro 100 km ca. 12 bzw. 15 €. Der **Leihwagen** kostet in der kleinsten Kategorie ca. 300 € in der Woche. **Benzin,** vor allem Diesel, ist günstiger als hierzulande.

Der **kleine Kaffee** *(café express)* kostet 1,20–2 €, ein Milchkaffee 2,50–4 € – entscheidend ist, wo man sitzt, ob auf dem noblen Cours Mirabeau in Aix oder in einem Dorfcafé im Pays de Forcalquier etwa.

Desgleichen bei den **Restaurantpreisen:** Ein einfaches Menü ist mittags ab ca. 17 € zu bekommen, das Tagesgericht für ca. die Hälfte. In Spitzenrestaurants können die Menüpreise hingegen 200 € erreichen, wie etwa bei Ducasse in Monte-Carlo. Doch auch in der Spitzengastronomie gilt: Ausnahmen machen die Regel. So kostet das Menü im Sterne-Restaurant La Fontaine d'Ampus 32 € – wir sind auf dem tiefen Land.

Die **Chambre d'hôtes** kann man ab 50 € für zwei Personen bekommen, das Doppelzimmer im **Mittelklassehotel** ab 80 €. Die Preise schwanken vor allem bei Letzterem stark nach Saison, was ebenfalls für ein **Ferienhaus** gilt. Wenn das Ferienhaus für vier Personen 300 € in der Nebensaison kostet, so muss man im Hochsommer fast das Doppelte rechnen.

Zu den teuren Nebenkosten zählen **Museumseintritte:** 6 bis10 € sind keine Seltenheit.

Spartipps & Ermäßigungen

Bei der Anreise kann man dank der **Billigflieger** und **Sondertarife** von Thalys und der SNCF sparen – sofern man rechtzeitig bucht.

Bei hochkarätigen Restaurants nutzen Sie die von Montag bis Freitag **günstigen Mittagsmenüs.** Viele Spitzenrestaurants betreiben zudem unter demselben Dach und Küchenchef ein preisgünstiges Bistrot.

Bei Unterkünften sollte man **Frühbucherrabatte** nutzen und sich nach **Pauschalarrangements** (vor allem in der Nebensaison) erkundigen.

Einige Städte wie etwa Marseille bieten einen **Museumspass** an, der für einen Pauschalbetrag freien Eintritt zu allen Sehenswürdigkeiten ermöglicht.

Sperrung von EC-und Kreditkarten
Bei Verlust oder Diebstahl von EC- und Kreditkarten können Sie die 2005 eingerichtete **Zentrale Sperr-Telefonnummer** anrufen:

0049-116 116

Weitere Sperrnummern:
- für EC-/Maestro-, Bank- und Sparkassen-Cards: 0049 (0) 18 05 02 10 21
- MasterCard: 001 63 67 22 66 90
- VISA: 001 41 05 81 38 36
- American Express: 00 49 (0) 69 97 97 77 77
- Diners Club: 00 49 (0) 69 661 661 23

Sperrnummer für Ihre Kreditkarte:

____

Sperrnummer für Ihr Handy:

____

Reisezeit und Klima

Provence und Côte d'Azur haben ganzjährig Saison: In Nizza liegt die durchschnittliche Temperatur selbst im ›kühlen‹ Januar tagsüber bei 13 °C, in Marseille sind es 11 °C. Gerade wegen der **milden Winter** reiste man früher an die Côte d'Azur und mied den heißen Sommer. Der Himmel ist im Winter zudem so blau wie das ganze Jahr nicht, die Hotelpreise deutlich unter Saisonniveau, die Dörfer still, etwas sehr still sogar: Viele Restaurants, Hotels, Boutiquen haben von Allerheiligen bis März geschlossen (mit Ausnahme von Weihnachten, der Jahreswende und den französischen Februarferien). In den Hotels, die geöffnet haben, müssen ›Attrappen‹ mit dem Namen *radiateur* den Dienst einer Heizung erfüllen. Die zweite dünne Bettdecke aus dem Schrank weckt allenfalls Sehnsüchte nach einem ordentlichen Federbett.

Vorsicht auf den Straßen: In der Hochprovence kann es ab Januar kräftig schneien. Es wird zudem eisig kalt. Dann traut sich kein Provenzale raus. Anders verhält es sich bei Glatteis oder Raureif, die die Straßen bis an den Küstensaum in eine Schleuderpartie verwandeln können. Dann gibt der Provenzale ordentlich Gas – lassen Sie ihn vorbeischlindern.

Ab April kann nicht mehr viel schiefgehen: Die Kirschblüten setzen weiße Tupfen in blühende Mohnwiesen. Auf den Terrassen sind die zurückgestutzten Platanen erst verhalten grün, unter den dicken Ästen sitzt man jedoch bereits wieder in der wärmenden Sonne. Nachts kann es freilich empfindlich kalt werden, vor allem in der Hochprovence.

Ab Mitte September weicht die Sommerhitze laueren Lüftchen, nur dass jetzt alles goldgelb glänzt. In den Alpes-de-Haute-Provence schalten die rot-gelb-braun leuchtenden Laubwälder auf *indian summer.* Das Mittelmeer ist nun am wärmsten und lädt **bis in den Oktober zum Baden ein.**

Im Juli liegen die durchschnittlichen Temperaturen in Nizza und Marseille bei 26 bzw. 29 °C. Die Provence wird zum Backofen und alles strebt ans Wasser, wo auf der Uferstraße, auf den Parkplätzen, im Restaurant, an der Supermarktkasse nichts mehr geht.

Man meide bei der An- und Abreise insbesondere die Tage um den 14. Juli und den 15. August, wenn die Reiseströme von *juilletistes* und *aoûtiens* (denen, die im Juli, und denen, die im August Urlaub machen) ihren Höchstpegel erreichen. **Spitzenwerte um die 40 °C** sind keine Seltenheit. Folglich wird die Nacht zum Tag gemacht und man bleibt bis in die frühen Morgenstunden draußen, in der Hoffnung auf die Morgenkühle.

Klimadaten Cannes

	J	F	M	A	M	J	J	A	S	O	N	D
Tagestemperaturen in °C	13	13	15	17	20	24	27	27	24	21	16	14
Nachttemperaturen in °C	3	4	6	8	11	15	17	17	15	11	7	4
Wassertemperaturen in °C	13	12	13	14	16	20	22	23	21	19	16	14
Sonnenstd./Tag	5	5	6	8	9	10	11	10	8	7	5	5
Regentage/Monat	7	7	6	6	5	4	2	3	4	6	7	6

Wettervorhersage

www.meteofrance.com
Wettervorhersagen für ganz Frankreich, mit Eingabemöglichkeit des gewünschten Departements.

Kleidung und Ausrüstung

Immer mit im Gepäck sollten eine Kopfbedeckung, lange Hosen und ein langes Hemd sein: Selbst in der kalten Jahreszeit ist die **Sonneneinstrahlung** nicht zu unterschätzen. Eine windfeste, leichte Jacke schützt in Frühjahr und Herbst zudem vor dem **Mistral,** der Pulli darunter wärmt. Im Hochsommer kann die Kleidung in der unteren Provence und am Meer in jeder Hinsicht leger sein. Eine Jacke wird man im Juli und August kaum brauchen, und selbst in Städten ist der **Kleidungsstil** den Temperaturen entsprechend locker – wobei der Franzose immer auf Stil achtet. Apropos Stil: Die richtige Kleidung zum richtigen Anlass wird gern gesehen. Wer also eine Gourmettour durch Sternerestaurants plant oder im Grand Hôtel absteigt, sollte eine noble Grundausstattung dabeihaben. Wer auf dem Campingplatz Ferien macht, darf sich den Luxus von Espadrilles-Schlappen und Shorts gönnen.

In der Hochprovence kann es selbst im Sommer nachts **kühl** werden und ein wärmeres Kleidungsstück tut gute Dienste. Zwar gibt es kaum noch Hotels ohne Heizung, aber im Winter freut man sich gerade in der Hochprovence über den Flanellschlafanzug im Koffer.

Aktivurlauber können sich zwar vor Ort komplett eindecken, aber einfacher ist es, schon bei der Abfahrt zur Wander- oder Radtour festes Schuhwerk bzw. atmungsaktive Kleidung einzupacken.

Medikamente bekommt man vor Ort problemlos, viele davon sogar ohne Rezept und zudem preiswerter. Auch **(Wander-)Kartenmaterial** kann man bequem vor Ort kaufen, nicht hingegen deutschsprachige Bücher. Wer einen Leseurlaub plant, sollte sich daher zu Hause eindecken. Oder muss auf die deutschsprachige Presse ausweichen, die in allen von Touristen besuchten Orten erhältlich ist.

Für jeden Anlass das richtige Outfit ...

Sprachführer

Bei der Ankunft

Guten Tag	bonjour
Guten Abend	bonsoir
Entschuldigung	excusez-moi
Bitte	s'il-vous-plaît
Vielen Dank	merci beaucoup
Wie geht's?	Ça va?
Es geht gut.	Ça va bien.
Jugendherberge	auberge de jeunesse
Hotel	hôtel
Zimmer	chambre
Bad	salle de bain
Zusatzbett	lit supplémentaire
getrennte Betten	lits séparés
frz. Bett	grand lit
Handtuch	serviette
Blick auf (das Meer/ das Gebirge/ das Tal/den Wald)	vue sur (mer/ lamontagne/ la vallée/la forêt)
Frühstück	petit déjeuner
Aufzug	ascenseur

Vor Ort

Restaurant	restaurant
Café	salon de thé
Markt	marché
Postamt	bureau de poste
Briefmarke	timbre
Telefonkarte	télécarte
Studentenausweis	carte d'étudiant
Verkehrsamt	office de tourisme/ syndicat d'initiative
Stadtplan	plan de ville
gare (routière)	(Bus-) Bahnhof
Haltestelle	arrêt
Hafen	port
Pool	piscine
Strand	plage
Wanderweg	sentier de randonnée
Sonnenschirm	parasol
Liegestuhl	transat

Im Krankheitsfall

Apotheke	pharmacie
Sonnenbrand	coup de soleil
Schwindel	vertige
Fieber	fièvre
Magenschmerzen	mal à l'estomac
Kopfschmerzen	mal à la tête
Zahnschmerzen	mal aux dents
Bienenstich	piqure d'abeille
Wespenstich	piqure de guêpe
Pflaster	sparadraps
Sonnenschutzmittel	produit solaire
Durchfalltabletten	comprimés contre la diarrhée

Tankstelle	station d'essence
Werkstatt	garage
Benzin	essence
Diesel	gazole
bleifrei	sans plomb
Panne	panne
Unfall	accident

Zeit

Sonntag	dimanche
Montag	lundi
Dienstag	mardi
Mittwoch	mercredi
Donnerstag	jeudi
Freitag	vendredi
Samstag	samedi
Feiertag	jour de fête
Minute	minute
Stunde	heure
Tag	jour
Woche	semaine
Monat	mois
Jahr	année
heute	aujourd'hui
gestern	hier
morgen	demain
morgens	le matin
mittags	à midi
nachmittags	l'après-midi
abends	le soir
vor	avant
nach	après
früh	tôt
spät	tard

Die wichtigsten Sätze

Allgemeine Floskeln

Ich spreche kein Französisch.	Je ne parle pas français.
Sprechen Sie Deutsch/Englisch?	Parlez-vous allemand/anglais?
Danke, das ist sehr freundlich.	Merci, c'est très gentil.
Verkaufen Sie Briefmarken/Telefonkarten?	Vous vendez des timbres/télécartes?
Wo bitte ist ...?	Où est ..., s'il-vous-plaît?
Ist es weit?	C'est loin?

Im Hotel

Ich habe ein Zimmer auf den Namen ... reserviert.	J'ai réservé une chambre au nom de... .
Entschuldigung, kennen Sie das Hotel ...	Excusez-moi, connaissez-vous l'hôtel ...
den Weg nach ...?	le chemin pour aller à ...?
Haben Sie noch ein Zimmer frei?	Il vous reste encore une chambre de libre?
Kann ich es anschauen?	Puis-je la voir?
Wie teuer ist das Zimmer?	La chambre est à combien?
Ist das Frühstück im Preis inbegriffen?	Le petit déjeuner est inclus au prix?
Bieten Sie Halbpension an?	Est-ce que vous faites demi-pension?

Im Restaurant

Ich möchte einen Tisch für zwei Personen heute abend um 20 Uhr reservieren.	J'aimerais retenir une table pour deux personnes ce soir à vingt heures.
Haben Sie noch einen Tisch für zwei Personen?	Il vous reste une table pour deux personnes?
Können Sie uns etwas empfehlen?	Est-ce que vous pouvez nous recommander quelque chose?
Haben Sie schon gewählt?	Vous avez déjà fait votre choix?
Welcher Wein (aus der Region) passt zu unserem Essen?	Quel vin (de la région) irait avec notre menu?
Was haben Sie an Nachtisch?	Qu'est-ce qu'il y a comme dessert?
Die Rechnung, bitte.	L'addition, s'il-vous-plaît.

Auf der Straße

Wann schließen Sie?	Vous fermez à quelle heure?
Haben Sie täglich geöffnet?	C'est ouvert tous les jours?
Wie teuer ist der Eintritt bitte?	Combien coûte l'entrée, s'il vous-plaît?
Ich möchte gerne ... kaufen.	Je voudrais acheter ...
Ich möchte gern telefonieren.	J'aimerais bien téléphoner.
Können Sie bitte die Polizei für mich anrufen	Pourriez-vous m'appeler la police, s'il-vous-plaît?
Man hat mir meine Tasche/Portemonnaie gestohlen.	On m'a volé mon sac/porte-feuille.

Hier wird der Provenceduft für den Wäscheschrank ›angebaut‹

Unterwegs in der Provence und an der Côte d'Azur

Nichts für Ungeübte: Radfahren auf dem Mont Ventoux

Kapitel 1

Im Norden der Provence

Auf einen Blick: Im Norden der Provence

Im Schwellenland von Norden und Süden

In großen Lettern kündigt ein Schild an der A 7, der Autoroute du Soleil, das ›Tor zur Sonne‹ an. Gemeint ist eine Péage-Station, eine Mautstelle, die die Autobahn südlich von Montélimar wie ein Torbogen überragt. Auf der Höhe von Montélimar scheint das Licht mit einem Mal tatsächlich wärmer zu sein. Die Nahtstelle zwischen Nord- und Südfrankreich ist passiert. Ein erster Hauch Midi liegt in der Luft. Unübersehbar zieht die Natur eine Grenze. Auf die Kiefern der Voralpen folgen die Olivenbäume der Provence. Statt Kühen grasen Schafe und Ziegen in den Wiesen. Bienvenue in der Provence!

Verwaltungstechnisch befindet man sich noch in der Region Rhône-Alpes, aber die Bilder sind schon die des Südens. Unaufgetakelt geben sich die Dörfer im Tricastin. Ohne selbsternannte Künstler, Ökobäcker und betuchte Ferienhausbesitzer kommen die Barronnies aus. Die Kirche bleibt in der Enclave des Papes im Dorf. Das Café heißt ›Le Provençal‹ oder ›des Sports‹ und ist zugleich Ramschladen, Kantine, Trüffel- und Klatschbörse. Es sind Bilder der Provence von vor 20 Jahren, fern jeder Selbststilisierung. Die Nordprovence ist eine stille, kleine Welt, in der man nicht von der Kunststiftung zum nächsten herausgeputzten Bilderbuchort hetzt. Große Städte? Fehlanzeige. Nyons, die größte Stadt in diesem Landstrich, zählt nicht einmal 7000 Einwohner.

Selbst in der Hauptreisezeit gehört die Region ihren Bewohnern fast allein. Die Winter sind frostig und lang. Vielleicht bleibt die Nordprovence deshalb von der Inbesitznahme durch reiche Pariser verschont. Rummel gibt es allenfalls in den Gorges de l'Ardèche.

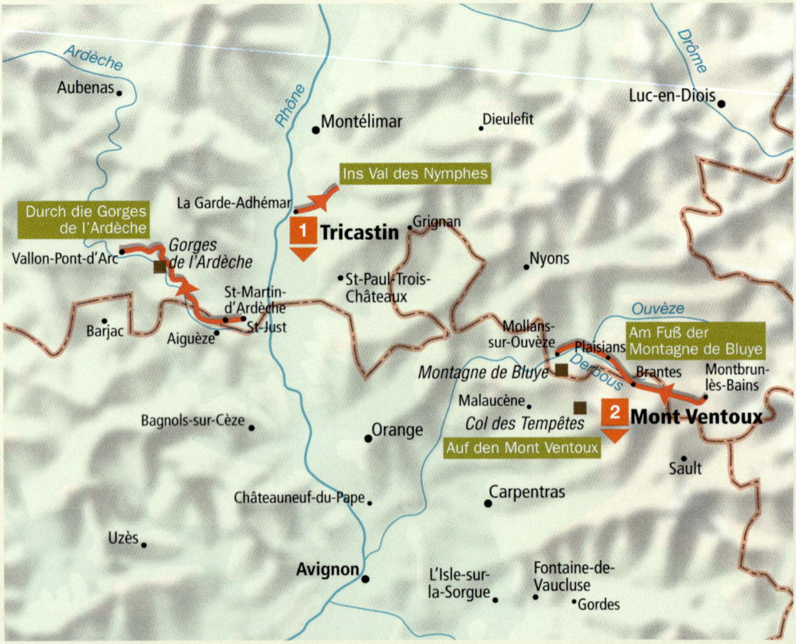

Das weit über die Grenzen Frankreichs hinaus bekannte Mekka aller Kanu- und Kajaktouristen leidet unter dem Ansturm. Ein paar Kilometer weiter nördlich ist die Aufregung in den größten Kastanienwäldern Europas verflogen. Raue Wildnis und Üppigkeit des Südens vermischen sich zu einem unvergesslichen Reiseerlebnis. Die Menschen sind verschlossener als weiter im Süden, reden wenig, gelten im Gegenzug als zuverlässig und bringen ihre Nachbarn, statistisch betrachtet, äußerst selten um. Alles in allem gibt es Gründe zuhauf, sich von den gewohnten Bildern der lieblichen Provence zu verabschieden und den Norden zu erkunden.

Highlights

1 **Tricastin:** Trüffel werden nicht nur in der Provence rar – im Tricastin jedoch, der Trüffelkammer Frankreichs, finden Hund und Herr aber weiterhin reichlich ›schwarze Diamanten‹ (s. S. 92ff.).

2 **Mont Ventoux:** ›Fudschijama der Provence‹ nennt man ihn wegen des kahlen Gipfels, dessen Fels von weitem wie Schnee aussieht. Für die meisten aber bleibt der 1909 m hohe Berg ›le géant de la Provence‹ (s. S. 107f.), der ›provenzalische Riese‹.

Empfehlenswerte Routen

Ins Val des Nymphes: Nur etwa 10 km lang ist der Weg durchs verwunschene Val des Nymphes. Wo in der Antike den Nymphen, Göttinnen der Fruchtbarkeit und der Quellen, gehuldigt wurde, hat sich eine Künstlerkolonie zurückgezogen (s. S. 92).

Durch die Gorges de l'Ardèche: Trotz der Autokolonnen, die in der Hauptsaison über die D 290 von St-Just nach Vallon-Pont-d'Arc rollen – die Corniche de l'Ardèche bleibt eine der eindrucksvollsten Panoramastraßen des Midi (s. S. 99ff.).

Am Fuß der Montagne de Bluye: Start ist in Montbrun-lès-Bains. Weiter geht es zwischen Mont Ventoux und Montagne de Bluye nach Brantes. Beim Dorf wechselt man auf die Nordseite der Montagne de Bluye und fährt über Plaisians durch das Derbous-Tal nach Mollans-sur-Ouvèze (s. S. 106f.).

Auf den Mont Ventoux: Von Malaucène windet sich die D 974 anfangs durch dichte Wälder zum Col des Tempêtes hoch. Der Pass selbst ist Teil einer bleichen Felswüste, die den Gipfel des Ventoux überzieht. Wegen Schnee und Eis ist die dramatisch schöne Strecke im Winter monatelang gesperrt (s. S. 107f.)!

Reise- und Zeitplanung

Ruppig kann das Klima im Winter sein, wenn Eis und Schnee für Monate die Berge bedecken. Tagsüber aber bricht die Sonne den Frostpanzer auf – von November bis März werden Trüffel gesucht, was inklusive der Trüffelmärkte ein Spektakel ganz besonderer Art ist. Auch im Sommer bleibt es im Schatten des **Mont Ventoux** angenehm kühl. Wer den Berg, der bereits mehrmals eine Etappe auf der Tour de France war, jedoch mit dem Rad bezwingen will, sollte auf das Frühjahr oder den Herbst ausweichen. Denn Schatten gibt es auf dem kahlen Gipfel nicht.

Auch die **Gorges de l'Ardèche** sind im Hochsommer kein ideales Reiseziel. Zum einen ist die Schlucht dann überlaufen, zum anderen führt die Ardèche wenig Wasser, was Kanu- und Kajaktouren erschwert. Für die Gorges de l'Ardèche sollte man einen Tag einplanen, bei Kanutouren mehr. Mont Ventoux, Barronnies und die Enclave des Papes erfordern jeweils mindestens einen Tag, das Tricastin zwei.

Richtig Reisen-Tipp

L'Université du Vin: Auf der ›Weinuniversität‹ büffeln Profis und Laien das Einmaleins von Rebsorten, Cuvées und Terroir (s. S. 97).

1 Tricastin und die Gorges de l'Ardèche

Reiseatlas S. 1–4

Tricastin heißt der Landstrich am linken Rhône-Ufer in Reminiszenz an den Ligurerstamm der Tricastini. Aus Tricastini lasen die Römer ›drei Schlösser‹, weshalb St-Paul, die bescheidene Kapitale des Trüffellandes, noch heute den Zusatz ›Trois Châteaux‹ im Namen führt. Dem Tricastin auf dem rechten Rhône-Ufer gegenüber liegen die allen Kanuten geläufigen Gorges de l'Ardèche.

La Garde-Adhémar

Reiseatlas: S. 2, E 4
La Garde-Adhémar ist ein steinerner Adlerhorst in Belvedere-Lage über dem Rhône-Tal. Schon von weitem weist die romanische Kirche St-Michel mit dem achteckigen Glockenturm den Weg hoch ins Dorf. Von der Place de l'Eglise sichtbar ist die **Chapelle des Pénitents,** in der eine Ausstellung über das Tricastin gezeigt wird. Im Norden des Dorfes blieb ein mittelalterliches Tor erhalten. Beim Spaziergang durch enge Gassen und unter Bogen verliert man schnell den Überblick. Den gewinnt man am Aussichtspunkt der Dorfterrasse zurück: Unten glänzt die Rhône, fließt der Verkehr auf Autobahn und Schienenstrang. Die Aussicht über das Tal hinüber zu den Hügeln des Vivarais hat allerdings einen Makel: Bei Pierrelatte dampfen die Kühltürme eines Kernkraftwerks.

Syndicat d'Initiative: Le Village, 26700 La Garde-Adhémar, Tel. 04 75 04 40 10, www.la-garde-adhemar.com.

Le Logis de l'Escalin: Quartier Les Martines, 1 km nördl. von La Garde-Adhémar an der D 572, Tel. 04 75 04 41 32, Fax 04 75 04 40 05, www.lescalin.com. Sehr provenzalisch eingerichtet, fast schon überladen, aber sehr gastlich. Äußerst komfortabel. DZ 63–100 €.

Le Logis de l'Escalin: s. o. Hotel. Die Einrichtung changiert angenehm zwischen *chic* und *campagne.* Es locken *foie-gras*-Schnitzel auf Kartoffeln und Rhabarberkompott oder Medaillons vom Hasenrücken. Menü ab 21 €.
Le Tisonnier: Le Village, Tel. 04 75 04 44 03, Mi, Do abends, So geschl. (Juli/Aug. nur So geschl.). Angenehm schräge Adresse, deren Saal mit Trödel und Design der 1950er Jahre dekoriert ist. Vorspeisenbuffet mit riesiger Auswahl, günstige Menüs mit Regionaleinschlag (16 €), Wein inklusive.

Durch das Val des Nymphes nach Valaurie

Reiseatlas: S. 2, E 4
Das stille **Val des Nymphes** beginnt unterhalb des Dorfes (D 472). Uralte Eichen rücken an das Sträßchen und lassen die Sonne kaum in den kühlen Talgrund dringen. Nach wenigen Kilometern taucht eine romanische Kapelle am Wegesrand auf. Just an der Stelle, an der in der Antike der heidnische Kult zu Ehren der Nymphen zelebriert wurde, ließen sich im 12. Jh. Mönche aus dem burgundischen Tournus nieder. Von der mittelalterlichen Anlage blieb nur die schlichte Kapelle unweit der Quelle, die schon den Ausschlag für den Nymphenkult gegeben hatte.

Mit dem Autor unterwegs

Trüffelmesse in Richerenches
Zu Sankt Antonius (So nach dem 15. Jan.) liest der Pfarrer in Richerenches die **Trüffelmesse.** Auf dem Platz vor der Kirche steht die Menge Spalier. Es ziehen ein die Ritter der Trüffelbruderschaft in großem Ornat. Monsieur le Curé predigt auf Provenzalisch über die Suche nach der Trüffel als Sinnbild für die Suche nach dem Glück. Die Trüffelbauern lassen sich zum Dank nicht lumpen und legen bei der Kollekte faustgroße Knollen ins Körbchen. Das eigentliche **Fest** aber beginnt nach den letzten Orgelklängen: Die Trüffel werden zu wohltätigen Zwecken **öffentlich versteigert.**

Wohnen auf der Burg
An den Burgturm des **Château d'Uzer** aus dem 13. Jh. lehnt sich der 200 Jahre jüngere Haupttrakt. Ein Flügel mit einem Wintergarten kommt hinzu – eindeutig Belle Epoque ist die aus mundgeblasenen Scheiben in einen Eisenrahmen gesetzte Gartenfront. Beim Umbau sind klare, bis ins letzte Detail durchdachte **Chambres d'hôtes** entstanden. Antiquitäten werden stilsicher mit Baddesign von Philippe Starck und einer Liege von Le Corbusier gepaart. Nichts wirkt gewollt, alles wie füreinander geschaffen. Eine Palme vor der Frühstücksterrasse lockt in den Garten. Der Weg führt zum Bambushain. An der Seite öffnet sich das Grün zum Pool (Château d'Uzer, Le Chateau, 07110 Uzer, Tel./Fax 04 75 36 89 21, www.chateauuzer.com, DZ/F ab 85 €, Suite für 4 Pers. 150 €).

Ein Bad im Fluss
Immer wieder lockt die **Ardèche** ins Wasser. Die bequemste Möglichkeit, in den Gorges de l'Ardèche baden zu gehen, bietet der **Kieselstrand am Pont d'Arc.** Man kann mit dem Auto fast bis ans Wasser heranfahren.

Vom nur wenige Kilometer entfernten **Valaurie** ist es nur ein Katzensprung zur **Abbaye de Notre-Dame d'Aiguebelle.** Auch diese Abtei wurde von einem burgundischen Mönch in absoluter Abgeschiedenheit gegründet, vom Zisterzienservater Bernard de Clairvaux. Die puristische Kirche entspricht noch der ursprünglichen Zisterzienserarchitektur. Der Rest wurde nach Verfall und Zerstörung neu gebaut.

Die Trappistenmönche, die seit 1815 Herren der Anlage sind, destillieren einen weithin geschätzten Kräuterlikör, den man im Kloster kaufen kann (www.abbaye-aiguebelle.com).

... im Val des Nymphes:
Gîte du Val des Nymphes: an der D 472 Richtung Grignan, Tel. 04 75 04 44 54, www.valdesnymphes.com. Stilechtes Landhaus. Table d'hôtes möglich. DZ 48–65 €, Ferienwohnung 250–350 €/Woche.

... bei Valaurie:
Domaine Les Mejeonnes: 4 km westl. an der D 133, Tel. 04 75 98 60 60, Fax 04 75 98 63 44, www.mejeonnes.com, Mitte Dez.–Anfang Jan. geschl. Ein ehemaliger Bauernhof in Hanglage, eher schlichte provenzalische Interieurs. DZ 65–86 €.

... in Valaurie:
La Table de Nicole: an der D 133, Tel. 04 75 98 52 03. Grenzwertig folkloristisches Provence-Ambiente, dabei herzlicher Empfang. Menü ab 26 €.

Grignan

Reiseatlas: S. 2, E 4
Herrschaftlich thront **Château Grignan** über verschachtelten Dorfgassen. Von den Schlossterrassen hat man einen atemberaubenden Blick über das Tricastin, auf den

Mont Ventoux, die Dentelles de Montmirail sowie das Rhône-Tal. Von der originalen Inneneinrichtung im prächtigsten Renaissanceschloss Südostfrankreichs blieb nach der Revolution nicht viel. Die Gemächer der Madame de Sévigné, der berühmtesten Besucherin des Château, sind jedoch wie fast alle Räume mit Möbeln der Epoche neu bestückt (tgl. 9.30–11.30, 14–17.30 Uhr. Nov.–März Di geschl.). Wenn Madame de Sévigné nicht in Grignan zu Besuch war, sandte sie Hunderte von süffisanten Briefen zur gefälligen Lektüre an ihre auf dem Schloss verheiratete Tochter. Der Inhalt der Korrespondenz: allerneueste Moden und Gerüchte aus dem höfischen Paris des 17. Jh.

Office du Tourisme du Pays de Grignan: Pl. du Jeu de Ballon, 26230 Grignan, Tel. 04 75 46 56 75, Fax 04 75 46 55 89, www.tourisme-paysdegrignan.com.

Le Manoir de la Roseraie: Chemin des Grands-Prés, Tel. 04 75 46 58 15, Fax 04 75 46 91 55, www.manoirdelaroseraie.com. Herrenhaus unterhalb des Schlosses. Mauern schirmen Pool, Tennisplatz und Park ab. Vom Zimmer Blick auf den Mont Ventoux und die Dentelles de Montmirail (mit **Restaurant,** Menü ab 35 €). DZ 169–220 €.
Le Clair de Plume: Pl. du Mirail, Tel. 04 75 91 81 30, Fax 04 75 91 81 31, www.clairplume.com. Mitten in Grignan, 10 sehr persönlich eingerichtete Zimmer mit Namen wie ›Anne‹ und ›Théo‹. DZ 90–165 €.
La Maison du Moulin: Le Petit Cordy, westl. von Grignan (von der D 541 rechts abbiegen), Tel. 04 75 46 56 94 und 06 23 26 23 60 (Handy), www.maisondumoulin.com. Chambres d'hôte in einer 6 ha großen Gartenlandschaft. Keinerlei ›Stilverbrechen‹ – in diesem ›Hafen der Seligkeit‹ stimmt einfach alles. **Table d'hôtes.** DZ 75–100 € sowie separates Haus zu 145–190 €/Tag.

... in Taulignan (6,5 km nordöstl.):
La Malle Poste: Les Grands Remparts, Tel. 04 75 53 61 87, Allerheiligen bis

Ostern geschl., Mi geschl. Man speist unter wuchtigen Deckenbalken vor einem Riesenkamin. Hochanständige Küchenleistung. Menü ab 18 €.
... in Grignan:
Le Probus: Espace la Tuilière, Tel. 04 75 46 13 34, Ruhetage wechselnd Mo, Do, Fr mittag. Römisch-antikes Innendekor mit sehr aktueller, untadeliger Lokalküche. Menü ab 26 € (15 € mittags)

Domaine de Bramarel: auf der D 941 in Richtung Grillon, kurz hinter Grignan links Hinweisschild zum Gehöft, Tel. 04 75 46 52 20. Trüffeln und Eichensetzlinge, die mit Trüffelsporen vorbehandelt sind.

Verdankt seine Berühmtheit vor allem Madame Sévigné: Grignan

La Ferme des Eybrachats: von der D 541 auf die D 56 Richtung Réauville abbiegen. 2 km vor dem Dorf Schild zum Hof, Tel. 04 75 98 52 82. Trüffeln und Trüffelkonserven.

Bus: nach St-Paul-Trois-Châteaux und Nyons (Tel. 04 75 96 97 60).

Durch die Enklave der Päpste nach St-Paul-Trois-Châteaux

Reiseatlas: S. 2, F 4
Vom Schloss in **Taulignan** blieb nach den Zerstörungen während der Französischen Revolution nur ein Saal, der später zum öffentlichen Waschhaus wurde. Erhalten ist dafür die im 14. Jh. angelegte Stadtmauer mit elf Türmen und der wuchtigen Porte d'Anguille. Die Stadtmauer verschmilzt fast mit den Dorfhäusern, deren Erbauer das Bollwerk als willkommene Vorlage genutzt haben. Neben einigen Pilgerkapellen sticht der Temple protestant, eine Rotunde aus dem 19. Jh., hervor.

Der Name sagt's: **Rousset-les-Vignes** (*vignes* = Reben) ist ein Winzerdorf, ein besonders schönes zudem. Das Dorf auf einem Hügel steht inklusive Burg, Dorfkirche mit Campanile und den Stadtmauern unter Denkmalschutz. Das Renommee macht jedoch der hier gekelterte Côtes-du-Rhône Village aus.

Valréas

Valréas liegt im Herzen der Enclave des Papes. 1274 ging das Winzerstädtchen an den Papst. Im 14. Jh. konnte Johannes XXII. das fruchtbare Gebiet mit den Ortschaften Grillon, Visan, Richerenches hinzukaufen. Bis zur Französischen Revolution blieb die päpstliche Enklave bestehen. Eine territoriale Enklave des Departements Vaucluse inmitten des Departements Drôme ist das Gebiet indes geblieben. An die Glanzzeiten von Valréas erinnern die Adelspalais in der Grande-Rue und das Rathaus im ehemaligen Château de Simiane aus dem 15. Jh.

Office du Tourisme de Valréas et l'Enclave des Papes: Av. Maréchal Leclerc, 84601 Valréas, Tel. 04 90 35 04 71, Fax 04 90 35 03 60, www.ot-valreas.info.

Domaine des Grands Devers: nach 3 km Richtung Visan/Orange von der D 976 links abbiegen, Tel. 04 90 35 15 98, Fax 04 90 37 49 56, www.grandsdevers.com. Gästezimmer auf einem Côtes-du-Rhône-Weingut. DZ/F 57 €, ab dem 2. Tag 48 €. **Table d'hôtes** (19 €!) nur Mo, Mi und Fr.

Au Délice de Provence: 6, La Placette, Tel. 04 90 28 16 91, Di, Mi geschl. Herzlicher Service, Lokalküche mit viel Liebe zum Detail. Menü ab 17 €.

Trüffelmarkt:
Nov.–März Mi.
... in Richerenches:
Trüffelmarkt: Nov.–März Sa.
Monsieur Ruat: Quartier Bourbouton, Tel. 04 90 28 00 90. Der Trüffelbauer verkauft während der Saison frische Trüffeln vom eigenen Land.
Monsieur Bontoux: Chemin Bourbouton, Tel. 04 90 28 00 94. Der Konkurrent und Freund von Monsieur Ruat: frische Trüffeln von November bis März, was sonst?

Nuit du Petit St-Jean: 23. Juni. 400 Laiendarsteller, Fackel- und Hellebardenträger folgen einem drei- bis fünfjährigen Kind, das in ein Schaffell gekleidet ist. Ziel ist das Château, wo der Petit Jean für ein Jahr inthronisiert wird. Seit 1504!
... in Richerenches:
Trüffelmesse: So nach dem 15. Jan. (s. S. 93).
Mittelalterfestival: Mitte Aug. Für Liebhaber von Mittelaltermärkten und ähnlichem Mummenschanz.

Bus: direkte Verbindung ab den Bahnhöfen von Montélimar (Cars Teste Tel. 04 75 00 27 90) und Orange/Avignon (Cars Mery Tel. 04 90 34 00 33).

Suze-la-Rousse

Reiseatlas: S. 2, E 4

Noch zwei verbummelte Dörfer, Montségur-sur-Lauzon und La Baume-de-Transit, schon taucht die Burg von Suze-la-Rousse über dem Rebenmeer auf. Von außen wirkt das **Château** so ruppig, wie es sich für eine wehrhafte Burg gehört. Geschützt von mächtigen Mauern verbirgt sich in der Mitte jedoch ein eleganter Renaissance-Ehrenhof. Die Vorfahren der letzten Comtesse de la Baume-Suze, die den Stammsitz der Sippe bis zu ihrem Tod 1958 bewohnt hat, haben die Burg innen zu einem feudalen Schloss ausbauen lassen. Das monumentale Barocktreppenhaus im Nordflügel beansprucht ein Viertel der gesamten Wohnfläche. Unter den Fenstern ducken sich die lachsroten Dächer von Suze-la-Rousse an den Burgfels. Der Blick schweift über Dorf und Rebenmeer bis zum kahlköpfigen Mont Ventoux und zu den Drachenzacken der Dentelles de Montmirail. Den Ausblick genießen heute Studenten. Im Château hat die Université du Vin ihr Quartier bezogen.

Office de Tourisme: Le Village, 26790 Suze-la-Rousse, Tel. 04 75 04 81 41, Fax 04 75 04 81 41, www.mairie-suze-la-rousse.fr.

Domaine St-Luc: Rte. de Suze-la-Rousse (D 117), auf der Gemarkung von La Baume-Transit (5 km nördl.), Tel. 04 75 98 11 51, Fax 04 75 98 19 22, www.dom-saint-luc.com. Einsames Landgut

Richtig Reisen-Tipp: L'Université du Vin

Wer wollte nicht dem schnöseligen Oberkellner seines Lieblingsfranzosen endlich zeigen, dass ein Kenner vor ihm sitzt? Dem Mann im Weinladen Paroli bieten, der einem wortgewaltig etwas von Barrique und Bukett erzählt? Alles kein Problem für den, der in **Suze-la-Rousse** das richtige Weinseminar wählt. In der Université du Vin probt man erstens Weine und zweitens Sätze, die keinen Widerspruch dulden. »Die dunkle Rebe deutet auf einen hohen Anteil von Anthocyanen hin«. Na? »So eine Bemerkung wirkt immer«, doziert Marius Blanc, der während eines dreitägigen ›Önologie-Kurses für Anfänger‹ das **Grundvokabular in Weinkunde** eintrichtert. Von A wie Anthocyane (so heißen die roten Farbstoffe im Wein) bis Y wie Yeux de crapaud, zu deutsch ›Krötenaugen‹. Gemeint ist das starke Perlen eines einfachen Sektes.

Es wird ernst. Solides Grundwissen in Sachen Wein ist gefragt. Dazu gehört nun einmal Chemie. Also büffeln wir alles Wissenswerte über die ›schmackhaften Eigenschaften‹ des Weins: Wasser, Alkohole, Säuren, Polyphenole, Zucker, CO_2, Glykol. Was Glykol bewirkt? »Je mehr Glykol, desto fülliger und süßer der Wein«, erläutert Marius. »Daher resultiert die Versuchung für den Winzer, bei schlechten Jahrgängen mit Glykol nachzuhelfen.« Eindeutig ein Fall für Jurastudenten, die hier einen Abschluss in Weinberg- und Weinrecht machen möchten.

Die **Kurse** sind bunt gemischt: zum Gastwirtssohn aus dem Berner Oberland kommt ein halbes Dutzend Angestellter einer Pariser Feinkostkette oder eine Gruppe lothringischer Informatiker auf Bildungsurlaub. Von Anfang an stand die Universität neben den ordentlichen Studenten auch Amateuren offen, die sich über Rebsorte und Restsäure weiterbilden möchten. Das Niveau ist hoch. Man lernt in denselben Vorlesungsräumen wie die Studenten des Studiengangs ›Diplôme de Sommelier Conseil‹, wird von denselben Dozenten unterrichtet, und bekommt bei der ›kommentierten Degustation verschiedener Weintypen‹ dieselben Jahrgänge aus dem universitätseigenen Keller vorgesetzt.

Höhepunkt jedes Kurses ist eine **Degustation** in der *chapelle.* Unter dem barocken Stuck der ehemaligen Burgkapelle senkt sich die Nase ins Glas. Auf dem Leuchtkasten stehen die Probiergläser parat. Abgucken geht nicht. Strenges Edelstahl schirmt vom Nachbarn ab. Gemeinsam süffelt man sich durch einen weißen, säurebetonten Touraine, einen reifen Rosé aus Bandol, einen im Eichenfass gereiften Vacqueyras. Notiert werden der Reihenfolge nach die visuellen, olfaktorischen und gustativen Eigenschaften jedes Weins. Zum Gesamturteil gehört auch ein Vorschlag, zu welchem Essen der Wein passt. So viel sei an dieser Stelle verraten: Zum Vacqueyras passt der südwestfranzösische Eintopf Cassoulet. Ein Bandol kommt mit den Aromen von Karamel, Vanille und Anis bei Schokoladenkuchen gut zur Geltung. Lachs schwimmt bestens in einem Glas Touraine.

Université du Vin: Le Château, Suze-la-Rousse, Tel. 04 75 97 21 34, Fax 04 75 98 24 20, www.université-du-vin.com.

mit nostalgischem Charme. Edel-rustikale Chambre d'hôtes DZ/F 70–100 €, komfortable Ferienwohnung ab 550 €/Woche. Table d'hôtes 25 €, Weine der Domaine 10 € extra.

Bus: nach Montélimar und Nyons (Cars Teste Tel. 04 75 00 27 90).

St-Paul-Trois-Châteaux

Reiseatlas: S. 2, E 4

Das erst vor 50 Jahren verlassene Höhlendorf **Barry** lohnt einen Zwischenstopp auf dem Weg nach St-Paul-Trois-Châteaux. Das Dorf wird nach und nach restauriert. Ausgeschilderte Wanderwege bieten sich zum Füßevertreten an. St-Paul-Trois-Châteaux ist die alte Kapitale des Tricastin. Das mittelalterliche Städtchen am linken Ufer der Rhône konnte mehr südlichen Charakter bewahren als mancher Ort weiter südlich. Die **Kathedrale** ist ein Paradebeispiel der provenzalischen Romanik, mit klobigem Turm, den ein kleiner, schmiedeeiserner Campanile aus dem 17. Jh. ziert. An der von einem Brunnen gekrönten **Place de l'Esplan** stehen einige schmucke Barockpalais.

Eine Burg gibt es trotz des Zusatzes ›Trois Châteaux‹ nicht, dafür um so mehr Trüffeln. St-Paul-Trois-Châteaux gilt als Metropole der schwarzen Knollen. Warum das so ist, erfährt man in der **Maison de la Truffe et du Tricastin** (Rue de la République, Nov.–März Mo 14–18, Di–Sa 9–12, 14–18, April/Okt. auch So 10–12, 14–18, Mai–Sept. Mo 15–19, Di–Sa 9–12, 15–19, So 10–12, 15–19 Uhr, www.truffle-and-truffe.com). Außerdem kann man dort Trüffelkonserven und Wein der AOC Coteaux du Tricastin kaufen.

Office de Tourisme: Pl. Chausy, 26130 St-Paul-Trois-Châteaux, Tel. 04 75 96 59 60, Fax 04 75 96 90 20, www.office-tourisme-tricastin.com.

... in Solérieux (östl. von St-Paul):
La Ferme St-Michel: an der D 341, Tel. 04 75 98 10 66, Fax 04 75 98 19 09, www.fermesaintmichel.com. Provenzalischer Gutshof, rundherum Eichenwald und Weinberge. Für Gruppen organisiert Susanne Laurent eine **Trüffelsuche mit Hund.** DZ ab 68 €.
L'Esplan: 15, Pl. de l'Esplan, Tel. 04 75 96 64 64, Fax 04 75 04 92 36, Mitte Dez.–Mitte Jan. geschl., www.esplan-provence.com. Das 400 Jahre alte Adelspalais liegt mitten im Städtchen. Besonders schön: Zimmer Nr. 100 mit Blick auf Innenhof und Palme, Nr. 101 mit großem Kamin und Maskaron der Katharina von Medici. DZ ab 62 €.

L'Esplan: s. o. Hotel, nur Abendessen, So Ruhetag. Küchenchef Cédric Denaux empfiehlt gegrillte Wachtelschenkel, Picodon-Schafskäse mit Trüffelessig und *crème glacée* mit Maronenpüree. Menü 24–49 €.
La Chapelle: 5, impasse Ludovic de Bimard, Tel. 04 75 96 60 88, So abend geschl. Im Sommer speist man im kühlen Innenhof, im Winter unter dem Tonnengewölbe des heimeligen Saals der früheren Kapelle. Jakobsmuscheln und warmer Ziegenkäse, natürlich *aux truffes.* Menü ab 32 € (mittags 24 €).

Fête de la Truffe: Trüffelfest am 2. So im Feb. Verkauf, Verköstigung, Besichtigungen.

Abstecher zur Centrale nucléaire du Tricastin

Reiseatlas: S. 2, E 4
Westlich des Ortes liegt das bereits erwähnte Kernkraftwerk auf einer Insel, die die Rhône und der Canal de Donzère bilden. In Frankreich ist der Umgang mit der Atomenergie ausgesprochen unverkrampft: Die Centrale nucléaire du Tricastin kann besichtigt werden.

Das aufgeheizte Kühlwasser, das die Anlage verlässt, speist die Becken der **Ferme des crocodiles,** ein Krokodilfreizeitpark mit Baumfarnen und acht verschiedenen Arten dieser Reptilien (in Pierrelatte, ganzjährig tgl. 9–17.30, im Sommer bis 19 Uhr, www.lafermeauxcrocodiles.com).

Pont-St-Esprit

Reiseatlas: S. 4, E 2
Bei Pont-St-Esprit mündet die Ardèche in die Rhône. Le Saint Esprit, der Heilige Geist persönlich, so die Legende, habe als 13. Arbeiter an der Rhône-Brücke mitgebaut und dem kleinen Städtchen zu seinem bis heute markantesten Bauwerk verholfen. Die ab 1265 in über 40-jähriger Bauzeit vollendete Brücke war ein bei den Flussschiffern gefürchtetes Hindernis. Eng stehen die Pfeiler des 919 m langen Bauwerks in der Rhône, so eng, dass das Steinspalier der ursprünglich 25 ungleichmäßigen Bogen bei starker Strömung vielen Schiffen zum Verhängnis wurde. Pfiff nämlich der Mistral kräftig, war eine Havarie fast un-

ausweichlich. 1855 ersetzte man die beiden letzten, der Stadt nächstgelegenen Bogen durch ein weitgespanntes Rund, um den Schiffen die Durchfahrt zu erleichtern. Damit war zumindest ein Manko der Brücke beseitigt, die als einzige intakte Rhône-Brücke aus dem Mittelalter erhalten geblieben ist. Den schönsten Blick auf das bis heute für den Verkehr freigegebene Bauwerk und die gedrungene Stadtsilhouette hat man von der neuen Rhône-Brücke (D 994) etwas weiter südlich. Weithin sichtbar thronen die ufernahen Kirchen **St-Pierre-de-Prieuré** (im 18. Jh. rekonstruiert), **St-Saturnin** (im 14. und 15. Jh. auf den Funden eines gallo-römischen Tempels errichtet) und die **Chapelle des Pénitents** (18. Jh.) über der Altstadt. Sie rahmen die Place St-Pierre, deren Terrasse erneut einen schönen Ausblick auf Brücke und Rhône-Tal bietet.

Das **Musée Paul Raymond** im ehemaligen Rathaus zeigt Werke des russischstämmigen Malers Benn (1905–1989) – das Untergeschoss verfügt zudem über einen Eiskeller von 1779, in dem verderbliche Waren lagerten (Okt.–Mai nur Mi, Do, So 10–12, 14–18, sonst Di–So 10–12, 15–19 Uhr). Kostbar ist die Sammlung des **Musée d'Art Sacré** in der Maison des Chevaliers aus dem 12. bis 15. Jh. (2, Rue St-Jacques, Di–So 10–12, 14–18, Juli/ Aug. 10–19 Uhr). Allein die spätmittelalterlichen Wandmalereien und Holzdecken lohnen den Besuch. Krippenfiguren, liturgische Gewänder und Gemälde sind auf einem interaktiven Rundgang in Szene gesetzt. Die strategische Lage der Stadt am Fluss rief im 17. Jh. Vauban, Frankreichs berühmtesten Festungsarchitekten, auf den Plan. Er erweiterte die 1585 gebaute Zitadelle, in deren Mauern sich die Ruine der gotischen Kollegiatskirche versteckt: Im Gegensatz zum arg ramponierten restlichen Gotteshaus blieb das hochgotische Portal von 1477 von den Bombenschäden des Zweiten Weltkriegs verschont.

i **Office de Tourisme:** Résidence Welcome, 1, Av. Kennedy, 30130 Pont-St-Esprit, Tel. 04 66 39 44 45, Fax 04 66 39 51 81, www.ot-pont-saint-esprit.fr.

Durch die Gorges de l'Ardèche

Karte: S. 100/101, **Reiseatlas:** S. 3/4, C/D 1

St-Martin-d'Ardèche 1 hat zur Ferienzeit den gesamten Autoverkehr zu bewältigen, der sich von Pont-St-Esprit über die einspurig befahrbare Hängebrücke oder weniger zähflüssig auf der D 290 ab St-Just in das Ardèche-Tal ergießt. Der schöne Blick von der Uferpromenade auf das gegenüberliegende Aiguèze lohnt eine Fahrtunterbrechung. Etwa 1,5 km nördlich, an der Anlegestelle Sauze-Plage, stauen sich abends die Transportwagen, um die Boote und Kanuten wieder zum Ausgangsort Vallon-Pont-d'Arc zurückzubringen. Bis Vallon-Pont-d'Arc hat sich die Ardèche tief ins weiche Kalkgestein gefressen, manchmal bis zu 300 m tief. Parallel zu den weit ausholenden Mäandern der Ardèche verläuft auf der Klippenkante die **Route de la Corniche** 2 (D 290), eine Aussichtsstraße mit einem Dutzend Belvederes (Aussichtspunkten). Besonders vom **Belvédère de la Cathédrale** 3 und **Belvédère de la Madeleine** 4 nordwestlich vor Sauze stürzt der Blick ins Bodenlose. Tief unten windet sich die Ardèche, schaufelt Kiesstrände an und lässt die zu stecknadelkopfgroßen Punkten geschrumpften Boote auf dem Wasser tänzeln.

Aussteiger haben das Tal der Ardèche zuerst entdeckt. Um 1968 trafen sie in Scharen ein, zogen in die verlassenen Hausteingemäuer am Fluss, probten sich als Hersteller von Ziegenkäse oder als Schäfer. In den 1970er Jahren folgte der Aufstieg der Gorges de l'Ardèche zum Eldorado für Kanuten, Kajakfahrer, Freeclimber, Mountainbiker und Wanderer. Aus den Aussteigern wurden Kanuverleiher oder Wildwasserführer. Die Fremden brachten nicht nur Geld in das von Landflucht gebeutelte Tal, sondern sorgten auch für die Rettung des Naturwunders: An der Ardèche entdeckte Frankreich den Umweltschutz. Kaum zu glauben angesichts des glasklaren Wasses, dass bis 1980 Kommunen wie Aubenas, Ruoms oder Vallon-Pont-d'Arc ihre Abwässer im Fluss entsorgten. *Fini,*

Durch die Gorges de l'Ardèche

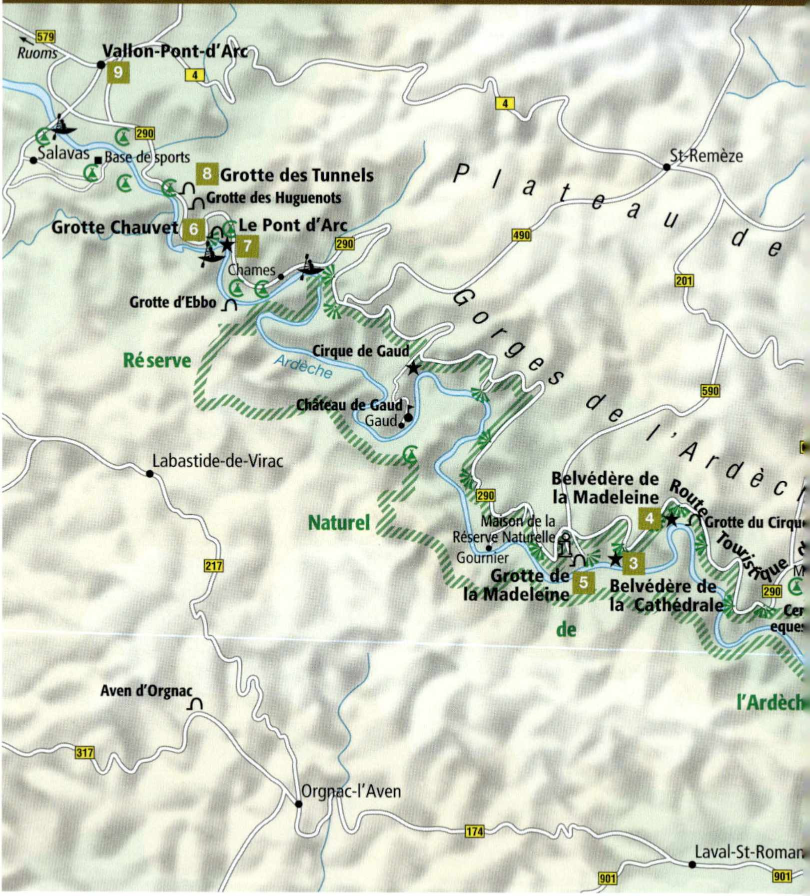

denn im selben Jahr wurde die Réserve Naturelle des Gorges de l'Ardèche ausgewiesen.

Heute zählt der Wildwasserfluss dank Kläranlagen zu den saubersten Gewässern Europas. Damit das so bleibt, sind zwischen den Dörfern Chames und Sauze, dem Herzstück der Gorges de l'Ardèche, Schlauchboote für mehr als drei Personen und Motorboote verboten. Der Fluss darf nur bis 18 Uhr befahren werden, und Müll muss selbstverständlich mitgenommen werden.

Ebenso spektakulär wie die Belvederes sind die zahlreichen Grotten. In der **Grotte de la Madeleine** 5 auf halber Strecke zwischen Chames und Sauze zeigt die Maison de la Réserve Naturelle eine Dauerausstellung zum Naturschutzgebiet. Ein Schäfer hat die Tropfsteinhöhle 1887 entdeckt. Die orangefarbene und graue Tönung der Wände verweist auf das Eisen und Magnesium im Gestein. Ein Son-et-Lumière-Spektakel setzt die bizarren Formationen aus Stalaktiten und Stalagmiten mit Licht- und Toneffekten in Szene (in St-Re-

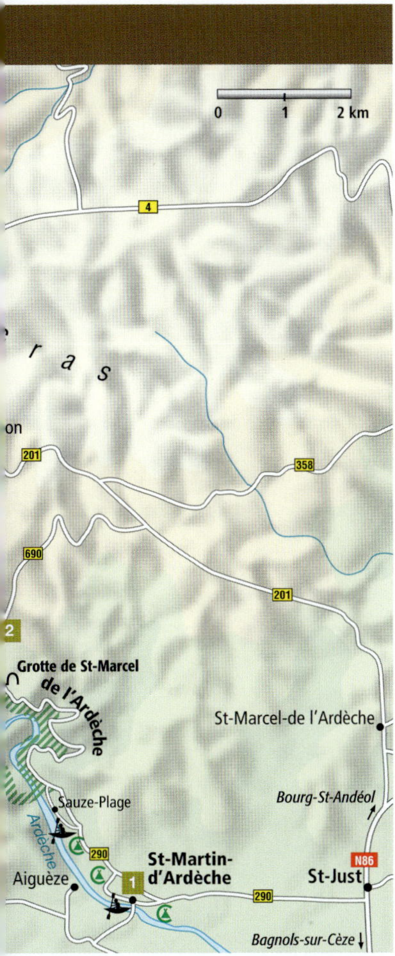

mèze, 10–17, Juli/Aug. 9–19 Uhr, www.grottemadeleine.com). Als berühmteste Grotte gilt die **Grotte Chauvet** 6 unweit des natürlichen Felsbogens **Le Pont-d'Arc** 7, der den Fluss überspannt. 1994 hat eine Hand voll Höhlenforscher die mit prähistorischen Tierzeichnungen übersäte Grotte entdeckt. Aus konservatorischen Gründen ist das Original nicht zu besichtigen. Dafür zeigt die **Exposition Grotte Chauvet** in Vallon-Pont-d'Arc (Rue du Miarou, Juli/Aug. 10–13, 15–19, sonst 10–12, 14–17.30 Uhr, Nov.–März nur n. V., Tel. 04 75 37 17 68) Kopien der in Schwarz und Ocker gehaltenen Bilder von Bären, Pferden, Raubkatzen, Mammuts. Die **Grotte des Tunnels** 8 (2 km außerhalb Vallon-Pont d'Arcs an der D 290 Richtg. Pont d'Arc, Tel. 04 75 88 03 73, April–Ende Sept.) ist eine Tropfsteinhöhle, deren Eingangsbereich als Bar dient. Das gleichnamige Restaurant auf der anderen Straßenseite serviert Deftiges vom Holzkohlengrill.

Vallon-Pont-d'Arc 9 ist die nicht sonderlich reizvolle Hauptbasis der Kanu- und Kajakanbieter. Hier knickt die Ardèche in Richtung Südosten ab. Das Wasser legt bis zur Mündung in die Rhône erheblich an Fließgeschwindigkeit zu. 25 Stromschnellen machen zudem die Faszination der Gorges de l'Ardéche aus. Sportlich Ehrgeizige ›flutschen‹ die Strecke an einem Tag ab, sinnvoll sind jedoch zwei bis drei Tage, um die Abfahrt durch himmelstürmende Felswände und vorbei an einsamen Kieselstränden zu genießen.

Unterwegs stehen in Gaud und Gournier zwei Biwaklager mit Toiletten, Dusche und Grillplatz zur Verfügung. Reserviert wird über den Bootsverleiher oder beim Point-Info de la Réserve Naturelle in Vallon-Pont d'Arc (Tel. 04 75 88 00 41). Das Tragen einer Schwimmweste ist obligatorisch, auch wenn die Ardèche im Hochsommer oft Niedrigwasser führt. Kinder unter sieben Jahren dürfen nicht mitfahren, die, die älter sind, müssen schwimmen können. Im Herbst können Regenfälle im Gebirge die Wasserhöhe ansteigen lassen. Steigt der Pegel an der Brücke von Salavas über 80 cm, heißt es ›zone orange‹. Ein Führer muss nun jede Abfahrt begleiten.

i **Office du Tourisme:** 1, Pl. de l'ancienne Gare, 07150 Vallon-Pont-d'Arc, Tel. 04 75 88 04 01, Fax 04 75 88 41 09, www.vallon-pont-darc.com.

Le Manoir du Raveyron: Rue Henri Barbusse, Tel. 04 75 88 03 59, Fax 04 75 37 11 12, Ende Okt.–Anfang März geschl., www.manoir-du-raveyron.com. Z. T. mit schlichten Antiquitäten eingerichtete, sehr wohnliche Zimmer. Im Restaurant Menü ab 24 €. DZ 62–76 €.

Kanu- & Kajaktouren: bis ins 32 km flussabwärts gelegene St-Martin d'Ardèche mit Base Nautique du Pont d'Arc, Vallon-Pont-d'Arc,Tel. 04 75 37 17 79, www.canoe-ardeche.com.

Klettern, Mountainbike, Rafting, Canyoning, (Schneeschuh-)Wandern: Escapade Loisirs, Tel. 04 75 88 07 87, www.escapade-loisirs.com. ›Canyoning‹ ist übrigens eine Art Flussschwimmen, -rutschen, -klettern und -plumpsen im Taucheranzug (als Schutz gegen Abschürfungen und Unterkühlung).

Reiten: Centre Equestre La Loubière, Tel./Fax 04 75 39 62 65.

Balazuc und Voguë

Eine wirkliche Dorfschönheit an der Ardèche ist **Balazuc,** das zum Kreis der ›schönsten Dörfer Frankreichs‹ zählt. Mit seinen steilen Gassen, der romanischen Kirche, Treppen und Torbogen auf der Felskante zwängt sich der Ort an das linke Ufer. Auf der anderen Flussseite führt ein Uferweg flussabwärts in einer halben Stunde unter Maulbeerbäumen in den Weiler **Le Vieil Audon,** der nur zu Fuß zu erreichen ist. Le Vieil Audon ist einer der letzten Orte an der Ardèche, in der der Aussteigergeist noch lebendig ist. Keine Straße verbindet den Weiler mit der Außenwelt. Unverzagt renovieren die Individualisten des Vereins ›Le Mat‹ die brüchigen Gemäuer. Zur Finanzierung der Arbeiten verkaufen sie Ziegenkäse, selbstverständlich aus eigener Herstellung und mit Biolabel.

8 km flussabwärts folgt **Voguë,** wiederum »eines der schönsten Dörfer Frankreichs«. In einer sanften Biegung der Ardèche scharen sich die Häuser um ein Schloss, das mit vier runden Ecktürmen ein Paradebeispiel für ein provenzalisches Château liefert. Kanuten paddeln vor der Felskulisse über die Ardèche, die nun in gemütlichen Schleifen dahinfließt.

Im Westen (bei Joyeuse) und im Norden (um Vals-les-Bains) bedecken Laubwälder die Hügel – es sind die größten Kastanienwälder Europas.

Einstieg vor Traumkulisse: am Pont-d'Arc

Von den Barronnies in die Dentelles de Montmirail

Reiseatlas S. 5/6

In den Barronnies wechselt die Landschaft zwischen Pässen, Bergen und Tälern, in denen Aprikosen, Lavendel, Wein, Kräuter und Lindenblüten geerntet werden. Weiter südlich wacht der knapp 2000 m hohe Mont Ventoux. Mit bescheidenen Mittelgebirgshöhen kommen die Dentelles de Montmirail gegen den ›Géant de la Provence‹ nicht an. Am Fuß der von der Erosion wie ausgesägt wirkenden Kammes bauten die Römer eine Stadt: Vaison-la-Romaine.

Nyons

Reiseatlas: S. 5, C 1
Nyons, die bescheidene Hauptstadt der Barronnies, nistet sich malerisch ins Eygues-Tal ein. ›Barronnies‹ heißt der Landstrich in Erinnerung an die ehemaligen Landesherren, die Barone von Montauban im Languedoc, die sich im 11. Jh. hier festsetzten. Erst 1352 fiel Nyons endgültig an die französische Krone. Im Osten schützen die Bergzacken der Barronnies die Felder und Obstwiesen rund um Nyons vor dem Mistral. Neben Olivenbäumen staffeln sich Mandel,- Aprikosen-, Pfirsich- und Feigenbäume, schmuck auf Hangterrassen verteilt, bis an die mittelalterlichen Gassen. Wenn der scharfe Wind es doch bis nach Nyons schafft, rascheln die Platanen an der Grand'Place. Nur unter den lombardischen Bogen der Place des Arcades bleibt man vom Wind einigermaßen verschont. **Le Vieux Pont,** eine 800 Jahre alte Brücke, wirft einen Katzenbuckel über die Eygues, die an der bröckelnden Stadtmauer vorbeiprescht. Von der Brüstung kann man jeden Kieselstein und jede Forelle im Wasser erkennen.

Beim Stichwort Nyons denkt ganz Frankreich an Olivenöl. Nicht an irgendeines jedoch, sondern an Öl aus den in den Barronnies verbreiteten Tanche-Oliven. Die **Ölmühle** von Familie Dozol-Autrand duckt sich genau an der Stelle an die Stadtmauer, wo die Eygues-Brücke am rechten Ufer anlegt. Madame Jacques Chirac kauft in Nyons ihr Öl ein. Das gemeinsame Foto von der Präsidentengattin und der Ölmühlenbesitzerin Josy hängt im Laden. Im **Musée de l'Olivier** kann man sein Wissen zu Olivenanbau und Ölgewinnung vom 17. bis 20. Jh. vertiefen (Allée des Tilleuls, tgl. 10–11.30, 14.30–17.30 Uhr). Einen ersten Vorgeschmack auf den Reichtum der Barronnies an Aromapflanzen vermittelt der **Jardin des Arômes** an der Promenade de la Digue: An die 300 verschiedene Pflanzen zur Gewinnung ätherischer Öle und Aromen betäuben die Sinne.

Für ein bisschen mehr Füßevertreten empfiehlt sich der **Fernwanderweg GR 9,** über den man von Nyons 5 km hoch zur 872 m hohen Montagne des Vaux wandern kann.

i **Office de Tourisme:** Pavillon du Tourisme, Pl. de la Libération, 26111 Nyons, Tel. 04 75 26 10 35, Fax 04 75 26 01 57, www.paysdenyons.com.

Une autre maison: Pl. de la République, Tel. 04 75 26 43 09, Fax 04 75 26 93 69, www.uneautremaison.com, Nov.–Jan. geschl. Das ›andere Haus‹ hat 6 mit Geschmack und Eigenwillen eingerichtete Zimmer. Mehr Plätze bietet das Restaurant (Menü ab 23 €), dessen Tische sich im Garten und auf der Terrasse der Second-

Mit dem Autor unterwegs

Olivenöl der Spitzenklasse

Es gibt viele Sorten Olivenöl in der Provence und noch viel mehr **Ölmühlen.** Das grünlich schimmernde Öl von **Dozol-Autrand** (Nyons) der Sorte Tanche aber zählt zu den besten (s. S. 104).

Farbenfrohes Markttreiben

Samstags und vor allem mittwochs wird Markt unter den Bogen der Place aux Arcades in **Buis-les-Baronnies** gehalten. Im Sommer duftet es nach Kräutern und Lindenblüten, die in den Barronnies geerntet werden.

Fahrt über den Col des Tempêtes

Dramatischer als über den **Pass der Stürme** kann man sich dem **Mont Ventoux** nicht nähern – bei starken Wind rüttelt's kräftig am Wagen. Bei Sturm wird die Straße gesperrt (s. S. 108).

Anschauen

Alle strömen in die Gorges du Verdon, nur vergleichsweise wenige in die **Gorges de la Nesque.** Ein **Wanderweg (GR 9)** führt 3 km vom Dorf Monieux in die einsame Talsohle und die Höhlenkapelle St-Michel (s. S. 109).

Gute Genossenschaftsweine

Die **Cave des Vignerons de Caractère** in Vacqueyras räumt mit dem schlechten Image der Genossenschaftskeller auf. Tipps: Gigondas Fleuron des Vignes, Muscat de Beaumes-de-Venise, Vin doux naturel, Vacqueyras Mas du Bouquet (rot), Vacqueyras Cuvée Vieilles Vignes (Barrique; s. S. 110).

Wandertipp

Gigondas bietet die besten Möglichkeiten, die bizarre Felswelt der **Dentelles de Montmirail** wandernd zu erkunden. Tourentipps gibt es auf dem Office de Tourisme (s. S. 111f.).

Nicht versäumen!

Wie in kaum einem anderen Ort der Provence lassen sich in **Vaison-la-Romaine** alle für die Provence identitätsbildenden Phasen ablesen, von den gallo-römischen Ausgrabungen über die mittelalterliche Stadt mit romanischer alter Kathedrale zur Neustadt mit Platanenboulevard und Cafés am Hauptplatz (s. S. 112f.).

Empire-Villa verteilen. Gekocht wird provenzalisch. Immer dabei: das AOC-Öl der ortsansässigen Mühle. Zum Frühstück: hausgemachte *Madeleines à l'abricot.* DZ 86–135 €.

La Charrette Bleue: Rte. de Gap (7 km nördl., D 94), Tel. 04 75 27 72 33, Mitte Dez.–Anfang Feb. geschl., Mi geschl., außerhalb der Saison auch So abend und Di geschl. Der ehemalige Bauernhof aus hellem Kalkstein steht für rustikales Ambiente. Um so überraschender: die raffinierte Küche. Lammcarré in Knoblauchkruste, Perlhuhn mit eingelegten Zitronen. Menü 24–39 €.

Le Petit Caveau: 9, Rue Victor Hugo, Tel. 04 75 26 20 21, Dez. geschl., So abend, Mo geschl. Gemütlich, gute Auswahl an offenen Weinen. Menü ab 23 €.

Moulin Dozol-Autrand: 4, Promenade de la Digue. Exzellentes Olivenöl und provenzalische Knabbereien.

Coopérative du Nyonsais: Pl. Olivier de Serres. Oliven per Kilo, Öl im Kanister, Tapenade (Olivenpaste).

Routes de la Lavande: 2, Av. de Venterol, Tel. 04 75 26 65 91, www.routes-lavande.com. Exkursionen rund um den Lavendel.

Radtour: 107 km Fahrradrundkurs ab Nyons durch die Eygues-Schluchten. Fahrradkarte

Drôme à vélo im Office de Tourisme, dort auch Informationen zum Fahrradverleih.

Bus: nach Avignon, Montélimar, Vaison-la-Romaine, Autocars du Petit Nice, Tel. 04 75 26 35 58, und Cars Lieutaud, Tel. 04 90 36 05 22.

Ste-Jalle und Buis-les-Baronnies

Reiseatlas: S. 6, D 1/2

Ste-Jalle

Die Barronnies sind traditionelles Protestantenland. Ste-Jalle am Zusammenfluss von Rieu Frais und Ennuye bleibt die Ausnahme: Die **romanische Pfarrkirche** am Ortseingang ist katholisch. Das schlichte Gotteshaus überrascht mit einem reich mit Figuren verzierten Tympanon.

Buis-les-Baronnies

Buis-les-Baronnies ist der zweitgrößte Ort der Barronnies und zudem die ›Hauptstadt der Lindenblüten‹. 90 % aller in Frankreich verkauften Lindenblüten stammen aus der Gegend um Buis-les-Baronnies. Im Juni und Juli ist Erntezeit und es raschelt in allen Bäumen. Anfang Juli wird die seit 1808 bekundete **Foire aus Tilleuls** abgehalten, bei der die Blüten in großen Jutesäcken verkauft werden. Das Dorf lohnt jedoch das ganze Jahr über den Besuch. Vor den Arkaden der zauberhaften **Place des Arcades** wird mittwochs Markt gehalten. In der Nähe stellt die alteingesessene **Distillerie Nicoleau** Liköre, Eau de vie und Aperitifs her. Die Rezepte sind *bien sûr* Familiengeheimnis. Bis zur Pfarrkirche Notre-Dame-de-Nazareth sind enge Gassen und kleine Plätze ineinander verschachtelt. Die Platanen der Allée des Platanes im Nordosten des Dorfes wurden bereits 1811 gepflanzt, und zwar zu Ehren des Königs von Rom.

Office du Tourisme: 14, Bd. Michel-Eysserie, 26170 Buis-les-Baronnies, Tel. 04 75 28 04 59, Fax 04 75 28 13 63, www.buislesbaronnies.com.

L'Ancienne Cure: 2, Rue du Paroir, Tel. 04 75 28 22 08, Fax 04 75 28 22 08, www.ancienne-cure.com. Chambres d'hôtes, klassisch-gediegen. DZ/F 65–85 €.
Les Arcades-Le Lion d'Or: Pl. du Marché, Tel. 04 75 28 11 31, Fax 04 75 28 12 07, www.hotelarcades.fr, Dez.–Feb. geschl. Direkt am Hauptplatz mit seinen Arkaden gelegen. Sehr persönlich eingerichtete Zimmer, mit kleinem Garten. DZ 44–54 €.

Markt: Mi (s. S. 105).
Distillerie Nicoleau: Quartier sous la Ville, Tel. 04 75 28 29 71. Liköre (Aprikose, Thymian, Lindenblüten), Eau de vie (Kirsch, Trester), Aperitifs (Pfirsich, Nuss).
Reynaud-Fils: Pl. du Marché. *Charcuterie artisanale* mit den Drôme-Spezialitäten Olivenwurst, *caillette* (mit Kräutern gewürzte Pastete) und erstklassigem Barronnies-Lamm.

Radfahren: 4 ausgeschilderte Mountainbike-Rundkurse ab Buis-les-Baronnies, Info und Radvermietung bei Vélocation, Tel. 06 17 13 35 37 (Handy).
Reiten: mit Véronique Gérard vom Reiterhof La Viste in La Roche-sur-le-Buis, Tel./Fax 04 75 28 16 18, www.laviste.com. Diverse Angebote, u. a. 5 Tage Reiten nur für Kinder (d. h. ohne Eltern!) ab 290 € alles inklusive.
Klettern: Ketterparcours in der näheren Umgebung mit verschiedenen Schwierigkeitsgraden, Info beim Office du Tourisme.

Von Montbrun-lès-Bains nach Mollans-sur-Ouvèze

Reiseatlas: S. 6, E 2 – S. 5, C 2
Durch die Täler von Ouvèze und Charuis gelangt man in die kargen Gorges du Toulourenc. Über der Schlucht thront in splendider Einsamkeit das gewaltige **Château d'Aulan** (Besichtigung Juli/Aug. tgl. möglich, vorher anrufen unter Tel. 04 75 28 80 00, restliches Jahr n. V.). Die wiederaufgebaute Burganlage

nebst Burgkapelle ist das einzige private Château der Barronnies, das man besichtigen kann. Das Inventar stammt zumeist aus der Familie der Grafen von Suarez d'Aulan. Arthur de Suarez stand als Stallmeister in den Diensten von Napoléon III, entsprechend zahlreich sind die Exponate aus dem Second Empire.

Montbrun-lès-Bains ist Mitglied im Zirkel der ›schönsten Dörfer Frankreichs‹, dafür jedoch angenehm unaufgetakelt. Der Ort scheint mit seinen Natursteinhäusern, dem Belfried und der Kirche aus dem 12. Jh. am Fels zu kleben. Wieder gibt es eine Burg, diesmal eine mit vier Türmen, aber ins Dorf kam und kommt man allmählich wieder vor allem, um zu kuren. Die schwefelhaltigen Quellen sollen bei Diabetes und Rheuma helfen. Bis zum Ersten Weltkrieg waren die Thermen in Betrieb. Erst 1987 wagte man den bescheidenen Neubeginn.

Auf dem Weg nach **Brantes** rückt man dem Mont Ventoux schon ziemlich nah auf die Nordflanke. Die Dorfhäuser und Mandelbaumterrassen staffeln sich vor der grandiosen Bergkulisse den Hang hoch – Brantes scheint über dem Toulourenc zu schweben. Die gepflasterten Gassen überragt die Ruine einer Burg. **Plaisians** liegt am Ende der Welt, genauer gesagt hinter einer engen Felskluft, französisch *la clue*. Um dorthin zu gelangen, muss man viele, viele Kurven bewältigen. Auf dem Weg rückt man dem Mont Ventoux erneut ganz nah auf den kahlen Pelz. Das Dorf ist wegen seines Gasthofs und der Wanderwege ringsherum ein beliebtes Wochenendziel – ein paar Kilometer hinter Plaisians endet die Straße vor der 1382 m hohen Montagne de Banne. Wacker hält sich die Kirche von **Pierrelongue** auf einem hochgeschossenen Felssockel über der Ouvèze, den das Gotteshaus komplett einnimmt.

Mollans-sur-Ouvèze, das nächste Dorf im nun breiter werdenden Flusstal, verfügt am alten Waschhaus über einen kuriosen Brunnen: Einer der steinernen Wasserspeier trägt zwei Eselsohren.

Office de Tourisme: L'Autin, 26570 Montbrun-lès-Bains, Tel. 04 75 28 82 49, Fax 04 75 28 82 98, www.montbrunlesbainsofficedutourisme.fr.

... in Mollans-sur-Ouvèze:
Le St-Marc: Pl. de la Gare, Tel. 04 75 28 70 01, Fax 04 75 28 78 63, www.saintmarc.com, Nov.–Mitte März geschl. Familiär geführtes Hotel; DZ 55–70 €. Im Restaurant Menüs 25–40 €.

... in Plaisians:
Auberge de la Clue: Pl. de l'Eglise, Tel. 04 75 28 01 17, Fax 04 75 28 29 17, Mitte Okt.–März geschl., Mo geschl. Der Weg lohnt: Terrasse mit Blick auf den Mont Ventoux. Im Winter teils auch am Wochenende geöffnet (vorher anrufen!). Menü 23–30 €.

Paragliding: Ecole de parapente des Barronnies in **Mévouillon** (15 km nördl. von Montbrun-lès-Bains über den Col d'Aulan), Tel. 04 75 28 51 39 und 06 62 11 74 56 (Handy), www.provence-parapente.com. Blutige Anfänger können sich von einem erfahrenen Fluglehrer huckepack nehmen lassen (*baptême biplace* für 65 €).

2 Mont Ventoux

Reiseatlas: S. 5/6, C/D 2/3

Malaucène gilt als Basislager aller Radfahrer, Wanderer, Reiter, Autofahrer und sonstiger Reisender auf den 1909 m hohen Mont Ventoux. Entsprechend hoch ist die Dichte an Cafés und Restaurants längs des von Platanen gesäumten Ringboulevards. Vom mittelalterlichen Mauerring blieben einige Abschnitte nebst Toren erhalten. Wo die Burg stand, errichtete man einen Kalvarienberg: Der Blick vom höchsten Punkt des Dorfes reicht über die Barronnies im Norden und den Mont Ventoux im Osten.

Die D 974 steigt von Malaucène in endlosen Kehren zum kahlen Gipfel des Symbolbergs der Nordprovence an. Wenige Kilometer vor dem Gipfel erinnert am Straßenrand ein Gedenkstein an Tom Simpson. Der britische Radprofi brach am 13. Juli 1967 auf der

Stehen den berühmten Gorges de la Verdon kaum nach: die Gorges de la Nesque

Tour-de-France-Etappe Marseille–Carpentras am **Mont Ventoux** zusammen – Herzinfarkt infolge einer Überdosis Amphetamine. Das berühmteste Radrennen der Welt erlebte seinen ersten Dopingskandal, und der Berg hatte ein weiteres Opfer gefordert. Vor allem im Winter kamen früher Menschen am ›Géant de Provence‹, dem ›provenzalischen Riesen‹, ums Leben. Über den **Col des Tempêtes,** den Pass der Stürme auf Höhe des Gipfels, rast der Wind dann nicht selten mit 200 km/h hinweg. Oft bleibt die in eine Eispiste verwandelte D 974 daher von Allerheiligen bis Ostern gesperrt!

Während der schönen Jahreszeit bieten Straßenstände beim Observatorium, das den Gipfel krönt, Bonbons und andere Leckereien an. Den grandiosen Rundumblick über den 20 km langen und 10 km breiten Berg gibt's gratis dazu.

Office de Tourisme: Pl. de la Mairie, 84340 Malaucène, Tel. 04 90 65 22 59, Fax 04 90 65 22 59, ot-malaucene@wanadoo.fr.

Le Domaine des Tilleuls: Rte. du Mont Ventoux, Tel. 04 90 65 22 31, Fax 04 90 65 16 77, www.hoteldomainedestilleuls.com, Ende Okt.–Anfang Nov. geschl. Gepflegte Adresse; die Zimmer zum Park sind ruhiger. Swimmingpool. DZ 63–85 €.

Le Château Crèmessières: 300 m vor dem Dorf, Tel. 33 04 90 65 11 13, e.dalla@provenceservices.com, Sept.–März geschl. Chambre d'hôtes u. a. mit Baldachinbett für Romantiker. DZ/F 60–85 €.

Sault

Reiseatlas: S. 6, E 3

Von der Nordflanke des Mont Ventoux ist es nur ein Katzensprung nach Sault. Das Dorf ist eines wie viele andere in der Nordprovence: Ringsherum sprießt Lavendel, und von der

Dorf-Esplanade hat man einen hübschen Blick ins hügelige Umland. Dafür sind die hier hergestellten Süßigkeiten um vieles besser als alles, was auf dem Mont Ventoux angeboten wird. ›Le vrai Nougat de Sault‹ ist ein plomben- und gebissfreundlicher, weicher Nougat aus Lavendelhonig, gebrannten Mandeln und Bourbon-Vanille. In der Familie Boyer ist man seit Generationen *maître nougatier*. ›Lieferant der Nationalversammlung‹ darf sich der Nougatier André Boyer sogar auf die Banderole drucken lassen. Und natürlich auf die Verpackung (**Confiserie Boyer,** Portes des Aires, Tel. 04 90 64 00 23).

i **Office de Tourisme:** Av. de la Promenade, 84390 Sault, Tel. 04 90 64 01 21, Fax 04 90 64 15 03, www.saultenprovence.com.

Hostellerie du Val de Sault: Rte. St-Trinit (nordöstl. Ortsausgang von Sault an der D 950), Tel. 04 90 64 01 41, Fax 04 90 64 12 74, www.valdesault.com, Nov.–Ostern geschl., Restaurant im April/ Okt. mittags unter der Woche geschl. Nobles Landhotel, noble Küche. An kühlen Tagen serviert Chef de cuisine Yves Gattechaut Trüffelgerichte vor dem Kamin. Im Sommer empfiehlt er ein Fondue von jungem Gemüse mit *foie-gras*-Streifen und Brennnesselsauce. DZ ab 169 €, Menü ab 36 €.
... in St-Christol (12 km südöstl.):
Le Lavandin: Le Village, Tel. 04 90 75 09 18, Fax 04 90 75 09 17, www.hotel-lavandin.com,Jan., Feb. geschl. Funktionale Zimmer und Appartements für Familien. DZ 60–95 €, Menü im Restaurant ab 20 €.

Durch die Gorges de la Nesque nach Bédoin

Reiseatlas: S. 5/6, C/D 3
Die fast 400 m tiefen **Gorges de la Nesque** bieten fast so dramatische Blicke in den Abgrund wie die ungleich berühmteren Gorges du Verdon. Eine Höhenstraße folgt durch Tunnel und über Haarnadelkurven dem rechten Ufer. Am Belvédère de Castelleras fällt der Blick aus 734 m ins Bodenlose. Auf der gegenüberliegenden Seite der Schlucht trumpft die 872 m hohe Felsmasse des **Rocher du Cire** auf. Bei **Villes-sur-Auzon** hat man die Gorges bereits wieder verlassen. Das Winzerdorf am Auzon versprüht dank Brunnen und alter Gemäuer viel Charme. Mit **Bédoin** rückt der Mont Ventoux erneut in den Vordergrund. Wahrzeichen des umtriebigen Dorfs ist die Kirche im Jesuitenbarock, deren Schaufassade vor dem Bergpanorama heraussticht. Die Besteigung des Mont Ventoux gehört seit den Reiseberichten des Renaissancedichters und Humanisten Petrarca zu den Klassikern unter den Provencetouren. Start des **Fernwanderwegs GR 91b** ist etwas außerhalb von Bédoin beim Weiler Les Baux. Vor zu viel Sonne schützt anfangs noch ein dichter Zedernwald, der von der UNESCO zum Biosphärenreservat erklärt worden ist. Am Schluss verläuft der Weg durch graubleiches Felsgeröll, das keinerlei Schutz vor der mörderischen Sonne bietet.

i **Office de Tourisme:** Espace Gravier, 84410 Bédoin, Tel. 04 90 65 63 95, Fax 04 90 12 81 55, www.bedoin.org.

Hotel des Pins: Chemin des Crans, Tel. 04 90 65 92 92, Fax 04 90 65 60 66, www.hoteldespins.net, Nov.–Mitte März geschl. Schöne Zimmer in Pastelltönen. Wer hier nicht als Radfahrer absteigt, kann auch – für besondere Anlässe – den hoteleigenen Bentley mieten. Im Restaurant (Menü ab 25 €) wartet derweil das mit Morcheln gefüllte Wildkaninchen. DZ 50–90 €.

Radsport und -verleih: Bédoin Location, Tel. 04 90 65 94 53, www.bedoin-location.com, Verleiher von Renn-, Mountainbike- und Kinderrädern. Geführte Radtouren, u. a. ›Abstieg‹ vom Mont Ventoux querfeldein mit dem Mountainbike.
Reiten: Centre Equestre le Ménèque et Poney Club, Chemin du Ménèque, Tel. 04 90 65 66 39. Für alle, die am Mont Ventoux nun wirklich nicht Rad fahren wollen.

Die Dentelles de Montmirail

Beaumes-de-Venise und Vacqueyras

Reiseatlas: S. 5, B 3

Dentelles bedeutet Spitzen, und genauso fein ausgefranst sieht der gut 15 km lange Gebirgszug aus. Um den **St-Amand,** den mit 734 m höchsten Gipfel, wirkt die Landschaft wie mit der Nadel gestickt. Felsnadeln, -grate, -zähne zerklüften die Dentelles de Montmirail. Freeclimber nehmen die Herausforderung, die die zerklüfteten Felsen stellen, gern an. ›Montmirail‹ geht auf das lateinische *mons mirabilis* zurück – bewundernswert ist der Bergzug wegen seiner kuriosen Topografie in der Tat. Der Mischwald ist vor allem auf den Westflanken ausgedehnten Obst- und Weinfeldern gewichen. Ins Innere des kleinen Massivs führen nur wenige Straßen, dafür umso mehr Wanderwege. Die aussichtsreiche D 90 von Malaucène über Suzette nach Beaumes-de-Venise verläuft unterhalb der Crête de St-Amand. Der Ruf von **Beaumes-de-Venise** ruht auf einem süßen Muscat, der als Aperitif getrunken wird. Auch **Vacqueyras** ist ein Winzerdorf, dessen kräftige Rotweine in den letzten Jahren enorm an Qualität gewonnen haben. Das Dorf teilt sich in ein auf den Felsen gesetztes befestigtes Oberdorf und den schattigen Cours zu seinen Füßen.

Office de Tourisme: Maison des Dentelles, Pl. du Marché, 84190 Beaumes-de-Venise, Tel. 04 90 62 94 39, Fax 04 90 62 93 25, www.ot-beaumesdevenise.com.

... in Vacqueyras:
Domaine de la Ponche: Vacqueras, Rte. de Cairanne (D 8), Tel. 04 90 65 85 21, Fax 04 90 65 85 23, www.hotel-laponche.com, Dez.–Feb. geschl. Menü im Restaurant (Di geschl., nur Dinner) 38 €. Ein stattliches Weingut aus dem 17. Jh. mit 4 Zimmern und 2 Suiten – mit herrlichem Blick auf Reben und die Dentelles de Montmirail. Im Restaurant regionale Küche mit italienischem Einschlag. DZ ab 110 €, Suite/F ab 175 €.

... in Beaumes-de-Venise:
Vignerons de Beaumes-de-Venise: Quartier Ravel, Tel. 04 90 12 41 00, www.beaumes-de-venise.com. Hier gibt es, aber nicht nur, *den* Muscat.
... in Vacqueyras:
Vignerons de Caractère: Rte. de Vaison-la-Romaine, Tel. 04 90 65 84 54, www.vigneronsdecaractere.com, Juli/Aug. tgl. 8–19, sonst 8–12.30, 14.30–18, am Wochenende 9–17 Uhr.

... in Vacqueyras:
Weinfest Mitte Juli.

Wie mit einem Riesenrechen in Ordnung gehalten: Weinberge bei Gigondas

Gigondas

Reiseatlas: S. 5, B 2
Die Weine von Gigondas zählen zur Spitzenklasse unter den Côtes-du-Rhône-Weinen. Der Dorfname stammt vom lateinischen *jocunditas* ab, Freude. Wieder fassen Mauern den mittelalterlichen Kern mit Burg und Kirche ein, in der die vergoldeten Holzstatuen der Lokalheiligen Cosme (Cosmas) und Damien (Damian) verwahrt werden.

Von Gigondas kann man den Dentelles de Montmirail besonders nah rücken. Ein Waldsträßchen wuselt sich an der romanischen Chapelle Saints Cosme-et-Damien vorbei zum **Col de Crayon** und den 627 m hohen **Rocher du Turc** hoch (ab Hotel Le Floret gesperrt). Eine Alternative ist der ab dem Dorfplatz in Gelbrot ausgeschilderte zweieinhalbstündige **Wanderweg.**

i **Office de Tourisme:** Pl. du Portail, 84190 Gigondas, Tel. 04 90 65 85 46, Fax 04 90 65 88 42, office.tourisme@gigondas-les-dentelles-de-montmirail.fr.

Les Florets: Rte. des Dentelles (2 km östl.), Tel. 04 90 65 85 01, Fax 04 90 65 83 80. Jan.–Ende März geschl., www.hotel-lesflorets.com. Komfortable Zimmer in den Farben der Provence. DZ 90–125 €.

L'Oustalet: Pl. Gabrielle-Andéol, Tel. 04 90 65 85 30, www.restaurant-ous

talet.fr, Weihnachten–Mitte Jan. geschl., im Winterhalbjahr Mo ganztägig sowie abends an So, Di und Mi geschl. Ambitionierte Küche, z. B. *millefeuille* vom Filet Mignon, mit Speck vom Bigorre-Schwein. Bemerkenswerte Weinkarte. Menü ab 25 € (wochentags ab 19 €).

Les Florets: s. Hotel S. 111; Mi Ruhetag (Nov., Dez., April auch Mo abend und Di). *Grande cuisine* mit Hummer *à la vanille* oder provenzalische Klassiker wie Lamm mit Oliven. Auf der Weinkarte geben Gigondas und Vacqueyras den Ton an – zum Haus gehören 80 ha Reben. Menü 25–52 €.

Winzergenossenschaft Gigondas – la Cave: Les Blâches, Tel. 04 90 65 86 27, Mo–Fr 9–12, 14–17.30 Uhr, www.cave-gigondas.fr. Die hervorragenden Rotweine (zu 80 % Grenache-Noir-Reben) vom 2714 ha großen Terroir der AOC Gigondas sind kraftvolle, fruchtige Tropfen und zählen zur Spitzenklasse der Côtes-du-Rhône-Weine.

Séguret und Le Crestet

Reiseatlas: S. 5, B/C 2

Um das mit seinen cremefarbenen Fassaden typisch provenzalische **Sablet** schwappt ein Rebenmeer. So auch um **Séguret,** doch das benachbarte Winzerdorf hat sich zudem zum Künstlerdorf gemausert. Über den Ateliers, dem Belfried und dem barocken Mascarons-Brunnen ragt die Burgruine empor.

Von Séguret führt eine verschlungene Straße nach **Le Crestet,** und damit zurück auf die Ostflanke der Dentelles de Montmirail. Auf der Burg des Dorfes, das auf einem Felskamm hockt, fanden einst die Bischöfe von Vaison-la-Romaine während ihrer zahlreichen Querelen mit den weltlichen Herren der Nordprovence Unterschlupf.

Informationen zu Séguret über das Office de Tourisme in Vaison-la-Romaine (s. S. 113) und unter der Webadresse **www.seguret.fr.**

Domaine de Cabasse: Rte. de Sablet, Tel. 04 90 46 91 12, Fax 04 90 46 94 01, www.domaine-de-cabasse.fr, April–Okt., DZ 98–135 €. Weingut und Hotel-Restaurant in einem. Sachliche, ruhige Zimmer. Im Juli/Aug. nur HP. Gekocht wird u. a. mit Gemüse aus eigenem Anbau. Menü wochentags ab 19 €, sonst ab 31 € (Restaurant ist Mo, Di und Fr mittag geschl.).

La Table du Comtat: Le Village, Tel. 04 90 46 91 49, Fax 04 90 46 94 27, www.table-comtat.com, Winter So, Di, Mi geschl., sonst Di, Mi geschl. Maître Cuisinier de France Franck Gomez bittet zu Tisch. Der Titel verpflichtet zu Gourmetgenüssen im abgelegenen Bergnest. Menü ab 32 € (Mittagsformule zu 20 €). Die wenigen Zimmer des kleinen Hotels aus dem 16. Jh. sind oft ausgebucht (mit 90–110 € etwas überteuert).

Le Mesclun: Rue des Poternes, Tel. 04 90 46 93 43, Fax 04 90 46 93 48, www.lemesclun.com, Jan. geschl., Mo geschl. (außerhalb der Saison auch Di). Sympathisches Restaurant, wunderschöne Terrasse mit viel Schatten spendendem Grün. Tadellose, lokaltypische Küche. Menü ab 25 €.

Vaison-la-Romaine

Reiseatlas: S. 5, B/C 2

Man beachte den Zusatz: ›La Romaine‹, ›die Römische‹, nennt sich das sich beiderseits des Flüsschens Ouvèze ausbreitende Landstädtchen seit 1924. Erst gut 15 Jahre vorher war man bei Ausgrabungen auf die Reste der gallo-römischen Stadt gestoßen. Im 2. Jh. machte Vaison-la-Romaine als ›urbs opulentissima‹, als ausgesprochen reiches Städtchen, von sich reden. Die damaligen Bewohner wussten im Gegensatz zu unseren Zeitgenossen um die Unberechenbarkeit des Flusses. Als die Ouvèze 1992 nach sintflutartigen Regenfälle mörderisch anschwoll, riss das Wasser 50 Bewohner aus den in die Talsohle gebauten Neubauten in den Tod. Von der Sturzflut verschont blieben die auf hochwassersicherem Grund gebauten antiken Viertel auf dem rechten Ufer der Ouvèze.

Die Stadt unterteilt sich in vier deutlich unterscheidbare Viertel. Das **Quartier de Puymin** vereint die Bodendenkmäler des römischen Theaters aus dem 1. Jh. n. Chr., die ebenso alte Maison à la Tonnelle und einen Tempel. Im **Musee archéologique** sind Mosaike, Säulen, Statuen, darunter die Buste d'Argent, eine Silberbüste eines Patriziers des 3. Jh., ausgestellt.

Im **Quartier de la Villasse** wurden eine gepflasterte Straße und Patriziervillen wie die Maison du Buste d'Argent und die Maison du Dauphin freigelegt. Auf römischen Fundamenten entstand etwas weiter die Kathedrale **Notre-Dame-de-Nazareth** (11. Jh.), ein Paradebau der provenzalischen Romanik mit steinernem Bischofsthron und Altar aus dem 6. Jh. Auch das angrenzende Kloster blieb, wenn auch arg ramponiert, erhalten (Kernöffnungszeiten Puymin, Musée archéologique, Villasse und Klosterkreuzgang ganzjährig tgl. außer Mo vormittags 10–12, 14–17, im Sommer bis 18.30 Uhr).

La Ville Basse ist das moderne Viertel zwischen den beiden antiken *quartiers:* Um die Place Burrus reihen sich Cafés und Geschäfte. **La Ville Haute** heißt die Oberstadt auf dem Felsen am linken Ouvèze-Ufer. Über den Fluss führt seit 2000 Jahren der **Pont Romain,** die römische Brücke. Zum mittelalterlichen Stadtbild der Oberstadt gehören Stadttor (14. Jh.), Calades (mit Kieseln aus dem Bett der Ouvèze gedeckte Gassen), Adelshöfe, Obere Kathedrale (15. Jh.) und Burgruine (12. Jh.).

Office de Tourisme: Pl. du Chanoine-Sautel, 84110 Vaison-la-Romaine, Tel. 04 90 36 02 11, Fax 04 90 28 76 04, www.vaison-la-romaine.com.

Hostellerie Le Beffroi: Rue de l'Evêché, Tel. 04 90 36 04 71, Fax 04 90 36 24 78, www.le-beffroi.com, Feb.–Mitte März geschl. Eine Altstadtgasse, zu der das mit Antiquitäten möblierte Gemäuer aus dem 16. Jh. passt. Herrlicher Garten. DZ ab 85 €.

Chambres d'Hôtes l'Evêché: Rue de l'Evêché, Tel. 04 90 36 13 46, Fax 04 90 36 32 43, www.eveche.com. In der Oberstadt vermietet Madame Aude Verdier 4 Gästezimmer in einem 300 Jahre alten Haus. Bibliothek und Salon dürfen mitbenutzt werden. DZ ab 70 €.

Burrhus: 1, Pl. Monfort, Tel. 04 90 36 00 11, Fax 04 90 36 39 05, www.burrhus.com, Mitte Dez.–Mitte Jan. geschl. Ein alter provenzalischer Kasten mitten im Ort, behutsam renoviert. Moderne Kunst an den Wänden. DZ 44–69 €.

... in Mérindol-les-Oliviers (12 km westl.):
Le Balcon de Rosine: Rte. de Propiac, Tel./Fax 04 75 28 71 18. 80 m² großes Ferienhaus und 3 Chambres d'hôtes mit kleiner Küche (Mindestaufenthalt 3 Tage), alle mit Aussicht auf den Mont Ventoux, in zauberhaft ländlicher Lage. Haus ab 500 €/Woche, DZ ab 190 €/3 Tage.

Le Moulin à Huile: 1, Quai du Maréchal-Foch, Tel. 04 90 36 20 67, www.moulin-huile.com, So abend, Mo geschl. Edler Tisch in einer Mühle aus dem 12. Jh. oder, noch schöner, auf der Terrasse über der Ouvèze. Gegrilltes Täubchen mit Mandeln und zum Dessert Erdbeeren mit Nougatine-Croquant. Menü 60–75 € (mittags 40 €).

Boucherie Gilles Digile: 40, Cours Taulignan. Die Leute kommen wegen der Olivenwurst ›Le Pontias‹, die man gerne mit Kartoffelsalat oder im Briochemantel isst.
Markt: Di (groß), Do, Sa.

Festival de Vaison: Juli/Aug., Theater, Musik, Gesang, www.vaison-festival.com.
Chorwettbewerb: Anfang Aug.
Journées gourmandes: Nov., kulinarisches Fest.

Bus: Cars Lieutaud fährt nach Orange und nach Avignon, Tel. 04 90 36 09 90.

So wichtig wie der Lavendel selbst ist auch das Fest
ihm zu Ehren, die Fête de la lavande,
für die Bewohner des Plateau de Valensole

Kapitel 2

Haute-Provence

Am Fuße der Südalpen

›Basses-Alpes‹ hieß das Departement zwischen Lure-Gebirge, Verdon-Schlucht, Route Napoléon und Ubaye-Tal früher. Weil aber das Zauberwort Provence stets fremdenverkehrsfördernd wirkt, erfanden smarte Tourismusmanager das etwas künstliche Alpes-de-Haute-Provence. Geblieben sind die Alpen im Namen, denn das Hochgebirge im Norden ist für das Departement mindestens so prägend wie die Provence im Süden. Ganze 140 000 Menschen leben in den Alpes-de-Haute-Provence, doch die Landflucht ist zumindest in den mittleren Lagen gebremst. Angesichts des neuerlichen Zuzugs von betuchten Nordeuropäern und -franzosen ins Pays de Forcalquier oder aufs Plateau de Valensole spricht man bereits vom Ausverkauf der Dörfer. Die Immobilienpreise im letzten noch erschwinglichen Teil der Provence steigen kräftig. Man kann den Andrang verstehen. Nirgendwo in Europa ist der Himmel reiner als über dem Umland von Forcalquier, und keine Stadt der Provence blieb so sehr von Bausünden verschont wie Forcalquier, der Unterpräfektur des Departements.

Die Höhenlagen bleiben hingegen menschenleer. Nördlich von Sisteron und Digne verwandelt der Winter schwer zugängliche Täler und Felsmassive in eine Eiswüste. Das Gebiet entvölkert sich zusehends, jedenfalls da, wo keine Skistationen wie im Ubaye-Tal

oder am oberen Verdon aus dem Boden gestampft wurden. Die fast unwirkliche Abgeschiedenheit und intakte Natur sind das größte Kapital des alpin anmutenden Nordens. Wer der Zivilisation eine Zeitlang entfliehen möchte, ist in den Tälern von Bléone, Bès und Asse genau richtig.

Highlights

3 **Forcalquier:** Die schönste Stadt der Alpes-de-Haute-Provence ist der wichtigste Marktplatz der Hochprovence. Auf dem Marché de lundi duftet es nach allen Köstlichkeiten aus der Umgebung (s. S. 125ff.).

4 **Plateau de Valensole:** Lavendelfelder bis zum Horizont bestimmen das Bild der über Strecken tischflachen Hochebene – und laden zu einer lila Sause ein (s. S. 132ff.).

Empfehlenswerte Routen

Überquerung der Montagne de Lure: Die Passstraße von Valbelle nach St-Etienne-les-Orgues verläuft durch alte Eichenwälder zum 1826 m hohen Signal de Lure – wo der Blick auf die Kette der Südalpen atemberaubend ist. Runter geht es in endlosen Haarnadelkurven ins Pays de Forcalquier (s. S. 119f.).

Von Sisteron über den Col de Font-Belle nach Digne: Schon die Römer nutzten das Tal Riou de Jabron als Schneise in die Südalpen. Heute entführt die D 3 in die menschenleere Einsamkeit am 1708 m hohen Font-Belle-Pass (s. S. 130).

Clues de Barles: In der engen Felsschlucht des Bès scheiden sich Hochprovence und Alpes. Von Digne-les-Bains kommend ist Barles das erste Alpendorf, über dem die nackten Felsmassen des 2189 m hohen Blayeul-Massivs bedrohlich thronen (s. S. 137).

Reise- und Zeitplanung

Das gebirgige Land ist ein unzugängliches Stück Provence. Das Kurven über Pässe und durch Talsohlen beansprucht trotz geringer Distanzen manchmal viel Zeit. Im Winter sind etliche Routen wie etwa die Passstraße über die Montagne de Lure gesperrt. Auf vielen anderen Straßen läuft ohne Winterreifen oder Schneeketten buchstäblich nichts. Grandios ist der Herbst, wenn die Laubfärbung einen Indian summer *à la provençale* beschert.

Mit Ausnahme von Forcalquier haben die Städte keinen besonderen Charme. Für **Digne-les-Bains, Manosque** und **Sisteron** reicht jeweils ein halber Tag. In **Forcalquier** hingegen lohnt es sich wirklich zu verweilen – ein Tag oder mehr ist sinnvoll. Umso mehr ist es angeraten, Zeit für die majestätischen Naturschönheiten einzuplanen, erst recht, falls Wanderungen oder Radtouren geplant sind. Eine Woche für das **Pays de Forcalquier,** drei Tage für die **Montagne de Lure** und das **Jabron-Tal,** drei weitere in der alpinen Welt um **Digne** und nochmals je zwei für das **Plateau de Valensole** und das mittlere **Durance-Tal** vergehen für Aktivurlauber wie im Flug.

Richtig Reisen-Tipps

L'Observatoire Sirène: Auf 1100 m Höhe nutzt der Verein SIRENE eine stillgelegte Raketenabschussbasis des Militärs zum Sternegucken. Höhepunkt im Jahresprogramm ist die Nuit des Etoiles: Zwei Nächte und einen Tag lang steht das Observatorium offen für kostenlose Beobachtungen des nächtlichen Sternenhimmels und des Sonnenlaufs (s. S. 121).

Klangwunder im Rundturm: Das Sommerfestival alter Musik mit Instrumental- und Vokalmusik aus Renaissance und Barock (Les Riches Heures Musicales de la Rotonde) hebt sich wohltuend von den ungleich prominenteren Festivals in Aix oder Orange ab. Dafür bürgt schon der Veranstaltungsort, La Rotonde, ein mittelalterlicher Rundturm mit begrenzter Zuschauerzahl (s. S. 124).

Von der Montagne de Lure ins Pays de Forcalquier

Reiseatlas S. 6, 7, 8

Nur eine schmale Passstraße führt über das knapp 2000 m hohe Lure-Massiv. Die Menschen im abgeschiedenen Jabron-Tal haben mit denen auf der lieblicheren Südflanke wenig zu tun. Der Grund ist einfach: Falls die Passage gesperrt ist, muss man die Montagne de Lure weiträumig umfahren. Ganz anders sieht die Welt im Pays de Forcalquier aus: Breite Täler, sanfte Hügel, ungekünstelte Dörfer machen den Reiz des Pays de Forcalquier aus.

Jabron-Tal

Reiseatlas: S. 7, A/B 2
Auf einer Länge von gut 20 km beherrscht die Nordflanke der Montagne de Lure das insgesamt 35 km lange Jabron-Tal. Südlich von Sisteron mündet der Gebirgsfluss in die Durance. Dort endet auch die Montagne de Lure. Die Vallée du Jabron ist ein einsames Tal mit winzigen Dörfern, die Aussteiger in den 1970er Jahren wiederbelebt haben. Die meisten Kleinbauern setzen auf ökologischen Anbau, ihre Produkte (Linsen, Obst, Lavendel, Honig, Käse, Lammfleisch) machen den Ruf des Tals aus. Das Klima ist deutlich rauer als im Durance-Tal, weil nicht nur die Lure, sondern von Norden auch die Gipfel der Montagne de l'Ubac oder der Montagne de Mare an den Fluss heranrücken. Im Winter dringt die Sonne nicht überall bis in die Sohle vor und das Tal bleibt in Abschnitten über Wochen verschattet. Wo der kraftvolle Eichen- und Buchenwald zurückweicht und die Flanken nicht ganz so abrupt abfallen, weiden Ziegen und Schafe. An den breitesten Stellen misst das Tal immerhin 10 km, an den schmalsten keine 3 km.

Bei **Les Omergues** verläuft im Westen die Grenze der Departements Drôme und Alpes-de-Haute-Provence. Auf Höhe des Dorfes übernimmt auch die Montagne de Lure die Herrschaft über das Tal. **Montfroc** teilt sich wie andere Dörfer im Tal auch in das Unterdorf an der D 946, die dem Jabron folgt, und das Oberdorf in Hanglange. 60 Einwohner leben hier noch. Die romanische Kirche und ein stattlicher Gutshof verleihen dem Ort viel Charme. Wanderwege führen zum 20 m tiefen Wasserfall und ins Auzante-Tal im Norden. **Curel** ist ein verschlafenes Straßendorf, sein verlassenes Oberdorf weiter östlich *(le vieux village)* ist nur noch ein pittoreskes Ruinenfeld.

St-Vincent-sur-Jabron ist bereits im 14. Jh. von seiner Höhenlage auf einen Hügel am Fluss ›gerutscht‹, um 500 Jahre später noch eins tiefer und damit endgültig ans Ufer umzuziehen. Auf dem Hügel zurück blieben die Pfarrkirche St-Vincent (1 Std. Fußweg hin und zurück) und Reste eines Schlosses. **Noyers-sur-Jabron** gilt zu Recht als schmuckstes Dorf im Tal. 350 m über dem Unterdorf erhebt sich auf einem Fels das verlassene **Vieux Noyers** (Zufahrtstraße links der D 946 oder 1,5 Std. Fußweg hin und zurück). Die romanische **Kirche Notre-Dame-de-Bethléem** sticht zwischen den Ruinen von Burg und Häusern hervor. Der auffallend große Bau aus dem 13. Jh. wurde saniert.

Der Weiler **Bevons** entzieht sich dem Tal und liegt auf einem Hang oberhalb der Sohle. Eine Zufahrtsstraße (D 533) führt nach ca. 3 km bis vors Dorfkirchlein. Knapp 2 km später endet die Straße dann am Fernwanderweg GR 6, über den man nach Sisteron gelangt.

Informationen zum Jabron-Tal beim **Office de Tourisme** in Sisteron (s. S. 129) und unter www.guideweb.com/jabron.

L'Etape: Les Omergues, Tel./Fax 04 92 62 06 21, etape-omergues@wanadoo.fr. Hotel mit simplen, fast spartanischen Zimmern, dafür sehr günstig, DZ 31 €. Im Bistrot du pays Menü ab 13 €.

L'Escapade: Le Bourg, Noyers-sur-Jabron, Tel. 04 92 62 00 04, www.escapadesenjabron.com, Nov.–März geschl. Chambre d'hôtes in 1900-Villa. Helle Zimmer in Pastelltönen mit vielen Antiquitäten – ein Muss! DZ 58–73 €.
Mas du Figuier: La Fontaine, Bevons, Tel./Fax 04 92 62 81 28, mas.du.figuier@wanadoo.fr. Rustikale Chambre d'hôtes. DZ/F 52–65 € (4 Pers. 98 €), Appartement ab 370 €/Woche. Table d'hôtes 20 €. U. a. auch Baumhaus in einer alten Eiche für 2 Pers. ab 65 € mit Frühstück!
Ferme La Lucarne: Hameau de Lange (zu Châteauneuf-Miravail gehörend), von Curel kommend rechts auf die D 303 abbiegen, Tel. 04 92 62 00 09, www.ferme-lalucarne.com. Reizende Puppenstubenzimmer mit wuchtigen Deckenbalken. DZ/F 50 €.
La Ribière: St-Vincent sur Jabron, Tel. 04 92 62 02 15, gite.laribiere@wanadoo.fr. Chambre d'hôtes mitten im Dorf. DZ/F 44 €. Appartement für 4 Pers. 56 €/Nacht oder 320 €/Woche. Monsieur und Madame Renon vermitteln den Gästen auch Esel für Rundtouren.

Fromagerie Sabine Ferrari: Curel-sur-Jabron, Les Remises, D 946, Tel. 04 92 62 02 63. Direktverkauf von Banon- (nur echt im Kastanienblatt) und Tomme-Käse. Dez. bis Jan. keine Käseherstellung! (Weitere Banon-Käsehersteller über das Syndicat Interprofessionnel de Défense de Promotion du Banon, Maison Régionale de l'élevage, Rte. de la Durance, Manosque, Tel. 04 92 87 47 55, Fax 04 92 72 73 13.)

Mit dem Autor unterwegs

Nicht versäumen!

Vieux Noyers: Das alte Oberdorf lädt zu einer kurzen Wanderung in die Vergangenheit ein (s. S. 118).
Die Rotonde von Simiane: Ein Turm zum Rätselraten (Wer hat ihn gebaut?) und zum Musik genießen (beim Sommerfestival, s. S. 123, 124).
Platanenallee der N 100 bei Mane: Wer von Süden auf Mane zufährt, tut dies im Schatten uralter Platanen, deren Stämme die Nationalstraße wie das Langhaus einer Kathedrale wirken lassen (s. S. 124).

Wandertipps

Aufstieg zum Signal de Lure: Der Weg ab Cruis durch die Combe de la Sapée ist schweißtreibend, der Blick vom Gipfel aber lässt alle Anstrengungen vergessen (s. S. 119f.).
Gorges de l'Oppedette: Die kleine Schlucht ist ein großes Wunder, das man an einem halben Tag bequem erkunden kann (s. S. 124).

Bon Appétit

Bistrots de Pays: Ob in Ongles, Lardiers oder Saumane – mit den zünftigen Bistros trotzen die Dörfer der Landflucht (alle drei s. S. 121).

Fest der Sinne

Montagsmarkt in Forcalquier: Zum Einkaufen, Riechen, Schauen (s. S. 125).

Montagne de Lure

Reiseatlas: S. 7, A/B 2/3
3,5 km östlich von Noyers-sur-Jabron steigt die D 53 nach **Valbelle** an, dem letzten Dorf auf dem Weg zum Gipfel der Montagne de Lure. Für Sportliche: Von Valbelle führt der Fernwanderweg GR 6 über den Gipfel auf die Südflanke des Massivs. Mit dem Auto geht es in weiten Kehren und durch tiefen Buchen-

wald die ca. 25 km zum 1826 m hohen **Signal de Lure** hoch. Auf dem kahlen Gipfel wechseln sich nackter Fels mit krautigen Hochwiesen ab. Bei klarer Sicht, besonders wenn der Mistral pfeift, schaut man über die gesamte Provence und auf die Südalpen. Nach Norden bildet der Gipfel eine Abbruchkante zum Jabron-Tal, nach Süden flacht er deutlich sanfter ab. Die Straße purzelt, vorbei an einer reichlich ramponierten Skiliftanlage, wieder unter die Baumgrenze. Links weist ein Schild auf den Rumpelweg zur **Abbaye de Lure.** Ein einsamer Wächter bewohnt mit seinen Hunden die Nebenbauten der im 12. Jh. gegründeten Benediktinerabtei. Ein Märchenwald aus mehrhundertjährigen Linden umsteht die geduckte, archaisch schlichte Kirche. Der Ort hat etwas Magisches.

Die Straße abwärts streift nun das Oratoire St-Joseph, einen Bildstock, an dem Pilger auf dem Weg zur Abtei Einkehr halten. Durch Zedern und Pinien geht es schließlich nach **St-Etienne-les-Orgues.** Steinplatten bedecken das Kirchendach des Bergdorfs, dessen gemütliches Zentrum sich um das Château aus dem 16. Jh. schart. Früher wurden im Dorf die auf der Lure gesammelten Wild- und Kräuterpflanzen gehandelt. 1600 verschiedene Arten haben Botaniker auf dem Berg gezählt, darunter wilden Lavendel, der ab 900 m Höhe wächst. Am Wochenende um den 14. Juli wird der Vergangenheit mit einer *foire de l'herboristerie* (Kräuterkundefest) gedacht.

i **Office de Tourisme:** Mairie, 04230 St-Etienne-les-Orgues, Tel. 04 92 73 02 57, Fax 04 92 73 02 57, lure.ot@wanadoo.fr.

Südlich der Montagne de Lure

Reiseatlas: S. 7, A/B 3

In **Mallefougasse** bezeugt die Pfarrkirche St-Jean-Baptiste die frühe Besiedlung: Der Turm ist romanisch, Teile des Mauerwerks am Langhaus sogar frühromanisch (9./10. Jh.). Auch die Dorfkirche von **Cruis** ist in den Fundamenten romanisch, wurde jedoch im 14./15. Jh. erweitert. Die Reste des angebauten Klosters erinnern daran, dass Mönche die Bauherren waren. Ein bukolischer Schlenker lädt zu einer Landpartie über die weltabgeschiedenen Weiler Montlaux, Sigonce und Fontienne ein: Es geht vorbei an Feldern, Hecken, Wäldern durch einen Landstrich, wo sich Fuchs und Hase Gute Nacht sagen. Über St-Etienne-les-Orgues gelangt man nach **Ongles.** Das nach und nach sanierte *vieux village* scheint mit dem Fels, auf den es gepfropft wurde, zu verschmelzen. Der Rocher d'Ongles besteht aus einer porös wirkenden Mischung verschiedener Gesteinsarten. Das neue Ongles entpuppt sich etwas weiter südwestlich als verbummeltes provenzalisches Dorf mit Bouleplatz, Café-Bar-Tabac und Laubenterrasse. Die Pilgerkapelle Notre-Dame-d'Ongles an der D 122 nach Lardiers ist romanisch, ebenso wie das Portal und der Glockenturm des Gotteshauses von **Lardiers.** Vor kurzem noch waren Ongles und Lardiers fast verlassen. Heute ist wieder jedes Haus bewohnt. Das gilt auch für **L'Hospitalet** und **Saumane,** die der Montagne de Lure wieder recht nah an den Gipfel rücken. In den Weilern wird im Winter das Vieh für die Sommeralmen der Lure zusammengetrieben. Wanderwege, die den alten Auf- und Abtriebswegen folgen, führen auf die Montagne de Lure.

i Sämtliche Infos über das **Office de Tourisme** in Forcalquier (s. S. 126).

... in Cruis:

Auberge de l'Abbaye: Tel. 04 92 77 01 93, Fax 04 92 77 01 92, geschl. 2. Nov.-Hälfte und Jan., Mo und Di mittags im Juli/Aug., ansonsten So abends und Mi. Auf der Karte stehen Foie gras mit Feigen in Wein, Rehbraten in Nusskruste, serviert in der gusseisernen Staubpfanne. Gute Auswahl an Côteaux de Pierrevert, etwa von der Domaine La Blaque. Menü 23–32 €. Auch Zimmer (DZ 55–60 €).

Chambre d'Hôte Le Mas de Foulara: Rte. de Montlaux, D 16 nach 2 km rechts abbiegen, dann Ausschilderung folgen, Tel. 04 92 77 07 96, http://foulara.free.fr, Allerheiligen

Richtig Reisen-Tipp: L'Observatoire Sirène

Die D 34 legt sich wie eine Autobahn über die kahle Weite des Plateau d'Albion. Bis vor ein paar Jahren gab die französische Armee den Ton auf der Hochebene an, daher die gut ausgebaute Straße. Fini – aus. Längst heißt es *bienvenue* zur *Nuit des Etoiles,* der Nacht der Sterne, auf der stillgelegten Raketenabschussbasis. Im Süden dräut der Buckel des Luberon, im Norden erhebt sich der Ventoux, ein Gigant über den Monts de Vaucluse. Der Blick aber geht zu den Sternen: Auf 1100 m Höhe sei der Himmel über Frankreich am klarsten, erklärt Frédéric Bardin vom Verein SIRENE, der die Abschussbasis seit ein paar Jahren nutzt. Was man nachts am Himmel sieht, erklären an einem Wochenende Anfang August die Mitarbeiter des Oberservatoriums. Besser gesagt, welche Sterne – schließlich heißt die alljährliche Veranstaltung nicht umsonst La Nuit des Etoiles. Zwei Nächte und einen Tag lang steht das Observatorium offen für kostenlose Beobachtungen des nächtlichen Sternenhimmels und des Sonnenlaufs. Und gegen eine Gebühr auch das ganze Jahr über für Hobby-Sternengucker von drei bis 103 Jahren. So alt war der bislang betagteste Sternengucker, den SIRENE ans Teleskop gelassen hat.

L'Observatoire Sirène: D 34 Richtung St-Christol, Lagarde d'Apt, Tel. 04 90 75 04 17, www.obs-sirene.com. Kurse und Führungen ganzjährig.

bis Ende März geschl. Der stattliche Hof am Fuße der Montagne de Lure stammt aus dem 17. Jh. Zu dem Mas gehören 30 ha Wiesen, Wälder, Lavendelfelder und 5 farbenfrohe Gästezimmer. DZ/F 50 €, Table d'hôtes 18 €.

... in Lardiers:
Le Café de la Lavande: Pl. de la Mairie, Tel. 04 92 73 31 52, Di abends, Mi geschl. *Daube* vom Lamm (Lammtopf), mal mit einer *brandade* (provenzalisches Stockfischgericht) oder einer Ente mit Kirschen. Dafür lohnt die Anfahrt. Menü 21 €.

... in Saumane:
Bistrot de la Mini-auberge: Dorfplatz, Tel. 04 92 73 20 71, Mi nachmittags und Do geschl., Juli/Aug. kein Ruhetag. Traditionelle Küche, zwischendurch gibt es auch kalte Gerichte. Menü ab 18 €.

... in Ongles:
Le Bistrot de la Tonnelle: Dorfplatz, Tel. 04 92 73 19 89. Landküche, man staune, sogar mit einem vegetarischen Gericht auf der Karte! Menü ab 17 €. Daneben dient das Bistro auch als Kiosk und Fahrradverleih.

Rundflüge im Ultraleichtflugzeug: ab Cruis, Tel. 04 92 77 04 83.

Plateau d'Albion

Reiseatlas: S. 6, E 3
Mit so viel Widerstand hatten die Generäle und Politiker in Paris nicht gerechnet. Nicht von Martine Cazin, der freundlichen Bildhauerin aus Simiane-la-Rotonde, die immer etwas scheu aufblickt, wenn sich Besucher in ihr Töpferatelier verirren. Auch nicht von Linda, die 1968 aus San Francisco in die Provence kam, um hoch über der Calavon-Schlucht Ziegenkäse herzustellten. Erst recht nicht von Lindas Mann Claude, dem menschenscheuen Kunstschmied und WWF-Aktivisten. Munter planten die Strategen im Verteidigungsministerium drauflos. Sie zäunten 800 km^2 (ein Areal achtmal so groß wie Paris!) auf dem kalkweißen Plateau d'Albion ein und stellten Atomraketen darauf. Ebenso munter regte sich der Widerstand. Der Rest ist Geschichte. 25 Jahre währte der Kampf von Martine und Weggenossen gegen die Atomraketenbasis. Es war ein Kampf wie der von David gegen Goliath. David hat schließlich gewonnen: 1996 zog die Armee mit ihren 2000 Soldaten und Zivilangestellten ab. Die Fremdenlegion hat einen Teil der frei gewordenen Militärbasis übernommen. In einigen

Bauklötzchen mit einem großen runden Koloss als Abschluss: Simiane-la-Rotonde

Dörfern gingen trotzdem fast die Lichter aus, und es wurde noch einsamer in diesem ohnehin menschenleeren Landstrich.

Revest-du-Bion wurde im 11. Jh. von Benediktinermönchen aus Cluny gegründet. Zu sehen sind Reste der Stadtmauer inklusive zweier Türme und eines Stadttors. In **St-Christol-d'Albion** ist die Fremdenlegion stationiert. Die Kirche aus dem 12. Jh. ist mit herrlichen Tier- und Pflanzenfresken ausgemalt. 3 km westlich hat man von der D 34 einen eindrucksvollen Blick über die streckenweise an eine Mondlandschaft erinnernde Einöde des Plateau d'Albion.

i Sämtliche Informationen zum Plateau d'Albion beim **Office de Tourisme** in Sault (s. S. 109).

Pays de Forcalquier

Banon

Reiseatlas: S. 7, A 3

High Noon *à la provençale* in Banon. Punkt zwölf rumpelt aus den Eichenwäldern eine Blecharmada klappriger Renault-Kastenwagen und japanischer Pick-ups zum Aperitif vor die Terrasse des Hôtel des Voyageurs. In einem von Pierre Magnans Krimis, ›Laviolette auf Trüffelsuche‹, spielt die Tiefkühltruhe des Etablissements eine grausige Rolle. Auf der anderen Seite des Platzes liegt die Librairie Le Bleuet: Der Banon-Krimi steht zusammen mit allen anderen lieferbaren Titeln des Krimiautors Magnan im Regal, dazu noch ein paar zigtausend Bücher mehr. Banon, Wiege des gleichnamigen Käses, den die Bauern der

Gegend produzieren, ist bereits seit einigen Jahren sehr en vogue bei Aussteigern und Landhausbesitzern. Mit seinen alten Metallmarkisen, Cafés, der charmant gestrigen Citroën-Garage und den Tante-Emma-Läden entspricht das Unterdorf einem nostalgischen Postkartenklischee.

Das mittelalterliche Oberdorf erreicht man durch ein wehrhaftes Stadttor. Über das ausgetretene Pflaster geht es weiter zur Kirche, die sich über den dicht an dicht gesetzten, aus dem 16. bis 19. Jh. stammenden Fassaden erhebt.

Syndicat d'Initiative: Pl. de la République, 04150 Banon, Tel. 04 92 72 19 40, Fax 04 92 72 19 40, banon.accueil@wanadoo.fr.

Librairie Le Bleuet: Pl. St-Just, Tel. 04 92 73 25 85, tgl. außer Neujahr 9–20 Uhr. 60 000 Titel hält der Buchladen von Joel Gattefossé in Banon im Sortiment, darunter alle lieferbaren Bücher des Krimiautors Pierre Magnan. Das Nachrichtenmagazin ›Nouvel Observateur‹ hat die Librairie in der tiefsten Hochprovence unter die zehn besten Frankreichs gewählt.

Simiane-la-Rotonde

Reiseatlas: S. 7, A 4

Wie Bauklötzchen stehen die Häuser am Hang, eines aufrechter als das andere. Aber kein graziler Campanile krönt die Dächer. Stattdessen thront ein runder Koloss über dem Dorf: La Rotonde. So einmalig, so unverwechselbar, dass der runde behäbige Turm dem Dorfnamen angehängt wurde: Simiane-la-Rotonde. Am Fuß des Oberdorfs angekommen, sind die Gassen zu eng für Autos – wer hier wohnt, muss Tüten schleppen. Am Parkplatz hinter der Mairie ist Schluss. Von nun an geht's bergauf, und zwar zu Fuß, immer den Drehungen der Gassen nach, die sich wie das Innere eines Schneckenhauses den Kalkhügel hochschrauben. Unterwegs genießt man die Aussicht von der luftigen Markthalle, die wie eine Loggia am Dorf klebt. Bis man unvermutet vor der Rotonde und damit vor einem Rätsel steht. Denn niemand weiß genau, welche Funktion der Bau einmal hatte – Wehrturm oder Kultstätte?

Der Fernwanderweg GR 4 führt vom Dorf zur Abbaye de la Rose. Zur Klosterneugründung auf einem Gehöft gehört ein Rosarium, das man besichtigen kann. Von dort bietet sich ein Rundweg über die Ruine der Zisterzienserabtei Valsaintes an.

Sämtliche Infos zu Simiane-la-Rotonde beim **Office de Tourisme** von Forcalquier (s. S. 126).

Les Granges de Saint-Pierre: am Dorfeingang, Tel./Fax 04 92 75 93 81. Eine *chambre d'hôtes de charme* ohne Provence-Tüdeligkeit und mit gepflegtem Pool. DZ/F 64 € (56 € bei 5 Nächten in Folge).

Richtig Reisen-Tipp: Klangwunder im Rundturm

Generationen von Kunsthistorikern und Archäologen haben sich die Zähne an der Rotonde, dem ungeschlachten Turm über Simiane ausgebissen. Für die einen ist die Rotonde ein Wehrturm der längst zerstörten Burg. Ihre Gegner weisen auf die Steinfratzen im Kuppelsaal hin und tippen auf eine mittelalterliche Kultstätte. Als Konzertsaal eignet sich das sagenumwobene Bauwerk jedenfalls bestens. So entstand die Idee für die Riches heures Musicales, ein intimes Sommerfestival ›alter Musik‹, d. h. Instrumental- und Vokalmusik aus Renaissance und Barock, das sich wohltuend vom Eventcharakter der Festivals von Aix oder Orange abhebt. Die Kartenkontingente sind begrenzt – rechtzeitige Reservierung empfohlen!

Les Riches Heures Musicales de la Rotonde: jährlich Mitte Aug., www.festival-simiane.com, Information und Reservierung Tel. 04 92 75 90 47 (ganzjährig) oder Tel. 04 92 75 90 14 (ab April in der Rotonde). Karten sind auch beim Office de Tourisme von Forcalquier (s. S. 126) erhältlich.

Von Oppedette nach Mane

Reiseatlas: S. 7, A/B 4

Oppedette ist winzig (50 Einwohner!), hat nur ein Café im Puppenstubenformat, aber umso mehr Aura. Die Attraktion sind die **Gorges de l'Oppedette:** Unterhalb des Dorfes hat der Calavon einen 150 m tiefen Canyon gegraben. Eine 8 km lange Rundwanderung lädt zur Erkundung ein. **Vachères** ist kaum größer, kann jedoch auf eine Siedlungsgeschichte verweisen, die bis zu den Römern und weiter in die Frühgeschichte zurückreicht. 1958 gründeten die Einwohner ein kleines Museum, dessen Prunkstück der Krieger von Vachères ist: Die antike Statue eines Soldaten ist ein Meisterwerk der gallo-römischen Steinmetzkunst. Das Dorf selbst ist aus dem hellgrauen Kalkstein der nahen Hügel gebaut. Erhalten sind die Mauern aus dem 13. Jh., die romanische Kirche und die mit einem Campanile geschmückte Tour de l'Horloge. Von der Butte des Moulins, dem höchsten Punkt von Vachères, lässt sich das Ensemble überblicken. Über Aubenas-les-Alpes, das im Namen auf die Nähe zu den Alpen pocht, geht es nach **St-Michel-l'Observatoire.** Die weißen Dome des **Observatoire de Haute-Provence** weisen den Weg. Das Observatorium steht 3 km nördlich vom Dorf auf einem Berg, der wegen der klaren Sicht bereits 1936 als Standort ausgemacht wurde. St-Michel-de-l'Observatoire, das Dorf neben der Sternwarte, lädt mit einigen Bars zum Verweilen ein. Zwischen den beiden Kirchen von Ober- und Unterdorf verteilen sich etwas unüberschaubar kleine Plätze, Gassen und Gärten.

Auf dem Weg nach **Mane** ragt auf der linken Seite der N 100 die Tour de Porchères, ein wuchtiger Wohnturm aus dem 13 Jh., empor. Kurz darauf schweift der Blick auf die rechte Straßenseite zur feudalen Pracht des **Château de Sauvan:** Das Barockschloss wird von den Gebrüdern Allibert mitsamt Schauteich und 4 ha Gartenterrassen nach und nach saniert. Die beiden sind Antiquitätenhändler – das als Versailles der Hochprovence gerühmte Schloss ist entsprechend exquisit möbliert (Führungen Sept.–Juni Do, So, Fei, Juli–Aug. tgl. außer Sa 15.30 Uhr; s. auch Übernachten).

Vor Mane schlagen hundertjährige Platanen ein dichtes Dach über die N 100. Durch eine Lücke im Spalier der Stämme fällt am Ortsrand das **Prieuré de Salagon** ins Auge. Die sehr sehenswerte romanische Klosterkirche (Fresken aus dem 14./15. Jh., römische Bodenfunde in situ, zeitgenössische Fenster von Aurélie Nemours) beherbergt mit dem angebauten Wohnlogis aus der Renaissance das Völkerkundemuseum der Haute-Provence. Die dazugehörigen Themengärten mit Pflanzenverkauf sind nicht nur für Pflanzenfreunde ein Muss: Allein der Duft im mittelalterlichen Heilkräutergarten ist betörend (www.musee-de-salagon.com, Jan. geschl., Mai–Sept. tgl. 10–12.30, 14–18.30, Juni–Aug. bis 19.30 Uhr, Rest des Jahres z. T. nur nachmittags bzw. am Wochenende, vorher erfragen unter Tel. 04 92 75 70 50). Die Burg von Mane (12. Jh.) harrt noch ihrer Restaurierung – das ganze, herzerfrischend rumpelige Dorf scheint vom Ausverkauf bislang verschont geblieben zu sein.

Sämtliche Infos beim **Office de Tourisme** von Forcalquier (s. S. 126).

Le Relais d'Elle: Rte. de Brillanne (N 100), kurz vor Niozelles, Tel. 04 92 75 06 87, www.relaisdelle.com. Chambre d'hôtes im 300 Jahre alten Gehöft. Mit Pool, Tischtennisplatte, Volleyball, Boule und einem Lesesalon. Ausritte mit den hauseigenen Pferden. DZ/F 53–58 €, Suite/F ab 96 €. Table d'hôtes 20 €.

... in Mane:
Mas du Pont Roman: Chemin de Châteauneuf, Tel. 04 92 75 49 46, Fax 04 92 75 36 73, www.pontroman.com. Komfortable Zimmer, im Winterhalbjahr lädt die Hotelsauna zum Aufwärmen ein. DZ 75 €.
Château de Sauvan: N 100, Tel. 04 92 75 05 64. In den Nebengebäuden des Schlosses gibt es 2 Ferienwohnungen und eine Chambre d'hôtes. DZ 58 €, Wohnung für 2 Pers. 350 €/Woche, für 4 Pers. 550 €/Woche.

L'Observatoire: Pl. de la Fontaine, St-Michel-l'Observatoire, Tel. 04 92 76 63 62. Man isst direkt vor dem Restaurant oder – baumbeschattet – auf der Place gegenüber. Kurzum: Den Gast erwartet ein dörfliches Idyll mit bodenständiger Landküche. Menü 25 € (mittags 15 €).

3 Forcalquier

Reiseatlas: S. 7, B 4
Forcalquier ist mit Altstadt und weitem Platanenplatz eine der wenigen übrig gebliebenen Bastionen einer Provence, die andernorts zwischen übertakelten Gassen und Souvenirmeilen verloren gegangen ist.

Zum größten **Marché** der Haute-Provence strömt montags alles, was zwischen den Gebirgszügen von Luberon und Monts de Vaucluse Beine hat. Hennagetönte Althippies aus den abgelegensten Flecken der Alpes-de-Haute-Provence, Dörfler vom weltabgewandten Plateau d'Albion, Honoratioren aus Manosque und Sisteron, dazu ein paar Ziegen, Welpen, Stallhasen sowie das eine oder andere Huhn. Imker schauen über die Töpfe von Gebirgsblüten- und Lavendelhonig hinweg. Eine Händlerin stapelt Banon-Käse auf den Tisch. Kurzum, den Montagsmarkt sollte man mitnehmen.

Place du Bourguet

Der massige Vierungsturm von **Notre-Dame du Bourguet** beherrscht den Hauptplatz der Stadt. Im Turm hängt die 1150 kg schwere Maria Sauvaterra: Bei Sturm und anderen Bedrängnissen wird die 1609 gegossene Glocke geschlagen. Die frühgotische Gottesburg krönt links vom Portal ein zweiter schlanker Turm mit Zifferblatt und Renaissance-Laterne. Die N 100 windet sich an der Kirche, die im 14. Jh. dem aus seiner Stadt vertriebenen Bischof von Sisteron als Kathedrale diente, vorbei. Die Durchgangsstraße stört jedoch nicht sonderlich, da der weite Platz es den Cafés erlaubt, die Terrassen vom Verkehr gebührend weit zurückzuziehen.

Altstadt

Hinter Notre-Dame du Bourguet sticht die Gasse Clastre Vieille in die in den letzten Jahren vorbildlich sanierte Altstadt. Von der engen Place Vieille geht es durch die Rue des Cordeliers zum Stadttor Porte des Cordeliers. Dahinter liegt das ehemalige Cordeliers-Kloster (13. Jh.), das mitsamt Klostergang und Bibliothek zum Museum wurde und auch die **Université Européenne des Saveurs et Senteurs** beherbergt. Die Universität bietet auch für Laien Schulungen zu traditionellen Genusshandwerkszweigen wie der Imkerei oder der Seifensiederei an (www.uess.fr). Die Place St-Michel mit reich verziertem Renaissance-Brunnen ist das Herz der Altstadt. Im Viertel bis zur nahen Place du Palais reihen sich imposante Palais aus dem 16. bis 18. Jh. aneinander.

Citadelle-Hügel

Wo einmal die Burg der Grafen von Forcalquier über der Altstadt thronte, steht seit 1875 die etwas schauerliche neo-byzantinische Kapelle Notre-Dame-de-Provence. Hinzu kommt ein Glockenspiel mit 18 Glocken, das jeden Sonntag um 11.30 Uhr spielt. Der Blick rundherum ist wunderbar.

Campo Santo

Der Friedhof außerhalb des Zentrums lohnt einen Besuch. Die Stufen der Hauptachse säumen gut 4 m hohe Eibenhecken, deren immergrünes Astwerk auf halber Höhe zu einem Arkadengang zurechtgestutzt ist. Die Eibenbögen geben den Blick auf Grabplatten mit den Porzellanporträts der Verstorbenen und Plastikblumenarrangements frei. Auch in den Nebengängen wattieren Hecken die Ruhe auf dem Friedhof. Das Heckenlabyrinth steht seit 1946 wegen der ›grünen Gewölbe‹ unter Denkmalschutz (Av. Fontauris, 9–17 Uhr).

i **Office de Tourisme Intercommunal du Pays de Forcalquier et de la Montagne de Lure:** 13, Pl. du Bourguet, 04301 Forcalquier, Tel. 04 92 75 10 02, Fax 04 92 75 26 76, oti@forcalquier.com, www.forcalquier.com.

Hostellerie Le Colombier: Mas les Dragons, Tel. 04 92 75 03 71, Fax 04 92 75 14 30, www.lecolombier.fr, Jan.–Mitte März geschl. Ein ehemaliges Relais der Königlichen Garde (18. Jh.). Schöner Garten. Menü nur für Gäste zu 24 €. DZ 65–103 €.
Auberge Chambereau: Rte. de Niozelles, Tel. 04 92 70 91 70, Fax 04 92 70 91 83, www.charembeau.com. Das schönste Haus weit und breit: zauberhaftes Landhotel in altem Gutshof mit heimeligen Zimmern und komfortablen Appartements. Sehr freundliche Inhaber. Radverleih, Organisation von Radtouren und Ballonflügen DZ 51–118 € (je nach Saison).
Domaine des Lauzons: Limans, 9 km nordwestl. von Forcalquier, Tel 04 92 73 00 60, Fax 04 92 73 04 31, www.camping-lauzons.com. Komfortabel ausgestatteter FKK-Campingplatz.

La Tourette: 20, Bd. Latourette, Tel. 04 92 75 14 00, Mi, So geschl. Altstadtbistro mit Terrasse zum belebten Boulevard Latourette. Tadellos-bodenständige provenzalische Küche. Menü 15–25 (mittags 12 €).
L'Establé: 4, Pl. Bourguet, Tel. 04 92 75 39 82, www.restaurant-lestable.com, geschl. Mo abends und Di (in der Saison Di abends geöffnet). Im Gewölbesaal kann man Klassiker der Provence von *caillettes* (Mangold-

Diese Ziegen produzieren die Milch für den köstlichen Banon-Käse

klößchen) bis *daube* (Rindertopf) goutieren. Menü 16–40 € (mittags 13 €).

Markt: Mo, s. S. 119, 125.
Foire aux produits de Haute-Provence: Anfang Aug. Verkauf von regionalen Spezialitäten.
Les Distilleries et Domaines de Provence: 9, Av. St-Promasse (saisonal, Tel. 04 92 75 15 41), sonst Zone artisanale Les Chalus, Tel. 04 92 75 00 58. Seit 1898 produziert die Schnapsbrennerei Les Distilleries et Domaine de Provence die Hausmarke Pastis Henri Badoin. Weitere hochprozentige Spezialitäten sind der Enzianlikör Gentiane de Lure – wie der Name sagt, stammen die Pflanzen von den Flanken der 1826 m hohen Montagne de Lure.

Les Mourres: Der Wanderweg GR 6 (rot-weißer Doppelbalken) führt im Norden der Altstadt ins ca. 8 km entfernte Dorf Fontienne. Unterwegs geht es an den von Wind und Wetter abgeschabten Kalkfelsen Les Mourres vorbei – eine surreale Kulisse.
Fête de la Randonnée: Ende April. Wanderfest, geführte Touren.
Forcalquier et Montagne de Lure en vélo: Das Radwegenetz durch die Haute-Provence schließt im Norden an das des Luberon an. Auf den 78 km gibt es kräftige Steigungen! Information über das Office de Tourisme und unter www.velopaysforcalquier.com.

Bus: Autocars Barlatier, Tel. 04 90 74 20 21, nach Avignon; S.A.R.L. Brémond Frères, Tel. 04 92 75 72 30, nach Marseille.

Von Sisteron durch das Durance-Tal nach Digne

Reiseatlas S. 7/8, 13/14

An Sisteron kam jahrhundertelang niemand vorbei, der den Weg durchs Durance-Tal wählte. Selbst Napoleon soll es 1815 bei seinem Marsch auf Paris vor der Zitadelle über der Talenge bang ums Herz gewesen sein. Fini. Heute markiert die Stadt nur noch den Schnittpunkt von Alpenvorland und Hochprovence. Die Farben der Hochprovence zeigt das Plateau de Valensole, wo der Lavendel üppig blüht. Alpin wird es rund um Digne-les-Bains: Für geübte Wanderer bieten sich etliche Touren an.

Sisteron

Reiseatlas: S. 7, C 2

»Défense d'uriner« mahnen Schilder in den Andrônes, den Tunnelgassen der Vieille Ville. Es riecht nach feuchten Wänden, vor sich hin schmurgelnden *tripes d'agneau* (Lammkutteln), in abgelegenen Winkeln auch danach, dass die eingangs erwähnten Schilder wenig Beachtung finden. Über dem ›Bauch‹ von Sisteron und der von Felsen eng eingeschnürten Durance thront ungeschlacht die Zitadelle. Die Festungsanlage trennte einst Provence und Dauphiné. Eine natürliche Grenze von Hochprovence und Voralpen ist Sisteron bis heute. Seit den Pioniertagen des Tourismus gilt Sisteron zudem als eine klassische Station auf der Passage in den Süden. Ab hier wird nicht mehr mit Butter, sondern mit Olivenöl gekocht, was nicht zuletzt gut zur lokalen Spezialität schlechthin passt: Lamm aus Sisteron ist in ganz Frankreich ein Begriff.

Altstadt

Von den Stadtmauern blieben im Süden drei Türme, die wie Orgelpfeifen an der Allée de Verdun stehen. Dahinter erhebt sich **Notre-Dame-des-Pommiers.** Die frühromanische Kathedrale (12. Jh.) vereint provenzalische und lombardische Stilelemente, so z. B. den Wechsel von schwarzen und weißen Steinen über dem Portal. In den düsteren Innenraum, der seit 2005 renoviert wird, bringen die kleinen Fenster nur wenig Licht. Eine achteckige Kuppel krönt die Vierung von Quer- und Langhaus. Die **Tour de L'Horloge** wurde 1890 auf der Ruine eines mittelalterlichen Stadtturms errichtet. Von hier sind es nur wenige Schritte in die **Rue Saunerie,** die Hauptachse der Altstadt. Unterhalb der geschäftigen Straße fallen die düsteren **Andrônes,** die Tunnelgassen, bis zur Durance hin ab. Lichter wird es wieder am **Plan d'Eau des Marres,** den man über die Porte de la Nière erreicht: Die am Durance-Ufer gelegene Freibadanlage mit Strand, Imbiss und Bouleplatz ist im Sommer sehr beliebt (Mai–Okt., Juli–Aug. Badeaufsicht 11–19 Uhr).

Zitadelle

Den eindrucksvollsten Blick auf Altstadt und Zitadelle hat man von der Durance-Brücke. Die gewaltige Festung scheint mit dem wie zum Himmel schlängelnden Fels verwachsen zu sein. Seit dem 12. Jh. riegelt der Bau das Durance-Tal ab. Bis ins frühe 19. Jh. veränderte man die Zitadelle mehrmals, ohne jedoch den mittelalterlichen Charakter zu zerstören.

Am 5. März 1815 zog Napoleon auf dem Weg von Elba nach Paris ohne Gegenwehr nach Sisteron ein: Daran (und an die Geschichte der Festung) erinnert das **Musée de**

la Citadelle mit Napoleon-Devotionalien (1. April–11. Nov., tgl. 9–18 Uhr, Juli/Aug. bis 19.30 Uhr). 1944 wurde die gesamte Anlage beim Bombardement durch alliierte Flieger schwer beschädigt. Erst 1980 konnte die auf der Nordseite aus dem Fels gehauene **Kapelle** rekonstruiert werden. Die Ausblicke von den Bastionen, dem Wehrgang und der zur Durance vorspringenden **Guérite du Diable** (17. Jh.) über Südalpen und Montagne de Lure sind fantastisch. Eine unterirdische **Monumentaltreppe** mit 256 Stufen führt bis ans Durance-Ufer hinunter und endet als Sackgasse: Das 1944 zerstörte Nordtor, durch das man die Anlage verlassen konnte, wurde nicht wieder aufgebaut. Der Zitadelle gegenüber, am linken Durance-Ufer, erhebt sich der **Rocher de la Baume.** Der von der Erosion zerklüftete Fels scheint Falten zu werfen und ist ein Mekka für Freeclimber.

Office de Tourisme: 1, Pl. de la République, 04200 Sisteron, Tel. 04 92 61 36 50, Fax 04 92 61 19 57, otsi@sisteron.fr, www.sisteron.fr.

Grand Hôtel du Cours: Pl. de l'Eglise, Tel. 04 92 61 04 51, Fax 04 92 61 41 73, www.hotel-lecours.com. Das gutbürgerliche Hotel baut sich an der Ortsdurchfahrt auf. Eindrucksvolle Halle. Gediegen bis ins Stilmobiliar sind auch die Zimmer. DZ 60–80 €.
Camping Le Jas du Moine: 04290 Salignac, 6 km über die D 4, Tel. 04 92 61 40 43, Fax 04 92 61 10 24. Still am linken Ufer der Durance. Vermietung von Bungalows und Wohnwagen.

Les Becs Fins: 16, Rue Saunerie, Tel. 04 92 6112 04, Mi, So abends geschl. außer Juli, Aug. Sisterons beste Adresse für Lammkoteletts und Entenbrust liegt in einer verkehrsberuhigten Straße der Altstadt. Breitgefächerte Palette von Menüs. 23–53 (mittags 16 €).
Grand Hôtel du Cours: s. Übernachten. Gediegene und immer zuverlässige Adresse für die traditionelle französische Küche. Menü 23–28 €.

Mit dem Autor unterwegs

Nicht versäumen!

Thoard: Das Bergdorf wirkt wie aus der Zeit gefallen. Und die deftigen Mahlzeiten, die in den kleinen Restaurants serviert werden, sind für Aktivurlauber genau das Richtige (s. S. 130).
Prieuré de Ganagobie: Spektakulär liegt die romanische Klosterkirche auf dem Hang über der Durance. Tipp: die Stundengebete der Mönche (s. S. 132).
Clues de Barles: Bedrohlich nah rücken die Felsen an der Straße durch die Schlucht heran, so nah, dass teilweise der Himmel über den Köpfen verschwindet (s. S. 137).

Lavendelradtour

Radtour über das Plateau de Valensole: Ein 33 km langer Rundweg führt von Valensole über Poteau-de-Telle und Puimoisson durch ein Meer von Lavendel (s. S. 133).

Lavendelhonig

Honig von Monsieur Chimento: Warum das Plateau de Valensole ein *site remarquable du goût* ist? Eine Probe des Lavendelhonigs von Yves Chimento in Riez reicht, und die Antwort liegt auf der Zunge (s. S. 134).

Wellnesstag

Etablissement Thermal Eurothermes: In den Thermen von Digne kann man sich mit Sprudelbädern und Heilölen verwöhnen lassen, zum Tagestarif von 35–50 € (s. S. 135).

Boucherie Cimamonti: 38, Rue Droite, Sisteron, Tel. 04 92 61 01 78. Hier kauft man Sisteron-Lamm – was sonst!

Reiten: Ecuries du Val de Durance, 80, Chemin De Chapage, Tel./Fax 04 92 62 88 27.

Bahnhof: Av. de la Libération. **Züge** nach Marseille, Gap, Briançon, Auskunft Tel. 08 36 35 35 35.

Auch Napoleon war schon mal da – die Zitadelle von Sisteron

Bus: Bushaltestelle an der Place de la République, Verbindungen Richtung Marseille und Avignon, Tel. 04 92 34 47 23.

Über den Col de Font-Belle

Reiseatlas: S. 7/8, C/D 2

Von Sisteron führt eine abenteuerliche Bergstraße (D 3) über den Col de Font-Belle nach Digne. Schon die Römer nutzten die Trasse, die dem Riou de Jabron folgt. An der Straße findet sich eine in den Fels geritzte Inschrift aus dem 5. Jh. – **la Pierre-Ecrite** –, mit der der römische Präfekt Galliens Dardanus seinen Rückzug in die Einsamkeit bekundet. Unwirklich liegt ein paar Kilometer weiter die **Kapelle von Dromon** über dem Gourgoumont-Wasserfall. Das romanische Bauwerk (11. Jh.) ist wegen Baufälligkeit verriegelt. Raben kreisen über dem Domontfels, der die Kapelle überragt. Fast menschenleer bleibt die Straße bis zum 1708 m hohen **Font-Belle-Pass.** Dann taucht **Thoard** auf. Im reizenden Dorf plätschert ein romanischer Brunnen. Dicke Platanen, der Markt (So), Boulespieler, Cafés und Läden bereiten auf die Rückkehr in die Zivilisation vor, die in Digne wieder erreicht ist.

i **Rathaus (Mairie):** Av. Paul Avignon, 04380 Thoard, Tel. 04 92 34 63 74, Fax

04 92 34 80 54, mairie.thoard@wanadoo.fr, www.thoard.fr.

Poivre d'Ane: La Bastide des Férauds, Thoard, nördl. von Thoard von der D 3 abbiegen, Tel. 04 92 34 87 12, poivre.ane@free.fr. Rustikale Chambres d'hôtes auf einem Bauernhof. Vielfältiges Programm mit Exkursionen zu Pferd oder auf dem Esel und Wanderungen. Der Clou ist der Eselflüster-Workshop: Wie erziehe ich (m)einen Esel (Workshopgebühr für 2 Tage 120 €, Esel wird gestellt oder kann mitgebracht werden). Ideal mit Kindern! DZ/F 51–55 €, Table d'hôtes 16 €, Lunchpaket 8 €.

Das Tal der Durance

Château-Arnoux

Reiseatlas: S. 7, C 3

Das Tal der Durance ist seit alters her eine Passage von den Alpen ans Mittelmeer. Entsprechend lohnend war es, den Verkehr von sicherer Warte aus zu überwachen. Das Renaissance-Schloss von **Château-Arnoux** protzt mit gleich fünf Türmen. Das prächtige Treppenhaus zieren Büsten und mythologische Figuren.

Office de Tourisme: Ferme de Font-Robert, 04160 Château-Arnoux-St-Auban, Tel. 04 92 64 02 64, Fax 04 92 64 54 55, info@la-moyenne-durance.fr, www.valdedurance-tourisme.com.

La Bonne Etape/Au Goût du Jour: Chemin du Lac, Tel. 04 92 64 00 19, www.bonneetape.com. Im Restaurant (La Bonne Etape) wird echte Sterneküche zu angemessenen Preisen aufgetragen, Menü 48–100 €. Im Bistro (Au Goût du Jour) gibt es die günstigere Variante: z. B. Perlhuhn oder Scholle in Fenchelsauce, Menü 25 € (mittags 17 €). Alles kommt aus derselben Küche!

L'Oustaou de la Foun: Rte. Nationale, Tel. 04 92 62 65 30, geschl. letzte Juni- und 1. Juliwoche, So abends und Mo. Hier findet sich ebenfalls eine ambitionierte Küche zu mittelteuren Preisen. Auch hier der Tipp: das Mittagsmenü unter der Woche. Menü 50 € (20 € mittags).

Bahnhof: Züge nach Marseille, Gap, Briançon, Auskunft Tel. 08 36 35 35 35.

Bus: Busse ins Umland sowie nach Avignon, Autocars Barlatier, Tel. 04 90 74 20 21.

Volonne

Reiseatlas: S. 7, C 3

Volonne auf der anderen Flussseite hat ebenfalls ein Château. Es stammt aus dem 17. Jh. und dient als Rathaus. Wieder ist das Treppenhaus reich gestaltet, diesmal mit Stuckarbeiten, die Krieger und mythologische Figuren zeigen. Von der alten Burg hoch oben auf einem Fels blieb fast nichts übrig. Die Pfarrkirche St-Martin ist ein Paradebeispiel der provenzalischen Romanik.

Syndicat d'Initiative: Mairie (Rathaus), 04290 Volonne, Tel. 04 92 64 07 57, Fax 04 92 64 44 41.

Les Mées

Reiseatlas: S. 7, C 3

Durch den Zufluss der Bléone verbreitert sich das Bett der Durance kurz vor **Les Mées** nochmals. Nebenarme suchen ihr Bett zwischen Kiesbänken, die der Fluss nach Lust und Laune aufschaufelt. Über Les Mées wachsen auf einer Länge von 2,5 km rote Felsen wie Spargelstangen 100 m in die Höhe: Die nackten **Pénitents des Mées** bestehen aus Kieseln, Sand und Sandstein, die vor 25 Mio. Jahren zu so genannten ›Puddingsteinen‹ verbacken sind.

Syndicat d'Initiative: Bd. de la République, 04190 Les Mées, Tel. 04 92 34 36 38, Fax 04 92 34 31 44, lesmees.04@wanadoo.fr.

Le Vieux Colombier: La Bastide blanche, Dabisse (6,5 km südl. von Les Mées), Tel. 04 92 34 32 32, geschl. 1. Jan.-Hälfte und 1 Woche im Okt., So abends und Mi, im Winterhalbjahr zusätzlich Di abends.

Klassische Küche auf gehobenem Niveau auf einer kastanienüberschatteten Terrasse. Menü 29–56 € (mittags 20 €).

Peyruis und Lurs

Reiseatlas: S. 7, C 3/4

Eine Brücke führt zurück aufs rechte Durance-Ufer nach **Peyruis,** wo sich ein kurzer Abstecher zur einsam gelegenen **Kapelle St-Donat** (11. Jh.) anbietet. Der abweisende Bau besetzt einen Fels an der D 101 und gilt als einer der frühesten romanischen Bauten der Provence (nur Außenbesichtigung, durch ein Gitter guter Blick in den kargen Innenraum). Ein weiterer Schlenker von der Uferstraße N 96 endet beim **Prieuré de Ganagobie.** Das im 10. Jh. gegründete Benediktinerpriorat duckt sich auf der Hangkante hoch über dem rechten Durance-Ufer. Zugänglich ist die romanische Kirche mit Bodenmosaik mit Drachentötermotiv im Chor (tgl. außer Mo 15–17 Uhr). Doch zunächst fesseln das reich gearbeitete Portal und der Tympanon: Die Füße der Apostel hängen im Portalsturz kurioserweise in der Luft. Seit der Rückkehr der Mönche 1992 bleiben der Friedhof am Chor der Kirche und die Klostergebäude verschlossen. Dafür entschädigt der Blick über die Durance zum **Plateau de Puimichel** am linken Ufer.

Lurs streckt sich auf einem schmalen Felsgrat hoch über dem Durance-Tal in die Länge. Das bedeutet Fernsicht rundum. Olivenhaine steigen zum Dorf an. Am südlichen Ende von Lurs setzt ein wuchtiges Natursteingemäuer den Häusern einen Riegel vor. Vor dem Bau wacht eine in makellosem Weiß getünchte Madonnenstatue: Das heutige Hotel war ursprünglich ein Priesterseminar des Bistums Sisteron. Die Bischöfe verbrachten hier quasi in Balkonlage über der Durance den Sommer. Wer sich ein bisschen die Füße vertreten möchte, begebe sich auf den 4,8 km langen Wanderweg **Le Chemin des Evêques** (gelbe Markierung, Rundweg in nördlicher Richtung). Start ist an der Place de la Fontaine. Die Route führt zur Kapelle Notre-Dame-de-Vie und erlaubt wunderbare Fernblicke auf das Plateau von Ganagobie und das Tal der Durance.

Office de Tourisme: Pl. de la Fontaine, 04700 Lurs, Tel. 04 92 79 10 20, Fax 04 92 79 10 20.

Hôtel Le Séminaire: Tel. 04 92 79 94 19, Fax 04 92 79 11 18, Dez., Jan. geschl. Praktische Zimmer, ein himmlischer Garten, *das Institut de Balnéo-Détente* mit Sauna, Hamam und Fitness-Geräten. DZ 115–135 €. Im Restaurant regionaltypische Menüs ab 25 € (mittags 19 €).

Bus: ins Umland sowie nach Avignon, Autocars Barlatier, Tel. 04 90 74 20 21.

Oraison und Volx

Reiseatlas: S. 7, C 4 und B 4

Wieder wird die Durance überquert. Das Ziel ist **Oraison.** Wie Lurs ist das Dorf für sein Olivenöl bekannt: Die Oliven aus dem Tal der Durance ergeben ein samtschweres Öl. **Volx** staffelt sich bereits an die nordöstlichsten Ausläufer des Luberon. Die alljährliche **Fête du Goût** (Mitte Okt.) lockt die Erzeuger für Lavendelhonig, Eselswurst und Banon-Käse auf den Dorfplatz. Dazu knattern die Traktoren. Allein zwei Dutzend betagter Exemplare gehören Joel Ayme. Der Mann mit dem Schnauzbart restauriert jedes Jahr einen Traktor und hofft auf weitere Scheunenfunde – Besucher sind auf Anmeldung willkommen (Villa La Martinique, Tel. 04 92 79 33 70, mobil 06 67 65 58 74).

4 Plateau de Valensole

Reiseatlas: S. 7/8, C/D 4; S. 13, C 1

Durance, Verdon und Asse begrenzen das bedeutendste Lavendel-Anbaugebiet der Provence.

Im gemächlichen **Gréoux-les-Bains** 1 dreht sich zunächst noch alles um Kuren und Wellness. Kelten und Römer haben schon in den Quellhöhlen der **Thermes Troglodytes Celtes et Romains** Erholung gesucht (Chaîne Thermale du Soleil, Tel. 04 90 70 40 00, Fax 04 92 74 27 38, www.sante-eau.com). Heute stehen neben der klassi-

Plateau de Valensole: Radtour

schen Kur bei Rheuma und Lungenerkrankungen Wellness mit Hydrotherapie, Wassergymnastik, Sauna und Körperpflege auf dem Programm. Die restaurierte Burgruine mit Blick auf das Plateau de Valensole krönt das adrette Kurbad.

Office de Tourisme: 5, Av. des Marronniers, 04800 Gréoux-les-Bains, Tel. 04 92 78 01 08, Fax 04 92 78 13 00, tourisme@greoux-les-bains.com, www.greoux-les-bains.com.

Villa Castellane: Av. des Thermes, Tel. 04 92 78 00 31, Fax 04 92 78 09 77, www.villacastellane.com. Ein ehemaliger Jagdpavillon im reinsten Second-Empire-Stil. 1 ha großer Park mit wunderschönem Baumbestand. DZ 51–72 €. Appartements in separatem Gebäude, z. B. für 5 Erw. ab 590 €/ 10 Tage. Günstige Halb- und Vollpension-Angebote.

La Crémaillère: Rte. de Riez, Tel. 04 92 70 40 04, Mitte Dez.–Mitte März geschl. In modern-verspieltem Ambiente (nicht jedermanns Geschmack) kommt sehr überzeugend Provence-Typisches auf den Tisch. Menü ab 25 €.

Bus: u. a. nach Manosque, Aix, Marseille, Avignon, Tel. 04 92 78 03 57.

Valensole

Reiseatlas: S. 13, C 1

Valensole 2 ist der größte Ort auf dem Plateau. Das etwas spröde Städtchen erhebt sich im Halbkreis an einem Hang. Der herrliche Barockbrunnen am Fuß des alten Ortskerns steht unter Denkmalschutz. Im März blühen die Mandelbäume ums Dorf und im Hintergrund sind die schneebedeckten Alpen zu sehen. Berühmt ist der Lavendelhonig – dem das Plateau 1999 die Aufnahme in den Zirkel der *sites remarquables du goût* verdankt. Im **Imkereimuseum** wird Näheres erklärt (Rte. de Manosque, Feb.–März, Sept. bis Dez. Di–Sa 8–12, 13.30–17.30 Uhr, Juni bis Aug. tgl.). Eine echte **Lavendeldistillerie** kann auf dem Hof von Jean-Paul Angelvin besichtigt werden (Campagne Neuve, 5 km außerhalb in Richtung Manosque, Tel. 04 92 74 82 60, Juni bis Mitte Sept. tgl. 9–19 Uhr).

Die schönste Möglichkeit, die Umgebung von Valensole zu erkunden, bleibt eine 33 km lange Radrundtour (Faltblatt beim Office de Tourisme). Sie führt über St-Jurs und Puimoisson wieder zurück ins Dorf (s. Karte oben).

Office de Tourisme: Pl. des Héros de la Résistance, 04210 Valensole, Tel. 04 92 74 90 02, Fax 04 92 74 85 03, ot.valensole@wanadoo.fr, www.valensole.fr.

Le Grand Jardin: 2, Rue du Faubourg, Tholonet, westl. von Valensole entlang der D 8 nach Gréoux-les-Bains, Tel. 04 92 74 96 40, www.lechateau-valensole.com. Echtes kleines Schloss (mit Park), die Zimmer heißen Marie-Antoinette oder Eugénie und sind auch so eingerichtet, d. h. mit antiken Möbeln und Lüstern. Ein Juwel! DZ/F ab 65 €. Table d'hôtes zu 25 €.
Le Mas des Maronniers: Valensole, Tel. 04 92 74 87 42, www.mas-des-marronniers.com. Exzellentes Preis-Leistungs-Verhältnis in dieser Chambre d'hôtes. DZ/F 40 €, Table d'hôtes zu 15 €.

Fête de la Lavande: Am 3. Juli-Wochenende, detaillierte Infos beim Office de Tourisme.

Weitere Dörfer auf dem Plateau

Reiseatlas: S. 13/14, C/D 1; S. 8, D 4
Ab Ende Juni wird die Tour über die Hochebene besonders zwischen Puimoisson und St-Jurs zur lila Sause. Die D 56 führt schnurgerade nach **Puimoisson** 3 und damit mitten in die Lavendelfelder. Wie aus dem Nichts taucht die gut 1700 m hohe Gipfelkette der Serre de Mondenier am Rand des Plateau auf. Zwischen Ebene und Bergen gähnt eine tiefe Kluft. Doch bevor man runterfällt, fängt einen das Dorf **St-Jurs** 4 auf. Hier endet die Straße. 150 Einwohner, darunter ein Hahn, der am hellichten Tag krakeelt, und ein nettes Bistro (s. Essen und Trinken), voilà. Ein halbtägiger Wanderweg führt vom Dorf zum 1318 m hohen Col de St-Jurs.

Riez 5 überrascht mit vier antiken Säulen, frühchristlichem Baptisterium und mittelalterlichen Toren. Unter Kaiser Augustus stieg Riez im 1. Jh. n. Chr. zur Colonia Julia Augusta Reiorum Apollinaris auf – daher die antiken Baudenkmäler. Mehr noch verfangen der unaufdringliche Charme des Dorfes und ein paar bodenständige Restaurants.

Das Château von **Allemagne-en-Provence** 6 stammt aus dem 13. Jh., wurde jedoch im 16. Jh. zum eleganten Renaissance-Schloss umgebaut. Ein 25 m hoher Donjon überragt die Anlage. Zum originalen Interieur gehören der Monumentalkamin im Grand Salon (April–Juni, Mitte Sept.–Okt. Führungen Sa, So, Juli–Mitte Sept. tgl. außer Mo, Di 16, 17 Uhr). Im hübschen **St-Martin-de-Brômes** 7 schließlich scheinen sich die romanische Kirche und der Wachturm aus dem 14. Jh. gegenseitig zu belauern.

Syndicat d'Initiative: 4, Allée Louis Gardiol, 04500 Riez, Tel. 04 92 77 99 09, Fax 04 92 77 99 07.

Château: Allemagne-en-Provence, Tel. 04 92 77 46 78, Fax 04 92 77 73 84. 3 stilvolle Chambres d'hôtes im Schloss. DZ/F 85–145 €.

Les Deux Nines: La Place, St-Jurs, Tel. 04 92 74 30 73. Laden, Dorfkneipe und bodenständiges Restaurant in einem. Wildschweinragout und Spinatgratin schmecken wie bei Großmuttern. Menü ab 20 €.

Maison de l'Abeille: Rte. de Digne, Riez, Ostern–Sept. Di–So 10–12.30, 15–19 Uhr. Familie Chimento hat nicht nur ein gutes Dutzend Honigsorten im Angebot (Rosmarin, Lavendel, Thymian ...), sondern verkauft auch Gelée Royale, Honigessig, -bonbons und -seife, Konfitüren und Senf. Dazu erfährt man alles über Bienen und Honig.

Digne-les-Bains

Reiseatlas: S. 8, D 3
Drei Gebirgsflüsse, damit drei Täler und drei alte Fernwege stoßen bei Digne aufeinander. Wie Sisteron ist Digne ein ›Tor zur Provence‹: Weiter nördlich liegen statt Ziegel Schieferplatten auf den Dächern. In Digne hingegen krönt ein typisch provenzalischer Campanile die lachsroten Dächer der Altstadt. Ein erster Platanenkorso lädt nach der Ankunft zum Ca-

fébesuch ein. Dennoch, Digne bleibt eine echte Gebirgsstadt und ein recht schmuckloses Provinzkaff, das sich vor allem als Ausgangspunkt für eine Tour ins Gebirge eignet. Am Ufer der Durance breiteten sich Betriebe und Fabriken aus – ein wenig einladender Kontrast zur höher gelegenen Altstadt. Mit Präfektur, Gefängnis und Palais de Justice kommen die typischen Verwaltungsbauten hinzu, die zu einer Departementshauptstadt wie Digne obligatorisch gehören.

Altstadt

Der von Platanen in tiefen Schatten getauchte Boulevard Gassendi durchschneidet die Altstadt. Auf Höhe des Hôtel de Ville weitet sich Dignes Hauptachse zur neu gestalteten Freilicht-Visitenkarte der Réserve Géologique de Haute-Provence: Die Fossilienfunde von Dinosauriern, Pflanzen und versteinerte Abdrücke prähistorischer Vögel im nahen Bès-Tal sind weltberühmt (s. u.). Die **Kathedrale Notre-Dame-du-Bourg** (Juni–Okt. Di–Do, Sa 15–18 Uhr) zeugt mit der zweifarbig gestalteten Fassade vom Einfluss der lombardischen Romanik. Neogotisch ist die auf einen Fels in der Altstadt gepfropfte neue Kathedrale St-Jérôme mit schmiedeeisernem Campanile. Direkt daneben liegt das Gefängnis.

Musée Alexandra David-Néel

Die Villa, in der Alexandra David-Néel (1868 bis 1969) seit 1928 lebte und in der sie mit 101 Jahren starb, dokumentiert die Reisen der Weltenbummlerin und Schriftstellerin durch Nordafrika, das Königreich Sikkim, China und Tibet. Das Zimmer mit dem Sessel, in dem sie die letzten 20 Jahre ihres Lebens schlief, blieb wie die anderen Räume auch unangetastet. Der Dalai Lama kam bereits zweimal zu Besuch, um die Sammlung seltener buddhistischer Zeugnisse zu würdigen (27, Av. Maréchal Juin, ganzjährig tgl. zweistündige Führungen um 10, 14, 15.30 Uhr, www.alexandra-david-neel.org).

Vallée des Eaux Chaudes

Digne-les-Bains nennt sich die Stadt ganz offiziell: Die heißen Quellen (29–49 °C) im Vallée des Eaux Chaudes, das südöstlich der Altstadt beginnt, werden seit der Antike zu therapeutischen Zwecken genutzt. Der moderne Komplex des **Etablissement Thermal Eurothermes** bietet Kuren gegen Atemwegsbeschwerden und Rheuma sowie Wellnessprogramme mit Balneotherapie (Algen) zur Entspannung und zum Stressabbau an – auch im Tagespackage (Tel. 04 92 32 32 92, Fax 04 92 32 38 15, www.eurothermes.com, Anfang März–Anfang Dez.).

Die D 20, die dem engen, von steilen Bergflanken eingeschnürten ›Tal der heißen Wasser‹ folgt, endet nach 20 km im Weiler Chaudon-Norante. Hier stößt man auf das Tal der Asse und damit erstens auf den Train de Pigne (s. S. 137) und zweitens auf die Route Napoléon (N 85), die beide nach Digne zurückführen.

Réserve Géologique de Haute-Provence

2 km nördlich von Digne lädt das **Musée-Promenade** der Réserve Géologique de Haute-Provence zu verschiedenen Spaziergängen in die erdgeschichtliche Vorzeit ein. Das Freiluftmuseum im Parc St-Benoît vereint thematische Routen (›Wasser‹, ›Cairns‹ = Steinhütten) und Ausstellungssäle zu Flora, Fossilien, Geologie: 300 Mio. Jahre passieren Revue (D 900 A, Anfahrt mit Buslinie 2 bis Champourcin; Museum: April–Okt. tgl. 9–12, 14–17.30 Uhr, sonst nur Mo–Fr; Park: April bis Okt. tgl. 8–19 Uhr, www.resgeol04.org).

Zur Réserve Géologique de Haute-Provence gehört ebenfalls der 60 km lange **Circuit géologique** längs der D 900 A: Erster Halt ist an einer 350 m^2 großen Steinplatte mit 155 Ammoniten. Es folgen die fossilisierten Reste eines 15 m langen und 185 Mio. Jahre alten Ichtosaurus und die Sirène du Bès. Gemeint sind mit Letzterer die fossilisierten Knochen eines Reptils, das im Bès-Tal beheimatet war, als das Meer hier noch schwappte.

i **Office de Tourisme:** Place du Tampinet, 04000 Digne-les-Bains, Tel. 04 92 36 62 62, Fax 04 92 32 27 24, info-digne.les.bains@wanadoo.fr, www.ot-dignelesbains.fr.

Lavendel und Lavendin

Thema

Die lilafarben blühenden Lavendelfelder des Plateau de Valensole gehören auf Reiseführer und Provence-Prospekte wie das Säckchen Lavendel gegen Motten in den Kleiderschrank. Das, was da von Ende Juni bis in den August ordentlich in Reih und Glied auf den Hochebenen der Nordprovence blüht, ist jedoch in den seltensten Fällen echter Lavendel (botanisch: *lavendula angustifolia* oder *vera*).

Der echte Lavendel macht nämlich weniger als 5 % der Anbaufläche aus. Beim Gros handelt es sich um Lavendin (botanisch: *lavendula latifolia*), ein Hybrid mit deutlich höherem Kampfergehalt. Für die Parfüm- und Heilmittelherstellung kommt nur der im Vergleich mit Lavendin eindeutig feiner duftende, echte Lavendel in Frage. Lavendin hingegen wird als Duftzusatz bei Putzmitteln verwendet. Beider Essenz gewinnt man durch die Destillierung der Blüten im althergebrachten Kupferkessel. Das hinzugefügte, von einem Feuer erhitzte Wasser löst beim Verdampfen die ätherischen Öle der Pflanze. Die Essenz aus wildem, echtem Lavendel duftet nicht nur gut, sondern hilft auch bei Asthma, Husten, Migräne sowie gegen schlechte Laune und Trübsal. Aufgepasst! Während im Jahresmittel knapp 30 t echter Lavendel geerntet werden, gehen in Souvenirläden an die 870 t Lavendin über die Ladentheke. Mehrere ›Lavendel-Routen‹ sind in den letzten Jahren ausgeschildert worden, so etwa in der Drôme provençale, in den Gebieten Préalpes-Barronnies, Haute-Provence-Verdon. Am Weg liegen Betriebe, die man besichtigen kann, und Verkaufsstellen des echten Lavendels.

Les Routes de la Lavande: 2, Av. de Venterol, Nyons, Tel. 04 75 26 65 91, www.routes-lavande.com.

Villa Gaia: 24, Rte. de Nice, Tel. 04 92 31 21 60, Fax 04 92 31 20 12, www.hotelvillagaia.fr, Mitte Okt.–Mitte April geschl. Ein Haus wie aus der Zeit gefallen, mehr Familienpension als Hotel – das Restaurant steht nur Hausgästen offen. Verwunschener Park, Tennisplatz. Das Landgut aus dem 18. Jh. wurde 1947 im späten Art déco neu gestaltet und ist seit 1993 Hotel. Reizende Besitzer. DZ 95–99 €, HP 65–84 € pro Person.
Le Grand Paris: 19, Bd. Thiers, Tel. 04 92 31 11 15, Fax 04 92 32 32 82, www.hotel-grand-paris.com, Dez.–Feb. geschl. Das erste Haus am Platz, ein Hoteldinosaurier, der sich seit Generationen in den Händen der Hoteliersfamilie Ricaud befindet. Der Bau war ursprünglich ein Kloster, doch die Gobelins, der Plüsch und die Stilmöbel sprechen eine andere Sprache. DZ ab 80 €.
Hôtel de Provence: 17, Bd. Thiers, Tel. 04 92 31 32 19, Fax 04 92 31 48 39. Altmodisches Haus, von der Platane davor bis zum Grand Lit im Zimmer. Der Renovierungsstau ist nach den letzten Auffrischungsarbeiten passé. Es bleibt der gestrige Charme eines typischen Provinzhotels. DZ 43–50 €.

L'Origan: 6, Rue Pied-de-Ville, Tel. 04 92 31 62 13, So geschl. Altstadtrestaurant mit betont provenzalischer Küche. Ein großes Lob der *soupe au pistou*. Menü ab 18 €.
La Chauvinière: 54, Rue de l'Hubac, Tel. 04 92 31 40 03, außerhalb der Hauptsaison Mo geschl. Terrasse zu Füßen der Kathedrale. Auf der Karte stehen Lamm aus Sisteron und hausgemachte *caillettes* (gehacktes Lammfleisch mit Mangold und Kräutern). Menü ab 17 €.

Fayence-Kurs: Atelier Le Hangar, in Mézel, D 907, Tel. 04 92 35 56 66; im Sommer Mo–Sa 10–12.30, 15–19 Uhr. 4-tägige Kurse (individuell oder in Kleingruppe, nachmittags) 150 €. Kurs für Kinder (Kleingruppe, mit Spaghetti zu Mittag!) 25 € pro Tag. Jeweils inklusive Material. Ganzjährig.
Golf: 4, Rte. du Chaffaut, Tel. 04 92 30 58 00, www.golfdigne.com. 18-Loch-Platz mit kleinem, preiswertem Hotel am Green.
Geführte Wanderungen und Paragliding: Rando des Bois, Tel. 04 92 36 37 22, www.rando-des-bois.com.

Train des Pignes: Bahnhof der Chemins de Fer de la Provence, 1, Av. Pierre Sémard, Tel. 04 92 31 01 58, www.trainprovence.com, 4 x tgl. in gut 3 Std. nach Nizza.
Bus: Société des Autocars Dignois, Tel. 04 92 32 33 66, nach Marseille; Autocars Barlatier, Tel. 04 90 74 20 21, nach Avignon.

Clues de Barles und Clues de Verdaches

Reiseatlas: S. 8, E 1
Die D 900 A schraubt sich von Digne aus durch die Pappel- und Buchenwälder im Bès-Tal hoch nach Barles. Aus dem Wald lugen ab und zu rabenschwarze, nackte Hänge hervor. Kurz vor Barles, das die Grenze zwischen Südalpen und Provence markiert, rücken die Felsen bedrohlich eng an den Asphalt: **Les Clues de Barles** heißt die Schlucht am Fuß des Massif des Monges. In der Schlucht gibt das amoklaufende Wasser den Ton an. Mit Gebrüll kracht der Bès vom Fuß der 2739 m hohen Roche Close auf das Nadelöhr der Felsen zu. Fast so, als wolle der Stein dem Gebirgsbach zuvorkommen, stürzen vom Himmel die geriffelten Felsenwände auf den Bès herab – ein Bild von fast gewalttätiger Schönheit. Durch einen blauen Schlitz über den Köpfen meißelt sich die Sonne in das gotisch anmutende Faltengewand der Schlucht. **Barles** liegt auf knapp 1000 m Höhe und wirkt mit den schieferbedeckten, geduckten Häusern bereits wie ein Alpendorf. Um das Kirchlein scharen sich malerisch die Gräber des alten Friedhofs. Die **Clues de Verdaches** nördlich von Barles sind weniger spektakulär, dafür reich an Pflanzenfossilien.

Syndicat d'Initiative: Mairie (Rathaus), 04500 Allemagne-en-Provence, Tel. 04 92 77 43 10, Fax 04 92 77 40 14, mairie allemagne-en-pce@wanadoo.fr.

Gewaltige Ockervorkommen färben die Felsen bei Roussillon rot, ocker und golden

Kapitel 3

Das Tal der Rhône

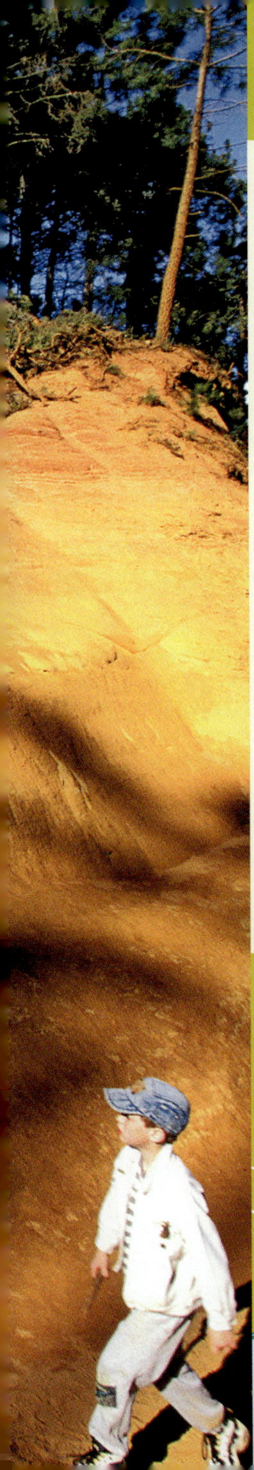

Auf einen Blick: Das Tal der Rhône

Im Windkanal der Provence

Im engen Rhône-Tal kann der Mistral voll aufdrehen. An 150 bis 180 Tagen faucht der trockene Nordwind durchs Tal und erreicht dabei Windgeschwindigkeiten von bis zu 180 km/h. Den Mistral nutzten die Rhône-Schiffer seit frühester Zeit. Mit geblähten Segeln ging es seit der Antike stromabwärts zu den Häfen am Mittelmeer. Handels- und Messeplätze wie Beaucaire florierten. Zugleich bildete die Rhône bis ins späte 15. Jh. die Grenze des Königreichs Frankreich. Entsprechend häufig säumen Burgen und Stadtmauern ihren Lauf. Heute trennt der Fluss die Nachbarregionen Languedoc und Provence.

Das Misstrauen gegenüber der Rhône sitzt auch aus einem anderen Grund tief. Zu oft hat der Strom die Ufer überflutet, als dass die Orte sich mit Terrassen und Promenaden auf die Rhône ausgerichtet hätten. Einzelne Brücken verbinden die Ufer bereits seit der Antike, doch der Brückenbau wurde seit dem Mittelalter forciert. Der Pont d'Avignon ist die berühmteste, der Pont St-Esprit die beeindruckendste unter den Rhône-Brücken. Wieder war das Interesse am lukrativen Handel der Grund. Den Rang als Handelsweg haben dem Strom selbst längst Schiene und Straße abgelaufen. Legendär, weil von Alt-Chansonnier Charles Trenet im gleichnamigen Evergreen besungen, ist die Route Nationale 7, Frankreichs Magistrale ins Urlaubsglück. Als eine der wenigen Autobahnen des Landes fast immer stark befahren ist die A 7, die trotz des Zusatznamens ›Autoroute du Soleil‹ nicht den Kultstatus der (Route) Nationale 7 erreicht. Der Hochgeschwindigkeitszug TGV saust noch schneller als der Mistral durchs Rhône-Tal.

Nicht zu übersehen ist der technische Fortschritt. Fünf Atomkraftwerke, Staustufen und Fabriken nutzen das Wasser, die Wasserkraft und die Wasserwege der Rhône. Alt und für die Kulturlandschaft prägend sind hingegen die Bewässerungskanäle in den Obsthainen des Pays de Sorgue und den Oli-

venplantagen der Alpilles. Wenige Kilometer abseits der Rhône verfliegt der Mistral zur sanft säuselnden Brise. Fernstraßen adieu. Verbummelte Landsträßchen drosseln das Tempo. An den Strom erinnern nur noch die Flaschenetiketten der AOC Côtes du Rhône.

Highlight

5 **Avignon:** Im trutzigen Palais des Papes (Papstpalast) findet jeden Sommer das wichtigste Theaterfestival Frankreichs statt (s. S. 171ff.).

Empfehlenswerte Routen

Römerstraße: Die Landstraße D 12/D 11 folgt östlich von Bollène einer knapp 2000 Jahre alten *Voie romaine* (s. S. 143). Die antike Trasse verläuft fast schnurgerade über ein mager bewaldetes, einsames Kalkplateau und endet kurz vor Orange. Die Zeit scheint stehen geblieben zu sein, denn nur selten erinnern vereinzelte Weiler an die Existenz der Moderne.

Weinstraße: Dicke Kieselsteine bedecken die Weinberge links und rechts der D 68 von Châteauneuf-du-Pape nach Orange. Die Straße durch die *galets roulés par le Rhône* (s. S. 149) wird zum Lehrstück über die Kraft der Reben, die die bis zu 5 m tiefe Kieselschicht durchbohren müssen, um an Wasser und Nährstoffe zu gelangen.

Col de Murs: Die Fahrt von Venasque nach Roussillon führt in die Tiefe der Monts de Vaucluse. Die Straße schraubt sich durch dichte Wälder und über Haarnadelkurven immer tiefer in das so genannte Gebirge ohne Namen ein, bis am Col de Murs ein herrlicher Ausblick das Kurven belohnt (s. S. 166).

Wanderung/Radtour über die Alpilles: Von Aureille steigt die D 25 A bzw. der Fernwanderweg GR 6 durch Olivenhaine zum Kamm der Alpilles an. Wanderweg und Straße führen nach Eygalières, dem schönsten Dorf des Bergzugs (s. S. 186f.). Mit dem Rad geht es weiter zur grandiosen Platanenallee der D 99, zu Fuß über den steilen Kamm La Caume. Beider Wege Ziel ist St-Rémy, die schmucke Kapitale der Alpilles (s. S. 183ff.).

Richtig Reisen-Tipps

Zeitreise: In den 1950er und -60er Jahren rollte pünktlich zum 14. Juli eine Endlosschlange von Renaults Dauphine, Peugeots 403 und göttlichen Citroëns DS über die Nationale 7 ans Mittelmeer. An den Mythos der Fernstraße erinnert das kleine Museum La Mémoire de la Nationale 7 (s. S. 144).

Liebe auf den ersten Klick: Die Fotokurse im Hôtel Les Ateliers de l'Image in St-Rémy-de-Provence haben Schwerpunkte wie Porträts, Abstraktes, Fotogramme, aber auch Landschaften der Provence (s. S. 184).

Beim Bart des Nostradamus: Der Alchimistengarten des Mas de la Brune beginnt mit einem Labyrinth, dessen Gänge aus der Luft betrachtet das hebräische Wort *berechit* ergeben (s. S. 185).

Reise- und Zeitplanung

Für Orange benötigt man einen Tag, je einen weiteren für die AOC Châteauneuf-du-Pape, Villeneuve-lès-Avignon, den Pont du Gard mit Uzés. Jeweils zwei Tage sind das Minimum für Avignon, die Alpilles und das Pays de Sorgues.

In **Avignon** und **Orange** brummt's zum sommerlichen Theater- bzw. Opernfestival – Hotelzimmer sind ohne Reservierung nicht zu bekommen. Das **Pays de Sorgues** ist zur Obstblüte im März/April zauberhaft. Die **Monts de Vaucluse** leuchten im Herbst bunt: Die Wälder sind nun für Wanderer und Radler um so attraktiver. In den **Alpilles** raschelt es ab November aus allen Olivenbäumen: Die Ernte hat begonnen.

Von Bollène nach Châteauneuf-du-Pape

Reiseatlas S. 4, 5

Grenzfluss oder Lebensader? Die Rhône ist im Norden beides. Am rechten Ufer beginnt das Languedoc, am linken die Provence. Der mächtige Fluss zeigt sich besonders der Provence gegenüber großzügig. Etliche Flüsschen strömen auf die Rhône zu. Auf ihren letzten Kilometern verwandeln sie das Gebiet von Bollène nach Châteauneuf-du-Pape in einen üppigen Weinberg.

Bollène

Reiseatlas: S. 4, E 2

Trotz der nahen ›Autoroute du Soleil‹ und der Nationalstraße 7 bleibt das Städtchen vom Verkehr verschont. Dafür bürgen mittelalterliche Stadtmauern. Bollène hat sich zudem den Namen ›Stadt des Fahrrads‹ gegeben. Zu den in und um Bollène ausgewiesenen Touren gibt es auf dem Office de Tourisme Gratispläne.

Schöne Aussichtspunkte auf die Rhône verspricht der höchste Punkt der Stadt, die **Colline du Puy.** Vom Garten der **Collégiale St-Martin** (11.–16. Jh.) schweift der Blick über Stadt, Rhône und die Hügel der Drôme provençale. Bei Bollène beginnt das Pays de l'abricot, das Land, wo die Aprikosenbäume blüh'n. Im Frühjahr setzen die Blüten rosafarbene Tupfen in die Landschaft. Der einzige Schönheitsfehler steht am gegenüberliegenden rechten Rhône-Ufer: Das dort errichtete Atomkraftwerk und ein Industriekomplex sind zusammen der größte Arbeitgeber weit und breit. Im heiter-provenzalischen Bollène sieht man davon nichts.

Office de Tourisme: Pl. Reynaud-de-la-Gardette, 84500 Bollène, Tel. 04 90 40 51 45, Fax 04 90 40 51 44, info@bollenetourisme.com, www.bollenetourisme.com. Hier gibt es auch jede Menge Radpläne fürs Umland!

Château de Rocher: 42, Av. E. Lachaux, Rte. de Suze-la-Rousse (östl.), Tel. 04 90 40 09 09, Fax 04 90 40 09 30, www.lechateauderocher.com. Bürgerschloss (18. Jh.) mit 4 ha großem Wildpark. Geräumige Zimmer, teils mit Balkon. DZ 45–66 €.

Zwischen Rhône und Aigues

Reiseatlas: S. 4, E/F 2; S. 5, A/B 2

Wie an der Rhône wachsen auch am Unterlauf der Aigues Reben. Der Ruf der Weine der Appelation Côte du Rhône Villages kann sich zwar mit denen von Châteauneuf-du-Pape weiter im Süden nicht messen, aber die Qualitätssprünge der letzten Jahren sind beachtlich. Was früher abschätzig als *vins de café* (›Kneipenwein‹) gehandelt wurde, steht heute auf den Weinkarten großer Restaurants. So auch im Schlosshotel von **Rochegude.** Der letzte Marquis von Rochegude hauchte 1939 sein Leben aus. Unter den Erben verfiel die im 12. Jh. begonnene Burg. Irgendwann kam das Château unter den Hammer – ein Glücksfall. Denn das als Hotel genutzte Château ist heute die nobelste Adresse weit und breit, mit einem 10 ha großem Park und Weinbergen. Der Blick geht über ein lieblich dahinschwappendes Meer von Syrah-, Grenache- und Mourvèdre-Reben. Innen rittertümelt es dank Kaminen und Holztäfelungen.

Das in der Ebene liegende **Ste-Cécile-des-Vignes** hat sich den Weinbau in den Namen geschrieben. Durch die von einem schmiedeeisernen Campanile gekrönte Porte de l'Horloge gelangt man in den mittelalterlich engen Dorfkern. Auf einer Anhöhe über der Aigues liegt **Cairanne.** Mauern und Türme der ehemaligen Templerfeste sind erhalten. Den Donjon des Templiers krönt erneut ein Campanile. In **Rasteau** werden natursüße Weine produziert. Von den Bollwerken des Dorfes blieb das Portalet, eine Torburg, von der eigentlichen Burg über dem Dorf nur eine Ruine. Besonders wuchtig fällt die Porte de l'Horloge von **Camaret-sur-Aigues** aus. Zwei Rundtürme flankieren das Tor mit einem Campanile darauf.

Sérignan-du-Comtat war ab 1879 die Wahlheimat von Jean-Henri Fabre (1823 bis 1915). Das Haus und der Harmas (von provenzalisch *hermes*, zu Deutsch ›unbearbeitetes Land‹) des weltberühmten Insektenforschers und Botanikers wurde zum Museum umgebaut (Mitte Mai–Okt. Mi–Mo 10–12.30, 14.30–18 Uhr, www.museum-paca.org/harmas-collections.htm). Fabres Wiesenlaboratorium ist ein lauschiges Plätzchen und zugleich ein Pilgerort für Wissenschaftler und Interessierte. Der ›Homer der Insekten‹ wird anhand seiner Sammlungen, Aquarelle und Bücher vorgestellt. Wichtigstes Werk sind die zehnbändigen ›Souvenirs Entomologistes‹.

Ausnahmsweise kein Winzerdorf ist **Uchaux.** Das Dorf liegt an einer ehemaligen Römerstraße *(Voie romaine),* die ein bewaldetes Kalkmassiv durchschneidet (D 11). Uchaux ist im Kommen, seit das grandiose Château etwas außerhalb zum hippen Designhotel umgestaltet wurde und sich jetzt Château de Massillan nennt (s. Übernachten). Der Bau wurde 1555 für die königliche Maitresse Diane de Poitiers errichtet. Eine Burgruine dominiert **Mondragon,** das sich sich an die Felskante des Kalkmassivs um Uchaux quetscht. Den Zugang zur Rhône versperren Autobahn und Nationalstraße. Beides gilt auch für **Mornas.** Durch Stadttore gelangt man in das in die Länge gezogene Winzerdorf. Von der romanischen Chapelle du Val Romigier steigt ein Pfad zur Burgruine an, von der man aufs Rhône-Tal schaut. **Piolenc** ist ein weiteres Nadelöhr an der Nationale 7. Früher wurden den Durchreisenden Besen und Bürsten verkauft. Daran erinnert La Mémoire de la Nationale 7, ein Museum zu Ehren der legendären Ferienstraße (s. S. 144).

... in Piolenc:
Auberge de l'Orangerie: 4, Rue de l'Ormeau, Tel. 04 90 29 59 88, Fax 04 90 29 67 74, www.orangerie.net. Weinlaub bedeckt die Wände, Bougainvilleen borden über die Mauer des mit Geranientöpfen und Glyzinien

Mit dem Autor unterwegs

Insektenkunde

Auf den Spuren von Jean-Henri Fabre: Mehrere Dörfer haben thematische Wanderwege zum Werk des berühmten Insektenkundlers angelegt. Dazu gehören der ›Sentier des Insectes‹ in Piolenc, der ›Sentier botanique‹ in Sérignan-du-Comtat, der ›Sentier de Randonée‹ in Camaret (3,5 Std.) und der ›Chemin de la vigne‹ in Ste-Cécile-des-Vignes. Informationen gibt es im Musée Fabre in Sérignan-du-Comtat (s. links).

Mit Kindern

Château du Cirque: Der Sitz der Zirkusdynastie Gruss lädt zu Einblicken in den Alltag unter der Zeltkuppel ein. Man kann bei Proben zuschauen, Elefantendusche und Ställe besichtigen, sich den Alltag in der Manege erklären lassen (N 7, 5 km südl. von Orange, Tel. 04 90 29 49 49, www.alexis-gruss.com, Di–So).

80 Weingüter unter einem Dach

Vinadéa: 80 Weingüter der AOC Châteauneuf-du-Pape sind in der Vinothek unter einem Dach vertreten. Die Preise sind mit denen der Güter identisch! (8, Rue du Maréchal Foch, Châteauneuf-du-Pape, Tel. 04 90 83 70 69, www.vinadea.com, Juli–Aug. 10–19, Sept.–Juni 10.30–12, 14–18 Uhr.)

begrünten Hofes. Die Besitzer haben das Hotel mit seinen 5 Zimmern in eine blühende Oase verwandelt. DZ/F 63–96 €.

... in Rochegude:

Château de Rochegude: Tel. 04 75 97 21 10, Fax 04 75 04 89 87, www.chateauderoche gude.com. Schlosshotel hoch über Dorf und Reben. Verschwiegener Luxus in opulenten Gemächern mit Baldachinbetten, meterhohen Spiegeln und Stuckdecken. DZ 136–284 €.

... in Uchaux:

Château de Massillan: Chemin Hauteville, Tel. 04 90 40 64 51, Fax 04 90 40 63 85, www.chateau-de-massillan.com, Jan. geschl. Dies ist beileibe nicht das Dornröschenschloss, das einem die von Zinnen gekrönten Mauern und Rundtürme vormachen sollen, sondern eines der »coolest new hotels of the world« (laut ›Condé Nast Traveller‹ von 2003). DZ 170–315 € je nach Größe und Saison, Suite ab 550 €.

... in Rochegude:

Café du Cours: Le Cours, Tel. 04 75 98 24 83, Mo, Di abend geschl. Schlichtweg der Inbegriff eines Dorfbistros mit Tabac, Bar, Terrasse und Tagesgericht *(plat du jour)*. Mittags *Formule ›Club‹*: Vorspeise, Hauptspeise, Wein für 10 €!

Auberge de l'Orangerie: s. Übernachten, So abend, Winter auch Di mittag, Mo geschl. Provenzalische Gerichte wie Ente mit Orangen oder Rotbarben und Sardinen mit Tapenade. Menü 23–46 €.

... in Uchaux:

Côté Sud: Rte. d'Orange (D 11), Tel. 04 90 40 66 08, geschl. Okt.–März Mo abend, Di, Mi ganzjährig. Verlockendes *Menu du Marché* (mittags), anspruchsvolles, regelmäßig wechselndes *Menu Garrigue* – Schneckenravioli mit eingelegtem Fenchel, Kabeljau-Pavé mit Langustinen. Menü 23–45 €.

... in Ste-Cécile-des-Vignes:

La Farigoule: 26, Cours Maurice Trintignant, Tel. 04 90 30 89 89, So, Mo geschl. (Mo nicht in Juli/Aug.). Schlicht-adretter Rahmen, lokale Küche ohne Experimente. Menü 35 € (wochentags 18 €).

... in Mondragon:

La Beaugravière: an der N 7, Tel. 04 90 40 82 54, Fax 04 90 40 91 01, www.beaugra viere.com, geschl. 2. Sept.-Hälfte, So abends, Mo. Ausgefallene Weine der Region, Trüffelmenüs. Menü ab 25 €.

Richtig Reisen-Tipp: Zeitreise

Lang ist's her, dass die Route Nationale 7 aus Paris eine *banlieue de St-Paul-de-Vence* machte. So sang es Altchansonnier Charles Trenet in seinem Gassenhauer ›Nationale 7‹, so sang es *toute la France* in den seligen Fünfzigern, in einem Frankreich ohne Autobahnen und mit vier Wochen Sommerfrische. Pünktlich zum 14. Juli rollte eine Endlosschlange von Renaults Dauphine, Peugeots 403 und Citroëns DS über die Nationale 7 ans Mittelmeer. Der Mythos von der Fernstraße ins Urlauberglück erlosch mit der Autobahn: Geschlossen sind die von Generationen von Urlaubern gestürmten Herbergen, in denen der Wirt seine Gäste zum Bohnenschnibbeln einsetzte, verblasst die weißen Kilometersteine mit dem roten Kopf und der Aufschrift N 7, die die Strecke durchs Burgund bis an die Côte d'Azur säumten. Nördlich von Orange verläuft die N 7 durch Piolenc. Im Château Simian, einem Weingut etwas außerhalb, wurde zusammengetragen, was von den Glanztagen blieb: Emailleschilder, Zapfsäulen, ein paar Oldtimer, auf Video gebannte Erinnerungen – das kleine Museum La Mémoire de la Nationale 7 ist eine Reise in die Zeit. Der Clou ist eine Cuvée Nationale 7 aus eigenem Anbau und mit dem Label der AOC Côtes du Rhône.

La Mémoire de la Nationale 7: Château Simian, Piolenc, Tel. 04 90 29 57 89, www. memoirenationale7.org, Mai–Sept. Mi–So 10–12, 14–18, Okt.–April Di–So 10–12, 14 bis 18 Uhr.

... in Cairanne:
Cave de Cairanne: Rte. de Ste-Cécile, Tel. 04 90 30 82 05, www.cave-cairanne.fr. Ein 200 Winzer starker Genossenschaftskeller. Komplexe, kraftvolle Rotweine der AOC Cairanne Côte du Rhône Villages. Mit didaktisch gut gemachtem ›Parcours der Sinne‹: interaktive Installationen rund um den Wein – absolut einen Besuch wert.

Radfahren: Infos zu 10 Radrouten, inkl. Mountainbike-Tracks, beim Office de Tourisme von Bollène, s. S. 142.
Schwimmen, Segeln, Surfen: Plan d'Eau du Trop-Long. Alle Infos beim Office de Tourisme von Bollène.

Orange

Reiseatlas: S. 4, E/F 3;
Cityplan: S. 146
Reisende, die von Norden über die Nationalstraße 7 nach Orange kommen, staunen nicht schlecht, wenn der römische **Triumphbogen** 1 vor den Toren der Stadt auftaucht. Legionäre kämpfen auf dem Fries des dreibogigen Bauwerks. Als der 80 m hohe Bogen um 20 v. Chr. errichtet wurde, war Aurasio (so der antike Name) eine junge Kolonie Roms, in der Veteranen der Armee zum Dank für ihre Verdienste angesiedelt wurden. Näheres ist im **Musée municipal** 2 zu erfahren: Das Städtische Museum in einem Barockpalais verwahrt die Katastersteine der antiken Stadt. Zu sehen sind außerdem Porträts des Hauses Nassau aus der Zeit des Fürstentums Orange (durch Einheirat und Erbfolge bedingt herrschten die niederländischen Fürsten von 1530–1702 über die Stadt) sowie Sakralgewänder der Bischöfe von Orange (Rue Madeleine Roch, April–Sept. Mo–Sa 9–19, So 9–12, 14–19, Okt.–März tgl. 9–12, 13.30 bis 17.30 Uhr).

Römisch ist auch das **Amphitheater** 3 aus dem 1. Jh. n. Chr. (April–Sept. 9–18.30, Okt.–März 9–12, 13.30–17 Uhr). Zur Stadtseite lässt sich kaum erahnen, dass sich hinter der abweisenden Fassade mit der Statue von Kaiser Augustus die vollständig erhaltene Bühne verbirgt. Deren hervorragende Akustik kommt alle Jahre wieder im Juli bei den Aufführungen der Chorégies, einem Opernfestival, zum Tragen (Reservierungen Tel. 04 90 34 24 24, www.choregies.asso.fr). 2006 wurde die kolossale Bühnenmauer mit einem Glasdach vor weiterem Verfall geschützt – seitdem streiten sich die Opernfans, ob die Akustik im Freilichttheater gelitten hat oder nicht. Den besten Blick auf das Theater hat man von der **Colline St-Eutrope** 4. Ein steiler Weg führt von der Rue de Tourre auf den Stadthügel. Bei klarer Sicht erheben sich der kahle Gipfel des Mont Ventoux und der Drachenzackenkamm der Dentelles de Montmirail über die Stadt.

Der Cours Aristide Briand, ein Platz so groß wie zwei Fußballfelder, der von Platanen beschattet und von Caféterrassen gesäumt wird, begrenzt die Altstadt im Westen. In den Gassen zwischen der stark veränderten romanischen **Kathedrale Notre-Dame** 5 und der gotischen St-Florent-Kirche verwirklicht sich das Idyll eines Provence-Städtchens, das seit der Antike im Sonnenlicht dümpelt und mit den pompösen Schnörkelbalkonen der Belle Epoque seine letzte städtebauliche Veränderung erlebt hat. Hier und da etwas Mittelalter und Renaissance, dazu ganz viel buntes Alltagsleben: So unberührt wie Orange sind provenzalische Städte mittlerweile selten.

Office de Tourisme: 5, Cours Aristide Briand, 84100 Orange, Tel. 04 90 34 70 88, Fax 04 90 34 99 62, officetourisme orange@wanadoo.fr, www.otorange.fr.

Hôtel de l'Arène 1: Pl. de Langes, Tel. 04 90 34 10 95, Fax 04 90 11 40 45, Nov.–Mitte Dez. geschl. Pfirsichfarbener Inbegriff eines besseren Provence-Hotels. Mitten in der Altstadt mit verkehrsberuhigtem Platz davor. Die Zimmer mit Balkon sind ideal fürs Frühstück mit hausgemachten Konfitüren. DZ ab 77 €.
Le Glacier 2: 46, Cours Aristide Briand, Tel. 04 90 34 02 01, Fax 04 90 51 13 80, www.le-

Orange: Cityplan

Sehenswürdigkeiten
1 Triumphbogen
2 Musée municipal
3 Amphitheater
4 Colline St-Eutrope
5 Kathedrale Notre-Dame

Übernachten
1 Hôtel de l'Arène
2 Le Glacier
3 Saint-Jean

Essen und Trinken
4 Le Parvis
5 Le Forum
6 Le Garden

glacier.com. Mitte Dez.–Anfang Jan. geschl., im Winter Sa, So geschl. Familiär geführtes Hotel mit schmucken Zimmern – einfach, aber mit Logis-de-France-Label. Sonniger Innenhof. DZ 55–70 €.

Saint-Jean 3: 1, Cours Pourtoules, Tel. 04 90 51 15 16, Fax 04 90 11 05 45. Jan. geschl. Einfache Adresse in Bahnhofsnähe für den nicht ganz so dicken Geldbeutel. DZ ab 50–75 €.

Le Parvis 4: 55, Cours Pourtoules, Tel. 04 90 34 82 00, Mitte Nov.–Anfang Dez., Mitte Jan.–Anfang Feb., So, Mo geschl. Unweit der Arenen eine durch und durch bürgerliche Adresse. Unbedingt probieren: Zanderfilet an Lauch in Langustinen-Jus. Menü 25–42 € (mittags 20 €). Weine gibt es auch glasweise ab 3 €.

Le Forum 5: 3, Rue de Mazeau, Tel. 04 90 34 01 09, Mitte Aug.–Anfang Sept., Sa mit-

tags, Mo geschl. Es locken ein Terroir-Menü *Chasse et pêche* und u. a. eine Lavendel-Creme brulée. Menü 19–32 €.

Le Garden 6: s. Übernachten, Hôtel de l'Arène. Wie der Name sagt, sitzt man draußen, wenn auch in keinem Garten, sondern unter Platanen auf der Terrasse. Auf der Speisekarte des Hotelrestaurants steht Provenzalisches in exzellentem Preis-Leistungs-Verhältnis: Menü 17–53 € (mittags 11 €!).

Markt: Rue St-Martin, Do vormittags. Nougat aus Montélimar, Honig vom Mont Ventoux, Öl aus den Baronnies.

Le Palais du Vin: N 7 (Richtung Avignon), Tel. 04 90 11 50 00, Mo–Sa 9–19 Uhr. Hier sind 150 Winzer des Rhône-Tals unter einem Dach versammelt. Zwar ist die Lage an der Nationalstraße 7 nicht glücklich, doch das Wiedersehen mit alten Bekannten wie dem Château Canorgue (Côtes du Luberon) oder dem Châ-

teau de la Nerthe (Châteauneuf-du-Pape) macht Freude.

Rad: Cycles Dupont – Bouticycle, 745, Av. Charles de Gaulle, Tel. 04 90 34 15 60. Fahrradverleih und ein breites Angebot geführter Radtouren (auch mehrtägig).
Golf: Le Golf d'Orange, La Cavalade, 2247, Rte. de Camaret, Tel. 04 90 34 34 04, Fax 04 90 34 74 93, www.golforange.fr. Kleiner, aber feiner 9-Loch-Platz unweit von Orange.

Zug: Bahnhof, Av. Frédéric Mistral, Tel. 08 36 35 35 35. TGV nach Paris, Marseille, Regionalzüge nach Valence und Avignon, Carpentras.
Busbahnhof: Cours Pourtalès, Tel. 04 90 34 15 59. Verbindungen in die Umgebung.

Weinbaugebiet Châteauneuf-du-Pape

Reiseatlas: S. 4, F 3
Courthézon gehört zur prestigeträchtigen Appellation Châteauneuf-du-Pape. Mittelalterliche Mauern und Stadttore, der Belfried mit Campanile, barockes Hospiz, Markthalle und ein Rathaus im Schloss zeugen vom einstigen und heutigen Wohlstand. Auch **Bédarrides** lebt gut vom Weinbau. Von der Brücke über die Ouvèze (1647) schaut man auf die ockerfarbene Dorfsilhouette. Die D 192 führt vorbei an einigen der prominentesten Weinschlössern der Appellation (Château de la Nerthe) nach **Châteauneuf-du-Pape.** Die Erfolgsgeschichte des Dorfes beginnt mit den Päpsten. Wein wurde in Castro Novo, als das Châteauneuf-du-Pape erstmals 1094 urkundlich erwähnt wird, schon vor der Ankunft der Päpste angebaut. Ob die Päpste deshalb im 14. Jh. in das befestigte Dorf nördlich von Avignon zogen? Wie auch immer, Johannes XXII. (1316–1334) beschloss 1317 den Bau einer päpstlichen Sommerresidenz am höchsten Punkt von Castro Novo, da, wo der Mistral den Regen und die Gluthitze des Sommers in Luft auflöst. Probleme bei der Baugenehmigung dürfte es nicht gegeben haben. Bis 1333 war das von vier Ecktürmen und hohen Mauern beschirmte Château vollendet. Ein letztes Mal machte es sich mit Gegenpapst Clemens VII. (1378–1394) ein Kirchenfürst aus Avignon in der Sommerresidenz gemütlich. Sein Nachfolger, Gegenpapst Benoît XIII. (1394–1423), traute sich bereits nicht mehr aus dem zwischenzeitlich wesentlich stärker befestigten Palast in Avignon heraus. Im 16. Jh. wurde die Burg zerstört. 1944 sprengten die deutschen Besatzer die hohlzahnige Ruine in die Luft. Was blieb, sind ein paar Außenmauern und die Kellergewölbe. Wichtiger als das bescheidene bauliche Erbe ist der Ruf der Weine. Für den sorgen die Mitglieder der *Echansonnerie des Papes*. Zweimal im Jahr laden die ›päpstlichen Mundschenke‹ in vollem Ornat in den *cellier pontifical* ein, den Keller mit wuchtiger Balkendecke und dicken Natursteinwänden unterhalb der päpstlichen Burg. Sodann wird feierlich in die Winzerbruderschaft inthronisiert, wer verspricht, der Appellation Ehre zu machen. Im Jahr 2004 etwa zählten der Schuhdesigner Stéphane Kélian und die Opernsängerin Barbara Hendricks zu den Auserwählten.

Ein **Circuit touristique** führt nördlich vom Ort in eine Steinwüste. Kieselsteine, mal so groß wie ein Ei, mal so groß wie eine Faust, mal rot, mal gelb, bedecken das kleine Plateau links und rechts der Landstraße nach Orange (D 68). *Galets roulés par le Rhône* nennen die Winzer die Steine, weil die Rhône alle Ecken und Kanten abgeschliffen hat. Dort, wo heute ein Rebenmeer schwappt, wand sich der Fluss einmal in seinem Bett. In der Sonne heizen sich die Steine auf und speichern die Wärme, um sie nachts wieder abzugeben. Diese natürliche Fußbodenheizung garantiert ein außergewöhnlich mildes Mikroklima und den enorm hohen Reifegrad der Trauben. Bis zu 5 m tief reichen die Kiesel. Ein weiterer Schlenker zur Ruine des **Château de l'Hers** (Zufahrt über D 17 Richtung Roquemaure) endet am Ufer der Rhône, die sich majestätisch durchs Tal wälzt.

Über den Dächern von Orange

Der Wein der Päpste

Thema

Unerbittlich peitscht der Mistral die Reben aus. Schaumkrönchen tänzeln auf der Rhône, die sich in Richtung Avignon davonmacht. Auf dem Burghügel über Châteauneuf-du-Pape legt der eisige Nordwind noch eins drauf, faucht mit 120 km/h um die Ruine des Châteaus und scheucht unter stahlblauem Himmel vor sich hin fröstelnde Touristen in die Weinkeller.

»Der Mistral ist ein Segen«, belehrt Frédéric Nicolet im Probierkeller der Domaine du Chante-Perdrix. Wie ein gewaltiger Föhn trocknet der Wind Tau und Regentropfen, verhindert Fäulnis im Weinberg und schüttelt Schädlinge ab. Welche verheerenden Folgen das Ausbleiben des Mistrals haben kann, bekamen die Winzer im Jahr 2002 zu spüren. Während der Lese gingen sintflutartige Regenfälle, die ohne Gegenwind landeinwärts vordrangen, über den Weinbergen nieder. Binnen einer Woche war der Jahrgang ruiniert. Wie die meisten Winzer der Appellation verzichtete Frédéric Nicolet auf eine Flaschenabfüllung und verkaufte die Lese als billigen Containerwein: »Besser ein Jahr verlieren, als durch einen blassen, charakterlosen Wein den Ruf zu riskieren.« Gold leuchtet der Weißwein der Domaine du Chante-Perdrix im Glas, mundet nachhaltend nach Zitrusfrüchten und steigt dank 15,5 % Alkohol flott in den Kopf – selbst ein weißer Châteauneuf-du-Pape ist kein Leichtgewicht. Ganz zu schweigen von den Rotweinen der Appellation: Der Mindestalkoholgehalt beträgt 12,5 % – aber auch bei den Roten sind 15 % und mehr die Regel.

Laut Legende sollen die Päpste, deren Wappen seit 1937 jede Flasche Châteauneuf-du-Pape ziert, die besondere Eignung der nackten Kieselböden für kraftvolle Weine mit hohem Lagerungspotenzial erkannt haben. Klingt gut und erweist sich bis heute als noch besser fürs Image. Deshalb tauchen die Päpste seit Ende des 19. Jh. im Ortsnamen auf. Vorher hieß das Winzerdorf Châteauneuf-Calcernier. Erst 1893 ließ Bürgermeister Joseph Duclos das prestigeträchtige ›du-Pape‹ an den Ortsnamen hängen. Früh hingegen erkannten die Winzer, dass Qualität der Weg zum Erfolg ist. 1923 gründeten sie einen Verband zwecks Verteidigung ihrer Appellation – lange bevor in Frankreich die ersten AOC-Weihen überhaupt vergeben wurden. Als Anbaugebiet wurde Châteauneuf-du-Pape, ein Zipfel des Stadtgebiets von Orange und einige Lagen in den Nachbardörfern Courthézon, Bédarrides und Sorgues festgelegt. Zugleich limitierten die Winzer in kluger Selbstbeschränkung den Ertrag auf 35 hl pro Hektar. Man einigte sich auf den Gobelet-Schnitt, bei dem die Reben in Form eines Bechers beschnitten werden. Die Lese darf nur von Hand erfolgen. Doch was die Appellation am stärksten von anderen Anbaugebieten unterscheidet, sind sage und schreibe 13 Rebsorten, die in einen Châteauneuf-du-Pape dürfen: Cinsault, Counoise, Grenache, Mourvèdre, Muscardin, Syrah, Terret Noir, Vaccarèse bei den Roten, Bourboulenc, Clairette, Picardan, Picpoul, Roussane bei den Weißen.

Fédération des Syndicats de producteurs de Châteauneuf-du-Pape: 12, Av. Louis Pasteur, Tel. 04 90 83 72 21, www.chateauneuf.com.

Office de Tourisme: Pl. du Portail, 84230 Châteauneuf-du-Pape, Tel. 04 90 83 71 08, Fax 04 90 83 50 34, tourisme-chato9-pape@wanadoo.fr.

... um Châteauneuf-du-Pape
Hostellerie Château des Fines Roches: Rte. de Sorgues (2,5 km südl., D 17), Tel. 04 90 83 70 23, Fax 04 90 83 78 42, www.chateaufinesroches.com, Ende Nov. bis Weihnachten geschl. Märchenschloss aus dem 19. Jh. mit langer, von Zypressen gesäumter Auffahrt, Türmen und Zinnen. Elegante Zimmer in frischen Farben, Blick auf die Weinberge ringsherum. Bibliothek, Gartenterrasse. DZ 160–210 €.

Le Mas Julien: Chemin de St. Jean, Quartier Clavin (6,5 km nördl. Richtung Orange), Tel. 04 90 34 99 49, www.mas-julien.com. Provenzalisches Gehöft in ländlicher Abgeschiedenheit. 3 gemütliche Chambres d'hôtes im Haupthaus, eine weitere im Nebenbau. Im Stil mal fernöstlich, mal marrokanisch, mal provenzalisch. Pool, Garten. Mountainbikeverleih und Radpackages! DZ/F 85–95 €. Table d'hôtes 25 €.

La Sommellerie: Rte. de Roquemaure (4 km nördl., D 17), Tel. 04 90 83 50 00, Fax 04 90 83 51 85, www.hotel-la-sommellerie.com, Jan. geschl. Weinberanktes Landhaus in Fußnähe zum Rhône-Ufer. Komfortable Zimmer, die sich um Garten und Pool reihen. Still. DZ ab 85 €.

... in und um Châteauneuf-du-Pape
La Sommellerie: s. Übernachten, im Winter So abends, Mo geschl. Gehobene provenzalische Küche – die beste Küche weit und breit. Tipp: Mitte Okt.–Anfang Dez. (Sa) ›Grands Dîners Vignerons‹ im Beisein eines Winzers, der zum Menü von Chef de cuisine Pierre Paumel seine Weine vorstellt. Menü ab 44 € (mittags 30 €).

Le Verger des Papes: 4, Rue Montée du Château, Tel. 04 90 83 50 40, geschl. Weihnachten–Anfang März, sonst So, Mo, Di jeweils abends sowie Nov., Dez., März zusätzlich Mi abends. Rustikaler Saal unterhalb der päpstlichen Burg. Herzhafte provenzalische Küche: Tarte mit Spargelspitzen, Lachsspieß mit Rosmarin, Côte de Toro. Von der Terrasse geht der Blick auf die Weinberge, bei klarer Sicht bis auf den Luberon. Tipp: Den Wagen auf dem Parking du Château abstellen! Menü ab 27 € (mittags 19 €).

La Mère Germaine: Pl. de la Fontaine, Tel. 04 90 83 54 37, geschl. Juli/Aug., Sept.–Juni Di, Mi, So abends. Die alte Germaine hat längst das Zeitliche gesegnet. Ihr Restaurant blieb. Gehobene Bistroküche. Aus dem Saal und noch schöner von der Terrasse Panoramablick über den Weinberg. Menü ab 22 € (mittags 16 €). Auch schlichte Zimmer, DZ ab 50 €.

Le Pistou: 15, Rue Joseph Ducos,Tel. 04 90 83 71 75, geschl. Jan. sowie So abend, Mo. Zünftige, familiäre Adresse. An der Wand die Fotos aller 13 Rebsorten der AOC Châteauneuf-du-Pape, in der gusseisernen Pfanne eine *daube* (marinierter Schmorbraten) von der Rinderbacke, zum Nachtisch ein Nougat glacé mit Rotweinsauce. Menü ab 21 €.

... in Courthézon:
Domaine de la Janasse: 27, Chemin du Moulin, Tel. 04 90 70 86 29, www.lajanasse.com, Mo–Fr 8–12, 14–18.30 Uhr, am Wochenende nach Vereinbarung. Junges Weingut der Geschwister Christophe und Isabelle Sabon. Tipp: rote Cuvée Chaupin von alten Grenache-Reben – kraftvoll.

... in Bédarrides:
Domaine du Vieux Télégraphe: 3, Rte. de Châteauneuf, Bédarrides, Tel. 04 90 33 00 31, www.vignoblesbrunier.fr, Mo–Fr 9–12, 14 bis 18.30 Uhr, Wochenende nach Vereinbarung. Weine aus ›biologisch überlegtem‹ Anbau: 90 % aller Reben kommen ohne Pflanzenschutzmittel aus. Ausgewogene Rotweine mit samtigen Tanninen.

... in Châteauneuf-du-Pape:
Domaine Chante Perdrix: D 17 Richtung Sorgues, auf Höhe der Chocolaterie Castelain rechts abbiegen, Tel. 04 90 83 71 86, www.chante-perdrix.com, tgl. auf Ankündigung. Seit 1992 leitet Frédéric Nicolet das vom Urgroßvater 1896 gegründete Weingut. Runde, harmonische Weißweine.

Château de la Nerthe: Rte. de Sorgues (D 17), Tel. 04 90 83 70 11, www.chateau-la-nerthe.com, tgl. 9–12, 14–18 Uhr. Das schönste Schloss der Appellation, von legendärem Ruf – »Wenn der Wein von La Nerthe im Glas vibriert und lacht«, dichtete Frédéric Mistral. Rotweine mit subtilem Vanillearoma, Weiße mit Aromen von Zitrusfrüchten.
Domaine Barville: Brotte, Le Clos, Rte. d'Avignon, Tel. 04 90 83 70 07, www.brotte.com, tgl. 9–12, 14–18 Uhr. Das Handelshaus steht für eine Selektion erstklassiger Rhône-Weine u. a. der AOC Châteauneuf-du-Pape. Mit sehenswertem Musée du Vin (Sommer 9–13, 14–19, sonst 9–12, 14–18 Uhr).
Cave du Verger des Papes: 2, Rue du Château, Tel. 04 90 83 50 94, www.caveduverger.com. Felskeller mit 75 Weingütern im Angebot, auch alte Jahrgänge. Tgl. wechselnde Auswahl von Weinen zur Verprobung.
Chocolaterie Castelain: Rte. de Sorgues, Quartier Cansaud, Tel. 04 90 83 54 71. Bonbons und Schokolade. Besonders gut: die Bouchons de Châteauneuf mit Tresterfüllung.

... in Châteauneuf-du-Pape:
Marché artisanal: Kunsthandwerkermarkt anlässlich des Patronatsfestes, Juli.
Ban des Vendanges: Fest zur Weinlese, Sept.
Salon des antiquaires: Antiquitätenmesse, Nov.

Circuit touristique: Ausgeschilderte Weinstraße zwischen der D 68 nach Orange und der D 17 Richtung Roquemaure, über Château de Cabrières, Château La Gardine. Panoramablicke auf Mont Ventoux, Dentelles de Montmirail. Ideal zum Radfahren! Einziges Manko: Die Ausschilderung müsste erneuert werden, da manche Schilder mittlerweile fast unleserlich sind.

Bus: Verbindungen nach Orange und Avignon mit Rapides du Sud Est, Tel. 04 32 76 00 40.

Der Wein der Päpste wird vor majestätischem Hintergrund gewonnen

Pays des Sorgues

Reiseatlas S. 5

Östlich von Avignon durchziehen die Sorgue und ihre Nebenarme eine fruchtbare Ebene. Pays des Sorgues – man beachte den Plural – heißt der wasserreiche Landstrich, in dem Äpfel, Birnen, Pfirsiche und Aprikosen den Eindruck eines Schlaraffenlandes hinterlassen. Die Ortsnamen von Pernes-les-Fontaines oder Isle-sur-la-Sorgue drücken den Reichtum des lieblichen Landstrichs an Bächen, Quellen und Flüssen aus.

Pernes-les-Fontaines und Umland

Reiseatlas: S. 5, B 4

An die einstige Bedeutung als Hauptstadt des Comtat venaissin im 12. Jh. erinnern in **Pernes-les-Fontaines** die wuchtigen Stadttore. Bei der Porte Notre-Dame-des-Graces rückt das vorgelagerte Kapellchen den Festungscharakter des Baus etwas zurecht. In der Tour Ferrande (13. Jh.) wurden früher die städtischen Urkunden verwahrt. Geblieben sind die grandiosen gotischen Fresken (Besichtigung auf Anfrage beim Office de Tourisme). Pernes-les-Fontaines aber ist vor allem die Stadt der Brunnen: 37 *fontaines* – daher der Ortsname – plätschern im charmanten Städtchen. Die meisten stammen aus dem 18. Jh., als man ein bedeutendes Grundwasservorkommen entdeckt hatte. Hier geht also das Wasser für Obst- und Gemüsefelder nie aus. Der Anbau hat längst agro-industrielle Dimensionen erreicht. Vor allem im Frühjahr, wenn der Mistral noch Frostschäden an Blüten und zarten Trieben anrichten kann, überziehen Tunnel aus Plastikfolien das Land. Unverhüllt setzen hingegen rosa blühende Pfirsichbäume und zartweiße Birnenblüten pastellfarbene Tupfen ins Umland. Ab Juni liegt der Duft von Melonen und Erdbeeren über dem Land. Kurzum, jetzt ist die schönste Zeit hierher zu kommen.

i **Office de Tourisme:** Pl. Gabriel Moutte, 84210 Pernes-les-Fontaines, Tel. 04 90 61 31 04, Fax 04 90 61 33 23, ot.pernes@wanadoo.fr, www.ville-pernes-les-fontaines.fr.

Au Fil du Temps: 73, Pl. Louis Girard, Tel. 04 90 66 48 61. geschl. Di, Mi sowie jeweils 2 Wochen im Dez. und Feb. Koch Frédéric Robert hat sich im legendären Pic in Valence seine kulinarischen Sporen verdient. Menü ab 48 € (mittags 30 €).

Dame l'Oie: 56, Rue Troubadour-Durand, Tel. 04 90 61 62 43, Di und Mi mittags geschl. Bodenständig und (für die gebotene Leistung) günstig speist man hier: Entenbrust in süßsaurer Sauce mit Früchten der Saison etwa. Menü ab 24 € (mittags ab 16 €).

Umland von Pernes-les-Fontaines

Reiseatlas: S. 5, C 3/4

Die D 28 entführt durch sanfte Hügel und Obstbaumhaine nach **St-Didier.** Das Dorf mit Blick auf den Mont Ventoux scheint vor allem aus einem Platanenkorso zu bestehen: Schnurstracks führt der grüne Tunnel des *cours* auf ein Stadttor (15. Jh.) zu. Im Süden drängt sich **La Roque-sur-Pernes** an eine Hügelflanke. Bis hierhin sind die industriellen Methoden im Obstanbau noch nicht vorgedrungen. Kleine Felder mit Steinmauern prägen das Tal, dessen Hänge zu steil für Pflückmaschinen sind. In engen Kurven legt sich die schmale D 57 in die Talsohle, aus der nach knapp 10 km **Saumane-de-Vaucluse** auftaucht. Auf dem gewaltigen Château (Privatbesitz) war der einschlägig bekannte Marquis de Sade längere Zeit zu Gast – es gehörte im 18. Jh. seinem Onkel. Der Bau aus dem 12. Jh. war damals schon mehrmals umgebaut worden. Im Schlosspark breiten Pinien ihre ausladenden Kronen aus.

i **Mairie (Rathaus):** Le Village, 84800 Saumane-de-Vaucluse, Tel. 04 90 20 32 79, Zimmernachweis unter www.saumane-de-vaucluse.fr.

Silvain Frères: Rte. de Pernes, St-Didier, Tel. 04 90 66 09 57, Atelierbesichtigung auf Verabredung. *Paysans-nougatiers,* soll heißen Nougatbauern, sind die Gebrüder Silvain in 6. Generation. Der Honig für die Süßigkeit stammt aus eigenen Bienenstöcken, die Mandeln vom Land der Familie.

Jazzfestival in Saumane: 2. Juni-Wochenende, unter freiem Himmel, detaillierte Infos unter www.jazz-a-saumane.com.

Mit dem Autor unterwegs

Besuch beim Obstbauern

Rose und Claude Combe empfangen Besucher auf der Domaine de L'Oiselet. Angebaut werden Melonen, alte Gemüsesorten, Tafeltrauben und Aromapflanzen, angeboten Kochkurse, Melonenschnitzen, Sorbets, Kuchen, Konfitüren, Hoffest mit Verköstigung von 45 (!) Melonensorten (Sarrians, Les Garrigues de l'Etang, 14 km nördl. von Pernes-les-Fontaines, Tel./Fax 04 90 65 57 57).

Antiquitätenvielfalt

Schier unübersehbar ist das Antiquitätenangebot in **L'Isle-sur-la-Sorgue.** Unter den Händlern sticht **Appel d'Air** heraus: Verkauft wird Design des 20. Jh., vom Art-déco-Tisch der 1940er Jahre bis zu italienischem Hartplastikmobiliar aus den 1970er Jahren (1, Quai Jean Charmasson, Sa, So 10–19 Uhr und nach Vereinbarung, keine Kreditkarten; s. auch S. 159).

Fontaine-de-Vaucluse

Reiseatlas: S. 5, C 4

Die Felswände des Plateau de Vaucluse begrenzen das Pays des Sorgues. Am Westrand des Hochlands taucht die Sorgue spektakulär aus einem Kalkkrater auf: **Fontaine-de-Vaucluse.** Das Dorf ist einer der meistbesuchten Orte weit und breit. Was man verstehen kann: Hübsch sitzt es sich am Ufer der glasklaren Sorgue, die sich aus einem Felstal befreit, um die Obstbäume bis nach Avignon zu bewässern. Seit Jahrhunderten fasziniert die unterirdische Quelle Provence-Reisende. Entsprechend eng stehen die Souvenirbuden auf dem Weg zur Quelle am Ende des Chemin de la Fontaine.

Der Name des Departements Vaucluse leitet sich aus dem lateinischen *vallis clausa* (verschlossenes Tal) ab. Gemeint ist das Tal von Fontaine-de-Vaucluse, an dessen Ende sich 300 m unter dem Fels die Quelle der Sorgue verbirgt. Wenn im Frühjahr genug Regen fällt, presst die Quelle das Nass nach oben. Aus dem grünen Teich wird dann ein brodelnder Topf. Einsam war es an der Quelle noch zu Zeiten Petracas (1304–1374), an dessen Aufenthalt eine Ehrensäule und das **Musée Pétrarque** erinnern (April–Okt. tgl. außer Di 10–12, 14–18 Uhr). Der päpstliche Legat und italienische Dichter zog sich – des Hoflebens zu Avignon müde – nahe bei der Quelle zurück und schrieb seiner angebeteten Laura Sonette, die zur Weltliteratur gehören. Quelle wie Dichter ziehen Besucher an.

i **Maison du Tourisme:** Chemin de la Fontaine, Tel. 04 90 20 32 22, Fax 04 90 20 21 37, officetourisme.vaucluse@wanadoo.fr.

Hôtel du Poète: Le village, Tel. 04 90 20 34 05, Fax 04 90 20 34 08, www.

Wo die Sorgues entspringt, zieht es seit Jahrhunderten Provence-Reisende hin

hoteldupoete.com, Anfang Jan.–Anfang Feb. geschl. Wassermühle aus dem 19. Jh. mit Garten am Ufer der Sorgue. Pool, Salon, Bar. Die Sorgue kracht, gurgelt, gluckert ums Haus. Auf einer Insel zwischen zwei Bachläufen locken Pool und Liegen. DZ ab 85 €, Suite ab 250 €.

Hostellerie du Château: La Petite Place, Tel. 04 90 20 31 54, Mo abends, Di geschl. Vor der Terrasse rauscht die Sorgue. Auf dem Teller liegen Schnecken im Blätterteig und Rotbarben mit Olivenpüree. Das ist lecker und erschwinglich. Menü ab 19 €.

Canoë Evasion: an der Kreuzung D 24 Richtung Lagnes/D 57, Tel. 04 90 38 26 22, Mitte April–Sept. Bei gutem Wetter reichen Badehose, T-Shirt und Plastiklatschen – Führer, Kanu, Schwimmweste stellt Canoë Evasion. Von Fontaine-de-Vaucluse die Sorgue hinunter bis L'Isle-sur-la-Sorgue geht's in zwei Stunden. Im Hochsommer ist manchmal schon nach 8 km Schluss – das Niedrigwasser lässt dann kein Weiterpaddeln zu. Im Mai, Juni und Sept. sind bis zu 15 km lange Touren möglich. Rückkehr im Minibus.

Bus/Zug: Zubringerbus nach Avignon (TGV) mit Cars Arnaud, Tel. 04 90 38 15 58.

Cavaillon

Reiseatlas: S. 11, B 1

Cavaillon steht für die besten Melonen Frankreichs, die landesweit als *melons de Cavaillon* in den Handel kommen und während der Erntesaison auf dem montäglichen Wochenmarkt zu lieblich duftenden Haufen aufgeschichtet werden. Seit dem 15. Jh. wird die honigsüße, für ihr orangefarbenes, festes und saftiges Fleisch gerühmte Frucht um Cavaillon angebaut. Aber erst seit 1925 sieht man hauptsächlich die aus der Charente stammende ovale Canteloup-Sorte mit der leicht grünlichen Schale auf den Feldern. Von den 130 ha Melonenfeldern um Cavaillon gelangen fast 40 000 t Früchte pro Jahr auf den Markt. Über 2000 Arbeitsplätze hängen in der Hauptsaison von dem ab, was die fruchtbaren Böden hergeben und was dann in aller Herrgottsfrühe auf dem Großmarkt verkauft wird.

Cavaillon gab es schon zu römischer Zeit. Davon zeugt der Triumphbogen an der Place du Clos. Der reich dekorierte Arc romain stammt aus dem 1. Jh. Hinter dem Bauwerk führt von der Place Tourel ein Weg auf die **Colline St-Jacques.** Die Chapelle St-Jacques thront am Weg. Cavaillons Hausberg erlaubt einen herrlichen Blick auf die Stadt und den Luberon, der im Osten aus der Ebene zu wachsen scheint.

In der Altstadt fallen immer wieder Durchfahrten auf, die wie Schneisen ins Gassengeflecht zwischen der Kathedrale St-Véran und dem Rathaus aus dem 19. Jh. geschlagen sind: Bis zur Verlagerung des *Marché d'intérêt national* vor die Tore der Stadt erforderte der im Zentrum abgehaltene Großmarkt solche drastischen Maßnahmen. Die barocke **Synagoge** in der Rue Hébraïque überrascht mit der eleganten, reichen Ausstattung des 17. Jh. (April–Sept. So–Fr 9.30 bis 12.30, 14.30 bis 18.30, sonst bis 17 Uhr). Im ehemaligen Backhaus stellt das **Musée juif comtadin** die Geschichte der jüdischen Gemeinde vor (Sommer tgl. außer Di 9.30 bis 12.30, 14.30–18.30, Winter 9–12, 14 bis 17 Uhr).

Office de Tourisme: Pl. François Tourel, B. P. 176, 84305 Cavaillon, Tel. 04 90 71 32 01, Fax 04 90 71 42 99, o.t.cavaillon@wanadoo.fr, www.cavaillon-luberon.com. Organisiert von Juni bis Mitte Aug. Besuche bei Melonenbauern!

Hôtel du Parc: 183, Pl. François Tourel, Tel. 04 90 71 57 78, Fax 04 90 76 10 35. Ein unverwüstliches Provinzhotel, zentral und alteingesessen, aber manche Zimmer sind leicht renovierungsbedürftig. Schön: die Zimmer zum Park und die Frühstücksveranda. DZ 39–66 €.

Restaurant Prévôt: 353, Av. de Verdun, Tel. 04 90 71 32 43, geschl. 2 Wochen im Aug., sonst So, Mo. ›König der Melone‹ wird Jean-Jacques Prévôt genannt, weil der dynamische Küchenchef von Mitte Mai bis Mitte September das *Menu Melon* auf der Karte stehen hat: mit Melonen, auf Melonen, an Melonen. Menü ab 38 € (mittags 25 €).

La Fin du siècle: 46, Pl. du Clos, Di, Mi geschl. Eine der prächtigsten Belle-Epoque-Bars der Provence, denkmalgeschützt. Auch günstiger Mittagstisch (Menü 15 €).

Fête du Melon: 2. Juli-Wochenende. Melonenmarkt, Messe in der Kathedrale, Besichtigung bei Melonenbauern und der Auftritt der Ritter vom Orden *du Melon de Cavaillon*.

Zug: Bahnhof in der Av. du Maréchal-Joffre. Züge nach Avignon, Salon-de-Provence, Marseille, Tel. 08 36 35 35 35.
Bus: 2 x tgl. Linie Avignon-Apt-Digne, Verkehrsbetriebe Villardo-Bernard, Tel. 04 90 74 36 10.

L'Isle-sur-la-Sorgue und Umland

L'Isle-sur-la-Sorgue

Reiseatlas: S. 5, B/C 4

Rund um **L'Isle-sur-la-Sorgue** prägen Spalierobstreihen und Kirschbäume das Land. Überall leiten Kanäle Wasser in die Felder. Im Osten des Städtchens teilt sich die Sorgue in zwei Arme. Anschließend legt der grünblaue Fluss eine Schleife um den alten Ortskern – daher der Name: ›die Insel an der Sorgue‹. Apropos Name: Einheimische sagen schlicht L'Isle.

Die Quais de la Sorgue ermöglichen einen Spaziergang rund um den Ort, vorbei an moosbewachsenen Wasserrädern (mit denen im 19. Jh. Handwerksstätten betrieben wurden), szenigen Bistros und exquisiten Antiquitätengeschäften. Über 200 Antiquitätenhändler zählt der Ort. L'Isle-sur-la-Sorgue ist nach Paris Frankreichs wichtigster Umschlagplatz für Trouvaillen vom Ancien Régime bis zum Art déco. Bereits 1978 wurde das erste von mittlerweile sieben *villages* gebaut. In diesen ›Dörfern‹ sind jeweils Dutzende Antiquitätenhändler untergebracht. Etliche Straßennamen im ›Venedig des Vaucluse‹ erinnern daran, dass hier früher Fischer ein gutes Auskommen hatten: Rue de la Truite, Rue de l'Anguille, Rue de l'Ecrevisse. Eines der prachtvollsten Herrenhäuser, das spätbarocke Hôtel de Campredon, fungiert unter dem Namen **Maison René Char** als Ausstellungsort. Ein Stockwerk ist dem surrealistischen Dichter und Sohn der Stadt René Char (1907–1988) gewidmet. In den übrigen Räumen finden Wechselausstellungen statt (20, Rue du Dr. Tallet, Tel. 04 90 38 17 41, www.campredon-expos.com, Di–So 10 bis 11.45, 15–17.45 Uhr).

Office de Tourisme du Pays des Sorgues et des Monts de Vaucluse: Pl. de la Liberté, 84800 L'Isle-sur-la-Sorgue, Tel. 04 90 38 04 78, Fax 04 90 38 35 43, islesurlasorgue@oti-delasorgue.fr, www.oti-delasorgue.fr.

Marché flottant: 1. Aug.-Wochenende. Auf dem schwimmenden Markt verkaufen die Bauern Knoblauch, Melonen und Salat vom Boot herunter.

Village Dongier: 15bis, Esplanade Robert-Vasse. Das schönste ›Antiquitätendorf‹ mit Innenhof und Brunnen. Asiatische Antiquitäten, Fayencen, Möbel, Gemälde vom 17. bis 18. Jh.
Village du Carré de L'Isle: 9, Av. des Quatre-Otages. U. a. Sitz der Händlerdynastie Nicod und Söhne.
Village des Antiquaires de la Gare: 2bis, Av. de L'Egalité. Mit 80 Händlern das größte Antiquitätendorf.

Bus/Zug: Zubringerbus nach Avignon (TGV) mit Cars Arnaud, Tel. 04 90 38 15 58.

Umland von L'Isle-sur-la-Sorgue

Reiseatlas: S. 5, B 4

4 km nördlich von L'Isle-sur-la-Sorgue ist im Dörfchen **Velleron** an Sommerabenden der Teufel los. Velleron ist das einzige Vaucluse-Dorf, in dem abends bis in die Nacht Markt gehalten wird (s. Einkaufen)!

Obstplantagen mit Tafeltrauben und Äpfeln reichen vom Ufer der Sorgue bis an **Le Thor.** Ein Campanile krönt das Stadttor Porte Notre-Dame. Von der Brücke über den Fluss schaut man auf Notre-Dame-du-Lac, die vielleicht schönste romanische Kirche im Pays des Sorgues. Der Chor ist nach außen als Polygon gestaltet, innen jedoch rund. Die beiden Portale sind mit antikisierendem Bauschmuck ausgestaltet. Nördlich von Le Thor geht es unter die Erde. Die **Grotte de Thouzon** ist die einzige vollständig für Touristen erschlossene Tropfsteinhöhle der Provence. Zu sehen sind der Länge nach 230 m ausgeleuchtete Stalagmiten und Stalaktiten.

Über **Châteauneuf-de-Gadagne** thront ein Château. Was im 12. Jh. als Trutzburg gedacht war, bewährt sich heute als luxuriöses Feriendomizil (s. u.). Vor dem aus Nord-Nordwest pfeifenden Mistral schützen fensterlose Mauern. Neugierige Blicke weist der schroffe Burghügel ab: Das Schloss ragt so steil über den verschwiegenen Gassen, der Pestkapelle St-Roch und den Brunnen empor, dass man es vom Dorfsockel kaum sieht.

Informationen zu den Orten im **Office de Tourisme** von L'Isle-sur-la-Sorgue!

Ferienwohnungen im Schloss: 4, Pl. de l'Eglise, Châteauneuf-de-Gadagne, Tel./Fax 04 90 22 51 94. 800/1150 € in der Nebensaison (bis 4 Pers. nur 800 €), 2100 €/ Woche in der Hauptsaison.

Marché agricole: 15. April–Sept. tgl. ab 18 Uhr, Okt.–März Di, Fr, Sa, Velleron. Die Bauern des Umlands verkaufen Obst und Gemüse bis spät in die Nacht.

Ausrüstung für Boulespieler: auf dem Sonntagsmarkt in L'Isle-sur-la-Sorgue

RU
DU N

Monts de Vaucluse

Reiseatlas
S. 5, 6

Wer über die Monts de Vaucluse fährt, braucht nicht nur wegen der teils rumpeligen Straßen Durchhaltevermögen. Ringsherum sind die Wälder so dicht, die scharf in den weißen Kalksockel geschnittenen Bachtäler so unzugänglich, dass die Monts de Vaucluse bis heute ein nahezu menschenleerer Gebirgszug geblieben sind.

Carpentras und Mazan

Reiseatlas: S. 5, B 3/C 3; **Cityplan:** S. 164
Carpentras liegt in einer Ebene, die sich im Norden der zwischen 500 und 1000 m hohen Monts de Vaucluse ausbreitet. 1313 verlegte Papst Clemens V. seinen Amtssitz nach Carpentras, das schon seit 1229 im Besitz des Heiligen Stuhls in Rom war. Die Päpste zogen bald weiter nach Avignon, befestigten Carpentras jedoch mit Mauern. Einige Reste der mittelalterlichen Mauern umgeben bis heute die verkehrsberuhigte Altstadt. Von den 32 Türmen und vier massigen Torburgen blieb nur die 27 m hohe **Porte d'Orange** **1** aus dem 14. Jh. Wo die Mauern geschleift wurden, flankieren Platanenboulevards die Altstadt. An den Allées des Platanes wird freitags einer der bestbeschickten Märkte der Provence gehalten, im Winter mit Trüffelmarkt (9–12.30 Uhr). Die Kleinstadt ist der Nabel eines durch und durch bäuerlichen Umlands.

Als die Päpste in der Provence regierten, war Carpentras die Hauptstadt des *Comtat Venaissin* – was die vielen prächtigen Bauten innerhalb der Mauern erklärt. Doch schon die Römer siedelten hier: Forum Neronis hieß die antike Stadt. Die **Porte Romaine** **2**, ein Steinbogen auf der Nordseite der Kathedrale St-Siffrein, ist Carpentras' einziges Denkmal aus römischer Zeit. Wichtiger im Stadtbild nimmt sich das Gotteshaus selbst aus. **St-Siffrein** **3** ist eine der wenigen gotischen Kathedralen der Provence. Der benachbarte barocke Bischofspalast ist seit 1802 Justizpalast. Eine Flaniermeile der besonderen Art ist die nahe **Passage Boyer** **4**, eine überdachte Einkaufsgalerie von 1848. Im Schutz der Mauern überstand die **Synagoge** **5** an der Place de l'Hôtel de Ville die Wirren der Jahrhunderte. Gebaut wurde sie 1367 – die Synagoge ist damit eine der ältesten Frankreichs. Mikwe und Backofen sind erhalten. Der prachtvolle Gebetssaal aus dem 18. Jh. ist mit Holzvertäfelungen und Tribünen in jubilierendem Rokoko ausgestattet (Mo–Do 10 bis 12, 15–17, Fr bis 16 Uhr). Das spätbarocke **Hôtel-Dieu** **6** an der Avenue Victor Hugo lohnt ebenfalls den Besuch, ein eleganter Hof mit Brunnen und eine original erhaltene Apotheke gehören dazu (geführte Besichtigung über das Office de Tourisme). Vernachlässigt wirken das **Musée comtadin** und das **Musée Duplessis** **7**, die beide im barocken Hôtel d'Allemand untergebracht sind. Zu sehen sind Werke von Joseph Siffrein Duplessis, Maler Ludwigs XIV., sowie Folklore und Volkskunst vom 17. bis zum 19. Jh. (April–Sept. Mi–Mo 10–12, 14–19, Okt. bis März 10–12, 14–16 Uhr).

Immer am Auzon entlang geht es nach **Mazan.** Das Dorf kringelt sich um die Kirche mit einem achteckigen Glockenturm. Das barocke Château de Sade ist in ein nobles Schlosshotel umgewandelt worden. Die eigentliche Attraktion ist der Friedhof im Nordosten auf einem Hügel: 66 gallo-römische Sarkophage umgeben den Gottesacker.

Mit dem Autor unterwegs

Klettern

Pierre Duret, Mitglied der Fédération Française de la Montagne et de l'Escalade, hat die Broschüre ›**Klettertouren um Venasque und im Vaucluse**‹ erarbeitet (gibt es im Office de Tourisme von Venasque). Pierre bietet zudem geführte Touren mit mittleren Schwierigkeitsgraden (6c–7a) an, Tel. 04 90 71 05 23, mobil 06 83 09 41 30.

Radeln

Die D 4 zum Col de Murs ist wenig befahren und bietet mit einigen kräftigen Steigungen und vielen Haarnadelkurven ein tolles Terrain für **sportliche Radler.** Ebenfalls ein Tipp: die D 15 von Murs nach Sault.

Nicht versäumen!

3 km südwestlich von St-Saturnin-lès-Apt lohnt die **Chapelle St-Pierre d'Agnane** einen Schlenker: Der Besitzer hat die romanische Kapelle (11. Jh.) in 15-jähriger Eigenarbeit restauriert (nur Außenbesichtigung).

Wohnen in modernem Design

Als Olivier Massart die neun luxuriös ausgestatteten Häuser der **Domaine des Andéols** in bedingungslos modernem Design einrichten ließ, griff er auf Erfahrungen aus der Modewelt zurück. Denn Massarts Agentur produziert die Defilees von Gaultier, McQueen, Yamamoto. Wer in die Welt des schönen Scheins nur mal reinschnuppern möchte, reserviert einen Tisch im Restaurant La Maison des Saveurs – mit weißen Kieseln am Boden, Philippe-Starck-Sesseln und verspiegelten Tischflächen. 2 km südwestl. vor St-Saturnin-lès-Apt an der D 2, Tel. 04 90 75 50 63, Fax 4 90 75 43 22, www.domainedesandeols.com. Junior Suite 210–290 €, spezielle Arrangements für 2 Pers. mit HP ab 350 €, 4 Pers. ab 557 €/Tag.

Information

Alle Informationen zu den Monts de Vaucluse gibt es im Office de Tourisme von L'Isle-sur-la-Sorgue (s. S. 159)!

i **Office de Tourisme:** Pl. Aristide Briand, 84200 Carpentras, Tel. 04 90 63 00 78, Fax 04 90 60 41 02, office@carpentras.fr, www.tourisme.fr/carpentras.

Château de Mazan [1]: Pl. Napoléon in Mazan (8 km östl.), Tel. 04 90 69 76 62, Fax 04 90 69 76 62, www.chateaudemazan.fr. Jan.–Mitte Feb. geschl. Hier veranstaltete der Marquis de Sade 1772 ein Theaterfestival. Die Zimmer sind licht und freundlich. Eine Liege aus Korb zum Dahinsinken, ein schmiedeeiserner Tisch sorgen für die provenzalische Note. Von den oberen Stockwerken Blick über die Dächer des Dorfes. DZ 95–150 €. Menü im Restaurant ab 35 €.

Le Comtadin [2]: 65, Av. Albin-Durand, Tel. 04 90 67 75 00, Fax 04 90 67 75 01, Mitte Dez.– Anfang Jan. geschl. Am Ringboulevard um die Altstadt. Die stilleren Zimmer gehen zum Patio. DZ ab 73 €.

Hôtel du Fiacre [3]: 153, Rue Vigne, Tel. 04 90 63 03 15, Fax 90 60 49 73, www.hotel-dufiacre.com. Das ehemalige Kloster ist ein Paradebeispiel der gediegenen französischen Hotellerie. Unvermeidlich: Kamin und gepflegte Antiquitäten. Zauberhaft ist auch der Innenhof. Die Zimmer sind sehr verschieden, haben aber alle Charme. DZ ab 62 €.

Chez Serge [4]: 90, Rue Cottier, Tel. 04 90 63 21 24, So geschl., www.chezserge.com. Carpentras' trendige Adresse, im Neo-Bistro-Look. Die Stimmung ist immer gut. Menü ab 28 € (mittags 15 €, *plat du jour* 10 €, Kinderteller 7 €).

L'Aromate [5]: s. Übernachten, Le Comtadin, Sa mittags, So abends geschl. (außer in der Saison). *Aromate* bedeutet ›Gewürz‹, das Interieur ist afrikanisch inspiriert, aber die Küche ist ganz traditionell französisch. Menü ab 23 € (mittags 12 €).

Carpentras: Cityplan

Wochenmärkte: Allées Jean Jaurès, Fr vormittags. Nussöl, Berlingots (Bonbons), Bauernkäse, Haushaltsbedarf, Stoffe … Pl. Aristide Briand, Fr vormittags.
Trüffelmarkt: Nov.–März Fr.
Coopérative Oléicole La Colombe: östl. in Malmort du Comtat, über Mazan (D 942) zu erreichen. Olivenöl!

Salon de la Truffe: 2. Feb.-Wochenende. Ausstellung rund um die Trüffel. Markt. Vorführung der *cavage* (Trüffelsuche).

Sehenswürdigkeiten

1 Porte d'Orange
2 Porte Romaine
3 Kathedrale St-Siffrein
4 Passage Boyer
5 Synagoge
6 Hôtel-Dieu
7 Musée comtadin/Musée Duplessis

Übernachten

1 Château de Mazan
2 Le Comtadin
3 Hôtel du Fiacre

Essen und Trinken

4 Chez Serge
5 L'Aromate

Festival des saveurs provençales: Kulinarisches Fest mit Verköstigung, Aug.

Association Etre et Faire: Le Mas des Acacias, 1380, Av. Eisenhower, Tel./Fax 04 90 60 04 54, www.vieuxbois.surinternet.net. Selbst ist der Hobby-Restaurateur, der das Mas des Acacias verlässt. Alain Meynard, Absolvent der Ecole Supérieure d'Ebénistérie d'Avignon, und Alain Ossart, eine gestandene Größe auf den Trödelmärkten der Nordprovence, erklären in Wort und Tat, wie man klemmende Schubladen wieder gangbar macht oder den Wellenschlag beim Furnier eindämmt. Fünftägiger Kurs 500 €.

Rad: Räderverleih bei Les Routes du Ventoux, Av. Victor Hugo, Tel. 04 90 67 07 40.

Bus: Bis zu 16 Verbindungen pro Tag mit Avignon, Auskunft beim Office de Tourisme.

Venasque und Le Beaucet

Reiseatlas: S. 5, C 4

Nach langer Fahrt durch das Halbdunkel von Eichen und Buchen gleißt Venasque in der Sonne: Eine Häuserfront ragt gegen den Abgrund auf. Wo der Laubwald von uralten Kirschbäumen abgelöst wird, glänzt die Rinde so, als ob die Bäume unter der Last der Früchte schwitzten. ›Taubenherz‹ heißt die lokale Sorte, eine echte Bergkirsche, feuerrot und fest im Fruchtfleisch.

›Wölfe‹ haben ›die anderen‹, die aus der Ebene von Carpentras, die Einwohner von **Venasque** getauft. Die Alten nennen sich noch heute so, voller Stolz. Jahrhundertelang verschloss man sich allem Fremden. Erst 1802 verband eine für Kutschen geeignete Straße das Dorf mit der Außenwelt. Klobige Kästen, wie gemauert für die Ewigkeit, bilden ein Spalier an der Rue Haute, die das Dorf der Länge nach durchzieht. An dem einen Ende verwehrt ein Bollwerk aus halbrunden Türmen den Zugang. Am anderen Ende stellt sich die romanisch-gotische **Pfarrkirche Notre-Dame** (tgl. 9–18 Uhr) in den Weg, eine wahre Burg Gottes, deren Wasserspeier wie steinerne Kanonenrohre aussehen. Das Baptisterium, eine Taufkapelle aus dem 7. Jh., ist wahrscheinlich Frankreichs ältester christlicher Sakralbau (hinter der Kirche, tgl. außer So vormittag und Mi 10–12, 13–17, im Sommer bis 18.30 Uhr). Macht zusammen ›eines der schönsten Dörfer Frankreichs‹.

Winzig ist **Le Beaucet,** wohin es über eine Straße geht, die sich in den Wäldern zu verlieren scheint. Das Dorf in Sackgassenlage scheint mit den Felsen verwachsen zu sein. Hinein geht es durch ein mittelalterliches Tor. Über Stufen, die in den Fels geschlagen sind, kraxelt man zur Burgruine hoch. Das Château ging 1793 in den Wirren der Französischen Revolution in Flammen auf. Geblieben ist ein zauberhafter Ort.

Office de Tourisme: Grand'Rue, 84210 Venasque, Tel. 04 90 66 11 66, Fax 04 90 66 11 66, otvenasque@wanadoo.fr, www.venasque.fr. Informationen zu Venasque, Le Beaucet und La Roque-sur-Pernes.

... in Venasque:
Auberge de la Fontaine: Pl. de la Fontaine, Tel. 04 90 66 02 96, Fax 04 90 66 13 14, www.auberge-lafontaine.com, Mitte Nov.–kurz vor Weihnachten geschl. Gästehaus mit modern und luxuriös ausgestatteten Appartements. Dazu gehören Küche, Waschmaschine, Gästebett, CD-Player, Klimaanlage, Fax, Videorecorder, Aussichtsterrasse. Es werden auch Kochkurse angeboten. Appartements ab 125 €/Tag.
La Maison aux Volets bleus: Rue de l'Hôpital, Tel. 04 90 66 03 04, Fax 04 90 66 16 14, www.maison-volets-bleus.com, Nov.–Mitte März geschl. Das Haus liegt mitten im Dorf. 5 charmante Gästezimmer, schattiger Innenhof, Salon und Terrasse mit Fernsicht. DZ ab 75 €.
La Garrigue: Rte. de l'Appié, Tel. 04 90 66 03 40, Fax 04 90 66 61 43, Ende Okt. bis März geschl. Der Rustikalschick in den Zimmern wirkt angestaubt. Dafür gibt's zu den Erdgeschosszimmern eine nette Terrasse – und im Garten den einzigen Hotelpool von Venasque. DZ ab 57 €.

... in Venasque:
Auberge de la Fontaine: s. Übernachten, Mi geschl., nur abends. Wie der Flügel in den ersten Stock kam, bleibt das Geheimnis des Patrons. Egal, an den Tischen rundherum speist man vorzüglich. Wem das *menu du jour* (38 €) zu üppig ausfällt, kann ins schlichtere Bistro de la Fontaine im Erdgeschoss ausweichen. Dort stehen neben dem Tagesmenü (19 €) Klassiker wie Salat mit warmem Ziegenkäse und Walnüssen auf der Karte.
... in Le Beaucet:
Auberge de Beaucet: Le village, Tel. 04 90 66 00 23, geschl. So abend, Mo und Dez. bis Jan. Dorfgasthof mit Talblick und außergewöhnlicher Küchenleistung. Im Einheitsmenü (32 €) schlägt Brigitte Pizzesecco Köstlichkeiten wie gegrilltes Perlhuhn in Wacholdersauce oder Rind mit Anchovis vor.

... in Le Beaucet:
Atelier de Faïence: Pl. de la Fontaine, Tel. 04 90 66 07 92, Mitte März–Mitte Okt. Di bis Sa 10–19 Uhr. Ob Schalen für den Milchcafé, Tassen oder Tabletts – die Fayencen von Anne Viard-Oberlin prägen das blaue Dekor auf weißem Grund.

Das Office de Tourisme von Venasque hält die Broschüren ›10 Spaziergänge rund um Venasque‹ sowie ›Klettertouren um Venasque und im Vaucluse‹ (s. S. 163) bereit.
Asinerie du Devans: Le Fraischamp, 84210 Le Beaucet, Tel./Fax 04 90 66 14 53. *Asinerie* bedeutet ›Eselei‹: Gemeint ist damit allerdings ein Gehöft, auf dem Esel gezüchtet werden – und wo man diese für eine Tageswanderung (oder länger) leihen kann.

Murs und St-Saturnin-lès-Apt

Reiseatlas: S. 6, D 4
Die Straße zum 627 m hohen **Col de Murs** schraubt sich durch menschenleere Wälder. Vom Pass schaut man nach Süden auf Roussillon und den Luberon und über Bäume, so weit das Auge reicht. Es ist der vielleicht

Herstellung von Farbpigmenten in der ehemaligen Ockerfabrik in Roussillon

schönste Blick über die Monts de Vaucluse. **Murs** drängt sich um ein Château aus dem 16. Jh. Am Ortsrand steht die romanische Kapelle Notre-Dame-de-Salut. Nach ca. 6 km zweigt links die D 60 A durch den wildromantischen Taleinschnitt der Combe de Lioux ab. Das Ziel heißt **St-Saturnin-lès-Apt**. Das Dorf am südlichen Fuß der Monts de Vaucluse ist angenehm unaufgetakelt. Es gibt eine Burgruine, mittelalterliche Türme und Tore, adrette Bürgerhäuser, ein nettes Dorfhotel und vor allem viel Atmosphäre.

i **Office de Tourisme:** 20, Av. Girard, 84400 Apt, Tel. 04 90 74 03 18, Fax 04 90 04 64 30, ot@apt.fr, www.luberon-apt.fr.

... in St-Saturnin-lès-Apt: Hotel-Restaurant des Voyageurs: 2, Pl. Gambetta, Tel. 04 90 75 42 08, Fax 04 90 75 50 58. geschl. Do mittag, Mi, Ende Okt.–Ende Nov., Ende Jan.–Anfang März. Ein Dorfhotel der aussterbenden Art, jüngst von Alain Rembeault, der zuvor in einem Relais & Châteaux Küchenchef war, zu neuem Leben erweckt. Auberginenkaviar mit Tomatencoulis, Wachteln, frischer Ziegenkäse mit Olivenöl. Menü 16–29 €. Einfache DZ 45 €.

Roussillon

Reiseatlas: S. 6, D 4

Von Wind und Wetter blank gescheuerte Felsen kündigen **Roussillon** an. Ockerrot und tiefgelb leuchtet es längs der **Chaussée des Géants,** der bunten Felsen im Süden des Dorfes. Ein gewaltiges Ockervorkommen hat die farbenfrohe Landschaft hervorgebracht. Seit der Antike ist Ocker als natürliches Pigment in Gebrauch und bis in die 1970er Jahre wurde es um Roussillon industriell abgebaut. Bei den Römern hieß das Dorf auf einer Anhöhe über den Gruben Russulus. Bagger und Schaufeln schufen in Jahrhunderten ein ›provenzalisches Colorado‹, mit der das ebenfalls rot, ocker und gold leuchtende Dorf verwachsen zu sein scheint. Viel Charme versprüht das Dorf trotz der farbenfrohen Lage nicht. Dazu sind die Souvenirboutiquen zu zahlreich.

Im Westen überragen die rot leuchtenden **Falaises de sang** die stillgelegten Ockerbrüche des nahen Val des Fées. Vom Parkplatz bei der Post gelangt man in das märchenhaft schöne Tal. Ebenfalls nur wenige Minuten geht man in östlicher Richtung zur bereits erwähnten Chaussée des Géants. Schilder erklären auf Schritt und Tritt Fauna, Flora und Geologie. Tipp: Die beim Spaziergang unvermeidlichen Ockerflecken auf Kleidung und Turnschuhen waschen sich am besten mit Seife und kaltem Wasser aus.

Das **Conservatoire des Ocres et Pigments appliqués** an der Route d'Apt ist eine ehemalige Ockerfabrik, die als Museum betrieben wird. Zu sehen sind alle Etappen vom Abbau der Ockererde bis zur Ausschlammung der Farbpigmente. Die Boutique verkauft Pigmente aus den nahen Ockerbrüchen. In den angebotenen Workshops kann man den Umgang mit den natürlichen Farbstoffen lernen (D 104, im Sommer tgl. außer Mo morgen 9–19, Winter bis 18 Uhr, www.okhra.com, Führungen: im Sommer alle 30 Min., sonst 11, 15, 16 Uhr).

i **Office de Tourisme:** Pl. de la Poste, 84220 Roussillon, Tel. 04 90 05 60 25, Fax 04 90 05 63 31, info@ot-roussillonprovence.fr, www.roussillon-provence.com. Ausführliche Infos zu thematischen Spaziergängen und Wanderrouten.

Les Tilleuls: Chemin du Colombier (GR 6), Tel. 04 90 05 64 61, mobil 06 89 89 56 70, http://tilleulsroussillon.free.fr. Genaue Wegbeschreibung vom Hausherrn geben lassen! Ein *mas* (Hof) mit einem Hauch von Fernost und Design. 4 Chambres d'hôtes von nüchterner Eleganz, eins davon mit eigener Terrasse; mit Pool. DZ/F 75–97 €.

David: Pl. de la Poste, Tel. 04 90 05 60 13, So abend, Mi geschl. Der Blick von der Terrasse auf die Ockerfelsen ist atemberaubend, die Tische unter der Glyzinienlaube lauschig. Dazu etwas Design beim

Interieur und auf dem Teller (im besten Sinne) puristische Provence-Küche. Menü 34–52 €.
Le Bistrot de Roussillon: Pl. de la Mairie, Tel. 04 90 05 74 45, geschl. Do, Mitte Nov.–Mitte März. Terrasse zum Platz, eine zweite nach hinten raus auf die Ockerfelsen und ein gemütlicher Saal mit Kamin: Macht zusammen ein Dorfbistro mit deftiger Küche und netter Atmosphäre. Menü 17–22 €.

Gordes

Reiseatlas: S. 5, C 4
Das Dorf scheint mit dem schroffen Fels über dem Coulon-Tal verschmolzen zu sein. Enge Gassen mit Kieselpflaster und Renaissance-Giebel staffeln sich von Toren und Mauern abgeschirmt am Hang. Das **Château de Gordes** gilt neben dem von Grignan als das bedeutendste Renaissance-Schloss der Provence. Wer die Nordfassade mit den markanten Türmen erblickt, hegt daran keinen Zweifel. Wenn abends die Sonne Schloss und Dorf grandios ausleuchtet, möchte man zudem kaum glauben, dass das Ensemble einmal dem Verfall preisgegeben war. Erst der ungarische Maler und Grafiker Victor Vasarely rettete das Château de Gordes nach dem Zweiten Weltkrieg vor dem endgültigen Niedergang. In den herrschaftlichen Sälen vertreten ist mit Pol Mara jedoch ein anderer Künstler – das Vasarely-Museum scheiterte an Erbstreitigkeiten. Immerhin hat auch der flämische Pop-Art-Maler Mara bis zu seinem Tod 1988 in Gordes gelebt. 300 seiner Werke hängen im Schloss (tgl. 10–12, 14–18 Uhr).

Eine Kuriosität ist der **Cercle républicain** an der Place du Château: Im 1911 als Bastion des republikanischen Geistes gegründeten Café muss man Mitglied sein, um etwas zu trinken zu bekommen (Tagesmitgliedskarte 20 Cents, tgl. 8.45–19.45 Uhr). Hunderte solcher ›Republikanerzirkel‹ gab es in der Provence einmal. Der von Gordes ist einer der letzten. Den schönsten Blick ins Tal hat man von der Rue du Belvédère.

2 km südlich von Gordes (D 15) überrascht **Le Village des Bories** mit einer an die frühen Siedlungsformen des Mittelmeerraums angelehnten Architektur. Die über 30 Bories aus mörtellos aufgeschichteten Kalksteinen waren bis um 1900 bewohnt. Die denkmalgeschützten Steinhütten, deren Kegel an ähnliche Bauten in Apulien oder auf Sardinien erinnern, wurden sorgsam restauriert (zugänglich tgl. 9 Uhr bis Sonnenuntergang).

Weitere 3 km weiter südlich zeigt das **Musée du Vitrail** an der D 148 im Moulin des Bouillons Glaskunst. Der Bau diente ursprünglich als Ölmühle und ist eine der ältesten ihrer Art im Vaucluse. Eine kleine Schau stellt die Geschichte der Olivenölgewinnung vor. Prunkstück ist eine gallo-römische Presse aus Eiche (Rte. de St-Pantaléon, Mi–Mo 9 bis 12, 14–18 Uhr).

i **Office de Tourisme:** Le Château, 84220 Gordes, Tel. 04 90 72 02 75, Fax 04 90 72 02 26, office.gordes@wanadoo.fr, www.gordes-village.com.

Auberge de la Carcarille: Rte. d'Apt, Tel. 04 90 72 02 63, Fax 04 90 72 05 74, www.auberge-carcarille.com, Ende Nov. bis Ende Jan. geschl. Gepflegt, doch nicht ganz so teuer, wie in der Gegend sonst üblich. DZ 62–90 €.
Le Mas de Garrigon: Rte. de St-Saturnin, Tel. 04 90 05 63 22, Fax 04 90 05 70 01, www.masdegarrigon-provence.com. Ein ockerfarbenes Herrenhaus in der Garrigue. Zimmer mit Terrasse. Es gibt einen Salon mit Büchern, einen Pool zum Faulenzen. DZ ab 105 €.
Le Mas de la Baume: D 15, kurz vor der Abzweigung der D 177 zur Abbaye de Sénanque, Tel. 04 90 72 02 96, Fax 04 90 72 06 89, www.labeaume.com. Bis ins kleinste Detail ausgesuchte Dekoration mit Fundstücken vom Trödelmarkt und Antiquitätenhändler. Manchmal etwas überladene, sehr komfortable Zimmer und Suiten, alle mit eigener Terrasse. DZ/F 115–135, Suite/F 135–165 €.
La Bastide de Voulonne: Cabrières d'Avignon, Rte. de Gordes (D 2, ca. 6 km südl.), Tel. 04 90 76 77 55, Fax 04 90 76 77 56, www.bastide-voulonne.com. Elegantes Gästehaus auf dem Land. Innenhof mit Brunnen

Die Abbaye de Sénanque hat in der Einsamkeit Kriege schadlos überstanden

und Galerien. Weitläufiger Garten, Pool. Restaurant (nur Mo, Do, Fr, Sa). Thematische Pauschalarrangements. DZ ab 122–145 €.

Le Vieux Bistrot: Grande-Rue, Cabrières-d'Avignon, Tel. 04 90 76 82 08, geschl. Mo (außer Juli–Aug.), Di, Jan. Bei Tisch: die Internationale der Ferienhausbesitzer im Luberon. An der Theke: die lokale Männerwelt. Hinter der Theke: der Patron Michel mit Bart und Brille. Serviert wird Bodenständiges wie *pieds-paquets* (Kutteln und Hammelfüße in Bouillon) oder Lammkarree, freilich mit kulinarischen Weihen versehen.

Abbaye de Sénanque

Reiseatlas: S. 5, C 4

Die romanische Zisterzienserabtei im Lavendelfeld (Blüte Juni/Juli) ist eine Provence-Ikone. Die Lage in einem kleinen Talkessel fernab der Zivilisation entsprach exakt den Wünschen der Zisterziensermönche, die die Abtei in der freudig gewählten Einsamkeit ab 1148 bauten. Das Wunderwerk der provenzalischen Romanik überstand fernab aller großen Routen unbeschadet Kriege und die Grande Révolution. Der Name Sénanque verweist auf die Lage im Tal der Sénancole, deren Name sich wiederum von *sine aqua* – ohne Wasser – ableiten lässt. Das bisschen Wasser reichte den Mönchen jedoch, um das Tal zu erschließen. Seit 1989 leben Trappisten von der Ile St-Honorat bei Cannes im Kloster. Vom 30 m langen **Dormitorium** gelangt man in die **Kirche.** Kein Bauschmuck verstellt den Blick auf die radikal schlichte Architektur. Eine Kuppel krönt die Vierung, an die sich das Halbrund des Chors anschließt. Im quadratischen **Kreuzgang** wechseln massive Stützpfeiler mit vergleichsweise fragil wirkenden Säulenpaaren. Die verzierten Kapitelle deuten auf eine Lockerung der strengen Architekturprinzipien hin. Der **Kapitelsaal** kündigt mit einem Kreuzrippengewölbe den Übergang zur Gotik an. Das **Chauffoir** war der einzige beheizbare Raum des Klosters: Hier saßen die Mönche mit Federkiel und Papier (ganzjährig Führungen, obligatorische Reservierung unter Tel. 04 90 72 05 72, www.senanque.fr, Klosterbuchhandlung Mo bis Sa 10–12, 14–18, So nur 14–18 Uhr, Mitte Nov.–Jan. tgl. nur 14–18 Uhr).

Avignon, Pont du Gard und Uzès

Reiseatlas S. 4, 5

»Quau se lèvo d'Avignoun, se lèvo de la resoun« – »Wer Avignon verlässt, verliert den Verstand«, sagt ein provenzalisches Sprichwort. Das Risiko sollte man eingehen, denn mit dem Pont du Gard wartet in der Nähe der Stadt der Päpste ein zweites Weltwunder. Für die Regeneration des Verstandes bleibt Uzès, wo das Leben ein provenzalisches Fest ist.

5 Avignon

Cityplan: S. 174/175

Beeindruckend ist die Anfahrt von Norden über die Nationalstraße 7: Hoheitsvoll schiebt sich der Rocher des Doms ins Bild. Über der Stadt thront der Papstpalast. Zu seinen Füßen wälzt sich die Rhône, in deren Wasser der Pont Bénézet stakst. Von einnehmender Schönheit ist Avignon, die Stadt, in der es im 14. Jh. schon den Päpsten gefiel. Die Kirchenfürsten verbarrikadierten sich hinter einer 4,3 km langen Stadtmauer, die mit Türmen, Toren, Zinnen bis heute die Altstadt schützt. Weniger schön ist die Anfahrt aus allen anderen Himmelsrichtungen: Ein Brei aus Vorstadtwohnsilos und Einkaufszentren umgibt die ›heimliche Hauptstadt der Provence‹.

Einmal an den Toren der Altstadt angekommen, gibt es viel zu erkunden, aber der Wagen kommt besser ins Parkhaus. Gute Alternative für die engen Gassen ist das Fahrrad. Das Office de Tourisme hält eine Liste von Radverleihern bereit (s. S. 177, 178). Noch ein Tipp vor Beginn des Besichtigungsmarathons: Das Office de Tourisme bietet auch den Avignon-Pass an, der zu Ermäßigungen in Museen, Denkmälern und in öffentlichen Verkehrsmitteln berechtigt – damit die Besichtigungstour nicht im **Mont de Piété** 1 endet, Frankreichs ältester Pfandleihe von 1610, mit Museum (6, Rue des Saluces, Mo-Fr 8.30–11.30, 13.30–17.30 Uhr).

Place du Palais und Rocher des Doms

Auch knapp 600 Jahre nach Ende des päpstlichen Gastspiels bleibt Avignon *la cité des papes.* Als die Päpste 1417 nach 108 Jahren wieder gingen, konnte Avignon auf ein goldenes Jahrhundert zurückblicken. Geblieben ist davon vor allem der trutzige **Palais des Papes** 2, der die gepflasterte Weite der Place du Palais beherrscht und sich wie eine feste Burg über den Gassen erhebt. Der Palast, in dem die aus Rom exilierten Päpste feudal Hof hielten, gilt als einer der bedeutendsten gotischen Profanbauten Europas. Der 1800 m² große Ehrenhof, mit dem der Rundgang beginnt, dient seit 1947 als Bühne des **Festival d'Avignon.** Frankreichs berühmtestes Theaterfestival hat von den Schauspielerlegenden Gérard Philippe und Jeanne Moreau bis zu den Regisseuren Bob Wilson und Peter Brook alle Größen des internationalen Theaterlebens gesehen (Reservierungen s. S. 178). Ein 25 Punkte umfassender Parcours führt durch Kapellen, Audienz- und Bankettsäle, darunter die mit 45 m Länge stattliche **Salle du Grand Tinel:** Bei der Inthronisierung von Papst Clemens VI. verputzten die 3000 geladenen Gäste hier 118 Ochsen, 1023 Schafe und 46 856 Käselaibe! Es folgen die mit farbkräftigen Fresken ausgemalten Privatgemächer. Blau und mit Eichhörnchen, Vögeln und Reben ausgemalt sind die Wände im päpstlichen Schlafgemach. Von der **Terrasse des Grands Dignitaires** schaut man

Mit dem Autor unterwegs

Gut behütet

Mouret Chapelier: Allein 18 verschiedene Panama-Modelle stehen im 1860 in Avignon gegründeten Hutladen zur Auswahl. »Wir führen den einzigen denkmalgeschützten Hutladen der Welt. Alles original Napoleon III.«, kommentiert Vincent Mouret. Weiter im Angebot: *bérets,* Filzhüte, Kopfbekleidung fürs Militär, Handschuhe für die Braut (s. S. 178).

Kajakfahrt zum Pont du Gard

In Collias kann man **Kajaks** ausleihen, und den Gardon gemütlich zum Pont du Gard runterfahren – die wohl angenehmste Art, sich dem antiken Bauwunder zu nähern (s. S. 182).

Schönster Bouleplatz

Boule auf der Promenade des Marroniers von Uzès: Lauschiger als die von Kastanien beschirmte Promenade ist kaum ein Boulodrome der Provence. Wer sich zwischendurch die Füße vertreten möchte, steigt über den Cheminet Balte ins lauschige Vallon de l'Alzon ab. In der Talsohle ist das leise Klicken der Kugeln bald verhallt (s. S. 182).

auf Palais, Stadt und Fluss. Das Palais-des-Papes-Ensemble zählt zum von der Unesco geschützten Weltkulturerbe (April–Okt. 9–19, Juli bis 21 Uhr, Aug.–Sept. bis 20 Uhr, Nov. bis März 9.30–17.45 Uhr).

Hinter dem Papstpalast lädt der **Verger Urbain V** **3** (Urban V. ließ hier einen Obstgarten anlegen) zum Verschnaufen ein. Durch die Grünanlage gelangt man zur **Manutention** **4**: Die Industriebauten aus dem 19. Jh. beherbergen ein szeniges Café und eine freie Theaterbühne (s. S. 178).

Dem Papstpalast gegenüber erhebt sich die durch das ausladende Relief an römische Barockbauten erinnernde Fassade des **Hôtel des Monnaies.** Im ehemaligen Sitz des Vize-Legaten der Kurie befindet sich heute die Musihhochschule. Im Norden des Papstpalastes schließt sich die Kathedrale **Notre-Dame-des-Doms** **5** aus dem 12. Jh. an. Der romanische Innenraum wurde im 17. Jh. im Stil des Barock umgebaut. Dahinter erhebt sich der **Rocher des Doms** **6**, ein mit Grünanlagen bedeckter Hügel über dem Rhône-Ufer: Der Blick von der Höhe auf den Pont-Bénézet, die Rhône-Insel Ile de Barthelasse und Villeneuve-lès-Avignon am gegenüberliegenden Ufer ist unvergesslich. Das **Musée du Petit Palais** **7** unterhalb des Rocher des Doms beherbergt die Sammlung Campana. Hinter der Renaissance-Fassade des ehemaligen Bischofssitzes wird italienische Malerei vom 14. bis 16. Jh. gezeigt (Juni bis Sept. Mi–Mo 10–13, 14–18, Okt.–Mai 9.30 bis 13, 14–17.30 Uhr).

Le Pont St-Bénézet

Die berühmte Brücke von Avignon, der **Pont St-Bénézet** **8**, auf dem dem Volkslied zufolge getanzt wurde, stammt aus dem 12. Jh. Er ist mit dem Papstpalast das zweite Wahrzeichen der Stadt. Man erreicht ihn durch die Schlupflöcher der Stadttore Porte du Rhône oder Porte du Rocher. Allein die Aussicht auf die Stadtsilhouette lohnt den Weg auf die Brücke (April–Sept. 9–19, Okt.–März 9.30 bis 17.30 Uhr), der ein Hochwasser 1688 etliche Bögen entriss. Fast 1 km lang war die Brücke einmal. Von ehemals 22 Bögen stehen heute nur noch vier. Auf einem der verbliebenen Pfeiler thront die Kapelle des Heiligen Nicolas, des Schutzpatrons der Flussschiffer.

Die Place de l'Horloge

Stolz überragt der Uhrturm der **Mairie** **9** (Rathaus) den belebtesten Platz der Stadt. In der Antike lag hier das römische Forum. Ringsherum reiht sich Café an Café. *Tout Avignon* zeigt sich mindestens einmal am Tag auf dem weitläufigen Geviert, nicht zuletzt auch, weil auf der Südseite mit der **Rue de la République** Avignons Einkaufsmeile schlechthin abzweigt. Am Kopfende der Rue de la République lohnt der elegante Hof des **Palais du Roure** **10** einen Blick. Wer mehr sehen möchte: Der 1469 im florentinischen Stil errichtete Palast kann besichtigt werden (nur Di um 15 Uhr). Nach Geschäftsschluss sorgt die Oper auf der Nordseite der Place de l'Horloge für neuerlichen Andrang. Vor dem Bau sind die Statuen von Molière und Corneille platziert.

Rund um die Place St-Didier

Avignons Altstadt ist mit 14 ha der größte denkmalgeschützte Komplex Frankreichs. Rund um die **Place St-Didier 11,** auf der die gleichnamige provenzalisch-gotische Kirche steht, versteht man den Grund. *Hôtels particuliers* wechseln mit winzigen Plätzen (Place du Change), krumme Gassen verbergen prachtvolle Kirchen und Bürgerhäuser (Rue du Vieux-Sextier). In der Rue du Roi René stößt man auf die **Chapelle Ste-Claire** 12 (14. Jh.), in der Petrarca seine angebetete Laura getroffen haben soll. Die Rue du Laboureur führt unter der gotischen Fassade der städtischen Bibliothek zum **Musée Angladon 13,** das moderne Malerei von Picasso, Cézanne, Degas, Manet ausstellt (Mi–So 13–18 Uhr, www.angladon.com). Antike und mittelalterliche Skulptur zeigt ein bisschen weiter in der Rue de la République das **Musée lapidaire 14,** das in einer Jesuitenkapelle des 17. Jh. untergebracht ist (Mi–Mo, 10–13, 14–18 Uhr).

Rue Joseph Vernet

Die im leichten Bogen angelegte Straße war die erste Avignons, die ein Pflaster erhielt. An ihr stehen die barocken Stadtpalais des provenzalischen Adels: Hôtel de Raousset-Boulbon (Nr. 33), Hôtel de Brancas de Rochefort (Nr. 35), Hôtel de Bassinet (Nr. 58). Im prachtvollsten Palais, dem Hôtel Villeneuve-Martignan (Nr. 65), kam das **Musée Calvet** 15 unter. Zu sehen ist eine Schau, die mit Gemälden und Büsten 600 Jahre aristokratischen Lebens Revue passieren lässt (Mi–Mo, 10 bis 13, 14–18 Uhr). Vom Nordende der Rue Joseph Vernet sind es nur wenige Schritte auf die zauberhafte **Place Crillon** 16 mit dem Barockbau der bis 1824 bespielten alten Comédie. Im noblen,1799 gegründeten Hôtel d'Europe logierten Napoleon und Stendhal.

Quartier des Teinturiers

Von den modernen Markthallen an der Rue Bonnetterie ist es nur ein Katzensprung ins **Quartier des Teinturiers 17.** Die dörflich an-

Cityplan: Avignon, S. 174/175

Sehenswürdigkeiten

1 Mont de Pitié
2 Palais des Papes
3 Verger Urbain V
4 Manutention
5 Cathédrale Notre-Dame-des-Doms
6 Rocher des Doms
7 Musée du Petit Palais
8 Pont St-Bénézet
9 Mairie (Rathaus)
10 Palais du Roure
11 Place St-Didier
12 Chapelle Ste-Claire
13 Musée Angladon
14 Musée lapidaire
15 Musée Calvet
16 Place Crillon
17 Quartier des Teinturiers
18 Ile de la Barthelasse

Übernachten

1 La Mirande
2 Cloître St-Louis
3 La Garlande
4 L'Anastasy
5 Hôtel Mignon
6 Camping Municipal du Pont d'Avignon

Essen und Trinken

7 La Compagnie des Comptoirs
8 Numéro 75
9 Le Vernet
10 Chez Floriane
11 L'Entrée des Artistes
12 Le Grand Café

Avignon: Cityplan

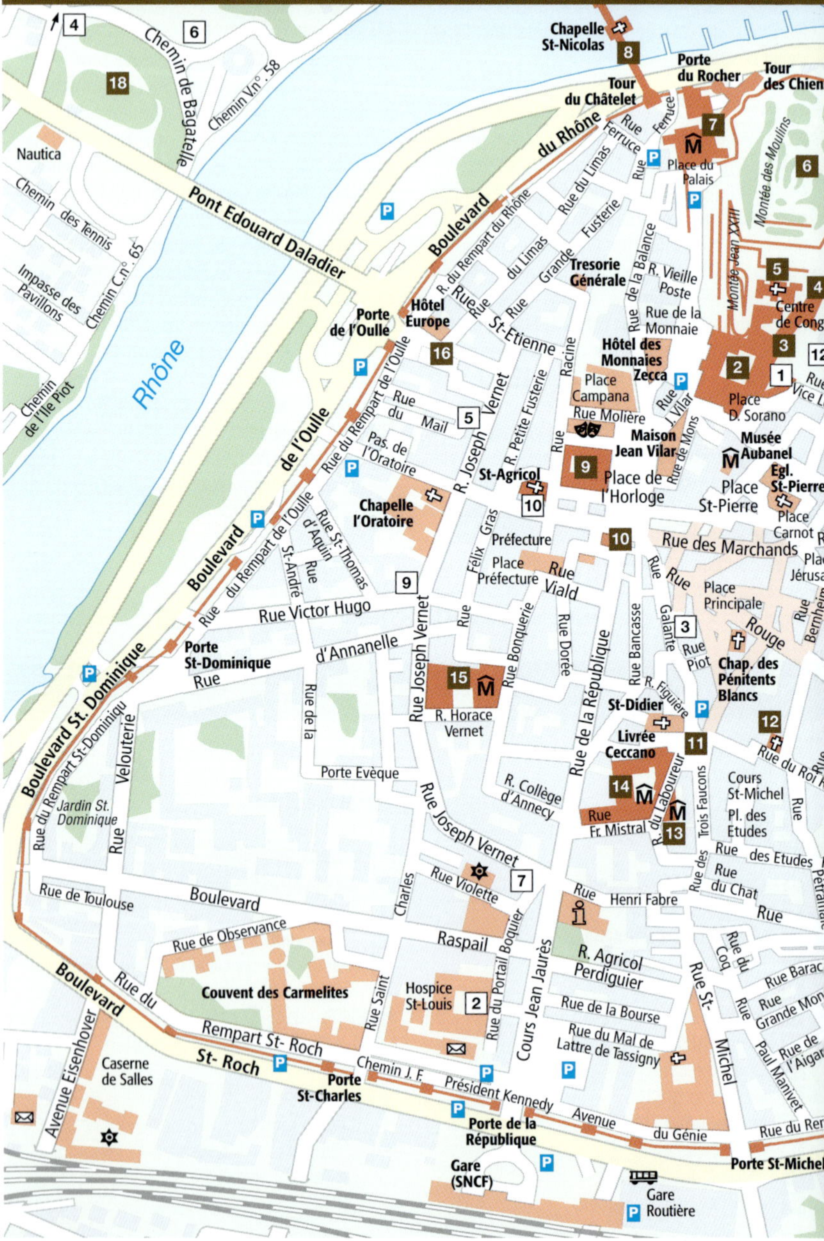

Centre Nautique
0
100
200 m
Rhône
Porte de la Ligne
Boulevard St-Lazare
Rue du Rempart de la Ligne
Rue du Rempart St-Lazare
Place St-Joseph
Rue St-Joseph
Porte St-Joseph
Grenier à Sel
Route Touristique du Docteur Pons
Avenue des Italiens
Rue de la Tour
Rue Persil
Sureau
R. Juver
Rue St-Sebastien
Palapharnerie
Trois Colombes
Rue des Infirmières
Rue du Rempart St-Lazare
Rue Carreterie
Avenue de la Synagogue
Porte St-Lazare
Rue Taulier
St-Bernard
Rue Luchet
St-Symphorien
Place des Carmes
Rue Ledru-Rolin
Campane
Place 3 Pilats
des Trois Pilat
Rue Bertrand
Rue de la Forêt
Rue des Bains
Ste-Catherine
Place de la Bulle
1
11
8
Rue Carreterie
Rue Pommier
Rue Baraillerie
Rue Charrue
Hôpital Ste-Marthe
Porte de l'Hôpital
Route de Lyon
Boulevard Limbert
Rue de l' Oriflamme
Rue de la Croix
Rue Portail Matheron
Place Carnot
Palais de Justice
Place Pie
Rue Louis Pasteur
Pl. L. Pasteur
Rue Paul Saïn
Rue du Pont Trouca
Rue Trial
Rue Guillaume Puy
Imp N.D. des 7 Douleurs
Sept Douleurs
Avenue du Cimetière
Avenue de la Folie
Egl. de la Visitation
Rue de l'Olivier
Rue d'Amphoux
Rue du Four de la Terre
Rue Thiers
Rue des Ecoles
Caserne Chabran 7'Genie
Rue Paul Bagnol
Flammarion
Bonneterie
Rue Cornue
Rue du Bon Pasteur
Bourgneuf
Rue Franche
Rue Saint Christophe
Rue Roquille
Rue Buffon
Rue du 58°
du Crucifix
Lices
St-Joseph
Chapelle des Pénitents Gris
Collège St-Joseph
Rue Rateau
R. de Londe
17
Rue des Teinturiers
Rue du Bon Martinet
Rue Tarasque
Avenue de St-Jean
Bd. Capdevila
Rue de Montfavet
B. d. Limbert
Portail Magnanen
Clinique St-François
Porte Magnanen
Rue Ninon Valin
Porte Limbert
St-Michel
Place Fr. Truffaut
Av. P. Semard
Avenue de la Trillade

Aus dem Kinderlied bekannt als Brücke von Avignon, der Pont St-Bénézet

mutende Rue des Teinturiers folgt dem Lauf des Flüsschens Sorgue. Schaufelräder unter Platanen verraten, dass längs des Ufers früher kräftig gewerkelt wurde. Mittendrin stehen das ehemalige Franziskanerkloster aus dem 13. Jh. und die **Chapelle des Pénitents-Gris** aus dem 15. Jh. Die Kapelle der Grauen Büßer ist Sitz der letzten in Avignon verbliebenen religiösen Bruderschaft. In die Gassenromantik des ehemaligen Viertels der Färber bringen Bars und Restaurants neues Leben. Während des Theaterfestivals nimmt die Nacht hier kein Ende – das Viertel ist so etwas wie die inoffizielle Bühne des Off-Programms.

Ile de la Barthelasse

Laut Volkslied wurde früher auf dem Pont Bénézet getanzt, und zwar *tout en rond,* auf dass die Röcke flogen. Dazu war es auf der Brücke allerdings viel zu eng: Getanzt wurde daher auf der **Ile de la Barthelasse** 18. Man erreicht die 7 mal 3,5 km große Rhône-Insel über den Pont Daladier, an dessen Ende man der Ausschilderung Ile de la Barthelasse folgt. Avignon ist mit einem Mal sehr weit weg. Neben einigen Gehöften fallen kleine Hügel auf, auf denen bei Hochwasser Mensch und Tier Zuflucht fanden. Seit dem 19. Jh. dient die traditionell für den Obst- und Weinanbau genutzte Insel zugleich als stadtnahes Erholungsgebiet. Ausflugslokale, Hotels und Campingplätze (darunter der städtische Camping Municipal du Pont d'Avignon, s. S. 177) sind auf Besucher eingestellt. Die Piscine Olympique des Arènes (s. S. 178) verfügt über olympische Maße – eine schöne Gelegenheit für sportliche Übungen. Wer's besinnlicher mag: Vom Ufer ist der Blick in der Abenddämmerung auf Avignon, dessen Zinnen sich goldrot färben, schlichtweg romantisch.

i **Office de Tourisme:** 41, Cours Jean Jaurès, 84000 Avignon, Tel. 04 32 74 32 74, Fax 04 90 82 95 03, information@ot-avignon.fr, www.avignon-tourisme.com. Hier gibt es den **Avignon-Pass,** der Ermäßi-

gungen in Museen, Denkmälern und öffentlichen Verkehrsmitteln gewährt, und eine Liste von **Radverleihern** (s. auch S. 178).

La Mirande 1: 4, Pl. de la Mirande, Tel. 04 90 85 93 93, Fax 04 90 86 26 85, www.la-mirande.fr, Jan. geschl. Herrschaftlicher Barockpalais mit Original-Interieur des 18. Jh., Innenhof mit Skulpturen und Kübelpflanzen, Blick auf Papstpalast. Zentrale, stille Lage. DZ ab 295 €. Restaurant mit Michelin-Stern: Di, Mi geschl., Menü 33 € (mittags)–105 €. Tipp: Kochkurse ›Le Marmiton‹ in den Küchen aus dem 19. Jh.

Cloître St-Louis 2: Rue du Portail-Boquier, Tel. 04 90 27 55 55, Fax 04 90 82 24 01. Schlafen in ehemaligen Mönchszellen mit Blick auf den Kreuzgang. Um den Brunnen des barocken Klosterhofs stehen Platanen. DZ ab 100 €.

La Garlande 3: 20, Rue Galante, Tel. 04 90 85 08 85, Fax 04 90 27 16 58, So im Winter geschl. Das Hotel im Altstadtpalais lebt von der resolut-freundlichen Patronne. DZ ab 89 €.

L'Anastasy 4: Ile de la Barthelasse, Tel. 04 90 85 55 94, Fax 04 90 82 59 40, www.avignon-et-provence.com/bb/anastasy. Ehemaliger Obstbauernhof mit 5 Chambres d'hôtes, möbliert mit der einen oder anderen Antiquität. Praktische Wandschränke, großzügige Bäder. Für den Komfort sorgen Föhn und Bademantel. Beim Zurückschlagen der Fensterläden Blick in den Garten. DZ/F 85 €, ab 2 Nächten; Abendessen inkl. Getränke 30 €.

Hôtel Mignon 5: 12, Rue Joseph-Vernet, Tel. 04 90 82 17 30, Fax 04 90 85 78 46, www.hotel-mignon.com. Gute Lage, plüschige Zimmer, sympathischer Patron. DZ ab 50 €.

Camping Municipal du Pont d'Avignon 6: 10, Chemin de la Barthelasse, Ile de la Barthelasse, Tel. 04 90 80 63 50, Fax 04 90 85 22 12, www.camping-avignon.com, Ostern bis Okt. Städtischer 4-Sterne-Campingplatz.

La Compagnie des Comptoirs 7: 83, Rue Joseph-Vernet, Tel. 04 90 85 99 04. Ehemaliges Kloster, in dem die Zwillinge Pourcel, zwei Sterneköche aus Montpellier, einen Ableger eröffnet haben. Mit dem Wok nach Fernost, mit einer *tajine* nach Nordafrika, mit Krebs-*accras* auf die Antillen. Menü ab 32 €.

Numéro 75 8: 75, Rue Guillaume-Puy, Tel. 04 90 27 16 00, geschl. Aug., So, außer Juli auch Mo. Im ehemaligen Stadtpalais der Familie Pernod. Theatralik dank falschem Marmor, Design dank Fauteuils von Starck. *Tajine* mit Mandeln, marinierte Anchovis aus Collioure, Tunfisch mit Foie gras. Menü ab 28 €.

Le Vernet 9: 58, Rue Joseph-Vernet, Tel. 04 90 86 64 53, www.levernet.fr, Dez.–Jan. geschl. Im Garten speisen, wenn Palais und Kirchen besichtigt sind oder wenn man Lust auf ordentliche französische Küche hat. Menü ab 24 €.

Chez Floriane 10: Le Petit Louvre, 23, Rue St-Agricol, Tel. 04 90 27 12 66, geschl. So, außer Juli auch Mo. Ein Saal mit ockerroten Wänden und Lüstern im eleganten Hof eines barocken Hôtel particulier. Gegrillter Mittelmeer-Tunfisch, gegrillte frische Ananas. Menü ab 23 €.

L'Entrée des Artistes 11: 1, Pl. des Carmes, Tel. 04 90 82 46 90, Sa, So geschl. Bistro mit roter Fassade, Terrasse und jovialem Patron. Dominique Parment schlägt Tarte mit Ziegenkäse und Tomatencoulis, ein Duo mit Dorade und Rotbarben an Knoblauchbutter und zum Dessert Tarte Tatin vor. Menü ab 20 €.
Le Grand Café 12: La Manutention, Cours Maria-Casarès, Tel. 04 90 86 86 77, So, Mo geschl. Der gut 5 m hohe Saal sieht auf den ersten Blick aus wie eine alte Lagerhalle. Die Karte setzt auf die klassischen Rezepte der Provence, lässt sich aber auch von den benachbarten Mittelmeerküchen inspirieren, so etwa beim Lamm-Tajine mit Aprikosen. Menü 17–30 €.

La Bouteillerie: im Palais des Papes, Tel. 04 90 27 50 85. Die Verkaufsstelle der Rhône-Winzer bietet eine jährlich wechselnde Auswahl von Weinen zu interessanten Preisen an. Obendrein gibt es offene Weine und Degustationen.
Mouret Chapelier: 20, Rue des Marchands. Denkmalgeschützter Hutsalon von 1860. Allein 18 Panama-Modelle (s. auch S. 172).
Pichon: 21, Pl. Crillon. 200 Jahre alter Familienbetrieb für Fayencen aus Uzès.
Pâtisserie Mallard: 32, Rue des Marchands. Schokolade, Pralinés, Petits Fours, aber auch Deftiges.
Märkte: Pl. Pie, Di–So vormittags in den Hallen; Rempart St-Michel, Sa, So vormittags unter freiem Himmel; Pl. des Carmes, Sa, Blumenmarkt; Pl. des Carmes, So, Flohmarkt.

Bistrot Utopia: 4, Rue des Escaliers, Tel. 04 90 82 65 36, Mo–Sa 11.30–1, So 14–1 Uhr. Bar des gleichnamigen Programmkinos, unter einem Wintergartendach (neben dem Restaurant Le Grand Café). Avignons Künstler- und Kulturtreff.
La Tache d'Encre: 1, Rue Tarasque, Tel. 04 90 85 97 13, tgl. ab 18 Uhr. Winziger Saal plus winzigem Innenhof mit Feigenbaum plus zwei kleinen Bühnen. Macht ein *café-théâtre,* in dem immer etwas los ist.
Le Red Zone: 25, Rue Carnot, Tel. 04 90 27 02 44, www.redzonebar.com, tgl. 21–3 Uhr. Techno, House, Groove und Di Salsa – die angesagteste Disco der Stadt.

Festival d'Avignon: Mitte Juli–Anfang Aug., Reservierungen Bureau du Festival, Tel. 04 90 14 14 14, www.festival-avignon.com. Frankreichs wichtigstes Theaterfestival. Mit offiziellen Aufführungen im Innenhofs des Papstpalastes sowie Off-Programm, www.avignon-off.org.
Festival provençal: Mitte Juli–Anfang Aug. Folklorefest mit provenzalischen Tänzen, Spezialitäten, Gesängen,
Fête des Côtes-du-Rhône primeur: 3. Do im Nov. Weinfest zum neuen Côtes-du-Rhône.

Fahrradverleih: Transhumance Voyages, Gare Routière (Busbahnhof), Mai–Sept., Tel. 04 90 95 57 81; organisiert auch Stadtbesichtungen mit dem Drahtesel. Provence-bike, 52, Bd. St-Roch, Tel. 04 90 27 92 61, www.provence-bike.com; Fahrräder und Motorroller.
Schwimmen: Piscine Olympique des Arènes, 135, Allée Antoine Pinay, Tel. 04 90 82 54 25, Mai–Sept. Schönes Freibad auf der Ile de Barthelasse.

Nahverkehr: 30 Linien der TCRA-Busse (Einzelfahrt 1,10 €). Auskunftsbüro Av. Maréchal de Lattre-de-Tassigny, Mo–Fr 8.30–12.30, 13.30–18 Uhr, Tel. 04 32 74 18 32, www.tcra.fr. Während des Theaterfestivals von 19.30 bis 1.30 Uhr Sonderbusse zwischen den Aufführungsorten und Pauschal-Wochenkarte.
Zug: TGV-Bahnhof (10 Min. außerhalb) sowie Bahnhof am Zentrum (Bd. St-Roch), Tel. 08 36 35 35 35.
Bus: Gare routière (Busbahnhof), Bd. St-Roch, Auskunft Tel. 04 90 82 07 35. Verbindungen nach Aix, L'Isle-sur-la-Sorgue, Nîmes, Carpentras, Cavaillon. Innerstädtischer Bus, Information und Fahrscheine Espace Bus, Pl. Pie, Tel. 04 90 85 44 93, und Tourelle, Porte de la République, Tel. 04 90 82 68 19.

Eine feste Burg: der trutzige Papstpalast

TRESORS
d'HORLOGERIE

Villeneuve-lès-Avignon

Reiseatlas: S. 4, E 4
Avignon gegenüber liegt am rechten Rhône-Ufer **Villeneuve-lès-Avignon.** Mit dem Bus braucht man eine Viertelstunde in die ›Neustadt‹, zu Fuß eine halbe Stunde über den Pont Daladier.

Villeneuve-lès-Avignon teilt das Schicksal vieler Städte und Orte in unmittelbarer Nähe eines Touristenmagneten: Die Massen wollen nur eines, die ›richtige‹ Attraktion (in diesem Fall Avignon) sehen, und vergessen den Rest. Der aber lässt sich im Fall von Villeneuve-lès-Avignon sehen. Im Mittelalter, als die feinen Nasen der städtischen Oberschicht von Avignon wegen der fehlenden Kanalisation malträtiert wurden und die Stadt der Päpste zudem übervölkert war, zog es den wohlhabenden Klerus auf die andere Seite der Rhône. Im Schutze des dicht begrünten Klosterhügels Puy Andaon gefiel es begüterten Kardinälen und anderen Würdenträgern der Kirche bestens: Villeneuve war dicht genug bei der Stadt, damit sie jederzeit den kirchlichen Geschäften nachgehen konnten, und weit genug entfernt vom weltlichen Lärm und Dreck Avignons. Als Gründer der Stadt gilt der französische König Philipp der Schöne, der Villeneuve 1293 unterhalb des Klosters und des Forts St-André gründete. Noch im selben Jahr ließ er unweit der Rhône-Brücke eine weitere Verteidigungsanlage bauen, von der nur noch der imposante Turm, die **Tour de Philippe-le-Bel,** erhalten ist. Mit dem Bollwerk wollte die Krone der geballten Macht der Päpste am anderen Ufer Paroli bieten. Villeneuve-lès-Avignon florierte dank seiner illustren Gäste, der Kardinäle und pensionierten Kirchenmänner aus der Papststadt.

Vom Parkplatz an der ufernahen Avenue Verdun führt ein Weg zum **Fort St-André** hinauf. Die Festung mit der wuchtigen, das Stadtbild dominierenden, von zwei Rundtürmen flankierten Torburg stammt aus dem Jahre 1362. Allein der Blick über den Strom auf Avignon lohnt den Besuch des Forts. Nach fünf Minuten zu Fuß gelangt man zu einem Durchgang im Haus Nr. 10 in der Rue de la République und schließlich auf verschlungenem Zickzackkurs zur **Chartreuse du Val de Bénédiction.** Bescheidenheit zahlt sich aus: Das zum Papst gewählte Oberhaupt aller Kartäuser, Jean Birel, hatte demutsvoll auf das hohe Amt des Pontifex maximus verzichtet. Der glückliche Sieger der erneuten Wahl, Etienne Aubert, nannte sich Innozenz VI. und stiftete zum Dank für den unerwarteten Titel 1356 den Kartäusern seinen ehemaligen Kardinalswohnsitz. Aus dem Eremitenkloster entwickelte sich die größte und einflussreichste Kartause Frankreichs. In ihren sehenswerten Räumlichkeiten bietet heute ein internationales Kulturzentrum, das dem allsommerlichen Theaterfestival von Avignon Konkurrenz macht, Künstlern Arbeits- und Wohnmöglichkeiten.

Im **Musée Pierre de Luxembourg** an der Rue de la République widmet man sich sakraler Kunst. Neben anderen Kostbarkeiten wie zwei Elfenbeinmadonnen hängt dort die 1453 für die Trinité-Kapelle der Chartreuse du Val angefertigte, großformatige ›Marienkrönung‹, ein meisterlich komponiertes Gemälde von Enguerrand de Quarton (April–Sept. Di–So 10–12.30, 14–18.30, Okt.–Jan., März 10–12, 14–17 Uhr). Die um 1320 errichtete **Kollegiatskirche Notre-Dame** an der Place St-Marc wurde von Kardinal Arnaud de Via, einem Neffen von Papst Johannes XXII., errichtet. Das dazugehörige Kloster ist etwas jünger als Notre-Dame. Über die Montée de la Tour gelangt man zur gut 700 Jahre alten **Tour Philippe-le-Bel,** von dessen Spitze der Blick auf Avignons berühmten Pont St-Bénézet fällt. Unten am Ufer lädt der **Sentier de la Plaine de l'Abbaye,** ein botanischer Lehrpfad, zu dem das Office de Tourisme ein Faltblatt bereithält, zu einem Spaziergang längs der Rhône ein.

i **Office de Tourisme:** 1, Pl. Charles David, 30400 Villeneuve-lès-Avignon, Tel. 04 90 25 61 33, Fax 04 90 25 91 55, www.villeneuvelezavignon.fr/tourisme.

Hôtel de l'Atelier: 5, Rue de la Foire, Tel. 04 90 25 01 84, Fax 04 90 25 80 06, www.hoteldelatelier.com, Jan.–Mitte Feb. geschl. 500 Jahre altes Palais eines Kardinals, Innenhof mit Garten. Von den Zimmern gleicht keines dem andern. Nr. 21 überrascht durch seine stattliche Größe. Nr. 42 ist ein heimeliges Dachzimmer, aber mit Klimaanlage. DZ 50-99 €.

C'est la lune: Les Angles (südl. Ortrand), Montée du Valadas, Tel. 04 90 25 40 55, So, Mo geschl. Man sitzt auf dicken Kissen am Boden, beschirmt von Fallschirmen, oder auf schmiedeeisernen Gartenstühlen mit Blick ins Grüne. Die Provence stellt nur das kulinarische Beiwerk, etwa beim Tandori-Huhn mit Camargue-Reis. Menü ab 24 €.

Pont du Gard

Reiseatlas: S. 4, D 4
Von **Castillon-du-Gard** führt ein Wanderweg zum Pont du Gard. Das Dorf empfängt mit einem netten Platz. Dank des Luxushotels mittendrin konnten viele verfallene Gemäuer restauriert werden. Der **Pont du Gard** ist genau genommen ein Aquädukt, das den Gardon überspannt – und ein Besuchermagnet ersten Ranges. Der Erfolg drohte dem Bau aus dem 1. Jh. n. Chr. zum Verhängnis zu werden. Was fast 2000 Jahre unverwüstlich den Hochwasserfluten des Gardon und dem Druck von täglich 20 000 m³ Wasser in der Leitung standgehalten hatte, geriet durch die Besuchermassen auf der oberen Arkadenreihe und zu Füßen der Stützbögen ins Wanken. Als die Garrigue zunehmend weggetrampelt war, wuschen Wind und Wetter den Boden fort – höchste Alarmstufe für das antike Bauwunder. Heute darf man nicht mehr bis direkt an den Pont du Gard fahren. Auch der Zugang zu Fuß ist ab dem Parkplatz reglementiert, auf das Aquädukt zu klettern, ist ebenfalls nicht mehr erlaubt. Die Ramschbuden sind verschwunden. Im Gegenzug entstand ein vom Architekten Paul Viguier geschickt in eine Hügelflanke am linken Gardon-Ufer versenktes Besucherzentrum mit Museum und Boutiquen. Zypressen und Olivenbäume kaschieren die Neubauten. Hinzugekommen sind außerdem der botanische Lehrpfad Mémoire de Garrigue und der zu den Steinbrüchen von Estal.

Ein Son-et-Lumière-Spektakel setzt den von der Unesco zum Weltkulturerbe erhobenen Pont du Gard in Sommernächten in Szene. Die Wasserrinne über den Gardon oder Gard entstand aus der Notwendigkeit, die 50 km lange Versorgungsleitung von der Eure-Quelle bei Uzès störungsfrei um die steilen Cevennen-Ausläufer herum nach Nîmes zu leiten. Drei insgesamt etwa 50 m hohe Etagen mit Bogen verschiedener Höhe und Breite, die bis auf die obere wasserführende Arkadenreihe überwiegend mörtellos aus jeweils 6 t schweren Blöcken zusammengesetzt sind, überspannen auf einer Länge von 275 m die beiden Flussufer. Die Quader wurden aus einem Steinbruch bei Vers-Pont-Gard etwas weiter nördlich herbeigeschafft, in dem noch heute Baumaterial gewonnen wird.

Office de Tourisme du Pont du Gard: Pl. des Grands Jours, 30210 Remoulins, Tel. 04 66 37 22 34, Fax 04 66 37 22 34, info@ot-pontdugard.com, www.ot-pontdugard.com.

Le Vieux Castillon: Rue Turion Sabatier, Castillon-du-Gard, Tel. 04 66 37 61 61, Fax 04 66 37 28 17, www.vieuxcastillon.com. Das Hotel entstand aus den mittelalterlichen Ruinen des Dorfes Castillon. Der malerische Charme von Gassen und Burgzinnen trifft auf modernen Komfort. Patios und Pool verbinden sich zum Hideaway hoch über den Weinbergen. Und die vom Süden geprägte Küche ist jede Sünde wert. DZ ab 220 €; Menü 107 €, mittags 49 €.

Uzès

Reiseatlas: S. 3/4, C 3/4–D 4
Auf dem Weg nach Uzès lohnt das Burgdorf **St-Maximin** einen ersten Halt. Garrigue sprießt ums Dorf. Ein Onkel des Dichters

Jean Racine hat das herrliche Schloss im 17. Jh. auf den Fundamenten einer Templerburg errichten lassen. Heute dient der Bau als kleines, sehr feines Luxushotel.

Es ist wieder still in **Collias** geworden. In den 1970er Jahren war das Dorf eine Hippie-Hochburg, das als ›Kathmandu am Gardon‹ belächelt wurde. Die Hippies sind fort. Collias lohnt den Besuch wegen der Bademöglichkeiten im Gardon. Von der Kajakbasis (s. u.) kann man bis zum Pont du Gard paddeln. Sehenswert sind auch die Grotten und vor allem die **Ermitage Notre-Dame de Laval** mit römischer Brücke und Minerva-Brunnen: Wer den Finger eintaucht, wird weise, denn bekanntlich ist Minerva die Göttin der Weisheit.

Uzès ist ein urprovenzalisches Städtchen mit 8000 Einwohnern, Platanenboulevard und malerischer Altstadt. Gleich vier Türme dominieren die ursprünglich römische Gründung Ucetia, aus der sich im Mittelalter ein schmuckes Bischofsstädtchen entwickelte. Glanzstück bleibt die 42 m hohe, wie ein italienischer Campanile frei stehend errichtete **Tour Fenestrelle** aus dem 12. Jh. Dieser runde, von romanischen Arkadenfenstern durchbrochene sechsstöckige Glockenturm ist das einzige Überbleibsel der ersten **Kathedrale St-Théodorit.** Der heutige Bau stammt aus dem 17. Jh. Besteigen darf man die eckige **Tour Bermonde,** die zur imposanten **Duché** gehört. Den ehemals herzoglichen Palast ziert eine Renaissance-Fassade, die Philippe Delorme entworfen hat. Unter Louis XIII. stieg Uzès zum ersten Herzogtum des Landes auf. Entsprechend imposant ist der Bau. An der gotischen Kapelle des Palastkomplexes leuchtet das aus bunt lasierten Ziegeln zusammengelegte Wappen der Herzöge. Turm Nummer drei, die **Tour de l'Horloge,** stammt teils aus karolingischer Zeit. Ihm Paroli bietet Turm Nummer vier, die **Tour du Roi.**

Zum Wochenmarkt unter den kühlen Arkaden der mittelalterlichen **Place aux Herbes** findet sich samstags ganz Uzès ein. Alles, was Provence und Languedoc an Köstlichkeiten zu bieten haben, wird vor einer Kulisse angeboten, die so einladend ist, dass hier einige Szenen mit Gérard Depardieu als Cyrano de Bergerac im gleichnamigen Mantel- und Degenepos gedreht wurden. Im Schatten der Kastanien der **Promenade des Marroniers** schlendert es sich nach dem Marktbesuch angenehm zum **Pavillon Racine,** wo der Dichter Jean Racine (1639–1699) mehrmals gewohnt haben soll. Die Aussicht von der Promenade über das Tal der Eure und den Parc du Duché ist herrlich. Die Boulespieler haben dafür freilich kein Auge.

Im **Musée du Bonbon Haribo** dokumentieren Werbeplakate, Videos und eine kleine Schauproduktion die über 100-jährige Geschichte der Bonbonherstellung in Uzès – das Museum der Firma aus Bonn, die in Frankreich so beliebt wie in Deutschland ist, kam in den Hallen der ehemaligen Lakritzfabrik Zan unter (Pont des Charrettes, Tel. 04 66 22 74 39; Juli–Sept. tgl. 10–19, Okt.–Juni 10–13, 14–18 Uhr, Mo geschl.).

Office de Tourisme: Pl. Albert 1er, 30700 Uzès, Tel. 04 66 22 68 88, Fax 04 66 22 95 19, otuzes@wanadoo.fr, www.uzes-tourisme.com.

Hostellerie Provençale: 1–3 Grande Bourgade, Tel. 04 66 22 11 06, Fax 04 66 75 01 03, www.hostellerie-provencale.com. Frisch renovierte, modern ausgestattete DZ ab 75 €. Im Restaurant regionaltypisches Menü ab 29 €, mittags 19 €.
Château de St-Maximin: Rue du Château, St-Maximin (3 km südöstl.). Tel. 04 66 03 44 16, Fax 04 66 03 42 98, www.chateaustmaximin.com, Ostern–Okt. Eine Handvoll luxuriöser Zimmer auf einem honigblonden Schloss. DZ 145–320 €. Restaurant (nur abends, Mo, Di geschl.) mit Gewölbe und frischer Mittelmeerküche. Menü ab 45 €.

Trüffelmarkt: Mitte Nov.–März Sa vormittags an der Av. de la Libération, Uzès.
Wochenmarkt: Sa, Place aux Herbes, Uzès.

Kajakbasis: Kayak Vert, Berges du Gardon, Collias, Tel. 04 66 22 80 76, kayak.vert@wanadoo.fr.

Die Alpilles

Reiseatlas S. 11

Eine der majestätischsten Platanenalleen der Provence verläuft von Plan d'Orgon über St-Rémy-de-Provence nach Tarascon (D 99). 25 km geht es durch ein Spalier kathedralhoher Stämme. Im Süden recken sich die Alpilles. Der bleiche Drachenzackenkamm erreicht nicht einmal 500 m Höhe, wirkt jedoch vor der tischtuchflachen Crau-Ebene wie ein echtes Gebirge.

St-Rémy-de-Provence

Reiseatlas: S. 11, A 1
Der Platanenboulevard legt einen Ring um das bestrickende Städtchen, das sich als kleine Kapitale der Alpilles behauptet. Im Renaissance-Palais Mistral de Montdragon zeigt das **Musée des Alpilles** folglich alles über Kostüme und Traditionen des Bergzugs (Pl. Favier, März–Dez. tgl. 10–12, 14–17, Juli–Aug. bis 19 Uhr). St-Rémy-de-Provence blickt auf eine über 2300-jährige Geschichte zurück. Die heutige Stadt breitet sich 2 km nördlich der antiken Stadt Glanum aus. Im **Musée Archéologique,** das im spätmittelalterlichen Hôtel de Sade untergebracht ist, werden Funde aus den ausgegrabenen römischen Villen gezeigt (Pl. Favier, Juni–Sept. Di–So 10–12, 14–18, Mo geschl. Okt.–Dez., Feb.–Mai Fr–So, Mi bis 17 Uhr). Das **Ruinenfeld Glanum** mit Thermen, Forum, Tempel und Villen selbst liegt an der D 5 Richtung Les Baux-de-Provence (April–Sept. 10–12, 14 bis 18, Okt.–März 10–12, 14–17, Juli–Aug. 10 bis 12, 14–19 Uhr, Mo geschl.). **Les Antiques** auf der gegenüberliegenden Straßenseite umfasst ein reich dekoriertes Mausoleum (um 30 v. Chr.), einen Triumphbogen mit Reliefs (um 20 n. Chr.) und die Reste eines Bewässerungssystems (frei zugänglich).

Künstler zieht es seit dem 19. Jh. nach St-Rémy-de-Provence. Der bekannteste hieß Vincent van Gogh. Im **Monastère St-Paul-de-Mausole** fand der Niederländer ein Obdach, nachdem er sich das Ohr abgeschnitten hatte. Das Kloster mit romanischem Kreuzgang (12.–18. Jh.) am nördlichen Ortsrand war schon damals eine psychiatrische Anstalt. Hier verbrachte van Gogh 1889/1890 schwere Monate, während derer er 150 Werke schuf (April–Okt. 9.30–19, Nov.–März 10.30–13, 13.30–17 Uhr). Die Promenade van Gogh, ein Rundweg auf den Spuren des Ma-

Mit dem Autor unterwegs

Köstliche Kekse

Jedes Süßmaul kennt in St-Rémy den Chocolatier Joël Durand. Aber schon mal etwas vom **Petit Duc** gehört? Hinter der Konditorei stecken der Deutsche Hermann Van Beek und seine Frau Anne Daguin. Spezialität sind Kekse nach alten Rezepten, etwa Linzer Herzen oder das Buttergebäck Pain de Tante Jeanne (s. S. 185).

Fantastische Aussichten

Der **Fernwanderweg GR 6** (rot-weißer Doppelbalken) führt von Eygalières über den Alpilleskamm nach St-Rémy-de-Provence (ca. 12 km). Anstrengend! Dafür gibt's fantastische Aussichten und die antiken Ausgrabungen von Glanum. IGN-Karte ›Les Alpilles‹ 1:50 000.

Richtig Reisen-Tipp: Liebe auf den ersten Klick

Manchmal genügt ein Augenblick, und es macht Klick. So kann es einem mit dem **Hôtel Les Ateliers de l'Image** in St-Rémy-de-Provence gehen. In jedem Zimmer hängen Fotografien: Porträts, Abstraktes, Fotogramme, Landschaften der Provence. Die Bilder sind während eines Fotokurses im Hotel entstanden, dessen Name Programm ist. Hoteldirektor Antoine Godard hat an der Ecole Nationale de la Fotographie im nahen Arles studiert. Schon vor dem Examen assistierte Antoine einem Dozenten bei dessen Fotokursen in den Dorfhotels der Alpilles und ärgerte sich darüber, dass weder Labor noch Dunkelkammer vorhanden waren. Als in St-Rémy das alte Kino und kurz darauf das Hotel Provençal zu verkaufen waren, erfüllte Antoine sich einen Traum: ein Hotel, das ganz der Fotografie gewidmet ist. Aus dem alten Gemäuer wurde so das vielleicht schönste Design-Hotel der Provence. Mit einer Rezeption, die zugleich Fotogalerie ist. Mit einem Park, der als Freiluftstudio dient. Und mit einem Labor mit acht Arbeitsplätzen – für Fotokurse, eben.

»Bitte nicht ohne Aufforderung betreten«, steht an der Larbortür, hinter der Fotogramme und Morcandages auf dem Lehrplan stehen. Fotogramme heißen die paradoxen Fotoexperimente etwa von Man Ray: X-beliebige Gegenstände werden aufs Fotopapier gelegt. Nach der Belichtung wirken sie wie surreale Abziehbilder ihrer selbst vor schwarzem Hintergrund. Noch größer wird die Entfremdung von Objekt und Bild in der Morcandage-Sitzung. Ein Schwarzweiß-Abzug wird so lange in einem Chemiebad gebleicht, bis sich die Gelatine an den dunklen Stellen ablöst. Mit einem Wattebausch kann man beim abschließenden Abspülen unter dem Wasserhahn ganze Partien auf dem Fotopapier verschieben.

Les Ateliers de l'Image: Traverse de Borry, 5, Av. Pasteur, Tel. 04 90 92 51 50, Fax 04 90 92 43 52, www.hotelphoto.com. DZ 165–305 €, Suiten bis 550 €.

lers (Faltblatt im Office de Tourisme), führt u. a. zum **Centre van Gogh** im barocken Hotel Estrine. Dokumentiert wird van Goghs Leben anhand von Briefen und zeitgenössischen Unterlagen (Rue Estrine, März–Dez. Di–So 10.30–12.30, 14.30–18.30 Uhr, Mo geschl.). Nicht zu vergessen: Nostradamus (1503 bis 1566), Frankreichs prominentester Prophet, ist ein Sohn der Stadt. Und ein exzellenter Wein gedeiht obendrein um St-Rémy-de-Provence.

i **Office du Tourisme:** Pl. Jean Jaurès, 13210 St-Rémy-de-Provence, Tel. 04 90 92 05 22, Fax 04 90 92 38 52, info@saintremydeprovence.com, www.saintremy-de-provence.com.

Les Ateliers de l'Image: s. Tipp oben.
Le Château des Alpilles: D 31 (2 km westl.), Tel. 04 90 92 03 33, Fax 04 90 92 45 17, www.chateaualpilles.com, Mitte Feb. bis Mitte Nov. Von kathedralhohen Platanen umgebenes Lustschlösschen. Still. Zimmer mit Antiquitäten. Man hat jedoch keine Berührungsängste vor der Moderne: Im Frühstückssaal kontrastiert goldprangender Stuck mit den Tulpenstühlen des Architekten und Designers Eero Saarinen. DZ ab 165–230 €.
Domaine de Valmouriane: Petite Rte. des Baux (D 27, 4,5 km westl), Tel. 04 90 92 44 62, Fax 04 90 92 37 32, www.valmouriane.com, 2. Nov.-, 1. Jan.-Hälfte. geschl. Bukolischer Schlupfwinkel mit 6 ha schönster Alpilles-Landschaft: Wald, Wiese, Fels und Olivenhain. Kaminbar mit Piano. Junge, aufmerksame Equipe. DZ ab 125 €.
Hôtel du Soleil: 35, Av. Pasteur, Tel. 04 90 92 00 63, Fax 04 90 92 61 07, www.hotelsoleil.com, Nov.–März geschl. Weiter Innenhof mit Terrasse und Pool – trotzdem bezahlbar. DZ ab 53 €.

Le Mistral Gourmand: 12, Av. Durant Maillane, Tel. 04 90 92 14 65, nur abends, So geschl. Schmales Bistro im Abseits der Touristenströme. Nette, familiäre Atmosphäre. Schmackhafte Küche des Südens, die nach Marktangebot wechselt. À la carte 35–40 €.

La Maison jaune: 15, Rue Carnot, Tel. 04 90 92 56 14, geschl. Winter So abend, Mo, Sommer Di mittag, Mo. François Perraud ist der beste Koch der Stadt. Gegrillte Sardinen mit Koriander, Täubchen auf Kohl, mit Walnussöl beträufelt und mit Wein aus Les Baux abgeschmeckt. Menü ab 30 €.

Alain Assaud: 13, Bd. Marceau, Tel. 04 90 92 37 11, geschl. Do, Sa mittag, Mi. Balken, Natursteinwände, Tischdecken mit blau-weißen Karos – Assaud gibt sich betont rustikal und kocht bodenständig provenzalisch. Menü ab 25 €.

Markt: Mi morgens. Juni–Sept. Di ab 19.30 Uhr Abendmarkt (Handwerk).

Chocolatier Joël Durand: 3, Bd. Victor Hugo, Tel. 04 90 92 38 25. Pralinés, Bonbons und Chocolats, hausgemacht und exquisit.

Petit Duc: 7, Bd. Victor Hugo, Tel. 04 90 92 38 25. Kekse nach alten Rezepten (s. S. 183).

Château Romanin: D 99 (Richtung Cavaillon), Tel. 04 90 92 45 87. Weine der AOC Les Baux-de-Provence aus biologischem Anbau, mit Aromen von schwarzer Johannis- und Blaubeere.

Fête de la Transhumance: Pfingstmontag. Auftrieb der Schafherden in die Alpilles mit zwei Ehrenrunden durch die Stadt.

Fête des Peintres: 1. So im Mai, Juni, Sept., Okt. 250 Künstler aus ganz Frankreich bieten ihre Bilder an.

Durch die Alpilles

Reiseatlas: S. 11, B 1

Von St-Rémy verläuft die D 99 als fast lückenlose Platanenallee in Richtung Cavaillon. Nach Norden lugen die Alpilles durch das Spalier der dicken Stämme. Nach ca.10 km biegt ein Landsträßchen (D 74 A) ab. Nach weiteren 4 km taucht der **Mas de la Brune,** ein herrliches Renaissance-Herrenhaus auf, zu dem ein Alchimistengarten gehört – Nostradamus allerorten!

Le Mas de la Brune: an der D 74 A, Tel. 04 90 90 67 67, Fax 04 90 95 99 21, www.masdelabrune.com, Mitte Dez.–Ende Jan. geschl. Renaissance-Schlösschen mit herrschaftlichem Park und viel Atmosphäre. Hinzu kommen Pool und Potager – und der Alchimistengarten (s. Tipp unten). DZ ab 160 €.

Richtig Reisen-Tipp: Beim Bart des Nostradamus

Den Anfang des Alchimistengartens macht ein Labyrinth, dessen Gänge aus der Luft betrachtet das hebräische Wort *berechit* ergeben. *Berechit* bedeutet ›am Anfang‹. So beginnt die Bibel. Die Idee stammt von den Landschaftsgärtnern Arnaud Maurières und Eric Ossart, die den Alichimistengarten für das Renaissance-Herrenhaus Le Mas de la Brune entworfen haben. Der Garten entstand an berufenem Ort: Nostradamus, Astrologe und Prophet, lebte bis zu seinem Tod 1566 im nahen Salon-de-Provence. Bei der Gestaltung gaben die Farbprinzipien der Alchimisten des 15. und 16. Jh. den Ausschlag. Drei Etappen führen zum Stein des Philosophen, dem Ziel aller Erkenntnis. Das ›schwarze Werk‹ mit Schieferplatten und düsterem Heckentunnel, das ›weiße Werk‹ mit weißadrigem Schilf und blassen Iceberg-Rosen, schließlich das ›rote Werk‹, wo die Granatäpfel mit den blutroten Bellegarde-Rosen um die Wette leuchten.

Le Jardin de l'Alchimiste: Le Mas de la Brune (D 74 A, s. auch oben), www.jardin-alchimiste.com., contact@jardin-alchimiste.com, Mai–Anfang Okt. Di–Fr 14–19, Sa, So 10–19 Uhr und auf Verabredung, Tel. 04 90 90 67 67.

Am Pfingstmontag werden in St-Rémy über 4000 Schafe durch die Stadt getrieben

Eygalières

Reiseatlas: S. 11, B 1

Zwei kerzengerade Zypressen bewachen an der Kreuzung D 74 A/D 24 B die romanische **Chapelle St-Sixte,** deren Mauern sich am nackten Fels festkrallen. Vom Hügelchen der Kapelle geht der Blick auf die Alpilles und **Eygalières.** Das zauberhafte Dorf kann sich mit einer illustren Namensliste schmücken: Charles Aznavour, Amanda Lear, Showmaster Michel Drucker und die Familie des ehemaligen Premierministers Jospin besitzen ein Haus in der Nähe. Eygalières' Prominente verirren sich selten aus ihren Villen ins Dorf. Wenn, dann höchstens ins Restaurant des Flamen Wout Bru, wo für sündhaft teures Geld himmlisch getafelt wird (s. Essen und Trinken). Ein paar Schritte weiter zechen Eygalières' Winzer und Olivenbauern im Café. Nach getaner Arbeit. Im 20. Jh. erst ist das Dorf sozusagen vom Hügel in die Ebene gerutscht – es gab auf dem Hügel nichts mehr zu verteidigen und unten war und ist man besser vor dem Mistral geschützt. Zurück auf dem Hügel blieb *le vieux village,* ein Trümmerfeld, das kaum vom hellen Kalkfels zu unterscheiden ist. Ein Barockgiebel zeichnet sich messerscharf ins ewige Blau des Horizonts. Dahinter gähnt ein Abgrund. Der Blick fällt im Sturzflug in die Ebene, durchpflügt einen Weinberg und schnellt an der steilen Nordflanke der Alpilles wieder hoch. So abrupt erheben sich die ›kleinen Alpen‹ aus der Ebene, dass man meint, auf einem Dreitausender mit Blick aufs Hochgebirge zu sitzen. Im **Musée du Vieil Eygalières** werden Grabungsfunde ausgestellt (in der Chapelle des Pénitents, So 15–18 Uhr).

La Mairie: Pl. Marcel Bonein, Tel. 04 90 95 91 01. Hier gibt es eine Liste mit den wichtigsten Informationen inklusive Dorfplan.

La Maison Roumanille: Av. Charles de Gaulle, Tel. 04 90 95 92 61, Fax 04 90 90 61 75; www.maisonroumanille.com. Elegante Résidence Hôtelière mit Küche in den Appartements, aber auch der Möglichkeit, sich das Frühstück servieren zu lassen. Edelprovenzalisches Ambiente. Pool, Garten. DZ/F 105–120 €, Appartements für 4 Pers. 180 €.
Le Mas dou Pastre: Quartier St-Sixte (D 24 B), Tel. 04 90 95 92 61, Fax 04 90 90 61 75, www.masdoupastre.com. Provenzalisches Gehöft 1,5 km östl. Jedes Zimmer ist bis ins kleinste Detail liebevoll gestaltet. Pool, großer Garten. Man kann wahlweise in 2 luxuriös restaurierten Zigeunerwagen der Camargue nächtigen. Hausboutique mit provenzalischen Erzeugnissen. DZ 100–180 €, Roulotte (Zigeunerwagen) ab 105 € für 2 Pers.
Auberge Provençale: Pl. Marcel Bonein, Tel. 04 90 95 91 00. Gemütliche Zimmer mitten im Geschehen – es kann laut vor dem Fenster werden. Innenhof mit viel Grün. DZ 83 €.
La Bastide d'Eygalières: Chemin de la Pestelade, Tel. 04 90 95 90 06, Fax 04 90 95 99 77, www.labastide.com.fr, Jan. geschl. Kleines Hotel in großartiger Landschaft am Dorfrand. Der Pool der Bastide wird von Lavendel und Olivenbäumen eingerahmt. DZ 78–113 €.

Le Bistrot d'Eygalières: Rue de la République, Tel. 04 90 90 60 34, geschl. Mo ganzjährig, im Winter So abend, im Sommer Di, Mitte Feb.–Mitte März. Der Flame Wout Bru ist ein Hoffnungsträger der provenzalischen Haute Cuisine. Sein Restaurant, der ehemalige Dorfladen, ist nobel, aber schnörkellos – wie die Küche. Pochierter Hummer in einem Jus von Schalentieren. Menü ab 85 €.
Sous les Micocouliers: Traversée Montfort, Tel. 04 90 95 53, April–Okt. tgl., geschl. Nov., Dez. Sa, So, Jan.–März. Das Restaurant einer bekannten Fernsehgröße – der Ort zum Sehen und Gesehen werden. Frische Küche, schattige Terrasse unter Bäumen. Menü ab 31 €.
Le Petit Bru: 18, Av. Jean Jaurès, Tel. 04 90 95 98 89. Die einfache Ausgabe des Bistrot d'Eygalières: Wout Brus Küche zu erschwinglichen Preisen, in ungezwungener Atmosphäre. Mittagsmenü mit Wein und Kaffee zu 30 €.
Auberge Provençale: s. Übernachten. Eygalières' bodenständige Adresse, mit Klassikern wie *caillettes* (Mangold-Fleisch-Klößchen) und *daube* (Rinderschmortopf). Menü ab 18 €.

Domaine d'Eole: Rte. de Mouriès (D 24), Tel. 04 90 95 93 70. Weine der AOC Les Baux-de-Provence. Rote Cuvées, denen die Grenache-Traube eine rassige Note verleiht.
Domaine de Valdition: Rte. d'Eygalières (D 24 B), Orgon, Tel. 04 90 73 08 12. Olivenöl der AOC Vallée des Baux-de-Provence, Tapenaden, fruchtige, südliche Rot-, Rosé- und Weißweine.

Im Süden der Alpilles

Reiseatlas: S. 11, A/B 2
Die D 24 führt von der Nord- auf die Südflanke der Alpilles. Bei der Fahrt über den Kamm wechseln kalkbleiche Felsen mit Nadelwäldern. Ziel ist **Mouriès.** In keinem anderen Ort Frankreichs stehen mehr Olivenbäume als in dem Dorf, das 1920 als erstes der Alpilles über eine hydraulische Ölpresse verfügte.

Das Nachbardorf **Aureille** ist ein idealer Ausgangsort für eine Wander- oder Radtour. Von hier steigt die D 25 A (für Radler) bzw. der Fernwanderweg GR 6 (für Wanderer) zum Kamm der Alpilles an. Wanderweg wie Straße führen nach Eygalières. Mit dem Rad geht es

Oliven der Provence

Thema

Welches ist das beste Olivenöl der Provence? Die Wahl bleibt eine Frage der persönlichen Vorliebe. In der Kategorie ›mittelfruchtig‹ immerhin gibt es seit 2004 einen Favoriten: Das weltbeste ›mittelfruchtige‹ Olivenöl stammt aus der Mühle des Moulin des Barres im Vallée des Baux. So entschied die mit hochkarätigen Fachleuten besetzte Kommission des Mario-Solinas-Preises in Madrid und verlieh der Familie Quenin eine Goldmedaille.

Feigenbäume wuchern rund um die Terrasse des Moulin des Barres. Im Norden ragen die Alpilles auf. Es ist November, die Olivenernte hat begonnen. Die ganze Familie Quenin ist pausenlos im Einsatz. Ebenso pausenlos wird die Mühle sich bis zum Jahresende drehen.

In der Lagerhalle stehen riesige Kübel mit den fünf Olivensorten, die in den Gemeinden der AOC Vallée des Baux zugelassen sind. Über die Mischung der Sorten entscheiden die Quenin jedes Jahr neu: Die robuste Salonenque gibt dem Öl seine fruchtige Grundnote, die vor allem in Eygalières angebaute Béruguette bringt einen Hauch Artischocke hinzu. Der knallgrünen Verdale verdankt das Öl eine Note von frischen Kräutern, der mirabellengroßen Grossane den nussigen Geschmack, der winzigen Picholine die Würze. Keine Olive wartet länger als 24 Stunden auf die kalte Pressung. Jede Olive muss von Hand gelesen sein … Die Qualitätsanforderungen stehen auf einem handbeschriebenen Karton, den Quenin senior an die Wand geheftet hat. Das Huile d'olive vierge extra aus dem Moulin des Barres ist berühmt für seine ausgewogene Fruchtigkeit. Ganz frisch schmeckt das Öl hingegen bitter – was viele Einheimische mögen.

Olivenbäume sind neben Reben das bis heute in der Provence sichtbarste Erbe der Römer. Nicht wenige Bäume versorgen ihre Besitzer seit 200, 300 Jahren mit der aus der provenzalischen Küche nicht wegzudenkenden Frucht. Dabei spielt das Klima den Bäumen alle paar Jahrzehnte übel mit. Zuletzt 1984 vernichtete ein Rekordwinter ganze Hänge. Man hat in den vergangenen 20 Jahren kräftig nachgepflanzt. Erst nach fünf Jahren aber trägt der Olivenbaum Früchte. Erst nach 30 Jahren rentiert sich der Ertrag. Ungefähr 4 Mio. Olivenbäume zählt die Provence heute. Geernet wird von Mitte November bis in den Januar, wenn die schwarzen, überreifen Oliven besonders viel Öl ergeben, das zudem weniger Bitterstoffe als das Öl junger Früchte enthält. Bei der Frage nach der besten Sorte scheiden sich die Geister. Tatsache bleibt: Das beste Öl ist das der ersten Pressung *(huile d'olive vierge).* Dabei werden die zuvor zerbreiten Früchte kalt gepresst – nur so bleiben alle Aromastoffe erhalten. Kommt auf der Flasche der Zusatz ›extra‹ hinzu, stammt der goldgrüne Tropfen aus einem renommierten Anbaugebiet wie etwa dem Vallée des Baux. Außerdem darf das Öl dann nur 1 % ungesättigter Fettsäuren enthalten und muss deutlich nach der Frucht schmecken – so schreibt es das in Brüssel verabschiedete Qualitätsstufensystem vor. Manche Öle haben zudem wie Weine ein AOC-Label, so etwa das vom Moulin des Barres aus dem Vallée des Baux.

Le Moulin des Barres: Quartier de Gréoux, Maussane-les-Alpilles, Tel. 04 90 54 44 32.

von dort weiter zur majestätischen Platanenallee der D 99, zu Fuß hingegen über den steilen Kamm La Caume. Beider Wege Ziel ist St-Rémy.

Zurück auf die Südflanke der Alpilles: Wie in Mouriès dreht sich auch in **Maussane-les-Alpilles** dank 2000 ha Olivenbäumen alles ums Öl. Die stark befahrene Durchgangsstraße stört den Dorffrieden ein wenig.

Wie still und beschaulich es früher in den Dörfern nicht nur der Alpilles zuging, zeigt in **Le Paradou** La Petite Provence. Auf 500 m² sind mithilfe von so genannten Santons-Figuren 32 dörfliche Szenen der alten Provence en miniature zu bestaunen (75, Av. de la Vallée-des-Baux, Okt.–Mai tgl. 10–19 Uhr).

Bei **Fontvieille** denkt jeder Provenzale an den Schriftsteller Alphonse Daudet. Von der Mühle am südlichen Dorfrand mit komplett erhaltener Mechanik, heute Daudet-Museum, hat Daudet sich zu den berühmten ›Lettres de mon moulin‹ anregen lassen (Mai–Sept. 9–12, 13.30–18, Okt.–April 10–12, 14–17 Uhr). Tatsächlich geschrieben hat Daudet hier allerdings nicht. Darüber hinweg tröstet flott der Blick auf die Alpilles. Das enge, malerische Dorf lohnt ein paar Schritte.

Office de Tourisme: 5, Rue Marcel Honorat, 13990 Fontvieille, Tel. 04 90 54 67 49, Fax 04 90 54 69 82, ot.fontvieille@visitprovence.com, www.fontvieille-provence.com.

La Regalido: Rue F. Mistral, in Fontvieille, Tel. 04 90 54 60 22, geschl. Jan.–Mitte Feb. und Di mittags, Mo. In der Mühle mit Garten gibt es Gratin mit Bouzigues-Muscheln und Spinat oder Alpilles-Lamm mit eingelegten Knoblauchzehen. Menü ab 52 € (mittags 35 €).

La Petite France: 55, Av. de la Vallée des Baux, Le Paradou, Tel. 04 90 54 32 70. Mi, Do und Nov. geschl. Honigfarbene Natursteinwände, moderne Kunst, ein Weinkeller, der vom Tisch einsehbar ist: Man fühlt sich auf Anhieb wohl. *Rosace de thon* (Tunfischspiegel) mit Paprika und Rosmarinbutter, Lammnuss mit eingelegtem Knoblauch. Menü 25 €.

Les Olivades: Chemin des Indienneurs, St-Etienne-du-Grès (9 km südl.), Tel. 04 90 49 19 19, www.olivades.fr. Elegante Druckstoffe von höchster handwerklicher Qualität. Boutique mit leicht fehlerhafter Ware und auslaufenden Serien. Mo–Fr 9–12.30, 14–18, Sa 10.30–17 Uhr, Jan.–März geschl.

Les Baux-de-Provence

Reiseatlas: S. 11, A 1

Der Besuch des Ruinendorfes ist ein zweifelhaftes Vergnügen. Da wäre zum einen die unvergleichliche Lage hoch auf einem Fels, mit Blick über die Olivenhaine und die Kette der Alpilles. Das Panorama reicht bei klarem Wetter sogar bis zur Camargue und zu den Cevennen. Da wäre zum anderen der Besucheransturm, unter dem das Dorf zum Freilichtmuseum mutiert ist. Selbstverständlich ist der Parkplatz kostenpflichtig, klar doch, dass bei Restaurants und Hotels tief in die Tasche gegriffen werden muss. Dante soll im Val d'Enfer unterhalb des Dorfes die Inspiration zu seiner Göttlichen Komödie gekommen sein – ein echtes Purgatorium ist das zur Hauptsaison ausbrechende Geschiebe und Gedränge allemal.

Les Baux bedeutet auf Provenzalisch ›weißer Berg‹: Knochenbleich ist der Tafelberg, auf den Dorf und Burg gepfropft sind. Mehrmals wurde der Sitz der stolzen Herren von Les Baux zerstört. Der Stammbaum derer von Les Baux geht in aller Unbescheidenheit auf Balthasar zurück, seines Zeichens einer der Heiligen drei Könige. 1632 ließ Ludwig XIII. Burg und Dorf endgültig schleifen. Was bleibt, ist die Ruine des befestigten Dorfes.

An den beiden parallel zum Felskamm verlaufenden Gassen reiht sich ein Herrenhaus ans nächste. Das prachtvollste ist das **Hôtel de Manville** aus dem 16. Jh., in dem sich Rathaus und ein Museum moderner Kunst befinden. Die Fenster in der Kirche St-Vincent schuf 1955 Max Ingrand. In einer Gasse zur Burg hoch zeigt das **Musée des Santons** zeitgenössische Krippenfiguren sowie solche aus dem Neapel des 18. Jh. (Pl. Louis-Jou,

Die Kalkfelsen der Alpilles bilden die dramatische Kulisse für Les Baux

10–18 Uhr). Das **Château** wurde an der höchsten Stelle des Felsens zum Teil aus dem Stein gehauen. Am besten erhalten blieb der Donjon. In der Burgkapelle läuft eine audiovisuelle Schau über van Gogh und Cézanne. Ebenfalls sehenswert sind die rekonstruierten Belagerungsmaschinen (www.chateau-baux-provence.com, März–Nov. 9 bis 19.30, bis 21.30 Uhr im Sommer, Dez.–Feb. 9–17, bis 18 Uhr im Herbst).

Etwa einen halben Kilometer westlich des Dorfes sind die ehemaligen Steinbrüche des Val d'Enfer zur **Cathédrale d'Images** umgewandelt worden. Für das 35-minütige Farb- und Lichtspiel werden 50 Projektoren benutzt. Das Thema der Inszenierung wechselt jährlich. Der magische Ort diente Cocteau in den 1950er Jahren für die Dreharbeiten von ›Le Testament d'Orphée‹ (Rte. de Maillane, März–Anfang Jan. 10–18, April–Sept. bis 19 Uhr, www.cathedrale-images.com).

Office de Tourisme: Maison du Roy, 13520 Les-Baux-de-Provence, Tel. 04 90 54 34 39, Fax 04 90 54 51 15, tourisme@lesbauxdeprovence.com, www.lesbauxdeprovence.com.

Le Mas Predon: Av. d'Arles, St-Etienne-du-Grès (10 km westl.), Tel./Fax 04 90 49 12 37, www.mas-predon.com. 2 Chambres d'hôtes und eine kleine Wohnung (Mindestaufenthalt 2 Tage) auf einem Mas (provenzalischen Hof). Garten, Salon, Küche zur Verfügung. Ideal zum Wandern in den Alpilles: Der GR 6 verläuft in der Nähe. DZ/F 76–80 €.

Le Riboto de Taven: Vallon de la Fontaine, Tel. 04 90 54 34 23, nur abends, geschl. Mi, Jan.–Ende Feb. Das Gartenrestaurant ist ein Klassiker: zauberhafte Atmosphäre, sündhaft teuer, aber … Langustinenspießchen mit rotem Camargue-Reis. Einheitsmenü 48 €.

Le Mas Ste-Berthe: D 27, unterhalb der Burg, Tel. 04 90 54 39 01, Okt. bis März 9–12, 14–18 Uhr, Mo geschl. Vollmundige Cuvées (Rotweine) der AOC Les Baux-de-Provence.

Moulin St-Michel: Cours Paul Revoil, Mouriès (11 km südöstl.), Tel. 04 90 47 50 40. Erstklassiges, fruchtiges Olivenöl mit AOC-Prädikat.

Festival de piano: Juni, Klavierkonzerte.

Fête de la St-Jean: 24. Juni/Johannistag, nächtliche Feuer.

Fête du Pastrage: 24. Dez., Hirtenfest in der Kirche St-Vincent.

Golf: Le Golf des Baux-de-Provence, Domaine Manville, 04 90 54 40 20 18, www.golfbauxdeprovence.com. 18-Loch-Platz in Bergkulisse.

Im Norden der Alpilles

Reiseatlas: S. 11, A 1

Maillane bleibt auf immer und ewig das Dorf, in dem der Provence-Dichter Frédéric Mistral sein Leben verbrachte. Der **Mas du Juge,** das Geburtshaus, liegt 1 km südöstlich an der D 5 Richtung St-Rémy-de-Provence. Mistral begründete 1854 die Félibrage-Bewegung mit dem Ziel einer Rückbesinnung auf die provenzalische Kultur. 1904 erhielt er den Literaturnobelpreis. Das alles erfährt man in seinem ehemaligen Wohnhaus, dem **Musée Mistral** (Tel. 04 90 95 84 19, April–Sept. 9.30 bis 11.30, 14.30–18.30, Okt.–März 10–11.30, 14–16.30 Uhr, Mo geschl.). Das benachbarte **Graveson** ist ein nettes Marktstädtchen. Der Bauernmarkt bleibt ein Muss für Genießer. In der **Ciergerie des Prémontrés** werden nach alter Tradition Kerzen hergestellt. Die Stiftsdamen des Prämonstratenserordens von Graveson hatten schon vor 200 Jahren die Idee, damit ein paar Sous zu verdienen. 1905 übernahm die Familie Boulard die klösterliche Kerzenmanufaktur. Der Betrieb blieb der alten Tauchtechnik treu. Selbst beim lavendelfarbenen Papier, in das die Kerzen eingewickelt werden, beließen die Boulards es.

Office de Tourisme: Cours National, 13690 Graveson, Tel. 04 90 95 88 44, Fax 04 90 95 81 75, ot.graveson@visitprovence.com, www.graveson.com.

Le Cadran Solaire: Le Village, Tel. 04 90 95 71 79, Fax 04 90 90 55 04, www.hotel-en-provence.com, Mitte Nov. bis Mitte März geschl. Bastide aus dem 16. bis 19. Jh. am Dorfrand mit charmant individuellen Zimmern. Terrasse mit Laube. Garten. DZ 56–78 €.

Le Clos des Cyprès: Rte. de Châteaurenard, Graveson, Tel. 04 90 90 53 44, geschl. So abend, Mi abend, Mo. Menü ab 30 €. Die Karte wechselt nach Angebot des Bauernmarkts von Graveson, die Qualität bleibt. Provenzalische und klassisch französische Küche. Terrasse mit Blick auf einen Obstgarten.

Marché paysan: Bauernmarkt in Graveson, Mai–Okt. Fr 16–20 Uhr.
Ciergerie des Prémontrés: 2, Av. du Lieutenant François Atger, Tel. 04 90 95 71 14, Mo bis Fr 8–12, 14–19, Sa 15–19, So 14–18 Uhr. Kerzenherstellung nach alter Tradition und Verkauf.
Les Figuières du Mas de Luquet: 713, Chemin du Mas de la Musique, etwas außerhalb von Graveson, Tel. 04 90 95 72 03, www.lesfiguieres.com, 8–12, 15–19 Uhr, So geschl. 150 Sorten Feigen und 4000 Bäume vereint der Feigenbauernhof. Während der Ernte (Sept.–Anfang Nov.) gibt es frische Früchte, das ganze Jahr über Kompott, Chutney, Nektar, Pâté und Konfitüre. Die Führung durch die Feigenbäume ist gratis.

Die Montagnette

Reiseatlas: S. 11, A 1; S. 5, A 4
Graveson ist ein idealer Ausgangpunkt für eine Wanderung durch die **Montagnette** (Achtung: Die Wanderwege sind wegen Waldbrandgefahr von Anfang Juli bis zum zweiten September-Wochenende leider gesperrt). Das kleine, von Pinien, Zypressen, Rosmarin, Thymian und Oliven bedeckte Massiv erreicht am San-Salvador-Hügel gerade mal 161 m Höhe. Die im Ursprung romanische **Abbaye de St-Michel-de-Frigolet** versteckt sich in der unberührten Natur der Montagnette. Die Mönche stellen seit dem 19. Jh. einen Likör aus 30 Kräutern her, darunter Thymian, Zimt, Rosmarin, der gegen (fast) jedes Zipperlein hilft (Besichtigung So 16 Uhr, Tel. 04 90 95 70 07).

Im Norden der Montagnette wird **Barbentane** von der Tour Anglica, einem 30 m hohen Donjon (15. Jh.) überwacht. Gegenüber der romanischen Dorfkirche fällt die Maison des Chevaliers, ein romanischer Profanbau, ins Auge. Eindeutig barock prunkt am Ortsrand das feudale **Château de Barbentane** (1674) auf. Die Besitzer sind bis heute die Marquis von Barbentane (Ostern–Allerheiligen 10–12, 14–18 Uhr, Mi geschl.).

Office de Tourisme: 4, le Cours, 13570 Barbentane, Tel. 04 90 90 85 86, Fax 04 90 95 60 02, ot.barbentane@visitprovence.com, www.barbentane.fr.

La Provence en ballon: Barbentane, Traverse Castel Mouisson, Tel. 04 90 95 53 28, www.provence-en-ballon.com. Schöner als aus dem Ballonkorb kann die Provence kaum sein. Einfacher Flug 200 €; 3-Tages-Package inkl. 2 Übernachtungen im Chambre d'hôtes (DZ/F), 1–1,5 Std. Flug im Heißluftballon ab ca. 300 €/Pers.

Tarascon

Reiseatlas: S. 10, E 1
Bei Tarascon endet die Provence, zumindest verwaltungstechnisch. Die Rhône bildet die Grenze zur Nachbarregion Languedoc, und dies nicht erst seit gestern, wie die wehrhaften Burgen von Tarascon selbst und von Beaucaire am gegenüberliegenden Ufer veranschaulichen.

Mit der Stadt vis-à-vis lag Tarascon traditionell in einer Dauerfehde. Das ist lange her. Auch die anfängliche Verschnupftheit über Alphonse Daudet, der im Schelmenroman

›Tartarin von Tarascon‹ die Stadt zum Gespött der Provence machte, ist überwunden. Längst vermarktet Tarascon geschickt Daudet und dessen Werk. **La Maison de Tartarin,** das Haus, in dem Daudets Held Tartarin gelebt haben soll, wurde zum literarischen Museum. In den Salons aus dem 19. Jh. sind die wichtigsten Szenen von Daudets Werk anhand von Puppen nachgestellt. Im Garten lauert Daudets Romanmonster La Tarasque (55bis, Bd. Itam, Mitte März–Mitte Dez. Mo–Fr 10–12, 13.30–17, im Sommer bis 19 Uhr).

Die **Burg** am felsigen Rhône-Ufer (15. Jh.) ist außergewöhnlich gut erhalten. Bei der Ausstattung wechseln sich Spätgotik mit der Renaissance ab. Von den Außenterrassen schaut man auf die Stadt, den Strom und Beaucaire am gegenüberliegenden Ufer (Ostern–Aug. tgl. 9–19, Sept.–März Di–So 10.30–17 Uhr). Die nahe, ursprünglich romanische **Ste-Marthe-Kirche** wurde im 14. Jh. im Stil der provenzalischen Gotik umgebaut (9.30–19 Uhr). Barock ist hingegen der **Cloître des Cordeliers** in der Rue Ledru Rollin, dessen eleganter Rahmen als Kulturhaus dient (10–12, 15–19, im Winter bis 18 Uhr).

Der Ort, der Tarascon heute weit über die Grenzen der Provence bekannt macht, heißt Palais d'Amigny. 1740 wurde hier (15.–17. Jh.) die Stoffdruckerei Deméry gegründet. Das Familienunternehmen ist heute ein Inbegriff des provenzalischen Stils: Ohne die unter dem Markennamen Souleiado vertriebenen, bunt bedruckten Baumwollstoffe kommt kein Haus mehr aus, das nach Süden aussehen will. Zur Sammlung des **Musée Charles Deméry** gehören 40 000 Druckhölzer (39, Rue Proudhon, Mai–Sept. Di–Sa 10–17 Uhr, Souleiado-Boutique Mo–Sa 10 bis 12, 14–18 Uhr).

Office de Tourisme: 59, Rue des Halles, 13150 Tarascon, Tel. 04 90 91 03 52, Fax 04 90 91 22 96, tourisme@tarascon.org, www.tarascon.org.

Hôtel des Echevins: 26, Bd. Itam, Tel. 04 90 91 01 70, Fax 04 90 43 50 44, Allerheiligen–Ostern geschl. Gepflegtes Haus aus dem 17. Jh. am Ringboulevard um die Altstadt. Eine Adresse mitten in der Stadt. DZ 52 €.

Chambres d'Hôtes du Château: 24, Rue du Château, Tel. 04 90 91 09 99, Fax 04 90 91 10 33. Das auffallend schöne Haus in einer Altstadtgasse bietet 5 komfortable Gästezimmer. Mit Innenhof. DZ ab 65 €.

Le Mistral: Hôtel des Echevins, s. Übernachten, geschl. Mi, Sa mittags, So abends. Menü 15–21 €.

Wallfahrt zu Notre-Dame du Château: Anfang Mai.

Foire aux fleurs: Pfingsten, Blumenfest mit Verkauf.

Fête de la Tarasque: Ende Juni, Volksfest mit Folklore.

Fête des Vendanges: Okt., Weinfest zur Lese.

Wanderung zur Abbaye St-Michel-de-Frigolet (s. S. 193): Führer beim Office de Tourisme (16 km, 4,5 Std., durch Wald).

Bahnhof: Bd. Gustave Desplaces, Züge nach Nîmes, Avignon, Tel. 08 36 35 35 35.

Beaucaire

Reiseatlas: S. 10, E 1

Beaucaire wirkt auf den ersten Blick etwas verschlafen. Das ändert sich zur Stierkampfsaison in der **Arena** im Norden der Stadt. Von Ostern bis Oktober grassiert in Beaucaire *la taureaumania,* das Stierkampffieber. Die Stadt ist eine Hochburg der *course camarguaise*. Zwei monumentale, in Stein gehauene Stiere ehren die eigentlichen Helden des Schauspiels. Goya und Clairon heißen die verblichenen Heroen der Arena. Der eine schaut im Nordosten der Stadt auf eine belebte Straßenkreuzung, der andere bewacht die Rhône-Brücke und das **Hafenbecken** am Quai du Général de Gaulle. Am Hafenbecken ankern die Freizeitkapitäne auf dem Canal du

Rhône à Sète. Hier spielt die Musik, denn hier liegt ein Café neben dem anderen.

Beaucaire hat wesentlich bewegtere Zeiten gesehen. In der Antike verband die Via Domitia Tarascon und Beaucaire über die Rhône hinweg. Im Mittelalter profitierte Beaucaire von Zöllen und Mautgebühren für Waren, die in Nord-Süd-Richtung auf der Rhône und in Ost-West-Richtung auf der alten Römerstraße die Stadt passierten. Der Aufstieg zu einem Handelsplatz erfolgte 1464 mit der Gründung einer einwöchigen Handelsmesse, die seither jährlich am 21. Juli, dem Beginn der religiösen Feierlichkeiten zu Ehren der Heiligen Magdalena, der Stadtpatronin, eröffnet wird. Hunderttausende strömten bis zur Eröffnung neuer Eisenbahnlinien und der Erschließung anderer Absatzmärkte bis Mitte des 19. Jh. jährlich für ein paar Wochen in die damals wie heute rund 13 000 Einwohner zählende Stadt.

Der Hauptmesseplatz lag auf dem **Champ de Foire** am Rhône-Ufer. Ein Park umgibt den unversehrten Bergfried der Burgruine aus dem 11./13. Jh. Auf der Burg führen Falkner ihre Künste mit frei fliegenden Geiern, Adlern, Milanen und natürlich Falken vor (Pfingsten bis Allerheiligen tgl. außer Mi nachmittag, Juli–Aug. tgl.). Es gehört nicht viel Fantasie dazu sich vorzustellen, was in den Gassen, auf den Plätzen und hinter den Fassaden großer Kaufmannshäuser während der Messewoche, im heißen Monat Juli, für ein Gedränge geherrscht haben mag. Sogar die 1734 auf den Überresten eines romanischen Vorgängerbaus errichtete Barockkirche **Notre-Dame-des-Pommiers** wurde nur schwer dem Ansturm der Massen Herr. Die Priester arbeiteten, so die Überlieferung, zeitweilig im Akkord, um Beichten abzunehmen und die Geschäfte Schlange stehender Kaufleute und Kunden abzusegnen. Barock und prachtvoll ist ebenfalls das **Hôtel de Ville** von 1679. Entlang der Rue de la République, in der früher Tuchwaren hergestellt und angeboten wurden, deuten prächtige Stadtpalais wie das Hôtel de Clausonnette von 1745 (Nr. 21) oder das Hôtel de Margailler von 1680 (Nr. 23) auf die einst guten Umsätze hin. Am wohl schönsten Platz der Stadt, der anheimelnden **Place de la République,** wurden die Geschäftsabschlüsse begossen.

Office de Tourisme: 24, Cours Gambetta, 30300 Beaucaire, Tel. 04 66 59 26 57, Fax 04 66 59 68 51, info@ot-beaucaire.fr, www.ot-beaucaire.fr.

Domaine des Clos: Rte. de Bellegarde (D 38), ca. 7km südwestl., Tel. 04 66 01 14 61, Fax 04 66 01 00 47, www.domaine-des-clos.com. Historisches Anwesen mit Chambres d'hôtes und Wohnungen für 2–7 Pers. Geschmackvolle Einrichtung mit Trödel und Antiquitäten. Im Sommer abends Table d'hôtes vom Grill für 25 € inklusive Getränken. Garten mit den Heil- und Aromapflanzen des Mittelmeerraums, Olivenhain, Grillplätze. Organisation von begleiteten Ausflügen, mit dem Auto, dem Mountainbike oder zu Fuß. Kurse im Nähen, Aquarellieren, in Möbelmalerei, provenzalischer Küche, Tanz und Schmiedekunst. DZ/F ab 60–80 €, Wohnungen 50–200 m² für 2–7 Pers. 400–1300 €/Woche.

Hôtel Les Doctrinaires: Quai Général de Gaulle, Tel. 04 66 59 23 70, Fax 04 66 59 22 26, www.hoteldoctrinaires.com. Mitte Dez. bis Mitte Jan. geschl. Der charmante Bau aus dem 17. Jh. liegt am Canal du Rhône. Innenhof mit Bäumen. DZ ab 55–80 € (einige mit Parksicht). Das dazugehörige Restaurant St-Romain hat ein schönes Gewölbe. Menü 19–44 €.

Markt: Do, So, Cours Gambetta und vor dem Rathaus.

Trödelmarkt: 1., 3. Fr des Monats.

Fête du Drac: Anfang Juni, 3-tägiges Volksfest um den Drachen von Beaucaire.

Les Estivales: ab 21. Juli, gewaltiges Volksfest mit Trödelmarkt, Winzerpräsentation, Handwerkermarkt, Stierkämpfen.

Zug: Rte. de St-Gilles, Züge nach Nîmes, Avignon, Tel. 08 36 35 35 35.

Das Glück der Erde …
… liegt in der Camargue auf dem Rücken der Pferde

Kapitel 4

Camargue und Crau

Auf einen Blick: Camargue und Crau

Wasserwüste und Steinsteppe

Erbarmungslos brennt die Sonne über der schutzlosen Weite von Camargue und Crau. Le ›Grand Rhône‹, der Hauptarm der Rhône, die sich nördlich von Arles teilt, trennt die amphibische Camargue von der knüppeltrockenen Crau. Über den einzigartigen Naturlandschaften verschweißt die Hitze Himmel und Steppe zu einem flimmernden Zerrbild. Kaum eine Straße zerlegt die tischtuchflache Weite. Für Dörfer bietet der schwankende Boden der Camargue selten Halt. Entsprechend einsam liegen die Mas, die weiß getünchten, stattlichen Höfe der Rinder- und Pferdezüchter. Die amphibische Landschaft aus 86 300 ha Feuchtwiesen, Sümpfen, Salinen, Reisfeldern, Dünen, Teichen, Schilf und Weiden bietet Flamingos und Zugvögeln ein ideales Brutrevier. Wo der Boden fester wird, geben Rinderbarone und Gardians, die Cowboys der Camargue, den Ton an.

Auf dem Rücken eines Pferdes lässt sich die Camargue vielleicht am schönsten erkunden. Etliche der Mas bieten Reiturlaub an.

Touristisch kaum erschlossen ist die Crau, wo wegen mangelnden Wassers zwar keine Flamingos, aber über 120 Vogelarten brüten. Kaum ein Baum oder Strauch brechen den Wind über den ausgemergelten Böden. Statt Stieren grasen Schafe auf den mageren Weiden. Im relativ fruchtbaren Nordosten wird eine Heusorte geschnitten, die ein AOC-Label trägt. Grund dafür sind die vielen seltenen Gräser und Kräuter. Das unwirtliche Gebiet zwischen linkem Ufer der ›großen‹ Rhône und den Alpilles ist mit knapp 60 000 ha kleiner als die amphibische Camargue, doch vor allem staubtrocken. Im Kernbereich der Crau

rund um den Etang des Aulnes gleicht das Terrain einem Geröllfeld. Ab und zu erblickt das Auge einen Schafstall oder eine Schäferhütte. Ansonsten verliert sich der Blick im großen Nichts.

An der Schnittstelle von Camargue und Crau liegt das römische Arles, die vielleicht authentischste und mit Sicherheit die ›spanischste‹ unter den Städten der Provence. Wenn zur Stierkampfsaison spanische Zuschauer (und nicht nur die) mit Olé-Rufen zu den Arenen ziehen, haben alle Stierkampfvereine der Stadt ihre Bodegas schon für die Durstigen aufgemacht.

Course camarguaise heißt hier die unblutigere Variante der spanischen Corrida: Bei der Corrida stirbt der Stier, bei der *course camarguaise* kehrt er – wenn auch mit Blessuren – auf die Sumpfweiden der Camargue zurück. ›Mise à mort‹ (Todesstoß) oder nicht, das ist der Hauptunterschied zwischen den beiden Stierkampfarten, die die Arenen in über 40 Städten Frankreichs füllen, so auch in Arles und der Camargue. Noch ein Unterschied: Bei der Corrida steht der Torero auf dem Plakat, bei der *course camarguaise* der Stier – weil er der eigentliche Star ist, dessen Namen die Massen kennen, er sorgt für volle Ränge.

Highlight

6 **Arles:** Spanisch kommt die Provence in Arles daher. Dafür sorgen Stierkämpfe, Bodegas und ein Schuss *movidà.* Nicht zu vergessen: Die Camargue gehört zum Stadtgebiet von Arles (s. S. 200ff.).

Empfehlenswerte Routen

Die **Digue de la Mer** verbindet seit 1859 Les Saintes-Maries-de-la-Mer (s. S. 208f.) mit Salin-de-Giraud (s. S. 208). Die zum Schutz vor Sturmfluten angelegte Deichstraße ist für Autos gesperrt – und daher ein idealer Radweg mit *vue sur mer.* 2 km östlich vom La-Gacolle-Leuchtturm zweigt der **Chemin des Douanes** zu einem immensen Naturstrand ab.

Die **Route Départementale 36B/36C** (D 36B/36C) legt sich dicht an das östliche Ufer des Etang de Vaccarès (Flamingos, s. S. 207, 209), um in Richtung Süden nach Salin-de-Giraud weiterzuführen. Auf halber Strecke kann man zur Birdwatching-Hütte am Etang de Fangassier (s. S. 209) abbiegen.

Zwischen dem Weiler St-Gallian und dem Mas des Iscles scheint die **Route des Etangs** (D 179/D 799; s. S. 211) übers Wasser zu verlaufen. Der Straßendamm trennt den Etang du Charnier vom Etang de Scamandre.

Reise- und Zeitplanung

Am schönsten sind die Frühlingsmonate, wenn der Wiesenteppich in der Crau und Camargue blüht (Achtung Allergiker!). Es ist zugleich die Zeit des Durchzugs von Aber- und Abertausenden Zugvögeln, gefolgt von der Brutperiode der Flamingos (April–Juni).

Im Hochsommer bieten die baum- und strauchlosen Ebenen und Strände kaum Schutz vor der flirrenden Hitze. Im Herbst folgt mit der Rückkehr der Zugvögel erneut ein Termin für Birdwatcher. Im Winter legt sich eine fast ›nördliche Melancholie‹ über die graublauen Teiche der Camargue und die farblose Crau-Steinsteppe.

Arles ist ganzjährig ein Fest, vor allem jedoch zur *féria* zu Ostern (Achtung: 500 000 Besucher. Rechtzeitig ein Hotel reservieren!) und zur *course camarguaise de la cocorde d'or* im Juli brummt's in allen Gassen und Bodegas.

Für Arles benötigt man mindestens zwei Tage, doch die Stadt bietet auch genug Verweilqualität für eine ganze Woche. **Große** und **Kleine Camargue** lassen sich einschließlich Badestopps in einer Woche erkunden. Für die **Crau** sollte man ein bis zwei Tage einplanen.

6 Arles

Cityplan S. 202/203

Bei Arles verändert die Rhône ihren Lauf. Der Fluss trennt sich in Grand und Petit Rhône und ufert zum breiten Delta aus. Die Stadt an der Rhône-Gabelung ist die flächenmäßig größte Frankreichs – fast die gesamte Camargue gehört zu Arles. In den Wiesen am Stadtrand stehen die schwarzen Camargue-Stiere, die zu den Stierkämpfen ins Zentrum getrieben werden.

Reiseatlas: S. 10, E 2
Arles ist eine Stadt mit über 2000-jähriger Geschichte, die sich als Säulenstumpf oder Mauerrest überall bemerkbar macht. Geschichte begegnet man auf Schritt und Tritt, aber museal wirkt nichts, nicht einmal die antiken Arenen, wo zur féria spanische Toreros gegen Camargue-Stiere antreten. Arlate, die Stadt neben den Sümpfen, hieß Arles zu Anfang. Griechen aus Massalia, dem heutigen Marseille, gründeten Arlate im 6. Jh. v. Chr. auf einem hochwassersicheren Kalksockel. Nach den Griechen kamen die Römer. Von ihnen stammen die wichtigsten Denkmäler. Arles bietet darüber hinaus südliches Leben, das vor allem in den populären Vierteln abseits der großen Sehenswürdigkeiten pulsiert. Zusammengehalten wird die Mischung aus hehrer Antike und quirliger *movidà* vom Platanenkorso des **Boulevard des Lices,** der die Altstadt umgürtet.

Place du Forum

Die mehrhundertjährigen Platanen, die den Platz mit der **Statue von Frédéric Mistral** in der Mitte verschatteten, mussten wegen Altersschwäche gefällt werden. Bis die neugepflanzten das Geviert verdunkeln werden, wird es dauern. Einerlei, das Herz der Stadt schlägt trotz des Eingriffs weiterhin an der **Place du Forum** 1. Auf einer Stirnseite des Platzes erhebt sich das **Hotel Nord-Pinus** mit einem Stück Tempel in der Fassade: Die beiden korinthischen Säulen mit (Rest-)Tympanon stammen aus der Zeit Kaiser Trajans oder Hadrians. Dem Nord-Pinus gegenüber lümmelt sich Arles' *jeunesse dorée* auf der Terrasse des **Café de Nuit,** das van Gogh in Öl verewigt hat. Apropos van Gogh: 1888 kam der Maler in Arles an. Fast 400 Werke entstanden in der Stadt, darunter das weltbekannte Bild des **Pont Langlois.** Die von van Gogh auf Leinwand verewigte Zugbrücke steht im Süden der Stadt am Canal d'Arles (Anfahrt über die D 35). Eins dazu dennoch: Ob es wirklich diese Brücke ist, die van Gogh gemalt hat, ist nicht ganz unstrittig ...

Arenen und Théâtre Antique

26 000 Zuschauern bieten die 2000 Jahre alten **Arenen** 2 bei Konzerten und Stierkämpfen Platz. Der Bau entstand um 90 n. Chr. nach dem Modell des Kolosseums in Rom. Wo in der Antike Gladiatoren kämpften, entstand im Mittelalter eine Fluchtburg – zum Schutz vor Sarazenenüberfällen bauten viele Bewohner der Stadt ihre Häuser in den vermauerten Arenen, die mit vier Türmen befestigt wurden. Ab 1825 wurde die Bebauung im Innern abgerissen. Seit 1846 wird in immer neuen Wellen restauriert. Die Arenen sind eine Dauerbaustelle bei Vollbetrieb. Bei der aktuellen, in Etappen auf zehn Jahre angelegten und 30 Mio. Euro teuren Restaurierung wurde der Arenenboden bereits um 2 m erhöht und so wieder auf das antike Niveau ge-

bracht. Die Stierkämpfe wurden dabei nicht einmal ausgesetzt. Bei schlechtem Wetter schützt ein hypermodernes Segeldach die Ränge im ellipsenförmigen Arenen-Oval mit den Maßen 136 mal 107 m.

Auch das benachbarte **Théâtre Antique** 3, das römische Theater, wird weiterhin zu Freilichtaufführungen genutzt, ist jedoch im Gegensatz zu den Arenen wesentlich stärker vom Zahn der Zeit angenagt. Der Bau in Form eines Amphitheaters entstand gegen Ende des 1. Jh. n. Chr. unter Kaiser Augustus. Von der einst mit Marmor verkleideten Bühnenmauer sind nur zwei Säulen erhalten.

In **L'Hauture** 4, dem Viertel hinter den Arenen und dem Amphitheater, residieren die letzten Schäfer und Gardians, die Cowboys der Camargue. Bis dicht an die römische Stadtmauer schiebt sich der Chor von Notre-Dame-de-la-Major, in der die Statue des hl. Georg, Schutzpatron der Camargue-Cowboys verwahrt wird.

Place de la République

Neben dem barocken, von Mansart entworfenen **Rathaus** 5 erhebt sich die 500 Jahre ältere Kathedrale **St-Trophime** 6. Der hl. Trophime hat das Evangelium in der Provence verbreitet – entsprechend prachtvoll fällt der romanische Bau aus. Das über und über verzierte Portal zieht alle Aufmerksamkeit auf sich. Zu sehen ist ein Weltgericht. Im Tympanon thront Jesus in der Mandorla, behütet von Engeln. Sechs schwarze Marmorsäulen und überlebensgroße Apostelstatuen, die wiederum auf Löwen stehen, tragen den Figurenreigen. Der Chor der Kirche ist bereits gotisch und wurde 1450 vollendet. In das **Kloster** auf der Südseite der Kathedrale gelangt man durch den ehemaligen Bischofspalast. Im Kreuzgang konstrastieren zwei romanische Galerien, deren reich gearbeitete Kapitelle Szenen aus dem Alten Testament und dem Leben Jesu zeigen, mit zwei gotischen Galerien, deren Kapitelle das Leben des hl. Trophime illustrieren. Geht man die Rue de la République ein paar Schritte nach Westen weiter, gelangt man zum **Museon Arlaten** 7 (29, Rue de la République, Di–So 9–12, 14–18, Juli/Aug. tgl. sowie bis 19 Uhr). Das volkskundliche Museum im 500 Jahre alten Palais Laval-Castellane wurde 1896 von Frédéric Mistral mit dem Geld des ihm verliehenen Nobelpreises finanziert. Zu sehen sind Trachten und Mobiliar der Provence.

Mit dem Autor unterwegs

Leckere Köstlichkeiten

Pierre Boitels Feinbäckerei **La Pâtisserie du Forum** an der Ecke zur Place du Forum ist in ganz Arles ein Begriff. Im Salon de thé kann man die köstlichen **Petits Fours** direkt verputzen (4, Rue de la Liberté).

Und nachts ...

Der **angesagteste Treffpunkt** von Arles, **Cargo de Nuit,** ist zugleich Konzertsaal, Weinbar und Restaurant. 150 Veranstaltungen pro Jahr von Flamenco bis Independant Music. Nur 300 Plätze – reservieren! (7, Av. Sidi-Carnot, Tel. 04 90 49 55 99, www.cargodenuit.com, Do–Sa).

La Roquette

La Roquette 8 war traditionell Heimat von Immigranten, Roma und Sinti – ein Armeleuteviertel eben. Heute zieht es betuchte Zugezogene in das Viertel am Fluss, wo edelsanierte Häuser allmählich Spitzenpreise erzielen. Noch aber lebt man mit dem Stuhl vor Tür, wann immer das Wetter es zulässt – oft also. Nachdem van Gogh sich ein Ohr abgeschnitten hatte, wurde er in die Anstalt des Hôtel-Dieu (heute Mediathek Espace van Gogh) gebracht. Im Osten schließt der **Espace van Gogh** 9 das Viertel ab; er zeigt zeitgenössische Kunst von Francis Bacon bis Arman (Palais de Luppé, 24 bis, Rond Point des Arènes, Okt.–März Di–So 11–17, April–Juni tgl. 10–18, Juli–Sept. bis 19 Uhr, www.fondationvangogh-arles.org).

Am Rhône-Ufer

Eine Mauer schützt die Stadt vor drohenden Hochwassern. Kleine Plätze laden zum Ver-

Arles: Cityplan

Sehenswürdigkeiten

1 Place du Forum
2 Les Arènes
3 Théâtre Antique
4 L'Hauture
5 Hôtel de Ville
6 St-Trophime
7 Museon Arlaten
8 La Roquette
9 Espace van Gogh
10 Place Nina Berberova
11 Les Thermes
12 Musée Réattu
13 Alyscamps
14 Musée de l'Arles et de la Provence antique
15 Abbaye de Montmajour

Übernachten

1 Nord-Pinus
2 L'Hôtel Particulier
3 Le Calendal
4 Hôtel de l'Amphithéâtre
5 Auberge de Jeunesse

Essen und Trinken

6 La Péniche
7 Corazón
8 La Gueule du Loup
9 La Paillotte
10 La Charcuterie arlésienne
11 Ferme Auberge de Barbegal

weilen an, so etwa die nette **Place Nina Berberova** 10, die sich zum Fluss öffnet. An der Place Constantin sind die Ruinen der **Konstantischen Thermen** 11 aus dem 4. Jh. erhalten. Zu sehen sind u. a. Reste des Tepidariums (Abkühlraum). Das **Musée Réattu** 12 (10, Rue du Grand-Prieuré, April–Sept. tgl. 9–12, 14–19, sonst 10–12, 14–16.30 Uhr) liegt nebenan. Die Gemäldesammlung in einer spätmittelalterlichen Malteser-Komturei zeigt provenzalische Künstler. Zu sehen sind allein 57 Werke von Picasso (davon 56 Zeichnungen) sowie Fotografien, darunter frühe Aufnahmen von Arles aus dem 19. Jh.

Die Alyscamps

Die **Alyscamps** 13 sind eine von Sarkophagen, Totenmälern und Kapellen gesäumte antike Gräberallee am Canal de Craponne. Fast 1500 Jahre lang dienten die 2 km langen

Alyscamps als Grablege. Im Mittelalter wurde das Areal, auf dem christliche Märtyrer und die Bischöfe von Arles liegen, zu einer Station des Jakobspilgerwegs. Glaubt man den Chroniken, gelangten viele Tote über die Rhône aus flussaufwärts gelegenen Gemeinden in pechversiegelten Holzsärgen nach Arles. Am Ufer zogen die Leichenfischer sie aus dem Fluss. Den Lohn für die Bestattung hatten die Angehörigen den Toten zwischen die Zähne geklemmt. Endpunkt der Allee ist die romanische Kirche **St-Honorat** mit einem markanten, achteckigen Glockenturm.

Musée de l'Arles et de la Provence antique

2000 Jahre Stadtgeschichte verpflichten: Ein glänzend aufbereitetes Museum zu den antiken Wurzeln von Stadt und Region fasst seit den 1990er Jahren die bis dahin verstreuten

neolithischen und gallo-römischen Funde zusammen (Shuttle in die Innenstadt). Der schnittige dreieckige Bau des **Musée de l'Arles et de la Provence antique** 14 in etwas unglücklicher Lage an der Schnellstraße Marseille–Nîmes gibt 1300 Exponaten Raum. Zu den Publikumsmagneten gehören die ›Venus von Arles‹ und spätrömische Sarkophage, darunter der dreistöckige ›Sarcophage des Epoux‹ aus der Mitte des 4. Jh. (Presqu'île du cirque romain, April–Okt. tgl. 9–19, sonst 10–17 Uhr, www.arles-antique.org).

Abstecher zur Abbaye de Montmajour

In westlicher Richtung lockt die **Abtei Montmajour** 15 (D 17 Richtung Les Baux-de-Provence, Mai–Aug. tgl. 10–18.30, sonst Di–So 10–17 Uhr). Majestätisch erhebt sich die Ruine der Benediktinerabtei über den von den Mönchen trockengelegten Sümpfen. Begonnen wurde der Bau im 10. Jh., wirklich vollendet nie. Zuerst mischte sich der Papst in die Angelegenheiten des Klosters, zuletzt ließ Ludwig XVI. das Kloster schließen, dessen letzter Abt eine unselige Rolle bei der so genannten Halsbandaffäre um Marie-Antoinette gespielt hatte. Es blieb ein Ort voller Zauber. Pinien rahmen den hellen Fels, in den die Unterkirche, die **Chapelle St-Pierre,** geschlagen wurde. Ein wuchtiger Donjon schützt die Kapelle seit dem 14. Jh. Die Oberkirche **Notre-Dame** wirkt noch als unvollendeter Torso grandios. Von der Klosterterrasse reicht der Blick auf die Silhouette von Arles und die Alpilles. Ein paar hundert Meter östlich des Klosters liegt die ehemalige Friedhofskapelle **Ste-Croix.** In den Fels gehauene Gräber umgeben den quadratischen Bau, an dessen Erdgeschoss vier halbrunde Konchen gesetzt sind (Schlüssel an der Klosterkasse).

i **Office de Tourisme:** Bd. des Lices, 13200 Arles, Tel. 04 90 18 41 20, Fax 04 90 18 41 29, www.tourisme.ville-arles.fr. Hier auch alle Informationen zur Camargue!

Bis vor 150 Jahren war in Arles' Arena ein ganzes Dorf angesiedelt

Nord-Pinus [1]: Pl. du Forum, Tel. 04 90 93 44 44, Fax 04 90 93 34 00, www.nord-pinus.com. Generationen von Toreros sind in die Kissen der Hotellegende gesunken. Bei der Restaurierung stand Christian Lacroix vom Badfries bis zum Bettüberwurf Pate. DZ ab 190 €.

L'Hôtel particulier [2]: 4, Rue de la Monnaie, Tel. 04 90 52 51 40, Fax 04 90 96 16 70, www.hotel-particulier.com. Herrschaftliches Stadthaus aus dem Ancien Régime, im 19. Jh. im ›trompetenden‹ Napoléon-III-Stil umgebaut. *Très design:* der Salon im Erdgeschoss mit pflaumenfarbener Stofftapete und roten Plüschfauteuils. Gleiches gilt für die Zimmer. Garten, Pool. DZ ab 159 €.

Le Calendal [3]: 22, Rue du Docteur-Pomme, Tel. 04 90 96 11 89, Fax 04 90 96 75 84, www.lecalendal.com. Das Haus liegt etwas versteckt – und damit ruhig – hinter den Arenen. Familiärer Hotelbetrieb. DZ ab 74 €.

Hôtel de l'Amphithéâtre [4]: 5–7, Rue Diderot, Tel. 04 90 96 10 30, Fax 04 90 93 98 69, www.hotelamphitheatre.fr. Barockes Stadtpalais mit monumentaler Steintreppe. Zentrale Lage, still. Frühstücksinnenhof. Farbenfroh: der gelbe und rote Salon, der ochsenblutrote Frühstücksraum. Robust: schmiedeeiserne Tischchen und schwere Fauteuils. 360°-Blick über die Altstadt von der ›Chambre Belvédère‹! DZ ab 59 €.

Auberge de Jeunesse [5]: 20, Av. Foch, Tel. 04 90 96 18 25, Fax 04 90 96 31 26, Mitte Dez.–Mitte Feb. geschl. Jugendherberge. 3 km südl. des Zentrums, praktisch. Erreichbar mit Buslinie 2. 12–15 € pro Nacht.

La Péniche [6]: Quai St-Pierre, Tel. 04 90 93 31 10, So geschl. Ein Kahn ankert im Ortsteil Trinquetaille, dem Viertel auf der anderen Rhône-Seite, von wo aus man den schönsten Blick auf die Altstadt hat. *Pavé de taureau* (Fleischstücke vom Stier) mit Anchovissauce und jungem Gemüse oder ein Rotbarbenfilet mit *pistou.* Menü 24 €.

Corazón [7]: 1 bis, Rue Réattu, Tel. 04 90 96 32 53, außer Juli So, Mo geschl. Georges, der Elsässer, kocht in Arles und stellt in seinem Galerie-Bar-Restaurant Designermöbel lokaler Künstler aus. *Côte de toro* (Rippenstück vom Stier), *accras de morue* (Kabeljaukrapfen). Menü 20–40 €.

La Gueule du Loup 8: 39, Rue des Arènes, Tel. 04 90 96 96 69; So, Mo geschl. Kleines Restaurant, wo sich *tout Arles* drängelt. Auf der Karte stehen eine *languedocienne de morue safranée* (Kabeljau mit Safran), ein *magret de canard* (Entenbrust) mit roten Beeren – beides in Fernfahrerportionen. Menü 19–26 €.

La Paillotte 9: 28, Rue Docteur Fanton, Tel. 04 90 96 33 15, Mi, Do mittag geschl. Bleibt eine der ersten Adressen für eine *gardiane* (Stiertopf) oder ein *entrecôte AOC toro de Camargue.* Terrasse zur verkehrsberuhigten Altstadtgasse, freundlicher Service. Menü 17–28 €.

La Charcuterie arlésienne 10: 51, Rue des Arènes, Tel. 04 90 96 56 96, So, Mo geschl. *Charcuterie* bedeutet Metzgerei, und als solche hat das schmale Ladenlokal viele Jahre gedient: Fleischgerichte sind das Aushängeschild. Trendy: das Mobiliar aus einem Sammelsurium von Küchenmöbeln der 1950er und 1960er. Menü 15–40 €.

... in Raphèle-les-Arles:

Ferme Auberge de Barbegal 11: Domaine du Grand Barbegal, an der Kreuzung D 33 und D 33B (7 km nordöstl.), Tel. 04 90 54 63 69, www.barbegal.fr. Table d'hôtes zu 18 € nur auf Reservierung. Rind und Lamm stammen von der hofeigenen Herde. Man glaubt's gern und schmaust im Kaminsaal. Auch **Chambres d'hôtes,** DZ/F 64 €.

Markt: Bd. Emile-Combes, Mi vormittag, und besonders groß am Bd. des Lices, Sa vormittag. Riesig, quirlig. Roter Camarque-Reis, Öl aus Les Baux, Gewürze, Stoffe etc.

Au vrai Saucisson d'Arles: 11, Rue Réattu, Mo geschl. Den echten, weil nur mit Fleisch von Camargue-Stieren hergestellten ›Saucisson d'Arles‹ gibt es in der Charcuterie Milhau.

Huiles Jamard: 46, Rue des Arènes, Di–Fr 11–13, 16–18 Uhr. Olivenöle mit und ohne AOC, aus der Provence oder aus Spanien und Italien.

Librairie Actes Sud: Pl. Nina Berberova, Tel. 04 90 49 56 77, Mo 14–19.30, Di–Sa 9.30–19.30 Uhr. Buch- und Musikladen, der sich zum Kulturzentrum gemausert hat.

Le Krystal: Chemin du Krystal, Moules-Arles, Tel. 04 90 98 32 40, Club Di, Fr, Sa, Thé dansant (Standardtänze) So, Mo nachmittag. Cooler Disco-Club mit DJs, für die man selbst aus Marseille anreist.

Jazz- und Klassikkonzerte: in der Kirche St-Martin-du-Méjan, Pl. Nina Berberova, Kontakt über Librairie Actes Sud (s. o.).

Feria de Pâques: Die Stierkämpfe zu Ostern sind der blutige Corrida-Auftakt der Saison.

Course à la Cocarde d'Or: wichtigste *course-camarguaise*-Wettkämpfe.

Corrida des Vendanges: Stierkämpfe zur Weinlese am 3. So im Sept.

Für alle Kämpfe: Reservierungen über das Bureau de la Féria, Tel. 04 90 96 03 70, Fax 04 90 96 64 31, www.arenes-arles.com.

Fête des gardians: 1. Mai, buntes Fest der Camargue-Cowboys. Segnung hoch zu Ross vor der Kirche Notre-Dame-de-la-Major.

Fête du Costume provençal: 1. So im Juli, bedeutendes provenzalisches Trachtenfest.

Rencontres Internationales de la Photographie: 1. Juli-Hälfte: hochkarätiges Fotofestival mit etlichen Ausstellungen, Information: Tel. 04 90 96 76 06.

Prémices du riz: Sept., Fest zur Reisernte mit Féria.

Hammam Chiffa: 4, Rue du Séminaire, Tel. 04 90 96 10 32, www.hammam-chiffa.com, Frauen Mo, Mi, Sa 9–17, Di, Fr 9–22, So 10–18, Männer Mo, Mi, Do, Sa 17.30–22 Uhr. Der nordafrikanische Hamam lädt zu Dampfbad, Maniküre, Henna-Tatou und Gesichtsmassage ein.

Zug: nach Nîmes, Marseille und Lyon sowie **Bahnbusse** direkt nach Avignon. TGV, Tel. 08 36 35 35 35.

Bus: nach Les Saintes-Maries-de-la-Mer (Les Cars de Camargue), Gare Routière, Bd. Clemenceau, Tel. 04 42 28 40 22 (allgemeine Busauskunft: Tel. 04 90 49 38 01).

Camargue und Crau

Reiseatlas S. 9/10

Die Camargue ist ein amphibisches Land an der Rhône-Mündung. Das flache Land erlaubt dem Strom sich in die beiden Arme Petit und Grand Rhône zu teilen. Geteilt ist auch die Camargue, in die ›Große Camargue‹ zwischen Petit und Grand Rhône und in die ›Kleine Camargue‹ westlich der Petit Rhône. Die steinige Crau ist eine unwirtliche, touristisch kaum erfasste Steppe. Schafherden sorgen von alters her für das ökologische Gleichgewicht. Kurios: Das Heu der Crau hat ein eigenes AOC-Label!

Grande Camargue

Salin-de-Giraud und Etang de Vaccarès

Reiseatlas: S. 10, D/E 3/4

Über die D 36 gelangt man von Arles zügig ans rechte Ufer der Grand Rhône. Seit Jahrhunderten nutzt der Mensch das flache Salzwasser im Mündungsdelta, um durch natürliche Verdunstung Salz zu gewinnen. Das Ziel heißt **Salin-de-Giraud.** Hier betreiben die Salins du Midi auf weit ausgedehnter, durch Mäuerchen unterteilter Fläche Salinen, die jährlich ca. 800 000 t Salz erbringen (Führung auf Anmeldung, Compagnie des Salins du Midi, Pl. Péchiney, Tel. 04 90 18 41 22).

Eine Fähre (Le Bac de Bacarin) über die Grand Rhône verbindet die Camargue mit der Crau im Osten. Es ist die letzte ihrer Art. Sie gehört heute der Küstenschutzbehörde. Im Süden lockt die 30 km lange, im Sommer viel besuchte **Plage de Piémanson** (zu erreichen über die D 36D. Vorsicht: keine Wertsachen im Auto lassen!) mit Dünen und feinem Sand. Wilder, aber auch wesentlich unzugänglicher ist im Osten die **Plage de Beauduc** (s. S. 208)

Am **Etang de Vaccarès,** dem größten See des Parc Naturel Régional de Camargue (www.parc-camargue.fr), stehen die Chancen gut, Silberreiher und Flamingos zu Gesicht zu bekommen. Besonders schön ist die Sicht vom Ostufer (La Capelière). Am Ufer entlang geht es weiter (D 37) bis zu einer Kreuzung, an der man rechts abbiegt. Über den Mas d'Agon und Ste-Cécile erreicht man den **Mas du Rousty.** In der ehemaligen Schäferei des Gutshofs zeigt das **Musée Camarguais,** wie die einzigartige Sumpflandschaft entstanden ist und wie der Mensch die natürlichen Gegebenheiten nutzt (tgl. 10.15–16.45, Okt.–März Mi–Mo, mit 3,5 km langem **Lehrpfad).**

Alle Informationen über das Office de Tourisme von Arles, S. 205.

... in Le Sambuc (südöstl. von Arles):
Le Mas de Peint: D 36 (3 km außerhalb), Tel. 04 90 97 20 62, Fax 04 90 97 22 20, www.masdepeint.com, Mitte Nov.–Mitte Dez., Anfang Jan.–Anfang März geschl. 400 Jahre alter Gutshof mit 500 ha Land, im Besitz von Jacques Bon, einer Stier- und Pferdezüchterlegende. Luxuriöse Zimmer im edlen Ranchstil. Eigener Pferdestall, Ausritt 8 € pro Stunde. *Journée camarguaise* mit *ferrade* (Brandmarken der Stiere), Vorführung der *monte camarguaise* (Camargue-Ritt, spezielle Reitertechnik) 32 € pro Person. Tendiert zu Edelfolklore. DZ ab 205 €.

... in Le Sambuc:
La Chassagnette: D 36, Tel. 04 90 97

26 96, Jan.–März geschl., Mi mittag, Di geschl. *Très chic, très bio:* Gemüse aus dem eigenen Gemüsegarten. Chef de cuisine Jean-Luc Rabanel empfiehlt *tapas camarguaises* (Tapenade, Zucchinikrapfen, Kabeljaukrapfen ...), Tunfisch *à la plancha* (gegrillt), *tarte tatin* von der Makrele mit Knoblauch und Ofentomaten. Menü 25–80 €.

L'Estrambord: 7, Rte. de l'Abrivado, Tel. 04 90 97 20 10, nur mittags. Einfacher Rahmen, einfache Preise für traditionelle Camargue-Küche. Menü ab 14 € (am Wochenende 18 €).

s. auch Unterkunft S. 207.

Domaine de la Palissade: Tel. 06 87 84 33 72 oder 04 42 86 81 28, April–Okt. 9–17 Uhr (letzter Ausritt). Die Domaine zwischen Rhône und Salinen (702 ha unter Naturschutz) gehört der Küstenschutzbehörde. Ausritte auf echten Camargue-Pferden, Birdwatching ab 5 Pers.

Plage de Beauduc: Anfahrt von Salin-de-Giraud über die D 36C Richtung Faramon (17 km). Wasser und Proviant nicht vergessen! Strandeinsamkeit mit unendlichen Dünen – ohne jeglichen Schatten.

Pont de Gau

Reiseatlas: S. 9, C 3

Auf dem Weg nach Les Saintes-Maries-de-la-Mer lockt der **Parc ornithologique** beim Weiler Pont de Gau zum Birdwatching (April–Sept. 9–18 Uhr). Die meisten Vögel lassen sich auf den im 12 ha großen Schutzgebiet angelegten Fußwegen erspähen (Aussichtstürme). Als Rückzugsgebiet der Vögel dient der Etang de Ginès. Ringsherum weiden schwarze Camargue-Rinder und weißgraue Pferde. **Pont du Gau** ist zudem Sitz des Parc Naturel Régional de Camargue (D 570, Pont de Gau, Tel. 04 90 97 86 32, www.parc-camargue.fr). Man erhält dort Informationen zu den elf Außenstellen wie der **Maison du Cheval Camargue** (D 570, Mas de la Cure), wo Sonderausstellungen und Führungen zum Thema Pferdezucht veranstaltet werden.

Les Saintes-Maries-de-la-Mer

Reiseatlas: S. 10, D 4

Les Saintes-Maries-de-la-Mer, die unbestrittene Hauptstadt der Camargue, liegt zwischen tischflachen Salzseen und einem Dünenwall, der das Städtchen zum Mittelmeer abschirmt. Schon Kilometer vor Erreichen des Ortes ist die wehrhafte Kirche **Notre-Dame-de-la-Mer** über den strahlend weißen Häusern sichtbar. In der Kirche werden die Gebeine der beiden Heiligen Maria Jacobé und Maria Salomé verwahrt: Letztere soll der Überlieferung nach eine Zigeunerin gewesen sein. 1448 wurden die Gebeine gefunden. Seitdem ist Les Saintes-Maries-de-la-Mer ein Wallfahrtsort der Zigeuner. Eine Statue Sarahs, Schutzpatronin der Zigeuner, steht in der Krypta und wird am 24. und 25. Mai anlässlich einer großen Prozession im Beisein herausgeputzter Roma und Sinti aus ganz Europa und ebeno fescher Arlésiennes ins Meer getragen und anschließend neu geschmückt. Kurzum, mit Les Saintes-Maries-de-la-Mer verbindet sich das Klischee von Zigeunerromantik. Auch das **Ecomusée-Panorama du Voyage** (Tel. 04 90 79 52 85) bedient die landläufigen Bilder vom (nicht immer so) ›lustigen Zigeunerleben‹ inklusive bunter Kostüme und Musikdarbietungen.

Im **Musée Baroncelli** passiert hingegen die Geschichte der Camargue Revue (Rue Victor-Hugo, März–Nov. 10–12, 14–18 Uhr, Di geschl.). Der Stifter, Marquis Folco de Baroncelli-Javon (1869–1943), sorgte rechtzeitig dafür, dass die vom Aussterben bedrohten Rinder- und Pferderassen seiner geliebten Camargue unter strengen Vorschriften weitergezüchtet wurden.

Zu den Zigeunerwallfahrten bekommt man in Les Saintes-Maries-de-la-Mer kaum ein Bein an den Sandstrand. Wenn der Massenauflauf vorbei ist, bietet der **Strand Les Arènes** genügend Platz für die flotten Strandsegler *(char à voile),* die über die feuchte Piste flitzen (Camargue Wind Club, Tel. 04 90 97 98 41).

Radtour am Etang de Vaccarès

Von Les Saintes-Maries-de-la-Mer verläuft eine Sandpiste am Etang de Vaccarès vorbei bis nach **Salin-de-Giraud** – ein einmaliger

Radausflug, für den man sich einen Tag Zeit nehmen sollte (40 km).

Office de Tourisme: 5, Av. van Gogh, B.P. 73, 13732 Les Saintes-Maries-de-la-Mer, Tel. 04 90 97 82 55, Fax 04 90 97 71 15, www.saintesmaries.com.

Le Mas de Cacharel: Rte. de Cacharel (5 km nördl.), Tel. 04 90 97 44, Fax 04 90 97 87 97, www.hotel-cacharel.com. Reiterhof (s. u.) am Ufer des Etang de l'Impérial. Angenehm nüchterne Zimmer (zum See mit Birdwatching: Flamingos, Reiher, Enten). An den Wänden Schwarzweißfotos von Camargue und Corrida. DZ ab 109 €.
Hotel Les Arnelles: Rte. d'Arles, Tel. 04 90 97 61 79, Fax 04 90 97 63 33, www.lesarnelles.com, Mitte Nov.–Mitte Dez., Anfang Jan.–Anfang Feb. geschl. Holzstege führen durch Schilf und Sumpf zum Zimmer. Verwaschen wie am Strand aufgelesenes Treibholz sind die Bohlen der Zimmerterrasse, ausgebleicht wie vom Salzwasser die Deckenbalken. Ein anderes Zimmer wirkt dank hochglanzlackierten Holzverkleidungen wie eine Schiffskajüte. Festen Halt unter den Füßen bekommt man wieder an der Bar. DZ 95–130 €.
Camping Le Clos du Rhône: Rte. d'Aigues, Tel. 04 90 97 85 99, Fax 04 90 97 78 85, le clos@saintesmaries.com. Am Meer gelegen und trotzdem mit eigenem beheizten Pool.

... in Le Pont du Gau (D 570, 5 km nördl.):
Hostellerie du Pont de Gau: Tel. 04 90 97 81 53, www.pontdegau.camargue.fr, Mitte Okt.–Ostern Mi geschl. Rind in allen Variationen von den Camargue-Stieren, dazu sommers eine erfrischende *anchoïade* (scharfe Sardellenpaste), je nach Angebot fangfrischen Fisch, einen Seeaal mit scharfer *rouille* (rote Knoblauchpaste) etwa. Am schönsten sind die Tische auf der Veranda (auch Zimmer, DZ 51 €). Menü ab 20 €.

... in Pin Fourcat (an der D 85):
Lou Mas doù Juge: jenseits der ›Kleinen Rhône‹, Übersetzten mit der Fähre Le Bac du Sauvage, Tel. 04 66 73 51 45, www.loumasdoujuge.com. Eine Ferme Auberge mit kulinarischem Niveau. Rustikaler Saal mit langen Tischen. Gefülltes Spanferkel, *gardienne* (Rindereintopf) mit frischer Pasta. Menü ab 38 €.

Mit dem Autor unterwegs

Auf Flamingoschau

Der **Etang du Fangassier** ist der einzige Ort Frankreichs, an dem Flamingos brüten. Seit der Schaffung einer künstlichen Insel im Fangassier-Teich vor 30 Jahren schlüpften knapp 200 000 Vögel aus dem Ei. Ein **Observatorium** mit Teleskop (April–Mitte Juni; bitte wegen Diebstahlgefahr nichts im Auto liegen lassen!) liegt an der C 135.

Dorf mit Aussicht

Das befestigte Winzdorf **Cornillon-Confoux** liegt nordöstlich von St-Chamas auf einem Fels. Der **Blick auf den Etang de Berre** südlich von Salon-de-Provence ist großartig.

Großer provenzalischer Markt: Mo und Fr auf der Pl. des Gitans.

Kitesurfing, Segeln & Jet-Ski: Marc Gérard, Playa del Sol, Tel. 06 11 66 32 27 oder 06 16 29 47 42 (beides Handy).
Radverleih:
Le Vélo saintois: 19, Av de la République, Tel. 04 90 97 56, www.levelosaintois.camargue.fr, Mitte Feb.–Mitte Nov.
Le Vélociste: Rte. d'Arles, Tel. 04 90 97 83 26.
Reiten:
Le Mas de Cacharel: Adresse s. o. Unterkunft. Begleitete Ausritte in den Naturpark Camargue. 1 Std. 21 €, 3 Std. 41 €, ganzer Tag 65 €.
Hotel Les Arnelles: Adresse s. o. Unterkunft. Ausritt 16 €/Stunde, 65 €/Tag.
Lou Mas doù Juge: Adresse s. o. Restaurants. Ausritte 16 €, Kutschfahrten für 4 Pers. 31 € pro Std.

GENS DU VOYAGE
BIBLE
RESTAURANT
staurant Le Tamaris
SINCE 1903
AMERICAN MADE

Bus: nach Arles und Nîmes, (Les Cars de Camargue, Auskunft Gare Routière Arles, Tel. 04 42 28 40 22, 04 90 96 36 25, Gare Routière in Nîmes, Tel. 04 66 29 52 57).

Petite Camargue

St-Gilles

Reiseatlas: S. 9/10, C/D 2

Das verschlafene **St-Gilles** lebt vom Reisanbau, der die wasserreiche Ebene um die Stadt nutzt, und ein wenig vom Bootstourismus auf dem Canal du Rhône. Die Stadt war einst ein wichtiger Zwischenstopp auf der Via Tolosana, der südlichen Pilgerroute zum Jakobsgrab im spanischen Santiago de Compostela. Daran erinnert die **Abteikirche St-Gilles.** Erhalten sind die Krypta (Zutritt von rechts außen), Teile des Chors mit der berühmten ›Vis de Saint-Gilles‹, einer ausladenden Steintreppe, und das kolossale Westwerk, in dem die Architektur römischer Triumphbogen weiterlebt. Bildprogramm und Ausschmückung der Friese und Tympana gelten in ihrer Vielfalt und Detailgenauigkeit als einmalig in der romanischen Sakralbaukunst Südfrankreichs.

Office de Tourisme: 1, Pl. Frédéric-Mistral, 30800 St-Gilles, Tel. 04 66 87 33 75, Fax 04 66 87 16 28, www.ot-saint-gilles.fr.

Domaine de la Fosse: Rte. de Sylvéréal (D 179), Tel. 04 66 87 05 05 oder 06 17 69 47 58 (Handy), Fax 04 66 87 40 90, www.domaine-de-la-fosse.com. Luxuriöse Chambre d'hôtes auf dem Gutshof eines Reisbauerns. Ausflüge in die 450 ha großen Reisfelder möglich – am schönsten ist es zur Reisernte Anfang Sept. DZ/F ab 115 €, weiteres Bett 15 €. **Table d'hôtes** 28 €.

Le Cours: 10, Av. F.-Griffeuille, Tel. 04 66 87 31 93, 04 66 87 31 83, www.hotel-le-cours.com, Mitte Dez.–Feb. geschl. Einfache Zimmer ab 50 € (DZ).

Machen Les Saintes-Maries-de-la-Mer zur Bühne: die Wallfahrer

Camping La Chicanette: Rue de la Chicanette, Tel. 04 66 87 28 32.

Le Cours: Adresse s. o. Die Terrasse liegt im Schatten der Platanen. Bei Tisch viele Einheimische, u. a. die Kapitäne der Hausbootflotte, die in St-Gilles vor Anker liegt. Sämtliche Klassiker der Camargue zu sehr anständigen Preisen. Menü ab 14 €.

Hausbootvermietung: Crown Blue Line, www.crownblueline.com, lokaler Kontakt in St-Gilles Tel. 04 66 87 22 66.

Fahrradverleih: M. Linsolas, Quai du Canal, Tel. 04 66 87 23 82.

Bus: Les Rapides de Camargue in St-Gilles, Tel. 04 66 87 31 32, Gare Routière in Nîmes, Tel. 04 66 29 52 57, sowie Les Cars de Camargue in Arles, Tel. 04 90 96 36 25.

Route des Etangs

Reiseatlas: S. 9, C 2/3

Um die Tour durch die Kleine Camargue fortzusetzen, schwenkt man in Sylvéréal nach Westen auf die D 58 ab (Richtung Aigues-Mortes). Beim Château Montcalm**,** einem Weingut mit Anklängen an nordafrikanische Architektur, von dem nur noch die Keller genutzt werden, gelangt man auf die D 179, die in die D 779 übergeht. Hier beginnt der für die Camargue wohl typischste Streckenabschnitt: drei durch Kanäle verbundene Seen inmitten von Sumpf- und Weideland. Es fehlen nur noch die Flamingos. Sie bekommt man ab und zu bei niedrigem Wasserstand auf **Etang du Charnier** und **Etang de Grey** zu sehen, sofern das Schilfrohr längs der Meerwasserseen gekappt ist. Das ist im April/Mai der Fall und wird von Schnittern erledigt, deren Arbeitsplätze gesichert scheinen, seit für touristische Bedürfnisse wieder vermehrt reetgedeckte Häuser im traditionellen Camargue-Stil errichtet werden. Einige dieser weiß getünchten, einstöckigen und kopfseitig gerundeten *cabanes* passiert man in nächster Nähe auf der von im Wind wippenden Schilf gesäumten Route des Etangs (D 179).

Aigues-Mortes und Umgebung

Reiseatlas: S. 9, B 3

Die ›Toten Wasser‹, wie Aigues-Mortes wortwörtlich übersetzt heißt, entpuppen sich im Sommer wie im Winter als äußerst lebendiges Städtchen. Im Sommer fluten Touristen die wehrhafte Stadt, die auch im Winter nicht ausstirbt, weil die Listel-Großkellerei und die Salinen genug Arbeitsplätze schaffen. Aigues-Mortes ist eines der imposantesten Zeugnisse der Kreuzzugszeit. Von Aigues-Mortes schiffte sich Louis IX 1248 zum sechsten Kreuzzug ein. 1270 folgte ein siebter Kreuzzug, von dem der französische König mit dem Beinamen ›der Heilige‹ nicht mehr zurückkehrte. Damals hatte die Stadt noch einen Zugang zum Meer. Eine langandauernde Trockenperiode aber führte dazu, dass der Küstensaum austrocknete und sich zusätzlich große Mengen Flusssand, von der unbegradigten Rhône herbeigeschwemmt, rings um die mittelalterliche Baustelle ablagerten. Seit der Mitte des 14. Jh. liegt es auf dem Trockenen.

Die **Tour de Constance,** ein mächtiger Donjon und ältester Teil der mehr als anderthalb Kilometer langen Mauern, diente der geplanten Verwendung gemäß nur kurz als Königssitz, bevor sie zum Gefängnis wurde. Er beherbergt heute ein kleines Museum (fast tgl. in der Hauptsaison 10–19, in der Nebensaison 10–17.30 Uhr, Tel. 04 66 53 61 55) und dient zugleich als Pforte zur Wehrmauer, die komplett begehbar ist. Von dort wandert der Blick auf das grüne Marschland der Camargue, die Etangs, den kleinen Hafen, den Stichkanal nach Le Grau-du-Roi und die Salzberge der Salins du Midi. Man erkennt die anheimelnde, immer menschengefüllte Place St-Louis mit der Figur des Stadtgründers in ihrer Mitte und der Pfarrkirche Notre-Dame-des-Sablons, deren bunte Neuverglasung vom Popkünstler Claude Viallat stammt.

Aus der Mitte des 14. Jh. stammt vermutlich die **Tour Carbonnière,** ein Zoll- und Wachturm an der D 46, der bis zur Französischen Revolution in Funktion war. Von der Plattform fällt der Blick auf die Stierherden der zahlreichen *manades,* Stier- und Pferdezuchtfarmen der Umgebung, und auf grünes Marschland. Die höchste Erhebung der ›Kleinen Camargue‹ ist ein Berg aus Meersalz, das seit dem 12. Jh. aus den küstennahen Meerwasserteichen gewonnen wird und südlich von Aigues-Mortes auf Halde liegt. Die **Salins du Midi** produzieren 90 % des französischen Meersalzes. Hierfür schöpft man jährlich 400 000 t Salz in eigens konstruierten, flachen Verdunstungsbecken ab, deren feiner Rosaschimmer nicht durch Salzkristalle, sondern mikroskopisch kleine Algensprossen erzeugt wird. In enger Symbiose mit dem Salz lebt auch der rings um Aigues-Mortes angebaute *vin de sable,* der ›Sandwein‹. Der leichte Wein wird in der Camargue u. a. von der großen, den Salins du Midi gehörenden Caves Listel erzeugt. Die **Caves Listel** stehen mit Weinkellern, alten Fässern und Presse aus dem 16. Jh. ebenso wie die Saline (beide an der D 979) Besuchern offen (www.listel.fr und www.salins.com).

i **Office de Tourisme:** Pl. St-Louis, B.P. 32, 30220 Aigues-Mortes, Tel. 04 66 53 73 00, Fax 04 66 53 65 94, www.ot-aiguesmortes.fr.

Le Grau-du-Roi

Reiseatlas: S. 9, B 3

»Sie lebten damals in Le Grau-du-Roi, ihr Hotel lag an einem Kanal, der sich von der befestigten Stadt Aigues-Mortes zum Meer hinzog. Sie konnten die Türme von Aigues-Mortes über die Tiefebene der Camargue sehen, und fast täglich fuhren sie mit ihren Fahrrädern über die weiße Straße am Kanal entlang dorthin. [...] Es war eine heitere und freundliche Stadt, und dem jungen Paar gefiel das Hotel, in dem es oben vier Zimmer gab und unten ein Restaurant und zwei Billardtische mit Blick auf den Kanal und den Leuchtturm.« (Ernest Hemingway)

›Der Garten Eden‹, Hemingways letzter Roman, beginnt in **Le Grau-du-Roi.** Der Ort besitzt noch immer viel Charme, weil unter der polierten Oberfläche ein Großteil der alten Lebens- und Arbeitswelt wahrnehmbar weiterexistiert. Le Grau-du-Roi ist der zweit-

90 % des französischen Meersalzes wird in den Salins du Midi produziert

wichtigste Fischereihafen am französischen Mittelmeer, direkt nach Sète. Seit König Heinrich IV. im Rahmen eines landwirtschaftlichen Erschließungsprogramms während des 16. Jh. das seichte Küstengestade befestigen ließ, lebt die ›Kanalmündung des Königs‹, Le Grau-du-Roi, vom Fischfang. Allabendlich fahren die Boote in den Hafen ein, wofür sich die Drehbrücke über den Kanal öffnet und den Stadtverkehr unterbricht. Turbulenter als am Kanal geht es tagsüber im links gelegenen Stadtgebiet, der Rive gauche, zu, dem Zentrum der durch den Kanal in zwei Hälften geteilten Stadt. Die Gassen hinter der Häuserfront größerer Strandhotels sind in eine Fußgängerzone verwandelt worden. Hieran schließen sich Straßenzüge mit Pensionen und Ferienappartements und die Zufahrtswege nach **Port-Camargue** an, dem bettenreichsten Ferienort der Camargue. Der Jachthafen zählt mit 4350 Liegeplätzen zu den größten Europas. Wer die Einsamkeit sucht, muss über Port-Camargue hinaus zum **Phare de l'Espiguette** (D 255b) weiterfahren. Am Ende einer nichtasphaltierten Piste bleibt der Wagen zu Füßen des Leuchtturms stehen. Danach warten etliche Kilometer Dünenstrand, der umso leerer wird, je weiter man nach Osten geht – im der Hauptsaison kann es allerdings eine ganze Weile dauern, bis man ein wirklich ungestörtes Plätzchen gefunden hat.

i **Office de Tourisme:** 30, Rue Michel-Rédarès, B.P. 46, 30240 Le Grau-du-Roi-Port-Camargue, Tel. 04 66 51 67 70, Fax 04 66 51 06 80, www.legrauduroi-portcamargue-tourisme.info.

La Crau

Salon-de-Provence

Reiseatlas: S. 11, C 2

Die Hauptstadt der Crau steht im Zeichen von Nostradamus. Der erst 14-jährige König Karl IX. kam 1564 in Begleitung seiner Mutter Katharina von Medici extra in die Stadt, um den hoch verehrten Propheten zu sehen. Nostradamus' Wohnhaus, die **Maison de Nostra-**

damus, zieht bis heute die Besucher an (Juni–Aug. 9.30–12, 14–18.30, sonst 9–12, 14–18 Uhr, Sa, So nur nachmittags). Das Haus liegt selbstverständlich in der Rue Nostradamus. Im Wohnhaus des Sehers, Astrologen und Wahrsagers, der 1547 nach Salon kam und 1566 hier starb, sind die Stationen seines Lebens mit Wachsfiguren nachgestellt. Zwei Statuen ehren ihn. Eine steht seit 1867 an der weiten Place de Gaulle, eine andere, moderne und 9 m hohe in der Rue de l'Horloge. Das Stadttor Porte de l'Horloge führt auf die schmucke Place Croustillet. Wie ein gigantischer, moosbewachsener Pilz beherrscht die **Fontaine Moussue** das Ensemble. Die Cafés rund um den moosüberwucherten Brunnen laden zum Verweilen ein.

Wie bedeutend das in der Renaissance erblühte Städtchen war, zeigt sich am **Château-Musée de l'Empéri.** Die gewaltige Burg der Bischöfe von Arles (10.–16. Jh.) erdrückt die Altstadt. Der Bau war im Mittelalter die größte Festung der Provence. Im 16. Jh. kamen die Renaissancegalerie und der Ehrenhof hinzu.

Die Chapelle Ste-Chatherine (12. Jh.) und 30 weitere Räume dienen als **Armeemuseum.** Anhand von 10 000 Exponaten wird die Militärgeschichte von Ludwig XIV. bis zum 20. Jh. dargestellt (Mi–Mo 10–12, Juli/Aug. bis 18 Uhr). Das **Musée Grévin de Provence** an der Place des Centuries (Juni–Aug. 9.30–12, 14–18.30, sonst 9–12, 14–18 Uhr) ist ein Wachsfigurenkabinett, in dem die Geschichte der Provence anhand ihrer großen Köpfe nachgestellt ist.

Seit der Renaissance verbindet der Canal Craponne Salon-de-Provence mit der Durance im Norden und dem Etang de Berre im Süden. Die Olivenbauern um die Stadt und die sich im 19. Jh. ansiedelnden Seifenmacher profitierten vom Wasserweg. Das Viertel der *savonniers,* der Seifenmacher, liegt im Westen der Stadt, unweit vom Bahnhof. Protzige Villen künden vom Reichtum der Seifenmacher.

Die bekannteste Savonnerie bleibt die von **Marius Fabre** (148, Av. Paul-Bourret, www.marius-fabre.fr, Fabrikbesichtigung Mo, Do 10.30 Uhr). Seit der Gründung der Seifenfabrik 1900 heißt der Klassiker ›Savon de Marseille‹: 72 % Olivenöl enthält der Seifenblock. Reiner ist keine Seife. Parfums und Tischwäsche zählen heute ebenfalls zum Sortiment (Boutique Mo–Fr 9.30–12, 13.45–17.30, Fr nur bis 16 Uhr).

Office de Tourisme: 56, Cours Gimon, B.P. 70167, 13664 Salon-de-Provence, Tel. 04 90 56 27 60, Fax 04 90 56 77 09, www.visitsalondeprovence.com.

Hôtel d'Angleterre: 98, Cours Carnot, Tel. 04 90 56 01 10, Fax 04 90 56 71 75, Mitte Dez.–Anfang Jan. geschl. Einfache Zimmer, Frühstück unter einer Glaskuppel aus dem 19. Jh. DZ 46–53 €.

Abbaye de Ste-Croix: Rte. du Val de Cuech (5 km nordöstl.), Tel. 04 90 56 24 55, Fax 04 90 56 31 12. Das auf dem Land gelegene Luxushotel in barocken Mauern war ursprünglich ein Kloster. Das Restaurant hat Klasse. Menü 45–87 €. DZ 130–252 €.

La Salle à manger: 6, Rue du Maréchal-Joffre, Tel. 04 90 56 28 01, So abend, Mo geschl. Lamm mit Tapenade, Tunfisch-Tournedos, serviert in einer durchgestylten alten Villa. Menü ab 17 € (mittags).

Domaine des Béates: Rte. de Caireval in Lambesc (16 km östl. von Salon-de-Provence). Hervorragende Weine der AOC Coteaux d'Aix, www.domaine-des-beates.com.

Jazzfestival: Mitte Aug.
Nuits théâtrales de l'Empéri: Aug., Theaterfestival im ehemaligen Bischofspalast.

Zug: nach Marseille und Avignon, Tel. 08 36 35 35 35.
Bus: Halte routière, Pl. Morgan, 04 90 56 50 98, Busse nach Istres, Arles, Aix, Marseille, Avignon.

Crau verte

Reiseatlas: S. 11/12, C/D 2/3

Der Name der Crau geht auf die Kieselsteine (frz. *caillou)* zurück, die die knapp 600 km^2 große Weite bedecken. Grün schimmert die spröde Crau vor allem im Nordosten und heißt nun folglich ›Crau Verte‹. In **Pélissanne** ist der 40 ha große **Parc Zoologique** beim Château de la Barben (N 572, Tel. 04 90 55 19 12, www.zoolabarben.com, tgl. 10–18 Uhr) ein Tipp für Kinder: Außer den Gehegen für Löwe, Nilpferd und Giraffe gibt es einen großen Spielplatz. Das **Château de la Barben** kann ebenfalls besichtigt werden (Führungen in der Nebensaison Mi–Mo 10–12, 14–18 Uhr). Der weiße Bau aus dem 17. Jh. erhebt sich über dem Touloubre-Tälchen. Die französischen Gärten sind wie mit dem Lineal gezogen angelegt. In **St-Cannat** folgt mit dem **Village des Automates** (N 7, Tel. 04 42 57 30 30, April–Sept. tgl. 10–18, sonst nur Mi, Sa, So 10–17 Uhr) eine weitere Kinderattraktion. Im ›Dorf der Automaten‹ sind Gulliver, die Zwerge und Dornröschen zu Hause. Geschaffen hat die 500 auf Knopfdruck bewegten Puppen und Märchenszenen der ehemalige Schaufensterdekorateur Bernard Bremont. Das hübsche **Grans** ist für das mit einem AOC-Label ausgezeichnete Heu der Crau bekannt. Am linken Ufer des Canal Craponne liegt **Lançon-Provence**. Stadtmauern behüten das Dorf, dessen Burg von eckigen Türmen flankiert ist. **St-Chamas** liegt am Ufer des Etang de Berre. In die Felskante sind Höhlenwohnungen geschlagen. Der kleine Jacht- und Fischerhafen unterhalb des Dorfes sieht aus wie aus einem Bilderbuch.

... in St-Chamas:
La Maison troglodyte: Montée des Pénitents, Tel. 04 42 89 58 83. Ungewöhnliche Ferienwohnung mit Terrasse aufs Dorf und den Hafen: Der Bau ist eine Höhlenwohnung. 4 Pers. 240–480 €/Woche.

... in Lançon-Provence:
Château Calissane: D 10, Tel. 04 90 42 63 03, Barrique-Rotweine des Clos Victoire, kraftvolle Weißweine sowie Olivenöl.

Crau sèche

Die ›Crau sèche‹ im Südwesten ist knüppeltrocken. Kaum eine Straße durchzieht die nahezu baumlose Weite. **St-Martin-de-Crau** ist das Dorf der Schäfer: Mitte Februar werden die Tiere auf einer Messe verkauft. Mit 23 000 ha ist der Ort, der an ein Straßendorf aus dem Western erinnert, Frankreichs (flächenmäßig) siebtgrößte Kommune! Das **Eco-Musée de la Crau** zeigt in einer ehemaligen Schafzucht alles Wissenswerte zu Geologie, Fauna, Flora und Arbeitsalltag dieses Landstrichs, in dem der Schaftrieb nach wie vor den Jahresrhythmus bestimmt (Bd. de Provence, Tel. 04 90 47 02 01, www.espaces-naturels-provence.com/ecomuse.htm, tgl. 9–12, 14–18 Uhr).

Gut 160 Schäfereien gibt es in der Crau, mit mehr als 100 000 Tieren, Tendenz steigend. Vor 20 Jahren waren es nur 35 000 Schafe. Einer der wenigen Orte, die in der ›trockenen‹ Crau öffentlich zugänglich sind, ist **Peau de Meau.** Um das **Observatorium** – die Crau ist Brutgebiet für 120 Vogelarten – besuchen zu dürfen, benötigt man einen zwei Tage gültigen Zugangsschein vom Eco-Musée.

Am steinigsten ist die Crau südlich vom **Etang des Aulnes**. Im Zweiten Weltkrieg ließen die Deutschen hier Zigtausende von Kieselpyramiden aufhäufen, um alliierten Flugzeugen die Landung zu erschweren.

Maison du Tourisme: 2, Av. de la République, 13310 St-Martin-de-Crau, Tel. 04 90 47 38 88, Fax 04 90 47 98 44, www.ville-saint-martin-de-crau.fr.

Camping de la Chapelette: Rte. de Fos, St-Martin-de-Crau, Tel. 04 90 98 44 81, Fax 04 90 98 49 77, www.camping-lachapelette.com. Komfortabler Platz mit dichtem Baumbestand.

... in Mouriès
(nordöstl. von St-Martin-de-Crau):
Vallon du Gayet: Rte. de Servannes, Tel. 04 90 47 50 63. Gegrilltes auf einer Terrasse mit riesigem Pinienbaum. Menü 25–29 €.

Die Dinge gehen ihren Gang im Herzen der Provence

Kapitel 5

Die Mitte

Auf einen Blick: Die Mitte

Im Herzen der Provence

Keine andere Stadt der Provence entspricht vom Platanenboulevard bis zum schmiedeeisernen Campanile so sehr den Sehnsuchtsbildern des Südens wie Aix. Kein anderer Landstrich der Provence erfüllt das Klischee vom Glück auf Dorfterrassen, von überbordenden Märkten und weinseligen Nächten so wie der Luberon. Kein provenzalischer Berg wurde öfter gemalt als die von Cézanne immer und immer wieder porträtierte Montagne Ste-Victoire. Kein Berg ist den Provenzalen heiliger als das Massif de la Ste-Baume. Wer in die geografische Mitte der Provence aufbricht, stößt ins Herz der Provence vor. Reisewillige gibt es mehr als genug: Von einem Umzug nach Aix träumen laut Umfragen immerhin 80 % aller Franzosen, nach einem Haus im Luberon fahndet die Internationale der Zweitwohnsitzwilligen.

Von solchen Begehrlichkeiten unbeeindruckt gehen die Dinge ihren gewohnten Gang. Um das zu verstehen, muss man in Aix nur einmal außerhalb der Hauptsaison über den Cours Mirabeau bummeln, am besten an einem Sonntagnachmittag. Im Sonntagsstaat präsentieren sich alteingesessene Bürger und zugezogene Studenten aus gutem Hause. So viel unverfälschter Charme der Bourgeoisie ist selbst im wertkonservativen Frankreich heute selten. Im Luberon genügt es, nach dem Ende des Sommertrubels in eine Dorfkneipe zu geraten – am besten in eine, die im Schatten der Winzergenossenschaft liegt. Über Pastisgläsern weht ein Hauch von Vendetta. Weinbauern und Alt-'68er in selbst gestrickten Norwegerpullovern munkeln im rollenden Akzent des Midi über Trüffelspionage in britischen Labors, wettern lauthals gegen Eurokraten in Brüssel. Das Dorf heißt Lacoste, Bonnieux oder Grambois, die Szenen sind dieselben. Und eines ist immer gewiss: Die geografische Mitte der Provence verspricht ein Tête-à-Tête mit praller Lebensfreude.

Highlights

7 **Luberon:** Das schönste Wander- und Radlerrevier der Provence lädt zu sportlichen Aktivitäten ohne Exzesse ein – dafür wären die Steigungen ohnehin zu sanft (s. S. 220ff., 226f.).

8 **Aix-en-Provence:** Die Universitätsstadt ist der Inbegriff einer südlichen Flaniermeile – Mitbummeln erwünscht (s. S. 238ff.).

Empfehlenswerte Routen

Route Départementale 22: Unterhalb von Rustrel verläuft diese Straße ca. 7 km in Richtung Gignac/Simiane-La-Rotonde parallel zum **Colorado provençal.** Wanderparkplätze laden zum Aussteigen ein. Durch die Pigmentgruben, die einen knallbunten Canyon ergeben, führen ausgeschilderte Routen, etwa ab Bouvène (s. S. 232).

Combe de Lourmarin: Der wildromantische Taleinschnitt trennt den Petit vom Grand Luberon. Immer am Aiguebrun entlang windet sich die D 943 durch die Combe de Lourmarin in Richtung Apt (s. S. 236).

Wandern im Petit Luberon: Östlich von Cavaillon schraubt sich eine Route forestière über die Combe de Vidauque auf ein Plateau. Der Forstweg mit anfänglichen 14 bis 16 % Steigung darf mit dem Auto nur in dieser Richtung befahren werden. Oben führen Wanderwege über den Petit Luberon, etwa nach Oppède-le-Vieux (8 km) oder durchs Massif des Cèdres nach Bonnieux (20 km, s. S. 236).

D 973 von Cavaillon nach Pertuis: Die Straße folgt dem wasserreichen Lauf der Durance. Im Norden zieht der Luberon in seiner ganzen Länge vorüber – ein filmreifes Panorama (s. S. 237).

Route Cézanne: So heißt die D 17 von Aix nach Puyloubier unterhalb der schroffen Südflanke der Montagne Ste-Victoire. Die Strecke streift etliche Orte, von denen aus Cézanne den Berg gemalt hat, der sich hier besonders dramatisch gibt (s. S. 243f.).

Richtig Reisen-Tipps

Loftchic: Bistro, Epicerie, Salon de thé, Pâtisserie, Kochschule, Buchladen, Weinbar – Sterneköchin Reine Sammut geht in Aix wie gewohnt aufs Ganze (s. S. 242).

Leider nur zur Weihnachtszeit: Das weiße Nougat von Fouque schmeckt herrlich nach Mandeln, Honig und sonst nichts. Leider gibt es diese Leckerei nur von Herbst bis Weihnachten. Dann ist wieder Schluss mit dem süßen Naschwerk – bis zum nächsten Jahr in Signes (s. S. 251).

Reise- und Zeitplanung

Im Frühling blühen rund um Apt die Kirschbäume. Klatschmohn steht in den Wiesen des Luberon – es ist eine ideale Zeit, um mit dem Rad oder zu Fuß auszuschwärmen. Das gilt auch für den Herbst, wenn der Luberon sich ein buntes Laubkleid anlegt. Im Sommer müsste der Luberon eigentlich wegen Überfüllung schließen: Tout Paris frönt den Freuden eines Sommers in der Provence. In Aix weht selbst dann noch ein kühles Lüftchen. Schattige Platanen und Brunnen sorgen für Verweilqualität, und das Festival unter freiem Himmel erfüllt den Traum einer Sommernacht. Ansonsten ist Aix das ganze Jahr über quicklebendig, wofür allein schon die vielen Studenten sorgen. Im Winter ist die Sicht von der Ste-Victoire und der Ste-Baume stechend klar. Sobald jedoch der Mistral kräftig pfeift, kann die Gipfeltour lebensgefährlich werden.

Für den **Luberon** sollte man mindestens eine Woche einplanen, egal, ob man sich aus eigener Kraft oder motorisiert voranbewegt. In **Aix** lassen sich spielend zwei Tage verbummeln. Eine Tour rund um die **Ste-Victoire** dauert einen Tag, eine zweite über das **Massif de la Ste-Baume** einen weiteren (ohne Wanderungen).

7 Luberon und unteres Durance-Tal

Reiseatlas S. 11, 12

Der Gebirgszug teilt sich in Petit und Grand Luberon. Nach Süden fallen die Hänge sanft zur Durance ab. Nach Norden bricht der Luberon abrupt mit schroffen Felskanten ab. Typisch für den Grand Luberon sind die von dichten Wäldern bedeckten, abgerundeteten Gipfel (Mourre Nègre, 1125 m). Zugänglicher ist der Petit Luberon. Zedernwälder bedecken die trotz geringer Höhe dramatisch wirkenden Höhenzüge.

Die Luberon-Nordflanke

Petit Luberon

Reiseatlas: S. 11/12, C/D 1

Petit Luberon heißt der Teil des Gebirgszugs zwischen Cavaillon und der Combe de Lourmarin. Abrupt steigen die bewaldeten Flanken aus der Ebene um Cavaillon und dem Tal des Calavon auf. In **Les Taillades** scheinen Häuser und Château wie mit dem Säbel aus dem sandsteinartigen Fels geschnitten zu sein. Abgründe mit auffällig harten Kanten öffnen sich zwischen den Mauern. Der Name des Dorfes verweist auf die Steinbrüche, die wie an vielen Orten des Luberon jahrhundertelang die *pierre de Midi*, das Baumaterial der Provence schlechthin lieferten – *(taillade* bedeutet Schnitt oder Schlitz).

Um den Dorfplatz von **Robion** scharen sich Rathaus, Burgruine, Pfarrkirche und das Café de la Poste – noch bleibt der Luberon von Besucherströmen verschont. Das gilt auch für das hübsche, wegen der Barockfassade der Kirche und der pastellfarbenen Häuser italienisch anmutende **Maubec.** Beim Dorf legt der Luberon allmählich an Steigung zu. Mit der Ruhe vorbei ist es in **Oppède-le-Vieux.** Das Ruinendorf in malerischer Bergkulisse ist eines der beliebtesten Fotomotive des Luberon. Vor 350 Jahren sind die Bewohner in die Ebene abgewandert. Burg (die dem Fürsten von Monaco gehört!) und Kirche zerfielen, bis 68er-Aussteiger sich in den Ruinen einnisteten. Geblieben ist der Charme vom Schutt kaum befreiter Gassen, aber es gibt wieder zwei Cafés (die nur im Sommer geöffnet sind), und die Restaurierung der Kirche ist weit vorangeschritten. Mit dem Ste-Cécile-Landschaftsgarten entstand auf 1,6 ha eine botanische Schau der Luberon-Vegetation. Wanderer können vom Dorf aus über den Bergkamm in die Régalon-Schlucht auf der Südflanke des Luberon kraxeln (Ausschilderung GR 6).

Ménerbes zieht sich auf einem Felsgrat in die Länge. Peter Mayle bleibt der meistgehasste Mensch im Schatten des Bergfrieds, seit der Brite das charmante Bergdorf durch den literarischen Kakao gezogen hat. Die Einwohner meinen: alles erstunken und erlogen. Und freuen sich insgeheim, dass ihre Häuser dank Mayles Ménerbes-Promotion doppelt so viel wert sind wie vor dem Enthüllungsroman des Briten über trunksüchtige Bäckersfrauen und leicht geschürzte Metzger. Im ehemaligen Hospiz (17. Jh.) ehrt die **Maison de la Truffe et du Vin** die Weine der Côtes-du-Luberon sowie eine weitere lokale Spezialität: Trüffel (Sommer 10–13, 15–19 Uhr, Tel. 04 90 77 15 52). Die Hauptstraße führt zur romanischen Pfarrkirche und dem alten Friedhof. Zu Füßen des Friedhofs duckt sich Le Castellet, ein burgartiger Herrensitz. Die **Abbaye de St-Hilaire** am Ende eines Tals, das von der D 109 (Richtung Lacoste) abgeht, ist in Privatbesitz. Man kann das Kloster, das nach der Französischen Revolution in ein Gehöft umgewandelt wurde, jedoch auf Anfrage besichtigen (Tel. 04 90 75 88 83). Erhalten ist die Kirche (13. Jh.) und eine Kapelle (18. Jh.).

Lacoste wirkt von weitem wie ein aufgewürfelter Steinhaufen. Oben bröckelt eine Burgruine vor sich hin – einst Sitz derer von Sade. Lacoste ist ein stilles Dorf, da die Pflastersteine und Gassenstufen keine Autos zulassen. Das Château des Marquis de Sade, der sich im 18. Jh. mehrmals auf dem Stammsitz der Sippe aufhielt, diente nach der Revolution als Steinbruch. Seit der neue Besitzer des Schlosses Pierre Cardin heißt, wird kräftig saniert (nur Außenbesichtigung). Der Mann, der einst den Prêt-à-porter salonfähig machte, finanziert in den Steinbrüchen des Château ein Theater- und Opernfestival, bei dem mal Hanna Schygulla auf die Bühne tritt, mal Mozarts ›Zauberflöte‹ unter freiem Himmel erklingt **(Festival de Lacoste,** Reservierungen Tel. 04 90 75 93 12, www.lacoste.easyclassic.com, Ende Juli–Mitte Aug.).

Alle Infos zu den vorgenannten Orten beim **Office de Tourisme** von Bonnieux (s. S. 228).

... in Ménerbes:
La Magnanerie: 3 km nordöstl., Tel. 04 90 72 42 88, Fax 04 90 72 39 42, www.magnanerie.com, März–Nov. außer Aug., Weihnachtsöffnung 15. Dez.–6. Jan. La Magnanerie ist noch einen Tick schicker als Les Pereilles! DZ/F 85–90 €.
Les Peirelles: D 103, 2 km östl., Tel. 04 90 72 23 42, Fax 04 90 72 23 56, www.les-peirelles.com. Landhaus in provenzalischem Stil mit komfortablen Chambres d'hôtes in separatem Bau. Gemeinsame geräumige Küche, Pool, Garten. DZ/F 79 €.

... in Les Taillades:
L'Auberge des Carrières: Av. du Château, Tel. 04 32 50 19 97, geschl. April–Sept. So abend, Mo, Okt.–März auch Di. Fischgerichte – Marmite mit Seeteufel und Muscheln, Salat mit Anchovisfilets, gegrillte Dorade. Menü ab 23 €.

Mit dem Autor unterwegs

Le Jas de Monsieur
Dank der Lage im Naturpark Luberon tragen die Chambres d'hôtes auf dem 300 Jahre alten Le Jas de Monsieur das Label Gîte Panda des World Wildlife Fund (WWF). Zur zauberhaften Bastide gehören über 100 ha Wald, Wanderwege, eine Terrasse mit überbordenden Glyzinien und Blick auf den Luberon und ein Pool. Nachts stört nur der Gesang der Nachtigall und der Schrei eines Uhus die Ruhe. Rte. de la Bastide-de-Jourdans (D 122), Grambois, Tel. 04 90 77 92 08, www.lejasdemonsieur.com. DZ/F 65 €, Mitte Juli–Mitte Aug. geschl., keine Kreditkarten.

Bar de l'Etang
Keine Dorfterrasse des Luberon liegt idyllischer als diese in Cucuron: Über den Köpfen breitet sich ein Platanenhimmel aus, neben dem Tisch gluckert der Dorfteich, auf dem Tisch steht ein Rosé – so ist das Glück kaum auszuhalten (s. S. 233f., 235).

... in Lacoste:
Café de Sade: Rue Basse, Tel. 04 90 75 82 29, im Winter Mo geschl. Dorfkneipe mit Laubenterrasse sowie Zeitungsverkauf. Einfache Küche, kleine Preise – Salate, *caillettes* (Mangold-Fleisch-Klößchen), *côtelettes.* Menü ab 13 €.

... in Ménerbes:
Domaine de la Citadelle/Musée du Tire-Bouchon: D 3 (3 km westl.), Tel. 04 90 72 41 58, April–Sept. Mo–Fr 9–12, 14–19, Sa, So 10–12, 15–19, Okt.–März Mo–Fr 9–12, 14 bis 18, Sa 9–12 Uhr. Weingut der AOC Côtes du Luberon und Vin de Pays de Vaucluse. Dazu gibt es das **Musée du Tire-Bouchon** (Korkenziehermuseum, kein Scherz!) mit einigen hundert Exponaten vom 17. bis zum 20. Jh.
... in Le Coustellet:
Marché Paysan: April–Sept. So, im Sommer auch Mi abends. Bauernmarkt.

Gelbe Impression vor Lacoste

Fête des Vendanges: Okt., Weinlesefest in Lacoste.

Fête du Miel: Mitte Juli, Imkerfest in Ménerbes.

Rund um Bonnieux

Reiseatlas: S. 11, D 1

Auf der Rue de la République, die sich wie eine Achterbahn durch **Bonnieux** windet, herrscht im Sommer oft Dauerstau. Durch Bonnieux muss, wer von der Nordseite des Luberon auf die Südseite will. Entsprechend dicht klebt in der Hochsaison eine Stoßstange an der anderen. Hälse recken sich aus den Autofenstern. Blicke tasten die himmelstürmenden Fassaden der Hôtels particuliers ab. Wer es noch nicht vorhatte, sucht jetzt einen Parkplatz. Eine kluge Entscheidung. Ist der Wagen einmal abgestellt, entdeckt man verschwiegene Stiegen und stille Plätze. Am lebhaftesten geht es an der **Place Carnot** zu. Eine steile, mit Kieselsteinen gepflasterte Gasse steigt zur Pfarrkirche an. Das Gotteshaus steht am höchsten Punkt von Bonnieux und damit dort, wo zu gallo-römischer Zeit bereits ein Oppidum bestand. Über den Kirchhof weht der Duft 100-jähriger Blauzedern. Vom Belvédère schaut man auf Lacoste und das Calavon-Tal. Wieder unten im Dorf lohnt das **Musée de la Boulangerie** einen Besuch. Die Formen- und Handwerkssammlung des Bäckereimuseums wird rund um einen 140 Jahre alten Steinofen präsentiert (12, Rue de la République, tgl. außer Di 10–12, 15–18.30 Uhr, Okt. nur Sa, So, Nov.–März geschl.).

Bliebe noch **Bonnieux-Gare,** ein Weiler in der Ebene zwischen dem Luberon und dem Plateau de Vaucluse. Ein paar Dutzend Häuser liegen verstreut in den Reben. Machtvoll demonstrieren die Türme der Cave Coopérative, dass an die 100 Winzer ihre Trauben in den Nirosta-Tanks abliefern.

Mehrere Ausflugsziele bieten sich von Bonnieux an: Das winzige **Buoux** (9 km östl.) ist ideal für Wanderer (Fernwanderweg GR 9, Kletterfelsen). In der barocken Pfarrkirche überrascht ein frühchristlicher Altar (5. Jh.).

Bonnieux im Winter

Tour de Luberon – ein Naturpark wird radgerecht gemacht

Rien ne va plus in Forcalquier. Es ist Montag und damit Markttag. Zum größten Marché der Haute Provence strömt alles, was zwischen den Gebirgszügen von Luberon und Monts de Vaucluse Beine hat – oder ein Rad. Forcalquier ist der nördliche Ausgangspunkt eines Radfernweges, der den gesamten Luberon umspannt.

Hennagetönte Althippies aus den abgelegensten Flecken der Alpes-de-Haute-Provence, Dörfler vom weltabgewandten Plateau d'Albion, Honoratioren aus Manosque und Sisteron, dazu ein paar Ziegen, Welpen, Stallhasen sowie das eine oder andere Huhn. Mittendrin eine Gruppe in Radhosen und Windstopper-Shirts, die ihre ferrariroten Edelfahrräder der Marke Cannondale stolz durch die Menge schieben: wieder ein paar Touristen mehr, die der Verein Vélo Loisir en Luberon vom Autositz auf den Radsattel geholt hat. 236 km Radwege hat der Naturpark Luberon seit 1995 zwischen Forcalquier und Cavaillon geschaffen, einmal längs der Nordflanke, einmal längs der Südflanke des Gebirgszugs. Frankreichs größtes Radnetz entstand aus einem Dilemma: Mit den Touristen kommen immer mehr Autos, die Fauna und Flora schädigen. Buchstäblich neue Wege mussten her, um den Andrang zu kanalisieren und für den Autoverkehr gesperrte Zonen landschaftsverträglich zugänglich zu machen.

Ungefähr eine Woche braucht man für jede Route, wenn's kommod vorangehen soll. Um den Rest kümmert sich der eng mit dem Naturpark zusammenarbeitende Verein Vélo Loisir en Luberon. Dazu gehören Zimmerreservierung (auf Wunsch mit Verpflegung), Landkarte, Gepäcktransport und die technisch erstklassigen – ferrariroten – Leihräder. Es ist eine Reise in abgelegene Winkel, die man auf vier Rädern nicht erreicht. Hinter dem Rad blökt höchstens mal ein Esel. Ansonsten herrscht Stille. Über weite Kilometer stört kein Auto auf dem Radweg. Dafür leuchten in der Ferne die Dreitausender der Südalpen, majestätisch hoch. Oder es geht durch Weinreben direkt auf eine Dorfbar zu. Selten wird es für die Waden hart: Mit Vachères, einem Dorf auf 850 m Höhe, ist etwa bereits der höchste Punkt der gesamten Nordroute überwunden. Anders gesagt: Wer Vachères schafft, schafft auch den Rest. Die Orientierung ist einfach. Orangefarbenes Schild mit

Thema

(gut gelauntem) Winkemännchen auf Drahtesel bedeutet ›Richtung Cavaillon‹, dasselbe Schild in Weiß sagt an: ›Richtung Forcalquier‹. Die Ausschilderung ist so (angenehm unaufdringlich) durchgehend perfekt, dass sich routentechnisch wirklich niemand verheddern kann.

Wer weiterradeln möchte: Extratouren schließen an das Radnetz im Pays de Forcalquier und der Montagne de Lure sowie durch die Ockergruben um Roussillon an. Doch *Attention:* Der Radweg Le Pays de Forcalquier et Montagne de Lure en vélo führt in die Haute-Provence – auf 78 km gibt es laufend kräftige Steigungen (www.velopaysforcalquier.com)! Einfacher ist der Radweg Les Ocres en vélo: Das Wegenetz durch die Ockergruben zwischen Rustrel und Roussillon ist nur 50 km lang und die Steigungen sind sanft (www.otapt.fr/paysdapt/ocres.htm). Ein letzter Tipp für Einsteiger: Einmal im Jahr veranstaltet Vélo Loisirs das Fest Roues libres en Luberon mit Verleih von Rädern, begleiteten Rundfahrten, Tombola, Käse, Rosé, Baguette für alle Teilnehmer (erstes Wochenende im Okt., Ort wechselt jährlich).

Vélo Loisir en Luberon: Céreste, BP 14, Tel. 04 92 79 05 82, www.veloloisirluberon.com. Der als gemeinnützig anerkannte Verein koordiniert das individuell buchbare Gemeinschaftsangebot von Hoteliers, Restaurantbesitzern, Radverleihern und -werkstätten, Taxiunternehmern und Reiseführern. Radverleih (27-Gang, Marke Cannondale, 16 €/Tag, 80 €/Woche, Kaution 230 €, ebenfalls Tandems, Kinderräder und -anhänger), Organisation individueller Touren mit Sonderleistungen wie Picknickkorb (9 €/Pers.), Gepäcktransport (1–4 Pers. 1 €/km, bis 8 Pers. 1,30 €/km), Pannenservice.

Einsam liegt die Friedhofskirche Ste-Marie (13. Jh.), wohin ein 20-minütiger Fußweg vom Rathaus führt. Bliebe noch die Ruine des Forts an der Stelle, wo einmal ein früheres Dorf bestand, an dessen Existenz 200 spätmittelalterliche Felsgräber erinnern. Die **Forêt des Cèdres** (8,5 km südl., Anfahrt über D 36 Richtung Lourmarin) lädt zum Picknick ein. Der Wald aus Atlaszedern (botanischer Lehrpfad, 2 Std. einplanen) wurde 1860 auf dem Plateau gepflanzt und bleibt noch bei großer Hitze angenehm kühl. 5 km nördlich von Bonnieux überquert die D 149 eine Brücke mit drei Bögen, die vor mehr als 2000 Jahren errichtet wurde: Der **Pont Julien** war Teil der antiken Via Domitia.

Office de Tourisme Intercommunal du Pays de Bonnieux: 7, Pl. Carnot, 84480 Bonnieux, Tel. 04 90 75 91 90, Fax 04 90 75 92 94, otibonnieux@wanadoo.fr, www.tourisme-en-luberon.com.

... in Bonnieux:
La Bastide de Capelongue: D 36 (2 km östl.), Tel. 04 90 75 89 78, Fax 04 90 75 93 03, www.capelongue.com, Mitte Nov. bis Mitte März geschl. Weitläufiges Anwesen. Lichte Zimmer mit Stilmöbeln des 18. Jh. Von einigen schaut man aufs Dorf. Perfekter Service. Pool. DZ ab 160 €.
Auberge de l'Aiguebrun: Domaine de la Tour, D 943 (7 km südöstl.), Tel. 04 90 04 47 00, Fax 04 90 04 47 01, www.aubergedelaiguebrun.fr, Dez.–Feb. geschl. Hinter dem Haus plätschert ein Wasserfall: Die Auberge liegt idyllisch im Aiguebrun-Tal. Elegante Zimmer mit Louis XV-Fauteuils und provenzalischen Stoffen. Pool. DZ ab 140 €.
Le Clos du Buis: Rue Victor Hugo, Tel. 04 90 75 88 48, Fax 04 90 75 88 57, www.leclosdubuis.fr. Hausherr Pierre Maurin ist Botschaftskoch a. D.: Die Zimmer sind in Komfort und Größe für Staatsoberhäupter geeignet. Kaminsalon, Garten, Pool. DZ/F 84–112 €.
... in Buoux:
Auberge des Seguins: Vallée de l'Aiguebrun (D 113, 9,5 km östl.), Tel. 04 90 74 16 37, Fax 04 90 74 03 26, Mitte Nov.–1. März geschl. Hideaway in atemberaubender Lage: Hinter dem Haus erhebt sich eine Felswand, vor dem Haus rauscht der Aiguebrun. Einfache, ordentliche Zimmer. Bassin zum Abkühlen. DZ ab 55 €.

... in Bonnieux:
Le Fournil: 5, Pl. Carnot, Tel. 04 90 75 83 62, geschl. Dez.–Jan., im Winter Mo, Di, im Sommer nur Mo, Di mittag. Innovative, dabei durch und durch provenzalische Küche: Kichererbsen- und Stockfischpüree, Spanferkel mit Feigen. Der Saal ist aus dem Fels gehöhlt, aber die Tische auf dem schönen Platz sind verlockender. Menü 27–44 €.
Café de la Gare: Chemin de la Gare (D 36, 5 km nordwestl.), Tel. 04 90 75 82 00, Jan. bis Mitte Feb., So abend, Mo geschl., Sa, So abend nur auf Reservierung. Eine Adresse abseits der Touristen-Trampelpfade. Bemerkenswert günstiges Mittagsmenü (Mo–Fr), zuverlässige Klassiker auf der Abendkarte, so z. B. das Lammkarree in Petersilie. Menü 11–25 €.
Café Clérici: Pl. du 4 Septembre, Tel. 04 90 75 82 20, Jan.–Feb. geschl. An der Theke die Trunkenbolde des gesamten Luberon, dahinter ein fideler Wirt – all das macht es zum Dorfcafé der aussterbenden Art. Günstige Pizzas.

... in Bonnieux:
Château La Canorgue: Rte. du Pont-Julien (D 149), Tel. 04 90 75 81 01, Fax 04 90 75 82 98, April–Okt. Mo–Sa 9–19, Nov.–März 9–12, 14–18 Uhr. Erstklassige, fruchtige Weine der AOC Côtes du Luberon, obendrein aus biologischem Anbau.
Pâtisserie Henri Thomas: 7, Rue de la République, Tel. 04 90 75 85 52. Dorfbäckerei mit Salon de thé. Man kommt wegen der *galettes provençale* (mit Nougat- und Mandelcreme gefülltes Gebäck).
Markt: Fr morgen, der bunteste des Luberon.

Wandern: Ein Wanderweg (gelbe Markierung) führt von Bonnieux über das Plateau de Claparèdes und die Kirschhaine des Grand Verger nach Buoux. Zurück über den Fernwanderweg GR 9 (ca. 17 km, IGN-Karte ›Pertuis Lourmarin‹, 1:25 000).

Apt und Saignon

Reiseatlas: S. 6, D/E 4

Seit der Antike ist das Calavon-Tal ein wichtiger Handelsweg. Und seit dem Mittelalter gelten Früchte, allen voran Kirschen, aus dem Tal als die besten der Provence. Genauso lange schon versteht man sich in **Apt** auf das Konservieren der Ernte als *fruits confits* (kandierte Früchte). An den traditionellen Erwerbszweig erinnert das **Musée de l'Aventure industrielle,** wo zudem auch in die Kunst der Fayencefabrikation und der Ockerverarbeitung eingeführt wird (Pl. du Postel, Juli–Aug. Mi–Sa 10–12, 15–18.30, So 15–19, Sept.–Juni tgl. außer Di, So 10–12, 14–17.30 Uhr). Zum Samstagmarkt platzt die Altstadt rund um die geschäftige Rue des Marchands aus allen Nähten. Über der Hauptgasse erhebt sich die von einem schmiedeeisernen Campanile gekrönte Tour de l'Horloge (16. Jh.). Durch das Nadelöhr ihres Torbogens drängt sich alles in Richtung Place Gabriel Péri. Das Marktstädtchen ist zudem Sitz des **Parc Régional du Luberon.** In der Maison du Parc gibt es reichhaltiges Material zum Naturpark (60, Pl. Jean-Jaurès, Tel. 04 90 04 42 00, Fax 04 90 04 81 15, www.parcduluberon.com, April–Sept. Mo bis Sa 8.30–12, 13.30–19, Okt.–März Mo–Fr 8.30–12, 13.30 bis 18 Uhr). Das interaktive Museum erklärt Fauna, Flora, Architektur, Bräuche des Luberon. Dazu werden Exkursionen, Workshops, Veranstaltungen angeboten.

Saignon ist ein *village perché,* d. h. ein Bergdorf, und zählt zweifellos zu den malerischsten Felsdörfern des Luberon. Nach etlichen Haarnadelkurven endet die Straße im von Felsblöcken augenscheinlich in die Enge getriebenen Dorf. An der Kante des Rocher de Bellevue, da wo sich einmal eine Burg auf dem nackten Fels festgekrallt hat, schweift der Blick zurück nach Apt.

Office de Tourisme: 20, Av. Girard, 84400 Apt, Tel. 04 90 74 03 18, Fax 04 90 04 64 30, ot@apt.fr, www.luberon-apt.fr.

... in Saignon:

Chambre de séjour avec vue: Tel./Fax 04 90 04 85 01, www.chambreavecvue.com. Chambres d'hôtes in 300 Jahre altem Dorfhaus, mit Design und moderner Kunst möbliert. Bäder über den Flur. DZ/F 80 €, Table d'hôtes 25 €.

Auberge du Presbytère: Pl. de la Fontaine, Tel. 04 90 74 11 50, Fax 04 90 04 68 51, www.auberge-presbytere.com, Mitte Nov. bis Mitte Feb. geschl., Sa nur Vermietung mit Dîner. Bar, Restaurant mit Gartenhof (Mi geschl.). Die Zimmer fallen sehr unterschiedlich aus, teils mit viel Aussicht, verteilt über drei miteinander verbundene Altbauten. Die Auberge liegt am Dorfplatz, mit Brunnen davor. DZ 70–115 €.

... in Apt:

La Manade: 36, Rue Jules Ferry, Tel. 04 90 04 79 06, geschl. Mitte Dez.–Mitte Jan, Di abends, Mi. Reizender Empfang der jungen Equipe, auf den Teller kommt Lokaltypisches, und es gibt sogar eine kleine Terrasse. Menü ab 22 €.

Le Platane: 13, Pl. Jules Ferry, Tel. 04 90 04 74 36, So, Mo geschl. Eine Terrasse so heimelig wie ein Dorfplatz, versteckt in der Altstadt. Kräuterbetonte Mittelmeerküche. Menü ab 21 €.

Confiserie Marcel Richaud: 112, Quai de la Liberté, Apt. Kandierte Früchte, *calissons* (Mandel-Melonen-Plätzchen), Nougat.

Aptunion: N 100, Quartier Salignon, www.kerryaptunion.com. Kirschen, Melonen, Pfirsiche als in Zucker eingelegte Früchte, wer mag, auch mit Schokolade. Mit Fabrikbesichtigung.

Le Potager d'un curieux: Quartier de la Molière, Saignon, Tel. 04 90 74 44 68, Mo–Fr 9–12, 14–18 Uhr. Verkauf auch auf dem Samstagsmarkt von Apt. Jean-Luc Danneyrolles, Gärtner aus Leidenschaft, baut alte Gemüse- und Blumensorten an. In der Boutique kann man die Früchte seiner Arbeit erstehen: Rapunzel, Pimpernell, grüner oder goldener Portulak.

Im Herbst werden die Farben zwischen
Bonnieux und Apt sanfter

Bus: 2 x tgl. Avignon–Apt–Digne, Verkehrsbetriebe Villardo-Bernard, Tel. 04 90 74 36 10.

Rund um den Colorado provençal

Reiseatlas: S. 6, E/F 4

Von der Verarbeitung von Ockerpigmenten war schon in Apt kurz die Rede. Bei Rustrel entführt der **Colorado provençal** (D 22 unterhalb von Rustrel in Richtung Gignac/Simiane-la-Rotonde) in eine Abfolge von Pigmentgruben, die einen knallbunten Canyon ergeben. Ausgeschilderte Wanderwege, etwa bei Bouvène, ermöglichen die Erkundung der Malkastenlandschaft. Blutrot, zinnober, safrangelb und ocker leuchten die bizarren Felsformationen und Höhlen. Jahrhundertelang haben die Gruben den natürlichen Farbstoff für alles Mögliche geliefert, sogar für Fahrradschläuche.

Der Weg über **St-Martin-de-Castillon** lohnt wegen des Belvédère an der Chapelle des Pénitents. Vom höchsten Punkt des Dorfes schaut man auf den Waldpelz des Luberon. Am Ortsrand von **Céreste** überspannt eine antike Brücke das Flüsschen Encrème: Das mittelalterliche Dorf liegt an der Via Domitia, die Brücke ist einer der seltenen erhaltenen Reste der römischen Fernstraße. Von der Brücke führt eine schmale Straße durch Wiesenhänge zum **Prieuré de Carluc.** Vom einsamen Benediktinerkloster blieb die schlichte Kirche Notre-Dame (11.–13. Jh.) und eine aus dem Fels gehauene Grabgalerie erhalten. Es ist ein verwunschener Ort zwischen Feldern, Wiesen und Wald. (Kirche über Office de Tourisme de Céreste zugänglich, s. u.)

Office de Tourisme: Pl. de la République, 04280 Céreste, Tel. 04 92 79 09 84, Fax 04 92 79 00 03, tourisme@cereste.fr, www.cereste.fr.

... in Céreste:
Hostellerie l'Aiguebelle: Pl. de la République, Tel. 04 92 79 00 91, geschl. Mo und Mitte Nov.–Mitte Feb. Grundsolides Haus am Dorfplatz, mit Terrasse. DZ 49–54 €.

... in Villars:
La Colline des Ocres: Rte. des Trécassats, Tel./Fax 04 90 75 44 58, www.lacollinedesocres.com. Ferienhauspark auf 9 ha Waldgelände. Komplett eingerichtete Häuschen in provenzalischen Farben. Terrasse, Garten. Riesiger Pool. Ferienhaus für max. 4 Pers. 299–830 €/Woche je nach Saison.

... in Villars:
Le Villarsois: Le Village, Tel. 04 90 75 46 75, Mo abend, Di geschl. Hier kocht Bürgermeister Alain Massel, und zwar verdammt gut. Im Herbst Wildgerichte. Menü ab 20 €.

Manosque

Reiseatlas: S. 7, A 4; S.13, B 1

Kastanien statt Platanen reihen sich an der Hauptstraße von **Reillane** – im Nordosten des Luberon macht sich die Hochprovence allmählich bemerkbar.

Vorbei an der restaurierten Mühle von Montfuron geht es nach **Manosque.** Die mit 21 000 Einwohnern größte (!) Stadt des Departements Alpes-de-Haute-Provence ist untrennbar mit Jean Giono (1895–1970) verbunden. Das Haus, in dem der Schrifsteller seine Kindheit verbrachte, ist heute ein Geschäft (13, Rue Grande). Sein späteres Wohnhaus Lou Parais steht dank der rührigen Aktivitäten des Vereins Les Amis de Giono mitsamt Bibliothek und Arbeitszimmer zur Besichtigung offen (Montée des Vraies-Richesses, Fr 14.30–17 Uhr). Wichtiger ist das Centre Jean Giono, in dem eine Ausstellung sein literarisches Werk vorstellt (1, Bd. Elémir Bourges, Di–Sa 9.30–12 Uhr). Das Centre organisiert im Juli die Journées Jean Giono, einen Fest- und Veranstaltungsreigen zu Ehren des Dichters.

Manosques städtebauliches Wahrzeichen ist die prachtvolle Porte de La Saunerie, ein zinnengekröntes Stadttor von 1382. Dahinter verbergen sich enge Gassen und luftige, von Brunnen aufgelockerte Plätze. Das Herz der verschachtelten, umtriebigen Altstadt schlägt an der Place de l'Hôtel de Ville. Dort steht Notre-Dame-de-Romigier. Die ehemalige Kathedrale aus dem 10. Jh. ziert ein Renaissance-Portal. Auf dem Platz finden im Juni alle vier bis fünf Jahre die Fêtes médiévales statt. Zum zweitägigen Mittelalterfest putzt sich die ganze Stadt mit zeitgenössischen Trachten heraus.

Office de Tourisme: Pl. du Docteur Joubert, 04100 Manosque, Tel. 04 92 72 16 00, Fax 04 92 72 58 98, otmanosque@hotmail.com, www.manosque-tourisme.com.

Le Pré St-Michel: 3 km außerhalb, Rte. de Dauphin, Tel. 04 92 72 14 27, Fax 04 92 72 53 04, www.presaintmichel.com. Komfortable, auf ›Provence‹ getrimmte Zimmer. Der Clou ist der Außenpool mit Liegen zum Ausstrecken. DZ ab 60 €.
Hôtel du Terreau: 21, Pl. du Terreau, Tel. 04 92 72 15 50, www.hotelduterreau.fr. Unkompliziertes Hotel mit etwas engen Zimmern und dem Samstagsmarkt vor der Tür. DZ ab 32 €.

Auberge de Reillanne: Reillanne (14 km nordwestl.), Tel./Fax 04 92 76 45 95, Nov.–Feb. geschl., Restaurantbetrieb nur abends, Mi nur für Hotelgäste. Landgasthof der vom Aussterben bedrohten Art. Schlichte, sehr stimmige und große Zimmer in einer 300 Jahre alten Bastide. Garten. DZ ab 68 €. Menü 31 €.

Le Luberon: Pl. du Terreau, Tel. 04 92 72 03 09, geschl. Okt., So abend, Mo. Schnörkellose Lokalküche ohne jedes Chichi. Menü ab 19 €.
Au Palais des Cafés: 20, Pl. St-Sauveur, Sommer So, Winter So, Mo geschl. Über der Terrasse Platanen, auf dem Platz Brunnen und Kirche, in der Tasse ein Kaffee des lokalen Rösters Jean-Marie Rigoulet (Laden 24, Grande Rue).

Fêtes médiévales (Mittelalterfest): Juni, alle 4 bis 5 Jahre in Manosque, das nächste Mal 2007.

Bus: Marseille, Gap, Forcalquier, Avignon, St-Maximin. Halte Routière, Mo–Fr, Tel. 04 92 87 55 99.
Zug: Marseille, Briançon, Tel. 08 36 35 35 35.

Die Luberon-Südflanke

Grand Luberon

Reiseatlas: S. 12, E/F 1

Um Pierrevert riecht es im Herbst nach Steinpilzen im taufeuchten Laub, nach überreifen Feigen, nach Kaminfeuer. Dörfer wie **Pierrevert** sehen noch nicht so wie für landsüchtige Städter hergerichtet aus. Weingüter wie die Domaine La Blaque an der D 6 ins verbummelte Beaumont-de-Pertuis machen Pierrevert allerdings langsam bekannter. *Blaque* bezeichnet im Provenzalischen einen Ort, an dem Eichen wachsen. Genau die säumen das Weingut, in dem ›echte Höhenweine‹ gekeltert werden. Die Tropfen der kleinen AOC Pierrevert stammen von Reben, die auf bis zu 550 m Höhe reichen, was vor allem der Rebsorte Viognnier gut bekommt.

Burg und Uhrturm sind die Wahrzeichen von **La Bastide-des-Jourdans,** das wie das Nachbardorf **Grambois** oberhalb des Flüsschens Lèze liegt. Grambois empfängt mit einem weiten Platz, hinter dem sich das Dorf umso enger zusammenschnürt. Das Ensemble wirkt so stimmig, dass es als Kulisse für die Verfilmung der Pagnol-Romane ›Jean de Florette‹ und ›Manons Rache‹ diente. Das **Renaissance-Schloss** mitten in **La Tour-d'Aigues** brannte 1792 nieder. Die kolossale Ruine beherbergt in den erhaltenen Kellergewölben ein Fayence-Museum und eine kleine Schau zu den ländlichen Wohnformen der Provence (10–12, 14–17 Uhr, So morgens, Mo morgens, Di nachmittags geschl., www.chateau-latourdaigues.com). Mit **Cucuron** folgt nicht nur ›eines der schönsten Dörfer Frankreichs‹, sondern auch des Luberon. Die Musik spielt vor der Stadtmauer am *étang:* Der ›Teich‹ ist genau genommen ein rechteckiges Bassin mit dicken Mauern, ungefähr so groß wie ein Schwimmbad in Olympiaformat. Eine Quelle speist den Etang, daher das Gluckern aus einer Ecke. Ganz am Ende dösen die knallroten Löschfahrzeuge der Freiwilligen Feuerwehr in einer offenen Garage. Ganz vorn sitzt man in der Bar de l'Etang an Tischen, die unter den gigantischen Platanen wie Puppenstubenmöbel wirken. Unter den

Lourmarin im Luberon: Sehnsuchtsziel vieler Pariser

200 Jahre alten Baumkronen verharrt das Leben im Schummerlicht. Das Dorf selbst igelt sich hinter Mauern ein, in deren Zentrum ein zweiter Mauerring den Burgfels samt Bergfried sowie das älteste Viertel behütet. Vom Burgfels fällt der Blick auf den Turm der Pfarrkirche, den Uhrturm des Stadttors und die mächtigen Platanen rund um die Place de l'Etang. Es gibt einen Metzger, einen Bäcker, eine Epicerie – kurzum, Cucuron ist pumperlgesund. Der Asphalt sieht aus wie ein Flickenteppich in Grau-Schwarz-Grau. Unter den blätternden Hauswänden wirkt nur die jüngst restaurierte Pfarrkirche herausgeputzt. Das war das Dorf, das Jean-Paul Rappeneau Mitte der 1990er Jahre für die Verfilmung des Streifens ›Husar auf dem Dach‹ nach einer Novelle von Giono gesucht hatte. Hier in Cucuron ließ er Juliette Binoche nach dem Husaren schmachten und im nahen **Vaugines** in die spätromanische Dorfkirche schreiten.

Office de Tourisme Cucuron-Vaugines: Rue Léonce Brieugne, 84160 Cucuron, Tel. 04 90 77 28 37, officetourisme.cucuron@wanadoo.fr, www.cucuron-luberon.com und www.vaugines-luberon.com.

... in Cucuron:
L'Arbre de Mai: Rue de l'Eglise, Tel./Fax 04 90 77 25 10, Jan.–Feb. geschl. Etwas puppenstubig hergerichtete Zimmer in einem Dorfhaus des 18. Jh., unterm Strich ganz kuschelig. DZ 45–55 €.
... in Vaugines:
Hostellerie du Luberon: Cours St-Louis, Tel. 04 90 77 27 19, Fax 04 90 77 13 08, www.hostellerieduluberon.com, Mitte Nov.–10.

März geschl. Familiäres Haus in provenzalischem Stil am Dorfrand. Die Zimmer sind freundlich, mit den Farben und Mustern der Region ausgestattet. Von der Frühstücksterrasse schaut man auf Pool und Obstgarten. DZ ab 80 €. Sehr günstige Halbpensionsangebote und sehr günstiges FeWo-Angebot (Vollpension 58 € pro Person!).

... in Cucuron:
La Petite Maison: Pl. de l'Etang, Tel. 04 90 77 18 60, geschl. Feb.–Mitte März, außerhalb der Hauptsaison Mo, Di. Provenzalische Küche auf Höchstniveau: violette Artischocken mit Speck und Parmesanriegel, eine mit Orangen abgeschmeckte *daube* (Rinderschmortopf). Entsprechend nobler Rahmen: Die Vertäfelung im 1. Stock ist 300 Jahre alt. Menü 39–75 €.

Bar de l'Etang: Pl. de l'Etang, Tel. 04 90 77 23 11. Himmlisch, die Tische unter den Platanen am Bassin. Für ein Sandwich und ein Gläschen Rosé.

Domaine Les Vadons: La Resparine, Route de l'Etang de la Bonde (D 27), Cucuron, Tel. 04 90 77 13 40. Seidige Rotweine der Côtes du Luberon.

Wandern: Der Aufstieg zum Mourre Nègre, mit 1125 m höchster Gipfel des Luberon, erfordert Kondition. Die Fernwanderwege GR 9 und GR 97 führen von Cucuron hinauf (Auf- und Abstieg ca. 24 km, IGN-Karte 1:25 000 ›Pertuis Lourmarin‹). Vom Nachbardorf Cabrières d'Aigues verkürzt sich der Weg um knapp die Hälfte (GR 92).
Baden: Etang de la Bonde, (7 km östl. von Cucuron, D 27). Stausee mit Strand, Surfbrett- und Tretbootverleih.

Rund um Lourmarin

Reiseatlas: S. 12, D/E 1

Ansouis schwimmt auf einem Rebenmeer. Seit dem 12. Jh. mischt die adelige Familie de Sabran im Dorf mit. Das mit Ehrenhof und barockem Corps de Logis standesgemäß ausgestattete Renaissance-Schloss der Sippe kann man besichtigen. In den Gewölbeküchen besticht eine Sammlung von kupfernen Küchenutensilien aus dem 18. Jh. Akkurate, in Terrassen angelegte Gärten à la française liegen dem Schloss zu Füßen. Der Luberon gilt als ein 21. Arrondissement, seit ganz Paris in Dörfern wie **Lourmarin** die wahre, echte Provence sucht. Einer der ersten Paris-Exilanten hieß Albert Camus. Das Grab des Schriftstellers ist fester Bestandteil jeder Lourmarin-Sightseeingtour. Apropos Schriftsteller: Auch Peter Mayle besitzt in Lourmarin ein Haus. Seit 1998 lebt der Mann irgendwo außerhalb des Dorfes. Ansonsten brodelt die Gerüchteküche. Jane Birkin soll in Lourmarin ein Haus besitzen? Hat schon jemand Depardieu diesen Sommer gesehen? So lauten die Fragen, die Lourmarin einen jeden Sommer lang beschäftigen. Unbestritten: Das Dorf ist zauberhaft. Das Château aus der

Renaissance lohnt wegen des erlesenen Louis XIV-Mobiliars, auf dem zumindest Elisabeth II. von England Platz nehmen durfte. Eine elegante Wendeltreppe verbindet den spätmittelalterlichen Trakt des Château vieux mit dem Renaissance-Flügel des Château neuf (März–Sept. 10–11.30, 14.30–17.30, Juli/Aug. bis 18 Uhr, Okt.–Feb. 10.30–11.30, 14.30–16.30 Uhr, Jan. nur am Wochenende nachmittags, bis zu 4 Führungen am Tag).

Abgesehen von seiner Schönheit profitiert Lourmarin von der Lage am südlichen Ausgang der **Combe de Lourmarin.** Gemeint ist damit ein enger Taleinschnitt, der den Petit vom Grand Luberon teilt. Bis heute bleibt die vom Aiguebrun in den Berg gefräste Schlucht die einzige Nord-Süd-Passage des Luberon und damit ein wichtiger Verbindungsweg nach Apt. Kurz bevor es in die Combe de Lourmarin geht, führt eine schmale Piste zur **Ferme de Gerbaud.** In einem stillen Tal nördlich von Lourmarin bewirtschaftet Paula Marty das großelterliche Gehöft. Die 6 ha *plantes aromatiques* – Lavendel, Rosmarin und Thymian – werden ohne Chemiekeule bearbeitet. Nach der Führung kann man in der Boutique allerlei Essenzen und Öle kaufen (ab D 943 ausgeschildert, Führung April–Okt. Di, So, Sa 17 Uhr, Tel. 04 90 68 11 83).

Ein schmiedeeiserner Campanile in Form einer Zwiebel krönt die Pfarrkirche von **Lauris.** Durch das Gassenlabyrinth gelangt man bis vors Château. Auf den barocken Gartenterrassen des Schlosses ist Europas einziger Schaugarten für Färbereipflanzen angelegt. Es ist ein bukolisches Plätzchen mit knallrot glänzendem Pusztagold, vulgo Paprika, lilablauem Färberknöterich und Erlen, die man fürs Schwarzfärben benötigte (Jardin Conservatoire des Plantes tinctoriales, Führung Juni–Sept. Di–So 18 Uhr, Tel. 04 90 08 40 48).

Ein letzter Schlenker führt hinauf auf den Petit Luberon. Ungefähr 5 km östlich von Cavaillon windet sich vom Weiler Vidauque ein halsbrecherischer Forstweg mit bis zu 16 % Steigung (den man mit dem Auto nur in dieser Richtung und nur tagsüber befahren darf) zur **Combe de Vidauque** hinauf. 400 Höhenmeter später erreicht man ein betäubend duftendes Rosmarinplateau, aus dem vom Mistral nackt geschabte Felsen ragen. Wanderwege führen über den Petit Luberon, etwa nach Oppède-le-Vieux (8 km) oder durchs Massif des Cèdres nach Bonnieux (20 km). Der Blick fliegt über die karge Hochebene hinunter zum bunten Flickenteppich der Felder rund um Cavaillon. Vorbei am Forsthaus des Trou du Rat schlingert die Straße (Motorbremse nicht vergessen!) wieder runter ins Durance-Tal.

Office de Tourisme: 13, Av. Philippe de Girard, 84160 Lourmarin, Tel. 04 90 68 10 77, Fax 04 90 68 11 01.

Villa Saint-Louis: 35, Rue Henri-de-Savornin, Tel. 04 90 68 39 18, Fax 04 90 68 10 07, www.villasaintlouis.com, ganzjährig geöffnet. Atemberaubend schöner 17. Jh.-Bau mit elegantem Großgarten – nicht versäumen! DZ/F 60-70 €.

La Fenière: La Fenière (2,5 km südl.), Rte. de Cadenet, Tel. 04 90 68 11 79, Mo, Di mittag geschl. Ein Stern am kulinarischen Himmel: Die Autodidaktin Reine Sammut kreiert rustikal Inspiriertes wie Stockfisch-Tarte oder Kaninchen-Confit mit Auberginenkaviar. Menü ab 78 €.

L'Antiquaire: 9, Rue du Grand-Pré, Tel. 04 90 68 17 29, geschl. Mitte Nov.–Mitte Dez., Mitte Feb.–Mitte März, Mo, im Winter auch So abend. Chef de cuisine David Dubouchet ging bei Starköchin Reine Sammut in die Lehre. Rotbarben mit Anchovis aus Collioure. Bouillabaisse auf Vorbestellung. Menü um 30 €.

Côté Bastide: 5, Rue du Grand Pré, Tel. 04 90 08 57 92, im Sommer Di–So 10.30–13, 15.30–20, im Winter Do–So 10.30 bis 13, 14.30–19 Uhr, Jan.–Ostern geschl. Die Linie für Bad- und Körperpflegeartikel setzt auf helle Töne, naturbelassene Stoffe, klare Düfte – mal blumig wie bei den Parfüms, Lotionen, Cremes von Feigen-, Orangen- und Rosenblüten, mal sommerlich herb wie bei einem aus Hanf destillierten Eau de Toilette pour Messieurs.

Foire artisanale: 3. So im Juli, Kunsthandwerkermarkt.
Rencontres méditerranéennes: Juli–Aug., Literatur- und Theaterfest.

Unteres Tal der Durance

Reiseatlas: S. 11/12, C–E 2
Schilf links, Schilf rechts. Ab und zu steigt ein Reiher auf. Dazu gurgelt es aus den Bewässerungsgräben, mit denen die Tomatenfelder und Aprikosenhaine längs der Durance nach einem ausgeklügelten System geflutet werden. Der Fluss versorgt das fruchtbare Land im Süden des Luberon reichlich mit Wasser. Die Durance ist trotz Staustufen und Regulierungsmaßnahmen des staatlichen Stromerzeugers *Eléctricité de France* ein Vogelreservat erster Ordnung. Die D 973 von Cavaillon nach Pertuis folgt dem wasserreichen Lauf der Durance. Im Norden spult der Luberon in seiner ganzen Länge ab – ein filmreifes Panorama. Bei Mallemort bilden die aufgestauten Wasser der Durance einen See. Von den Schutzständen des **Observatoire ornithologique de La Durance** (von Mérindol kommend hinter der Bahnlinie auf Höhe der Barrage de Mallemort) kann man Reiher und Kormoran aufs Gefieder schauen.

Bei **La Roque d'Anthéron** legt sich der Canal de Marseille eng an die Durance. Im Schlosspark findet im Sommer ein Klavierfestival von internationalem Rang statt (Tel. 04 42 50 51 15, www.festival-piano.com). Eine Attraktion das ganze Jahr über ist die **Abbaye de Silvacane** östlich des Dorfes (Mi–Mo 10–13, 14–17 Uhr). Die Zisterzienserabtei wurde 1144 in den Sümpfen der Durance gegründet: das lateinische *silva cannorum* bedeutet Schilfwald. Moderne Fenster des armenisch-türkischen Künstlers Sarkis beleuchten die nüchtern-erhabene Kirche. Erste Kreuzrippen im Gewölbe künden im Gotteshaus vom Aufbruch der Gotik in der Provence. Das gilt auch für den rechteckigen Kreuzgang, dessen Gewölbe erneut von Kreuzrippen getragen wird. Weiter östlich fängt das Bassin de St-Christophe seit 1880 das der Durance abgezapfte Wasser auf. **Le Puy-Ste-Réparade** ist ein typisches Bauerndorf des unteren Durance-Tals. Von der Anhöhe der Burgruine im Südwesten schaut man auf Obstplantagen und Reben. Eines der imposantesten Weingüter ist im Südosten (am Canal de Marseille) das **Château de Fonscolombe** mit grandioser Freitreppe und Park. Oberhalb von **Meyrargues** erinnern die Reste eines römischen Aquädukts daran, dass Aix bereits in der Antike mit Wasser aus dem unteren Durance-Tal versorgt wurde. Das winzige Dorf selbst wird vom barocken Château erdrückt.

Pertuis gilt als ›Hauptstadt‹ des Pays d'Aigues, des Landes also, in dem die Wasser (Aigues) reichlich fließen. Das Städtchen lebt seit dem Spätmittelalter vom Handel. Etliche propere Bürgerhäuser und Adelspalais wie die Maison de la Reine Jeanne zeugen davon, dass die Geschäfte im 16. und 17. Jh. florierten. An der schmucken Place Mirabeau erhebt sich die Tour de l'Horloge, der ehemalige Donjon der Burg.

Office de Tourisme de Pertuis: Pl. Mirabeau, 84120 Pertuis, Tel. 04 90 79 15 56, Fax 04 90 09 59 06, tourisme.pertuis@wanadoo.fr, www.vivreleluberon.com.
Office de Tourisme de Cadenet: 11, Pl. du Tambour d'Arcole, 84160 Cadenet, Tel. 04 90 68 38 21, Fax 04 90 68 24 49, ot-cadenet@wanadoo.fr, www.mairie-cadenet.fr.

... in Cadenet:
La Tuilière: Tel. 04 90 68 24 45, www.latuiliere.com. Chambres d'hôtes mit allen Auszeichnungen (WWF-Panda-Label, 3 Ähren der Gîtes de France etc.) – also frühzeitig buchen, da sich herumgesprochen hat, was für ein Glücksfall diese Adresse ist! Reizende Gastgeber. DZ/F (50)65–81 €, 4 Pers. mit Frühstück für nur 111 €/Tag.

... in Cadenet:
La Cour: 3, Rue Hoche, Tel. 04 90 08 57 66. Alexandre Morlot lernte bei den Großen der Provence-Küche und betreibt nun sein Restaurant in einem lauschigen Hof. Innovativ: frische Kokosnuss mit Trüffel, Hummerravioli mit Haselnüssen. Menü 25–50 €.

8 Aix-en-Provence

Cityplan S. 240

Aix-en-Provence ist der Laufsteg der Provence. In der eleganten Universitätsstadt finden die meisten Filmpremieren im Land statt – nach Paris wohlgemerkt. An der Seine träumt so mancher von einem Zweitwohnsitz in Aix, was die Immobilienpreise in schwindelerregende Höhen treibt. Die mediterrane Leichtigkeit mancher Straßenszene täuscht: Aix ist eine durch und durch bürgerliche und wertkonservative Stadt, wenn auch auf sehr angenehme Art und Weise.

Reiseatlas: S. 12, E 3

Auf den ersten Blick ist Aix eine barocke Stadt, in der es dank der vielen, vielen Studenten brummt. Gepflegt kommen beide daher, Stadt und Studenten. Revolten finden woanders statt. In Aix debattiert man lieber gesittet im Café – und entspannt sich.

Aquae Sextiae – die Wasser des Sextius – hieß die Stadt bei der Gründung 122 v. Chr. Der Name vereint den des Stadtgründers und römischen Prokonsuls Caius Sextius mit einem Verweis auf die warmen Quellen am Ort. Ins heilende Nass stieg man in der Antike und steigt man seit der Eröffnung des Wellnessbads Les Thermes Sextius noch immer.

Aix' Aufstieg zur feinen Metropole begann um 15 v. Chr. mit der Erhebung in den Rang einer Kolonie. Villen, Tempel und besagte Thermen entstanden. Zu sehen ist von der antiken Pracht nicht mehr viel. Ende des 3. Jh. avancierte Aix schließlich zur zweiten Hauptstadt der Provinz Gallia Narbonensis. Die Folge: Vom 4. bis 9. Jh. fielen Westgoten, Lombarden und Sarazenen über die Stadt her und verwüsteten die römischen Bauten. 1182 begann eine zweite Blüte: Aix wurde Hauptstadt der Grafen der Provence, inklusive wehrhafter Stadtmauern und romanischer Kathedrale. 1409 gründete Graf Louis II. die Universität. Es folgte die bis heute als selig verklärte Zeit unter der Herrschaft des letzten provenzalischen Grafen und ›guten Königs René‹. Die Stadt erlebte eine kulturelle Blüte. Doch sein eigentliches goldenes Zeitalter stand Aix noch bevor: Im 17. und 18. Jh. wurde die Stadt mit neuen Vierteln, Palais und Schauachsen zum ›kleinen Versailles der Provence‹ aufgewertet. So viel Glanz zog den Argwohn der Revolutionäre auf sich. Aix wurde nach 1791 zur einfachen Unterpräfektur degradiert und lag nun im Schatten des nahen, mächtigen Marseille.

Die Stadt erlebte ihre Wiedergeburt im 19. Jh. als Boulevard: Keine Flaniermeile der Provence kann es mit dem eleganten Cours Mirabeau aufnehmen, der wie ein überbreiter Laufsteg das städtische Leben bündelt. Platanen werfen Schatten auf die Dachziegel, die in Aix so rosa sind wie in der Toskana. Die Mauern der noblen Barockpaläste leuchten honigfarben. Vom schmuddeligen Gassencharme anderer Provence-Metropolen ist in Aix keine Spur. Understatement zählt. Man schaut zu und setzt sich nicht in Szene. Apropos Szene: Das Sommerfestival von Aix spielt in derselben Liga wie die Salzburger, Bayreuther und Glyndebourner Festpiele. 1948 vom charismatischen Gabriel Dussurget gegründet, setzt Aix mit Oper, Avantgarde-Tanz und Konzert ganz bewusst einen elitären Gegenpol zum Trottoirtheater von Avignon (s. auch S. 239, 245). Was auch den rund 40 000 Studenten aus zumeist ›besseren‹ Familien recht ist.

Cours Mirabeau

Die schattige Allee des **Cours Mirabeau** 1 durchquert Aix von Ost nach West. Die verkehrsberuhigte Flaniermeile erinnert an den Comte de Mirabeau (1749–1791). Der Graf, dessen Familie aus der Toskana stammte, profilierte sich 1789 zunächst als Repräsentant des Adels. Bekannt wurde er jedoch als Vertreter des dritten Standes in der Pariser Nationalversammlung. Ganz Aix gibt sich unter den Platanen, auf den breiten Gehsteigen, in den Cafés ein Stelldichein. Man genießt die Kühle, die von den drei Brunnen ausgeht (übrigens: 101 Brunnen soll Aix insgesamt zählen). In der Mitte des Cours steht die **Fontaine des Neuf-Canons** (1691), im Westen die **Fontaine Mossue** (1667), deren 34 °C warme Wasser das den Brunnen überwuchernde Moos kräftig sprießen lässt. Im Osten folgt die **Fontaine du Roi,** auf der eine Statue des ›guten Königs René‹ mit Weintrauben in der Hand steht. Palais säumen den Cours zu beiden Seiten. Auf das nach außen hin strenge, innen umso reicher dekorierte **Hôtel d'Isoard-de-Vauvenargues** (Nr. 10, 1710) folgt an der Nr. 20 das **Hôtel de Forbin** (1656) mit schmiedeeisernem Balkon und strenger Barockgliederung. Ebenfalls ins Auge fällt in Nr. 38 das **Hôtel Maurel de Pontevès** (1647), dessen riesige Atlanten von Pierre Puget geschaffen wurden. Unter den vielen Cafés und Brasserien sei das legendäre **Deux Garçons** 9 (Nr. 43, s. S. 245 und rechts oben) erwähnt: Im denkmalgeschützten Louis-Philippe-Saal verkehrte schon Cézanne.

Mit dem Autor unterwegs

Café Les Deux Garçons

Seit 1792 eine Institution am Cours Mirabeau. Eingeweihte sagen schlicht ›2G‹. Hier trafen sich Zola und Cézanne, Sartre, Picasso, Churchill. Im 1. Stock gibt es eine Piano-Bar (Fr, Sa ab 19 Uhr, s. S. 245).

Léonard Parli

Es gibt viele Calissons-Hersteller, aber Kenner kaufen seit 1874 bei Parli und lassen sich das Aixer Naschwerk aus Mandeln und Melonen auf der cremefarbenen Barockkommode einpacken. 35, Av. Victor Hugo, Tel. 04 42 26 05 71.

Atelier Cézanne

Cézanne begegnet man in Aix auf Schritt und Tritt, in seinem Atelierbau aber kommt man dem Impressionisten auf die Spur. Farbpalette, Glastöpfchen, Staffelei stehen noch da. Baskenmütze und Jacke hängen am Haken – so als ob der Meister nur mal kurz ausgegangen wäre (s. S. 243).

Festival d'Aix

Seit 1948 wird im Innenhof des barocken Erzbischöflichen Palais unter freiem Himmel musiziert. Hochkarätig sind Dirigenten und Solisten: Pierre Boulez dirigierte Strawinskys ›Renard‹, Klaus Michael Grüber inszenierte Schönbergs ›Pierrot lunaire‹ (s. S. 238, 245).

Altstadt

Ungefähr auf Höhe des Deux Garçons zweigt die schmale **Passage Agard** zur Altstadt ab. Die Passage stößt auf die weite Place de Verdun. Der kolossale **Justizpalast** 2 (1832) beherrscht den Platz und schiebt sich noch an die benachbarte kleinteilige Place des Prêcheurs ran. Das Geviert aber gehört der Kirche **Ste-Marie-Madeleine** 3**,** in der Cézanne getauft wurde (10–12, 14–18 Uhr). Die ursprünglich romanische Kirche wurde im 17. und 19. Jh. umgebaut. Das wirklich Sehenswerte sind die wertvollen Gemälde im Innern, darunter Werke von van Loo, Rubens, Dombet, und eine nicht sicher zuzuschreibende Verkündigung aus dem 15. Jh.

Die Place Albertas markiert den Beginn der nur Fußgängern vorbehaltenen Rue Espariat. In der Straße liegt das **Musée d'Histoire Naturelle** 4 (Mi–Mo 10–12, 13–17 Uhr). Gezeigt werden u. a. fossile Dinosauriereier von der Montagne Ste-Victoire, aber mindestens ebenso interessant ist der Bau selbst: Das monumentale, in Form eines U errichtete Hôtel Boyer d'Eyguilles von 1672 trumpft im

Aix-en-Provence: Cityplan

Sehenswürdigkeiten

1 Cours Mirabeau
2 Justizpalast
3 Kirche Ste-Marie-Madeleine
4 Musée d'Histoire Naturelle
5 Tours de l'Horloge
6 Hôtel de Ville (Rathaus)
7 Halle aux grains
8 Place des Cardeurs
9 Musée du Vieil Aix
10 Kathedrale St-Sauveur
11 Erzbischöfliches Palais
12 Les Thermes Sextius
13 Pavillon Vendôme
14 Place des Quatre Dauphins
15 St-Jean de Malte
16 Musée Granet
17 Hôtel de Caumont
18 Musée Paul Arbaud
19 Fondation Vasarely
20 Atelier Les Lauves

Übernachten

1 Villa Gallici
2 Le Grand Hôtel Roi René
3 Hôtel des 4 Dauphins
4 Le Manoir
5 Auberge de Jeunesse (Jugendherberge)

Essen und Trinken

6 Le Clos de la Violette
7 Lauran et sa maison
8 Le Passage
9 Les Deux Garçons
10 Chez Charlotte

Treppenhaus mit einem schmiedeeisernen Barockgeländer auf. Die schmucke **Place Albertas** selbst erinnert an Pariser Platzensembles. Rund um das kieselsteingepflasterte Areal reihen sich dreigeschossige Fassaden mit ionischen Pilastern. Die Gassen der Altstadt überragt die **Tour de l'Horloge** **5**. Den Turm (15. Jh.) mit einer astronomischen Uhr (1661) ziert ein schmiedeeiserner Campanile. Gleich daneben liegt das **Hôtel de Ville** **6**. Das Rathaus wurde wie viele weitere Barockbauten von Aix von Pierre Pavillon entworfen. Ein Barockbrunnen mit römischer Säule in der Mitte ziert die Place de l'Hôtel de Ville. Am munteren, von Straßenkünstlern zur Bühne umfunktionierten und dienstags, donnerstags und samstags vom Blumenmarkt bunt bestückten Platz schließt die **Halle aux grains** **7** an. Im Erdgeschoss der barocken Kornhalle befindet sich heute die Post. Auf der Rückseite des Baus bietet die **Place Richelme** morgens ein umtriebiges Bild, wenn die Händler des Gemüsemarkts hier die Stände aufbauen. An der Rue du Maréchal Foch, die den Platz tangiert, fällt das von Atlanten gestützte Hôtel d'Arbaud (1670) ins Auge. Im Norden des Rathauses folgt mit der lang gestreckten, leicht abschüssigen **Place des Cardeurs** **8** ein weiterer Platz. Hier lag einmal das jüdische Ghetto, und bis in die frühen 1960er Jahre war die Gegend alles andere als schick. Dann wurde kräftig saniert. Um den von Jean Amado 1977 entworfenen Keramikbrunnen versammelt sich heute die Jeunesse dorée von Aix.

Die Rue Gaston de Saporta ist die geschäftigste Gasse der Altstadt. Zwischen den Boutiquen und Barockpalais (Hôtel de Maynier d'Oppède mit Säulenfassade, Nr. 23, Hôtel Boyer de Fonscolombe mit eleganter spätbarocker Fassade, Nr. 21) taucht das **Musée du Vieil Aix** **9** auf (Di–So, 10–12, 14.30–18, im Winter bis 17 Uhr). Die Sammlung von Trachten, Santons und Mobiliar fand im 1650 von Pierre Pavillon erbauten Hôtel d'Estienne de St-Jean eine stilvolle Bleibe. Die leicht ansteigende Rue Gaston de Saporta mündet in die Place de l'Université. Am Platz lag die Keimzelle der Stadt. Hier schlug das Herz der römischen Kolonie, hier gründete sich Aix im 11. Jh. neu. Heute bevölkern Studenten der Universität das Areal. Fast 40 000 Studenten zählt Aix, das ist immerhin knapp ein Drittel der Gesamtbevölkerung. Platzbestimmend aber bleibt die spätgotische **Kathedrale St-Sauveur** **10**: (10–12, 14–18 Uhr, So nur nachmittags). Hinter dem prachtvollen Portal mit kostbar geschnitzter Flügeltür verbirgt sich eine reiche Innenausstattung. Publikumsmagnet ist das 1467 vollendete ›Triptychon des brennenden Dornenbuschs‹, ein zentrales Werk der Avignoner Schule, das Nicolas Froment 1476 im Auftrag des ›guten Königs René‹ schuf. Ältester Teil des Sakralbaus ist das frühchristliche Baptisterium (5. Jh.), dessen acht Säulen von antiken Bauten übernommen wurden. Woher die Säulen stammen, zeigt sich beim Blick durchs Fußbodengitter: Unter der Kirche lag das römische Forum. Romanisch, und damit wie die Taufkapelle Teil des Vorgängerbaus, ist auch der gewölbelose Kreuzgang. Den Nordostpfeiler des Kreuzgangs ziert eine fein gearbeitete Petrusstatue. Nebenan wird im Hof des **Erzbischöflichen Palais** **11** (Archevêché) seit 1948 das Festival d'Art lyrique, Aix' international renommiertes Opernfestival veranstaltet. Vom Erfolg beflügelt, sind mittlerweile weitere Aufführungsstätten hinzugekommen wie das nahe Hôtel Maynier d'Oppède. Dirigiert haben hier u. a. Stars wie William Christie, Sir Simon Rattle, Claudio Abbado, Daniel Barenboim und gesungen Elisabeth Schwarzkopf, Montserrat Caballé, José Carreras u. v. a., sogar die Choreografin Pina Bausch war schon da. Trotz des illustren Publikums gilt ein sehr relaxter Dresscode: Krawattenträger gelten als overdressed (Karten unter Tel. 04 42 17 34 34, www.festival-aix.com). Der Barockkomplex des Erzbischöflichen Palais selbst dient seit 1905 als **Musée des Tapisseries** mit Gobelins aus Flandern und Nordfrankreich. Allein die Treppe im Innenhof und die luxuriöse Ausstattung der barocken Appartements lohnen den Besuch (Mi–Mo 10–12, 14–18 Uhr).

Ganz im Nordwesten der Altstadt entstand auf den Ruinen der antiken Thermen das moderne Wellnesszentrum **Les Thermes Sextius** 12 (Tel. 04 42 23 81 81). Das Wasser für Hydromassage, Sprudelbad und Starkstrahldusche kommt aus einer 34 °C warmen Quelle. Ein Garten lädt zum anschließenden Entspannen ein. Bereits außerhalb der Altstadt liegt der **Pavillon Vendôme** 13 (32, Rue Célony, Mi–Mo 10–12, 14–18, im Winter bis 17 Uhr, Di geschl.). Der zwischen 1664 und 1667 errichtete Bau gilt als gelungenstes Beispiel unter den etwa 100 Hôtels particuliers von Aix. Ionische, dorische und korinthische Pilaster zieren die Fassade. Atlanten stützen den Prachtbalkon der Beletage. Die Salons liefern Paradebeispiele für die Wohnkultur des Ancien Régime.

Quartier Mazarin

Vom Quartier Mazarin spricht man in Aix gern als ›unser Marais‹, denn nobel wie im gleichnamigen Pariser Viertel sind die Palais im Viertel südlich des Cours Mirabeau. Benannt ist das 1646–1651 im Schachbrettmuster angelegte Viertel nach dem damaligen Erzbischof von Aix, dessen mächtiger Bruder Kardinal Mazarin zur selben Zeit in Paris große Politik betrieb. Politik, wenn auch auf regionalem Niveau, trieben viele Bauherren des Mazarin-Viertels. Aix war Sitz des *Parlement de Provence.* Die üppig alimentierten Ständevertreter im Parlament ließen im 17. und 18. Jh. standesgemäß bauen. Soll heißen: Paris gab das Vorbild. Der nüchtern-höfische Stil des französischen Barock prägt die Straßenzüge. Zu den Merkmalen der Hôtels particuliers (Stadtpalais) von Aix gehören auch im Quartier Mazarin ein Ehrenhof, ein repräsentatives Treppenhaus und eine möglichst aufwendig gestaltete Schaufassade. An der **Place des Quatre-Dauphins** 14 schlägt das Herz des Quartiers. Vier Delfine zieren den 1667 in der Platzmitte aufgestellten Brunnen. Im Osten kontrastiert die gotische Kirche **St-Jean-de-Malte** 15 (13. Jh.) mit der Barockarchitektur ringsherum. Neben der Kirche steht eine 1671 begonnene Malteserkomturei, in der das **Musée Granet** 16 nach umfassender Sanierung acht Werke von Cézanne (›Paysage de la campagne d'Aix‹, ›La montagne Sainte-Victoire‹), ein Porträt von Ingres, niederländische Malerei so wie das Œuvre des Malers François-Marius Granet (1775 bis 1849) ausstellt (Di–Sa 12–18 Uhr).

Leider sind die meisten Palais nicht zugänglich – Privatbesitz! Ausnahmen sind das **Hôtel de Caumont** 17 an der Ecke Rue Mazarine/Rue Joseph Cabassol, in dem das Conservatoire de Musique et Danse untergebracht ist (Tel. 04 42 26 38 70, nur Sa 10 bis 12.30, 13.30–17 Uhr), und das **Musée Paul Arbaud** 18, dessen Fayence-Sammlung in einem Barockpalais an der Ecke Rue Mazarine/Rue du Quatre-Septembre ausgestellt ist (Mo–Sa 14–17 Uhr).

Richtig Reisen-Tipp: Loftchic

Bistro, Epicerie, Salon de thé, Pâtisserie, Kochschule, Buchladen, Weinbar – Reine Sammut, Sterneköchin aus Lourmarin, lässt auch in der Passage nichts anbrennen. Auf den drei Etagen einer ehemaligen Fabrik im noblen Mazarin-Viertel dekliniert sie die hohe Kunst des Kochens vom Erdgeschossrestaurant im Loftchic bis zur Feinkostabteilung unterm Milchglasdach durch. Und ganz Aix strömt herbei. Bei der Pâtisserie assistiert ihr Feinbäckerstar Pierre Hermé. Der Service erweist sich als freundlich, flott und kompetent. Es geht zwanglos zu. Man möchte nur eine Kleinigkeit und kein ganzes Menü? Pas de problème!

Le Passage 8: 6bis, Rue Mazarine, Tel. 04 42 37 09 00, www.le-passage.fr. 10–24 Uhr. Menü 35 €.

Außerhalb des Zentrums

Der mit Aluminiumringen sowie schwarzen und weißen Quadraten verzierte Bau der **Fondation Vasarely** 19 im Südwesten der Innenstadt wurde vom ungarischstämmigen Maler Victor Vasarely (1908–1997) 1976 entworfen. 42 von Vasarelys monumentalen Werken, darunter die geometrischen Grafiken und Assemblagen, sind in dem Museum, das

Unter schattigen Bäumen den Tag in den Aixer Straßencafés verbummeln ...

wie ein Science-Fiction-Setting anmutet, ausgestellt (1, Av. Marcel Pagnol, Mo–Sa 11–13, 14–19 Uhr, www.fondationvasarely.com, Anfahrt mit Buslinie 4, Haltestelle Vasarely).

Auf den Spuren von Cézanne

Immer wieder fällt der Blick auf das bronzene C des **Parcours Paul Cézanne** im Trottoir. Der ausgeschilderte Weg auf den Spuren des in Aix geborenen und gestorbenen Impressionisten (1839–1906) folgt Cézanne von seinem Stammcafé – natürlich das Deux Garçons – in die Rue Boulegon 23, wo er 1906 starb, und zum **Jas de Bouffon,** wo Cézanne fast 40 Jahre gelebt hat (Führung über das Office de Tourisme). Etwa 2 km außerhalb des Stadtzentrums ließ sich Cézanne auf einem Hügel im Jahr 1901 das **Atelier Les Lauves** 20 bauen (9, Rue Paul Cézanne, www.atelier-cezanne.com, April–Sept. tgl. außer Di 10–12, 14.30–18, Okt.–März bis 17 Uhr). Das Atelierhaus mit Blick auf die Montagne Ste-Victoire wirkt so, als ob der Maler es erst gerade verlassen hätte. Farbplalette und Requisiten (z. B. ein Schädel) füllen den spärlich möblierten Raum. Im Nebenbau erläutert ein Diorama Cézannes wichtigste künstlerische Phasen.

Die östlich von Aix beginnende 75 km lange **Route Cézanne** (D 17) führt vorbei an zahlreichen Cézanne-Motiven auf die Südseite der Montagne Ste-Victoire**.** Bei Le Tholonet erinnert eine Cézanne-Stele daran, dass der Maler sich im neogotischen Château Noir von 1887 bis 1906 zwei Zimmer mietete.

Klar, geometrisch, streng: Die Fondation Vasarely entwarf der Künstler selbst

Nächste Station ist das Relais Cézanne, ein Landlokal, in dem der Maler häufig verkehrte. In **Gardanne** (www.ville-gardanne.fr) verbrachte Cézanne ab August 1885 15 Monate (Cours Forbin 27). Ein kleines Freilichtmuseum führt zu den Motiven, die Cézanne auf der Leinwand festhielt.

i **Office de Tourisme:** 2, Pl. du Général de Gaulle, 13100 Aix-en-Provence, Tel. 04 42 16 11 61, Fax 04 42 16 11 62, www.aixenprovencetourism.com. Vertreibt die Carte Visa (2 €), mit der man in vielen Sehenswürdigkeiten von Aix und Umgebung eine Ermäßigung bekommt!

Villa Gallici [1]: Av. de la Violette, Tel. 04 42 23 29 23, Fax 04 42 96 30 45, www.villagallici.com. Das prachtvolle Barockgemäuer entstand vor 300 Jahren. Innenarchitekt Gil Dez hat mit den lichten Farben des Südens und handverlesenem antikem Mobiliar einen Hort des intimen Luxus geschaffen, heiter und höfisch, lässig und kultiviert zugleich. Park, Pool. DZ ab 220 €.

Le Grand Hôtel Roi René [2]: 24, Bd. Roi René, Tel. 04 42 37 61 00, Fax 04 42 37 61 11. Neues Hotel in nüchtern-elegantem Provence-Stil. Zentral zwischen Bahnhof und Cours Mirabeau. Patio mit Pool. DZ ab 175 €.

Hôtel des 4 Dauphins [3]: 54, Rue Roux Alphéran, Tel. 04 42 38 16 39, Fax 04 42 38 60 19, lesquatredauphins@wanadoo.fr. Schöne Lage in barockem Straßenzug. Sehr französisches Haus mit etwas Plüsch und viel Pastell. DZ 70–85 €.

Le Manoir [4]: 8, Rue d'Entrecasteaux, Tel. 04 42 26 27 20, Fax 04 42 27 17 97. Ländliche Ruhe dank großem Innenhof und Speisesaal im Kreuzgang eines ehemaligen Klosters. DZ ab 53 €.

Auberge de Jeunesse [5]: 3, Av. Marcel Pagnol, Tel. 04 42 20 15 99, Fax 04 42 59 36 12, Weihnachten–1. Feb. geschl. 100 Betten in Zimmern und Sälen. April–Okt. mit Restaurant. Ab 13,50 € pro Nacht.

Le Clos de la Violette 6: Av. de la Violette, Tel. 04 42 21 93 03, geschl. 1. Aug.-Hälfte und außer Juli So, Mo. Nobelster Tisch der Stadt, in einer Villa. Jakobsmuscheln aus der Pfanne und Topinambur mit Schweinefüßchen, Barbarieente *laquée aux épices* – perfekt gegart, raffiniert gewürzt. Menü 54–120 €.
Laurane et sa maison 7: 16, Rue Victor Leydet, Tel. 04 42 93 02 03, So, Mo geschl. Innovative Küche der Provence: Rillettes vom Wildkaninchen mit eingelegten Tomaten. Schöner Hof. Menü 35 € (mittags 14 €).
Loftchic 8: s. Tipp S. 242.
Les Deux Garçons 9: 53, Cours Mirabeau, Tel. 04 42 26 00 51, Menü ab 17 €, s. S. 239.
Chez Charlotte 10: 32, Rue des Bernadines, Tel. 04 42 26 77 56, geschl. Aug., So, Mo. Immer voll, nicht zuletzt wegen der unschlagbar günstigen Preise. Gemüseterrinen, Tartes, Salate, zum Dessert z. B. *charlotte* – eine Fruchtcreme (Erdbeere, Apfel, Birne …) in Löffelbiskuits. Keine Kreditkarten! Menü ab 15 €.

Confiserie du Roy René: 7, Rue Papassaudi. *Calissons* (Gebäck aus Mandeln und Melonen).
Santons Fouque: 65, Cours Gambetta, Tel. 04 42 26 33 38, www.santons-fouque.com, Besichtigung Jan.–Nov. Mo–Sa 9–12, 14–18, Dez. Mo–Sa 9–12, 14–18.30, So 10–12, 15–18 Uhr. Große Krippe im Advent. Den Geniestreich in der Firmengeschichte landete Paul Fouque 1952 mit dem *coup de mistral.* Die Figur eines Schäfers, der mit einer Hand am Schlapphut dem eisigen Nordwind trotzt, fehlt in keiner provenzalischen Krippe.
Markt: Pl. Richelme, Mo–Sa vormittags. Wurst, Käse, Obst, Gemüse.
Château Simone: Chemin Simone, Meyreuil, (3 km nördl.), auf Anmeldung, Tel. 04 42 66 92 58. Kostbare Weine der AOC La Palette. Große Weißweine vom kleinen Weingebiet am Nordrand von Aix.

Das Nachtleben spielt sich in den Cafés am Cours Mirabeau ab.
Le Mistral: 3, Rue Frédéric Mistral, Tel. 04 42 38 16 49. Quirlige Discothek mit junger Klientel.

Festival d'Aix: Juli, hochkarätiges Sommerfestival im Erzbischöflichen Palast, www.festival-aix.com (s. S. 238, 239).

Wellness: Les Thermes Sextius, 55, Cours Sextius, Tel. 04 42 23 81 81, www.thermes-sextius.com. Modernes Wellnesszentrum mit Garten zum Entspannen und Hotel Aquabella (2, Rue des Etuves, Tel. 04 42 99 15 00, Fax 04 42 99 15 01, DZ ab 150 €) mit modernen Zimmern und wohldosierter Design-Note. Von den oberen Etagen Blick über die Altstadt.

Zug: TGV-Bahnhof, 12 km südwestl. (Anfahrt über D 9 Richtung Marignane, Vitrolles). 8 Hochgeschwindigkeitszüge tgl. nach Paris. Busshuttle ins Zentrum 20 Min., Tel. 04 42 91 26 80, www.lepilote.com. Außerdem lokaler SNCF-Bahnhof in Aix an der Av. Victor Hugo, Züge direkt nach Marseille, Tel. 08 36 35 35 35.

Montagne Ste-Victoire und Massif de la Ste-Baume

Reiseatlas S. 12/13, 15

Der 1011 m hohe Kalkhöcker der Montagne Ste-Victoire ist seit Jahrhunderten ein Pilgerziel. Insgesamt 60-mal hat Paul Cézanne den von Wind und Wetter abgenagten Berg gemalt. Auf das fast ebenso hohe Massif de la Ste-Baume pilgerten im Mittelalter sogar die französischen Könige, weshalb der Weg zum Gipfel Chemin des Rois heißt. Ziel war die Grotte, in der der Legende nach die hl. Magdalena Buße getan hatte.

Montagne Ste-Victoire

Auf der Nordseite

Reiseatlas: S. 12, E/F 3

Der 12 km lange Kalkkamm in Ost-West-Ausrichtung erreicht mit dem 1011 m hohen Pic des Mouches seinen höchsten Punkt. Nach Süden fällt die Ste-Victoire äußerst schroff, nach Norden vergleichsweise sanft ab. Venturi hieß der Berg in der Antike. Heilig war er schon damals. Im 16. Jh. leitete ein Eremit aus Venturi den Namen Victoria ab.

Tiefblau glänzt der **Stausee von Bimont** auf der Nordseite der Ste-Victoire. Etwas tiefer liegt ein zweiter, deutlich älterer und gebogener Staudamm: Der Erbauer war der Ingenieur François Zola, Vater von Emile Zola, der die Arbeiten 1843–1854 leitete. Zola junior ging derweil mit Cézanne in Aix zur Schule. Die Ste-Victoire hatte es nicht nur Cézanne angetan. Picasso (1881–1973) kaufte 1958 in **Vauvenargues** das Château des Clapiers-Vauvenargues mit etlichen Hektar Pinien- und Eichenwald (heute Privatbesitz). Das Renaissance-Schloss auf einem Hügel unterhalb der Nordflanke des Berges sollte der Alterssitz des Malers werden. Drei Jahre später kehrte er dann doch lieber nach Mougins an die umtriebige Riviera zurück. Als er starb, ließ ihn seine letzte Frau Jacqueline entgegen aller Vorschriften im Schlosspark beisetzen.

Vauvenargues ist vor allem außerhalb der Saison sehr verschlafen. Die zwei, drei Cafés und Restaurants leben von den Wanderern, die vom nahen Weiler Cabassols zum Gipfelkreuz auf 945 m Höhe stürmen. Etwa 1,5 Std. dauert der Aufstieg. Erstes Ziel ist das seit 1879 verlassene Kloster Notre-Dame-de-Victoire, das als Schutzhütte dient. Von der Brèche des Moines, einem klaffenden Loch im Fels, stürzt der Blick aus knapp 900 m jäh nach Süden in die Tiefe. Noch spektakulärer ist der Blick dann vom Gipfelkreuz **La Croix de Provence** selbst. Im Süden erhebt sich zwischen Aix und Marseille der Kamm der Chaîne d'Etoile. Im Norden fliegt der Blick über den Luberon und die Monts de Vaucluse, um schließlich am Mont Ventoux abzuprallen. Das 19 m hohe Eisenkreuz wurde 1871 zum Dank dafür errichtet, dass die Preußen im Deutsch-Französischen Krieg nicht bis in die Provence gekommen waren. Vorsicht! Bei Mistral ist der Aufenthalt hier oben lebensgefährlich, da kein Baum und kein Strauch die Böen aufhalten – mehr als ein Spaziergänger wurde schon über die nächste Felskante gepustet.

i Siehe **Maison de la Culture et du Tourisme** in Trets, S. 249.

... am Stadtrand von Aix:
La Pauline: Les Pinchinats (3 km nördl. von Aix), Chemin de la Fontaine des Tuiles, Tel. 04 42 17 02 60, Fax 04 42 17 02 61, www.la-pauline.com. Noble Chambres

d'hôtes in den Dependenzen einer Bastide (Ende des 18. Jh.) im Stil des Aixer Klassizismus. 8 ha Park mit Esel in der Wiese und abgeschiedenem Pool im ehemaligen Wasserreservoir des 18. Jh. Olivenhain, Wald, Spazierwege. DZ 160, Roulotte (Zigeunerwagen) 75 €.

... in Vauvenargues:
Le Couscoussier de Provence: 1, Bd. du Moraliste, Tel. 04 42 66 00 57. Entrecôte, Lammkoteletts vom Kamingrill. Sonntags Couscous. Menü ab 18 €.

Wandern: Montagne Ste-Victoire und Massif de la Ste-Baume, s. Thema S. 248.
Baden: am Lac de Bimont.

Busse: s. S. 249.

Auf der Südseite

Reiseatlas: S. 13, A/B 3
Es geht durch niedrige Eichenwälder längs der Nord- und Ostflanke des Bergkamms über Pourrières nach **Puyloubier.** 3 km westlich des Dorfes führt ein Wanderweg aus der Garrigue in gut einer halben Sunde zur **Ermitage de St-Ser** an der Südflanke der Ste-Victoire. Die Kapelle aus dem 11. Jh. ist zum Teil direkt aus dem Fels gebrochen. Im 5. Jh. soll sich der später heilig gesprochene Eremit Ser hier zurückgezogen haben. Wer noch mehr Puste hat – der Weg lässt sich zum Pic des Mouches verlängern. Ein nützlicher Tipp am Rande: Die Wanderparkplätze rund um die Ste-Victoire werden systematisch von Autoknackern abgegrast (der Kofferraum wird üblicherweise als Erstes aufgedübelt). Besser, man lässt nichts im Wagen, noch besser man lässt das Gefährt im Dorf. Südlich von Puyloubier haben Bagger ein Blutbad in der Landschaft angerichtet. Wie eine gewaltige Wunde klafft die Grube der Tuileries de Marseille im Immergrün der Garrigue. Aus dem Erdloch wird der rote Ton für die lachsfarbenen Dachziegel der Provence gewonnen. Beim Umschauen liegt die heilige Victoire wie ein Urvieh mit stolzem Haupt und zackigem Schweif über der fruchtbaren Ebene. Wieder und immer wieder hat Cézanne den Berg aus dieser Perspektive gemalt – man versteht weshalb.

Trets mummelt sich hinter den Resten der mittelalterlichen Stadtmauern ein. Ein Platanenboulevard legt sich um den mittelalterlich engen Ortskern. Ein Château gibt's natürlich auch, und die Kirche ist wie erwartet zumindest in Teilen romanisch. **St-Zacharie** liegt unterhalb der Montagne de Reganas. An jeder Ecke gluckert ein Brunnen. Die Platanen, durch die die Hauptstraße vor das romanische Kirchlein trudelt, strotzen vor Kraft. Saftig sprießt das satte Grün auch an den Ufern der Huveaune. Durch das Flussbett führt ein Wanderweg zur Quelle (ca. 2 Std.). Es ist ein

Mit dem Autor unterwegs

Besteigung der Montagne Ste-Victoire

An der Brèche des Moines stürzt der Blick aus knapp 900 m jäh ins Bodenlose, vom Gipfelkreuz auf 945 m Höhe fliegt er über die Provence davon. Die je nach Kondition 1,5–2 Std. für den steilen Aufstieg ab Vauvenargues lohnen jeden Schweißtropfen (s. Thema S. 248).

Parc de St-Pons

Der Park, ca. 3 km oberhalb von Gémenos, lädt selbst bei sommerlicher Hitze zu einem erfrischenden Spaziergang ein. Dafür sorgen das Flüsschen Fauge und mehrhundertjährige Baumriesen. Ziel ist die ehemalige Zisterzienserinnenabtei St-Pons (s. S. 250).

Lou Pèbre d'Ail

Die Landherberge in Plan d'Aups ist erstens ein solides Logis-de-France-Hotel auf 700 m Höhe, zweitens eine kulinarische Trouvaille: Chef de cuisine Jérôme Carteri empfiehlt Hasenpastete mit Pistazien, Dorade mit Tapenade und ein Nougat glacé mit Lavendelhonig (s. S. 251).

Wandern von einem heiligen Berg zum andern

Thema

»Es war der Berg, der mich anzog, wie noch nichts im Leben mich angezogen hatte«, notierte Peter Handke angesichts der fast gewalttätigen Schönheit der Ste-Victoire. Wahrscheinlich hat auch der wandernde Schriftsteller den Berg über den Fernwanderweg GR 9 bezwungen.

Der rot-weiße Doppelbalken des Chemin de Grande Randonnée 9 weist durch ein Meer von Baumkronen und über knochenbleiche Klippen. Zwischen der Ste-Victoire und der Ste-Baume folgt der Fernwanderweg mehr als 1000-jährigen Pilgerpfaden. Seit dem Mittelalter pilgern die Provenzalen auf die beiden heiligen Berge. Als geübter Wanderer braucht man vier Tage von einem heiligen Berg zum anderen. Der erste Tag vergeht mit der Bezwingung der Ste-Victoire von Vauvenargues auf der Nordseite bis Puyloubier auf der Südseite des Berges.

An Tag zwei stehen ca. 30 km von Puyloubier über das Dorf Trets und die Ermitage de St-Jean an den Fuß der Ste-Baume auf dem Programm. Das Ziel für die Nacht ist die Hostellerie der Benediktinerinnen von Sacré-Cœur de Paris an der Nordflanke der Ste-Baume.

An Tag drei geht es den Berg hoch zur Ste-Baume, der heiligen Grotte (886 m), in der die hl. Maria Magdalena nach ihrer wundersamen Ankunft in Les Saintes-Maries-de-la-Mer bis zu ihrem Tod Buße tat. Noch 106 m höher liegt der Gipfel der Ste-Baume mit der St-Pilon-Kapelle. Ein grandioses Panorama belohnt für die Mühen des Aufstiegs.

Dicke Eichen beschirmen am letzten Tag den Aufstieg zur Barre de l'Eoure. Hinter der Anhöhe versinkt der GR 9 in einem Märchenwald. Eine Felsnadel sieht aus wie die Hexe Kaukau aus Kindergartentagen. Eine andere wie die abgeknickte Nase der Concorde. Zwischen den Felsen fädelt sich der GR 9 zum Abgrund des Pas de Belgentier durch. Südlich von Belgentier beginnt das Hinterland der Côte d'Azur und damit eine andere Welt.

Informationen zum Wandern: Wegen Waldbrandgefahr sind Juli–Sept. viele Wanderwege gesperrt. Die Fernwanderwege *(chemins de grande randonnée,* GR) sind in der Regel davon ausgenommen.

Auskunft: Fédération Française de la Randonnée Pédestre (FFRP), 75011 Paris, 14, Rue Riquet, Tel. 01 44 89 93 90, Fax 01 40 35 85 67, www.ffrp.asso.fr. Vertrieb von Topoguides (topologische Wanderführer).

Internet: www.gr-infos.com/gr9b.htm. Verlauf des GR 9 von Leoncel bis St-Tropez mit sämtlichen *gîtes d'étapes* (Wanderunterkünften) und *refuges* (Schutzhütten).

verwunschener Ort mit moosbedeckten Steinen und Lianen.

Maison de la Culture et du Tourisme: Boulevard Etienne Boyer, 13530 Trets, Tel. 04 42 61 23 76, Fax 04 42 61 48 02, tourisme@ville-de-trets.fr, www.ville-de-trets.fr.

... in Puyloubier:
Gîte d'étape l'Oustaou de Garagai: 5, Impasse du Figuier, Tel. 04 42 66 35 05, Fax 04 42 66 35 80. Schlichte Wanderunterkunft mit dem Lottercharme einer Jugendherberge. Gemeinsames Bad und WC. Witz und Ortskenntnis des Inhabers Daniel Gorgeon trösten über den mangelnden Komfort hinweg. Zwei- und Mehrbettzimmer 12 €, Schlafsaal 9,50 €, Wäscheverleih 2 €.

... in Puyloubier:
Gîte d'étape l'Oustaou de Garagai: s. Übernachten. Table d'hôtes 13,50 € sowie Küche für Selbstverpfleger.
... in Trets:
Le Clos Gourmand: 18, Bd. de la République, Tel. 04 42 61 33 72, außerhalb der Hochsaison Mi abend geschl. Elegant Tafeln mit Blick auf das Treiben am Platanenboulevard um die Altstadt. Menü ›Sainte Victoire‹ mit gefüllten Hasenmedaillons, Banon-Käse, Birnen-Feigensoufflé (26 €).
... in St-Zacharie:
Urbain Dubois: La Petite Foux, N 560, Tel. 04 42 72 94 28, geschl. So abend, Di mittag, Mo. Gepflegter Landgasthof mit innovativer Küche von Hummer bis Trüffel. Zum Dessert eine *crème brûlée à la lavande.* Menü 38–131 €.

Wandern: s. Thema S. 248.
Baden: am Lac de Bimont.

Busse: Bus La Victorine ab Kreisverkehr La Rotonde in Aix, Tel. 04 42 97 52 12. Busse der Communauté du Pays d'Aix ab Gare Routière, Rue de l'Europe, Tel. 04 42 91 26 80. Jeweils nach Vauvenargues und Puyloubier. Regionalbusse Cartreize ab Gare Routière Aix nach Puyloubier, Trets, Tel. 08 00 19 94 13, www.lepilote.com.

Massif de la Ste-Baume

Von St-Maximin-la-Ste-Baume auf den Gipfel der Ste-Baume

Reiseatlas: S. 15, D/E 1/2

Das Land um **St-Maximin-la-Ste-Baume** ist sehr flach. Umso unübersehbarer erhebt sich im Süden das Massif de la Ste-Baume. Bei der Stadtgründung im 13. Jh. spielte die hl. Magdalena eine entscheidende Rolle. 30 Jahre soll sie am Berg in einer Grotte – provenzalisch: *baumo* – Buße getan haben. Dann trugen Engel sie dorthin fort, wo heute die gewaltige **Basilika von St-Maximin-la-Ste-Baume** steht. Fortan strömten die Pilger in die Stadt, darunter auch Sonnenkönig Ludwig XIV. Die Basilika gilt mit 73 m Länge und 29 m hohen Gewölben als der größte, vielleicht auch bedeutendste Sakralbau der Gotik in der Provence. Charles II ließ die Kirche 1295 über dem mutmaßlichen Grab der hl. Magdalena errichten. Durch die hohen Chorfenster gleißt das Sonnenlicht auf goldprunkende Barockaltäre. In der Krypta steht der Sarkophag der Heiligen, der wie drei weitere aus der Spätantike stammt. An die nüchterne, turmlose Kirche lehnt sich das königliche Kloster. Königlich deshalb, weil die französischen Könige bis zur Revolution die Hausgewalt in ihrer Funktion als Prior behielten. Der dreistöckige gotische Bau wurde nach den Zerstörungen der Revolutionskriege von 1630 bis 1656 im barocken Stil erneuert. Nach der Vertreibung der Mönche 1791 zog die Stadtverwaltung in den klassizistischen Anbau von 1751 ein. Die Mönche kehrten Mitte des 19. Jh. noch einmal zurück in ihr altes Domizil, verließen jedoch 1957 endgültig das angesichts schwindender Novizenzahlen viel zu große Kloster. Der Bau ist heute ein Hotel mit ganz besonderem Charme.

Ebenfalls im Westflügel des Klosters untergekommen ist die **Maison des Vins de Pays et des Vignerons du Var.** Die Gelegenheit ist somit günstig, vor dem Essen im Haus der Var-Winzer etwas Rebenkunde in Sachen Grenache-, Cinsault-, Syrah- oder Roussane-du-Var-Traube zu betreiben (tgl.10–12.30, 14–

18 Uhr). Das prachtvolle, spätbarocke Hôtel de Ville neben dem Kirchenportal war einmal das Gästehaus des Klosters.

Auf dem Weg zum Massif de la Ste-Baume kommt man über **Nans-les-Pins.** Rund um die in Marseille und Aix beliebte Sommerfrische sind etliche Kurz- und Tageswanderungen ausgeschildert (Pläne im Office de Tourisme, 2, Cours Général de Gaulle, 83860 Nans-les-Pins, Tel. 04 94 78 95 91, Fax 04 94 78 60 07, nanslespins-tourisme@wanadoo.fr). Sie führen größtenteils in den 140 ha großen Urwald im Norden der Ste-Baume, dessen botanische Vielfalt einzigartig ist. Benediktinerinnen von Sacré-Cœur de Paris bewirtschaften die **Hôtellerie de la Sainte Baume** zu Füßen des heiligen Bergs (s. S. 251). Gegenüber erklärt das **Ecomusée de la Sainte Baume** die Geschichte und Traditionen des Massivs (Mitte April–Okt. tgl. 9–12, 14–18, Nov.–Mitte April tgl. 14–17 Uhr). Vom Kloster mit Übernachtungsmöglichkeit führt ein Wanderweg unter Buchen, Eichen und Ahornbäumen schnurstracks zur **Grotte de Marie-Madeleine** hoch. Acht Päpste und 18 Könige haben den Weg im Mittelalter beschritten. Auch heute geht man selten allein. Einmal im Leben pilgert jeder gute Provenzale zur Sainte Baume, zur heiligen Grotte *(baumo* steht im Provenzalischen für Grotte). An Pfingsten, am 24. Juli und 24. Dezember finden Wallfahrten statt. Über den heiligen Ort auf knapp 900 m Höhe wacht eine Gemeinschaft von Dominikanermönchen (alle Infos unter www.saintebaume.dominicains.com): *Tenue correcte,* ›angemessene Kleidung‹, wird auf einem Schild erbeten. Im Felsloch, in dem mehrmals täglich Messen gelesen werden, umflackert ein Lichtermeer das Grab der hl. Magdalena. Hinter dem Altar, ganz tief in der Grotte, plätschert eine Quelle.

Das nächste Ziel ist die **St-Pilon-Gipfelkapelle** auf 994 m Höhe. Die Kräuter Rosmarin und Thymian sprießen aus den Felsritzen. Vom Orientierungstisch ist der Fernblick geradezu fantastisch. Das 360°-Panorama umfasst im Norden die Ste-Victoire, im Osten die Ausläufer der Südalpen, im Süden die Bucht von La Ciotat und Bandol, funkensprühend mit jedem Sonnenstrahl, der auf eine Welle trifft.

Office de Tourisme: Hôtel de Ville, 83470 St-Maximin-la-Ste-Baume, Tel. 04 94 59 84 59, Fax 04 94 59 82 92, office.tourisme.stmaximin@wanadoo.fr.

Hôtellerie du Couvent Royal: Pl. Jean Salusse, St-Maximin-la-Ste-Baume, Tel. 04 94 86 55 66, Fax 04 94 59 82 82, www.hotelcouventstmaximin.com. Zimmer in den ehemaligen Mönchszellen. Im Ostflügel haben einige Zimmer gotische Spitzfenster, durch die man auf den friedvollen Klosterhof schaut. Alle sind in klaren, hellen Tönen getüncht. Je nach Preislage fallen die Bäder mal sehr geräumig, mal klein und funktional aus. DZ ab 80 €.

Markt: Do vormittag, Pl. Malherbe in St-Maximin-la-Ste-Baume. Einer der schönsten Märkte im Departement Var.

Le Plan d'Aups und der Nordosten der Ste-Baume

Reiseatlas: S. 15, D/E 2

Le Plan d'Aups ist ein seltsam auseinandergerissener Weiler in der menschenleeren Weite eines kargen Plateaus. In keinem Ort im Schatten der Ste-Baume darf ein Kloster fehlen, so auch nicht in Plan d'Aups. Der neobyzantinische Couvent (Konvent) de Béthanie stammt aus dem 19. Jh. Stattliche 700 Jahre älter ist die bescheidene Dorfkirche.

Eine abenteuerlich schöne Straße windet sich über den Col de l'Espigoulier (728 m) nach **Gémenos** hinab. Kurz vor dem Ort liegt die 1205 gegründete Zisterzienserabtei St-Pons. Von der Anlage blieb vor allem die programmatisch schmucklose Kirche erhalten. Üppiger wirkt der **Parc de St-Pons** auf dem Gelände der Abtei, durch dessen schattige Kühle man bis zu einem kleinen Wasserfall wandeln kann.

Apropos Kühle: Die Herstellung von Eis war vom 17. bis zum 19. Jh. eine der Haupterwerbsquellen im Massif de la Ste-Baume. Im Osten des Massivs kann man die 1790 erbauten **Glacières** besichtigen, die jeden Sommer bis zu 3000 t Blockeis lieferten (Anfahrt von der Hôtellerie de la Sainte Baume über die D 95, dann 5 Min. Fußweg). Das Eis bildete sich im Winter in großen Bassins und wurde in den runden, bis zu 30 m tiefen Glacières über den Sommer gebracht. Dicke Mauern und Ziegelpfannen schützten die Löcher, bis das Eis im Juni auf Karren nach Marseille oder Toulon geliefert wurde. An die 20 Glacières zählte das Massiv einmal. Ein kleines Museum im nahen **Mazauges** erinnert an die Eisproduktion (Musée de la Glace, Hameau du Château, Juni–Sept. tgl. außer Mo 9–12, 14–18, Okt.–Mai So 9–12, 14–17 Uhr).

In **Signes** ist die Luft bereits wieder viel zu lau für frostabhängige Beschäftigungen. Das von Hügeln eingekesselte Winzerdorf empfängt mit Campanile und hübschem Platz. Das Leben ist süß in Signes – dafür bürgt allein der kleine Nougatbetrieb (s. Tipp).

Richtig Reisen-Tipp: Leider nur zur Weihnachtszeit

Das weiße Nougat ist plombenfreundlich weich, schmeckt nach Mandeln, Honig und sonst nichts. Beim dunklen sollte man bombenfest sitzende Plomben – und Zähne – haben. Denn der Riegel ist knüppelhart, aber er schmeckt ebenfalls köstlich. Kurzum, für viele Provenzalen gibt es kein feineres Nougat als das von Fouque in Signes. Madame Fouque persönlich führt ihre Kunden aus der bonbonschachtelkleinen Boutique in die Küche, wo die süße Versuchung im Kupferkessel köchelt. Seit Generationen hat sich im winzigen Betrieb nichts verändert. Gut so. Im Nachbarzimmer fälteln Damen aus dem Dorf die fertigen Nougatbarren in güldenes Papier. Bis Weihnachten. Dann ist wieder Schluss mit dem süßen Naschwerk, und zwar bis zum nächsten Herbst.

Nougat Fouque: 2, Rue Louis Lumière, Signes, Mitte Sept.–Weihnachten 9–12, 14 bis 19 Uhr.

i Siehe **Office de Tourisme** von St-Maximin-la-Ste-Baume.

... in Le Plan d'Aups:
Lou Pèbre d'Ail: Rue principale, Tel. 04 42 04 50 42, Fax 04 42 04 50 71, www.loupebredail.com. Zimmer mit neorustikalem Mobiliar, die schönsten mit Balkon. Vom Garten Blick auf die Ste-Baume. Pool. DZ 46–58 €. Rustikales, gutes Restaurant, Menü ab 20 €.

Hôtellerie de la Sainte Baume: D 80, Tel. 04 42 04 54 84, Fax 04 42 62 55 56. Saubere, einfache Zimmer im Kloster der Benediktinerinnen von Sacré-Coeur de Montmartre. Das Bett wird selbst bezogen. Dusche und WC über den Flur. Herrlicher Blick auf die Ste-Baume, himmlische Ruhe. DZ 23 €.

... in Gémenos:

Hôtel du Parc: Vallée de St-Pons (D 2), Tel. 04 42 32 20 38, Fax 04 42 32 10 26. Einfaches, sympathisches Hotel im Grünen. DZ ab 54 €. Nettes Restaurant mit Platanenterrasse. Menü 13 (Mo–Fr mittag) bis 48 €.

... in Signes:

La Vieille Bastide: 300, Chemin du Plan de Chibron, Tel./Fax 04 94 90 81 45, www.lavieillebastide.free.fr, Mitte Jan.–Mitte März geschl. Chambres d'hôtes auf einem provenzalischen Landhaus des 18. Jh., 2 km westlich des Dorfes. Garten mit Kräutern, Obstbäumen, gewaltiger Eiche. DZ/F 74 €, Table d'hôtes 23 €.

... in Belgentier:

La Bastide des 3 Ponts: Route de Méounes, Tel./Fax 04 94 28 12 46, www.monsite.wanadoo.fr/bastide3ponts. Geräumige Chambres d'hôtes in einer Dependenz neben dem Haus der Besitzer, eingerichtet in den Farben des Südens. Art-déco-Mobiliar. Bouleplatz. Pool. Hinter dem Haus fließt der glasklare Gapeau. Table d'hôtes auf Cuisine-Niveau – Hausherr Philippe Landrain ist Lehrer an der Hotelfachschule von Toulon! DZ/F 54 €, Menü 22 €.

Le Moulin de Gapeau: Pl. Granet, Tel. 04 94 48 98 68. So abend, Mi geschl. Ehemalige Ölmühle am Gapeau, dessen Wasser die Terrasse umrauscht. Trüffelrührei, Seeteufelragout. Menü 25–72 €.

Die Gorges du Verdon, ›Europas Grand Canyon‹, ziehen nicht nur Freeclimber an

Kapitel 6

Im Osten der Provence

Auf einen Blick: Im Osten der Provence

Tiefes Grün und tiefe Schluchten

In touristischer Hinsicht bleibt das Hinterland des Var über weite Strecken Terra incognita. Die Ausnahme machen die Gorges du Verdon, deren Südufer zum Var gehören. Seit 1948 erschließt die Corniche Sublime die Verdon-Schlucht für Autofahrer. Ebenso lange strömen die Touristen an den Verdon und fahren dafür noch immer an der Provence Verte oder dem Haut Var vorbei. Beider schlagkräftige Namen sind relativ jung und sollen's nun richten: Verstärkt wird in den letzten Jahren um Touristen geworben.

Das späte Erwachen hat sein Gutes. Zwischen der legendären Nationalstraße N 7 im Süden, die seit Generationen die Urlauberströme an die Côte d'Azur leitet, und ›Europas Grand Canyon‹ im Norden herrscht weiterhin die Farbe Grün. Dichte Eichen- und Kiefernwälder, wenige Dörfer und Landsträßchen prägen den Osten der Provence. Flüsse wie der Argens oder die Nartuby wälzen sich durch zum Teil tief eingeschnittene Täler. Ihre Ufer sind auf weiten Strecken naturbelassen. Das Wasser, das das üppige Grün möglich macht, stammt von den Plans de Provence. Gemeint sind damit Hochebenen, die die 1000-Meter-Marke kaum übersteigen und deren Quellen die Bäche und Flüsse des Haut Var speisen. Der einsame Grand Plan de Canjuers, die mit 35 000 ha ausgedehnteste Hochebene, ist militärisches Sperrgebiet, das man auf dem Weg von der Küste zum Verdon weiträumig umfahren muss. Auch abseits des Sperrgebietes bleibt die Einsamkeit weltabgewandter Täler und verschwiegener Dörfer. Olivenbäume und Weinreben lichten die end-

los wirkenden Wälder ab und zu, dies gilt vor allem für die Provence Verte.

Früher war die Region arm, da von den großen Verkehrsachsen abgeschnitten. Man wählte traditionell links. Als ›Var rouge‹ wurde sie prompt abgestempelt, und damit waren nicht die Weine der AOC Côtes-de-Provence gemeint. Apropos Wein: Der Trend geht von der Masse zur Klasse. Die Tropfen machen heute wie die Trüffel das Renommee von Provence Verte und Haut Var aus.

Highlights

9 **Abbaye du Thoronet:** Keine bunten Fenster, kaum Bauschmuck, dafür absolute Klarheit bei den Proportionen. Unter den romanischen Zisterzienserabteien der Provence sticht die Klosteranlage von Le Thoronet als Juwel heraus (s. S. 256f.).

10 **Gorges du Verdon:** Durch Europas Grand Canyon schlängelt sich der türkisfarbene Verdon. Mehr Blick in die Tiefe geht nicht – mehr Schwindel am Abgrund auch nicht (s. S. 270ff.).

Empfehlenswerte Routen

Oberes Argens-Tal: Östlich von Châteauvert frisst sich der Fluss 5 km ins Grün der Provence Verte, um sich bis Les Arcs im Rebenmeer der AOC Côtes-de-Provence zu verlieren (s. S. 256).

Gorges de Châteaudouble: Nicht so spektakulär wie die Verdon-Schlucht, aber viel grüner ist die Schlucht, durch die die D 955 nördlich von Draguignan verläuft (s. S. 265f.).

D 19 von Bargemon nach Callian: Die Landstraße windet sich tiefer und tiefer ins Haut Var. Wie an einer Perlenschnur reihen sich einige der schönsten Dörfer der Region an ihr auf (s. S. 266).

Corniche Sublime: Die Panoramastraße über dem linken Verdon-Ufer garantiert von den Balcons de Mescla im Osten bis nach Aiguines im Westen 20 km Höhenkoller und Tiefenrausch (s. S. 273f.).

Richtig Reisen-Tipps

Die besten Körbe: René Ghiglione fertigt Körbe nach individuellen Wünschen oder traditionellen Vorlagen an (s. S. 261).

Cascade de Sillans: Bei Sillans stürzt die Bresque in eine blaue Lagune – so exotisch ist die Provence selten (s. S. 263).

Alles unter einem Dach: Alles, was die Höfe rund um die Verdon-Schlucht produzieren, gibt es hier, in der Maison des produits du pays des Gorges du Verdon, unter einem Dach zu kaufen (s. S. 276).

Reise- und Zeitplanung

Warnung: Im Hochsommer ist der Teufel los in den Gorges du Verdon – was Stau auf der Corniche Sublime und Wandern in Polonaiseformation bedeutet. Besser, man reist im Mai, Juni oder September. Der Winter bricht früh und bisweilen brachial über den Canyon herein – viele Hotels und Restaurants sind von Allerheiligen bis Ostern geschlossen. Die Panoramastraßen können sich schnell in Schleuderpisten verwandeln. Tipp: Schön ist der Oktober mit kraftvoll bunter Laubfärbung. Ganzjährig grün bleibt hingegen die Provence Verte wegen der vielen immergrünen Bäume und Sträucher. Im Sommer sorgen schattige Wälder und kühle Bachläufe für erträgliche Temperaturen. Zur Weinlese im September riecht es in den dann geschäftigen Dörfern nach Most.

Für die **Gorges du Verdon** reichen zwei Tage, wenn man die Schlucht nur abfahren möchte. Wanderer, Kanuten, Climber am Verdon und Surfer auf dem **Lac de Ste-Croix** werden sich auch nach einer Woche nicht langweilen. Für die **Provence Verte** und das **Haut Var** sind je eine Woche nicht zu viel gerechnet.

Die Provence Verte

Reiseatlas S. 13/14, 17/18

Zwischen den Gorges du Verdon im Norden, dem Massif des Maures im Südosten und dem Walfischbuckel der Ste-Baume im Südwesten breitet sich auf der Landkarte ein riesiger grüner Fleck aus: die Provence Verte. Grün ist die Provence im Osten, weil Flüsse wie der Argens auch im Hochsommer reichlich Wasser führen. Wasser sprudelt auch aus vielen Brunnen. Ein grüner Teich, in den ein Wassertropfen pitscht, ist daher das Logo der Region.

Das Argens-Tal

Unterlauf des Argens

Reiseatlas: S. 14, D–E 3

Dichte, undurchdringliche Eichen- und Kiefernwälder begleiten den Argens von der Quelle bei Seillons-Source-d'Argens bis nach Le Muy. Die Dörfer an seinem Lauf tragen Namen mit dem obligatorischen R, an dem sich der rumpelnde Akzent des Midi üben lässt. Zu jedem Dorfplatz gehört ein Brunnen. Dafür sind Souvenirboutiquen, Busparkplätze, und Immobilienmakler relativ rar. Im Windschatten der großen Reiserouten bleibt die Kirche im Dorf, doch unter den Kleinwinzern wird seit dem 19. Jh. rot gewählt wird, *par tradition* – willkommen im *Var rouge.* Bei Châteauvert beginnt mit dem **Vallon Sourn,** dem ›dunklen Tal‹, der landschaftlich eindrucksvollste Abschnitt des Argens. Der Fluss schlängelt sich durch eine 5 km lange Felsschlucht, deren Sohle dichter Wald bedeckt. Über dem Grün bauen sich monumentale Steilklippen auf. Picknickplätze und Sandbänke laden zum Baden ein. Das linke Ufer des bei Kletterern und Kanuten beliebten Tals ließ der Bürgermeister von **Correns** für Besucher sperren – den Reihern, Enten und Auwäldern zuliebe. Auf der Rathausfassade von Correns steht in besonders dicken Lettern ›Liberté, Égalité, Fraternité‹. An der Ecke lächelt eine Madonnenstatue über die Place du Général de Gaulle. ›Frankreichs erstes Bio-Dorf‹ (s. S. 259) ist eine nette Landpomeranze in malerischer Lage beiderseits des Argens, und zugleich ein dynamisches Winzerdorf.

Stadttor, Mauern, ein trutziges Château (in Privatbesitz) machen **Monfort-sur-Argens** zum wehrhaften Ensemble mit charmant gestrigem Charme. Die weite Ebene, durch die der Argens mittlerweile fließt, ist bis **Carcès** mit Reben bedeckt. In Carcès beschirmen dicke Platanen die Straßen. Die Idylle des Landstädtchens überragt der schmiedeeiserne Campanile der Pfarrkirche. Von Carcès bietet sich ein Spaziergang zum 2 km südlich gelegenen Caramy-Wasserfall an. Weitere 2 km südlich folgt der **Lac de Carcès.** Der bei Anglern beliebte Stausee am Zusammenfluss von Caramy und Issole versorgt seit 1934 Toulon mit Trinkwasser.

9 Abbaye du Thoronet

Reiseatlas: S. 14, E 3

An der D 13, die von Carcès zum Stausee führt, zweigt auf Höhe des Caramy-Wasserfalls ein Zufahrtssträßchen zum Höhepunkt der Argens-Tour ab: Die romanische **Abbaye du Thoronet**. Das romanische Kloster mitten im Wald gilt als die besterhaltene Zisterzienserabtei der Provence. Durch das Rundfenster im Chor ergießt sich das Licht in die erhaben schlichte Kirche. Der 1160 von den Zisterziensern an einem Bachzulauf des Argens begonnene Bau weist kaum Zierrat auf. Wie durch ein Wunder entging die Anlage dem Furor der Französischen Revolution. Seit 1854 ist die Abtei Staatsbesitz. Kurz darauf begann die erste Restaurierung. Spitzbögen im Kapitelsaal, Kreuzgang mit Brunnen, Dormitorium, der bescheidene Turm, Zehntscheune, alles blieb im Originalzustand erhalten. Von der Terrasse über dem Kreuzgang lässt sich das Meisterwerk des christlichen Abendlands überschauen (April–Sept. Mo–Sa 10–18.30, So 10–12, 14–18.30, Okt.–März Mo–Sa 10–13, 14–17, So 10–12, 14–18.30 Uhr).

Weindörfer am Argens

Reiseatlas: S. 14, F 3; S. 17/18, C/D 1

Vom nahen Weiler Le Thoronet bis kurz vor **Vidauban** folgt die Landstraße dem Argens, ohne dass man den Fluss im dichten Grün zu Gesicht bekäme. Bei Vidauban prägen Reben erneut die Landschaft. Die Cafés an der netten Place de la Mairie laden zur Rast ein. Über dem Oberdorf von **Taradeau** bietet ein Belvédère (Zufahrt von der D 73) einen herrlichen Blick auf den Argens und das Maurenmassiv. In **Les Arcs** führen die steilen Gassen hoch zur Burg (heute Hotel-Restaurant). Autos bleiben im eng verschachtelten *vieux village* außen vor. Umso bequemer kann man unten im Tal an der N 7 vor der **Maison des Vins des Côtes-de-Provence** vorfahren: 800 Weine stehen zum Kellerpreis im Angebot (10–13, 13.30–18, Sommer 20 Uhr, www.caveaucp.fr).

Le Muy leidet an seiner Lage. Die Nationalstraße 7 und die Autobahn 8 strangulieren das Dorf, dessen Pfarrkirche ausnahmsweise nicht romanisch, sondern gotisch ist.

Office Intercommunal de Tourisme de la Provence Verte: Carrefour de l'Europe, 83170 Brignoles**,** Tel. 04 94 72 04 21, Fax 04 94 72 04 22, www.la-provence-verte.org.

... in Correns:

La Bastide des Aspras: Chemin des Aspras, Tel. 04 94 59 59 70, mobil 06 24 56 82 83, Fax 04 94 59 53 92, www.aspras.com. Herrschaftliche Bastide aus dem 19. Jh. im piemontesischen Stil. 6 DZ mit je eigenem Bad, großzügiges Esszimmer, Salons mit Designmöbeln und Antiquitäten, Terrasse mit Blick auf die Weinberge. Je nach Saison 1200–2860 €/Woche, max. 12 Pers.

Klare Linien und das Prinzip der Einfachheit kennzeichnen die Abbaye du Thoronet

La Terrasse: Vieux Chemin de Cotignac, 1 km außerhalb, Tel. 04 94 59 57 15, Fax 04 94 59 58 15, www.terrasseprovence.com. Landhaus im Wald mit 4 komfortablen Zimmern mit Salon, Terrasse unten, Bett auf der Mezzanine. Pool. Absolute Stille. DZ/F 90 €.
L'Auberge du Parc: Pl. Général de Gaulle, Tel. 04 94 59 53 52, 04 94 59 53 54, www.aubergeduparc.fr. Die Dorfherberge wurde behutsam saniert. Rustikal-elegante Zimmer, freundlicher Service. Park mit Gartenlaube, Platanen, Brunnen und Pool. DZ ab 80–109 €.
... in Carcès:
La Maison des Arts: 7, Bd. Fournery, Tel. 04 94 04 39 36, Fax 04 94 04 32 45. 2 Chambres d'hôtes in stattlichem Bürgerhaus des 19. Jh. Vor dem Fenster der Platanenboulevard, als Nachttisch ein *guéridon,* an der Wand ein Warhol – die Besitzer betreiben eine Galerie. Frühstücksterrasse über den Dächern von Carcès. DZ/F 75 €.
... in Le Thoronet:
La Bastide des Hautes-Moures: 4,5 km westl. an der D 84, Richtung Vidauban, Tel./Fax 04 94 60 13 36, www.bastide-des-moures.com. Drei geräumige Zimmer, unterschiedliche Ausstattung von provenzalisch bis orientalisch. Ein Appartement mit separatem Eingang, sehr cosy und etwas abseits ein Pool House im Kolonialstil. Handverlesenes Mobiliar, TV mit Satellitenanschluss, Wasserkocher für den Café oder Tee zwischendurch. DZ je nach Saison 80–110 (bei nur einer Übernachtung 15 € Aufpreis), Ferienwohnung 380–910 €/Woche inklusive Frühstück. Table d'hôtes inklusive Aperitif, Wein, Kaffee 27 €.

Mit dem Autor unterwegs

Einkehren

Auberge du Parc in Correns: Das Gartenrestaurant ist der Inbegriff eines gepflegten Landgasthofs (s. o.).
Der Cours in Cotignac: Auf dem weiten Dorfplatz hat das Leben eine Bühne. Die Cafés dienen als Logenplätze (s. S. 262).

Klettern und Kanu fahren

Vallon Sourn: Das ›düstere‹ Tal ist ein Mekka für Freeclimber und Kanuten – mit Badegelegenheit und Picknickplätzen am Argens (s. S. 261).

... in Correns:
L'Auberge du Parc: s. Übernachten, geschl. Sommer Mo, Nov.–April So abend bis Do mittag. Chef de cuisine Bertrand Lherbette hat bei ›Bruno de Lorgues‹ gelernt: daher die Vorliebe für Trüffel. Gnocchi mit Morcheln in Flusskrebssud, Täubchen mit Foie gras. Menü ab 32 €.
... in Le Luc:
Le Gourmandin: 8, Rue Louis-Brunet, Tel. 04 94 60 85 92, geschl. So, Mo, Do abend, Ende Aug.–Ende Sept. Die meisten Gäste kommen aus der Umgebung, wo das Gourmandin seit einer kleinen Ewigkeit ein Begriff ist. Entenbrust mit Kastanienhonig, mit Drachenkopf-Schaum gefüllte Zucchiniblüten. Günstige Weinkarte! Menü 23–42 €.
... in Vidauban:
Le Concorde: Pl. de la Mairie, Tel. 04 94 73 01 19, Sommer Mi, Winter Di, Mi geschl. Seit über 30 Jahren eine Institution. Alain Bœuf verfeinert die provenzalische Küche, ohne ihre bäuerliche Herkunft zu leugnen. Im Sommer *bourrride* (provenzalische Fischsuppe), im Winter *brouillade de truffe* (Rührei mit Trüffeln). Menü 19–29 €.
... in Les Arcs:
Le Relais des Moines: Rte. de Ste-Roseline (1,5 km südöstl.), Tel. 04 94 47 40 93, geschl. So abend (außer Juli–Aug.), Mo. Früher tafelten Mönche im Saal mit dem schönen Kamin und den Steinbögen. Serviert wird französische Klassik mit einer Prise Modernität – Carpaccio vom bretonischen Hummer, *pavé* (Filetstück) vom Steinbutt. Menü 29–58 €.

Kanu: K-NOE, Pl. Général de Gaulle, Correns, Tel. 04 94 59 58 51, mobil 06 85 73 38 07, www.K-NOE.com, Ostern bis Okt. Kanutouren auf dem Argens.
Klettern: Die Schlucht Le Vallon Sourn bietet auf dem linken Ufer knapp 200 ausgewiesene Aufstiegsmöglichkeiten in den Schwie-

Ein Dorf sieht grün

Thema

»Nach Correns kommt man nicht zufällig, nach Correns muss man wollen!« Auf der nadelöhrschmalen Steinbrücke über den Argens erklärt Jean-Claude Sadion, stellvertretender Bürgermeister und verantwortlich für das Ressort Fremdenverkehr, die verwunschene Lage seines Dorfes: Correns versteckt sich tief, ganz tief im Herzen der Provence Verte, dem immergrünen Innern des Departements Var.

Unter der Brücke fließt das Wasser so klar, dass man die Forellen im blau-grünen Fluss zählen kann. Nur ein einsamer Reiher im Flussbett hört Monsieur Sadions Ausführungen zu.

Viel verändert habe sich seit seiner Kindheit in Correns nicht, befindet Monsieur Sadion. Gut, die Burgruine wird seit einiger Zeit restauriert. In der Auberge du Parc am Dorfplatz zog mit Raymond ein neuer Patron ein, der zwischen Vorspeise und Hauptgang den ›Albatros‹ von Baudelaire vortragen kann: »Fehlerfrei bis zur letzten Zeile.« Sonst nichts? »Nicht wirklich«, findet Monsieur Sadion, »dafür sind wir zu weit von allem weg.« Halt, etwas gebe es doch: Correns ist Frankreichs ›erstes Bio-Dorf‹. So steht's auf dem Ortsschild.

Und das kam so: Mitte der 1990er Jahre sprach Bürgermeister Michael Latz bei den 80 Mitgliedern der Winzergenossenschaft vor. Sein Antrag: In ganz Correns solle nur noch Bio-Anbau betrieben werden. Das Wunder: Der ›Öko-Coup‹ gelang. Fast einstimmig wurde dem Antrag stattgegeben. »In Correns gibt es keine Großwinzer. Einen massiven Einsatz von Chemie hat es schon vorher nicht gegeben, und für die Umstellung auf Bio bedurfte es nicht viel«, erklärt Michael Latz den Überraschungserfolg. Auch Monsieur Latz ist im wirklichen Leben Winzer und verzichtet für die Weine der Domaine des Aspras konsequent auf chemische Dünger. Ein ganzes Dorf sieht seit dem historischen Beschluss grün. Freitags ist Markt für Hühner von der Wiese und Obst, das ohne Pestizide gereift ist. Zum *marché bio* reisen sogar Touristen an. Die Toilettenhäuschen im Vallon Sourn tragen Solarzellen auf dem Holzdach. Auch an die Dorfverschönerung wird gedacht: Jedes Jahr im Mai bekommt Correns einen neuen Brunnen.

Ansonsten blieb in Frankreichs ›erstem Bio-Dorf‹ alles beim Alten. Morgens schwebt der Duft von ofenfrischen Baguettes aus der Boulangerie ein paar Schritte weiter. Die ersten Schüler trudeln zur Dorfschule und grüßen mit einem artigen »Bonjour, Monsieur«. Bei Marie-Ange sind die Rollläden gerade hochgezogen. Erste Kunden füllen den Lebensmittelladen, um mit der fidelen Patronne zu schwatzen. Mittags ist gegenüber im Cercle de l'Avenir, dem Dorfcafé mit dem programmatischen Namen aus der guten alten sozialistischen Zeit, in der die Winzergenossenschaft noch die Zukunft bedeutete, die Hölle los. Denn zum High Noon *à la française* rollt eine Blecharmada aus klapprigen R 4-Kastenwagen und japanischen Pick-ups fast bis an die Theke und verrammelt den Platz. Am späten Nachmittag das gleiche Spiel. So unaufgeregt grün ist Correns, dass Jean-Claude Sadion um Unterstützung bei der Verbreitung der Botschaft bittet. Ist hiermit geschehen.

Auskunftsstelle auf dem Rathaus: Pl. du Général de Gaulle, Mo–Sa 9–12 Uhr.

rigkeitsgraden 3 bis 8. Ausführlicher Kletterguide auf dem Rathaus von Correns, Mo–Sa 9–12 Uhr.

... in Correns:
Bio-Markt: Fr morgen. Winzig, aber mit erstklassigem Gemüse, Obst, Eiern, Geflügel.
Domaine des Aspras: Chemin des Aspras, Tel. 04 94 59 59 70, www.aspras.com. Bio-Weine der AOC Côtes-de-Provence. Fruchtige Weiße mit Aromen von Zitrusfrüchten, eine rote Cuvée Réserve mit Noten von Nelke, Harz und Eukalyptus.
Château Miraval: D 554 Richtung Brignoles, Tel. 04 94 86 39 33, www.miraval.com. Bio-Weine der AOC Côtes-de-Provence und Coteaux varois. Komplexe Weißweine mit Aromen von weißen Blüten, Weinbergpfirsichen, Akazienhonig.

Fête de la Bio et du Naturel: 3. Aug.-Wochenende. Zweitäges Bio-Fest in Correns mit Bio-Produkten, Vorträgen über erneuerbare Energie, ökologisches Bauen.

Im Herzen des Var

Reiseatlas: S. 13/14, B–E 2–4
Die grüne Mitte des Departements bleibt fast ein Geheimtipp. Die D 3 führt durch menschenleere Wälder nach **Rians,** wo sich Reste der Stadtmauern, ein Hospiz aus dem 16. Jh. und die ehemalige Kornhalle um die Kirche scharen. An der Kirche erinnert eine Tafel an den Besuch des polnischen Primas Monsignore Glemp: Père André, der Dorfpfarrer, stammt aus Lodz und versucht wacker die Menschen des ›roten Var‹ zu bekehren. Eine Burg dominiert **Esparron,** ein Tuffkamm **Varages.** In **Tavernes** kann man sich die Füße bei einer Wanderung hoch zur ca. 4,5 km nördlich gelegenen Kapelle Notre-Dame-de-Bellevue vertreten und den Blick in die unverbaute Landschaft schweifen lassen. **Fox-Amphoux** versteckt sich auf einem Waldhügel. Schon die Römer hatten auf dem Gipfel ein Lager unterhalten. Später errichtete der Templerorden hier einen Stützpunkt. Eine kleine Straße schraubt sich durch die Bäume auf 550 m hoch. Sie endet auf dem Dorfplatz, wo Steinstufen zur romanischen Kirche ansteigen. Der Gasthof nebenan war früher ein Kloster.

Stadtmauern und Tore bewachen **Aups.** Von der Platanenesplanade taucht man in das Dunkel enger Gassen ab. Brunnen und kleine Plätze tauchen auf, bis man vor der Kirche St-Pancrace steht. Auf dem Renaissance-Portal steht die Devise der Französischen Revolution ›Liberté, Egalité, Fraternité‹. Zwischen November und Februar wird in Aups, das die Hauptstadt der Trüffel im Var ist, jeden Donnerstagmorgen ein Trüffelmarkt gehalten. Und auf der Trüffelmesse, am vierten Sonntag im Januar, kann man das inzwischen rare Schauspiel erleben, wie Schweine nach Trüffeln suchen.

Respektheischend wirkt das nüchtern elegante Barockschloss von **Entrecasteaux.** Der kühn von einem Felssporn aufragende Prachtbau mit schöner Innenausstattung ist *privé*, der von Le Nôtre angelegte Garten da-

Kletterfans werden hier glücklich

Richtig Reisen-Tipp: Die besten Körbe

Der Weg zu René Ghiglione ist weit. Doch diejenigen, die sich die Mühe machen und bei ihm vorbeischauen, wissen, wen sie vor sich haben: Der Mann mit dem Rauschebart gilt im Haut Var als der beste Korbmacher seiner Zunft. Das rechtfertigt die Landpartie allemal. Für den Nachschub an Zweigen hat René Ghiglione vorgesorgt. Rund um das bis in die letzte Ritze restaurierte Gehöft sprießen alle Weidensorten, die er für Körbe und Kiepen benötigt. Kunden zeigt René Ghiglione gern seine Sammlung von über 400 alten Körben aus Myrthe-, Nuss- oder Kastanienzweigen.

In Les Terres Longues, Chemin du Plan, Moissac-Bellevue, Tel. 04 94 60 16 52, 10.30–12, 14.30–18.30 Uhr.

Kostbare Ware, die unscheinbar aussieht – auf dem Trüffelmarkt in Aups

vor hingegen *publique*. Soll heißen: Beim Schloss kostet's Eintritt (Ostern–Okt., Tel. 04 94 04 43 95), beim Garten nicht. Bei **Salernes** denkt man in der Provence an *carrélages*. Die bunt lasierten Kacheln werden in etlichen Werkstätten nach alter handwerklicher Tradition hergestellt.

Fast alle Provencedörfer liegen auf einem Hügel, von dem die markante Silhouette schon von weitem grüßt. Nicht so **Cotignac,** das nach endloser Schaukelei in einer Mulde auftaucht. Ein gestriger Charme liegt über Krimskramsläden. Schick ist die Provence woanders, aber auch selten so unberührt wie in Cotignac. Eine poröse Felswand mit zwei abgenagten Türmen obendrauf nimmt das Dorf von Norden in die Zange. Beim Näherkommen erkennt man Höhlen, dann vermauerte Nischen und Scharten im 80 m hohem Tuffstein. Das Höhlenlabyrinth wurde erst 1902 nach einem Erdrutsch von den letzten Bewohnern verlassen. Über mehrere Stockwerke winden sich Gänge, die man nur gebückt passieren kann. Schon lange vor dem endgültigen Aus für das Höhlenviertel flohen die ersten Bewohner aus der Enge. So entstand im Spätmittelalter das heutige Cotignac: Renaissance-Fratzen schauen auf das Pflaster der Grand'Rue. Das imposante barocke Rathaus reiht sich ein zwischen abricot- und zitronengelben Fassaden. Gegenüber setzt die Tour de l'Horloge mit einem der schönsten schmiedeeisernen Campanile der Provence der Dächerlandschaft die Krone auf. Ein Cours, so gewaltig wie ein Fußballfeld, weitet sich in der Mitte. Über das Treiben stülpen Platanen einen Theaterhimmel.

Die **Kapelle Notre-Dame-des-Grâces** auf dem Mont Verdaille (1,5 km südwestl., D 13) ist seit dem 16. Jh. Ziel einer Marienprozession (am Wochenende um den 10. Sept.). Der Sonnenkönig Ludwig XIV. war 1660 dabei.

Das von den Resten mittelalterlicher Mauern gefasste hübsche **Pontevès** rückt auf einem Hügel von der Landstraße nach Barjols ab. In **Barjols** lassen zahlreiche Brunnen ihr Wasser in der mittelalterlich düsteren Altstadt plätschern. Alle vier Jahre am zweiten Januarwochenende gedenkt das ganze Dorf einer Hungersnot vor langer Zeit, die durch die wundersame Ankunft eines Rindes beendet wurde. Zur Fête des Tripettes gibt's deshalb ein unter freiem Himmel am Spieß gebratenes Rind. Einzigartig: In der Pfarrkirche Notre-Dame-des-Epines wird anlässlich des Festes sogar vor dem Altar getanzt.

Mit der ländlichen Abgeschiedenheit scheint es in **Brignoles** vorbei zu sein. Die Kleinstadt franst nach allen Seiten hin mit Einkaufszentren und Betrieben aus, die nichts vom schmucken Kern erahnen lassen. Die Stadt fungiert als Kreuzung zwischen dem Hinterland des Var und der Côte d'Azur. Man muss schon ins Zentrum bis auf die Place Parrocel vordringen, um gotische Fensterkreuze, barocke Palais, den moosbedeckten Brunnen an der Place Caramy und das Musée du Pays brignolais zu finden, in dem antike Grabungsfunde und Gemälde regionaler Maler des 17. bis 20. Jh. gezeigt werden.

Noch im Ancien Régime wurde das Benediktinerinnenkloster von **La Celle** (12. Jh.) wegen unzüchtigen Verhaltens der Nonnen aufgelöst – Kirche und Kreuzgang verfielen. 2007 wird die Sanierung des romanischen Gotteshauses endlich abgeschlossen sein. Dem ehemaligen Palais der Äbtissinnen erging es besser: Der barocke Bau wurde bis in die späten 1970er Jahre als Hotel genutzt, zu seinen Stammgästen zählte Général de Gaulle. Dann verfiel auch das Hotel. Als Starkoch Alain Ducasse die Hostellerie de l'Abbaye de la Celle vor ein paar Jahren übernahm, war eine grundlegende Sanierung fällig. Das Werk ist gelungen, so wie alles, was der geschäftstüchtige Chef de cuisine in Angriff nimmt. Neben dem Restaurant verkostet die **Maison des Coteaux Varois** in einer Dependenz des Klosters eine repräsentative Auswahl von Weinen der Appellation. Man kann die Tropfen zum Kellerpreis einkaufen. Südlich von La Celle stößt man ins Tal der Issole. Zum Verschnaufen: Der See bei **Besse-sur-Issole** lädt zum Baden ein. In **Flassans-sur-Issole** spreizt sich eine antike Brücke über die Issole: In der Antike lag hier ein gallo-römisches Oppidum.

Office Intercommunal de Tourisme de la Provence Verte: Carrefour de l'Europe, 83170 Brignoles, Tel. 04 94 72 04 21, Fax 04 94 72 04 22, www.la-provence-verte.org.

... in Cotignac:

La Maison Gonzagues: 9, Rue Léon Gérard, Tel. 04 94 72 85 40, Fax 04 94 72 85 38, www.maison-gonzagues-cotignac.com. 5 Chambres d'hôtes (davon 2 Suiten) in einem herrschaftlichen, von oben bis unten sanierten Barockpalais. Gediegene Ausstattung mit handverlesenen Antiquitäten des 17.–19. Jh. DZ 107–115 €. Table d'hôtes 31 € (ohne Wein), abends reservieren.

La Radassière: Quartier les Fabres, Rte. d'Entrecasteaux, Tel. 04 94 04 63 33, Fax 04 94 04 66 99, www.sejour-en-provence.com. Neubau mit Olivenbäumen ringsherum. 4 Zimmer mit kleiner Terrasse. Weiße Wände, Designmöbel. DZ/F 70 €. Table d'hôtes inklusive Wein 30 €.

Domaine de Nestuby: Rte. de Montfort, D 22, Tel. 04 94 60 02, Fax 04 94 04 79 22, Nov.–Anfang März geschl., www.sejour-en-

Richtig Reisen-Tipp: Cascade de Sillans

Der Wanderweg vom Parkplatz an der D 22 endet nach knapp 1 km im Urwald. Aus der Tiefe des Grüns rauscht das Wasser der Bresque. Das Rauschen des Flüsschens wird lauter, geht in ein Klatschen und Tosen über, bis der glitschige Pfad an einer überwucherten Tuffkante endet: Plötzlich steht man vor der Cascade de Sillans. Über 40 m tief stürzt sich das Flüsschen vom rot-gelben Fels hinunter, der so löchrig wie ein Schwamm ist. Unter dem Wasserfall lockt eine blaue Lagune im Tropenwald. Nichts wie rein ins Wasser – aber bitte nur in Begleitung und ganz vorsichtig: Wurzeln und Totholz können gefährliche Fußangeln sein.

Von Salernes die D 560 Richtung Sillans fahren, von dort auf die D 22 Richtung Cotignac. Kurz hinter Sillans weist ein Schild zur Cascade.

provence.com/nestu01.htm. Hier wohnt man beim Winzer: Der Blick aus den Fenstern geht auf die Reben und auf Wälder und Platanen. DZ/F 67 €, Table d'hôtes inkl. Wein 20 €.

... in Bras:

Une Campagne en Provence: Rte. de Bras, Tel. 04 98 05 10 20, Fax 04 98 05 10 21, www.provence4u.com. Komplett restauriertes Landgut mit 150 ha Wald, Wiese, Reben. Chambres d'hôtes und Ferienwohnungen mit allem Komfort, viel Charme und persönlicher Note. Pool. DZ/F ab 98 €, Appartement (3–4 Pers.) ab 680 €/Woche.

... in La Celle:

Hostellerie de l'Abbaye de la Celle: Pl. du Général de Gaulle, Tel. 04 98 05 14 14, Fax 04 98 05 14 15, www.abbaye-celle.com. Elegantes Hotel (18. Jh.) mit ganzen 10 Zimmern, in dem es schon de Gaulle gut gefiel. Die nach ihm benannte Suite geht auf den Park und den ummauerten Weinberg. DZ je nach Saison ab 205–255 €.

... in Pontevès:

Domaine de St-Ferréol: Rte. de Barjols, D 560, Tel. 04 94 77 10 42, Fax 04 94 77 19 04, www.domaine-de-saint-ferreol.fr. Weingut mit 100 ha Land und Gästezimmern im Hauptflügel. DZ/F 58–70 €.

... in Cotignac:

Le Clos des Vignes: Rte. de Montfort (D 22), Tel. 04 94 04 72 19, So abend, Mo geschl. Winzerhaus in den Reben, saisonal inspirierte, provenzalische Küche – Täubchen mit Sommertrüffeln, in Rotwein eingelegte Feigen. Menü ab 32 €.

Restaurant du Cours: 18, Cours Gambetta, Tel. 04 94 78 50, tgl. Ehrliche provenzalische Küche zu bodenständigen Preisen. Terrasse am Cours. Menü ab 15 €.

Le Temps de Pose: 10, Pl. de la Mairie, Tel. 04 94 77 72 07, tgl. 7.30–19 Uhr, Do geschl. Salon de thé, der zugleich Fotostudio und Galerie ist. Wer in Magazinen blättern (liegen aus) und eine Kleinigkeit essen möchte – Quiche, Sandwich, Kuchen – ist hier richtig. Kleine Speisen ab 8 €.

... in Le Val:

La Crémaillière: 23, Rue Nationale, Tel. 04 94 86 40 00, Nebensaison Mi, Mo abend, Hauptsaison Mi mittag geschl. Zünftiges Bistro. Die Weinkarte orientiert sich an den Appellationen des Var. Menü ab 23 €.

... in La Celle:

Hostellerie de l'Abbaye de la Celle: s. Übernachten, Winter Di abend, Mi, Sommer nur Di abend geschl. Ein Haus aus dem erlauchten Kreis der Auberges d'Alain Ducasse. Was man an Service, Küche und Preis merkt. Menü 42–76 €.

... in Flassans-sur-Issole:

Commanderie de Peyrassol: N 7, Tel. 04 94 69 71 02, www.commanderie-peyrassol.com. Die AOC Côtes-de-Provence von Françoise Rigord genießen Kultstatus. Tipp: der Rosé Cuvée Marie-Estelle, fruchtig und mit langem Abgang.

... in Cotignac:

Les Ruchers du Bessillon: 5, Rue de la Victoire, Tel. 04 94 77 75 69, Sommer 10 bis 12.30, 16–19.30, Winter 10–12, 16–18 Uhr. Außerhalb der Geschäftszeiten in der Imkerei *(miellerie):* Lou Camp d'Andriou, Rte. d'Entrecasteaux (3 km südöstl. D 50), Tel. 04 94 04 60 39. Imker Yves Guieu lockt mit Honig von Akazie und Rosmarin. Auch der Nougat, dunkel oder hell, ist immer eine Sünde wert.

Galérie-Musée Gabriel-Henri Blanc: 3, Rue d'Arcole. Keine festen Zeiten – einfach klingeln. Dicke Bücher, kunstvoll eingebunden, mit Moritaten aus Cotignac oder Rezepten aus der Provence; auch Einzelblätter und Heftchen – alles von Hand gezeichnet und notiert.

Markt: Cours Gambetta. Di groß und umtriebig, Fr klein und fein mit Bio-Produkten und Kunsthandwerk.

Die historischen Dörfer des Var heißt eine Radrundroute durch die Provence Verte: 9 Dörfer, eins schöner als das andere (Start in Carcès, Länge 93 km). Routenbeschreibung und Karte in den Offices de Tourisme oder beim CDT Var, 1, Bd. Foch, BP 99, 83003 Draguignan cedex, Tel. 04 94 50 55 50, Fax 04 94 50 55 51.

Draguignan und das Haut Var

Reiseatlas S. 14, 19

Draguignans spröder Charme hat Methode: Die Unterpräfektur des Departement Var ist Frankreichs wichtigste Garnisonsstadt. Umso reizvoller empfangen den Besucher die Dörfer im oberen Var. Es sind echte Landpomeranzen, in denen die Zeit einen deutlichen Tick langsamer geht und die nur über verwunschene Landstraßen zu erreichen sind.

Draguignan

Reiseatlas: S. 19, A 3

Das Militär kommandiert in Draguignan. Im Norden ist der Grand Plan de Canjuers eine 35 000 ha große militärische Sperrzone, die es auf dem Weg in die Gorges du Verdon großräumig zu umfahren gilt. Im Osten von Frankreichs bedeutendster Garnisonsstadt liegt die Artillerieschule der französischen Armee, ein aus dem Boden gestampfter Komplex. Fazit: Die Stadt entspricht nur in einigen Altstadtwinkeln der schlunzigen Trägheit provenzalischer Städte. Schnurgerade Boulevards nehmen die Gassen in die Zange. An den Achsen liegen die Verwaltungskolosse aus den Tagen, da Draguignan noch die Hauptstadt des Departements Var war. Höchster Punkt der Altstadt ist die **Tour de l'Horloge.** Vom Fuß des 1664 errichteten Uhrturms überblickt man die von großzügigen Boulevards begrenzte *vieille ville.* Das **Musée des Traditions provençales** zeigt in einem ehemaligen Kloster Szenen und Intérieurs aus dem ländlichen Var des 19. Jh. (15, Rue Roumanille, 9–12, 14–18 Uhr, Mo, So vormittags geschl.). Nur bei offiziellen Führungen des Office de Tourisme zugänglich ist das **Musée du Canon et des Artilleurs** im Quartier Bonaparte 3,5 km südöstlich. Auf dem Gelände der Artillerieschule wird die Geschichte der französischen Artillerie anhand von Kanonen und Schlachten der vergangenen 200 Jahre gezeigt (Mo–Fr 8.15–11, 14.15–17 Uhr).

Dörfer im Haut Var

Reiseatlas: S. 14, E/F 2/3; S. 19, B/C 2/3

Das ›obere Var‹ ist der am wenigsten besiedelte Teil des Departements. In den dichten Wäldern, die die bis zu 1000 m hohen Berge bedecken, verstecken sich urige Dörfer. Mit an Sicherheit gehender Wahrscheinlichkeit sprudelt ein Brunnen am Dorfplatz. Durch die enge Schlucht der **Gorges de Châteaudouble** (D 955) gelangt man ins gleichnamige Dorf, das über dem Abgrund thront, den der

Mit dem Autor unterwegs

Kochen und speisen

Bruno de Lorgues: Clément Bruno ist nicht nur wegen seiner 110 kg Gewicht ein kulinarisches Schwergewicht. Der Chef de cuisine ist vor allem Frankreichs Trüffelpapst (s. S. 266, 268).

Kochkurs im Château de Berne: Ganz billig ist der Cours de cuisine nicht, dafür lernt man auf höchstem Niveau (eintägiger Kurs mit Mittagessen und Getränken ab 60 €, dreitägiger Kurs mit Übernachtung, HP, Getränken, Weinprobe, Ausflügen ab 785 € pro Person, s. S. 267).

Wandern und Baden

Lac de St-Cassien: Der GR 49 folgt dem Westufer des Stausees – inklusive Bademöglichkeiten (s. S. 266).

Nartuby gegraben hat. Auch **Ampus** liegt am Nartuby. Am Dorfplatz gibt es einen Brunnen, natürlich. Dazu kommen eine Zapfsäule, ein Café, ein Tante-Emma-Laden und ein Sterne-restaurant, *ça alors*!

Tourtour zählt zu den stets gut besuchten Dörfern des Haut Var. Von der Place de L'Eglise schaut man bei klarer Sicht bis auf die Côte d'Azur bei St-Raphaël. Das Rathaus befindet sich in einem schmucken Château aus dem 16. Jh., die Gassen sind proper – insgesamt wirkt Tourtour etwas puppenstubenartig. Das winzige **Flayosc** wird vom Campanile der Dorfkirche beherrscht. An der Place de la Reinesse beschatten Platanen Waschhaus und Brunnen. Das Städtchen **Lorgues** war jahrhundertelang Frankreichs wichtigster Olivenölproduzent. An den früheren Reichtum erinnert der ausladende, von Platanen gesäumte Cours und der elegante Barockbrunnen auf der Place du Revelin. Die Barockkirche St-Martin lohnt wegen der kostbaren Ausstattung einen Blick: Chorgestühl, Altäre und Statuen sind aus dem 18./19. Jh.

Bei Lorgues denkt ganz Frankreich aber vor allem an den aus Film und Fernsehen bekannten Koch **Clément Bruno,** genannt Bruno de Lorgues. Bruno, Trüffelpapst und Freund aller großen Tiere von Sechs-Sterne-Koch Alain Ducasse bis Staatspräsident Jacques Chirac, ist nicht allein wegen seiner 110 kg und knapp 2 m Größe ein kulinarisches Schwergewicht. Vom Fassadenfresko des gleichnamigen Restaurants (s. S. 268) segnet Bruno de Lorgues die Heimat. Die Geste ist dem Chef de cuisine in Fleisch und Blut übergegangen. Unzählige Fotos zeigen das provenzalische Urgestein mit denselben, weit ausgestreckten Armen. In ärmlichen Verhältnissen wuchs Klein-Clément auf, zu arm, um nach der Schule mit den Freunden in einem der Cafés am Dorfcorso von Lorgues eine Limo zu trinken, dafür reich gesegnet mit einer Großmama namens Mariette, die dem Enkel bei der Heimkehr Trüffelomelette oder Folienkartoffeln mit Trüffeln vorsetzte. Der Koch, der dank Omas Rezepten zum Star avancierte, ist bekannt für Temperamentsausbrüche. Verschont bleibt niemand, ohne Ansehen von Stand und Person. Prominente, die wegen launischen Benehmens auffallen, komplementiert Clément Bruno hinaus in ihren Rolls Royce. Dafür und weil er in Talkshows ›denen aus Paris‹ die Meinung geigt, liebt man Clément Bruno im ›roten Var‹.

Auch **Callas** ist für Olivenöl bekannt. Man erreicht das Dorf durch die Gorges de Pennafort – noch eine malerische Schlucht, die es zu passieren lohnt. In Callas zeugen ein feudaler Taubenturm und stattliche Türbögen von der einstigen Bedeutung des Ortes im Schatten des Château de Pontevès, dessen Ruine über den Gassen dräut. In Bargemon zweigt die D 19 nach Osten ab. Das Ziel sind einige der schönsten Dörfer im Haut-Var.

Zauberhaft ist das von Felsen flankierte **Seillans.** Über das Kieselpflaster der Gassen gelangt man zur Porte de Font-Amont. Vor dem Stadttor breitet sich malerisch mit Brunnen, Platanen und kleinem Hotel die Place de Font-Amont aus.

Von den Befestigungen in **Fayence** blieb allein die Porte Sarrasine (13. Jh.). Das geschäftige Städtchen lebt munter vom Tourismus – die Lage auf halben Weg zwischen Côte d'Azur und Alpenausläufern macht's möglich. Von der Esplanade reicht der Blick bis auf das Estérel-Massiv. In den Gassen finden sich etliche Kunsthandwerksbetriebe. 2 km südöstlich begeistert Kunstinteressierte die von Zypressen gerahmte romanische **Kapelle Notre-Dame-des-Cyprès.** Der Bau steht auf gallo-römischen Fundamenten.

Ein kurzer Fußweg führt von Fayence nach **Tourrettes,** wo die Musik zwischen Place de la Mairie und Place de l'Ancien Château spielt. Von Letzterer schaut man erneut aufs Estérel-Massiv.

Montauroux profitiert von der Nähe zum Lac de St-Cassien. Vom Stausee finden viele Badetouristen den Weg hoch zum ›Balkon aufs Estérel-Massiv‹. Der See lädt neben Badebuchten auch mit einem Wanderweg (GR 49) ein, der dem westlichen Ufer von der rumpeligen D 837 im Süden bis zur Zufahrtsstraße im Norden folgt. Natürlich kann man Baden und Wandern dabei bestens verbinden. Christian Dior besaß hier ein feudales Anwesen. Das Château Dior liegt südlich des Dorfes unweit der Kreuzung D 37/D 562. Begraben wurde Dior auf dem Friedhof von **Callian.** Das Bergdorf lockt zudem mit einem Renaissance-Schloss, der romanischen Kapelle der Pénitents-Blancs und den Reliquien der Heiligen Maxime, die in der Pfarrkirche verwahrt werden.

Office de Tourisme du Pays de Fayence: Pl. Léon Roux, 83440 Fayence, Tel. 04 94 76 20 08, Fax 04 94 39 15 96, www.paysdefayence.com.

... in Tourrettes:
Domaine de Terre Blanche: Terre Blanche, Tel. 04 94 39 90 00, Fax 04 94 39 90 01, www.fourseasons.com, Jan.–März geschl. Luxus-Golfhotel mit 266 ha (!) Land. 88 Suiten mit je 60 m^2 und 27 Villen von 100 bis 300 m^2, alle mit Salon, Terrasse. 600 m^2 großer Pool, separates Kinderbecken, Kinderbetreuung, Wellness-Beauty-Center, Fitness-Center, zwei 18-Loch-Golfplätze, Bar, 4 Restaurants, 24-Stunden-Zimmerservice. Suite je nach Saison 450–750 €, Villa 950–1500 €.

... in Flayosc (Lorgues):
Château de Berne: Chemin de Berne, Tel. 04 94 60 48 88, Fax 04 94 60 48 89, www.chateauberne.com. Luxuszimmer auf Weingut mit 500 ha Land. Der Stil eines noblen englischen Country home paart sich mit provenzalischem Design. Koch- und Aquarellierkurse, Weinseminare und Parfümlehrgänge. DZ ab 250 €.

... in Callas:
Hostellerie des Gorges du Pennafort: Route de Muy (7 km nördl. über D 25, Tel. 04 94 76 66 51, Fax 04 94 76 67 23. Renommier-

Auto fahren verboten innerhalb der mittelalterlichen Stadtmauern von Seillans

tes Hotel-Restaurant neben den abenteuerlich schönen Gorges du Pennafort. Luxuriöse Zimmer. Im Restaurant (geschl. Mo, Mi mittag, außer Juli/Aug. So abend) stehen *fricassé de petits gris* (Weinbergschnecken), Kalbsfilet mit Morcheln oder Entenleber aus der Pfanne mit Zitronenfruchtfleisch auf der Karte. DZ ab 180 €, Menü 42–130 €.

... in Lorgues:

La Bastide du Pin: 1017, Rte. de Salernes, Tel. 04 94 73 90 38, Fax 04 94 73 63 01, www.bastidedupin.com. Bastide aus dem 18. Jh. auf 2 ha Garten und Park. Eher ein exklusives Privathotel als ›nur‹ eine Chambre d'hôtes. DZ/F 75–115 €.

... in Seillans:

Hôtel des Deux Rocs: Pl. Font-d'Amont, Tel. 04 94 76 87 32, Fax 04 94 76 88 68. Verwinkeltes Adelspalais aus dem 17. Jh., mit dem Charme der Vieille France. Restaurant mit provenzalischer Küche (Lammnuss, Seebarsch in grobem Salz). Von den Tischen um den Brunnen schaut man aufs gotische Stadttor, die flankierenden Felsen und die Provence Verte. DZ ab 58 €.

... in Fayence:

Moulin de la Camandoule: Chemin Notre-Dame-des-Cyprès, Tel. 04 94 76 00 84, Fax 04 94 76 10 40, www.camandoule.com. Einst eine Ölmühle (deren Technik komplett erhalten ist), heute ein Hotel mit sehr persönlicher Note. DZ 65–125 je nach Saison.

... in Ampus:

La Fontaine d'Ampus: Pl. de la Fontaine, Tel. 04 94 70 98 08, Mo, Di, Okt., Feb. geschl. Im Dorfrestaurant mit Stern stehen im Frühjahr Fenchelcarpaccio mit weißen Pfirsichen und Olivenöl oder als Dessert eine Apfel-Mousseline (feines, sämiges Apfelmus) mit Anis auf der Karte. Im Sommer überzeugt der gegrillte Schwertfisch, im Herbst verlockt ein Törtchen mit in Rotwein eingelegten Steinpilzen und natürlich Trüffel. Das günstigste Sterne-Restaurant der Provence: Einheitsmenü knapp 40 €.

... in Montauroux:

Auberge des Fontaines d'Aragon: D 37 (3 km südöstl.), Tel. 04 94 47 71 65, Jan. und Mo, Di geschl. Ein zitronengelbes Landhaus mit Garten, eine Küche, die die Rezepte der Provence in moderner Leichtigkeit interpretiert. Foie gras mit *gros sel* (grobem Salz) aus der Pfanne, dazu Gewürzbrot und Süßkartoffeln! Menü 37–90 €.

... in Fayence:

Le Castellaras: Rte. de Seillans (D 19, 4 km westl.), Tel. 04 94 76 13 80, Mo (außer Juli/Aug.), Di geschl. *Cassoulette* (Pfanne) mit Artischockenherzen und Gambas, Carpaccio von Langustinen, Medaillons vom Kalbsbries in einer Noilly-Sauce – Alain Carro liebt Ausgefallenes. Menü ab 43 €.

La Table d'Yves: 1357, Rte. de Fréjus, Tel. 04 94 76 08 44, Mi geschl. Kulinarik zu moderatem Preis mit Blick auf Fayence – ein kleines Stück Himmel. Menü ab 28 €.

... in Lorgues:

Bruno: Route des Arcs (D 10), Tel. 04 94 85 93 93, geschl. So abend, Mitte Sept.–Mitte Juni zusätzlich Mo. *Caviar de truffes,* Gebirgskartoffel mit Trüffeln, Hummer mit jungem Gemüse und Trüffeln – der ›schwarze Diamant‹ gehört bei Bruno de Lorgues an jedes Gericht. Was der Michelin mit einem Stern honoriert. Menü ab 58 €.

... in Flayosc:

Château du Deffends: Tel. 04 94 50 22 50, Sommer 8–20, Winter 8 bis 18 Uhr. Seit einem halben Jahrhundert verkauft Jacqueline Soulard auf ihrem Schloss handverlesene Antiquitäten vom 13. bis zum 18. Jh. Enorme Auswahl.

Château de Berne: s. Übernachten. Die 60 ha Reben des Châteaus ergeben gehaltvolle Rot- und Weißweine sowie fruchtige Rosés der AOC Côtes de Provence. Probe und Verkauf. Ebenfalls reichhaltiges Angebot provenzalischer Produkte.

... in Callas:

Moulin de Callas: Tel. 04 94 76 68 05. M. Berenguier verarbeitet jährlich 200 t Oliven von sechs verschiedenen Sorten. Die Boutique verkauft Öl und andere regionale Erzeugnisse.

Ideal für Aktivurlauber ist die Gegend rund um den Verdon

10 Gorges du Verdon

Reiseatlas S. 8, 14

Auf einer Länge von 21 km hat sich der Verdon bis zu 700 m tief in den Fels gegraben und so Europas spektakulärsten Canyon geschaffen. Wanderwege erlauben die Erkundung der wilden Schlucht, die an Engpässen ganze 6 m breit ist. Zu den Wanderern gesellen sich Wildwasserkanuten, Flussbett- und Felswandkletterer, Mountainbiker und Paraglider.

Rechtes Verdon-Ufer

Castellane

Reiseatlas: S. 8, F 4

Die Gorges du Verdon sind ein einmaliges Terrain für Sporturlauber. Eines ihrer Basislager ist das Städtchen Castellane an der Route Napoléon – allein 17 Campingplätze empfangen die Aktivurlauber. Hoch auf einem Steilfels (20 Min. Aufstieg über einen Kreuzweg) überwacht die Kapelle Notre-Dame-du-Roc den Ort. Zu ihren Füßen rauscht der Verdon, an dessen rechtem Ufer sich die Altstadt mit einer großen Auswahl an Hotels und Restaurants ausbreitet. Zwischen den beiden Stadttoren liegt die Pfarrkirche St-Victor (12./13. Jh.), deren Reliquienbüsten den Hauch des Mittelalters in die zur Saison von Neoprenträgern bevölkerte Stadt bringen.

Office de Tourisme: Rue Nationale, 04120 Castellane, Tel. 04 92 83 61 14, www.castellane.org.

Verdon Accueil: Rue Nationale, Tel. 04 92 83 67 36.

Auberge du Teillon: in La Garde (4 km südöstl. von Castellane), Tel. 04 92 83 60 88, Fax 04 92 83 74 08, www.auberge-teillon.com, Mitte März–Mitte Nov. Heimelige Auberge direkt an der Route Napoléon. DZ 49–55 €.

Le Camp du Verdon: D 952, Tel. 04 92 83 61 29, Fax 04 92 83 69 37, www.camp-du-verdon.com, Mitte Mai–Mitte Sept. 4-Sterneplatz 1,2 km außerhalb. 2 Schwimmbecken, Riesenrutsche, Wiesen- und Waldplätze. Auto, Platz, 3 Pers. 17–30 €.

Camping Notre-Dame: Rte. des Gorges du Verdon, Tel./Fax 04 92 83 63 02, 04 92 83 65 95, April–Mitte Okt. 3-Sterneplatz 700 m außerhalb an einem Bach. 44 Plätze. Auto, Platz, 3 Pers. 15 €.

Auberge du Teillon: s. Übernachten, So abend, Mo geschl. Unbedingt probieren: *boudin blanc* (Weißwurst) vom Lamm. Menü ab 20 €.

Le Moulin de Soleils: D 955, 6 km westl. von Castellane, Tel. 04 94 85 66 17, tgl. ab 11 Uhr, in der Nebensaison nur Wochenende, Winter geschl. Die letzte Wassermühle der Provence, seit 200 Jahren in Betrieb. Nach der Besichtigung des Mühlrads kann man Crêpes und Pizzas aus dem Holzkohleofen bestellen (ab 7 €).

Wildwasser-Rafting, Flussbettwanderung, Kanu: Acti-Raft, Relais de l'Eau vive (Route des Gorges du Verdon), Tel. 04 92 83 76 64; Aboard Rafting, 8, Pl. de l'Eglise, Tel./Fax 04 92 83 76 11, www.aboard-rafting.com.

Marathon des Gorges du Verdon: Anfang Okt. Marathon von Moustiers-Ste-Marie nach Castellane (Straße für Verkehr gesperrt).

Cars Sumian: Busverbindungen von Marseille via Moustiers-Ste-Marie nach Castellane, Tel. 04 92 78 03 57. Juli–Mitte Sept. Mo, Mi, Sa, Nebensaison nur Sa.

Am Verdon entlang

Karte: S. 272; **Reiseatlas:** S. 14, E 1

Bis zur Mündung des Jabron in den Verdon südlich des Weilers Pont-de-Soleils windet sich der Verdon noch relativ unspektakulär durch ein breites Kieselbett. Das ändert sich auf dem Weg nach **Rougon 1**. Das hübsche Dorf auf 960 m Höhe liegt oberhalb der Uferstraße und dominiert den **Point Sublime 2**, einen schwindelerregenden Aussichtspunkt in die Schlucht. Mit etwas Glück kreist ein Geier am Himmel. Die Vögel wurden 1999 erfolgreich wieder angesiedelt. Kurz vor La Palud-sur-Verdon zweigt links die spektakuläre **Route des Crêtes** von der D 952 ab. Ein Belvédère in schwindelerregender Höhe folgt auf den nächsten – die Aussichtspunkte sind nur etwas für Schwindelfreie. Die Straße steigt bis auf 1300 m an und führt am **Chalet de la Maline 3**, dem Sitz des Club Alpin, vorbei. Neben dem Chalet kann man in die Talsohle absteigen und stößt unten auf den Sentier Martel, dem Klassiker schlechthin unter den Wanderwegen in den Gorges (s. S. 272). Für die 14 km bis zum Parkplatz am Couloir Samson (in der Nähe des Point Sublime) benötigt man ca. 7 Std., Kondition und eine Taschenlampe – denn es geht immer wieder durch stockfinstere Felstunnel.

Wie Castellane ist auch **La Palud-sur-Verdon 4** ein Magnet für Aktivurlauber im Verdon-Canyon. Das Tal ist auf Höhe des Dorfes relativ breit und lässt Platz für Wiesen. In Frühjahr und Herbst werden Tausende von Schafen zum Auf- und Abtrieb in La Palud-sur-Verdon zusammengetrieben. Unter den Aussichtspunkten, die bis zum Westende der Schlucht längs der D 952 noch folgen, sei der **Belvédère de Mayestre** erwähnt. Ein ca. 200 m langer Pfad führt bis an den Abgrund, von wo man aufs linke Ufer rüberschaut.

Maison des Gorges du Verdon: Le Château, 04120 La Palud-sur-Verdon, Tel. 04 92 77 32 02, Fax 04 92 77 32 02, www.lapaludsurverdon.com.

Mit dem Autor unterwegs

Nicht versäumen

Le Point Sublime: Vom Aussichtspunkt unterhalb von Rougon stürzt der Blick aus über 700 m Höhe ins Bodenlose (s. links).

Wandern und schwimmen

Sentier Martel: Der Klassiker unter den Wanderwegen in der Verdon-Schlucht (s. S. 272).

Lac de Ste-Croix: An den Stränden von Bauduen oder Ste-Croix-de-Verdon können sich auch geübte Schwimmer austoben (s. S. 277, 278).

Lavendelhonig

Apiculteur Bernard: Der beste Lavendelhonig der Provence stammt aus Trigance (s. S. 273).

Auberge des Crètes: La Palud-sur-Verdon, Tel. 04 92 77 38 47, Fax 04 92 77 30 40, Mitte April–Mitte Okt. Ideales Etappenziel für Sportler. Schlicht und einfach. DZ 55–61 €.

Chalet de la Maline: La Palud-sur-Verdon, D 23, Tel./Fax 04 92 77 38 05, la.maline@wanadoo.fr, Ostern–11. Nov. Die Wanderhütte des Club Alpin Français kragt in schwindelerregender Höhe über dem Verdon. Schlichte Zimmer, deftiges Essen. Aussichtsterrasse. DZ mit HP 30 €.

Auberge du Point Sublime: an der D 952, 5 km westl. in Richtung Castellane, Tel. 04 92 83 60 35, Mitte April–Mitte Okt., geschl. Mi und Do mittag. Schattige Terrasse. Familiäre Athmosphäre (auch Zimmer 53–55 €). Menü ab 21 €.

Klettern: Bureau des guides du Verdon, Rue Principale, Tel. 04 92 77 30 50, 04 92 77 37 30, www.escalade-verdon.com. Geführte Wander- und Kletterausflüge.

Sentier Martel: Wanderkarte

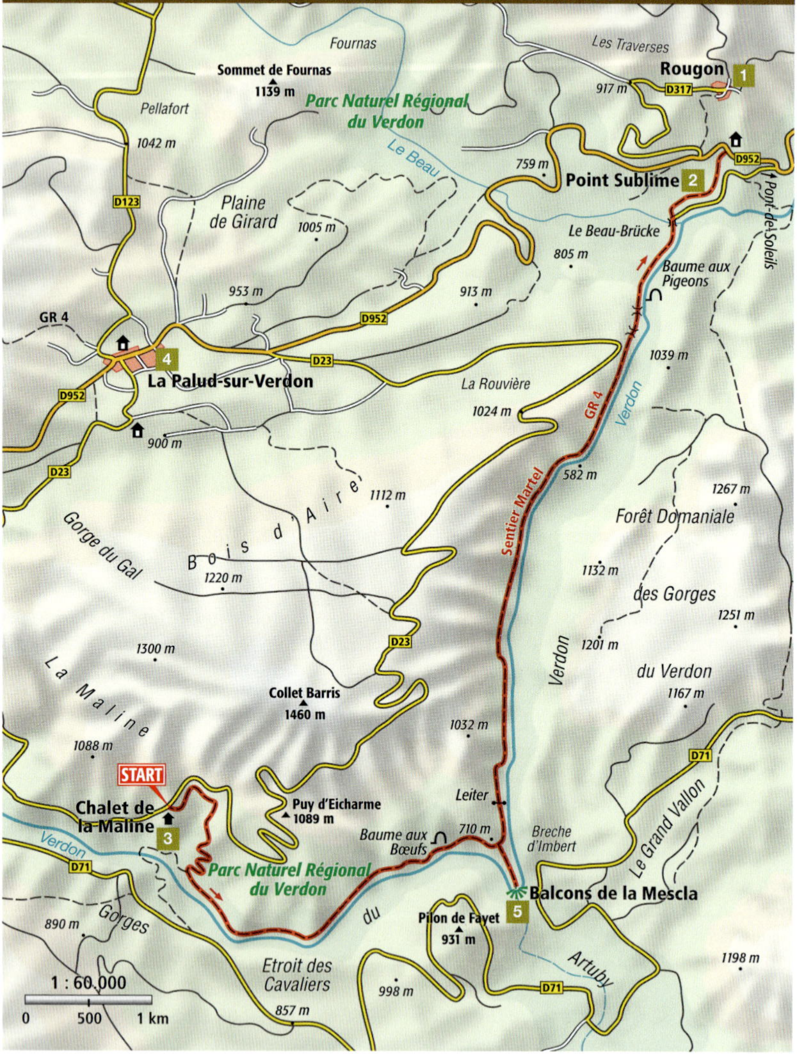

Wandern: Der Fernwanderweg GR 4 am nördlichen Ufer – hier heißt er Sentier Martel – folgt der Schlucht auf gesamter Länge.

Sammeltaxis (8–10 Pers.) zum Sentier Martel.

Transports Trans Verdon: Von La Palud-sur-Verdon zum Anfang (ab 8 Uhr alle halbe Std.), Abholung vom Point Sublime (ab 15 Uhr alle halbe Std.), Tel. 04 92 77 14 20, 06 70 54 58 41. **Taxis Adrien:** Shuttle zwischen Chalet de la Maline und Point Sublime, Tel. 06 88 89 31 63.

Linkes Verdon-Ufer

Trigance

Reiseatlas: S. 148, F 1

Trigance liegt nicht am Verdon, sondern an einem Zufluss, dem Jabron. Über dem Bergdorf auf 800 m Höhe thront hoheitsvoll ein Château. Die Burg, mit der die Grafen der Provence einst den Zugang zur Verdon-Schlucht kontrollierten, ist vom Rittersaal bis zur Kemenate restauriert. In die Mauern zog ein feines Schlosshotel mit grenzenloser Aussicht. In den Gassen verfängt der Charme eines zauberhaften Ensembles grober Hausteinmauern. Der Ansturm, der die Haarnadelkurven links und rechts des Verdon verstopft, bleibt Trigance erspart. Kein Reisebus wuchtet sich hierhin hoch. Dafür liegt das Dorf eine Spur zu sehr im Windschatten des Verdon. Ein botanischer Lehrpfad kringelt sich von der Kirche ins Tal hinunter, wo der Jabron eine Geröllwüste im Wiesengrund freigelegt hat. Jede Wegkehre beschert eine neue Duftwolke: Lavendel, Minze, Salbei, Rosmarin, Ginster, Thymian. Uralte Mandelbäume stemmen sich gegen den Wind. Bis auf den höchsten Punkt des Felsriffs streben die Häuser an. Doch da thront bereits die Burg. Viel Platz auf den schmalen Felsvorsprüngen darunter bleibt für das Dorf nicht.

Maison de Pays de Trigance: D 90, Tel./Fax 04 94 85 68 40, Sommer 10–20 Uhr, Winter außer Di 10–12, 14–19 Uhr, Jan. geschl., www.mairie-trigance.fr.

Le Vieil Amandier: Montée de St-Roch, Tel. 04 94 76 92 92, Fax 04 94 85 68 65, Nov.–Feb. geschl. Unprätentiöses Dorfhotel. Restaurantterrasse mit Aussicht. Exzellente Küche! DZ ab 62 €, Menü 26–26 €.

Château de Trigance: Tel. 04 94 76 91 18, Fax 04 94 47 58 99, März–Nov. Jean-Claude Thomas kaufte vor 30 Jahren die Ruine der mittelalterlichen Zwingburg oberhalb des Adlerhorstes Trigance auf, um daraus ein feines Hotel mit empfehlenswertem Restaurant zu machen. DZ ab 120 €, Menü ab 37 €.

La Commanderie St-Maymes: 5 km westl. von Trigance, Tel. 04 94 76 91 23, www.gites-de-france-var.fr. Die ehemalige Dependenz des Templerordens liegt in der Einsamkeit eines Karstplateaus. Im Mai bedeckt ein Teppich wilder Narzissen die Wiesen ringsherum. Mit etwas Glück sieht man Königsadler und Falken ihre Kreise über den Gorges du Verdon ziehen. Das Haus ist ein ›Gîte Panda‹ mit dem Label des World Wildlife Fund (WWF). Tipp: Die Besitzer stellen Ziegenkäse her. Ferienhaus für 4 Pers. je nach Saison 250–370 €/Woche.

Apiculteur Bernard: Le village, Tel. 04 94 76 91 09, keine festen Zeiten, anklingeln! Bei den Bernards ist man Imker *de père en fils,* ›vom Vater zum Sohn‹. Zwölf auf den Landwirtschaftsschauen von Draguignan bis Paris errungene Medaillen ehren den Lavendel- und Hochgebirgshonig. Mit Versand.

Corniche Sublime

Reiseatlas: S. 14, E/F 1

Seit 1997 schützt der Parc Naturel régional du Verdon die Schlucht mit dem türkisfarbenen Fluss in der Tiefe. Bei der Fahrt über die **Corniche Sublime** versteht man den Grund. Die Panoramastraße über dem linken Ufer des Verdon (D 71) entführt in eine Landschaft, die in Europa ihresgleichen sucht. Steilfelsen wechseln mit schwindelerregenden Blicken ins Bodenlose. Erster Höhepunkt der Corniche Sublime sind die **Balcons de la Mescla** 5: Der Blick fällt von den Steilfelsen in die Tiefe auf den Verdon. Es folgt der **Pont de l'Artuby,** ein natürlicher Felsbogen über den Artuby, einen Verdon-Zufluss. Über den 935 m hohen Fayet-Pass, durch Felstunnel und -engen wie dem Étroit des Cavaliers geht es zum **Cirque de Vaumale,** einem Talkessel in den Gorges.

Schließlich taucht das Dorf **Aiguines** auf, wo die himmelstürmenden Klippen und damit die Corniche Sublime abrupt enden. Vor dem Hintergrund des Lac de Ste-Croix leuchtet im Westen das weiße Renaissance-Schloss von Aiguines, dessen vier Türme mit

Das Schloss von Aiguines leuchet vor dem Hintergrund des Lac de Ste-Croix

Richtig Reisen-Tipp: Alles unter einem Dach

Weit liegen die Höfe und Dörfer in der Unwirklichkeit der Gorges du Verdon auseinander. Der Weg zu Pâté, Ziegenkäse, Säften, Lavendelessenz, Honig, Nougat, Santons, Fayence, Töpferwaren ist entsprechend lang. Die Handwerker und Bauern des Pays des Gorges du Verdon haben mit einem gemeinsamen Verkaufspunkt die kundenfreundliche Lösung gefunden: Die Maison des produits du pays des Gorges du Verdon in einem restaurierten Gehöft unterhalb von Trigance verkauft alles, was Höfe und Handwerker der Region erzeugen.

In La Sagne, an der D 90, Tel. 04 94 85 67 36, Fax 04 94 85 37. Sommer 10–20 Uhr, Winter außer Di 10–12, 14–19 Uhr, Jan. geschl.

kunterbunt lasierten Ziegeln bedeckt sind. Die Einwohner von Aiguines haben aus dem Buchsbaum der Gorges du Verdon vom 17. bis 19. Jh. unter anderem Boulekugeln gedreht. Hart wie Stahl ist das Holz der nur wadenhohen Bäumchen. Entsprechend kraftvoll konnte man die Boules gegeneinander klackern lassen. Weiteres dazu erfährt man im **Musée des Tourneurs sur bois** (Juni–Aug. Mi–Mo 9–12, 14–18 Uhr, sonst auf Anmeldung, Tel. 04 94 70 20 89), das im letzten Holzdreherbetrieb von Aiguines entstanden ist.

Verdon Accueil: Allée du Château, 83630 Aiguines, Tel. 04 94 70 21 64.

Hôtel du Grand Canyon: 15 km östl. von Aiguines, Corniche Sublime auf Höhe der Falaise du Cavalier, Tel. 04 94 76 91 31, hotel.gd.canyon@wanadoo.fr, Ostern–Allerheiligen; Restaurant Do abend, Fr in Nebensaison geschl. Grandiose Lage! Der Bau ist unspektakulär, der Blick in den Canyon umso spektakulärer. DZ mit Talblick ab 60 €; Menü ab 22 €.

Altitude 823: Aiguines, Tel. 04 94 70 21 09, Fr sowie Nov.–März. geschl. Beliebtes Ausflugslokal. Wirtin Brigitte empfiehlt gefüllte Wachtel und Spanferkel. Menü 18–25 €. Einfache Zimmer, DZ ab 52 €. Im Sommer und am Wochenende nur mit HP, 53 €/Pers.

Wandern: Der Fernwanderweg GR 99 (südliches Ufer) folgt der Schlucht auf gesamter Länge.

Bungee-Jumping: Latitude Challenge, 40, Av. de St-Antoine, 13015 Marseille, Tel. 04 91 09 04 10, www.latitude-challenge.fr. Vom Pont d'Artuby (182 m!), Sa, So (Fr vorher anrufen).

Klettern: Club d'Escalade Verdon, La Mairie, Aiguines, Tel. 04 94 84 23 07. Der Verein organisiert Kletterausflüge, mehrtägige Kurse u. v. m.

Rund um den Lac de Ste-Croix

Reiseatlas: S. 13, C 2; 14, D 1

Moustiers-Ste-Marie ist eines der *plus beaux villages de France* und dazu das schönste Dorf rund um den Verdon. Berühmt ist die lokale Fayence. Die ersten Fayence-Werkstätten sind seit 1668 im Dorf verbürgt. Den Ausschlag für ihre Ansiedlung gab das Vorkommen von roter Tonerde. Holz zum Beheizen der Brennöfen lieferten die Wälder ringsherum, Wasser entnahm man dem Bach, der durchs Dorf fließt. Die im 17. und 18. Jh. tätigen *maîtres faïenciers* haben einst die zerbrechliche Ware mit dem unverwechselbaren lachsroten Schimmer unter der weißen Glasur in ganz Europa bekannt gemacht. Feinschmecker assoziieren mit dem Dorfnamen hingegen sternprämierte Gourmet-Tempel.

Wesentlich länger als die gastronomischen Sterne leuchtet ein anderer – realer – Stern oberhalb von Moustiers-Ste-Marie. Er hängt an einer 227 m langen Kette über einer Felskluft, und dies vermutlich seit dem 12. Jh.! Die Kette ist aus vergoldetem Eisen. Etwas tiefer thront die Kapelle von Notre-Dame-de-Beauvoir auf einem Felsvorsprung. Ein steiler, steingepflasterter Weg rumpelt von der Pilgerkapelle in das Dorf hinunter. Die alten Gassen drängen sich um die romanische Pfarrkirche. Der Wildbach Rioul spaltet den Dorfkern und bietet Platz für schön zum Ufer gelegene Restaurant-Terrassen. Ein Wanderrundweg ums Dorf führt zu den Wasserfällen des Rioul, einer mittelalterlichen Steinbrücke und Olivenbaumterrassen – immer im Hintergrund sichtbar bleiben dabei nach Norden die schroffen Gipfel der Haute-Provence.

Zum Abkühlen fährt man nach **Ste-Croix-de-Verdon.** Der nach dem Dorf benannte Stausee hat das Bergdorf zum Strandbad gemacht. Die Silhouette blieb: Im türkisfarbenen Lac de Ste-Croix spiegeln sich die bis weit in den Frühling schneebedeckten Gipfel der Südalpen. Von der Staumauer am Südwestufer geht es nach **Quinson,** wo ein zweiter Staudamm den Verdon zähmt. 2001 hat in Quinson ein Museum zur Vorgeschichte eröffnet, dessen Entwurf von Sir Normann Foster stammt. Der britische Stararchitekt lässt eine alte Mauer aus honigfarbenem Travertin in den schwungvollen Neubau wachsen. Abgesehen vom Ausstellungsparcours zeigt ein vorzeitliches Dorf Wohnbauten aus der Menschheitsgeschichte. Höhepunkt des **Musée de Préhistoire** aber ist ein animierter Nachbau der vor 400 000 Jahren besiedelten Grotte de Bonne Baume (Sa Führungen auf Anmeldung, Tel. 04 92 74 09 59) – inklusive Bärennummer (Route de Montmeyan, Juli bis Aug. tgl. 10–20, sonst tgl. außer Di 10–18, Juni, Sept. bis 19 Uhr, Mitte Dez.–Ende Jan. geschl., www.museeprehistoire.com).

Das zauberhafte **Bauduen** lag hoch genug, um bei der Flutung des Stausees 1972 nicht zu versinken. Von **Les Salles-de-Verdon** blieb außer dem vom Kirchturm abgebauten Wetterhahn und der Glocke nur der Name. Das alte Dorf verschluckte der See, das neue ist ein komplett Neugebautes mit Sandstrand. Geblieben ist der Zorn auf die staatlichen Elektrizitätswerke EDF, die die enteigneten Bauern bei der Entschädigung kräftig übers Ohr gehauen haben.

Parc Régional du Verdon: BP 14, Domaine de Valx, 04360 Moustiers-Ste-Marie, Tel. 04 92 74 68 00, Fax 04 92 74 68 01, www.parcduverdon.fr. Museumspass zu den 10 Museen im Naturpark!

... in Moustiers-Ste-Marie:
La Ferme Rose: Rte. de Ste-Croix-de-Verdon, Tel. 04 92 74 69 47, Fax 04 92 74 60 76, www.lafermerose.fr.fm, Nov.–20. Dez. und 5. Jan.–Mitte März geschl. Viel Grün rundherum und Blick auf Moustiers-Ste-Marie. Originell: die Bar samt Theke, Tischen und Bänken aus den 1930er Jahren, die Telefonzelle, die mit plüschigen Kinositzen und Scheinwerfern wie ein Filmstudio eingerichtet ist, die über das ganze Haus verteilten Trouvaillen des 20. Jh. DZ ab 63 €.

... in Les Salles-de-Verdon:
Auberge des Salles: Tel. 04 94 70 20 04, Fax 04 94 70 21 78, April–Sept. Nah am See gelegen! DZ 48–75 €.

... in Bauduen:
Auberge du Lac: Rue centrale, Tel. 04 94 70 08 04, Fax 04 94 50 40 90, Dez.–März geschl. Ein Dorfhotel mit Zimmern zum See, hübsch möbliert, dazu ein Restaurant mit ausgezeichneter Küche – was will man mehr? DZ ab 55 €.

... in Moustiers-Ste-Marie:
Les Santons: Pl. de l'Eglise, Tel. 04 92 74 66 48, Mo abends, Di geschl. (außer Juli/Aug.). Auf der berankten Terrasse hoch über dem Verdon-Zufluss Maire speist man regionale Spezialitäten mit einem Hauch von Nouvelle Cuisine. Menü 25–34 €.

La Treille Muscate: Pl. de l'Eglise, Tel. 04 92 74 64 31, Mitte Feb.–Mitte Nov., Mi geschl. (Do in der Nebensaison). Kleines Bistro mit von Weinlaub überrankter Terrasse. Spezialität: *confit* von der Kaninchenkeule. Menü ab 23 €.

... in Quinson:
Relais Notre-Dame: Rte. de Montmeyan, Tel. 04 92 74 40 01, Feb.–Mitte Dez., Mo abends und Di geschl. Rustikale Adresse – mit Trüffeln auf der Karte! Menü ab 16 € (mittags 14 €).

Bondil: Pl. de l'Eglise, Moustiers-Ste-Marie Tel. 04 92 74 67 02, 9.30–19 Uhr. Das Angebot von Bondil umfasst die gesamte Stilgeschichte der *faïence de Moustiers* (nicht *fayence,* darauf legt man hier Wert). So reicht das Repertoire des Familienbetriebs von barocken Grotesken und rokokoesken Galanterien über Chinoiserien bis zu exotischen Landschaften im legendären Bleu de Clérissy, einem Kobaltblau. Moustiers-Motive sind detailverliebt und filigran.

Sortie de la Diane: Moustiers-Ste-Marie, 31. Aug. Abendliche Prozession. In den folgenden 9 Tagen morgendliche Tambour- und Pfeifenweckmelodien. Am 8. Sept. (Mariä Geburt) um 5 Uhr Morgenmesse, anschließend gemeinsames Frühstück auf dem Dorfplatz.

Sprachkurse: Créalangues, Le Monastère de Ségriès, Moustiers-Ste-Marie, Tel. 04 92 77 74 58, www.crealangues.com. Sprachkurse in einem ehemaligen Kloster. Intensivkurs 2 Wochen ab 840 €, individuell zusammengestelltes Programm ab 873 €, Zusatzprogramme am Wochenende ›Provence plus‹ 85 € (Wandern) bis 185 € (Besuch des Festivals von Avignon). Übernachtung im DZ/HP 560 € für 2 Wochen.
Wandern: 41 Kurz- und Tageswanderungen sind durch den Parc Régional du Verdon (gelbe Markierung) im Faltblatt ›Sur les Chemins du Verdon‹ zusammengefasst.
Paragliding, Kanu, Klettern: Verdon Passion, Moustiers-Ste-Marie, Tel. 04 92 74 69 77, www.verdon-passion.com.
Baden: Strände am Lac de Ste-Croix in Bauduen und Ste-Croix-de-Verdon.

Cars Sumian: Busverbindungen von Marseille via Moustiers-Ste-Marie, La Palud-sur-Verdon, Rougon nach Castellane, Tel. 04 92 78 03 57. Juli–Mitte Sept. Mo, Mi, Sa, Nebensaison nur Sa.

Dramatische Lage: Moustiers-Ste-Marie gilt als eines der schönsten Dörfer Frankreichs

Schöner geht's nimmer: in der Calanque d'en Vau

Kapitel 7

Côte d’Azur

Auf einen Blick: Die Côte d'Azur

An der Küste der Provence

Zwischen der Hafenmetropole Marseille und Cannes, der Metropole des Luxus, bestimmen bewaldete Mittelgebirgsketten, versteckte Felsbuchten und überschaubare Hafenstädtchen die Côte d'Azur. Es geht spürbar unaufgeregter und familiärer als weiter östlich an der prestigeträchtigen Riviera zu. Aus dem Hinterland prägt die Provence mit Boulespiel, Siesta und Nachbarschaftsschwatz den Alltag. Selbst das großstädtische Marseille und die Flottenbasis Toulon sehen aus wie typisch provenzalische Städte, allerdings mit Zugang zu Strand und Kais.

In diesem Buch beschränkt sich die Côte d'Azur auf die Küste der Provence, der dieses Kapitel gewidmet ist. Kleine, familiäre Badeorte, manchmal nicht viel größer als die Hand voll Zwei- bis Drei-Sterne-Hotels nebst Restaurant am Strand, erweisen sich seit Jahrzehnten als halbwegs resistent gegen den weiter östlich an der Riviera grassierenden Snobismusvirus. Traditionelle Erwerbszweige wie Fischerei und Weinbau haben ihre Berechtigung im Alltag, wenn auch die Fischer seltener werden. Dafür erleben die Weine von Cassis, Bandol, den Coteaux varois einen enormen Qualitätsschub. Ganz ohne Jetset und Showbusiness geht's natürlich auch an der westlichen Côte d'Azur nicht. Stichwort St-Tropez: eigentlich nur ein Fischerdorf, aber eben eins, wo die Jachten so groß, die Partys so lang, die VIP-Listen so prominent sind wie sonst an kaum einem anderen Ort der Welt.

Wem der Trubel nicht liegt, steigt aufs Rad oder in die Wanderschuhe, um im Schatten dichter Wälder Mauren- und Estérel-Massiv zu erkunden. Auf den Boden bringt auch ein Besuch in Marseille zurück. Die Eigendynamik der Stadt hat nichts mit Highlife oder Folklore zu tun, sondern bezeugt ganz einfach das pulsierende Leben einer Metropole im Aufwind.

Highlights

11 **Marseille:** Ein gewaltiger Umbruch belebt die Hafenstadt nach langem Niedergang neu und lässt sie zu einer der attraktivsten Städte der Küste werden (s. S. 284ff.).

12 **Porquerolles:** Dank des rigorosen Naturschutzes verheißt die größte der Iles d'Hyères ein autofreies Inselglück (s. S. 325f.).

13 **St-Tropez:** türkis das Wasser, weißgold der Strand – südlich von St-Tropez lässt die Südsee am Plage Tahiti grüßen (s. S. 337ff.).

Die besten Routen

An der Côte Bleue: Die Küstenstraße N 568 klebt ab Marseille bis hinter L'Estaque an der Küste. Dann geht es weiter über die D 5 bis Carro und Martigues – wieder mit *vue sur mer.* Den Seeblick genießt man auch vom Zug ab Bahnhof Marseille-St-Charles (s. S. 296f.).

Durch die Calanques: Der gut 20 km lange Küstenwanderweg GR 98 b führt von Marseille nach Cassis. Autos haben in die meisten Felsbuchten längs des Wegs keine Zufahrt (s. S. 298f.).

Über die Route des Crêtes: Die vom Wind gepeitschte Küstenhöhenstraße (D 41) entführt in eine surreal anmutende Mondlandschaft (s. S. 303).

Ins Massif des Maures: Kastanienwälder beschatten die Straßen des Mauren-Massivs. Entlang dem Gebirgsbach Réal Collobrier (D 14) geht es durch dunklen Wald von Pierrefeu-du-Var nach Collobrières und über den menschenleeren Col des Fourches weiter nach La Garde-Freinet (D 75, D 558). Das waldreiche Mittelgebirge ist ideal für einen Wanderausflug (s. S. 330f.).

Über die Corniche des Maures: Die Panorama-Uferstraße von Le Lavandou nach Cavalaire-sur-Mer schlingert mal hoch über der Felsküste, mal durch eine tiefe Bucht (s. S. 333ff.).

Quer über die Halbinsel von St-Tropez: Im Zickzackkurs führt die D 93 von La Croix-Valmer nach Ramatuelle – traumhaft. Nach einer Stippvisite im Winzerdorf Gassin geht es über die D 61 auf die Uferstraße des Golfs von St-Tropez. Die Halbinsel lockt mit diskret im Grün versteckten Villen, zauberhaften Dörfern und dem türkisfarbenen Meer an den Stränden von Pampelonne (s. S. 335f.).

Längs der Corniche de l'Estérel (Corniche d'Or): Blutrote Felsen, tintenblaues Wasser, tiefgrüne Pinien sind die Farben der Estérel-Küste, in die die Küstenstraße von St-Raphaël nach La Napoule eintaucht (s. S. 346ff.).

Richtig Reisen-Tipps

Windjammer auf Abruf: ein Tagestörn unter historischen Segeln (s. S. 288).

Vive la République!: Die République Indépendante de Figuerolles hat ihre eigenen Regeln, wozu vor allem Gastfreundschaft zählt (s. S. 306).

Bouillabaisse nach Art des Chefs: ein Kochkurs mit Maître Cuisinier de France René Bérard (s. S. 310).

Wracktauchen: Vor St-Tropez schlummern über ein Dutzend Wracks im Wasser – Alex Vogel von der Tauchschule an der Plage de Pampelonne weiß, wo (s. S. 339).

Durch das Massif de l'Estérel: Die Nationale 7, Frankreichs legendäre Ferienroute in den Süden, durchquert die Wälder des Gebirgszugs. Im Spätwinter blühen Mimosen am Wegesrand (s. S. 350).

Reise- und Zeitplanung

Die schönsten Farben, die klarste Sicht hat man im Spätwinter und Frühling: Mandeln und Mimosen blühen, der Himmel ist so blau, wie die Côte d'Azur in ihrem Namen verspricht. Die Temperaturen sind mild (Wanderer und Biker profitieren davon), die Übernachtungspreise moderat. Ein weiterer Vorteil: Die Straßen sind frei.

Im Sommer, vor allen in den Monaten Juli und August, staut es sich auf den **Corniches** genannten Uferstraßen. Dafür bekommt man im Sommer Jubel, Trubel, Heiterkeit. Allein für **Marseille** sollte man mindestens zwei Tage kalkulieren. Inklusive eines Tageshüpfers auf die **Hyères-Inseln** ergibt eine Woche – besser zehn Tage – ein sinnvolles Pensum.

Marseille, Côte Bleue und die Calanques

Reiseatlas S. 11/12, 15/16

Der TGV zeichnet die Landkarte Frankreichs neu und rückt Marseille näher ans Zentrum. Drei Stunden dauert die Fahrt von Paris, nur eineinhalb Stunden die von Lyon in die zweitgrößte Stadt des Landes. Die umtriebige Hafenstadt lockt nicht nur mit urbaner Qualität. Mit den Calanques im Osten und der Côte Bleue im Westen liegen zwei der attraktivsten Abschnitte der Côte d'Azur im Stadtgebiet oder direkt daneben.

11 Marseille

Cityplan: S. 286/287

Nicht nur Freiberufler nutzen den Hochgeschwindigkeitszug, um den Schreibtisch am Mittelmeer aufzubauen, und bei Bedarf mal eben nach Paris hochzufahren, wo die Musik im Geschäfts- und Kulturleben des Landes spielt. Bis auf Weiteres. In den Wirtschaftsteilen aller großen Tageszeitungen überschlagen sich die Kommentare zum gewaltigen Umbruch, der Marseille nach langem Niedergang neu belebt. Prompt steigen in Marseille die Immobilienpreise. Der klassische Neubürger ist Freiberufler, Beamter oder mittlerer Angesteller, 35 Jahre alt, kommt in der Regel nicht aus Marseille und wäre noch vor wenigen Jahren nach Aix gezogen. *Fini.* Heute zieht man nach Marseille.

Marseilles städtebauliches Erwachen kommt nach jahrzehntelangem Niedergang umso gewaltiger. Der Niedergang begann 1938, als Paris die Eigenverwaltung der Stadt aussetzte und hohe Staatsbeamte als Stadtverwalter entsandte. Für das Eingreifen der Staatsmacht gab es gute Gründe. Zuvor war der jugoslawische König Alexander I. in aller Öffentlichkeit auf dem Prachtboulevard La Canebière ermordet worden. Dann zeigte sich die Stadtverwaltung unfähig, den katastrophalen Brand in einem Kaufhaus unter Kontrolle zu bringen: Zahlreiche Opfer zahlten die Anarchie am Unglücksort mit ihrem Leben. Nach dem Zweiten Weltkrieg herrschte in der Hafenstadt Wohnungsnot. Im Januar 1943 hatten die deutschen Besetzer die eng verschachtelten Altstadtviertel hinter dem Quai du Port sprengen lassen, um angeblich versteckter Juden und Résistants habhaft zu werden. An die 30 000 Bewohner waren über Nacht obdachlos. In den 1950er Jahren kamen nach der Unabhängigkeit Tunesiens die tunesischen Juden, ein Jahrzehnt später spülte eine Welle von 130 000 aus Nordafrika vertriebenen ›Rapatriès‹ in Frankreichs Tor zum Schwarzen Kontinent. Ihnen folgten weitere Zigtausende Araber aus den ehemaligen Kolonien, die ihr Glück mit den repatriierten Maghrebfranzosen auf der anderen Seite des Mittelmeers suchten.

Aus dem hässlichen Entlein wird ein stolzer Schwan

Marseilles Bevölkerung wuchs zwischen 1954 und 1964 um die Hälfte, mit ihr die trostlosen Vorstädte und die Probleme. Unregierbar schien die Stadt mit dem in Frankreich wahrscheinlich höchsten Anteil afrikanischer Bewohner auch Gaston Deferre. Von 1953 bis zu seinem Tod 1986 gewann Deferre jede Bürgermeisterwahl. »Vor mir gab es im Rathaus nur dreierlei Menschen: Zuhälter, Kriecher und Flics«, lautet eines seiner gefürchteten Bonmots. Nach ihm war Marseille freilich pleite. Die sinkende Bedeutung des Hafens wie auch der Rückzug der Industrie, die sich von den

Kommunalpolitikern verprellt fühlte, machten alle Millionenstadtambitionen zunichte. In den 1990er Jahren sank die Einwohnerzahl auf eine Dreiviertelmillion – um binnen weniger Jahre die 800 000-Marke wieder zu überspringen.

Seit 1998, dem Jahr, als der Immobilienboom begann, wird in den alten Docks mit Medien, Kommunikation und Hightech wieder viel Geld verdient. Und gleich nebenan ausgegeben. Beides bekommt der Altstadt bestens. ›Euroméditerrannée‹ lautet die Formel, die die Wiederbelebung Marseilles eingeleitet hat. Dahinter verbirgt sich ein pharaonenhaftes Unternehmen, in dessen Zug die Altstadt saniert, der alte Hafen in ein Dienstleistungs- und Hightech-Zentrum umgebaut wurde und der aus Marseille stammende Zidi Zidane Frankreich 1998 zum Weltmeistertitel kickte. Nicht nur in Paris hat sich rumgesprochen, dass am Vieux Port nicht mehr Taschendiebe das Sagen haben, sondern man in vergnügter Runde von einer Bar in die nächste ziehen kann. Marseille ist plötzlich hip ...

Mit dem Autor unterwegs

Essen mit Aussicht

Im Rücken das Palais du Pharo, vor der Nase der Vieux Port, zu Füßen ein Park und das Hafenbecken: Nett sitzt man auf den Gartenstühlen der **Buvette du Châlet** im Jardin du Pharo. Entweder mittags für einen Schwertfisch mit Safran oder bis zum frühen Abend für einen Café oder ein Glas Wein (s. S. 296).

Baden an der Côte Bleue

Die **Plage de Ste-Croix** (östl. von Carro) ist ein **unberührter Sandstrand** mit Pinien dahinter. Der Blick geht aufs nackte Cap Couronne, das Meer – und sonst gar nichts.

Quai des Belges

Am **Quai des Belges** **1** verkaufen die Fischfrauen wie eh und je Doraden, Rotbarben und Tintenfische. Unweit des Metroeingangs erinnert eine Bodenplakette an die Gründung der Stadt 600 v. Chr. durch Griechen aus Kleinasien. 125 v. Chr. riefen die von Barbarenstämmen bedrohten Griechen Rom zu Hilfe – die Römer nutzten prompt die Chance, sich das griechische Massilia einzuverleiben. Vom Quai des Belges legen die Fähren zum **Château d'If** auf einer der Frioul-Inselchen ab (7 Überfahrten pro Tag). Das im 16. Jh. errichtete Staatsgefängnis (tgl. 9–19 Uhr) wurde durch Alexandre Dumas' Roman ›Der Graf von Monte Christo‹ berühmt.

Marseille ist stolz auf seine große Geschichte, verfuhr mit ihren Relikten freilich immer pragmatisch. Die ehemalige Augustinerkirche **St-Ferréol** **2** an der stadteinwärts gewandten Seite des Quai des Belges wurde im Baufieber der Belle Epoque einfach um vier Querschiffe verkürzt. Es musste Platz geschaffen werden für den kolossalen Neobarockbau der **Börse.** Bei späteren Abbrucharbeiten stieß man an der Rue Barbusse auf Reste der griechischen Siedlung Massalia (Bollwerke, Stadttor) und des römischen Hafens, die nun in der Grünanlage des **Jardin des Vestiges** **3** zu besichtigen sind (Rue Barbusse, Mo–Sa 12–19 Uhr). Mit der Börse erhielt Marseille 1860 am oberen Ende der Canebière den ersten Bau im Second-Empire-Stil. Ungefähr auf Höhe der Börse fand 1934 der spektakuläre Doppelmord am jugoslawischen König Alexander I und dem französischen Außenminister Louis Barthou statt. In der pompösen Börsenhalle ist das **Musée de la Marine et de l'Economie** **4** zur Seehandelsgeschichte untergebracht (tgl. 10–18 Uhr).

La Canebière

Marseilles Renommiermeile **La Canebière** verlängert vom Quai des Belges aus die Achse des alten Hafens. Wuchtige Fassaden von Grand Hôtels, Kaufhäusern, Banken und Firmenverwaltungen bestimmen den im 17. Jh. begonnenen Boulevard, der in seiner heutigen Form jedoch erst 1928 vollendet war. Atlanten (Nr. 67, 102) und Karyatiden (Hôtel Louvre et Paix, Nr. 49–57, sowie Eckhaus Rue Vincent-Sotto) stützen die Prachtarchitektur des 18. und 19. Jh. Delphine schmücken die Straßenlaternen – die Canebière war als Visiten-

Marseille: Cityplan

Sehenswürdigkeiten
1 Quai des Belges
2 St-Ferréol
3 Jardin des Vestiges
4 Musée de la Marine et de l'Economie
5 Espace Mode
6 Préfecture
7 Musée Cantini
8 Cours Julien
9 Marché des Capucins
10 Galérie des Transports
11 St-Vincent-de-Paul
12 Palais de Longchamp
13 Porte d'Aix
14 Quartier Belsunce
15 Quai du Port
16 Place de Lenche
17 Hôtel de Ville
18 Musée des Docks romains
19 Musée du Vieux-Marseille
20 Vieille Charité
21 Nouvelle-Major
22 Docks de la Joliette
23 Fort St-Jean
24 Carré Thiars
25 St-Victor
26 Château du Pharo

Übernachten
1 St-Ferréol
2 Schaufelberger
3 Corbusier
4 Maison du Petit Canard
5 Le Béarn
6 Auberge de Jeunesse de Bois-Luzy

Essen und Trinken
7 Petit Nice-Passédat
8 Péron
9 Une Table au Sud
10 Zé
11 Le Mas de Lulli
12 L'Art et les Thés
13 La Buvette du Chalet
14 La Part des Anges

karte der Stadt gedacht – und ist es heute wieder.

Espace Mode 5 heißt in Nr. 11 das Aushängeschild der ›neuen‹ Canebière. Mit dem Modemuseum in einem von Stararchitekt Jean-Michel Wilmotte umgebauten Belle-

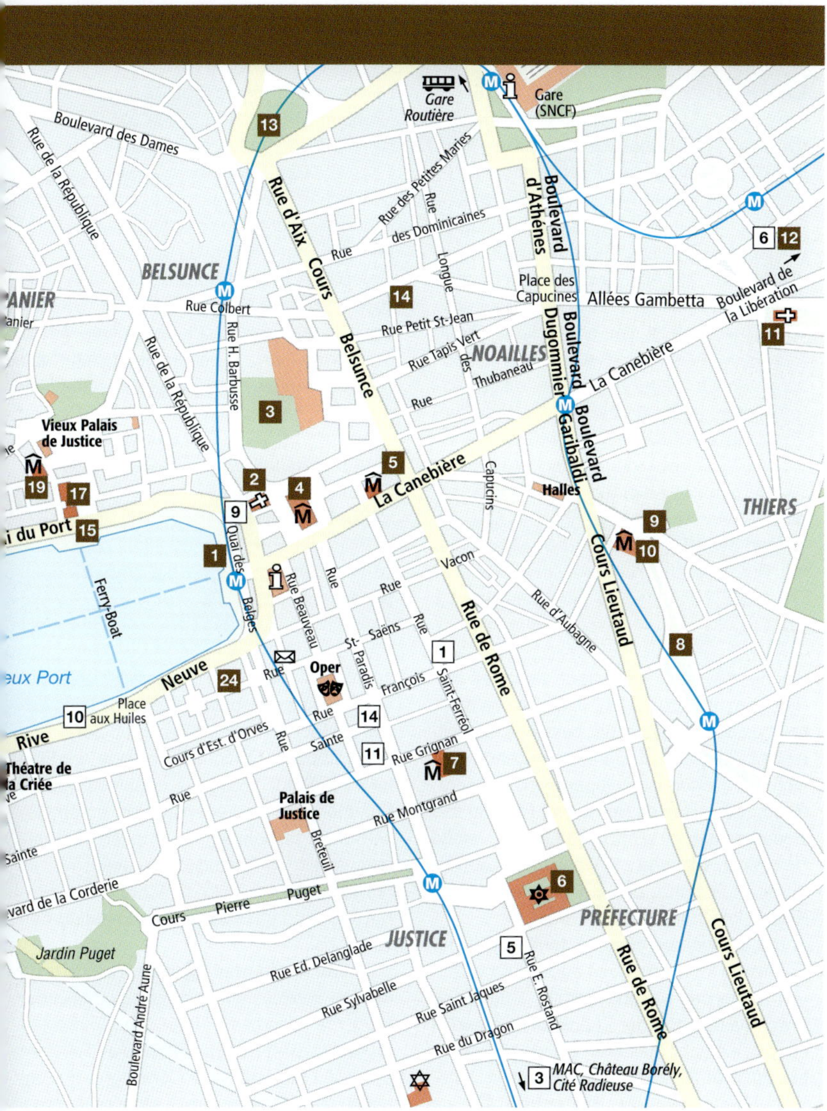

Epoque-Bau stellt sich Marseille als junge Fashion-Meile vor (Juni–Sept. Di–So 11–18, sonst 10–17 Uhr). Das zugehörige **Café de la Mode** ist ein angesagter Treffpunkt. Zu den Stammgästen zählen – wie nicht anders zu erwarten – die jungen Designer der Stadt.

In den Vierteln südlich der Canebière

Im Schachbrettmuster des Viertels südlich der Canebière bleibt der Blick an zahlreichen Hôtels particuliers hängen. Die nach außen schlichten Stadtpalais belegen eine Kauf-

Richtig Reisen-Tipp: Windjammer auf Abruf

Ein schmucker Segler, 32 m lang und 6,5 m breit, liegt in Marseille vor dem Hôtel de Ville vor Anker – vorausgesetzt, die ›Don du Vent‹ segelt nicht gerade bei der Nioulargue in St-Tropez, der Régate Royale in Cannes ... Kann auch sein, dass gerade eine Filmproduktion den Zweimaster für einen Dreh gechartert hat oder eine Gruppe mit der gut 60 Jahre alten Ketsch zum Delphine beobachten ausgelaufen ist. Wer wie Philippe Derain Reeder, Kapitän und Retter eines historischen Schiffs zugleich ist, muss einiges unternehmen, um sich über Wasser zu halten. Vom Stapel lief das Schiff 1943 in Kiel als **Küstenwachboot** der deutschen Marine. Wie der Sportsegler später nach Korsika und auf die Balearen gelangte, ist unbekannt. Bis Anfang der 1970er Jahre jedenfalls segelte die ›Don du Vent‹ unter dem Namen ›Fatima‹. Die letzte Fahrt endete im Hafen von La Seyne, wo die abgetakelte Schönheit vor sich hin dümpelte. 1979 kam, sah und kaufte der damals 25-jährige Philippe Derain das Wrack. Der ehemalige Techniker von France Télécom brauchte ein gutes Jahrzehnt, um den Windjammer wieder flott zu machen. Seit September 1990 liegt die ›Don du Vent‹ im Hafen von Marseille. Auf der Teakholzbrücke warten Philippe und Margo Derain auf Kunden. Sei's für einen **Tagestörn,** sei's für eine private **Mittelmeerkreuzfahrt.** In den komfortablen Kabinen kommen bis zu 16 Passagiere unter. Wer Angst hat, seekrank zu werden: Die ›Don du Vent‹ steht im Vieux Port von Marseille auch für **Abendgesellschaften** mit bis zu 80 Personen zur Verfügung.

Kontakt: Philippe Derain, 38, Rue du Petit Puits, Tel./Fax 04 91 90 85 67 oder 06 09 98 52 67 (Handy), http://big-boy.waw.com/donduvent, März–Nov.

mannsmentalität, die darauf gerichtet war, Reichtum nicht zu zeigen. »On n'affiche pas«, heißt es noch heute in der besseren Marseiller Gesellschaft – dick auftragen gehört sich nicht. Zwischen den eleganten Canebière-Querstraßen Rue de Rome und Rue Paradis siedelten sich im glanzvollen 19. Jh. reiche Händler an. Manche von ihnen trugen den Titel eines Pascha, der auf abenteuerlichen Pfaden im Orient erworben war.

Die scheinbare Bescheidenheit privater Bauherren kontrastiert mit dem demonstrativen Pomp des Second Empire. Öffentliche Prachtbauten aus der Zeit von Napoléon III überziehen ganz Marseille. Sie sind heute die eigentlichen Wahrzeichen der Stadt. In Canebière-Reichweite: die **Préfecture** 6 am Ende der Fußgängern vorbehaltenen noblen Rue Ferréol und das **Palais de Justice** an der Rue Breteuil. Marseille arbeitete sich mit der Öffnung des Suezkanals zum größten Hafen der Mittelmeerküste empor. Hier könne ein junger Mann mit etwas Verstand und Geschick als Warenmakler oder Versicherungsagent 5000 bis 6000 Francs Jahressalär herausschlagen, verblüffte Stendhal seine Leser. Hinter den Fassaden gedieh der Prunk umso üppiger. Erfolgreich forderte der Präfekt der Stadt aus Paris alljährlich höhere Summen, um am Lebensstil der guten Gesellschaft teilnehmen zu können. Er vermochte ein schlagendes Argument für die Forderungen ins Feld zu führen: Der Pro-Kopf-Champagnerverbrauch überstieg den von Paris.

Im **Musée Cantini** 7 in der Rue Grignan werden Surrealisten, Kubisten und Maler der Moderne ausgestellt (Juni–Sept. Di–So 11–18, sonst 10–17 Uhr). Den noblen Rahmen dafür gibt das Palais der Compagnie du Cap Nègre von 1694 ab. Am Justizpalast vorbei liegt in der Rue Breteuil die zweitgrößte **Synagoge** Frankreichs: In Marseille leben 80 000 vornehmlich sephardische Juden.

La Plaine

Als quirliges Ausgehviertel hat sich La Plaine und hier vor allem der **Cours Julien** 8 etabliert. Marseille ist die Hauptstadt des französischen Rap. Hier, am Cours Julien, haben Kultbands wie ›Massalia Sound Systeme‹ oder ›45 Niggaz‹ ihre Wiege. Gassen und Stiegen verbinden das Viertel mit der begrünten Anlage des Cours Julien, um den sich Cafés, Szenebars und flippige Läden reihen.

Etwas oberhalb des trendigen Viertels entführt der **Marché des Capucins** 9 in eine exotisch fremde Welt von ›Alles zu 1-Euro‹-Läden und Epicerien, in denen Bohnen aus dem Jutesack verkauft werden. Afrika und die Provence treffen sich an den Marktständen, über denen ein Duftschwall aus frischer Minze, eingelegten Oliven und fangfrischem Fisch hängt. Im nahen ehemaligen Ostbahnhof (Gare de Noailles) lässt die **Galérie des Transports** 10 die Geschichte von Marseilles öffentlichem Nahverkehr Revue passieren (Juni–Sept. Di–So 11–18, sonst 10–17 Uhr).

Vom Boulevard de la Libération ins Belsunce-Viertel

Den Übergang der Canebière nach gut einem Kilometer zum Boulevard de la Libération markiert die neogotische Kirche **St-Vincent-de-Paul** 11. Ein paar hundert Meter weiter stadtauswärts stößt man auf das mit Kolonnaden und Wasserspeiern aufgedonnerte **Palais de Longchamp** 12. Im linken Flügel befindet sich das **Musée des Beaux-Arts** (ital., fläm., frz. Malerei sowie eine Puget-Sammlung, zzt. bis auf Weiteres wg. Umbau geschl.), im rechten das **Musée d'Histoire naturelle** (zoolog. und paläontolog. Sammlungen, Juni–Sept. Di–So 11–18, sonst 10–17 Uhr).

Über die Allées Gambetta und den Boulevard d'Athénes gelangt man zur Gare St-Charles. Der Boulevard Charles Nédélec führt von Marseilles Hauptbahnhof zur **Porte d'Aix** 13, ein Stadttor, das 1833 in Form eines Triumphbogens gebaut wurde.

Nächstes Ziel ist das **Belsunce-Viertel** 14 um den gleichnamigen Boulevard. Noch vor wenigen Jahren war der Flic vor dem Polizeirevier der einzige Mann weit und breit, der keine Dschellaba trug. In vielen Cafés kreist die Wasserpfeife noch immer. Zum quietschsüßen Pfefferminztee wird ebenso süßes Gebäck gereicht. Doch das Belsunce-Viertel, genannt ›Marseille-la-casbah‹, verändert sich. Die berühmte Music Hall Alcazar am Cours Belsunce, wo bis 1964 alle französischen Showgrößen von Charles Aznavour bis Johnny Hallyday auftraten, wurde bis auf die Fassade abgerissen und als ultramoderne Bibliothek wiedererrichtet. Verschleierte Nordafrikanerinnen sieht man in der Rue du Tapis vert noch immer. Prüfend werden Brokatstoffe befingert. In Grossistenläden feilscht man wie im Souk. Die Stofffülle grellbunter Boubous raschelt über das Trottoir, stolz getragen von den dunklen Schönheiten Zentralafrikas. Aber die Straße und die benachbarten Gassen sind nicht mehr die bedeutendste Stoffmeile des gesamten Midi, sondern Sanierungsgebiet und damit im Blickfeld neuer, auf eine ganz andere Art betuchter Mieter.

Nordseite des Vieux Port

Wo sich heute die Wiederaufbaublöcke am **Quai du Port** 15 reihen, wanden sich bis zu ihrer Sprengung 1943 die Gassen des mittelalterlichen Marseille. Als Wohnlage sind die nüchternen Häuserzeilen nicht nur wegen des Hafenblicks begehrt. Großzügige Wohnungen, in denen es an luxuriöser Ausstattung wie Parkett und bodentiefer Fensterfront nicht fehlt, zeichnen die in den 1950er Jahren erbauten Straßenzüge jenseits des Quai du Port aus. Um die **Place de Lenche** 16 lag die griechische Agora mitsamt Theater (Ruinen). Im Ancien Régime siedelte hier der Adel.

Geblieben ist von diesem Quartier die Kirche **St-Laurent** im provenzalisch-romanischen Stil. Die Rue Caisserie trennt die Reste der erhaltenen Altstadt wie ein radikaler

City Pass
Der City Pass, erhältlich beim Office de Tourisme, beinhaltet freien Eintritt in allen Museen, Benutzung aller öffentlichen Verkehrsmittel, diverse Stadtführungen und zahlreiche weitere Ermäßigungen. 18 € bzw. 25 € für ein bzw. zwei Tage.

10€

Schnitt von den Nachkriegsbauten am Hafen. Das im Genueser Barock erbaute **Hôtel de Ville** **17** geht in seinen Proportionen zwischen den modernen Blöcken am Hafenkai etwas unter. Ausgrabungen förderten 1947 antike Docks zutage, die ›in situ‹ im darüber errichteten **Musée des Docks romains** **18** (Juni–Sept. Di–So 11–18, sonst 10–17 Uhr) erhalten sind. Den auffälligen, in Form von geschliffenen Diamanten vorragenden Fassadensteinen verdankt die 1570 erbaute **Maison Diamantée** ihren Namen. Sie blieb als eines der raren Reederpalais erhalten und beherbergt heute die exquisite Mobiliar- und Kostümsammlung des **Musée du Vieux-Marseille** **19** (Juni–Sept. Di–So 11–18, sonst 10–17 Uhr). Erhalten blieben auch das gotische Hôtel de Cabre und das barocke alte Justizpalais mit den für Marseille typischen schmiedeeisernen Balkonstützen.

Le Panier

Treppen und Passagen leiten zum **Panier-Hügel** weiter. Schwer vorstellbar, dass es dem Besucher in dieser »uferlosen Anhäufung von Stufen, Bogen, Türmchen und Kellern« so ergehen könnte wie von Walter Benjamin überliefert: Ein neugieriger Gaffer wurde von den Damen des Rotlichtbezirks kurzerhand so lange drangsaliert, bis sein Hut als Trophäe in ihren Händen landete. In denselben Gassen siedeln sich heute die jungen Erfolgreichen an. Der Panier ist ihr liebstes Viertel, beschrieben von Jean-Claude Izzo in den Krimis der ›Marseille-Trilogie‹. Die Romane hat *tout Paris* gelesen und schaut sich in den orientalisch bis neapolitanisch anmutenden Gassen nach Wohnungen um. Marode Häuserzeilen mussten weichen, um wie an der Place des Pistoles Platz und Licht zu schaffen.

Eines der erfolgreich wieder belebten Schmuckstücke von Marseille krönt den Panier – die **Vieille Charité** **20**, das einstige Armenhospiz. Pierre Puget, als Sohn eines Maurers geboren und einer der großen Bildhauer des 17. Jh., begann 1671 mit der Errichtung einer Kapellenrotunde, die von arkadengesäumten dreigeschossigen Flügelbauten flankiert wird. In der Vieille Charité kamen nach der Auflösung des Armenhospizes und zwischenzeitlicher Nutzung als Kaserne ein Teil der durch die Sprengungen am Hafen evakuierten Bewohner unter. Heute beherbergt die vorbildlich sanierte Anlage ein **Museum für mediterrane Archäologie** sowie ein weiteres für **überseeische Kunst aus Afrika, Ozeanien und Amerika** (beide Museen Juni–Sept. Di–So 11–18, sonst 10–17 Uhr). Der elegante Innenhof ist zudem ein nettes Plätzchen zum Ausruhen, zumal es einen Salon de thé gibt.

Le Panier – der jungen Erfolgreichen liebstes Viertel

Unterhalb des Panier-Hügels rauscht der Verkehr am neobyzantinischen Kuppelgebirge der Kathedrale **Nouvelle-Major** **21** vorbei (Mitte Juni–Mitte Sept. Di–So 8.30–18, sonst 9–12, 14–17 Uhr). Die opulenten Mosaike und das aufwendig im Wechsel von grünem und weißem Stein gestaltete Äußere verblasst vor dem für die neue Kathedrale 1852 teilweise abgerissenen Vorgängerbau **Vieille-Major.** Das Baptisterium stammt aus frühchristlicher Zeit, Chor und Joch sind romanisch.

Die Docks

Immer an der Gare Maritime längs, stößt man auf die **Docks de la Joliette** **22** an der gleichnamigen Place, wo die ehemalige Speicherstadt Compagnie des Docks et Entreprises de Marseille zu einem Dienstleistungszentrum umgerüstet wurde. Es ist *dernier chic,* im 1861 errichteten Komplex an den Computer oder Restauranttisch zu eilen. Bis 2010 entsteht zwischen der Place de La Joliette und der auf Stelzen am Hafen vorbeiführenden A 55 das Euroméditerranée-Viertel: Die Autobahn soll in einen Tunnel gelegt werden und ein Park um das Fort St-Jean entstehen. Das **Fort St-Jean** **23** überwacht von einem Felsvorsprung die Einfahrt zum alten Hafen. Schon heute umrundet die Promenade Louis-Brauqier die Bastion und führt in Richtung Hafen zur 1716 als Quarantäne- und Gesundheitsamt errichteten **Consigne Sanitaire**.

Auf dem höchsten Punkt der Stadt wacht Notre-Dame-de-la-Garde über die ihr zu Füßen liegende Hafenmetropole

Südseite des Vieux Port

Vorm Hôtel de Ville legt das ›Ferry-Boat‹, die Pendelfähre vom Quai du Port zum Quai de Rive Neuve auf der Südseite des Vieux Port, ab. Beim Anlegen auf Höhe der Place aux Huiles lassen die vielen Flaneure keinen Zweifel daran, dass hier Marseilles beliebtestes Ausgehviertel beginnt. Im vor knapp 300 Jahren im Schachbrettmuster angelegten **Carré Thiars** 24 ist die Dichte an Caféterrassen enorm. Die in den 1920er Jahren in purstem Art déco unter Miteinbeziehung der dorischen Säulen ihres Vorgängerbaus von 1787 gebaute **Oper** erreicht man vom autofreien Carré Thiars über die Rue Estienne d'Orves.

Zurück zum Vieux Port: In der Halle des ehemaligen Fischmarkts am Quai de Rive-Neuve, heute **Théâtre de la Criée,** spielt seit 1981 das Théâtre National de Marseille. Auf der Rückseite des Theaters führt die Rue Neuve zur **Basilika St-Victor** 25 aus dem 13. und 14. Jh. Die trutzige Gottesburg mit ihren über 3 m dicken Chorwänden blieb als Rest der während der Revolution zerstörten Abtei St-Victor erhalten. Tief in der Erde verschachteln sich Krypten, die bis auf das 5. Jh. zurückgehen. Frühchristliche, in die Mauern miteinbezogene Sarkophage sind nochmals 200 Jahre älter. St-Victor enthüllt mit jeder Stufe tiefer in den Fels das Alter der Stadt. Über allem schwebt der Hauch der Antike.

Zurück zu irdischen Vergnügen bringt ein Besuch im **Four des Navettes** an der Ecke Rue Sainte/Place St-Victor: Seit 1781 dampft

Marseilles köstliches Anisgebäck in Form kleiner Schiffchen ofenwarm vom Blech. Die Rue Sainte stößt in Richtung Küste auf die Bollwerke des Fort d'Entrecasteaux, das seit 1660 den südlichen Hafeneingang schützt. Prägender für die Südseite des Vieux Port aber ist das **Château du Pharo** 26 inmitten des gleichnamigen Parks. Der Second-Empire-Protzbau wurde für Kaiserin Eugénie begonnen, war jedoch beim Fall des Zweiten Kaiserreichs 1871 nicht fertiggestellt. Bliebe ein letztes Monument im Augenwischerpomp des Second Empire: **Notre-Dame-de-la-Garde,** die mitsamt Campanile und goldener Muttergottes auf dem Turm aus 162 m Felshöhe (Bus 60 ab Vieux Port) als ›bonne mère‹ der Marseiller ihre neobyzantinischen Fittiche über die Stadt ausbreitet. Vom Aussichtspunkt an Notre-Dame-de-la-Garde scheint der Vieux Port beschaulich klein, das Häusermeer ringsherum endlos.

Im Süden der Stadt

Folgt man der Uferstraße Corniche Président Kennedy in Richtung Süden, stößt man kurz hinter dem Denkmal für die Gefallenen der Orientarmee auf das **Vallon des Auffes:** Der Dorfhafen mitten in der Großstadt ist die erste von etlichen weiteren Calanques (s. S. 298ff.). Seit Marseille auf Modernisierungskurs gegangen ist, machen modernste Kläranlagen das Baden selbst in Innenstadtnähe unbedenklich. Die Freizeitwelt der **Plage du Prado** an der südöstlichen Corniche (nebenbei: hier verläuft Marseilles beliebteste Joggingstrecke) wurde mit den beim Bau der Metro angefallenen Erdmassen aufgeschüttet. Es entstand ein Aqualand mit echtem Meerwasser und blauem Fähnchen für saubere Strände.

In Fußnähe zum Strand liegt das **MAC,** Marseilles Museum für zeitgenössische Kunst, mit Skulpturen von César und Buren (69, Av. de Haïfa, Juni–Sept. Di–So 11–18, sonst 10–17 Uhr). Direkt über dem Uferboulevard erhebt sich das **Musée Château Borély** aus dem 17. Jh. (143, Av. Clot-Bey, zzt. wg. Umbau geschl., Wiedereröffnung als Museum für angewandte Kunst geplant). Zauberhaft ist der dazugehörige **Botanische Garten.** Weit hinter den Stränden erhebt sich die **Cité radieuse** von Le Corbusier, ein für den Avantgarde-Architekten des 20. Jh. typisches Wohnhochhaus inklusive Hotel, Schule und Open-air-Theater.

i **Office de Tourisme:** 4, La Canebière, Tel. 04 91 13 89 00, Fax 04 91 13 89 20, www.marseille-tourisme.com.

Hôtel St-Ferréol 1: 19, Rue Pisançon, Tel. 04 91 33 12 21, Fax 04 91 54 29 97, www.hotel-stferreol.com. Charmantes Hotel in der Fußgängerzone mit viel Luxus fürs Geld. DZ ab 79 €.

Chambre d'hôtes Gilles et Pia Schaufelberger 2: 2, Rue St-Laurent, Tel. 04 91 90 29 02, schaufel@wanadoo.fr. Zum Frühstück schwirrt Möwe Charlotte um den Balkon in der 14. Etage: Zwei schöne Zimmer mit Panoramablick in einem 1950er-Jahre-Hochhaus am Fuße des Panier-Viertels. Nette Gastgeber. DZ 54 €.

Hôtel Corbusier 3: La Cité radieuse, 280, Bd. Michelet, Tel. 04 91 16 78 00, www.hotellecorbusier.com. Wohnen als Designerlebnis, im 3. Stock eines Avantgardebaus. Kleine Zimmer, Studios mit Seeblick. DZ ab 50 €, Studio 90 €.

Maison du Petit Canard 4: 2, Impasse Ste-Françoise, Tel. 04 91 91 40 31, www.maison.petit.canard.free.fr. 2 charmant-bohémienhafte Chambres d'hôtes im Panier-Viertel, geführt von einer Berlinerin. DZ/F ab 48 €.

Le Béarn 5: 63, Rue Sylvabelle, Tel. 04 91 37 75 83, Fax 04 91 81 54 98, www.hotel-bearn.com. Stolzes Bürgerhaus hinter der Präfektur. Einfach, ruhig, nah am Zentrum. DZ ab 45 €.

Auberge de Jeunesse de Bois-Luzy 6: Château de Bois-Luzy, Allée des Primevères, Tel./Fax 04 91 49 06 18. Jugendherberge in Schloss von 1850 im Stadtteil Montolivet. Bus- und Metroanschluss (ab Bhf. Metrolinie 1 bis Réformes-Canebière, weiter mit Buslinie 6 bis Marius-Richard). 13 €/Pers. im DZ.

Petit Nice-Passédat 7: Anse de Maldormé, Corniche Kennedy, Tel. 04 91 59 25 92, www.passedatpetitnice.com. Zwei Michelin-Sterne. Familie Passédat kocht in dritter Generation: *gâteau de cuisses de grenouille et pieds de porc* (Froschschenkel und Schweinsfüße im Teigmantel), *tronçon de loup ›Lucie Passédat‹* (Filet vom Barsch). Menü ab 59 €.

Péron 8: 56, Corniche Kennedy, Tel. 04 91 52 15 22, Service bis 22.30 Uhr. Eine der schönsten Aussichten Marseilles, man schaut von der Reling der Terrasse auf die Frioul-Inseln und Château d'If. Stahl und Holz bestimmen das moderne Design. Die Karte ändert sich alle 6 Wochen, bleibt der Provence treu – doch scheint selbst bei der Bouillabaisse eine Diätassistentin mitzureden. Menü ab 49 €.

Une Table au Sud 9: 2, Quai du Port, Tel. 04 91 90 63 53, So, Mo geschl. Ducasse-Schüler Lionel Levy zaubert ein Möhrencassoulet in Safransauce. Menü 30–50 €.

Zé 10: 19, Quai de Rive Neuve, Tel. 04 91 55 08 15, So Brunch. Hipper geht's nimmer. Das von José Morales und Stéphane Grunensen designte Restaurant avancierte schlagartig zu Marseilles trendigstem Tisch. Die Küche huldigt der *cuisine fusion.* Gut: Kabeljau in Mozzarella-Pistou-Kruste mit in Olivenöl angeschmorten Zucchinis. Menü ab 29 €.

Le Mas de Lulli 11: 4, Rue Lulli, Tel. 04 91 33 35 90, bis 4 Uhr. Bei Tisch: Szene, Opernensemble und Rotlichtmilieu. Scholle, Lasagne mit Meeresfrüchten. Menü 20 €.

Hier gibt es alles für eine gute Bouillabaisse

ORANGINA
Merlan 10
Maquereaux 3
Beaux Yeux 10
Pageot 12
LIMANDE 10
PRIX au Kilo
Merlan
10€
Kilo

L'Art et les Thés [12]: 2, Rue de la Vieille Charité, Tel. 04 91 56 01 39, Mo abend geschl., 12–19 Uhr. Terrasse und Saal unter den Arkaden des Armenhauses. Salate und günstige Menüs (um 15 €).
La Buvette du Chalet [13]: Jardin du Pharo (s. S. 285), Tel. 04 91 52 80 11, nur Mittagstisch, Getränke bis 20 Uhr. Man sitzt unter Bäumen am Wasser, isst Salat oder Steak. Um 12 €.
La Part des Anges [14]: 33, Rue Sainte, Tel. 04 91 33 55 70. Bistrot mit enormer Auswahl an Rot- und Weißweinen – und das auch glasweise. Tellergerichte 9–14 €.

Fischmarkt: Quai des Belges, tgl.
Viktualienmarkt: Cours Julien, 8–13 Uhr, mit **Biomarkt** Mi, **Blumen** Sa, Mi.
Trödelmarkt: Av. Cap-Pinède, So 5–15 Uhr (Bus 35 ab Zentrum).
Foire aux Santons: *santon*markt auf der Canebière, Ende Nov.–6. Jan.
Faïences Figuères: 10–12, Rue Lauzier. Obst und Gemüse, täuschend echt aus zerbrechlicher Fayence gefertigt. Papa Cour entwirft, die Söhne setzen's um.
Le Four des Navettes: 136, Rue Sainte, 7–19 Uhr. Die Form der mit Orangenblüten verfeinerten Gewürzkuchen erinnert an das Schiffchen, mit dem die hl. Maria Magdalena einst in Marseille gestrandet sein soll.
Virgin Mégastore: 75, Rue St-Ferréol. Musikladen mit eigener Abteilung für *rap français*. Alle CDs der lokalen Rapper ›Massalia Sound Systeme‹ oder ›45 Niggaz‹.
Madame Zaza: 73, Cours Julien, Tel. 04 91 48 05 57. Designlabel, das für den modischen Aufbruch der Stadt in flirrenden Farben und glänzendem Satin steht.
Make Concept Store: 67, Rue François-Davso, Tel. 04 91 33 12 13. Trendy, witzig, großstädtisch-schick: Dominique Durons Mode macht Furore.

Die meisten **Kneipen & Bars** findet man am Cours Julien und im Ilot Thiars.
Bar de la Marine: 15, Quai de Rive Neuve. Zum Aperitif Tapas und Blick auf den Hafen.
La Pelle Mèle: Pl. aux Huiles. Jazzkneipe, Mi, Do, Fr Konzerte.
Le Café de la Plage: Escale Borély. Cocktails für die Surfer vom nahen Strand.

Fête de la Chandeleur: 2. Feb., Fischerprozession im Viertel um St-Victor.
Internat. Folklorefestival: Anfang Juli, Château-Gombert.

Modernste Kläranlagen machen das Baden unbedenklich. Beach-Volley-Fels an der **Plage des Catalans,** viel Sand an den **Plages du Prado** an der südöstlichen Corniche, Surfer am **Epluchures Beach** weiter südl. Bus 83 ab Vieux Port.
Tauchen: Marseille ist eine Taucherhochburg!
Les Plaisirs de la Mer: 1, Quai Marcel-Pagnol (beim Fort St-Nicolas an der Einfahrt zum Vieux Port), Tel. 04 91 33 03 29. Ganzjährig, Kurse für alle Niveaus, Wracktauchen.
Atoll Club: 31, Traverse Prat, Tel. 04 91 72 18 14, www.atollplongee.com. Mitte März–Mitte Nov., Einzel- oder Gruppenexkursionen, Kinder ab 8 Jahren.
No Limit Plongée: 109, Av. Madrague-Monredon, Tel. 04 91 25 32 77. Ganzjährig, Kurse mit Hotelpackage möglich.

Flugzeug: Aéroport Marseille-Marignane. Tgl. bis zu zwei Dutzend Flüge nach Paris mit Air France, Tel. 0 820 820 820. Flugverbindungen nach Deutschland auch mit Hapag-Lloyd Express (www.hlx.com).
Zug: Gare St-Charles, Bd. Voltaire, Tel. 08 36 35 35 35. TGV nach Paris 3 Std.
Bus: Gare routière, Pl. Victor-Hugo, Flughafentransfer ab Gare St-Charles, 6.10–21.50 Uhr, alle 20 Min.
U-Bahn: bislang zwei Linien, 5–21 Uhr.

Côte Bleue

Reiseatlas: S. 11/12, C/D 4
L'Estaque, nördlichster Ausläufer und 16. Arrondissement von Marseille, war einmal der Wohnort für eine ganze Malerkolonie von Braque über Cézanne und Dufy zu Renoir. Auch August Macke fand im April 1914 in den kleinen Hafen, der damals den ersten Indus-

trialisierungsschub erlebte. Dorfgassen und verfallene Industriebauten entpuppen sich 100 Jahre später als Schauplätze der Kunstgeschichte. Hier ein Viadukt von Braque, dort die Ziegelfabrik St-Henri von Dufy. In der Luft schwebt der würzige Geruch von Anis. Sicher, Cézannes' unverbaute ›Vue du golfe du Marseille‹ existiert nicht mehr. Doch die Berge sind noch so schiefergrau, das Meer noch so tintenblau wie von Cézanne 1878 gemalt. Filmregisseur Robert Guédiguain hat der Kleine-Leute-Idylle von L'Estaque eine Reihe authentischer Filme gewidmet, allen voran ›Marius und Jeanette‹ (1997).

Die Côte Bleue am Fuß der Hügelkette der Chaine de L'Estaque war einmal die Côte d'Azur der armen Leute. Mit der Bahn ging es aus den Altstadtvierteln von Marseille den Küstenabschnitt westlich der Stadt runter bis zur Endstation im winzigen Fischerhafen Carro. Die Bahn fährt noch immer. Jüngst hat die SNCF die Strecke saniert. Auf der knapp 20 km langen Fahrt schaut man vom einen Abteilfenster auf die **Châine de l'Estaque** und vom anderen auf die Häfen **Carry-le-Rouet** und **Sausset-les-Pins** mit dem *grand bleu* des Mittelmeers dahinter. Die gelbrosaockerfarbenen Häuschen am Wasser kosten heute ein Vermögen. Geblieben sind die kargen Strände, die kantigen Felsbuchten. Am ehesten erinnert noch **Carro** an alte Zeiten. Eine Stichstraße führt bis an den Fischerhafen, dessen Felsen in der Sonne gleißen. Surfer schätzen zudem den Wellengang um Carro, dessen glasklare Gewässer wie die gesamte Côte Bleue zum ersten französischen Seeschutzpark zählen.

Maison du Tourisme: Av. Aristide Briand, Espace Fernandel, 13620 Carry-le-Rouet, Tel. 04 42 13 20.36, Fax 04 42 44 52 03, www.carry-lerouet.com.
Bureau Municipal de Tourisme: 16, Av du Port, 13960 Sausset-les-Pins, Tel. 04 42 45 60 65, Fax 04 42 45 60 68.

... in Carry-le-Rouet:
Villa Le Bosquet: 7, Av. Pastissière, Tel. 04 42 45 25 60, 06 61 26 30 42 (Handy). Chambre d'hôtes 500 m vom Strand. Das Frühstück nimmt man im wohltuend ruhigheimeligen Garten ein. DZ 60–70 €.
... in Sausset-les-Pins:
Hôtel Paradou-Méditerranée: Le Port (am Hafen), Tel. 04 42 44 76 76, Fax 04 42 44 78 48. Am Hafen, vom Meer nur durch die Uferstraße getrennt, unverstellbarer Blick ins Tiefblaue (Zimmer nicht designpreisverdächtig, dafür alle mit Klimaanlage und 2 mit rollstuhlgerechter Ausstattung). DZ ab 93 €.

... in Carry-le-Rouet:
Le Madrigal: 4, Av. du Docteur-Montus, Tel. 04 42 44 58 63, So abend, Mo sowie Mitte Nov.–Mitte Jan. geschl. Fisch aus dem Holzofen. Menü ab 30 €.
... in Sausset-les-Pins:
Les Girelles: 15, Rue Fréderic-Mistral. Tel. 04 42 45 26 16, So abend, Mo sowie Anfang Sept. und 3 Wochen im Jan. geschl. In Strandnähe, alles aus dem Meer in gediegenprovenzalischem Ambiente. Menü 28–45 €.

... in Carro:
Marché aux Poissons: tgl. 8.30–12 Uhr, tgl. (außer bei Mistral) am Hafen.

Les Oursinades: Zu Beginn des neuen Jahres feiern die Fischerorte der Côte Bleue die Seeigelsaison. Verköstigung an langen Tischen am Hafen, dazu ein Glas kühlen Weißweins. Bodenständig und ohne Nepp. An den drei letzten Sonntagen im Jan. in Sausset-les-Pins, an den drei ersten im Feb. in Carry-le-Rouet.

Martigues

Reiseatlas: S. 11, C 4
Von Carro erreicht man über das Dorf La Couronne, über dem ein Leuchtturm und ein Radarturm in den Himmel ragen, schnell Martigues. ›Provenzalisches Venedig‹ wird der am Durchstich zwischen dem Binnensee Etang de Berre und dem Golf von Fos wie im Wasser treibende Ort gern genannt. Kanäle und Brücken verbinden die Stadtviertel: das

nobel-barocke Jonquières, das ehemalige Fischerdorf L'Ile und Ferrières, das Viertel der Olivenbauern und Salinenarbeiter. Bunt getünchte Fassaden lassen die Nähe zum Industriekomplex Fos vergessen. Besonders malerisch ist das **L'Ile-Viertel.** Zwischen den Fassaden des 18. bis 20. Jh. lässt es sich angenehm flanieren. Venedig? Doch, ein bisschen schon.

Maison du Tourisme: Rond-Point de l'Hôtel de Ville, 13500 Martigues, Tel. 04 42 42 31 10, Fax 04 42 42 31 11, www.martigues-tourisme.com.

Hôtel St-Roch: Av. Georges-Braque, Tel. 04 42 42 36 36, Fax 04 42 80 01 80, www.hotelsaintroch.com. Funktionelle Zimmer, großer Pool, inmitten eines Pinienwalds, der sich über Martigues erhebt. DZ ab 112 €.

Le Bouchon à la Mer: 19, Quai Lucien-Toulmond, Tel. 04 42 49 41 41, 2. April- und Okt.-Hälfte sowie So abends und Mo geschl. Terroirküche auf der Terasse zum Kanal. Menü ab 30 €.

Semaine Bouliste Nationale: letzte Jan.-Woche bis Anfang Feb.: Fast 1000 Mannschaften kämpfen um den Meistertitel im Boulespiel. Für Fanatiker der Kugel. Alle Infos bei der Maison du Tourisme.

Die Calanques

Reiseatlas: S. 15, B/C 3

Südwestlich vom Stadtzentrum, genauer gesagt im 9. Arrondissement, überrascht ein Küstenabschnitt von unberührter Schönheit. Zwischen Frankreichs höchsten Steilklippen (Falaises de Soubeyran, 416 m) fressen sich messerspitze Buchten ins weiche Gestein: die **Calanques.** Seit der Frühgeschichte werden die engen Buchten als Hafenplätze genutzt. Marseilles Vieux Port ist ebenso eine Calanque wie weiter östlich der kleine Hafen **La Madrague.** Auch **Les Goudes,** ein Bilderbuchhafen mit Blick auf die militärisch genutzte Ile Maire, ist eine Calanque. Die meisten Calanques, deren türkisfarbenes, smaragdgrünes bis nachtblaues Wasser von schroffen Felsen gerahmt wird, aber sind naturbelassen. Sie zählen zu den grandiosesten Naturwundern, die die mit atemberaubenden Landschaften reichlich gesegnete Côte d'Azur zu bieten hat.

Von der Calanque de Sormiou bis zur Calanque de Port-Miou

Die in der letzten Eiszeit entstandenen, an die 2 km tiefen, fjordähnlichen Calanques verteilen sich über das Massif de Marseilleveyre, das von Marseille nach Cassis reicht. Bereits in der Antike abgeholzt, entwickelte sich im sub-ariden Klima der ausgebleichten Steinlandschaft eine endemische, immergrüne Vegetation, die den Brutkolonien von Zugvögeln Schutz bietet. Tief unten am Boden der Calanques locken sichere Ankerplätze sowie Kies- und Sandstrände. In einigen wenigen, wie den **Calanques von Sormiou** (breit, mit hübschem Hafen und Sandstrand) und **Morgiou** (vom Cap Morgiou im Süden abgeschirmt), stehen schlichte Fischerbaracken, deren Zufahrt vom Land her reglementiert ist. Der leicht abbaubare Kalkstein stellte eine der größten Gefahren für das Naturwunder dar. Das Baumaterial war von Genua bis zum Suezkanal begehrt. Konnte 1913 die Ausbeutung der **Calanque de Port-Miou** (die längste Calanque zählt nach Waldbränden mehr Schiffsmasten als Bäume) als Steinbruch unmittelbar vor Cassis nicht verhindert werden, siegten die Naturschützer bei ähnlichen Vorhaben in der **Calanque d'En-Vau** (überragt von Felsnadeln wie dem ›Gottesfinger‹, türkisfarbenes Wasser, Bademöglichkeit) und der **Calanque Port-Pin** (Strand mit Pinien).

Seit 1975 steht das gesamte Gebiet unter rigorosem Naturschutz. Autos haben auf den Staub- und Schotterpisten nichts mehr zu suchen, bei Brandgefahr werden Teile des Gebiets auch für Fußgänger abgeriegelt. Ansonsten gilt: Anmarsch zu Fuß oder aufs Boot steigen. Mittelmeergecko und Bonelli-Adler wissen es zu schätzen. Felsgeröll klackert den Hang zum Wasser herunter. Wind und

Hier ankern sie alle: Die Calanque du Port-Miou ist der wichtigste Jachthafen von Cassis

Wetter haben die Flanken des Massif de Marseilleveyre zu bleichen Dinosaurierskeletten abgenagt. Auf der Ile Maire kommt Leben in die Brutkolonien von Möwen, Felsschwalben und Blauamseln. Aus Tausenden von Schnäbeln krächzt es vom Inselchen herüber. Breit wie ein in die Klippen geschlagener Bürgersteig mäandert der Pfad am Ufer entlang. Dann wandelt er sich zu einem Schwindel erregenden Pfad mit Blick zu den Frioul-Inseln. Ebenfalls die Mühe eines kurzen Fußmarsches wert sind die **Calanques Sugiton** (FKK-Domäne mit Inselchen und wild zerklüfteten Klippen) und **Le Devenson** (318 m hohe Uferklippen). Der Wagen bleibt auf einem der Parkplätze an der D 599 stehen, Wanderwege des Club Alpin sind ausgeschildert.

La Grotte de Cosquer

In die majestätische Abgeschiedenheit der Calanques schlug 1991 die Nachricht von der Neuentdeckung einer Höhle wie eine Bombe ein. Eine weitere Grotte zwischen Marseille und Cassis mehr wäre soweit nichts Besonderes. Weltweit in die Schlagzeilen aber kam die Grotte zwischen der Calanque de Sormiou und der von Morgiou, weil die Höhle in grauer Vorzeit bewohnt gewesen war. Die in 37 m Meerestiefe zugängliche, von dem Tauchlehrer Henri Cosquer entdeckte Grotte verbirgt altsteinzeitliche Felszeichnungen, die es mit denen im südwestfranzösischen Lascaux aufnehmen können. Die wissenschaftliche Sensation wurde zum Schutz vor den Hobbytauchern versiegelt.

Am Hafen von Cassis (s. S. 303) pendeln **Boote zu den Calanques.** Die schönste und bei vielen Calanques einzig mögliche Art, den Zauber der Calanques zu entdecken, aber bietet der gut 20 km lange **Küstenwanderweg GR 98b** von Marseille nach Cassis.

Von Cassis nach Toulon

Reiseatlas S. 15/16

Östlich von Marseille beginnt mit Cassis eine Kette hübscher Hafenstädtchen, die sich nach und nach von Fischerdörfern zu Zweitwohnsitzen betuchter Städter und Ferienorten verwandeln. Kaps von verwegener Schönheit sind zwischen die Orte gestreut, bis mit Toulon ein Gewusel von Autobahn und Schnellstraßen folgt. Im Zentrum aber entpuppt sich Toulon als urprovenzalische Stadt, besonders an Markttagen.

Cassis

Reiseatlas: S. 15, C 3

Cassis, Lieblingswochenendziel der *Marseillais,* zieht vor allem im Sommer die Besucherscharen an. Die Lage macht's: Im Osten stürzt das ockergelbe Cap Canaille aus 362 m Höhe ins *grand bleu* (wie das Mittelmeer an der Côte d'Azur gern genannt wird), im Westen rahmt das kreidebleiche Cap de la Gardiole mit ebenso dramatischer Geste die Bucht von Cassis. Dazwischen fällt der Ort sanft bis zu den Terrassen am Hafen ab. Zur Bilderbuchlage kommen der Ruf als Tor zu den Calanques und die mit einer AOC. geadelten trockenen, nach Myrthe und Rosmarin mundenden Weißweine, von denen der Provence-Dichter Frédéric Mistral behauptete, sie schmeckten »süßer als Honig«. Seit der Antike wird die perfekte Kessellage mit spektakulärer Felskulisse als Hafen genutzt: Portus Carsicis hieß der Hafen bei den Römern. Die Herren von Les Baux beanspruchten im 13. Jh. Cassis für sich, später die Bischöfe von Marseille. Heute sind es Villenbesitzer und Sommergäste, die sich die Terrassen am Hafen brüderlich teilen.

Stadtrundgang

In der Altstadt ordnen sich die Gassen im Schachbrettmuster aus dem 17./18. Jh. Das **Hôtel de Ville** mit der vornehmen Fassade eines ehemaligen Adelspalais und dem mit dicken Kieseln gepflasterten Hof sowie das **Heimatmuseum** (Mi–Sa 10.30–12.30, 14.30–17.30, im Sommer 10.30–12.30, 15.30–18.30 Uhr) weisen die Place Baragnon als Herz von Cassis aus. Der **Hafen** mit dem von einer St-Pierre-Statue geschmückten Tribunal de Pêche und der **Strand** sind fein säuberlich von der weit ins Meer getriebenen Promenade Aristide-Briand getrennt, die die Segelboote vor dem offenen Meer schützt. Seit 2001 schmückt den Quai des Moulins das Standbild eines Anchovi-Fischers, dem Mistral ein Gedicht gewidmet hat.

Plages und Calanques

Gebadet wird im Osten. Oberhalb des Kieselstreifens an der **Plage de la Grande Mer** (Sandstrand) verläuft die Promenade des Lombards. Vorbei an der Pointe des Lombards endet sie bei den Strandbuchten von Corton (Kiesel) und Arène (Fels). Auf dem halbstündigen Fußweg passiert man eine Treppe, die zu den imposanten Ruinen der **Burg** hochführt, die Hugues de Baux, Markgraf von Marseille, um 1225 errichten ließ. Die Anlage ist mitsamt ihres 5800 ha großen Geländes Privatbesitz. Zugang haben Gäste, die bereit sind, sich für viel Geld in den luxuriösen Chambres d'hôtes auf der Burg einzumieten.

Zu Cassis gehören untrennbar die **Calanques** – obwohl die meisten Buchten auf dem Stadtgebiet von Marseille liegen. Vom Hafenbecken startet eine ganze Flotte von

Ausflugsbooten in die engen Felsbuchten. Am östlichen Ortsrand beginnt der Wanderweg GR 98b, über den man die Calanques ebenfalls erreicht.

Office de Tourisme: Quai des Moulins (am Hafen im Veranstaltungszentrum Oustau Calendal), 13260 Cassis, Tel. 08 92 25 98 92, Fax 04 42 01 28 31, www.cassis.fr.

Maison N° 9: 9, Rue Docteur Yves Bourde, Tel./Fax 04 42 01 26 39, Handy 06 22 31 63 57, www.maison9.net. Man merkt es sofort: Der gebürtige Deutsche Herbert Hufnagel dekorierte 20 Jahre lang die Schaufenster großer Pariser Modehäuser. Heraus kam der gelungene Mix aus Vorhandenem, wiederverwendeten Materialien, afrikanischen Trophäen und Hightech-Design. DZ je nach Saison 660–990 € ÜF/Woche, 99–160 € ÜF/Tag. Keine Kreditkarten.

Les Roches Blanches: Rte. des Calanques, Tel. 04 42 01 09 30, 04 42 01 94 23, www.roches-blanches-cassis.com, Mitte Nov.–Mitte Feb. geschl. Zauberhafter Altbau auf einem Felsen: Durch den Garten geht es zum Strand. Art-déco-Treppenhaus, Pool. Sehr unterschiedliche Zimmer, manche frisch renoviert, manche eher etwas angestaubt. DZ 87–270 €.

Le Clos des Arômes: 10, Rue Abbé Paul-Mouton, Tel. 04 42 01 71 84, Fax 04 42 01 31 76, www.le-clos-des-aromes.com, Jan.–Feb. geschl. Ein Hideaway in einer Altstadtgasse, mit lauschigem Innenhofgarten. Provenzalisch gehaltene Zimmer, still. DZ 63–73 €.

Le Liautaud: Pl. Clemenceau, Tel. 04 42 01 75 37, Fax 04 42 01 12 08, Nov.–Feb. geschl. Weißes Hotel von 1875 am Hafen. Schlichte, schmucklose Zimmer mit Balkonen wie Logenplätze. DZ 66–76 €.

Le Jardin d'Emile: Plage de Bestouan, Tel. 04 42 01 80 55, www.lejardindemile.fr, Mi geschl. Gartenrestaurant am Strand, provenzalische Hochküche: gegrillter Petersfisch mit Thymianblüten, Ente mit Honigessig und Polenta. Menü 45–61 €.

La Presqu'île: Rte. des Calanques (2 km außerhalb), Tel. 04 42 01 03 77, www.restaurant-la-presquile.com, Mo, Mitte Nov.–Ende Feb. geschl. Das beste Restaurant der Stadt, in himmlischer Lage auf dem Weg in die Calanques. Leichte, vollendete Küche: Hummerfrikasseée, und zum Dessert ein *millefeuille* mit Erdbeeren. Menü 29–46 €.

La Voûte: 2, Quai des Baux, Tel. 04 42 01 73 33, So abend, Mo geschl. Nettes kleines Restaurant am Hafen. Die freundliche Odette serviert fangfrischen Fisch zu kleinen Preisen. Menü ab 17 €.

Romano: Quai Bathélemy, Tel. 04 42 01 08 16. *Tout Marseille* strömt zu Romano auf die Terrasse des Bistrots, um Rotbarben-

Mit dem Autor unterwegs

Auf ein Glas in Cassis

Ganze 13 Weingüter umfasst die AOC Cassis. An der zinkbeschlagenen Theke des **Chai Cassidain** kann man alle probieren. Tipp: Ein Glas Rosé von der Domaine du Bagnol. Das 1867 gegründete Gut hat den Besitzer gewechselt, und die Weine seien nun umso interessanter, weiß der kundige *caviste* Jean-Loup zu berichten (6, Rue Sévérin-Icard, Tel. 04 42 01 99 80, Verkauf bis 20.30, Bar à vin bis 22.30 Uhr).

Auf den Spuren der Exilanten

›Sur les pas des Allemands et des Autrichiens en exil à Sanary 1933–1945‹ heißt ein Faltblatt, das in der Maison du Tourisme von **Sanary** erhältlich ist. Mit dem nummerierten Plan kann man auf die Suche nach den Häusern von Brecht, Werfel und den Manns gehen, die hier ins Exil gegangen sind (s. auch S. 314).

Marché provençal in Toulon

Provenzalischer als der Markt von Toulon (Di–So) ist kein *marché* an der Côte d'Azur. Auf dem Cours Lafayette stapeln sich Auberginen, Zucchinis, Ziegenkäse. Ganz Toulon ist auf den Beinen. Mehr südliche Atmosphäre geht nicht (s. S. 319).

MA 263751

salat, Bouillabaisse und Hummerravioli zu schlemmen. Die Damen kommen auch, um vom feschen Patron hofiert zu werden. Menü 16 € (Mo–Fr mittag)–26 €.

Markt: Rue de l'Arène, Mi und Fr 7–12.30 Uhr.
Trödelmarkt: 4. So im Monat.

Bar de la Marine: 5, Quai des Baux, Di im Winter geschl. Die legendäre Wirtin Yvette hat das Zeitliche gesegnet. Es bleiben Fotos von Stammgästen wie B. B. und Gilbert Bécaud sowie ein paar Filmszenen von Marcel Pagnol, die er vor der Theke gedreht hat.

Fête de St-Pierre: 29. Juni, Fischerfest.

Plage du Bestouan: sichelförmige Badebucht im Westen, Kies.
Les Roches Plates: noch weiter in westlicher Richtung. Weiße, glatte Felsen zum Sonnenbaden. Ein Boot bringt Drinks und Eis.
Bootstouren in die Calanques ab Hafenkai Cassis mit den Bateliers Cassidains, Tel. 04 42 01 90 83, www.calanques-cassis.com.
Tauchen: Tauchschule Olivier Guys – Centre Cassidain de Plongée, 3, Rue Michel Arnaud, Tel. 04 42 01 89 16 und 06 71 52 60 (Handy), www.centrecassidaindeplongee.fr.

Zug: Bahnhof 3 km außerhalb, Tel. 08 36 35 35 35.
Bus: Verbindungen nach Marseille (5-mal tgl. zum Bahnhof St-Charles) und Toulon, Tel. 04 42 73 29 29.

Route des Crêtes

Reiseatlas: S. 15, C 3
Eine Empfehlung fürs Auto ist die Route des Crêtes im Südwesten von Cassis. In Cassis hält man sich Richtung La Ciotat (D 559). Kurz hinter dem Ort zweigt rechts die Route des Crêtes (D 41a, Schild) ab. Sanft steigt sie durch die Reben der AOC Cassis an. Ein Blick zurück auf das hübsche Hafenstädtchen, schon geht es nur noch bergauf. Bis zum **Cap Canaille** hat sich die Route des Crêtes auf knapp 400 m hochgeschraubt. Vom Aussichtspunkt an der Parkbucht taumelt der Blick ins bodenlose Blau des Mittelmeers. Im Westen leuchten die Inseln Riou, Calseraigne, Jarre im Wasser.

Wen wundert's? Cassis ist das Lieblingswochenendziel der ›Marseillais‹

Wieder ein paar Kilometer weiter steht man an den 416 m hohen **Falaises du Soubeyran,** den höchsten Klippen der Côte. Ein Trampelpfad lockt näher an die Felskante – keine gute Idee, wenn der Wind mörderisch pfeift. Ein Stichweg zweigt nach gut der Hälfte der Strecke zu einem Signalfeuer ab. Vom **Sémaphore** fliegt der Blick über eine Mondlandschaft kahler Felsskulpturen, bevor er sich am Walfischbuckel der Ste-Baume fängt. Das letzte Stück geht's bergab. Doch Achtung: Schilder warnen vor Seitenwinden, die den Wagen ordentlich durchschütteln können. Im Winter droht auf der Route des Crêtes zudem Glatteis.

Die Straße purzelt wieder runter, bis sich im Osten La Ciotat in den tiefblauen Hintergrund zeichnet: Willkommen in der Zivilisation.

Aubagne

Reiseatlas: S. 15, C 2
In Aubagne rekrutiert die Fremdenlegion seit 1962 ihren Nachwuchs. Mit der Unabhängigkeit Algeriens zog das Hauptquartier übers Mittelmeer an den Rand der Kleinstadt. Soldaten aus über 130 Nationen tragen das *képi blanc,* das weiße Käppi der 1831 von Bürgerkönig Louis Philippe gegründeten Légion étrangère. Das **Musée du Souvenir de la Légion d'Honneur** illustriert die Geschichte der Ehrenlegion (Quartier Viénot, Rte. de la Thuillère, Tel. 04 42 18 12 41, Juni–Sept. tgl. 10–12, 15–19, sonst nur Mi, Sa, So 10–12, 14–18 Uhr). Doch Aubagne steht auch für Töpferkunst, genauer gesagt für *santons* (etliche Werkstätten mit Verkauf) und Terrakottakübel,

›Auf eine Kugel‹ – Boulespieler in Cassis

die hier seit 200 Jahren auf höchstem handwerklichen Niveau produziert werden. In Aubagne kam zudem Marcel Pagnol zur Welt, der das **Massif du Garlaban** im Norden der Stadt in Romanen wie ›Das Schloss meiner Mutter‹ weltberühmt gemacht hat. Sein Geburtshaus ist heute Museum (16, Cours Barthélemy, Tel. 04 42 03 49 98, Kernöffnungszeiten Di–So 9–12.30, 14.30–17.30, im Sommer auch Mo und bis 18 Uhr). Pagnols Grab befindet sich westlich von Aubagne im Weiler **La Treille.**

Office de Tourisme: Av. Antide-Boyer, 13400 Aubagne, Tel. 04 42 03 49 98, Fax 04 42 03 83 62, www.aubagne.com/tourisme.

... in Gémenos (östl. von Aubagne): **Bastide Relais de la Magdeleine:** Rond-Point de la Fontaine, Tel. 04 42 32 20 16, Fax 04 42 32 02 26, www.relais-magdeleine.com, Mitte Nov.–Mitte März geschl. Feudales Hôtel de charme 5 km westl. von Aubagne. DZ 110–185 €.

Le Mas des Amandiers: Chemin de la Font de Mai, Tel. 04 42 03 93 87 und 06 24 63 78 58 (Handy), www.lemasdesamandiers.net. Chambre d'hôtes – mit Pool. DZ 70–100 €.

La Massugière: Rte. de Lascours, Tel. 04 42 03 03, Fax 08 25 17 68 81, www.lamassuguiere.com. Chambre d'hôtes. DZ 80 €.

Auberge La Ferme: Chemin Ruissatel, 4 km nördl. von Aubagne, erst über die D 44, dann eigene Zufahrtstraße (ausgeschildert), Tel. 04 42 03 29 67, www.aubergelaferme.com, Mo geschl. Regionale Küche mit besonders großzügigen Portionen. Menü 50 €.

Zug: Bahnhof, Tel. 08 36 35 35 35.
Bus: Stadtbus Autobus Aubagnais, Tel. 04 42 03 24 25.

La Ciotat

Reiseatlas: S. 15, C 3

Caféterrassen und die Fassaden von *hôtels particuliers,* die vom Reichtum der Reeder im 17. Jh. zeugen, prägen den Hafen von La Ciotat. Mit dem Schiffsbau, von dem die Stadt jahrhundertelang lebte, ist es vorbei, seit die Werften Mitte der 1980er Jahre geschlossen haben. 6000 Arbeitsplätze fielen damals für die 30 000 Einwohner weg. Es blieb die stimmige Kulisse mit Kränen, Kais und Palmen – sowie die Frage, wie es weitergeht. Freizeitprojekte und Seefahrts-Hightech sollen es künftig richten. Vom 43 ha großen Werftkuchen jedenfalls wollen alle ihr Stück abhaben, Immobilienhaie wie auch große Fische aus der Industrie. Bislang wirkt der Ort erfrischend normal, und seine Gesichter sind wohltuend lokal.

Stadtrundgang

Griechische Siedler haben den Ort in der Antike erstmals besiedelt, ohne heute noch sichtbare Spuren zu hinterlassen. Die beiden Pole von La Ciotat prallen am alten Hafen aufeinander: Im Westen die **Werften,** deren Kräne vor dem gewaltigen Felsaufwurf des Hausberges **Bec de l'Aigle** als stählerner Mastenwald regungslos verharren. Im Osten Sandstrand und Flaniermeilen, ein Casino und das Zentrum für Thalassotherapie, Les Thermes Marins. Es ist Notre-Dame-de-Bon-Voyage unterstellt und verspricht mit Hilfe der Heiligen um so überzeugender in großen Lettern ›La Mer qui guérit‹ *(guérir* = heilen).

Um als Reiseziel stärker ins Gespräch zu kommen, feierte La Ciotat 1995 ausgiebig den 100. Geburtstag des Kinos: Schließlich hieß das Erstlingswerk der Gebrüder Lumière

Richtig Reisen-Tipp: Vive la République!

Ein Schild auf dem Parkplatz oberhalb der Bucht mahnt in allen gängigen Touristenidiomen, nichts, absolut nichts im Auto zu lassen – *attention,* die Langfinger sind überall. Weit schleppen muss man sein Hab und Gut nicht. Bis zur Pforte ins Paradies sind es nur 87 Stufen, zudem bergab. Unten leuchtet blau das Wasser. Bizarr geformte rote Felsen nehmen den Kieselstrand und die **Calanque de Figuerolles** in die Zange. Dicke Feigenbäume und ein paar schüttere Pinien spenden Schatten. Ende der 1950er Jahre hat Dimitri Reverchon die zauberhafte Bucht zur ›Freien Republik‹ erklärt. Hätte Papa Hemingway sicher gefallen, der hier einst baden ging.

Es geht zwanglos zu unter dem Laubendach des Restaurants **Chez Tania** (s. auch S. 307). Die Preise für Tunfisch vom Grill oder ein *carpaccio de la mer* sind erschwinglich. Jeden Donnerstagabend gibt es ein Konzert. Im Winter wird russisch gekocht. Die **République Indépendante de Figuerolles,** kurz R.I.F., hat ihre eigenen Regeln, wozu auch die Gastfreundschaft zählt. Wer bleiben möchte, kann sich im **Chambre d'hôtes** oder **Appartement** einmieten. Fernseher und Telefon auf dem Zimmer gibt es nicht. Braucht man mit Blick aufs Meer ohnehin nicht.

R.I.F., Calanque de Figuerolles, La Ciotat, Tel. 04 42 08 41 71, Fax 04 42 71 93 39, www.figuerolles.com, im Winter So abend, Nov. geschl. Strand frei zugänglich. Restaurant Chez Tania s. o. DZ 37–55 €, Bungalow ab 80–90 €, 35 m²-Appartement 95–132 €.

und damit der erste Film überhaupt ›Ankunft eines Zuges im Bahnhof von La Ciotat‹. Auguste und Louis waren die Söhne eines auf fotografische Artikel spezialisierten Industriellen aus der Franche-Comté, der seit 1891 in seinem Schloss Le Clos des Plages am Strand von La Ciotat lebte. Dort flimmerten die ersten Streifen seiner beiden Erfindersöhne im Privatkreis. Direkt neben der barocken **Kapelle der Weißen Büßer** (heute Ausstellungs- und Konzertsaal) steht zudem seit 1895 Frankreichs ältestes Kino, **Eden** – zusammen genommen Grund genug für die Stadt, sich doppeldeutig ›Ville des Lumières‹ zu nennen (der Familienname der Lumière-Brüder bedeutet Licht).

La Ciotats Reiz liegt in der Mischung und dem Schuss Ursprünglichkeit, der an der Côte zur raren Essenz geworden ist. Die mehr und mehr sanierte Hafenfront mit dem zuckerbäckrigen Eckurm des Rathauses (heute Stadtmuseum **Musée Ciotaden,** Mi–Mo im Sommer 16–19, im Winter 15–18 Uhr; Geschichte der Stadt von der Prähistorie bis zu den Brüdern Lumière) und dem barocken Portal von **Notre-Dame-du-Port** überzeugt dank der klassischen Bilder des Südens – Boulespieler, Platanen und Terrassen. Die 6 km langen Strände mit verkehrsberuhigter Uferpromenade des Ortsteils **Clos-des-Plages** sprechen ohnehin für sich. Fähren schippern regelmäßig zum wegen seines grünen Bewuchses **Ile Verte** genannten Eiland vor der Bucht. Der Ausflug lohnt sich wegen des Blicks auf das Cap de l'Aigle und La Ciotat.

Avenue des Calanques

Südwestlich der Werften führt die Avenue des Calanques zur **Anse du Grand-Mugel.** Über dem Kieselstrand der von roten Felsen gesäumten Bucht ist die historische Gartenanlage **Le Parc du Muguel** inklusive Bambusgarten, Rosarium, Orangerie und Belvedere zu besichtigen (April–Sept. 10–20, sonst 9–18 Uhr). Die nächtste Bucht heißt **Anse du Sec.** Dann folgt die **Calanque de Figuerolles** am Fuße zerklüfteter, pinienbedeckter Hügel des Cap de l'Aigle. Von der **Kapelle Notre-Dame-de-la-Garde** kann man zudem in ungefähr einer Stunde über die Klippen bis zum Signalfeuer (Sémaphore) an der **Route des Crêtes** (s. S. 303) wandern.

Sentier des Douaniers

Über die von Pinien gesäumte **Calanque du Liouquet** erreicht man den kleinen Strandort **Les Lecques.** Am südwestlichen Ortsrand verbindet der ca. 6,5 km lange Wanderweg

Sentier des Douaniers die Pointe Grenier und die Pointe du Déffend (Weitergehen nach Bandol möglich, dann insgesamt 10,5 km). Auf dem Weg liegt die **Calanque d'Alon,** eine von Pinien geschützte Sandbucht mit nichts als einem Strandrestaurant.

Office du Tourisme: Bd. Anatole France, 13600 La Ciotat, Tel. 04 42 08 61 32, Fax 04 42 08 17 88, www.tourisme-la-ciotat.com.

Auberge Le Revestel: Corniche du Liouquet, Tel. 04 42 83 11 06, Fax 04 42 83 29 50, Mo mittag, Mi, So abend geschl. Etwas außerhalb am Meer gelegen, einfache Zimmer. DZ 55 €. Restaurant mit Fensterfront zum Meer, vor allem Fischgerichte. Sympathische Adresse. Menü 26 €.

... in Le Liouquet (6 km östl.):
Ciotel Le Cap: Tel. 04 42 83 90 30, Fax 04 42 83 04 17, www.leciotel.com. Nobles Haus am schönsten Strand der Umgebung. Die Zimmer liegen in Pavillons. Weitläufiger Garten. Pool mit Seeblick. DZ 105–154 €.

Chez Tania: Calanque de Figuerolles, Tel. 04 42 08 41 71, Mai–Okt. tgl., sonst Di mittag, Mo und Nov. geschl. Wodka in Strömen und Heringssalat – die russischen Vorfahren der Besitzerin lassen grüßen. Dazu schmackhafte provenzalische und libanesische Gerichte. Herrlich unkonventionelle Adresse (s. auch S. 306). Menü ab 19 €.
La Calanque de Port d'Alon: Port d'Alon, Tel. 04 94 26 20 08, April–Nov. Über Holzkohlenfeuer gegrillter Fisch und Bouillabaisse. Menü ab 22 €.

La Cave du Port: 10, Rue Maréchal-Foch, Tel. 04 42 71 66 90. Sehr gut sortierter Weinladen, junge, dynamische Equipe.
Markt: Di morgen.

Bootstouren in die Calanques: Les Amis des Calanques, Quai Ganteaume, Tel. 06 09 35 25 68 oder 06 09 07 87 65 (Handy). Ausflüge an Bord des Katamarans Citharista (mit durchsichtigem Rumpf) in die Felsbuchten längs der Küste (Dauer: von 45 Min. bis 2,5 Std., nach Cassis und Marseille, April–Okt.).
Kajakverleih: Canoë Kayak Raids, Av. des Vieux-Moulins, Tel. (Handy) 06 07 22 78 07. April–Sept.
Tauchen: Plongée 2000, Quai François Mitterrand, Tel. 04 42 71 93 02, 06 03 43 31 07 (Handy), www.plongee-2000.com. Ganzjährig.

Pétanque-Spiel
In La Ciotat wurde 1910 das Pétanque-Spiel, die bis heute gültige Boulevariante erfunden. Daran erinnert am Bouleplatz in der Traverse de la Pétanque eine Gedenktafel.

Zug: Bahnhof 4 km außerhalb, Tel. 08 36 35 35 35, Züge Richtung Marseille und Toulon.
Bus: Richtung Marseille und Toulon. Stadtbus Ciotabus, Tel. 04 42 08 90 90.
Fähre zur Ile Verte: ab Quai de Gaulle, Tel. 04 42 71 53 32, 06 16 40 83 50 (Handy).

La Cadière-d'Azur, Le Castellet, Le Beausset

Reiseatlas: S. 16, D/E 3
Vom Strand in Les Lecques entführt die D 66 über **St-Cyr,** wo seit 1913 eine Kopie der New Yorker Freiheitsstatue den Hauptplatz ziert,zum Ziel, einer ›kleinen Toscana‹ mit Mandelbäumen und Weinfeldern. Schmucke Weingüter laden zur Probe eines fruchtigwürzigen roten Bandol ein. Olivenölmühlen werben mit Direktverkauf. Fehlen noch zwei Weindörfer hoch auf dem Fels, die den sanften Hügeln ringsherum mit mittelalterlichen Schutzmauern und Burgruinen ihren Akzent aufsetzen: das mittelalterliche **La Cadière-d'Azur** mit seinem Uhrenturm und etwas weiter über die D 626 erreichbar, **Le Castellet** auf stolzen 283 Höhenmetern und dem Ste-Baume-Massiv im Hintergrund. Motorsportfans sagt der Name etwas wegen der Paul-

Passender kann ein Name kaum sein:
Cap de l’Aigle, das ›Adlerkap‹

Richtig Reisen-Tipp: Bouillabaisse nach Art des Chefs

Von seinen Zunftgenossen wurde René Bérard zum **Maître Cuisinier de France** gekürt – was im Land der Kasserolen und Kochmützen höchste kulinarische Weihen bedeutet. Lob gibt es zudem von Michelin bis Gault Millau. Kurzum, man stapft beim Kochkurs in der **Hostellerie Bérard** einem großen Koch durch Bohnenkraut und Salbei hinterher. »On a besoin des deux pour l'agneau«, erklärt René. »We need both of them for the lamb«, übersetzt die Dolmetscherin. Es wird munter weitergerupft: Eisenkraut, *pébre d'ail,* ein Gewächs halb Bohnenkraut, halb Thymian.

Die **Kochkurse Art de Vivre** sind oft international besetzt: Die Schüler kommen aus San Francisco, aus Essex, aus South Carolina, aus dem norwegischen Bergen, aus Antwerpen. Gekocht wird in der **Bastide des Saveurs,** einem 200 Jahre alten provenzalischen Landhaus mit Kräuterbeeten, Gemüse- und Obstgarten, keine 10 Min. durch die Weinberge der AOC Bandol von der Hostellerie Bérard entfernt. René ist es gewohnt, Tag für Tag eine Küchenbrigade zu befehligen. »Doucement«, mahnt er einen Kursteilnehmer, der den Oliven-Knoblauch-Kapernbrei für die Tapenade etwas zu flott mit Olivenöl aufschlägt. »Allez, un peu plus vite«, spornt er die Kocheleven an, die die Zwiebeln für die *fougasse* (flache Küchlein) in der Pfanne anschmoren lassen. Die restliche Equipe steht derweil am großen Küchentisch, schnibbelt Bohnen, spickt den Lammrücken mit Knoblauch. Gekocht wird ausschließlich Provenzalisches, nach Großmutters Rezepten, freilich von René verfeinert. Nouvelle Cuisine? »Ich weiß nicht, was das ist«, bekennt René beim Glas Rosé zum Aperitif. »Ich liebe ganz einfach die Küche.« Gemeint ist die des sonnenverwöhnten Südens, **la Cuisine du Soleil,** wie René seinen Küchenstil nennt. Auf der Menükarte der Hostellerie Bérard stehen Lamm mit Pistazienkruste, tarte tatin mit Tomaten, in rotem Bandol pochierte Feigen, Ratatouille, Bouillabaisse, Auberginenkaviar, *crème brûlée* mit Safran. Im Programm des viertägigen Kochkurses taucht alles wieder auf.

Frühmorgens an der Hafenpromenade von Sanary. Seeigel stellen ihre blauvioletten Stacheln in die Sonne, ein Tintenfisch tastet mit seinen Saugnäpfen nach einem Fluchtweg vom geschrubbten Holzbrett. *Poissons de roche,* Seeteufel und Petersfisch stehen auf dem Einkaufszettel für die Bouillabaisse, die Krönung jedes Kochkurses, ganz oben. Wie man frischen Fisch erkennt? »Das Auge muss klar und rund gewölbt sein«, lautet Renés Faustregel. Zurück an den Herd, Schürzen angelegt und los. Fische schuppen, ausnehmen und waschen. Lauch, Zwiebeln, Knoblauchzehen kleinhacken und in Olivenöl anschwitzen lassen. Tomaten zum Schälen kurz ins kochende Wasser werfen, danach entkernen und zerdrücken, Kräuter und Safran dazugeben. Am Schluss den Fisch in die Kasserole – zuerst den Petersfisch wegen seines festen Fleisches, später die *poissons de roche.* Brühe nachschütten. In einer Fayenceschüssel kommt die Bouillabaisse auf den Tisch. »Bien fait«, lobt René.

Hostellerie Bérard, Rue Gabriel-Péri, 83740 La Cadière-d'Azur (nordöstl. von La Ciotat), Tel. 04 94 90 11 43, Fax 04 94 90 01 94, www.hotel-berard.com, Menü ab 47 €, DZ 85–167 €. Kochkurse zu buchen über stb-reisen, Platter Str. 87, 65232 Taunusstein, Tel. 061 28/98 25 13, Fax 061 28/98 25 15, www.stb-reisen.com. Viertägiger Kurs inkl. 5 Übernachtungen im DZ (Ankunft So abend, Abreise Fr nach dem Frühstück), Begrüßungsdinner, Getränken und selbstgekochten Menüs, Besichtigungen, Transfers zum Landgut La Bastide des Saveurs, zum Markt in Sanary und zur Ölmühle 1025 € (Juni, Juli 1085 €). Dez.: Trüffelkochkurse 1530 €. 1–3 Kurse pro Monat außer Jan.

Ricard-Rennpiste an der N 8 in Richtung Aubagne. Etliche Autohersteller testen hier ihre neuen Modelle – wenn nicht gerade Motorradrennen ausgetragen werden.

Über **Le Beausset,** wo sich ein knapp 3 km langer Abstecher ins Vieux village wegen seiner romanischen Kapelle mit einer Notre-Dame-Statue aus der Werkstatt von Pierre Puget anbietet, geht es über die D 599 zurück an die Küste – immer durch die Weinberge der AOC Bandol.

Office du Tourisme: Pl. Charles-de-Gaulle, 83330 Le Beausset, Tel. 04 94 90 55 10, Fax 04 94 98 51 83, www.ot-lebeausset.fr.

La Cigalière: Chemin de la Pierre Mouarou, Le Beausset, Tel. 04 94 98 64 63, Fax 04 94 98 66 04, DZ ab 80 €. Großzügige Anlage in einem Pinienwald. Schlichte Zimmer mit Terrasse und Gärtchen. Swimmingpool. Auch Appartements, ideal für Familien.
Le Vallon – Chambre d'hôtes: 1253, Chemin de la Baro-Nuecho, Le Beausset, Tel. 04 94 98 62 97, 06 88 26 81 88, www.beausset.com, DZ 75 €. Sehr gepflegtes Anwesen mit Swimmingpool.

... in Le Camp du Castellet:
Domaine de la Bégude: an der D 3, Tel. 04 94 69 73 01. Exzellente Tropfen lohnen den Stopp.
... in Ste-Anne-du-Castellet (nordwestl. von Le Beausset):
Château de Castillon: Mo–Fr 8–12, 14–18 Uhr. 400 Jahre altes Anwesen. Weinprobe und Kellerbesichtigung.
... in La Cadière-d'Azur:
Moulin de St-Côme: an der D 266, tgl. 9–12, 14–18, So 14–18 Uhr. Erste Adresse für Olivenöl.

Bandol

Reiseatlas: S. 16, D 4
Bei Bandol denkt jeder Franzose zunächst an Wein. Seit 1941 adelt eine AOC. die kräftigen Rotweine aus Bandol. Hügel, vor allem die Gros-Cerveau-Kette, schützen Reben und Hafen vor dem Mistral. Nicht zuletzt der Erfolg der Winzer erlaubt dem ehemaligen Handelshafen einen Wohlstand, der an den gepflegten Fassaden bis heute abzulesen ist. 1846 wurde der Hafen ausgebaut, um die lokalen Weine und Olivenöle des Hinterlandes verschiffen zu können. Einige Belle-Epoque-Villen hinter der Uferpromenade verweisen darauf, dass Bandol früh als touristisches Ziel entdeckt wurde. Noch vor dem Ersten Weltkrieg führte die Schriftstellerin Katherine Mansfield die *happy few* von Bandol an. Vor ihrer **Villa Pauline** direkt am Quai promenierte in den frühen 1930er Jahren Revuestar Mistinguette mit Schauspieler Maurice Chevalier am Arm. Angesichts des Erfolgs musste 1930 ein Casino her.

In Bandol sind zudem die Sandstrände groß, die Parkplätze freilich ebenfalls. Die Anzahl der Segelboote im Hafen erreicht Armadastärke, was die friedlichen Bilder an Land nicht beeinträchtigt. Unter den Palmen und Pinien des **Quai du Port** flanieren die Gäste, während Einheimische ihre Boulekugeln mit dumpfem Knall aneinanderklacken lassen. Ungefähr in der Mitte der Uferpromenade rückt die Pfarrkirche **St-François-de-Sales** hinter dem kleinen Platz vor ihrem Portal von der Uferstraße zurück. Nach Südwesten, vorbei an den Weinprobestuben der **Allées Vivien,** breitet sich hinter der Landspitze der tief im Halbrund einer Bucht gelegene Strand von Renécros aus. Am schönsten Strand von Bandol besaß der aus Toulon stammende Schauspieler Raimu ein Haus, und zwar das **Ker Mocotte** (heute Hotel).

Mit der Fähre zur Ile de Bendor

Wer Bandol einmal von der Seeseite sehen möchte, kann mehrmals am Tag aufs Meer auslaufen. Zur nur 200 m vorgelagerten Ile de Bendor setzen Fähren in 7 Minuten über (6–24 Uhr, Tel. 04 94 29 44 34). Das felsige Eiland gehört dem Spirituosenkonzern Paul Ricard. Paul Ricard selbst, der Schöpfer des Pastis Ricard, kaufte Bendor in den 1950er

Seltener Anblick an der Küste: ein leerer Strand, hier bei Bandol

Jahren, legte einen betonierten Rundweg an und baute ein pseudoprovenzalisches Dorf (www.paul-ricard.com/bendor). In der **Exposition universelle des vins et spiritueux** werden 8000 Objekte zur Geschichte von Wein und Schnaps ausgestellt (Juni–Sept. tgl. außer Mi 10.30–12.30, 14–18 Uhr).

Office de Tourisme: Allées Vivien, 83150 Bandol, Tel. 04 94 29 41 35, Fax 04 94 32 50 39, www.bandol.org.

Ile Rousse: 25, Bd. Louis Lumière, Tel. 04 94 29 33 00, Fax 04 94 29 49 49, www.ile-rousse.com, DZ ab 132 €. Die ehemalige Villa der Mistinguette, heute das erste Haus am Ufer. Zimmer von Louis XV bis Louis XVI, z. T. mit Blick auf Meer und Strand. Thalasso- und Wellnesscenter.

Bel Ombra: Rue de la Fontaine, Tel. 04 94 29 40 90, Fax 04 94 25 01 11, www.hotelbelombra.com, April–Mitte Okt., DZ ab 64 €, Mitte Juni–Anfang Sept. nur mit HP ab 58 € p. P./DZ. Kleines Hotel in einem Wohnviertel, familiär und herzlich. Für Familien Zimmer mit Mezzanin. Schattige *tonnelle* (Gartenlaube) zum Ausspannen.

Golf Hôtel: Plage de Renécros, Tel. 04 94 29 45 83, Fax 04 94 32 42 47, www.golfhotel.fr, März–Anfang Okt., DZ ab 58 €. Strandhotel in ehemaligem Casino im neoarabischen Art-déco-Stil. Komplett überholt. Einige Zimmer mit Balkon zum Meer.

Le Clocher: 1, Rue de la Paroisse, Tel. 04 94 32 47 65, in der Nebensaison Di, Mi geschl. Frische Farben, kleiner Saal, kleine Terrasse, großartige Küche. Eine Entdeckung in der Altstadt. Menü 24–31 €.

L'Auberge du Port: 9, Allée Jean-Moulin, Tel. 04 94 29 42 63. Das In-Lokal. Schöne Terrasse, exzellente Fischgerichte. Menü ab 21 €.

Maison des Vins de Bandol: Allées Vivien. Probierstube der Bandol-Winzer mit gut 2 Dutzend Châteaux der AOC im Angebot. Tipp: Domaine de la Bégude, Domaines Ott.

Tchin-tchin Bar: 11, Allée Jean-Moulin. Witzige Bar im puren 1950er-Jahre-Stil – Nierentisch *oblige.*

Fête du Millésime: Weinfest am 1. So im Dez.

Plage du Casino: weitläufig, goldgelber Sand beim Casino. Hinter dem Casino in Richtung Sanary (D 559) sehr langer Sandstrand, ideal für Kinder.
Plage de Renécros: halbkreisförmiger Sandstrand hinter der Westspitze der Bucht von Bandol.
Ile de Bendor: s. S. 311f., Sandstrand, am Wochenende überlaufen.
Küstenwanderung nach La Madrague: 9 km lang, Start an der Plage de Renécros. Unterwegs umrundet man die Landnase der Pointe du Déffend. Auf halber Strecke bietet die Calanque du Port d'Alon die Gelegenheit, sich im Meer zu erfrischen und etwas im Strandrestaurant zu essen. Zurück von La Madrague (grenzt an Les Lecques, nordwestl. von Bandol) pendeln Busse.
Fahrradverleih: Holiday Bikes, 127, Rte. de Marseille, Tel./Fax 04 94 32 21 89. Tourräder und Mountainbikes sowie Tipps für Touren ins Hinterland. Herrlich: die Tour ab Ollioules (nordöstl.) über die schmale D 20 auf den Kamm des 429 m hohen Gros Cerveau, wahlweise auch als Wanderung über den Fernwanderweg GR 51.
Schiffstouren: Ausflüge nach Toulon und in die Calanques vom Quai mit Addis-Ferro, Tel. 04 94 29 65 91, nach Marseille und zur Ile des Embiez mit der Atlantide, Tel. 04 94 32 51 41.

Zug: Bahnhof,
Tel. 08 36 35 35 35.

Sanary und die Halbinsel von Sicié

Sanary-sur-Mer

Reiseatlas: S. 16, E 4
Spitz wie ein Dolch trennt der Sporn der **Pointe de la Cride** die Buchten von Bandol und **Sanary-sur-Mer,** wo der weinselige Nachbarhafen noch immer gern als bourgeois verschrien wird. Die im Halbkreis sich näher als in Bandol an den Hafen schmiegenden Terrassen verleihen Sanary etwas Kuscheliges. Kirchturm und die Fassade des **Hôtel de la Tour,** aus dessen blassgelber Fassade ein 23 m hoher mittelalterlicher Turm ragt, bestimmen die Uferfront am **Quai du Général-de-Gaule.** In den Turm ist das **Musée de l'Histoire de la Plongée** eingezogen, das sich der Geschichte des Tauchens widmet (Sommer und Wochenende 10–12, 14–18 Uhr).

Sanarys touristisches Erwachen forcierte um die Jahrhundertwende der damalige Bürgermeister. Erst 1890 wurde aus dem provenzalischen San Nazari das für Pariser Ohren eingängigere Sanary. Bunte Fischerboote gaukeln neben weißen Jachten maritime Nostalgie vor, die selbstberufene Maler in dutzendfacher Hafenansicht feilbieten. Sanarys schöner, in Rosa und Gelb getünchter Schein aber ist trotz der urlaubergerechten Inszenierung unwiderstehlich. Wie in Bandol hält der Bergrücken des **Gros Cerveau** kühle Festlandwinde ab und lädt zu einer Wanderung über den GR 51 ein. Östlich der Hafenpromenade schließen Leuchtturm und Marktplatz an, der nach Abbau der Stände zum Boulodrome unter Platanen wird.

Spaß macht ein Abstecher zu dem auf einem Fels thronenden Burgdorf **Ollioules.** Der Name leitet sich von *olivaies,* Olivenhain, ab. Den wirtschaftlichen Erfolg machen heute keine Oliven, sondern Schnittblumen aus, die im bedeutendsten Großmarkt Frankreichs gehandelt werden. Abgesehen vom mittelalterlichen Dorfkern locken die **Gorges d'Ollioules:** Das Flüsschen Repp hat sich nördlich vom Dorf tief in den Fels gefressen und so eine wildromantische Schlucht geschaffen. Die N 8 folgt dem Flusslauf.

Maison du Tourisme: 83110 Sanary-sur-Mer, am Hafen, Tel. 04 94 74 01 04, Fax 04 94 74 58 04, www.sanarysurmer.com.

Hotel de la Tour: Quai Général-de-Gaulle, Tel. 04 94 74 10 10, Fax 04 94

Deutsche im Exil

Thema

Da saßen sie nun im dunklen, bei den besten Schneidern von Berlin oder Wien bestelltem Tuch, das viel zu warm für die Sonne an der Côte d'Azur war. Diskutierten über Literatur, Philosophie, Politik und fragten sich, wie lange der Spuk daheim dauern möge. Und wer kein eigenes Heim hatte, stieg im Hôtel de la Tour ab, das Lionel Feuchtwanger in seinem Roman ›Exil‹ literarisch verewigt hat, und in dem Heinrich Breloer 1998 während der Dreharbeiten zu seiner Thomas-Mann-Trilogie wohnte.

Als Mitte der 1930er Jahre ersichtlich wurde, dass der Aufenthalt im kleinen Hafen westlich von Toulon kein Provisorium bleiben würde, schaute man sich nach einer standesgemäßen Bleibe um. Lion und Marta Feuchtwanger zogen in die Villa Valmer, Anton Räderscheidt und seine Gefährtin Ilse Salberg ließen die Villa Le Patio bauen und betrieben dort ein kleines Restaurant. René und Anna Schickelé fanden in der Villa La Ben Qui Hado Unterschlupf. Franz Werfel und Alma Mahler wurden von einem Pariser Freund im Moulin Gris einquartiert.

Regelrecht Hof hielten Thomas und Katia Mann in ihrer Villa mit dem trügerischen Namen La Tranquille. Sanary, von dem Ludwig Marcuse damals als der ›Hauptstadt der deutschen Literatur‹ sprach, war den Manns schon vor 1933 bekannt. Tochter Erika und Sohn Klaus hatten in den frühen 1930er Jahren das Fischerdorf auf ihrer berühmt-berüchtigten Rivierareise besucht und empfahlen es den Eltern als Exil.

Mit dem Warten unter Palmen auf bessere Zeiten war es schlagartig vorbei, als 1941 auch der Süden Frankreichs und damit Sanary von deutschen Truppen besetzt wurde. In Feuchtwangers Villa Valmer zog die Gestapo ein. Lion und Marta Feuchtwanger wurden zweimal in die berüchtigten Lager Les Milles bei Aix und Gurs einberufen. Lion Feuchtwanger entkam als alte Frau verkleidet aus Les Milles, Marta dank Kontakten aus Gurs. Nach der Ausreise nach Amerika schrieb Feuchtwanger ›Der Teufel in Frankreich‹, eine Abrechnung mit Besatzern und Kolloborateuren.

In Sanary wechselten derweil die Besatzer. Nach den Deutschen kamen Italiener, nach dem Sturz Mussolinis dann wieder Deutsche. Etliche Villen wurden in Erwartung einer alliierten Landung gesprengt, darunter auch die Mann'sche Villa. Nur die Terrassentreppe blieb unzerstört, der Bau darüber entstand hingegen erst nach dem Zweiten Weltkrieg. Der Hafen aber blieb verschont, weil der mit der Sprengung beauftragte deutsche Leutnant den Befehl ignorierte.

Ein ausgeschilderter Weg folgt heute den Spuren deutscher und österreichischer Intellektueller in Sanary. Start zum ›Sentier des écrivains exilés‹ ist am Hafen, wo eine Gedenktafel knapp 40 Namen – von Bert Brecht bis Stefan Zweig – aufzählt. Zu sehen sind die Villen, aber auch das Café de la Marine, in dem Brecht antifaschistische Lieder gesungen hat.

›Sur les pas des Allemands et des Autrichiens en exil à Sanary 1933–1945‹ ist ein reich bebilderter Taschenbuchführer, der in der Maison du Tourisme von Sanary-sur-Mer verkauft wird.

74 69 49, www.sanary-hoteldelatour.com, Dez.–10. Jan. geschl., DZ ab 72 €. Der Charme der Vieille France! Der Name des Hotels stammt vom mittelalterlichen Turm in seiner Mitte. Blick auf den Hafen.

Camping Les Girelles: 1003, Chemin Beaucours, Tel. 04 94 74 13 18, www.lesgirelles.com. Luxuriöser Platz mit viel Schatten. 400 m zum Strand.

Le Relais de la Poste: Pl. de la Poste, Tel. 04 94 74 22 00, Sept.–Juni So abend, Mo geschl. Pastelltöne im Restaurant, exquisite Küche: *andouillette* (gewürzte Gekrösewürstchen) von Geflügel mit Krabben, Rotbarbentörtchen. Menü ab 30 €.

Strände: Kies-Sandstrand am Ort, im Westen Sandstrand von Port Issol.

Schiffstouren: im Sommer Boote nach Toulon, zur Ile des Embiez und den Calanques, ab Hafen.

Jardin Exotique Sanary-Bandol: ausgeschildert ab Autobahnabfahrt Bandol, Tel. 04 94 29 40 38, Kernöffnungszeiten 8–12, 14–18 Uhr (im Sommer bis 19 Uhr), So vormittag geschl. (im Sommer So ab 10 Uhr). Sehr beliebt: der Streichelzoo für Kinder mit senegalesischen Zwergziegen, Zwergeseln, Zwergkängurus und Shetland-Mini-Ponys.

Zug: Bahnhof Ollioules-Sanary in Sanary, Tel. 08 36 35 35 35.

Die Halbinsel von Sicié

Reiseatlas: S. 16, D/E 4

Die **Presqu'ile de Sicié** schiebt sich laut George Sand wie »eine ins Mittelmeer geworfene Hand« zwischen Sanary und Toulon. Von Sanary ist der kleine Hafen von **Le Brusc** schnell erreicht, solange man sich nicht zum Halt an den breiten Sandstränden von **Six-Fours** entschließt. Von Le Brusc geht der Blick über die Bucht von Sanary. Vorsicht! Die Plage de Bonnegrâce heißt in Surferkreisen »Brutal Beach«, weil die Wellen mit Gewalt an Land donnern. Vom Hafenanleger gleitet eine Fähre in 12 Minuten auf die **Ile des Embiez,** eine weitere Insel im Besitz von Paul Ricard. Das Eiland ist mit 95 ha die größte Insel eines Zwergarchipels. Eine gewisse Künstlichkeit haftet dem von Ricard aus dem Nichts geschaffenen Dorf an, aber das Panorama auf die Halbinsel von Sicié ist herrlich. Mit der Ozeanographischen Stiftung hat der Pastiskönigs zudem ein Forschungsinstitut mit sehenswertem **Aquarium-Museum** geschaffen, das für den Schutz der Küsten wirbt (Führungen Juli/Aug. 9.30–18, April–Juni, Sept./Okt. 14.30–17 Uhr, www.paul-ricard.com/embiez).

Die kleinste Insel, **Gaou,** verbindet eine Fußgängerbrücke mit dem Festland. Picknickbänke, windverdrehte Kiefern und kleine Badestrände ziehen vor allem am Wochenende mit Thermoskanne und Korb beladene Scharen an. An der **Pointe Gaou** reicht der Blick ostwärts zum majestätischen, von der Chapelle Notre-Dame-du-Mai gekrönten **Cap Sicié,** das aus fast 400 m Höhe ins Meer abfällt. Ein Küstenwanderweg, der Le Brusc mit Fabregas auf der Ostseite der Halbinsel verbindet (18 km), führt zum Kap.

Von der Pointe Gaou verläuft die D 16 landeinwärts auf Six-Fours-les-Plages zu, und von dort in östlicher Richtung (Les Sablettes-St-Mandrier) zur Kirche **St-Pierre-aux-Liens** (ausgeschildert). 1963 brachten Grabungen in der nach syrischen Vorbildern gebauten Kirche ein Baptisterium aus dem 5. Jh. zutage. Links vom Eingang sind in einer Vitrine frühchristliche Fundstücke ausgestellt. Daneben zählen ein archaischer Altar, barocke Holztäfelungen im romanischen Chor und die reich ausgestatteten Seitenkapellen am gotischen Schiff zu den Schätzen.

Office du Tourisme: Promenade Charles de Gaulle, 83140 Six-Fours-les-Plages, Tel. 04 94 07 02 21, Fax 04 94 25 13 36, www.six-fours-les-plages.com.

Le Clos des Pins: 101 bis, Rue de la République, Tel. 04 94 25 43 68, Fax 04 94 07 63 07. Mitten im quirligen Ortskern von Six-Fours-les-Plages, schallisolierte Zimmer. DZ ab 55 €.

Auberge St-Vincent: Carrefour du Major F. L. Robinson, Tel. 04 94 25 70 50, So abend, Mo geschl., im Juli/Aug. kein Ruhetag. In warmen Farbtönen gehaltenes Lokal, harmonische Provenceküche auf dem Teller, herzlicher Empfang. Menü ab 24 €.

Sehr schöne **Sandstrände** mit Blick über die Bucht von Sanary.

La Seyne-sur-Mer und St-Mandrier-sur-Mer

Reiseatlas: S. 16, E/F 4

In **La Seyne** ist die Departements-Hauptstadt Toulon bereits allgegenwärtig. Zwischen dem Fort de Balaguier und dem Ortsteil Tamaris weiter südlich entstanden um 1900 die Villen reicher Bürger aus Toulon, so etwa die Art-déco-Villa Sylvacane und die toskanisch anmutende Villa Tamaris-Pacha (beide an der Uferstraße). Im Kanonenturm des knapp 400 Jahre alten Forts ist eine Ausstellung über das gefürchtete Zuchthaus von Toulon sowie über die Belagerung von 1793 zu sehen (Corniche Bonaparte, Juli/Aug. 10–12, 15–19, sonst nur bis 18 Uhr).

Rund um den alten Hafen von La Seyne schaffen Werften und Fabrikanlagen einen starken Kontrast zu den Strandhäusern auf der gegenüberliegenden Halbinsel **St-Mandrier.** Erst im 17. Jh. ist die Passage zwischen St-Mandrier und dem Festland versandet, und ein bisschen Inselstimmung ist geblieben. Vom winzigen Hafen an der Anse du Creux de St-Georges hat man einen grandiosen Blick auf Toulon.

Office de Tourisme: an der Corniche Georges Pompidou, Les Sablettes, 83511 La Seyne-sur-Mer, Tel. 04 98 00 25 70, Fax 04 98 00 25 71,www.ot-la-seyne-sur-mer.fr.

... in La Seyne-sur-Mer (Tamaris):
Villa Héliotropes: Av. de la Grande Maison, Tel. 04 94 87 86 26, Fax 04 94 87 86 91, www.villa-heliotropes.com, DZ 70–100 €. Chambre d'hôtes in einer imposanten großbürgerlichen Villa (19. Jh.), dabei ganz ungezwungen. Park, Pool, Jacuzzi – auf Anfrage Exkursionen mit dem eigenen Boot.

... in La Seyne-sur-Mer:
La Fleur de Sel: Esplanade Henry Bœuf, Tel. 04 94 94 92 34, zweite Aug.- Dez. Hälfte geschl. sowie So abend und Mo, Menü ab 18 €. Traditionsküche zu zivilen Preisen, Terrasse.

Plage des Sablettes: Sandstrand in La Seyne.

Toulon

Cityplan: S. 318

Toulons Hausberg, der **Mont Faron,** weist mit seinem kahlen Gipfel (584 m) den Weg in die Stadt. Auf dem Berg stellt ein Diorama im **Musée mémorial du Débarquement** die alliierte Landung 1944 nach (Kernöffnungszeiten Di–So 10–12, 14–16.30 Uhr). Im benachbarten Zoo hat man sich auf die Zucht von Raubkatzen spezialisiert (im Sommer tgl. 10–17, sonst Mo–Sa 14–17, So 10–17 Uhr). Vom Boulevard Amiral de Vence bringt einen eine Seilbahn bequem nach oben (Di–So 9.30–12, 14–17.45 Uhr, außer bei starkem Wind, Kombiticket mit Zooeintritt verlangen).

Toulon und sein Ruf

Toulon, wichtigster französischer Kriegshafen, kämpft mit seinem Ruf. Der Verkehr ist vor allem auf der D 599, die die Stadt in Ermangelung einer Ringautobahn zerschneidet, höllisch. Auch der von prachtvollen Jahrhundertwende-Gebäuden (18./19. Jh.) gesäumte Boulevard de Strasbourg dient als Verbindungsstück zwischen zwei Autobahnen – und dies an der Nahtstelle von Alt- und Neustadt. Zwischen den großzügigen Haussmann'schen Vierteln im Norden und dem Hafen im Süden aber hat Toulon 22 ha Altstadt bewahren können, die wie eine Mischung aus arabischer Medina in neapolitanischem Gewand anmutet. Die Sanierungskampagne kommt voran. Die Plätze sind wieder Flaniermeilen, bis vor kurzem noch schummrige

Auf Toulons trubeliger Uferzeile, dem Quai Stalingrad

Gassen strahlen in frischen Farben. Bleibt die Präsenz der Marine, die jedoch so allgegenwärtig wie noch vor 20 Jahren nicht mehr ist. Die roten Pompons der Matrosenmützen sind selten im Stadtbild geworden: Die Soldaten dürfen längst in Zivil ausgehen, fallen jedoch weiterhin durch kurz rasierte Schädel auf. Mit 20 000 Soldaten und fast halb so vielen zivilen Angestellten bleibt die Marine größter Arbeitgeber von Toulon.

Die militärische Bedeutung wurde Toulon quasi in seine von der Halbinsel St-Mandrier geschützte Reede, der größten Europas, gelegt. Ludwig XII. ließ 1514 die ersten Bauten für einen Kriegshafen vornehmen, um gegen Italien segeln zu können. Richelieu beschloss 1639 die Schaffung einer Kriegsmarine, deren strategisches Zentrum Toulon sein sollte. Vom stetig weiter befestigten Kriegshafen aus wurde 1830 Algier eingenommen. Im Zweiten Weltkrieg versenkten die Franzosen ihre Flotte 1942 vor dem Einmarsch der Deutschen im Hafen. Der alliierten Landung 1944 gingen schwere Bom-

Toulon: Cityplan

bardements voraus, die vor allem den Hafen trafen.

Am Hafen

Von der imposanten **Place d'Armes** 1 sind es nur wenige Schritte zur militärischen Sperrzone des **Arsenal maritime** 2 – Zugang für Zivilisten verboten. Nach Westen erhebt sich in der Rue Jourdan die frühklassizistische Kirche **St-Louis** 3 über Gassen, die einmal als das heiße Pflaster von Toulon galten. Geblieben sind Kramläden für Militaria und Marinesouvenirs sowie Couscousbuden. Zurück zum Arsenal, wo das barocke Prachttor Porte de l'Arsenal Einlass ins **Musée de la Marine** 4 und damit Einblicke in die französische Schifffahrtsgeschichte gewährt (Place I. G. Monsenergue, April–Mitte Sept. Mi–Mo

Sehenswürdigkeiten

1 Place d'Armes
2 Arsenal maritime
3 St-Louis
4 Musée de la Marine
5 Quai Cronstadt
6 Ancien Hôtel de Ville
7 Cours Lafayette
8 St-François-de-Paule
9 Cathédrale Ste-Marie
10 Musée du Vieux-Toulon
11 Place Puget
12 Place des 3 Dauphins
13 Place Victor Hugo
14 Place de la Liberté
15 Musée des Beaux-Arts
16 Jardin Alexandre 1er

Übernachten

1 Les Bastidières
2 La Corniche
3 Le Dauphiné

Essen und Trinken

4 Le Jardin du Sommelier
5 Au Sourd
6 Le Cellier

10–18, sonst 10–12, 14–18 Uhr, www.musee-marine.fr). Dem auf Museum und modernem Bau der Préfecture Maritime in Richtung des alten Rathauses folgenden **Quai Cronstadt** 5 kommt trotz gesichtsloser Nachkriegsblockbebauung der Rang von Toulons beliebtester Flaniermeile zu. Caféterrasse reiht sich an Caféterrasse. Vom **alten Rathaus** 6 am autofreien Kai blieben nur die Atlanten des berühmten Bildhauers Pierre Puget. Der Rest fiel 1944 wie die gesamte Hafenfront unter den Bomben in Schutt und Asche.

Altstadt und Hafen

Parallel zum Quai tost der Verkehr hinter den nüchternen Fassaden über die Avenue de la République mit dem Koloss des **neuen Rathauses.** Schon auf dem gegenüberliegenden Trottoir betritt man die auf den ersten Blick einnehmende Altstadt. Der großzügig angelegte **Cours Lafayette** 7 mit seinem bunten Marché provençal lädt auf Höhe der in typischem Provencebarock gehaltenen Kirche **St-François-de-Paule** 8 (9–19 Uhr) zum Schlendern in Richtung **Cathédrale Ste-Marie** 9 (9–18 Uhr) ein. Die romanische bis barocke Elemente vereinende Kirche ist der Mittelpunkt des Vieux-Toulon. Im angrenzenden ehemaligen Bischofspalast kam das **Musée du Vieux-Toulon** 10 zur Lokalgeschichte unter (Mo–Sa 14–17.45 Uhr). Im engmaschigen Netz der sanierten Gassen herrscht das bunte Treiben einer provenzalischen Stadt. Vor allem an Markttagen wird es zwischen Händlern und Gauklern drangvoll eng. Inmitten des Treibens gewinnt Toulon an Profil. Beim Weitergehen über die nur Fußgängern offene Rue d'Alger und Rue Hoche zur herausgeputzten kleinen **Place Puget** 11 um einen von Farn und Moos überwucherten Delphinbrunnen gewinnt die Stadt zusehends. Die **Place des 3 Dauphins** 12 mit einer Büste des in Toulon geborenen Filmschauspielers Raimu ist der nächste Treffpunkt in der Altstadt. Hier ist Toulon einen Besuch wirklich wert.

Es folgen die **Place Victor Hugo** 13 mit dem pompösen Second-Empire-Opernhaus. Jenseits des Boulevard de Strasbourg, und damit bereits außerhalb der Altstadt, liegt die **Place de la Liberté** 14. Großspurig gibt die Belle Epoque hier mit pompöser Brunnenanlage und der Fassade des Grand Hôtel den Ton an. Etwas weiter in Richtung Nordwesten den verkehrsumtosten **Boulevard de Strasbourg** hoch lohnt das im Stil der Neo-Renaissance erbaute **Musée des Beaux-Arts** 15 wegen der hervorragenden Samm-

Beliebt: die herausgeputzte kleine Place Puget

lung zeitgenössischer Kunst den Besuch (113, Bd. Maréchal Leclerc, Mitte Sept.–Mitte Juni Di–So 12–18, sonst 13–19 Uhr). Zum Ausruhen bieten sich eine Ecke weiter die historischen Gartenanlagen des **Jardin Alexandre 1er** 16 an.

Le Mourillon und Les Oursinières

Le Mourillon heißt Toulons Strandviertel im Südosten. Zwischen dem **Musée des Arts asiatiques** in der Villa Jules-Verne (Di–So 12–18 Uhr) und dem Cap de Carqueiranne 12 km weiter südöstlich wechseln Sandstrände mit alten Festungstürmen, Villenvierteln und Deichen.

Hübsch ist der Weiler **Les Oursinières** mit Blick auf die Corniche varoise – so heißt der Toulon-nahe Küstenabschnitt.

i **Office du Tourisme:** Pl. Raimu, 83000 Toulon, Tel. 04 94 18 53 00, Fax 04 94 18 53 09, www.toulontourisme.com. Zusätzlicher Infopoint am Hafen.

Les Bastidières 1: Cap Brun, 2371, Av. de la Résistance, Tel. 04 94 36 14 73, Fax 04 94 42 49 75, April–Sept. Feu-

dales Anwesen im Osten der Altstadt mit 5 Zimmern. Die geräumigen Zimmer haben eigene Terrassen. Mit Pool und Garten. DZ ab 85 €.

La Corniche 2: 17, Littoral Frédéric-Mistral, Tel. 04 94 41 35 12, Fax 04 94 41 24 58, www.cornichehotel.com. Am Strand von Le Mourillon. Angenehmer Patio. Zimmer zum Meer oder zum Garten. DZ ab 70 €.

Le Dauphiné 3: 10, Rue Berthelot, Tel. 04 94 92 20 28, Fax 04 94 62 16 69, www.grandhoteldauphine.com. Gut geführtes Haus in der Altstadt – gut zum Ausgehen. DZ ab 56 €.

Le Jardin du Sommelier 4: 20, Allée Courbet, Tel. 04 94 62 03 27, Sa, So mittag geschl. Die In-Adresse von Toulon. Eine Empfehlung unbedingt wert: der Langustinensalat mit Schweinsfüßchen! Viel Atmosphäre. Der Patron ist ausgebildeter Sommelier. Menü ab 28 €.

Au Sourd 5: 10, Rue Molière, Tel. 04 94 92 28 52, Mo mittags, So geschl. *Tout Toulon* pilgert seit Urzeiten an die Tische des legendären Restaurants, um *friture* (frittierte Fischchen) oder *bourride de Toulon* (Fischsuppe, nur auf Vorbestellung) zu genießen. Berankte Terrasse. Menü 24 €.

Le Cellier 6: 52, Rue Jean-Jaurès, Tel. 04 94 92 64 35, Sa, So geschl. Wirtin Odette ist ein Original, deren Tische ob ihrer Kochkünste und ihrer Herzlichkeit immer gut besucht sind. Menü ab 14 €.

Aux Produits de Provence: 1, Chemin de Timbouctou. Wunderbare Öle, himmlische Konfitüren.

Marché provençal: Di–So, Cours Lafayette. Einer der bedeutendsten seiner Art.

Jubel und Trubel bis spät in die Nacht in den Bars am **Quai Cronstadt** und **Quai de la Sinse.**

Tipp: **Le Grand Café de la Rade,** 224, Av. de la République, elegant und trendy.

Nationalfeiertag: 14. Juli; mit hier besonders großem Feuerwerk.

Plage du Mourillon: Hausstrand von Toulon östl. der Altstadt, Sand.

Hafentouren/Exkursionen zu den Hyères-Inseln: Bateliers de la rade, Tel. 04 94 46 24 65; TMT, am Hafen, Tel. 04 94 46 29 89, Société maritime des Iles d'Hyères, am Hafen, Tel. 06 82 99 40 70 (Handy).

Flugzeug: nat. Flughafen Toulon/Hyères, Tel. 04 94 00 83 83. Tgl. Flug nach Paris; Bustransfer ab Pl. de la Liberté, 45 Min.

Zug: Bahnhof an der Pl. Albert-Ier, Tel. 08 36 35 35 35. Tgl. TGV nach Paris.

Hyères, die Halbinsel Giens und die Iles d'Hyères

Reiseatlas S. 17/18

Hyères wurde im 19. Jh. und damit für die Côte d'Azur früh entdeckt, um später für ein paar Jahrzehnte in Vergesssenheit zu geraten. Heute zählt die schmucke Kleinstadt wieder etwas unter Urlaubern, aber Salinen, Obst- und Gemüseanbau sind für Hyères genauso wichtig wie der Strandbetrieb. Auf den autofreien Inseln des vorgelagerten Archipels läuft mangels Motorisierung alles einen Gang langsamer.

Hyères

Reiseatlas: S. 17, A/B 3/4

Drei Viertel aller in Frankreich für den Handel gepflanzten Tulpen blühen um Carqueiranne: Wer im Frühjahr über das nette Städtchen nach Hyères fährt, erlebt ein buntes Wunder. Die auf Carqueiranne längs der N 98 folgenden Sandstrände gelten als **Surfparadiese,** besonders die **Plage d'Almanarre.**

Blütezeit und Niedergang

Die Altstadt von Hyères entpuppt sich als echte Entdeckung. Von den englischen Urlauberpionieren des 19. Jh. blieben grandiose Villen- und Straßennamen, wie auch ein Brunnen, den eine gewisse Mrs. Stewart »ihren Freunden, den Tieren« gespendet hat. Obligatorisch sind längs der Boulevards Palmen, führt Hyères doch den sonnenverheißenden Zusatz ›les-Palmiers‹ im Ortsnamen. Viele Palmen stammen sogar noch aus der ersten touristischen Blüte von Hyères.

Als der Schriftsteller Stéphane Liégard 1887 den Namen ›Côte d'Azur‹ erfand, ließ er das Wunderland aus Sonne und Meer bei Hyères beginnen. Damals konnte die Stadt an den Hängen der Colline de Castéou bereits auf einige Jahrzehnte als internationale Winterfrische zurückblicken: Pauline Borghese, Schwester Napoleons, verlustierte sich 1813 in der Stadt. Auf ihre Bitte trieb man eine *Route impériale* von Toulon nach Hyères. Von 1830 bis 1848 arbeitete Bürgermeister Alphonse Denis am Aufbau einer prestigeträchtigen Winterstation. Hotelpaläste, Villen, Sanatorien schossen aus dem Boden der Palyvestre-Ebene, die die Altstadt mit der Halbinsel von Giens verbindet.

1876 kam die Eisenbahn, bald darauf auch die Konkurrenz anderer High-Society-Treffs weiter östlich an der Côte. Hyères liegt nicht direkt am Wasser, kann keine Croisette oder Promenade aufweisen – und geriet ins Hintertreffen. Erika und Klaus Mann schrieben 1931 im ›Buch von der Riviera‹: »Heute ist es (Hyères) mehr still und fein.« Ganz so still war's freilich nicht. Man Ray drehte 1929 in der Villa Mallet-Stevens seinen Film ›Le Mystère du Château de Dé‹. Villenbesitzer Charles de Noailles begleitete im selben Jahr Cocteaus erste filmische Schritte; kurz darauf wurde ihm mit der Exkommunikation gedroht, weil er Luis Buñuels ›L'Age d'Or‹ finanziert hatte. Die Mann-Kinder amüsierten sich köstlich über den Skandal wegen eines Films, »in dem eine nackte Dame aus einem Taxi über die Hostie springt.« 60 Jahre später drehte Truffaut in der 50 000-Einwohnerstadt seinen letzten Film, ›Auf Liebe und Tod‹.

Altstadt

Die verwinkelte Altstadt bedeutet Provence pur mit krummen Gassen, Kramläden und tratschenden Nachbarn. Vom Parkplatz auf der Place Clemenceau ist das platanenbeschattete Rechteck der **Place de la République** zu sehen. Zwischen die Häuser am Platz geduckt, fällt die romanische Kirche **St-Louis** (10–12, 15–18 Uhr) wegen ihrer imposanten Fassade ins Auge: Hier soll Ludwig der Heilige 1254 auf dem Rückweg vom siebten Kreuzzug zum Gebet innegehalten haben. Am oberen Kopfende des Platzes verläuft die schmale Rue de la République. Links führt sie auf die wegen ihrer Lebensmittelläden an einen provenzalischen Markt erinnernde Rue Massillon, die zur gleichnamigen Place ansteigt. Unübersehbar bestimmt der romanische **Ste-Blaise-Turm** den leicht abschüssigen Platz. Ursprünglich hatte der Templerorden den Turm als Komturei errichtet. Später diente er als Rathaus, heute als Heimatmuseum (im Sommer Mi–Mo 10–12, 16–19, im Winter Mi–So 10–12, 14–17 Uhr).

Über eine Treppe erreicht man die sich hügelwärts ziehende Rue Ste-Cathérine und die **Place St-Paul,** auf der ein Orientierungstisch das Panorama bis nach Giens, den Iles d'Hyéres und dem Massif des Maures erklärt. Durch den Bogen der 700 Jahre alten **Porte St-Paul,** neben der die Kirche **Collégiale St-Paul** (April–Sept. Mi–Mo 10–12, 16–19, sonst Mi–So 10–12, 14–17.30 Uhr) samt Freitreppe thront, führen verschlungene Wege zum **Parc St-Bernard** (8–17, im Sommer bis 19 Uhr) hinauf. Aus dem Grün lugen die Ruinen des mittelalterlichen **Châteaus**.

Am oberen Parkende betritt man mit der elegant schlichten **Villa de Noailles** den Ort des von Erika und Klaus Mann festgehaltenen Filmskandals: Im avantgardistischen Entwurf von Robert Mallet-Stevens probte Buñuel mit der Kamera den Aufstand gegen die guten Sitten. Eine besondere Attraktion der Villa ist der kubistische Garten (Kernöffnungszeiten Mi–Mo 10–12, 13–16.30, www.villanoailles-hyeres.com).

Mit dem Autor unterwegs

Unbedingt anschauen!

Die kubistische **Villa de Noailles** in Hyères wurde 1924 nach einem Entwurf von Robert Mallet-Stevens gebaut. Buñuel hat die schlichte Sachlichkeit der Villa als Drehort genutzt. Der Garten ist eine stille Oase (s. o.).

Surfspot

Bei Mistral gibt's kein Halten mehr. Ganze Surfclubs trudeln am **Strand von Almanarre** ein, steigen aufs Brett und verschwinden als bunte Tupfen auf dem schaumgekrönten Meer. Auch ohne Mistral reicht die Brise in der Regel für geblähte Surfsegel (s. S. 322).

Route des Côtes-de-Provence

Verspielte Weinschlösser (Direktverkauf!), eines schöner als das andere, **grandiose Naturstrände, blühendes Hinterland** – so sieht es längs der Route des Côtes-de-Provence von Port-de-Miramar ans Cap de Brégançon aus. Ziel ist das Cap de Brégançon, wo der französische Präsident baden geht (s. S. 327ff.).

Office de Tourisme: 3, Av. Ambroise-Thomas, 83400 Hyères, Tel. 04 94 01 84 50, Fax 04 94 01 84 51, www.ot-hyeres.fr.

... in Carqueiranne:
L'Aumônerie: 620, Av. de Font-Brun, Tel. 04 94 58 53 56. Das Anwesen hat früher einem Marineseelsorger gehört. Daher die Kapelle im Erdgeschoss, die heute Zimmer Nr. 3 beherbergt: etwas klein, aber ausgesprochen heimelig. Am meisten Platz bietet die ›Petite Maison‹ in einer Ecke des von Pinien beschatteten Gartens. Strandzugang, Garten. DZ ab 75 €, ein Ferienhaus für 2 Pers. 110 €/Tag, 1. Aug.-Hälfte geschl.
La Rose des Mers: 3, Allée E. Gérard, Tel. 04 94 58 02 73, Fax 04 94 58 06 16, April–Nov. Für das Hotel in Hyères-Plage spricht die Lage am Wasser. Die 20 Zimmer sind einfach. Strandliegen. DZ ab 52 €.
Hôtel du Soleil: Rue du Rempart, Tel. 04 94 65 16 26, Fax 04 94 35 46 00, www.hotel-du-soleil.fr. Nettes Altstadthotel mit sehr freundlicher Wirtin und ebensolchem Service. Für die Anfahrt über die steile Gasse benötigt man ein wenig Geschick. DZ ab 35 €.

Dominiert die Place de la République: der Ste-Blaise-Turm

... auf der Presqu'île de Giens:
Le Mas du Port Augier: versteckte Zufahrt ab D 97 (Richtung La Tour Fondue), am Ende einer privaten Zufahrt an der Spitze der Halbinsel von Giens gelegen, Tel. 04 94 58 22 13, Fax 04 94 58 22 44, Ferienwohnung für 2 Pers. 171–440 €, 6 Pers. 403–1080 €/Woche. Ein Dutzend Ferienwohnungen und -häuser, mit Schilfrohr und Weinreben ringsherum. 5 Min. zum Wasser.
... in Ayguade (5 km östl. von Hyères):
Camping Domaine du Ceinturon: Rue des Saraniers, Tel. 04 94 66 32 65, April–Sept. Alles für den Camper; 80 m zum Strand.

... in Giens:
L'Eau Salée: Port du Niel, Tel. 04 94 58 92 33, So abend, Mo geschl. »Pieds dans l'eau«, mit den Füßen im Wasser, so sieht der Wirt die Lage seines Lokals auf der Südseite der Halbinsel von Giens. Auf der Karte stehen Fische und Meeresfrüchte. A la carte 36 €.

Trödelmarkt: So morgen in La Capte (Halbinsel von Giens).
Markt: tgl. Pl. Massillon.

Internationales Festival für Mode und Fotografie: jährl. Ende April. Präsentation avantgardistischer Mode und Foto-

grafie mit Ausstellungen in der Villa Noailles (s. auch S. 323) und Defilees im Cirque du Centaure an der Plage l'Ayguade (alle Infos unter www.villanoailles-hyeres.com).

Tauchschule Aquarel Plongée: 265, Chemin Mottura, Hyères, Tel./Fax 04 94 62 14 55 und 06 23 88 41 20 (Handy), www.aquarel-plongee.com.
Kitesurf-Schule MF Kite: Plage de l'Almanarre, Hyères, Tel. 06 62 00 84 07 (Handy), www.mfkite.com.

Zug: Bahnhof, Tel. 08 36 35 35 35. Tgl. Expresszüge nach Toulon/Marseille.
Bus: Busbahnhof, Pl. Clemenceau, Busse ins gesamte Departement.
Fähre: zu den Hyères-Inseln s. S. 326.

Les Iles d'Hyères

Karte: S. 326/327
Radfahrer nutzen von Hyères eine zwischen den Pesqiers-Salinen auf der Halbinsel von Giens und dem Golfe de Giens gebaute Piste – von beiden Seiten glitzert Wasser. Mitunter gründeln Flamingos in den letzten noch betriebenen Salinen der Côte. Die Autostraße, D 7, bleibt auf der Ostflanke, um ins dörflich anmutende Giens zu gelangen.

12 Ile de Porquerolles

Von der Halbinselspitze bei La Tour-Fondue schimmern die Felsen von Porquerolles, der größten der Hyères-Inseln, zum Greifen nah über die Meerenge Petite Passe. Nur 20 Min. dauert die Überfahrt auf das schöne Eiland, das gemeinsam mit seinen Schwestern in der Renaissance als ›les Iles d'Or‹ verklärt wurde. Schuld daran war der wie Gold schimmernde Fels. Von Bau- und Motorisierungswut verschont, sind die Hyères-Inseln so etwas wie die Côte d'Azur vor dem Sündenfall.

Ganze 250 Menschen leben ganzjährig auf der 8 mal 2 km großen Ile de Porquerolles. Kein Auto stört die Idylle. An der Nordküste, wo das hübsche Inseldorf die Ankommenden empfängt, beschatten Pinien goldgelbe Strände **(Plage de la Courtade, Plage Notre-Dame).** Die Südküste ist zerklüftet und eignet sich ab dem Leuchtturm am **Cap d'Arme** für eine Wanderung längs der Klippen. Den Dorfplatz umstehen Eukalyptusbäume. Von hier braucht man etwa 20 Minuten zur landwirtschaftlichen Versuchsstation des **Hameau agricole** (Aromapflanzengarten, Schauwanderweg zwischen Feigen- und Olivenbäumen, Ausstellungen, Mai–Sept. 9.30–12.30, 13–17 Uhr).

Alle Wege sind auf den Inseln angesichts ihrer Oberfläche kurz. Auf Porquerolles gedeiht dank vieler Quellen fast alles, selbst Wein. Schirmkiefern bewahren auf einigen

Wegen vor dem Sonnenstich, ansonsten ist die einzige Gefahr das süße Nichtstun. Dass die Bedrohung einmal realer war, zeigt sich an den Befestigungsbauten der Insel.

Oberhalb des Hafens bewacht seit dem Jahr 1531 das **Fort Ste-Agathe** als einziger zu besichtigender Bau unter einer Reihe weiterer Forts die Insel (Mai–Sept. tgl., Tel. 04 94 58 07 24).

Bureau d'Informations: Quarré du Port (am Hafen), 83400 Porquerolles, Tel. 04 94 01 40 72, Fax 04 94 58 36 39, www.porquerolles.com.

L'Oustaou de Porquerolles: Pl. d'Armes, Tel. 04 94 58 30 13, Fax 04 94 58 34 93, www.oustaou.com, Feb.–Okt. Hotel zwischen Hauptplatz und Hafen, mit erfrischend nüchternen Zimmern. Die beiden zum Meer sind still, die drei zum Platz nicht immer, zumindest im Sommer. DZ 84–170 €.
Les Glycines: 22, Pl. d'Armes, Tel. 04 94 58 30 36, Fax 04 94 58 35 22, www.aubergedesglycines.com. Zauberhaftes Haus in einem Winkel des Hauptplatzes mitten im Inselhauptort. Patio mit Feigenbäumen und Glyzinien. Fröhliche Zimmer hinter blauen Fensterläden. DZ/HP ab 69 € pro Pers.

Domaine de la Courtade: Tel. 04 94 58 31 44. Barrique-Weine von den Schieferböden der Insel. Probe und Verkauf n. V.
Domaine de l'Ile: Tel. 04 94 58 31 60. Würziger Rosé mit einem Myrthe-Aroma. Probe und Verkauf n. V.

Jazzfestival: Mitte Juli, www.jazzaporquerolles.org.

Fahrradverleih: Le Cycle Porquerollais, Rue de la Ferme, Tel. 04 94 58 30 32, www.cycle-porquerollais.com.
Tauchschule: Porquerolles Plongée, Tel. 04 98 04 62 22, www.porquerolles-plongee.com.

Fähre: von La Tour-Fondue (Giens) 5–20-mal am Tag auf die Hyères-Inseln, Tel. 04 94 58 21 81. Von Port d'Hyères auf die Inseln Port-Cros und du Levant, Tel. 04 94 57 44 07.

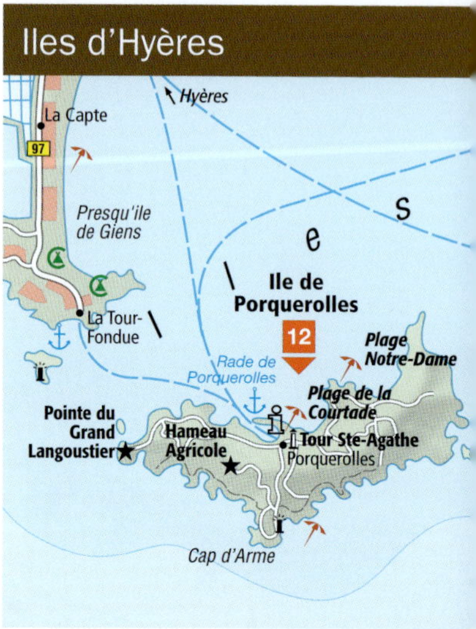

Ile de Port-Cros

Das benachbarte Inselchen Port-Cros wurde 1963 zum Nationalpark erklärt, inklusive umliegender Gewässer. Die teils endemische Flora der mit dem **Mont Vinaigre** (196 m) bergigsten Hyères-Insel sowie die reiche Meeresflora stehen seither unter Schutz, können jedoch auf Lehrpfaden zu Land und zu Wasser (Taucherbrille mitnehmen!) erkundet werden. Myrthe, Mastixbaum, Baumerdbeere, wilder Ölbaum und Kermeseichen bereichern die Hochmacchia. Zelten, Feuermachen, Jagen oder Pflanzenpflücken sind strikt verboten.

Das Inseldorf wirkt mit seinen Palmen und bunten Häuschen unwiderstehlich, ein Piratennest wie aus Kinderbüchern. Im Norden des Winzhafens beherrscht das **Fort du Moulin** die Szenerie, im Süden hält das vorgelagerte **Bagaud-Inselchen** (Zugang verboten, um die Nistplätze von Seevögeln auf dem Felsen zu schützen) den Mistral ab. Einkaufs- und Einkehrmöglichkeiten sind vorhanden.

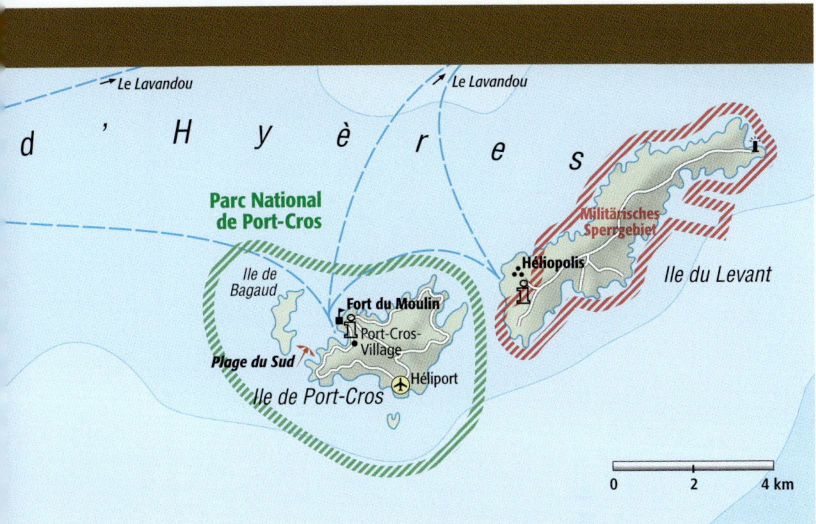

Maison du Parc: 83400 Port-Cros, Tel. 04 94 01 40 72.

Fähre:
s. Porquerolles S. 326.

Ile du Levant

Durch die schmale Passage des Grottes von Port-Cros getrennt, erstreckt sich nordöstlich die Ile du Levant wie ein schmaler, 8 km langer Felskamm. Fast 90 % der kargen Fläche sind militärisches Sperrgebiet: Hier übt die *marine nationale* mit Raketen. Auf den restlichen 100 ha fallen die Hüllen: Hier wurde 1931 an der Côte erstmals FKK erlaubt. Im Dorf **Héliopolis** haben die *naturistes* ihre Kolonie inmitten dichten Grüns. Man erreicht es über einen 800 m langen Weg. Unzugängliche Felsgestade halten Neugierige von See zurück.

Office de Tourisme: 83400 Ile du Levant, Tel. 04 94 05 93 52.

FKK: alles zu den nackten und auch zu anderen Tatsachen: www.naturiste.com.

Fähre:
s. Porquerolles S. 326.

Ans Cap de Brégançon

Reiseatlas: S. 17, B/C 3

Ein paar Weinschlösser (Tipp: Château de Brégançon, s. S. 328), eines schöner als das andere, Naturstrände, an denen fürs Parken tief in die Tasche gegriffen werden muss, blühendes Hinterland – so sieht das Programm längs der **Route des Côtes-de-Provence** von Port-de-Miramar ans Cap de Brégançon aus.

Kurz hinter dem verschlafenen Dörfchen Cabasson endet die Landstraße. Das **Fort de Brégançon** schwimmt im Wasser, stolz und uneinnehmbar, so wie es sich für die Sommerresidenz des Président de la République française gehört. Seit 1968 ist das Renaissanceschloss, das Napoléon 1793 befestigen ließ und das auf einem dem Kap vorgelagerten Inselchen liegt, offizielle Sommerresidenz der französischen Präsidenten. Ein Deichweg führt vom Strand zum Tor – und auch wieder nicht: »Pas de visite« auf dem Fort de Bré-

gançon. Man versteht: Besuchergruppen im präsidialen Badezimmer, das ginge denn wirklich zu weit. Pompidou kam häufig, Chirac selten. In Cabasson ist man's auch so zufrieden, denn die präsidentiellen Stippvisiten verhindern die Verschandelung am Cap de Brégançon. Merke, Frankreichs Präsidenten sind noch immer die besten Umweltschützer.

Château de Brégancon: 639, Rte. de Léoube, Tel. 04 94 64 80 73, tgl. 9–12, 14–18 Uhr. Weingut. Rubinrote, nach Wildbeeren schmeckende Rote, frische Rosés.

Abstecher zur Plage de l'Estagnol

Auf der Fahrt nach Cabasson zweigt auf Höhe des Cap de Léoube eine **Staubpiste in Richtung Meer** ab. Bevor man freie Fahrt erhält, verlangt der Wächter ein paar Euro – Diskutieren zwecklos, die nächsten Kilometer bis ans Wasser sind Privatbesitz. Freie Fahrt haben nur Radler. Einerlei, das Geld ist gut angelegt. Keine 10 Minuten später steht der Wagen unter Schatten spendenden Pinien. Durch die Stämme schimmert eine unberührte Sandbucht, die **Plage de l'Estagnol.** Links und rechts rahmen Felsen das Idyll. Wer will, kann sich nach dem Bad auf die Wanderschaft über den Küstenpfad machen, etwa nach Osten zum Cap Brégançon.

Mittags pilgert alles ins **Restaurant L'Estagnol** (Rte. de Léoube, Bormes-les-Mimosas, Tel. 04 94 64 71 11, Ostern–Ende Sept., Menü ab 22 €), das sich dezent einige Schritte hinter den Dünen im Wald versteckt. Die Besitzer Patrick und Geneviève Cruché sind reizende Gastgeber. Man sitzt barfuß unter Sonnenschirmen, wählt einen frisch gefangenen Fisch und lässt ihn sich über dem offenen Holzkohlengrill zubereiten. Als leichte Sommerkost empfiehlt sich die *anchoïade* (Sardellencreme mit Knoblauch) mit knackigem Gemüse. Abends ist die Atmosphäre intimer und der Hunger vielleicht größer – Zeit für eine Bouillabaisse oder eine Languste.

Einmal Leuchtturmwärter auf der Ile de Porquerolles sein ...

Massif des Maures und St-Tropez

Reiseatlas S. 17/18

La Côte des Maures heißt der Küstenabschnitt von Hyères bis zum Golfe de Fréjus. Der Name leitet sich von der auf knapp 800 m ansteigenden Bergkette des Massif des Maures im Rücken der Küste ab. Zwischen roten Klippen verstecken sich gelbe Sandstrände und überschaubare Örtchen. Eine Ausnahme macht wie immer St-Tropez – wo's brummt.

Massif des Maures

Reiseatlas: S. 17/18, B 3–E 1

›Maouro‹ bedeutet auf Provenzalisch dunkles Holz: Das Massiv ist von dichtem Wald bedeckt. Einige der abenteuerlichsten Strecken, wie die schlaglochreiche, sich über Schwindel erregende Abhänge windende **Route des Crêtes** von La Garde-Freinet über den Fourches-Pass nach Collobières, wurden wegen Feuergefahr für den Autoverkehr gesperrt – ein Glücksfall für Wanderer. Frei für eine Rundfahrt durch die menschenleere, von hohen alten Kastanien- und Eichenwäldern überzogene Bergwelt bleiben ein paar Landsträßchen, die vom Trubel der Côte fast unberührte Dörfer streifen. Von Hyères legt sich die D 12 mit herrschaftlichen Weingütern bis ins Winzerdorf **Pierrefeu-du-Var** an die Westflanke des Maurenmassivs.

Office du Tourisme: 20, Bd. Henri Guérin, 83390 Pierrefeu-du-Var, Tel. 04 94 28 27 30, Fax 04 94 28 21 78, www.ot-pierrefeu.com.

... in Pierrefeu-du-Var:
Le Clos de Lette: 52, Chemin de la Luquette, Tel. 04 94 48 21 71, Fax 04 94 48 21 71. Inmitten von Weinbergen gelegene Chambre d'hôtes, absolut ruhig. DZ 62 €.

... in Pierrefeu-du-Var:
Château de la Tour de l'Evêque: Rte. de Cuers (D 14), Tel. 04 94 28 20 17, www.toureveque.com. Einer der besten Rosés der Provence. Leicht in der Frucht, dabei äußerst konzentriert, ja fett.

Von Collobrières bis La Garde-Freinet

Parallel zum Gebirgsbach Réal Collobrier schlägt sich die D 14 von Pierrefeu in den tiefen Wald nach **Collobrières** durch. Der Hauptort des Massif des Maures ist für Maronen (glasiert oder püriert) bekannt. Holprige Gassen, eine alte Steinbrücke über den Dorfbach und die verwitterte Kirchenruine St-Pons verleihen der ›Capitale des Maures‹ ein seit Generationen unverändertes Aussehen.

Immer dichter werden die dunkeln Wälder längs der D 39 in Richtung **Gonfaron,** wo in der Schildkrötenzuchtstation **Le Village des Tortues** versucht wird, die Bestände im Massif des Maures wieder aufzufüllen. Gerade mit Kindern lohnt der Besuch (März–Nov. 9–19, Fütterungen 10–11, 17–18 Uhr, www.tortues.com). Nur ein Schäfer kreuzt vielleicht den Weg am **Col des Fourches.** Ab und zu sieht man Waldbauern bei der Pflege ihrer Kastanienbäume und flechtenbedeckten Korkeichen. Selten erlaubt der Wald einen freien Blick auf das von Taleinschnitten und Höhenkämmen zerfurchte Massiv.

Hinter Gonfaron wurstelt sich die D 75 bis zur D 558 vor, auf der man rechts in Richtung **La Garde-Freinet** abbiegt. Knapp 30 Korkenhersteller gab es einmal im Dorf, dessen

Steinhäuser sich eng um die Kirche gruppieren. *Passé.* Die Genossenschaft der Maronenbauern am Ortsausgang bestätigt, was man angesichts der Kastanienwälder ringsum bereits geahnt hat: Auch La Garde-Freinet lebt neben ein bisschen Weinbau von der Marone.

i **Office de Tourisme:** Chapelle St-Jean, Pl. de la Mairie, 83680 La Garde-Freinet, Tel. 04 94 43 67 41, Fax 04 94 43 08 69, www.lagardefreinet.com.

... in La Garde-Freinet:
Le Mouron Rouge: Quartier Le Défend Nord, Tel./Fax 04 94 43 66 33, www.lemouronrouge.com. Ruhig im Grünen (1 km außerhalb), komfortabel ohne Schnickschnack. Do–So Table d'hôtes zu 25 €. U. a. Angebot mit 2–3-tägiger Reitexkursion inkl. Übernachtung. Chambre d'hôtes/DZ ab 57 €, Appartement ab 95 €/Tag bzw. 445 €/Woche.

Grimaud und Cogolin

Die Burgdorfsilhouette von **Grimaud** baut sich über Weinreben auf. Die Bilderbuchgassen unterhalb der weitläufigen Burgruine bestechen durch gotische Arkaden, eine archaisch schlichte Kirche aus dem 11. Jh. sowie schattige Plätze. Im Gegenzug weht die wieder nahe Küste jeden wirklich dörflichen Charme fort – Grimaud ist von Souvenirboutique bis Restaurant auf Touristen vom Strand eingestellt.

Mit **Cogolin** rückt die Bucht von St-Tropez nah – und damit eine andere Welt. Doch zuvor noch ein Besuch in der 1924 gegründeten **Manufacture des Tapis de Cogolin** (6, Bd. Louis-Blanc, Tel. 04 94 55 70 65, Mo–Do 8–12, 14–18, Fr nur bis 17 Uhr), die durch Teppiche mit kubistischen Mustern berühmt wurde, deren geistige Väter Mondrian oder Fernand Léger heißen. Diese Kunststücke liegen im Weißen Haus und im Elysée-Palast, zieren sowohl Botschaften als auch Grand Hôtels. Zu den aktuellen Neuheiten zählt ein ›Tapis filigrané‹ mit sehr niedrigem Flor. Von Hand verarbeitet werden wie gewohnt Wolle, Baumwolle, Jute, Bast – stets in bester Qualität und auf genauen Wunsch des Kunden.

Mit dem Autor unterwegs

Unterwegs in der Einsamkeit

Ein sechsstündiger **Rundwanderweg** (GR 90) führt von Collobrières zum einsam gelegenen Kartäuserkloster tief im Massif des Maures. Es geht durch jahrhundertealte Wälder. Wer die Stille sucht: Man kann in der **Chartreuse de la Verne** (Tel. 04 94 43 45 41) für ein paar Tage einkehren (s. S. 332).

Nicht verpassen!

Stargartenarchitekt Gilles Clément hat die **Domaine de Rayol** aus den 1930er Jahren als Abfolge von Mittelmeergärten mit geografischen Schwerpunkten (Chile, Südafrika, Kalifornien) neu geschaffen. Das Ergebnis ist die moderne Umsetzung des alten Traums vom Paradies auf Erden (s. S. 334).

Die beste Bouillabaisse ...

... weit und breit gibt's bei Chez Camille, einem Strandrestaurant in der Bucht von Pampelonne. Sohn Guillaume bereitet sie nach bewährtem Familienrezept zu (s. S. 336).

Sundowner mit Aussicht

Das orangerote Hotel **Le Sube** hat im ersten Stock eine Bar mit Blick auf den Hafen – die **St-Tropez'** *place to be* für den Sundowner ist. Unterm Balkon zieht die rausgeputzte Menge vorbei (15, Quai Suffren, Tel. 04 94 97 30 04).

i **Office de Tourisme:** 1, Bd. des Aliziers, 83310 Grimaud, Tel. 04 94 55 43 83, Fax 04 94 55 72 20, www.grimaud-provence.com.

... in Grimaud-Village:
Hostellerie du Coteau Fleuri: Pl. des Pénitents, Tel. 04 94 43 20 17, Fax 04 94 43 33 42, Nov./Dez. geschl. *Fleuri* steht für blühend: Blumen gibt es in diesem Hotel am malerischen Dorfplatz zuhauf. DZ 69–115 €.
... in Cogolin:
La Maison du Monde: 63, Rue Carnot, Tel. 04 94 54 77 54, Fax 33 04 94 54 77 55, www.

Ein Paradies für Mountainbiker und Wanderer: das Mauren-Massiv

lamaisondumonde.fr. Gebäude des 19. Jh. mit großer Loggia und Terrasse. Zimmer in einer Mischung aus ›Habitat‹-Look und Ethno-Zitaten. DZ 70–165 €.

... in Grimaud-Village:
Hostellerie du Coteau Fleuri: s. o. Hotels. Klassisches Küchenrepertoire auf der Terrasse oder im Saal mit riesigem Kamin. Unbedingt probieren: das *topinambur-velouté* (cremige Topinambursuppe). Menü ab 45 €.

Unterwegs nach Bormes-les-Mimosas

Die D 14 führt von Grimaud nach Collobrières zurück. Unterwegs weist ein Schild zur **Chartreuse de la Verne** (bei Übernachtungen wird eine Spende erwartet; ca. 20 €/Pers.). Das ehemalige Kartäuserkloster mitten im Wald, dessen erstaunlich großer Komplex überwiegend aus dem 17./18. Jh. stammt, wird von Nonnen der Klostergemeinschaft von Bethlehem bewohnt. Wanderer auf dem Rundweg GR 90 (6 Std. ab Collobrières; leicht bis mittelschwer) sind willkommen.

Von Collobières schlängelt sich die aussichtsreiche D 41 über den **Col de Babaou** in Richtung **Bormes-les-Mimosas**. Das herausgeputzte Dorf erblüht im Winter, wenn das ganze Städtchen vom Schloss bis hinab zu den Gassen gelb vor Mimosenblüten ist. In der Barockkirche St-Trophime glänzen die Reliquienbüsten in mattem Blattgold. Ein Wermutstropfen trübt die Freude an diesem Ensemble üppiger Gärten und ockerfarbener Mauern, das wie ein Balkon über die Côte blickt: Das Paradebeispiel eines pittoresken Provencedorfes leidet im Sommer unter dem Ansturm von der 5 km nahen Küste. Vom Dorf schaut man auf den Badeort Le Lavandou und das Cap Blanc. Bormes-les-Mimosas hat sich einen Hafen neben den **Strand von La Favière** geklotzt, Zeichen dafür, dass man sich mehr auf die einträgliche Küste als auf das einsame Bergmassiv orientiert.

Office de Tourisme: 1, Pl. Gambetta, 83230 Bormes-les-Mimosas, Tel. 04 94 01 38 38, Fax 04 94 01 38 39, www.bormeslesmimosas.com.

Le Mirage: 38, Rue de la Vue-des-Iles, Tel. 04 94 05 32 60, Fax 04 94 64 93 03, Jan.–März, Nov.–Dez. geschl. Modernes Haus

oberhalb von Bormes, rundherum viel Grün. Zimmer mit Balkon oder Terrasse, provenzalisches Design. Fitnessraum, Mountainbike- und Rollerverleih. DZ ab 99 €.
La Bastide Rose: 464, Chemin du Patelin (von der D 559 Richtung Cabasson halten), Tel. 04 94 71 35 77, Fax 04 94 71 35 88, bastide.rose@wanadoo.fr, April–Sept.5 luxuriöse Zimmer im Folklore-Designlook. Pool, Jacuzzi, Terrasse. DZ ab 76 €. Keine Kreditkarten.
... an der Plage de la Favière (südöstl.):
Camping Camp du Domaine: Tel. 04 94 71 03 12, www.campdudomaine.com, April–Okt. Die Plätze werden teurer, je näher sie zum Strand liegen. Riesige Anlage im 25 ha großen Pinienwald.

La Tonnelle: Pl. Gambetta, Tel. 04 94 71 34 84, Mi, Do mittag geschl. Provenzalische Genüsse in kühler Gartenlaube: *soupe au pistou,* Innereien mit Walnusssalat. Menü 26–33 €.
L'Escoundudo: 2, Ruelle du Moulin, Tel. 04 94 71 15 53. Außer Juli/Aug. Mo, Di geschl. Hübsche Gassenterrasse und provenzalische Küche: Beim einzigen Menü schmecken Tomatentörtchen und *bourride*. Menü ab 18 €.

Kunsthandwerkmarkt: im Sommer, Fr abend.
Patisserie del Monte: 18, Rue du Gaspardet, tgl. außer Mi, Do nachmittag 7–13, 15.30–19.30 Uhr. Hausgemachte Schokolade, köstliches Eis (Feigensorbet!), Kuchen (Mandelbiscuits!) von einem Meister seiner Zunft.

Großer **Blumenkorso** im Feb., u. a. mit Mimosen.

Die Côte des Maures

Reiseatlas: S. 17/18, C/D 3
Zwischen Le Lavandou und Cavalaire-sur-Mer rückt das Massif des Maures bis zur Uferkante vor. Das felszerklüftete Herzstück der Côte des Maures bekam folglich den klingenden Titel *corniche* verliehen – die Aussicht verpflichtete. In endlosen Windungen folgt die Küstenstraße D 559 Buchten und Felsvorsprüngen. Von Pinien und Blumenkaskaden gerahmt, locken die Strände immer wieder hinab ans Meer.

Von Le Lavandou nach Cavalière

Le Lavandou war einmal ein verschlafenes Fischernest, gehorcht jedoch wegen des vom Cap Bénat geschützten Sandstrandes seiner Berufung als Badeort. Hotelbauten reihen sich aneinander, die damit einhergehende Portion Beton ist das Ergebnis. Im Sommer verleiht das Treiben auf der belebten Uferpromenade dem Ganzen den unverwechselbaren Charme französischer Familienbäder. Vom Hafen stechen die meisten Fähren nach Port-Cros und der Ile du Levant in See.

Das wesentlich verbummeltere **St-Clair** schließt sich im Osten an Le Lavandou an. Für den Ort – wie für alle folgenden – gilt: ›pieds dans l'eau‹, der Strand liegt direkt vor der Haustür. Rote Felsen rahmen in St-Clair zu einer Seite den Sand. Ein 8 km langer botanischer Lehrpfad klärt über die Fauna auf: Ginster, Pistazie, Olivenbaum, Lavendel, Pinie ...

Die Entdeckungen mit Blick auf die Küste nehmen kein Ende. Vorbei an steil abfallenden Hängen, deren tropisch wucherndes Grün in atemberaubender Regelmäßigkeit die Aussicht auf das tiefblaue Meer und ins Wasser gestreute rote Felsen erlauben, überzeugt der nächste Ort mit dem bislang schönsten Sandstrand zum Anhalten. **Cavalière** liegt am Cap Nègre, das wegen Privatbesitzes nicht betreten werden darf. Auf der anderen Seite des Kaps war **Pramousquier** einst der Freihafen für die Kartäusermönche von La Verne.

Office de Tourisme: Quai Gabriel-Péri, 83980 Le Lavandou, Tel. 04 94 00 40 50, Fax 04 94 00 40 59, www.lelavandou.com.

... in St-Clair:
Auberge de la Falaise: Plage de St-Clair, Tel. 04 94 71 01 35, Fax 04 94 71 79 48. Familiäres Hotel auf der Felsspitze am westlichen Ende des Sandstrands von St-Clair. Zimmer ohne besonderen Charme, dafür im

Erdgeschoss mit kleinem Garten und von der Etage mit *vue sur mer*. DZ 70–105 €.
... in Aiguebelle (2 km östl.):
Les Roches: 1, Av. des Trois-Dauphins, Tel. 04 94 71 05 07, Fax 04 94 71 08 40, www.hotellesroches.com, Weihnachten–Feb. geschl. Zu den Stammgästen zählten einst Thomas Mann und Elizabeth Taylor. *Fini.* Das Anwesen ist noch heute ein Traum: Zimmer mit Terrasse. Das **Gourmetrestaurant** schiebt sich wie ein Schiffsbug ins Meer. DZ ab 200 €.

... in Aiguebelle (2 km östl.):
Le Sud: Av. des 3-Dauphins, Tel. 04 94 05 76 98, Mo, Di, Jan. geschl., außerhalb der Saison mittags außer am Wochenende geschl. Jungstar Christophe Pétra kocht in seinem eleganten Restaurant in Hochform. Unvergesslich: der lauwarme Hummersalat. Dachterrasse! Menü 59 €.
... in St-Clair:
Les Tamaris: Plage de St-Clair, Tel. 04 94 71 07 22, Nov.–Anfang März geschl., Juni–Aug. Di mittag, sonst Di ganztägig geschl. Begonnen hat Raymond vor einer kleinen Ewigkeit mit einem Bouillabaisse-Topf unter einer Tamariske. Der Baum beschattet heute die Terrasse, die Bouillabaisse kommt wie einst auf einer Korkeichenrinde auf den Tisch. Ebenfalls köstlich: gegrillte *beaux yeux* (Dorade). A la carte ca. 40 €, Bouillabaisse 45 €.
... an der Route des Crêtes (N 98):
Le Relais du Vieux Sauvaire: Anfahrt über Bormes-les-Mimosas, Col de Gratteloup, Tel. 04 94 05 84 22, Mitte Mai–Okt. Von der Höhenstraße knapp 500 m Luftlinie über Le Lavandou schaut man auf die Iles d'Hyères. Gut: Sardinen à la provençale, Lamm, *tarte au citron.* Menü 17–30 €.

Goldgelber, breiter **Sandstrand** am Ort. Ebenso in St-Clair. Abgelegene **kleine Buchten** am Cap Nègre (östl. von Cavalaire).

Schiff: Boote zu den Iles Port-Cros und du Levant, Quai Gabriel-Péri. Compagnie des Transports maritimes, Tel. 04 94 71 01 02.

Le Rayol

Le Rayol besticht durch seine hinreißende Lage unterhalb der D 559. Eine Stichstraße schraubt sich landeinwärts zum Col du Canadel und damit ins Maurenmassiv hoch. Zur Seeseite liegen Villengrundstücke mit altem Baumbestand. Direkt bis ans Meer und den Strand fällt der botanische Garten der **Domaine de Rayol** ab (April–Sept. 9.30–12.30, 14.30–18.30, Feb./März, Okt./Nov. ab 14 Uhr, Führungen um 15, Juli/Aug. auch 14, 16 Uhr, Mo geschl.). In den 1930er Jahren ließ der Industrielle Henri Potez hier über 400 exotische Raritäten anpflanzen. Viel blieb von der floralen Pracht um die Art-déco-Villa nach jahrzehntelanger Vernachlässigung nicht, bis 1989 die Kommune den Besitz aufkaufte. Seither hat Gartenstar Gilles Clément den Park als ›Mittelmeergärten‹ mit geografischen Schwerpunkten (Chile, Südafrika, Kalifornien) neu geschaffen.

Office du Tourisme: Pl. Michel Goy, 83820 Le-Rayol-Canadel-sur-Mer, Tel. 04 94 05 65 69, Fax 04 94 05 51 80, lerayolcanadel@wanadoo.fr.

Le Bailli de Suffren: Av. des Amérains, Tel. 04 98 04 47 00, Fax 04 98 04 47 99, www.lebaillidesuffren.com, Mitte April–Ende Okt. Nach langem Niedergang wiederbelebtes Luxushotel in beneidenswerter Lage über dem Sandstrand und weit genug von der Küstenstraße entfernt. Elegante Zimmer in neoprovenzalischem Stil. Blick auf die Iles d'Hyères. DZ ab 160 €.

Maurin des Maures: Av. du Touring Club, Tel. 04 94 05 60 11, www.maurin-des-maures.com, Mitte Nov.–Weihnachten abends geschl. Patron Dédé ist ein Unikum, an dessen Theke sich die Einheimischen drängeln, während Touristen im Panoramasaal gegrillten Fisch zu erschwinglichen Preisen genießen. Menü 21–26 €.

Goldgelber, breiter **Sandstrand** am Ort.
Wandern: traumhaft schöner Weg (GR 51) vom Col de Cagou-Ven zum Col du

Canadel, hoch über der Küste. Im Hochsommer wegen Waldbrandgefahr gesperrt!

Cavalaire-sur-Mer

4 km Sand mit Palmen und Mimosen im Hintergrund machen den Ruf von Cavalaire-sur-Mer als Ort ungetrübter Badefreuden aus. Eine erste Villa stand hier schon zu römischer Zeit. Es geht heute familiär zu, die Hotelzimmer sind erschwinglich. »Sie hat einen eigenen Reiz und ist von konventionellen Reisenden weniger überlaufen«, notierten Klaus und Erika Mann vor gut 70 Jahren über die Côte des Maures. Im Osten und Westen beschirmt jeweils ein Kap den Ort tief unten in der Bucht unterhalb der Pradel-Hügel. An der Bucht von La Cavalaire liegen in ähnlich geschützter Lage die Strände von **Bouillabaisse** und **Gigaro,** wo ein 20 km langer **Küstenwanderweg** nach St-Tropez seinen Anfang nimmt.

Office de Tourisme: Maison de la Mer, 83240 Cavalaire-sur-Mer, Tel. 04 94 01 92 10, Fax 04 94 05 49 89, www.cavalaire-sur-mer.com.

Le Château de Sable: Av. des Anthénis,Tel. 04 94 00 45 90, Fax 04 94 64 05 34, www.avignon-et-provence.com/bb/chateau-sable. Hinter der ›Sandburg‹ versteckt sich eine elegante Villa aus den 1930er Jahren. Design und Luxus geben den Ton an. Einige Möbel wurden aus aufgearbeitetem Treibholz angefertigt, andere beim Antiquitätenhändler oder Möbeldesigner gekauft. Der Garten reicht bis zum Strand – macht alles in allem eine Chambre d'hôtes auf höchstem Niveau. DZ 160–220 €.

La Pergola: Av. du Port, Tel. 04 94 00 42 22, Fax 04 94 64 60 08, www.golfe-infos.com/la_pergola, Jan. geschl. Klare, propere Zimmer in einem kleinen Hotel, das ebenso für sein **Restaurant** bekannt ist. DZ ab 74 €, im Sommer nur mit HP ab 116 € pro Person.

Camping de la Baie: Tel. 04 94 64 08 15, Fax 04 94 64 66 10, www.camping-baie.com, Mitte März–Mitte Okt. Im Ort, mit vielen Bäumen. 400 m zum Strand. Gut ausgestattet. Vermietung von Chalets und Wohnwagen.

Schiff: Boote zu den Iles d'Hyères ab dem Hafen, Tel. 04 94 71 01 02, Juni–Sept. Im Juli/Aug. Boote auch nach St-Tropez.

La Croix-Valmer

Schon kurz vor Le Rayol gedachte ein Denkmal an der D 559 der gefallenen ›Freiwilligen der Kommandogruppe Afrika‹, die Mitte August 1944 an den Stränden der Corniche des Maures gelandet waren. In La Croix-Valmer, das für seinen Wein bekannt ist, weist ein Schild zur **Plage du Débarquement,** einem der Strände des Departement Var, auf denen mit der dritten amerikanischen Infanteriedivision die alliierte Landung an der Côte d'Azur begann.

Office du Tourisme: Esplanade de la Gare, 83420 La Croix-Valmer, Tel. 04 94 55 12 12, Fax 04 94 55 12 10, www.lacroixvalmer.fr.

La Pinède Plage: Plage de Gigaro, Tel. 04 94 55 16 16, Fax 04 94 55 16 10, www.pinedeplage.com, Ende April–Anfang Sept. Luxushotel mit Hausstrand und eigenem Boot. DZ zur Gartenseite 162–231 €, zur Seeseite bis 399 €.

Die Halbinsel von St-Tropez

Reiseatlas: S. 18, E 2/3

Sanft wellen sich die ersten Hügel der **Halbinsel von St-Tropez** am Horizont. Das wilde Massif des Maures scheint mit einem Mal gezähmt. Der Col de Collebasse schafft es nur noch auf ganze 197 m. Strandnamen entführen in Traumwelten: Plage de Tahiti, Plage de Pamplonne. Zwischen Weinreben kündigen sich Bilderbuchdörfer auf ihrem Felshöcker an. Vor Einfahrten bellen Schilder Besuchern »Domaine privé« entgegen. Dahinter verbergen sich luxuriöse Ferienhaussiedlungen mit eigener Zufahrtsstraße: Die Halbinsel ist ein himmlisches Fleckchen Erde, das man ungern teilt.

Ramatuelle

Von La Croix-Valmer durchquert die D 93 zuerst im Zickzackkurs die Traumlandschaft, bis die D 61 auf Ramatuelle zuführt. Geraniengeschmückt harrt das *village perché* auf seiner Anhöhe, die dichter Wald umgibt. Die äußere Häuserzeile war gleichzeitig Verteidigungsmauer. Im Dorf verzahnen sich bogengestützte Gassen um den Dorfplatz, auf dem nach alter provenzalischer Tradition ein Olivenbaum *longo mai,* ein langes Leben, symbolisiert. Für Gérard Philippe kam der 1985 gepflanzte Baum zu spät. Das Grab des 1959 jung verstorbenen Schauspielers liegt auf dem Dorffriedhof. Im Sommer veranstaltet das Dorf ein Theaterfestival zur Erinnerung an den Filmstar der 1950er und 1960er Jahre.

Hinter Ramatuelle markieren die **Mühlen von Paillas** den mit 325 m höchsten Punkt der Halbinsel. Bei guter Sicht sind die Iles d'Hyères und die Mauren-Gipfel sichtbar.

Office du Tourisme: Pl. de l'Ormeau, 83350 Ramatuelle, Tel. 04 98 12 64 00, Fax 04 94 79 12 66, www.ramatuelle-tourisme.com.

La Figuière: Rte. de Tahiti, Tel. 04 94 97 18 21, Fax 04 94 97 68 48, Anfang Okt.–Anfang April geschl. Das nach außen schlichte Häuschen liegt nördlich von Ramatuelle auf dem Weg zu den Stränden. Alle Zimmer mit Terrasse. DZ ab 105 €.

Camping Le Kon-Tiki: Plage de Pampelonne, Tel. 04 94 79 80 17, www.campazur.com. Wiesen, alte Bäume, Strand. Disco, Tennis, Surfen ...

La Forge: 4, Rue Victor Léon, Tel. 04 94 79 25 56, April-Ókt. Mi geschl. In einer alten Schmiede untergebracht. Menü 35 €, mittags 25 €.

Chez Camille: Plage de La Bonne Terrasse in der Bucht von Pampelonne, Tel. 04 98 12 68 98, Anfang Okt.–Ende März geschl., April–Mai Mo abend, sonst Mo, Do, Fr jeweils mittag sowie Di geschl. Ein paar 100 m weiter ankern vor den Stränden Pampelonnes Milliardärsjachten. Dessen ungeachtet blieb Chez Camille *une affaire de famille:* Großvater Camille gründete das Strandrestaurant 1913, Vater Henri steht am offenen Holzfeuer, Sohn Guillaume bereitet die beste Bouillabaisse weit und breit nach bewährtem Familienrezept zu. Menü ab 31 €, Bouillabaisse 57 €.

Plage de Pampelonne: 5 km Sand, türkisfarbenes Meer und ›Remmidemmi‹. Busverbindung.

Plage de Tahiti: einst Prominentenstrand, heute Schaulauf.

Plage de la Bastide Blanche: am Cap Taillat, das letzte Stück für Autos schwer zugänglich.

Gassin

Das Winzerdorf Gassin trägt den Ehrentitel ›eines der schönsten Dörfer Frankreichs‹. Die Place des Barrys mit ihren Terrassen und dem nahen Panorama, die romanische Dorfkirche und die Reste der Befestigungsbollwerke rechtfertigen den Titel, auch wenn das Ganze wie bei wettbewerbsgekrönten Dörfern üblich etwas sehr adrett aussieht.

Die Landstraße (D 89, dann D 61) mündet etwa 6 km hinter Gassin auf die Uferstraße des Golfs von St-Tropez (D 98a). Die privilegierte Lage von St-Tropez auf einem Landvorsprung ist von hier gut zu erkennen.

Le Mas de Chastelas: Quartier Bertaud, Tel. 04 94 56 71 71, Fax 04 94 56 71 56, www.chastelas.com. Ein provenzalischer Landsitz aus dem 18. Jh. mit viel Charme und Luxus pur – und entsprechenden Preisen. DZ/Hochsaison ab 320 €; Jan.–April werden die Tarife mehr als halbiert!

Auberge la Verdoyante: 866, Chemin vicinal de Coste Brigade, Tel. 04 94 56 16 23, Mi und Mitte Nov.–Mitte Jan. geschl. Lokale Küche, exzellentes Preis-Leistungs-Verhältnis. Menü ab 26 €.

Le Petit Village: Carrefour de la Foux. Winzerverkaufsstelle. Weine, Olivenöl, Konfitüre, provenzalische Stoffe, Getöpfertes.

13 St-Tropez

Cityplan: S. 338; **Reiseatlas:** S. 2 E 3

Am Quai Suffren verstellen rote Ferraris und weiße Jachten den Blick auf die Wirklichkeit. Hinter dem Hochglanz verbirgt sich St-Tropez, das eigentlich nur ein Fischerdorf an der Côte d'Azur ist. Ein verflixt hübsches allerdings, mit Gassen in Zitronengelb und Zinnoberrot, in denen ein Urtraum der Menschheit wahr wird: Alle Menschen werden gleich. Vom Café de Paris bis zur Bar du Port zeigen sich die Heidi Klums und Beckhams eines Sommers. Sie kommen aus Bremen oder Southampton in den südfranzösischen Showroom der Prominenten aus Film, Adel und Finanz. Ganz St-Tropez ist im Sommer eine *grande fête.* Allein um bei den Stränden die Übersicht zu behalten, bedarf es einer mehrtägigen Forschungsreise. Jeder Strandabschnitt ist ein Königreich für sich, mit wechselnden Erkennungshymnen von Barry White oder auch Moby. Stolz wird auf dem Badehandtuch das Hoheitszeichen präsentiert: zwei Rettungsringe für die Plage des Jumeaux, ein Südseetotem für die Plage de Tahiti. Mit noch stolzeren Blicken schauen die Untertanen auf die Nomaden herab, die da heimatlos am Ufer vorbeiziehen. Noch durch die Sonnenbrille spürt man die Blicke.

Geschichte

Entdeckt wurde St-Tropez bereits in der Belle-Epoque. Der Schriftsteller Maupassant notierte 1887: »Sie ist eins dieser charmanten, einfachen Mädchen des Meeres.« Keine zehn Jahre später formierte sich eine Künstlerkolonie (Signac, Cross, Matisse, Bonnard). Tucholsky war's dennoch zu bodenständig, als er im November 1925 eintraf: »St-Tropez ... bei aller Liebe – aber dann schon lieber Neuruppin. Am Hafen liegt ein Gewirr von Tauen und Segelleinwand, überall drücken sich Männer herum, es ist schmutzig und dürftig.« St-Tropez' Aufstieg zum *place to be* begann im Sommer 1956, als in einem kleinen Hotel Roger Vadim und Brigitte Bardot absteigen. Am Hafen beginnen die Dreharbeiten zu ›Und ewig lockt das Weib‹. Der Film macht die Blondine, barfuß im unvermeidlichen Vichy-Karo, zum auf zwei Großbuchsta-

Einst war es ein verflixt hübsches Fischerdorf – St-Tropez

St-Tropez: Cityplan

Sehenswürdigkeiten

1. Place des Lices
2. Quai Suffren
3. Musée de l'Annonciade
4. Quai Jean Jaurès
5. Zitadelle
6. Tour du Portalet
7. La Ponche
8. Place de l'Hôtel de Ville
9. Seemannsfriedhof

Übernachten

1. La Bastide de St-Tropez
2. Le Pré de la Mer
3. Le Baron

Essen und Trinken

4. Le Petit Charron
5. Chez Fuchs
6. La Table du Marché

ben reduzierten Star – und St-Tropez zu dem angesagten Treffpunkt an der Côte d'Azur. Mit Roger Vadim, Brigitte Bardot, Françoise Sagan, Juliette Gréco, Gérard Philippe verlängerte sich das Pariser Nachtleben bis nach St-Tropez. Auf ihren Fersen folgten Rockstars, Playboys, Models.

Jedes Frühjahr wird die Saison mit einem Off-Shore-Rennen eröffnet. Im Hafen drängeln sich die Masten von Luxusjachten, die niemals auslaufen. 100 000 Besucher wollen zur Hochsaison mit dabei sein. Das erfordert taktisches ›Gegen-den-Strom-schwimmen‹: früh an den Strand, bevor die Geschöpfe der Nacht eintrudeln. Nachmittags ins Museum, wenn alle auf Bräunen eingestellt sind. Besser noch: in der Nebensaison hinfahren. Im Winter verfällt selbst der In-Treff in wohltuende Provinzialität, ein bisschen verschlafen, ein bisschen stolz auf sein letztes Privileg – wenigstens im Winter seine Ruhe zu haben.

Zwischen Place des Lices und Vieux Port

Platanen werfen ihren Schatten auf das Marktreiben (Di, Sa) der **Place des Lices** 1, deren Weite an anderen Tagen Boulespielern und Cafébesuchern gehört. Eine schmalbrüstige Gasse, die Rue Georges Clemenceau, in der eine Boutique auf die andere folgt, verbindet die ehemalige Pferdeweide mit dem **Quai Suffren** **2**. Vor der Statue des gleichnamigen Seehelden dümpeln protzige Jachten und Schnellboote im Hafen. Schaut man links zum Quai de l'Epi hoch, zeigt eine kleine Piniengruppe den Standort des **Musée de l'Annonciade** **3** an (Juni–Sept. Mi–Mo 10–12, 15–19, sonst nur 14–18 Uhr). Seit 1955 werden in der ehemaligen Kapelle die Werke der Künstler gezeigt, die in St-Tropez Inspiration fanden. Einige der Tableaux sind weltbekannt, Braques' ›Paysage de l'Estaque‹ etwa, Bonnards ›Nu devant la Cheminée‹ oder Matisses ›Gitane‹.

Auf der gegenüberliegenden Hafenseite liegen Altstadt und Zitadelle. In St-Tropez darf's ruhig etwas bunter sein: Sonnengelb-fuchsienrot getüncht ragt der Kirchturm über die ebenso bunten Häuser des **Quai Jean Jaurès** **4**. An der kleinen Place aux Herbes wird morgens der **Fischmarkt** unter schattigen Arkaden und vor Wandbildern aus den 1950ern abgehalten.

Zitadelle

Die Rue de la Citadelle steigt vom Office de Tourisme zur **Zitadelle** **5** an. Aus der Höhe bewacht das sechseckige Bollwerk seit 1583 den Golf von St-Tropez. Spätestens hier oben muss man beim Panoramablick auf Dachziegel und Meer erkennen, dass nirgendwo anders die Sonne so goldgelb, das Meer so tiefblau, die Pinien so sattgrün leuchten wie in St-Tropez.

In der Zitadelle rühmt das **Musée naval** die glorreiche Seefahrtsgeschichte des Ortes (im Sommer 10–18, sonst 10–17 Uhr). St-Tropez war immer ein wehrhaftes Gemeinwesen, schlug 1637 sogar eine Armada von 21 spanischen Galeeren, woran das lärmende Volksfest der Bravade samt Prozession im Juni erinnert. Dem Fest voraus geht die bedeutendere Mai-Bravade zu Ehren des Patronatsheiligen, ein dreitägiges Spektakel mit historischen Kostümen.

In der Altstadt

Zurück über die unterhalb der Zitadelle liegende Place Forbin geht es in die Gassen der Altstadt. Die **Tour du Portalet** **6** am Zugang zur **Hafenmole** beschützte einmal als Teil der Stadtmauern die enge Bucht **La Glaye,** hinter der sich von einem Felsvorsprung versteckt der alte Fischerhafen **La Ponche** **7** anschließt. Repräsentatives Zentrum der verwinkelten Altstadt ist die verglichen mit den engen Gassen großzügige **Place de l'Hôtel de Ville** **8**. Am imposanten **Château Suffren** bietet ein von den Grafen der Provence 990 erbauter Turm dem wuchtigen Hôtel de Ville Paroli.

Bevor es zum Baden an den nahe gelegenen **Strand von Graniers** geht, lohnt ein letzter Halt auf dem **Seemannsfriedhof** **9**. Alle alten Familien des Ortes pflegen auf dem Cimetière marin ihre Gräber mit Blick auf die nahe Canébiers-Bucht und das Estérel-Massiv. Wer gern wandert: Hinter dem Friedhof

Richtig Reisen-Tipp: Wracktauchen

»Die Leute denken bei St-Tropez an Glamour«, weiß Alex Vogel. Mit dem gebürtigen Freiburger ist jeder per Du, und zwar von Anfang an. Vor seiner **Tauchschule an der Plage de Pampelonne** (European Diving School, Camping Le Kon-Tiki, Tel. 04 94 79 90 37, www.europeandiving.com) dümpelt eine Armada von Jachten im türkisfarbenen Wasser. Der Sand ist weiß, der Wald am Cap Camarat tiefgrün. Alex kann seine Begeisterung nicht zurückhalten: »Wo sonst am Mittelmeer gibt es so viel unverbauten Strand?« Recht hat er. Er selbst interessiert sich freilich eher für die Welt unter Wasser. Um die Halbinsel von St-Tropez schlummern **über ein Dutzend Wracks** im Wasser, darunter der 1918 gesunkene Frachter Togo und das 1958 für immer abgetauchte U-Boot Rubis. Alex kennt jedes Wrack. Langeweile befällt ihn auch nach gut 20 Jahren nicht: »St-Tropez hat viele Seiten.«

beginnt ein 20 km langer **Küstenwanderweg** rund ums Cap de St-Tropez, vorbei an den Stränden der Bucht von Pampelonne. Ziel ist der Leuchtturm am Cap Camaret.

Office de Tourisme: Quai Jean Jaurès, 83990 St-Tropez, Tel. 04 94 97 45 21, Fax 04 94 97 82 66, www.saint-tropez.st.

La Bastide de St-Tropez [1]: Rte. des Carles, Tel. 04 94 55 82 55, Fax 04 94 97 21 71, www.bastide-de-saint-tropez.com, Jan.–Mitte Feb. geschl. Diskreter Luxus in einem tropischen Garten, in dem sich fünf Gebäude verstecken. In den Zimmern erstklassiges provenzalisches Mobiliar. Olympiareifer Pool, Shuttle zum Strand. Ein Hideaway der *happy few.* DZ ab 220 €.

Le Pré de la Mer [2]: Rte. des Salins (3 km östl.), Tel. 04 94 97 12 23, Fax 04 94 97 43 91, Okt.–Ostern geschl. Weiße Wände, gewachste Terrakottaböden, zum Frühstück hausgemachte Marmelade. DZ ab 140 €.

Le Baron [3]: 23, Rue de la Citadelle, Tel. 04 94 97 06 57, Fax 04 94 97 58 72, www.hotel-le-baron.com. Attraktive Lage zwischen Hafen und Zitadelle. Provenzalisches Haus mit kleinen Zimmern zum Wohlfühlen. DZ ab 46 €.

Le Petit Charron [4]**:** 6, Rue des Charrons, Tel. 04 94 97 73 78, 1. Aug.-Hälfte geschl., im Sommer nur abends. Diskretes Bistrot im überdrehten St-Tropez. Während Christian Benoît in der Küche waltet, regiert Anne-Violaine mit entwaffnender Freundlichkeit im Saal. Tipp: mit Seeteufel und Gambas gefüllte Artischocken. Menü 38 €.

Chez Fuchs [5]**:** 7, Rue des Commercants, Tel. 04 94 97 01 25, im Sommer nur abends geöffnet, im Winter Di geschl. Bei Fuchs (sprich Füsch) findet nur Gnade in den Augen der Patronne, wer im Ort beheimatet ist. Die anderen Gäste werden umso netter von der flotten Equipe bedient. Lecker: Tintenfisch in Rouille-Sauce (Knoblauch-Mayonnaise mit

Keine Szene aus einem Film, sondern Alltag in St-Tropez

Schöpferische Pause ...

Pfefferschoten), zart rosafarbener Lammrücken. A-la-Carte-Gerichte 30 €.
La Table du Marché 6: 38, Rue Georges Clemenceau, Tel. 04 94 97 85 20. *A place to be* für VIPs, die von Christophe Leroy mit Delikatessen versorgt werden. Menü ab 27 €.

Pâtisserie Sénéquier: Quai Jean Jaurès. Petits Fours und Nougat.
La Tarte Tropézienne: 9, Av. Louis Blanc, 36, Rue Georges Clemenceau. Hier gibt es die einzig echte und originale Tarte von St-Tropez, eine Art Bienenstich.
Marché Provençal: Di und Sa, Pl. des Lices.

Le Sénéquier: Quai Jean Jaurès, 9–20 Uhr, Allerheiligen–Weihnachten geschl. Seit eh und je die Bühne aller Selbstdarsteller.
Café des Arts: Pl. des Lices, 10–24 Uhr. Bilderbuchbistrot – mit übertakelter Klientel.
Café de Paris: Quai Suffren, 10–24 Uhr. Lange Theke, roter Plüsch, *très parisien,* und die Nacht wird lang.
Le Bar du Port: Quai Suffren, 9–23 Uhr. Die Seebären bleiben nach der Umgestaltung der Schummerkneipe in eine gestylte Designbar aus. Leerer wird's deswegen nicht ...
Les Caves du Roy: Av. Foch (im Szenehotel Byblos), Mai–Okt. ab 23 Uhr. Die In-Disco mit VIP-Separee und gnadenloser Gesichtskontrolle (außer für Naomi und Claudia).

La Bravade: 16.–18. Mai. Prozession mit provenzalischen Kirchengesängen und Kostümierung.
La Bravade des Espagnols: Mitte Juni. Volksfest zur Erinnerung an die Vertreibung der Spanier im Jahre 1637.
Fête de St-Pierre: Ende Juni. Fest der Fischer.

Segelregatta: Ende Sept.

La Bouillabaisse: Treffpunkt der Surfer am Ortseingang.
La Ponche: kleiner Sandstrand am alten Fischerviertel.
Les Graniers: unterhalb von Zitadelle und Fischerfriedhof, in Fußnähe zur Stadt. Überfüllt.
Plage des Salins: nördl. der Pointe du Capon, 4 km östl. Halbwegs leer.

Bus: Gare routière, Av. Général de Gaulle. Verbindungen nach Ste-Maxime, St-Raphaël, Ramatuelle, Gassin, zum Flughafen Toulon-Hyères. Städtische Busse ab Pl. des Lices.

Von St-Tropez nach St-Aygulf

Reiseatlas: S. 18, D 2, E 1/2

Port-Grimaud und Ste-Maxime

Östlich von St-Tropez verlieren sich Glamour und Flitter zugunsten familiärer Badeorte, die ein Hauch Ferienstimmumg à la Monsieur Hulot umweht. Eine Ausnahme macht **Port Grimaud.** Das ›provenzalische Venedig‹ ist Heimathafen einer internationalen Seglergemeinde geworden. Die Lagunenstadt, in der Kanäle die Straßen ersetzen, wurde ab 1966 den Sümpfen und Dünen an der Giscle-Mündung abgetrotzt. Das Ergebnis überzeugt dank der traditionellen Vorgaben entsprechenden Architektur.

In **Ste-Maxime** verfängt die bewährte Mischung aus Platanen, Boulespielern und Cafés mit Hafen und Strand davor. Die wehrhafte Tour carrée (heute **Musée des Traditions locales,** Mi–Mo 10–12, 15–18, Juli, Aug. bis 19 Uhr, Mo nur vormittags) aus dem 16. Jh. erinnert daran, dass der angenehme Badeort schon vor dem touristischen Zeitalter existiert hat. Eng schmiegt sich die N 98 an die zwischen Calanques, Sandstränden und Felsvorsprüngen vor- und zurückweichende Küste.

Office de Tourisme: 1, Promenade Simon Loriere, 83120 Ste-Maxime, Tel. 04 94 55 75 55, Fax 04 94 55 75 56, www.ste-maxime.com.

... in Le Baucas:
Le Bastidon Saint-Michel: CD 44, 10 km nördl. Richtung Plan-de-la-Tour, Tel. 04 94 43 72 95, Fax 04 94 43 72 95. DZ 70–85 €. 4 Pers. logieren in dieser Chambre d'hôtes für 140 €.

... in Ste-Maxime:
Le Dauphin: 16, Av. Charles de Gaulle, Tel. 04 94 96 31 56, Mi und Jan. geschl. Schlichte Einrichtung, aber grundsolide Küche. Menü ab 30 €, mittags 17 €.

St-Aygulf und Umgebung

Das Massif des Maures baut sich nicht mehr ganz so bedrohlich auf, dafür ist vom **Cap des Sardinaux** mit dem Massif de l'Estérel die nächste Bergkette bereits in Sicht. **Val d'Esquières** und **Les Issambres** mit seinen Calanques verheißen unkomplizierte Badefreuden. Bei **St-Aygulf,** das mitsamt seiner Villen und Gärten erst Ende des 19. Jh. als Strandort entstand, stehen die schilfrohrgesäumten Seen an der Mündung des Argens unter Naturschutz.

Syndicat d'Initiative: Quartier de Fréjus, Pl. de la Poste, 83370 St-Aygulf, Tel. 04 94 81 22 09, Fax 04 94 81 23 04.

... in St-Aygulf:
Hotel Cap Riviera: 3022, Av. de la Corniche d'Azur, Tel. 04 94 81 21 42, Fax 04 94 81 72 39, Mitte März–Ende Okt. Einfache Ausstattung, dafür direkt am Strand. DZ 60–93 € (Seeseite).

... in Les Issambres (6 km südl.):
Chante-Mer: Tel. 04 94 96 93 23, Mo, Di mittag sowie Mitte Dez.–Ende Jan. geschl. Traditionsküche. Menü ab 22 €.

Langer **Sandstrand** beim Ort.

Fréjus, St-Raphaël und das Massif de l'Estérel

Reiseatlas S. 19/20

Von Fréjus bis kurz vor Cannes rücken die roten Porphyrfelsen des Massif de l'Estérel an eine Küste mit dem verklärenden Namen Corniche d'Or. Atemberaubende Aussichtspunkte, Badebuchten unterhalb des abschüssigen Ufers sowie heimelige Strandorte konkurrieren miteinander vor der Kulisse der die 600-m-Marke nur knapp überschreitenden Gipfelkette.

Fréjus

Reiseatlas: S. 19, C 4

Fréjus teilt sich auf in Fréjus-Plage, Féjus-Port und die etwas ins Hinterland versetzte Altstadt. Endlos lange goldene Sandstrände im ansonsten farblosen Fréjus-Plage und ein brandneuer Jachthafen mit Appartementblöcken im pseudo-mediterranen Stil in Fréjus-Port weisen den Ort als Massenreiseziel aus. Die eigentliche Attraktion liegt landeinwärts im alten Ortskern mit seinen römischen Ruinenfeldern.

Römische Ruinen

Fréjus leitet sich vom antiken Forum Julii ab, dessen Ruinen der Stadt den Ruf als ›provenzalisches Pompei‹ einbringen. Fréjus war in der Antike einer der wichtigsten Häfen des Mittelmeeres. Julius Cäsar wird die Entwicklung des Marktplatzes auf einem leicht erhöhten Sandsteinsockel oberhalb der fruchtbaren Argens-Mündung zugeschrieben, daher der Name Forum Julii. Angesiedelt wurden Legionäre, die hier ihren Lebensabend verbrachten. Die Lage über der Flussmündung wurde der Stadt im Dezember 1959 zum Verhängnis, als durch den Staudammbruch von Malpasset der Argens eine Flutwelle vor sich hintrieb und 400 Menschen ihr Leben verloren. Wichtigstes Handelsgut waren in der Antike Tongefäße aus lokaler Herstellung.

Sichtbarstes Denkmal der blühenden römischen Stadt sind die Ruinen des **Amphitheaters**, das *extramuros,* also außerhalb des befestigten römischen Rechtecks lag (Rue Henri Vadon, April–Sept. Mi–Mo 9.30–12, 14–18.30, sonst 9–12, 14–16.30 Uhr). Vor der Stadt liegt es noch immer, heute an einem Kreisverkehr, wie auch die beiden vom Zahn der Zeit angenagten Säulen aus Carraramarmor einen Kreisverkehr weiter. Reste des antiken Theaters, eines Aquädukts, der Stadtmauern, des versandeten Hafens sowie weitere rund um die heutige Stadt verstreute Ruinen zeigen, dass die antike Stadt deutlich größer war als das Fréjus der Moderne.

Cité épiscopale und Musée archéologique

Die mittelalterliche Stadt mit einigen prachtvollen Renaissancefassaden konzentriert sich an der Place Formigé um den im roten Porphyr des Estérel gebauten **Bischofsbezirk** (Cité épiscopale, Pl. Formigé, April–Sept. tgl. 9–19, sonst Di–So 9–12, 14–17 Uhr) aus Kathedrale, Kloster, Baptisterium, Bischofspalais und dem Haus des Dompropstes. Platzbeherrschend ist die von Spätromanik zur Frühgotik übergehende Kathedrale, deren Portal in der Renaissance neugestaltet wurde. Für das aus dem 5. Jh. stammende achteckige **Baptisterium** an der Westseite der Kathedrale wurde auf antike Steine (Spoliensäulen) und Techniken (Wechsel von Ziegel und Haustein) zurückgegriffen. Im doppelstöckigen Kreuzgang des Klosters überrascht die bemalte Holzdecke des 14. Jh.

Gleich daneben stellt das **Musée archéologique** antike Fundstücke wie ein 1970 entdecktes Mosaik mit Leopard und eine Hermesstatue aus (Di–So 9.30–12.30, 14–17, im Sommer bis 18 Uhr).

Office Municipal de Tourisme: 325, Rue Jean Jaurès, 83600 Fréjus, Tel. 04 94 51 83 83, Fax 04 94 51 00 26, www.frejus.fr.

L'Aréna: 139, Rue Général de Gaulle, Tel. 04 94 17 09 40, Fax 04 94 52 01 52, www.arena-hotel.com, Mitte Dez.–Mitte Jan. geschl. Provenzalisches Haus in der Altstadt. Sonnige Zimmer mit Mosaikböden und provenzalischem Mobiliar um einen Patio. Garten mit vielen Blumen. Frühstücksterrasse am Pool. DZ ab 85 €.

L'Oasis: Impasse Charcot, Tel. 04 94 51 50 44, Fax 04 94 53 01 04, www.hotel-oasis.net, Feb.–Anfang Nov. Nettes Hotel in einer Sackgasse von Fréjus-Plage. Schlichte Zimmer, familiäre Atmosphäre. DZ ab 49 €.

Sable et Soleil: 158, Rue P. Arène, Tel. 04 94 51 08 70, Fax 04 94 53 49 12, Mitte Nov.–Mitte Dez. geschl. Nicht direkt, aber nah am Strand in Fréjus-Plage. Ordentliche, lichte Zimmer. DZ ab 39 €.

... in Roquebrune-sur-Argens
(9 km westl.):

Vasken: Les Cavalières, Tel. 04 94 45 76 16, Fax 04 94 45 71 47. 5 Chambres d'hôtes und 1 Wohnung *à la campagne* – still und doch nah zum Meer. Jedes Zimmer mit eigener Terrasse. Pool. Ausgezeichnete Croissants – der Besitzer ist gelernter Bäcker. DZ 65 €, Appartement mit Küche 80 €.

Camping Le Colombier: 1952, Rte. de Bagnols, Tel. 04 94 51 56 01, Fax 04 94 51 55 57, www.domaine-du-colombier.com, April–Sept. Weites Terrain auf einem Hügel, auch Plätze unter Pinien. Pool, 3 große Rutschen. 4 km zum Meer.

Parc de Camping de St-Aygulf: 270, Av. Salvareli, Tel. 04 94 17 62 49, Fax 04 94 81 03 16. 160 Plätze, die meisten im Schatten. Pluspunkt: neue Sanitärblöcke und die Lage hinter dem Strand.

Mit dem Autor unterwegs

Alternative zum Strandtag

Antikes Forum Julii: Amphitheater, Aquädukt, Stadtmauern und Säulen aus römischer Zeit machen Fréjus zum **provenzalischen Pompei** (s. S. 344).

Wandern und Tauchen am Cap du Dramont

Der Turm auf der Spitze des Kaps soll den belgischen Comiczeichner Hergé zum Tim & Struppi-Abenteuer ›L'Ile noire‹ inspiriert haben. Ein **Wanderweg** umrundet das Kap, vor dem die **besten Tauchgründe an der Corniche d'Or** liegen. Darunter ›le village sous-marin de Silver‹, ein 1960 unter Wasser angelegtes Dorf (s. S. 348).

Ausflugstour

Altchansonnier Charles Trenet (›La Mer‹) hat die **Nationale 7,** Frankreichs alte Magistrale in den Süden, besungen. Der vielleicht schönste Abschnitt der **legendären Route** windet sich von Fréjus bis Mandelieu durchs dicht bewaldete **Estérel-Massiv,** dessen roter Fels aus dem Grün leuchtet (s. S. 350).

L'Arcosolium: 14, Pl. des Jésuites, Tel. 04 94 40 14 44, Di, Mi mittag geschl. In der Altstadt. Reste römischer Mauern wurden in den Bau integriert. Intime Atmosphäre dank mittelalterlicher Gewölbe. Provenzalische Küche, auch Vegetarisches. Menü 21–29 €.

Le Mérou Ardent: 157, Bd. de la Libération, Tel. 04 94 17 30 58, So und Mi abend, Do im Winter, Mo und Do mittag im Sommer geschl. Ausgesprochen nettes Fischrestaurant am Strandboulevard von Fréjus-Plage. Menü 14–22 €.

Foire aux Santons: 2./3. Dez.-Woche. Verkauf von Krippenfiguren.

Bravade de Fréjus: 3. So nach Ostern. Stadtfest mit Umzug, Kostümen, provenzalischer Folklore.

Fête du Raisin: 1. So im Aug., mit einmaligen Riten und Tänzen, in der Kathedrale.

Parc Zoologique-Safari de Fréjus: Le Capitou (5 km nördl. über D 4 Richtung Fayence), 10–17.30, im Sommer bis 19 Uhr. Safaripark, den man im Auto und zu Fuß durchquert. Der Löwe ist los …
Radverleih: Holiday Bikes, 943, Av. de Provence, Tel. 04 94 52 30 65.
Tolle **Mountainbikepisten** im Hinterland: ab Roquebrune-sur-Argens ins Estérel-Massiv zum Col de Gratteloup.
Ellenlanger, breiter **Sandstrand** in Fréjus-Plage mit **Lunapark** (Karussells; Juli–Sept. Mo–Sa 20.30–1 Uhr) und **Aquatica** (Funbad; Juni, Sept. tgl. 10–18, Juli/Aug. tgl. 10–19 Uhr).

Zug: Bahnhof, Rue Martin Bidoure, Tel. 08 36 35 35 35. **Autoreisezugverbindung** mit Deutschland.
Bus: Verbindungen nach Nizza und Marseille mit Les Cars Phocéens, Tel. 04 93 85 66 61, nach St-Tropez, Toulon mit Sodetrav, Tel. 04 94 95 24 82, nach Bagnols, Fayence, Les Adrets mit Compagnie Gagnard, Tel. 04 93 36 27 97.

St-Raphaël und die Corniche d'Or

Reiseatlas: S. 19/20, C/D 4, D 3

St-Raphaël

St-Raphaël rückt fast nahtlos an Fréjus auf. Der Reiz ergibt sich aus der direkten Strandlage, mit den ersten Ausläufern des Estérel-Massivs im Rücken. Jenseits der Bahnlinie, die die Alt- und Strandstadt voneinander trennt, scharen sich ein paar Gassen um die romanische **Pfarrkirche St-Pierre** (9–18 Uhr) und einen mittelalterlichen Wachturm. Ansprechender ist der **Platanenkorso** am Hafen. Ein hübsches Plätzchen mit Blick auf Segelmasten und Fischernetze ist am Kai leicht zu finden. Weithin sichtbares Wahrzeichen der im 19. Jh. mit einigen Palast-Hotels wie dem Winter-Palace und dem Excelsior am Boulevard Felix-Martin, Casino und Uferpromenade entstandenen Strandstadt ist die neobyzantinische Kirche **Notre-Dame de la Victoire de Lepante** (9–18 Uhr). Nobel wird es am östlichen Ortsausgang in Richtung **Boulouris,** wo elegante Villen an der Uferstraße auf die Corniche d'Or einstimmen.

Office Municipal de Tourisme: Rue Waldeck-Rousseau, BP 210, 83702 St-Raphaël Cedex, Tel. 04 94 19 52 52, Fax 04 94 83 85 40, www.saint-raphael.com.

Maultiere waren einst das Hauptverkehrsmittel im Massif de l'Estérel

Excelsior: Promenade René Coty, Tel. 04 94 95 02 42, Fax 04 94 95 33 82, www.excelsior-hotel.com. Wintergarten und Terrasse, Strandblick. DZ ab 120 €.

Le Continental: 100, Promenade René Coty, Tel. 04 94 83 87 87, Fax 04 94 19 20 24. Der Strand inklusive Jubel und Trubel liegt vor der Haustür des Hotels im 1. Stock eines Appartementbaus. Gute Ausstattung. DZ ab 98 €.

Campeole Le Dramont: an der N 98, Le Dramont (9 km östl.), Tel. 04 94 82 07 68. Camping im Pinienwald am hügeligen Cap Dramont. Kiesstrand mit Blick auf die Ile d'Or.

L'Arbousier: 6, Av. de Valescure, Tel. 04 94 95 25 00, im Sommer Di, Mi, Do mittag geschl., sonst Di abend und Mi. Was der schnauzbärtige Philippe Troncy am Herd zaubert, mundet im lindgrünen Speisesaal oder im Garten unter Magnolien – das Tagesangebot des Marktes bestimmt das Menü. Menü 26–55 €.

Le Pastorel: 54, Rue de la Liberté, Tel. 04 94 95 02 36, So mittag, Mo geschl. Provenzal. Küche: marinierte Sardinen, Kaninchen in Tomatensauce mit Artischocken. Großer Saal, Efeudach über der Terrasse. Menü 28–32 €.

Siedlung im Science-fiction-Look: Port-la-Galère

Markt: tgl., Pl. Victor Hugo.

Plage du Veillat: Sandstrand vor der Promenade, oft überfüllt. Leerer sind die vor dem Ortsteil Boulouris gelegenen **Plages du Fournas** bis **de la Tortue.** Abgeschiedener die kleinen **Strände der Calanques** am Cap Roux: Rote Felsen rahmen den Strand. **Tauchen:** CIP Odyssée, Quai Albert-1er, Tel. 06 03 42 81 60, April–Okt. In St-Raphaël wurde 1935 der erste Tauchclub Frankreichs eröffnet – die Tradition lebt.

Zug: Bahnhof, Rue Waldeck-Rousseau. Verbindung nach Cannes, Antibes und Draguignan, Tel. 08 36 35 35 35. **Bus:** Gare routière, Sq. Dr Regis, Tel. 04 94 83 87 63. Verbindungen in die nähere Umgebung.

Agay und Umgebung

Die Côte macht an der Corniche d'Or Pause von Hotelpalästen und mondänen Promenaden, denn der Berg stellt sich den Investoren in den Weg. Rote Felsen im Meer, tief ins Gestein gefressene Calanques und Inselchen, darunter am **Cap du Dramont** die von einem Turm gekrönte **Ile d'Or,** garantieren schroffe Schönheit im Überfluss. Buschholz, *le maquis,* fügt ein sattes Grün hinzu. Zwingburgen behaupten sich herrisch auf gischtumschäumten Felsen. In **Agay** blieb nach der alliierten Landung vom Château nur eine Ruine. Es gehörte der Schwester von Saint-Exupéry, der über dem Anwesen eine letzte Schleife gedreht haben soll, bevor er mit seinem Flugzeug als verschollen gemeldet wurde.

Office de Tourisme: Pl. Gianetti, 83530 Agay, Tel. 04 94 82 01 85, Fax 04 94 82 74 20, www.agay.fr.

Villa Matuzia: Bd. Sainte-Guitte, Tel. 04 94 82 79 95, www.matuzia.com, 4 Chambres d'hôtes, die einem kleinen, sehr persönlichen Restaurant angeschlossen sind. Menü abends 19–23 €. DZ 50–85 €.

Reiten am Cap du Dramont: Les 3 Fers, Tel. 06 85 42 51 50 (Handy), www.les3fers.com.

Von Anthéor nach La Théoule

Vor **Anthéor** liegt die Ile des Vieilles im tintenblauen Meer. Hinter dem Ort fesselt die Felswand des 453 m hohen **Pic du Cap Roux**, so benannt wegen des rot leuchtenden Gesteins. Das kleine **Les Trayas** hat einige reizvolle kleine Badebuchten vorzuweisen, die wie Fjorde tief in den Fels geschnitten sind. Etwas größer ist **Miramar** an der Bucht von La Figueirette. Ein Stückchen weiter kleben futuristische Wohnwaben an den Klippen: **Port-la-Galère** heißt die im Science-fiction-Look der 1970er Jahre gebaute private Wohnsiedlung, die man als Außenstehender nicht besichtigen kann – ein Blick von der Uferstraße muss reichen.

Nach einigen Landspitzen folgt **La Théoule**: Der Golfe von La Napoule mit langen Sandstränden kündigt sich an. Die letzten Hänge des Estérel laufen sanft nach Osten aus. An der Uferstraße durch La Théoule nicht zu verpassen ist das ursprünglich aus dem 14. Jh. stammende Château de Turenne, das der amerikanische Bildhauer Henry Clews 1919 restaurierte.

Office du Tourisme: 1, Corniche d'Or, 06590 Théoule-sur-Mer, Tel. 04 93 49 28 28, Fax 04 93 49 00 04, www.theoule-sur-mer.org.

... in Miramar (südwestl. über die Uferstraße Richtung St-Raphaël):
La Tour de L'Esquillon: Tel. 04 93 75 41 51, Fax 04 93 75 49 99, www.esquillon.com, Mitte Okt.–1. Feb. geschl. Gepflegter Charme der 1950er, an der Corniche d'Or. Geräumige Zimmer zum Meer. Privatstrand, zum Steilufer abfallender Terrassengarten. Nachteil: das Gebrumm von der Uferstraße. DZ ab 120 €.

Segelschule/Wasserski: Bat'ski ski nautique, 25, Av. du Trayas, Tel. 04 93 75 02 39, 06 30 92 46 30 (Handy), www.batski.fr.

Zug: Bahnhof La Théoule, Tel. 08 36 35 35 35.

Château de la Napoule

Dem amerikanischen Bildhauer Henry Clews begegnet man unweit des riesigen Jachthafens von La Napoule ein zweites Mal mit dem **Château de La Napoule,** an dessen Portal sich der Durchgangsverkehr vorbeiquetscht (Führung durch Kunststiftung und Gärten tgl. 15/16 Uhr, Juli/Aug. zusätzlich 17 Uhr). Der steinreiche Erbe ließ das leicht monströse Bauwerk für sich und seine madonnenhaft schöne Frau Marie restaurieren, um dort 20 Jahre lang die exzentrische Inszenierung eines Lebens als Bohémien, Bildhauer und Sarazenenfürst zu zelebrieren. Über einem von drei Portalen, die zu gürteltiergeschmückten Brunnen und Riesenphalli im Treppenhaus führen, steht in den Stein gemeißelt: »Once upon a time«.

Office de Tourisme: 340, Av. Jean Monnet, 06210 Mandelieu-La Napoule, Tel. 04 92 97 99 27, Fax 04 93 93 64 66, www.ot-mandelieu.fr.

Villa Parisiana: 5, Rue Argentière, Tel. 04 93 49 93 02, Fax 04 93 49 62 32,

2. Dez.-Hälfte geschl. Villa (um 1900) mit viel Charme, doch in nächster Nähe der Bahnlinie, renovierte Zimmer. DZ ab 45 €.

L'Amorial: Bd. Henri Clews, Tel. 04 93 49 91 80, Mi im Winter geschl. Direkt am Hafeneingang, mit luftiger Terrasse und fangfrischer Fischküche. Menü 29 €.
Le Bistrot du Port: im Hafen, Tel. 04 93 49 80 60, Mi außerhalb der Hauptsaison geschl. Hafenbistrot im Marine-Look mit frischer Fischküche. Menü 25 €.

Fête du Mimosa: Feb., Blumenkorso.

Feine Sandstrände vor La Napoule: Plages de Robinson, des Mineurs et du Château.
Port de la Rague: kleiner Naturhafen im Westen mit großem Freizeitangebot.
Tauchschule Armand Ferrand, Tel. 04 93 49 74 33, www.plongee-ferrand.com, und **Yacht Charter,** Tel. 04 93 49 86 85.
Golfen: Old Course, Rte. du Golf, Mandelieu, Tel. 04 92 97 32 00, www.golfoldcourse.com. 18-Loch-Platz.

Flugzeug: Flughafen Cannes-Mandelieu (vor allem für Privatflieger), Tel. 04 93 90 40 40.
Zug: Bahnhof Mandelieu, Tel. 08 36 35 35 35.
Bus: Busse in Richtung Cannes und La Théoule, Tel. 04 92 97 29 48.

Massif de l'Estérel

Reiseatlas: S. 19/20, C–E 4
Von Mimosen überzogen sind die Hänge um **Mandelieu,** dem Ausgangspunkt einer Tour durch das Massif de l'Estérel. Der Gebirgszug schirmt den Ort vor kalten Winden ab. In Mandelieu konzentrieren sich daher die meisten Mimosenbaumschulen der Côte d'Azur – das Umland der Stadt an der Siagne erbüht im Winter kanariengelb.

Für eine Länge von ungefähr 30 km schlägt die N 7 eine Schneise durch die bizarr gezackten Felskämme des Estérel-Massivs. Vor allem auf den ersten Kilometern stören in provenzalischem Stil gebaute Häusersiedlungen die Einsamkeit der Bergwelt. Mehr noch setzt das Absterben der Mittelmeerpinien dem Massiv zu. Die Larven des 3 mm großen Insektes *Matsucoccus feytaudi* bringen die Bäume zu Fall. Einige hundert von ehemals mehreren 1000 ha Pinienwald blieben um den Col des Suvières stehen. Das frei werdende Terrain nehmen Garrigue und Korkeichen ein. Um Waldbränden vorzubeugen, ließ die nationale Forstbehörde 4500 ha für jeglichen motorisierten Verkehr sperren.

Im Weiler **Les Adrets** ist die Postkutschenstation von 1663 heute ein beliebtes Ausflugsrestaurant und Hotel. Die Stallungen gegenüber dienten früher der Gendarmerie, die noch im 19. Jh. jede Kutsche zum Schutz vor den gefürchteten Estérel-Banditen begleitete. An der Kreuzung Logis de Paris zweigt ein Sträßchen (D 237) zum Weiler **Les Adrets-de-l'Estérel** ab, dessen Hausteingemäuer in einsamer Waldlage einen Abstecher lohnen.

Der Kamm des Estérel-Massivs legt sich wie ein Halbkreis über die Bucht von Agay, dem die N 7 in etwa folgt. Die Straße windet sich auf den **Mont Vinaigre** zu. Ein Waldweg führt zum Gipfel. Bei klarer Sicht reicht der Blick bis zur italienischen Grenze und auf die Montagne Ste-Victoire bei Aix.

Ein paar Kilometer weiter mischt sich das Blau des Meeres wieder unter das Rot der Felsen und das Grün des Waldes. Kurz vor Fréjus weist links ein Schild nach **Valescure** (D 37), von wo eine Straße weiter in Richtung Agay führt. Am schroffen Fels des **Rastel d'Agay** (287 m) vorbei purzelt die Straße in den Küstenort Agay hinab.

Auberge des Adrets: Les Adrets, N 7, Tel. 04 94 82 11 82, Anfang April–Ende Sept. tgl. außer So abend, Mo, Juli/Aug. tgl. Komfortable Zimmer, Pool, Garten. Restaurantterrasse mit herrlichem Estérel-Blick. Menü 41–65 €, DZ ab 133 €.

Fernab der trubeligen Strände – Wandern in der Stille des Estérel-Massivs

Schon Cocteau verliebte sich
in das Hafenstädtchen Villefranche

Kapitel 8

Die Riviera

Auf einen Blick: Die Riviera

An der Küste der Schönen und Reichen

In Cannes beginnt für die Riviera-Jünger das allein selig machende Paradies aus Sonne und Meer. Und dort beginnt auch der Beton, fügen böse Zungen hinzu, denn nach dem furiosen Auftakt in Cannes ist ein Ende der Megaferienstadt bis zur Mündung des Var – und über seine Ufer hinaus – nicht abzusehen. Fast deckungsgleich mit den Verwaltungsgrenzen der Departements Var und Alpes-Maritimes verändert sich das landschaftliche Gesicht. Auf die unzugänglichen Felsbuchten am Massif d'Estérel folgen am Golfe de Napoule endlose Sandstrände. Sandstrände, so weit die Badehandtücher reichen, erstrecken sich auch am Golf von Juan, am Cap d'Antibes und an der westlichen Hälfte der Baie des Anges. Hinter dem goldgelben Uferband rücken die Dörfer des Hinterlandes mit ihren Strandablegern hart an die Wasserkante. Ortsgrenzen verschwinden, wo sich Stadt auf Stadt beinah nahtlos anschließen. Die Asphaltstränge von Autobahn und Schnellstraßen zerschneiden die urbanisierte Küste und trennen diese vom Strand ab.

Also doch *La Côte Béton?* Über Strecken möchte man das Schlagwort übernehmen, um angesichts der landschaftlichen Schönheit des piniengrünen Cap d'Antibes oder der hochherrschaftlichen Architektur an der lasziven Croisette von Cannes sofort seine Meinung zu ändern. Dramatisch und scheinbar zum Greifen nah bauen sich die bis ins Frühjahr vom Schnee weiß gepuderten Ausläufer der Südalpen über der Zuckerbäckerarchitektur von Monte-Carlo, Nizza oder Menton auf. Zugleich gehen die ersten Urlauber wieder ins Meer. Es ist, als ob die reale Welt hier endet und das Leben zu einer einzigen Inszenierung geworden ist ... Um die Bodenhaftung wieder zu gewinnen, reicht ein Aus-

flug in die Bergwelt der *villages perchés:* In der rauen Einsamkeit der Adlerhorstdörfer an der Route du Sel oder im Roya-Tal ist der Riviera-Flitter schnell *passé.*

Highlights

14 **Cannes:** An der Croisette stimmt die Mischung aus Hotelpalästen, Palmen, und People. Die Uferpromenade ist die Stein gewordene Essenz der Riviera (s. S. 356ff.).

15 **Nizza:** Seit der Sanierung der Altstadt von Nizza, Le Vieux Nice, brummt es wieder in den Gassen. Mit bunt getünchten Fassaden, Wäscheleinen über dem Kopf und Läden für frische Pasta wirkt keine Stadt der Riviera italienischer (s. S. 384ff.).

Empfehlenswerte Routen

Uferstraße ums Cap d'Antibes: Die D 2559 legt sich eng ans Kap der Multimillionäre. Mal schaut man auf Golfe-Juan, mal auf die mittelalterliche Silhouette von Antibes mit den Südalpen dahinter, stets auf herrschaftliche Villen und gepflegte Parks (s. S. 369f.).

Les Trois Corniches: Drei Küstenstraßen mit spektakulärem Ausblick auf die Riviera führen von Nizza nach Menton. Mit der N 98 identisch ist die sich oberhalb der Uferkante schlängelnde Petite Corniche. Eine Etage höher ist die 28 km lange Moyenne Corniche in den Felshang gehauen, deren Höhepunkt das Burgdorf Eze ist. Die Grande Corniche ähnelt einer Gebirgsstraße mit Meeresblick, deren 32 km lange Trasse Napoléon anlegen ließ (s. S. 396ff.).

Durch das Roya-Tal: Vom italienischen Badeort Ventimiglia (frz. Ventimille) geht es in das Tal des Roya. Das erste Drittel der 60 km langen Strecke führt durch Italien, bis bei Fanghetto wieder die Grenze zu Frankreich überschritten wird. Anfangs dicht bewaldet, nimmt die Vegetation mit steigender Höhe ab. Beim Bergdorf Saorge verengt sich das Tal zu einer engen Schlucht. Auf 876 m ist Tende (it. Tenda) erreicht, durch dessen Hauptstraße der Wind vom 1000 m höher gelegenen Pass, Col de Tende, bläst (s. S. 414).

Richtig Reisen-Tipps

Rosenblätter in der Blechdose: Spezialität der Confiserie des Gorges du Loup ist die Rosenblattkonfitüre (s. S. 380).

Also sprach Zarathustra: Der Sentier Nietzsche führt vom Strand in Eze-Bord-de-Mer hoch zum Adlerhorstdorf Eze-Village (s. S. 399).

Gartenspleen: Briten haben in Menton im 19. Jh. grandiose Tropengärten angelegt. Besichtigung erwünscht (s. S. 414)!

Reise- und Zeitplanung

Für **Cannes, Antibes, Nizza, Monte-Carlo, Menton** sollte man sich jeweils mindestens einen Tag Zeit nehmen – inklusive Besichtigung und Baden. Für den Ausflug ins **Roya-Tal** bis Tende, einen weiteren in die Bergdörfer über Nizza und einen dritten Abstecher in den **Nationalpark Mercantour** benötigt man ebenfalls je einen Tag. Wer zudem die Kunstsammlungen sehen oder mit dem **Train des Pignes** nach Digne fahren möchte, sollte insgesamt zehn Tage einplanen.

Bis in die 1930er Jahre reiste man im Winter an die Riviera. Das ist noch stets eine gute Idee: Im November oder Februar kann man mit etwas Glück mittags draußen sitzen, weil die Südalpen eisige Winde fernhalten. Cannes lockt im Spätwinter mit einem Shoppingfestival. Nizza ›funktioniert‹ ohnehin das ganze Jahr als *die* Metropole der Riviera. Herrlich sind der Frühling mit noch leeren Stränden und der Herbst, wenn bis in den Oktober gebadet werden kann. Zugegeben: Das allsommerliche Theater an Stränden und Uferpromenaden ist grandios. Dafür müht man sich im Dauerstau bis in die ersten Reihen vor.

Von Cannes bis zur Mündung des Var

Reiseatlas S. 20

In Cannes trifft sich die Glamourwelt, doch hinter der ausgeleuchteten Uferpromenade und den Luxusvitrinen der Modemacher und Juweliere geht es so volkstümlich zu wie in vielen Hafenvierteln der Welt. Antibes ist der Bauch der Riviera: mittelalterlich eng, der Markt ist überall. Bei Grasse blühen Rosen und Jasmin für die Parfümindustrie. Bei Vallauris oder St-Paul-de-Vence denkt man an Picasso, Matisse oder Giacometti. Mit enormer Vielfalt auf kleinstem Raum gibt die Riviera ihren Einstand.

14 Cannes

Cityplan: S. 358/359

Da wäre zunächst die bezaubernde Lage längs einer sanft geschwungenen Sandbucht, die die Zacken des Estérel-Massivs und die Ausläufer der Grasser Voralpen flankieren. Hinzu kommen Bilder aus den Illustrierten dieser Welt: Robert Mitchum, der mit der Grazie eines Tanzbären am Strand einer heranschwappenden Welle ausweicht. Julia Roberts mit Strahlemund im Blitzlichtgewitter der Fotografen vor dem legendären Hotel Carlton. Paris Hilton, die mit Fifi auf dem Arm vor dem Palais des Festivals Sharon Stone die Schau stiehlt. Alle Jahre wieder im Mai spielt Cannes für zwei Wochen Hollywood. Der Medienrummel um das Filmfestival ist seit 1946 die beste Werbetrommel für die Stadt. Dem Defilee der Zelluloidgötter gehen im Januar die Internationale Schallplatten- und Musikmesse M.I.D.E.M. sowie die Internationale Fernsehproduktionsmesse M.I.P.T.V. mit einem Auflauf von Soap-Stars und kreischenden Teenagern voraus. Im Juni folgt das Internationale Festival des Werbefilms. Cannes setzt gezielt auf Glamour und Showbiz: Bühne frei für den Star der Riviera.

Wachgeküsst wurde das Hafenstädtchen 1834 von einem ehemaligen britischen Schatzkanzler, den eine sardische Quarantäneverordnung gegen die aus der Provence drohende Cholera an der Weiterreise nach Italien in Cannes zurückhielt. Lord Brougham blieb – und stillte seine Italiensehnsucht, indem er sich eine Villa im italienischen Stil bauen ließ: das Château Eléonore-Louise in der Avenue du Docteur-Picaud. Weitere Briten bauten im Viertel La Croix-des-Gardes. Die Russen bevorzugten das Viertel La Californie (ein Faltblatt zum Villen-Watching gibt es im Office de Tourisme).

Hauptstadt des Luxus

Die Einwohnerzahl schnellte von knapp 4000 bei Ankunft von Lord Brougham auf über 20 000 im Jahr 1896 hoch. Zwischenzeitlich waren Grand Hôtels zum Empfang der mondänen Klientel und Molen zum Schutz ihrer Jachten gebaut worden. Das englische Seebad am französischen Mittelmeer avancierte zum kosmopolitischen Tollhaus für Lungenkranke, Bohémiens, Fürsten und den Gelddadel. *Cannes oblige* – von allem nur das Beste war für die Bauherren feudaler Villen gerade gut genug. Architektonisch ließ man sich von japanischen Pagoden, Kolonialherrenhäusern, Loire-Schlössern, maurischen Villen und englischen Landhäusern inspirieren. Erlaubt war, was beeindruckte, sei's durch Kolossalität, sei's durch den gewagten Stil. Im Dezember 1922 fuhr der legendäre Luxuszug Train Bleu zum ersten Mal in den Bahnhof ein. Cannes war damit endgültig als

Mit dem Autor unterwegs

›Le Mantel‹ in Cannes

Im **Mantel** gibt es keinen Folkloreschnickschnack und keine gefräßige Terrasse, die den Bürgersteig bis auf den letzten Pflasterstein verschlingt. Stattdessen gedämpftes Licht und nüchterne Eleganz. So entschieden sich Noël Mantel vom Tingeltangel in der Nachbarschaft abgrenzt, in der Küche bekennt sich der gebürtige Elsässer vorbehaltlos zur Côte d'Azur, etwa bei einem Petersfisch auf Olivenöl und sonst nichts. So viel **konzentrierter Wohlgeschmack** verrät den Könner am Herd. Wer das Restaurant verlässt, betrachtet die rummelige Rue St-Antoine mit anderen Augen. Doch, der Suquet-Hügel ist ein zauberhafter Winkel, in dem ein erst 35-jähriger **Chef de Cuisine** beweist: Cannes kann also auch anders (s. S. 366).

Freie Plätze in Cannes

Cannes trägt dick auf, auch beim Lack, mit dem die Stühle am **Uferboulevard** jedes Jahr aufs Neue sommerfest gemacht werden. Zu Hunderten stehen die Stühle in der Saison herum, von immer neuen Händen immer wieder neu angeordnet. Verlassen von japanischen Gruppenreisenden, Honeymoonern, einsamen Rentnern – Stühle als stumme Zeugen der *comédie humaine* auf der Croisette. Man schaut, wo einer frei ist, sucht sich sein Plätzchen im Schatten einer Königspalme, vielleicht in der Nähe des Kiosks, wo man sich mit Zeitungen eindecken kann. Sitzt kommod mit ***vue sur mer*** und: umsonst. Die Stühle gehören der Stadt, die für die Benutzung keinen Cent verlangt.

Markt in Antibes

Die **Markthalle auf dem Cours Masséna** stammt aus dem 19. Jh. In ihrem Schatten duftet es nach Käse, Obst, Fisch, Oliven – jeder Einkauf wird hier zum sinnlichen Vergnügen (s. S. 371).

Der Pool des Eden Roc am Cap d'Antibes

Am Ende der Allee, die die Tortenbarockarchitektur des **Hôtel du Cap** mit der schroffen Spitze des Cap d'Antibes verbindet, gilt nur die Farbe Blau. Blau wie der Himmel, der strahlend seine Pflicht erfüllt. Blau wie betrunken vom Champagner, der in den Gläsern auf der Terrasse der Hoteldependence **Eden Roc** perlt. Blau wie der **Pool, der aus dem Fels gebrochen wurde.** Mit Verve weist die geschwungene Beckenkante das Mittelmeer in seine Grenzen. Madonna ist den Weg vom Hôtel du Cap zu diesem Pool gegangen. Könige und Operndiven sowieso. Sie alle kamen, um in das wohltemperierte Meerwasser zu tauchen. Myriaden silberner Fünkchen glitzern auf dem Wasser, als gälte es, den Namen der Anse de l'Argent-Faux Lügen zu strafen – Bucht des falschen Silbers heißt die Felssichel, in der ein Pool das Blau der Côte d'Azur in den Schatten stellt (s. S. 370).

Wanderung über das Plateau de Caussols

Die **D 12** durchquert das zwischen Hochsteppe und Mondlandschaft wechselnde Plateau de Caussols. Vom **Weiler Caussols** wandert man in etwa 2 Std. zu den Felskämmen von Col du Clapier (1257 m) oder Colle du Macon (1417 m). Als Wegweiser dient der rotweiß markierte **GR 4,** der das Plateau von Nord nach Süd durchquert (s. S. 379).

Hauptstadt des Luxus und der Moden etabliert. Heute verfügt die Metropole des schönen Scheins über die höchste Rate von Einzelhändlern pro Einwohner im Departement Var. Dabei sind die Luxuswarenhändler in der Überzahl. Bliebe anzumerken, dass Cannes zudem mit 40 % aller Luxusherbergen des Departements aufwarten kann.

Cannes: Cityplan

Sehenswürdigkeiten

1 Croisette
2 Palais des Festivals
3 Square Prosper Mérimée
4 Noga-Hilton
5 Carlton, Miramar, Martinez
6 Casino
7 Rue d'Antibes
8 Allées de la Liberté
9 Vieux Port
10 Marché Forville
11 Tour du Suquet
12 Notre-Dame-de-l'Espérance
13 Musée de la Castre
14 Villa Rothschild

Übernachten

1 3.14.
2 La Villa Tosca
3 Pierre & Vacances Cannes Verrerie
4 Le Chanteclair
5 Auberge de Jeunesse

Essen und Trinken

6 Le Harem
7 Le Mantel
8 Le Mesclun
9 Simplicité
10 Aux Bons Enfants

Das mondäne Cannes geht auf ein unscheinbares Fischerdorf zurück

Sommerdestination Cannes

Übersetzt heißt Cannes ›Schilfrohre‹. Schilf wuchs in den Sümpfen rings um das römische Castrum auf dem Mont Chevalier. Im Mittelalter war Portus Canuae ein unscheinbares Fischerdorf im Schatten des mächtigen Klosters auf der Ile St-Honorat vor seiner Küste. Erst allmählich breitete sich die heutige Altstadt im Westen der Uferpromenade La Croisette um die Burg der Grafen der Provence auf dem Suquet-Hügel aus. Apropos Croisette: Die Flaniermeile begann als Aufschüttung einer ehemaligen Seifenfabrik! Mit den 1930er Jahren wandelte sich der Badeort von einer Winter- zur Sommerdestination. Heute frisst sich im Westen der Vorort La Bocca unaufhaltsam in die flachen Hügel oberhalb der Siagne hoch. Östlich bleibt das Villenviertel Super Cannes-La Californie eine Domäne der Superreichen. Fischfang und Mimosenzucht spielen kaum mehr eine Rolle. Wirtschaftlich bedeutend sind die vier Jachthäfen mit ihren 3000 Bootsplätzen, noch stimulierender freilich die an die 100 Kongresse pro Jahr, mit denen Hotelzimmer und Restauranttische auch außerhalb der Saison gefüllt werden.

An der Croisette

Ein kleines Kreuz *(crocetta)* am östlichen Zipfel der Bucht gab der 1868 angelegten **Croisette** 1 den Namen. Seit 1871 gehören Palmen in doppelter Reihe zu ihrem Bild. Große Teile des Strandes sind so künstlich wie die Scheinwelt von Cannes: 125 000 m^3 Sand mussten für das Badevergnügen aufgeschüttet werden, ein kostspieliges Vergnügen, doch Geld hat in Cannes noch nie eine

Rolle gespielt. Modeschöpfer Jacques Fath gab in den 1950er Jahren einen Ball für 3000 Gäste, zu dem er selbst als Sonnenkönig erschien. Solche Zurschaustellung ist allerdings selbst in Cannes selten geworden. Nicht so die über Jahrzehnte fein ausgeklügelten Riten, wie die des Plage-Systems. Streng abgezirkelt wird der Strand etappenweise bewirtschaftet, mit kostenpflichtigen Liegestühlen, Sonnenschirmen und sündhaft teuren Restaurants. Die Zugehörigkeit zu einer Plage fungiert als soziales Barometer, dessen unterstes Ende die beiden öffentlichen Strände an Anfang und Ende der Croisette kennzeichnen.

Im Westen markiert das 1982 gebaute **Palais des Festivals** 2 brachial den Beginn der Croisette. Das Betonungetüm aus Festspielsälen, Ausstellungshalle, Konzertsaal, Casino und Nightclub ist als ›le bunker‹ verschrien. Auf dem Vorplatz Esplanade Georges Pompidou kann man sich unter den Fliesen mit den Handabdrücken von 120 Stars und Starlets seinen Lieblingsschauspieler suchen. Auf der anderen Straßenseite erinnert der **Square Prosper Mérimée** 3 an den Schöpfer von ›Carmen‹ (Hector Berlioz hat sie ›nur‹ vertont), der im Eckhaus der Rue Jean-de-Riouffe 1870 verstarb. Weiter in östlicher Richtung stand bis 1988 das alte Festivalpalais aus dem Jahr 1947, dessen Fassade in den Hotelkomplex des klotzigen **Noga-Hilton** 4 integriert wurde. Es folgt die verschwenderisch aufwendige Trias der Hotelpaläste **Carlton, Miramar** und **Martinez** 5. Das 1907 eröffnete Carlton sticht die beiden Konkurrentinnen unübersehbar aus. Der Lokalfama zufolge sollen die birnenförmigen

Klappe, Cannes

Cannes' Weg zum Schauplatz des weltweit wichtigsten Filmfestivals begann 1939, nachdem die Konkurrenzveranstaltung in Venedig immer mehr zur Propagandaschau für Mussolinis Regime degradiert worden war. Zwei Jahre zuvor hatte eine allzu linientreue Biennale-Jury die französischen Festivalteilnehmer durch die Ausbotung des im faschistischen Italien politisch unliebsamen Jean-Renoir-Klassikers ›La Grande Illusion‹ brüskiert.

Die Idee eines von ideologischen Vorgaben unabhängigen Filmfestivals wurde laut – das mit Luxushotels und Edelrestaurants reichlich versorgte Cannes an der Côte d'Azur bekam folglich seine große Chance. Als am 1. September das erste ›Festival International du Film‹ an der Croisette eröffnet werden sollte, war freilich auch schon wieder Schluss. Am selben Tag marschierte die deutsche Wehrmacht in Polen ein, und die aus Hollywood an die Côte gereisten Stars verließen eilends Europa. Bescheidener Neuversuch 1946 im städtischen Casino, ab 1947 im neuen Palais des Festivals: Michèle Morgan, René Clair und Ray Milland heißen die ersten Preisträger. Gary Cooper, der bereits 1939 auf einem weißen Ozeandampfer angereist war, wird ein paar Festivals später mit einer Goldenen Palme für den Westernklassiker ›High Noon‹ entschädigt, doch das 14-tägige Festival im Mai entwickelte sich nicht nur für Cooper zum Sprungbrett amerikanischer Stars in europäische Lichtspielhäuser. Erst Mitte der 1950er Jahre hat sich das europäische Kino vom Zweiten Weltkrieg erholt und wartet mit neuen Gesichtern neben den amerikanischen Zelluloidgiganten auf.

Cannes' Riten, zu denen das Treppeschreiten zum Palais des Festivals im Blitzlichtgewitter zählt, sind Legende. Skandale gehören dazu: 1949 reißt sich ein Starlet den Bikini vom Leib und fällt Robert Mitchum um den Hals. Die Nachwuchsschauspielerin wusste, warum. Cannes hatte in kurzer Zeit kräftig an Aufmerksamkeit gewonnen, eine Filmrolle hätte bei der gewagten Aktion herausspringen können. Fünf Jahre später ließ das britische Starlet Simone Silva ebenso die Hüllen fallen, diesmal jedoch im Beisein der Fotografen, was der Barbusigen ein Großformat in den bunten Blättern und ein Stadtverbot einbrachte. Den einträglichsten Medienrummel der frühen Jahre bescherte die züchtig zugeknöpfte Grace Kelly dem Festival, indem sie 1955 Fürst Rainier von Monaco in Cannes kennen und lieben lernte, eine Romanze *bigger than life*, die so nicht einmal Hollywood erfinden konnte.

Das sich in den 1960er Jahren abzeichnende Ende des Studiosystems in Hollywood zeitigte auch in Cannes Folgen. Autorenkino und Nouvelle Vague forderten ihren Platz auf der Leinwand und veränderten das Filmfestival, das sich als alljährlich veranstaltete Party des schönen Scheins 1960 mit Fellinis ›Dolce Vita‹ ein letztes Mal selbst feierte. In den folgenden Jahren ging es bergab mit dem Starkino. Gleichzeitig verlor Cannes deutlich an Glamour, bis im Mai 1968 ein Realitätsschock das Filmfestival ereilte. Mit Godard und Malle stürmte Frankreichs neue Regisseurgeneration das Festivalpalais, in

Thema

dem von der entsetzten Leitung frühzeitig – nach nur neun Tagen – die Projektoren abgestellt wurden. Das gute alte Glamourkino war tot, mit ihm das hergebrachte Festivalkonzept. Problembewusstsein und Gesellschaftskritik gehören seit 1968 auf der Startreppe des Festivalpalais dazu, was beim Publikum nicht immer ankommt. Federico Ferreris provokantes Fressopus ›La Grande Bouffe‹ (Das große Fressen) quittierte das Publikum 1973 mit wütenden Attacken auf Regisseur und Schauspieler. Als erfolgreicher erwies sich dagegen die seit 1969 veranstaltete Reihe ›Quinzaine des réalisateurs‹, aus deren Reihen etliche Jungtalente zu neuen Publikumslieblingen avancierten.

Mochte auch unter Kritikern und Filmfans in öffentlichen Runden eifrig diskutiert werden, so wandelte sich das Festival hinter den Kulissen am stärksten. Cannes mutierte zum großen Geschäft, bei dem um Weiterverwertungsrechte und Verleihrechte geschachert wird. Mehr als 25 000 akkreditierte Fachbesucher aus 91 Ländern reisten durchschnittlich in den letzten Jahren zum Filmfestival ein, darunter über 4000 Journalisten. Auf dem weltweit führenden Filmmarkt werden an einem Tag bis zu 400 Filme vorgeführt, aufgegliedert in die offizielle Wettbewerbssektion und die außer Konkurrenz laufenden Reihen ›Semaine de la critique‹, ›Quinzaine des réalisateurs‹, ›Un certain regard‹. Seine Bedeutung aber bezieht Cannes aus dem ›Marché‹, wo das große Geschäft gemacht wird. Das Festival von heute ist ein knallharter Marathon für Journalisten, Studiobosse und Networkmogule, dem der Starrummel weiterhin seine glamouröse Fassade aufsetzt. Cannes reimt sich für das zahlende Kinopublikum immer noch auf Cathérine Deneuve und Claudia Schiffer.

Im Blitzlichtgewitter: die spanische Schauspielerin Victoria Avril

Eckkuppeln den Brüsten der ›schönen Otéro‹, einer der großen Luxuskokotten der Belle Epoque, nachempfunden sein. Hier traf Fürst Rainier auf den ›amerikanischen Schwan‹ Grace Kelly, die im Carlton mit Cary Grant gerade ›Über den Dächern von Nizza‹ drehte. Vorbei am Jachthafen Port Canto endet der Boulevard de la Croisette an der fast 600 m ins Meer reichenden Landspitze der Pointe de la Croisette. Mit dem 1929 auf die Pointe gesetzten **Casino Palm-Beach** 6 wurde gleichzeitig die erste Sommersaison von Cannes lanciert.

Neustadt

Zurück in Richtung Carlton: Auf Höhe des Hotels sticht die Rue du Canada von der Croisette zur neu gestalteten und nun noch edleren **Rue d'Antibes** 7 durch. Die Luxusmeile kleiner, aber feiner Boutiquen für Prêt-à-porter-Mode, Confiserien, Parfüms, Schmuck geht in Richtung Altstadt in die Rue Felix Faure über. An beider Schnittstelle liegt gegenüber der opulenten Fassade des Splendid-Hotels die Zanzi Bar, an deren Theke Klaus Mann Stammgast war, auch am Abend seines Selbstmordes 1949. Auf der anderen Seite des Hotels weitet sich mit den **Allées de la Liberté** 8 Cannes' Herz. Unter den Platanen des Platzes wird Blumenmarkt gehalten und Boule gespielt. Hier steht auch Lord Brougham auf dem Sockel. Nach Westen schließt das prachtvolle Hôtel de Ville seit 1876 den verkehrsfreien Platz ab.

Von Molen geschützt bot der **Vieux Port** 9 schon Maupassants Jacht ›Bel Ami‹

Fischerboote sind allenfalls noch Staffage, Jachten bestimmen das alltägliche Bild von Cannes

einen sicheren Ankerplatz. Schon damals waren Fischerboote selten. Heute sind sie nur noch Staffage. Ganz am Ende des Quai Laubeuf legen die Schiffe zu den Iles de Lérins ab. Die Rue Louis Blanc führt vom Vieux Port stadteinwärts zur rosafarbenen Markthalle des **Marché Forville** 10, der 1870 außerhalb der Altstadt angelegt wurde. Kleine Restaurants und Lebensmittelläden reihen sich in den Seitengassen, vor allen in der Fußgängern vorbehaltenen Rue Meynardier – bodenständige Gassenatmosphäre, die man in Cannes nicht erwartet hätte.

Colline du Suquet und Altstadt

Die Rue Meynardier trifft am Fuß des Mont Chevalier auf die Rue Saint Antoine. In der autofreien Straße kämpft ein Restaurant gegen das andere. Alles drängt und schiebt sich die Fressgasse zum Altstadtviertel **Le Suquet** hoch. Kellner gehen mit der Restaurantkarte auf Kundenfang. Es riecht nach Olivenöl und Nepp. Dann überraschen Plätzchen und Stiegen, die sich sich links und rechts der Rue Saint Antoine verschachteln. Wahrzeichen des Altstadthügels ist die 22 m hohe, mittelalterliche **Tour du Suquet** 11. Die Äbte der Klosterinsel St-Honorat ließen den Wachturm 1385 bauen, um Piraten in den Gewässern frühzeitig zu erspähen. Heute sieht man von der Plattform über die gesamte Bucht mit den weißen Tupfen der Segelboote im Blau des Meeres. Die Pfarrkirche **Notre-Dame-de-l'Espérance** 12 wurde 1627 im Stil der provenzalischen Spätgotik errichtet. Innen lohnen die vergoldeten Holzplastiken der Notre-Dame de l'Espérance (18. Jh., im Chor) und der hl. Anna (15. Jh., in der Seitenkapelle) einen Blick. Im benachbarten **Musée de la Castre** 13, dessen Name auf den Standort in den Mauern des ehemaligen Château verweist, wird die 1877 der Stadt vermachte ethnologische Samlung des niederländischen Barons Lycklama ausgestellt. Ebenfalls zu sehen sind archäologische Funde aus dem Mittelmeer und Bilder, die Cannes' Rolle in der Malerei illustrieren (Le Suquet, Di–So 10–13, 14–17, sommers bis 19 Uhr).

Im Westen des Suquet breiten sich parallel zur Uferstraße die Strände von **La Bocca** aus. Rote Felsen im Wasser verraten die Nähe zum Estérel-Massiv. Oberhalb der Uferstraße Boulevard du Midi lohnt die städtische Mediathek in der Avenue Jean-de-Noailles einen Schlenker. Ihr Domizil ist die ehemalige **Villa Rothschild** 14, ein neobarocker Prachtbau mit Trompe-l'Œuil-Fresken (Di–Sa 10–12, 14–18 Uhr).

i **Office de Tourisme:** Palais des Festivals, 1, La Croisette, Tel. 04 93 39 24 53, Fax 04 92 99 84 23, www.cannes.fr. Zweigstelle im Bahnhof: Tel. 04 93 99 19 77.

3.14. 1: 5, Rue François Eisnesy, Tel. 04 92 99 72 00, Fax 04 92 99 72 12, www.3-14hotel.com. »Fünf Etagen, fünf Kontinente« – so der Traum der Tochter eines Langstreckenpiloten. In Cannes ging er als *global hotel* auf höchster Designebene in Erfüllung. Luxuriöse Zimmer von poppig amerikanisch bis bombastisch indisch. Mahatma-Lounge, Sonnendach mit Pool, Jacuzzi, Hamam. DZ 170–300 €, Appartements 950–1500 €.

La Villa Tosca [2]: 11, Rue Hoche, Tel. 04 93 38 34 40, Fax 04 93 38 73 34, www.villatosca.com. Nach der Totalsanierung ein freundliches Stadthotel mit Frühstückslounge, aufgefrischtem Stuck sowie designmöblierten Zimmern in Ochsenblutrot oder Kaffeebraun. DZ 75–119 €.

Pierre & Vacances Cannes Verrerie [3]: 6, Rue de la Verrerie, La Bocca, Tel. 04 93 90 72 00, Fax 04 93 47 56 50, www.pierre-et-vacances.de, je nach Saison variierende Preise. Ferienwohnungen für 2–7 Pers. mit Hotelservice im westl. Stadtteil La Bocca. Kinderbetreuung, Pool 5 Min. vom Strand.

Le Chanteclair [4]: 12, Rue Forville, Tel./Fax 04 93 39 68 88. Bescheidene Zimmer im Ikea-Look. Für junge Leute. Gute Lage nah am Markt im Altstadtviertel. Frühstück im lauschigen Innenhof. DZ ab 36 €.

Auberge de Jeunesse [5]: Le Chalit, 27, Av. du Maréchal-Gallieni, Tel./Fax 04 93 99 22 11. Kleine Jugendherberge in Bahnhofsnähe. 2 Viererzimmer, ein Schlafsaal. 13,70 € pro Nacht.

Le Harem [6]:15, Rue des Frères Pradignac, Tel. 06 8 09 70 28, Mo–So 20–2.30 Uhr. Marokkanische Küche, präsentiert im Ambiente einer arabischen Nacht – der Saal quillt über von bunten Kissen. *Tajine, couscous, mezzeh*. Halb Lounge, halb Serail, in jedem Fall trendy und mit Bauchtänzerin. Menü ab 27 €.

Le Mantel [7]: 22, Rue St Antoine, Tel. 04 93 39 13 10, Mitte Juli–Mitte Aug. Betriebsferien, Mi, Do mittags geschl. Noël Mantel hat endlich sein eigenes Restaurant. Und zeigt, was er bei Ducasse & Co. gelernt hat: etwa ein Risotto mit Flusskrebsen und grünem Spargel an einem Chorizo-Jus. Menü 23–54 €.

Le Mesclun [8]: 16, Rue St Antoine, Tel. 04 93 99 45 19, Mi Ruhetag. Nette Adresse auf dem Suquet-Hügel. Das Einheitsmenü umfasst Petersfisch in Anis, Lammrücken aus Sisteron. Menü 20 (mittags)–31 €.

Simplicité [9]: 5, Rue Jean Daumas, Tel. 04 93 68 27 40; Sa mittag, So geschl. *Soyons simple* lautet die Devise des Bistrot gourmand unter der Leitung von Mantels Frau Brenda. ›Einfach‹ heißt in diesem Fall *brandade de poisson* mit Tapenade, Entenkeule mit schwarzen Oliven, Lasagne mit frischem Ziegenkäse und Auberginen. Menü 16 €, à la carte 25–28 €.

Aux Bons Enfants [10]: 80, Rue Meynardier, kein Tel., keine Kreditkarten, Sa abend im Winter geschl., So Ruhetag. Nur ein Menü auf der Karte – und der Laden ist immer voll. Eine Institution mit provenzalischer Hausmacherküche. Sehr freundlicher Empfang – Cannes kann auch anders. Menü 16 €.

Aux Bons Raviolis: 31, Rue Meynadier. Mit allem nur Erdenklichen gefüllte Pasta.

Confiserie Maifret: 31, Rue d'Antibes. Feines Naschwerk aus eigener Herstellung.

La Crémerie Royale: 114, Rue d'Antibes. Die feinsten Käse in unglaublicher Auswahl. 80 Jahre altes Familienunternehmen.

Marché Forville: Di–So 7–13 Uhr. Markthalle mit fantastischem Angebot und herzerfrischend rumpeligen Kneipen rundherum (Tipp: Chez Lucullus, 4, Pl. du Marché-Forville, Tapas & Toasts).

Trödelmarkt: Sa, Allées de la Liberté.

Jimmy'z: 1, La Croisette, Palais des Festivals. *La Discothèque des Stars:* viel Glitter, noch mehr Spiegel, Sessel mit Leopardenfellimitat. Ruinöse Preise – die Flasche Wein um 350 €, der Softdrink zu 65 €.

Le Zanzi Bar: 85, Rue Félix Faure. Wo Klaus Mann seinen letzten Abend verbrachte, sitzen auffällig viele Jungs.

Internationales Filmfestival: Mai.

Internationales Festival des Werbefilms: Juni.

Jazz à Cannes: Aug., Jazzfestival.

An der **Plage de la Croisette** wird's eng. Und: Sich hinlegen kostet bekanntermaßen. Am Ponton des Grand Hotel Majestic bietet der **Ski Club** (Tel. 04 92 98 77 47) Wassersportaktivitäten an: mit dem Gleitschirm vom Schnellboot abheben und Cannes von oben besichtigen! Etwas stiller ist die **Plage Gazagnaire** hinter der Pointe de la Croisette. Lange Sandstrände mit freiem Zutritt im Ortsteil **La Bocca.**
Tauchen: Centre de Plongée Armand Ferrand, in der Baie de Cannes, Tel. 04 93 49 74 33, www.plongee-ferrand.com.

Zug: Bahnhof, Rue Jean Jaurès, Tel. 08 36 35 35 35. Züge in alle Küstenorte zwischen St-Raphaël und Menton sowie TGVs nach Paris.
Bus: zwei Busbahnhöfe: einer neben dem Zugbahnhof (Les Rapides de la Côte d'Azur, Tel. 04 93 39 11 39, Verbindungen Grasse, Vallauris, Mougins), einer an der Pl. de l'Hôtel de Ville (Tel. 04 93 39 11 39, Verbindungen zum Flughafen Nizza, Golfe-Juan und Grasse).
Fähren: Société Planaria, Quai des Iles, Tel./Fax 04 92 98 71 38. Verbindungen auf die Lérins-Inseln.

Iles de Lérins

Reiseatlas: S. 20, E 3

Ile Ste-Marguerite

Eine Viertelstunde dauert die Überfahrt vom Vieux Port in Cannes zur Ile Ste-Marguerite, 15 weitere Minuten benötigt man zur Ile St-Honorat (Gare Maritime des Iles de Lérins, verschiedene Anbieter, Tel. 04 93 39 11 82 oder Tel. 04 92 98 71 38). Die von Eukalyptusbäumen und Pinien begrünten Iles de Lérins heben sich nur einen Kilometer südöstlich der Croisette aus den Fluten – aber zwischen dem Hype von Cannes und der klösterlichen Beschaulichkeit der Inseln liegen Welten.

›Lero‹ hieß die 210 ha große **Ile Ste-Marguerite** in der Antike, bevor sie nach einer Schwester des hl. Honoratus umgetauft wurde. 1569 überließ der Abt von St-Honorat die dem Kloster unterstellte Insel der Stadt Cannes gegen eine jährliche Pacht zur Nutzung. Nach mehrmaliger Eroberung, zuletzt durch die Spanier, ordnete Richelieu im 17. Jh. den Bau einer Garnison an, dessen Fort 1685 Staatsgefängnis wurde. Hinter den Mauern saß ein geheimnisumwitterter, durch eine Maske unkenntlich gemachter Gefangener, den Marcel Pagnol in seinem Roman ›Die eiserne Maske‹ zum Zwillingsbruder des Sonnenkönigs Louis XIV machte. Für Voltaire war es dagegen ein unehelicher, älterer Bruder des Königs. Näheres dazu erzählt das sommerliche Son-et-Lumière-Spektakel auf der Insel. Einige Einwohner von Cannes dürfen aus Gewohnheitsrecht ihre Häuschen auf der Insel behalten. Ansonsten ist die dicht bewaldete Ste-Marguerite unbewohnt.

Ein 7 km langer Rundweg führt zum Vogelschutzgebiet am **Batéguier-Teich** im Westen, dem königlichen **Fort mit Musée de la Mer** (Di–So 10.30–13.15, 14.15–17.45 Uhr) im Norden und dem Landgut **Grand-Jardin** im Süden. Kleine Sand- und Kieselstrände laden zum Baden ein.

Ile St-Honorat

Die mit 40 ha wesentlich kleinere **Ile St-Honorat** bewirtschaften seit 1869 Zisterziensermönche, deren Weinberge und Felder die abgesehen von der Hauptsaison pastorale Idylle der Insel bestimmen. Der aus Trier stammende römische Patriziersohn Honoratus gründete 410 das erste Kloster auf der Insel, dessen Regeln (Einzelzellen, Klausur, Disziplin, Arbeit) zu den Fundamenten europäischer Mönchskultur wurden. Im 8. Jh. metzelten Sarazenen die Mönche nieder. Das Kloster wurde wieder aufgebaut und 1073 zum Schutz vor Piraten wie burgähnlich befestigt. 1791 wurde das Kloster aufgelöst und verkauft, bis 1859 der Bischof von Fréjus die Ile St-Honorat zurückkaufen kann.

Das **Festungskloster** auf einem Felsvorsprung kann besichtigt werden (frei zugänglich). Der doppelstöckige Arkadenhof war letzter Zufluchtsort bei Gefahr. Ein **Museum** zeigt griechisch-römische Fundstücke von der Insel und Gegenstände zur Klostergeschichte (10–12, 14–18, im Winter bis 16.30 Uhr). Sehenswerter als die 1875 gebaute Klosterkirche sind die schlichten, **romanischen Kapellen** am Rundweg der Insel. In der Nähe des winzigen Hafens gibt es zudem ein **Restaurant** mit Bar.

Abbaye de Lérins: St-Honorat, Tel. 04 92 99 54 00, www.abbayedelerins.com. Schlichte Zimmer; unbedingt reservieren. Klausurzimmer 32 €.

Klosterladen der Abbaye de Lérins: St-Honorat, s. o. Die Mönche keltern fleißig Weiß- (Cuvée des Embruns) und Rotwein (Cuvée St-Honorat, Vendanges des Moines), außerdem hochprozentigen Kräuterschnaps (Lérina Verte).

Golfe-Juan, Vallauris und Mougins

Reiseatlas: S. 20, E 3

Golfe-Juan

Für Golfe-Juan sprechen ein paar nette, goldgelbe Strände sowie der Blick auf die Iles de Lérins und das Cap d'Antibes. Ansonsten schaltet die Riviera hier etwas runter: Promis? Fehlanzeige! Napoléon landete freilich am 1. März 1815 an Bord der ›L'Inconstant‹ bei der unerlaubten Rückkehr von Elba in Golfe-Juan, woran eine Stele am Uferquai erinnert.

Die berühmte **Route Napoléon,** die dem Marsch des verbannten Kaisers auf Paris entspricht, nimmt folglich ihren Anfang in Golfe-Juan – man folge immer dem kaiserlichen Adler und dem gekrönten ›N‹ auf den Schildern. An der Kreuzung der N 7 und der D 135 nach Vallauris markiert eine Säule mit Napoléon-Büste den Anfang der Route.

Office de Tourisme Golfe-Juan-Vallauris: Vieux-Port, 06220 Golfe-Juan, Tel. 04 93 63 73 12, Fax 04 93 63 21 07, www.vallauris-golfe-juan.com.

Le Mas Samarcande: 138, Grand-Boulevard de Super-Cannes, Tel. 04 93 63 97 73, Fax 04 93 63 97 73, März–Okt. 5 komfortable Chambres d'hôtes im Abseits des Strandtrubels, aber mit Blick auf die Bucht. DZ 120 €.

Beau Soleil: Impasse Beau Soleil, Tel. 04 93 63 63 63, Fax 04 93 63 02 89, www.hotel-beau-soleil.com, April–Mitte Okt. Kleines, komfortables Hotel mit 9 Zimmern, manche mit Balkon. In einer Sackgasse 500 m vom Strand gelegen. Still, trotz Nähe zur N 7. DZ ab 67 €.

Tétou: Bd. des Frères-Roustan, Tel. 04 93 63 71 16, Mitte März–Okt., Mo mittag, Mi geschl. Der Michelin-Stern für das 1920 gegründete Haus war längst fällig: gegrillte Languste und vor allem Bouillabaisse. Eine kulinarische Bastion an der Uferpromenade. A la carte 130 €.

Nounou: Bd. des Frères-Roustan, Tel. 04 93 63 71 73, www.nounou.fr, Mitte Nov.–Mitte Dez. geschl., So abend, Mo Ruhetag. Restaurant mit Hausstrand und Blick auf die Iles de Lérins. Exzellente Fischgerichte, luxuriöser Rahmen. Menü 35–58 €.

Fahrrad-/Motorradverleih: Holiday Bikes, 93, Bd. Wilson, Tel. 04 93 61 51 51.

Bus: Verbindungen von Vallauris nach Golfe-Juan alle 15 Min.

Vallauris

Bei Vallauris fällt das Stichwort Picasso. Das spanische Genie kam in das Töpferdorf 2 km nordwestlich von Golfe-Juan, um von den Töpfern zu lernen. Von Picassos künstlerischem Impuls zehren im Gegenzug noch heute die über 200 Werkstätten. Wichtigste Hinterlassenschaft Picassos sind die **Fresken ›Krieg und Frieden‹,** die er 1952–1954 in der Krypta einer nicht mehr genutzten Kapelle an der Place de la Libération schuf (im

Sommer Mi–Mo 10–12, sonst tgl. 10–12, 14–18 Uhr). Auf der Pl. Paul-Isnard steht zudem Picassos **Plastik ›L'homme au mouton‹.**

Hotel Val d'Aurea: 11, Bd. Maurice-Rouvier, Tel. 04 93 64 64 29, Fax 04 93 64 92 39. Schlichte Zimmer mitten im Dorf. Tagsüber quirlig, abends ruhig. DZ 51 €.

Gousse d'Ail: 11, Rte. de Grasse, Tel. 04 93 64 10 71, So, Mo geschl. Geradezu günstig angesichts des lokalen Preisniveaus. Hübscher Saal mit Fayencen aus Vallauris, südliche Küche. Menü 21–31 €.
Le Manuscrit: 224, Chemin Lintier, Tel. 04 93 64 56 56, im Winter So abend, Mo, Di geschl. Hübsches Restaurant mit Wintergarten in einer ehemaligen Parfümdistillerie. Klassische Küche zu günstigen Preisen. Menü 17–42 €.

Galerie Madoura: Av. Jean Gerbino. Exklusivrechte an Picassos Keramiken, limitierte Auflagen.

Bus: Verbindungen von Vallauris nach Golfe-Juan alle 15 Min.

Mougins

Mougins ist heute ein beliebtes Ausflugsziel, um sündhaft teuer und mit Blick über das lichtergleißende Cannes zu dinieren. Wie im Kreis scheinen sich die Häuser um die Pfarrkirche zu winden. Den schmucken Rathausplatz mit gewaltiger Ulme krönt ein Belle-Epoque-Brunnen. Das **Musée de l'Automobiliste** zeigt in modernen Mauern nostalgische Blechkarossen (Di–So 10–13, 14–18, Juni–Sept. 10–18 Uhr).

In Mougins verbrachte Picasso seine letzten Jahre. Von 1961 bis zu seinem Tod im Jahr 1973 lebte er knapp 3 km außerhalb unweit der Kapelle Notre-Dame de Vie aus dem 12. Jh.

Office de Tourisme: 15, Av. Jean Charles Mallet, 06250 Mougins, Tel. 04 93 75 87 67, Fax 04 92 92 04 03, www.mougins-coteazur.org.

Von Juan-les-Pins ans Cap d'Antibes

Reiseatlas: S. 20, E/F 3
Der einstige Millionärstummelplatz **Juan-les-Pins** ist längst mit dem piekfeinen **Cap d'Antibes** zusammengewachsen. Es wird augenfällig eleganter, auch wenn Bausünden das Gesamtbild etwas beschädigen. Ein Pinienwald (Pinède) inspirierte 1882 den Herzog von Albany und Sohn Queen Victorias zum wohlklingenden Ortsnamen. Dieselbe Pinède ist seit den 1960er Jahren die Bühne für ein hochkarätiges Jazzfestival.

Ein Reservat der *happy few* bleibt das **Cap d'Antibes**. Kleine Strände säumen den Rundweg um die Halbinsel, an deren Südspitze das legendäre **Hôtel du Cap** nebst Pool des Eden Roc sündhaft teure Tage hinter pfirsichfarbenen Wänden verheißen. 1921 begann am Kap die erste Sommersaison an der zuvor ausschließlich im Winter bereisten Riviera. Maupassants Weißsagung im Jahre 1887, Juan-les-Pins werde »eines Tages der hübscheste Badeort der Küste«, trat nun ein. Das Kap reüssierte, nicht zuletzt durch wohl dosierte Skandale – die ersten eng anliegenden Badeanzüge wurden hier gesichtet. Die Windsors, Onassis, König Faruk und die Internationale der Milliardäre gaben und geben sich zwischen Pinien und feinem Sandstrand ihr Stelldichein. Neben den Luxusdomizilen hielten sich kleine Anwesen, deren Mischung den Charme des Kaps ausmachen.

Auf der Ostseite erstreckt sich die **Plage de la Garoupe,** wo der knapp 2 km lange **Küstenwanderweg Tire-Poil** beginnt. Von der Uferstraße D 2559 zweigt ein Weg zum **Aussichtsplateau** mit Leuchtturm und Kapelle auf der Colline de la Garoupe ab. Von hier reicht der Fernblick bis St-Tropez. Wieder auf der Uferstraße schaut man bald über die Bucht auf die Silhouette von Antibes, über dessen Türmen im Winter die schneebedeckten Gipfel der Seealpen gleißen. Noch vor der Stadt lockt die **Plage de la Salis** mit den einfachen Freuden des Sommerurlaubs. Kinderhände streicheln den Esel an der Eisbude ganz sachte. Es riecht nach *merguez* und *frites*. Am Horizont setzt die Nussschalenflotte der städtischen Ecole de Voile die Segel.

Office de Tourisme de Juan-les-Pins: 55, Bd. Charles Guillaumont, 06160 Juan-les-Pins, Tel. 04 97 23 11 10, Fax 04 97 23 11 09, accueil@antibes-juanlespins.com, www. antibes-juanlespins.com.

Hôtel du Cap: Bd. Kennedy, Cap d'Antibes, Tel. 04 93 61 39 01, Fax 04 93 67 76 04, Mitte Okt.–Mitte April geschl. Vielleicht das schönste Hotel der Côte d'Azur, ein Palast mit Park über dem Mittelmeer. Antike Möbel in den Zimmern, stille Abgeschiedenheit in den Bungalows. Zum hoteleigenen Restaurant Eden Roc gehört der in die Felsnase des Kaps geschlagene Pool. DZ ab 550 €.

La Bastide du Bosquet: 14, Chemin des Sables, auf halbem Weg zwischen Antibes und dem Cap d'Antibes, Tel./Fax 04 93 67 32 29, www.lebosquet06.com. Drei Chambres d'hôtes in einem Landhaus des 18. Jh. (Vermietung nur ab 3 Übernachtungen). Hell, freundlich, Bäder mit provenzalischen Fayence-Kacheln. In Fußnähe zu den Stränden. DZ/F 85–105 €.

Le Festival: Bd. Wilson, Juan-les-Pins, Wie das Pam Pam (s. u.) immer voll, aber nicht so schnieke.

Abendstimmung in Antibes,
das sich als eine der schönsten Überraschungen an der Küste entpuppt

Le Pam Pam: Bd. Wilson, Juan-les-Pins, rappelvoll, Live-Orchester bis in den frühen Morgen.

Prozession der Fischer am Cap d'Antibes: Am ersten Do im Juli tragen Fischer eine Madonna vom Garoupe-Hügel zur Kathedrale und am So darauf zurück.
Jazz à Juan: 10 Tage im Juli. Seit 1960 eines der bedeutendsten internationalen Jazzfestivals in Europa. 250 Musiker aus 15 Ländern geben Openairkonzerte im Pinienwald, u. a. dabei waren Chat Baker, Duke Ellington, Aretha Franklin, Keith Jarret, Ibrahim Ferrer etc. Infos: www.antibesjuanlespins.com.

Strände: Plage de l'Islette, Sandstrand in Richtung Cap d'Antibes mit Blick auf die Altstadt. Plage de la Garoupe, hübscher Strand auf der Ostseite des Cap d'Antibes. Plage de Juan-les-Pins: Sandstrand, den die Hotels am Strandboulevard unter sich aufteilen.
Tauchen: Die besten Spots bietet das Cap d'Antibes mit Felsen und Riffs. Im Port du Crouton auf der Westseite des Cap d'Antibes bietet der Tauchclub Fabulité (150, Traverse des Nielles, Tel. 04 93 61 47 45, www.fabulite.com) Tauchgänge für alle Niveaus an.

Antibes

Reiseatlas: S. 20, E/F 3
Antibes entpuppt sich als eine der schönsten Überraschungen der Riviera. Unbeeindruckt vom Leben in den exklusiven Villen der Highsociety gleich nebenan nimmt das Leben in der sich zwischen zwei Buchten einfügenden Altstadt seinen südländisch bodenständigen Lauf. Zum Teil handtuchschmale, autofreie Gassen verbinden die beiden Hauptplätze **Place Nationale** und **Place des Martyrs de la Résistance.** Statt wie bis zur Jahrhundertwende Feigen und Oliven machen heute Rosen das Renommee der ›Capitale de la rose‹ aus.

Bestes Zeichen für die auch außerhalb der Saison lebendige Stadt ist der wunderschöne **Markt** am Cours Masséna unter einer Eisenkonstruktion von 1900 (Di–So 6–12 Uhr). Im Schummerlicht türmen sich Cabécou-Käse, Auberginen, Würste. Auf einem Bett aus Eis liegen Doraden, Rotbarben, Tunfisch, Seebarsch, Drachenkopf, Seeteufel, Sardinen. Ab und zu bläst der laue Wind einen Prise Seeluft durch Knoblauchkränze und Stockfischschwarten. In der Verlängerung des Cours Masséna steht das typisch provenzalische **Hôtel de Ville.** Hinter dem Rathaus versteckt sich die im Barock veränderte, innen als ursprünglich romanisches Gotteshaus erkennbare **Cathédrale St-Esprit** (9–18 Uhr) – dahinter liegt bereits das Meer. Aufs Wasser schaut man auch von der benachbarten ehemaligen **Grimaldi-Burg,** die Antibes seine unverkennbare Silhouette verleiht. Wo die Burg steht, bauten zuerst Griechen eine Akropolis, später Römer ein Castrum. Ältester Teil ist heute der viereckige Turm aus dem 12. Jh. Picasso nutzte die leeren Obergeschosse der Burg von Juli bis Dezember 1946 als Atelier. Zum Dank hinterließ er der Stadt alle in dieser Periode entstandenen Werke, darunter die 25 Gemälde der ›Suite d'Antipolis‹, die im Musée Picasso der Burg hängen (wegen Umbauten bis 2008 geschl.).

Die Altstadt verschanzt sich zum Meer hinter in weiten Teilen erhaltenen **Mauern:** Bevor Nizza französisch wurde, kam Antibes als Grenzbastion große militärische Bedeutung zu. Frankreichs berühmter Festungsbauer Vauban schuf folglich den **Vieux-Port** im Norden, in dessen Becken heute Segeljachten ankern. Parallel zu den Mauern führt die Promenade Amiral de Grasse nach Süden zum **Musée d'Histoire et d'Archéologie** (Di–So 10–12, 14–18 Uhr), wo die 3000-jährige Stadtgeschichte von der Gründung als griechische Kolonie Antipolis mit etlichen Fundstücken belegt wird. Nach Westen breitete sich nach der Schleifung der Stadtmauern zur Landseite 1895 die Neustadt in Richtung Bahnhof aus. Fast großstädtisch mit ihren wuchtigen Belle-Epoque-Bauten und Grünanlagen wirkt die **Place du Général-de-Gaulle** an der Nahtstelle von Alt- und Neustadt.

Office de Tourisme d'Antibes: 11, Pl. du Général-de-Gaulle, 06600 Antibes, Tel. 04 97 23 11 11, Fax 04 97 23 11 12, accueil@antibes-juanlespins.com, www.antibes-juanlespins.com.

Le Mas Djoliba: 29, Av. de Provence, Tel. 04 93 34 02 48, Fax 04 93 34 05 81, www.hotel-djoliba.com, Nov.–Jan. geschl. Villa aus den 1920er Jahren, etwas außerhalb, dafür still dank Garten. Pool. DZ 70–100 €.

La Jabotte: 13, Av. Max Maurey, Tel. 04 93 61 45 89, Fax 04 93 61 07 04, www.jabotte.com. Schmucke Villa 5 Fußmin. von der Plage de la Salis. Ländlich still dank Gärten ringsherum. Südlich getönte, kleine Zimmer um einen Innenhof mit Mimose und Orangenbaum, wo sich alle Gäste treffen. DZ 60–94 €.

Oscar's: 8, Rue Rostan, Tel. 04 93 34 90 14, www.oscars-antibes.com, 1. Aug.-Hälfte sowie So abend, Di mittag, Mo geschl. Sehr gutes Preis-Leistungs-Verhältnis für eine italienisch-provenzalische Küche, mitten in der Altstadt. Menü ab 24 €.

L'Oursin: 16, Rue de la République, Tel. 04 93 94 13 46, So mittags, Mo geschl. *Oursin* heißt Seeigel: Den gibt's hier sowie andere Meeresfrüchte und Fisch. Das Dekor erinnert an ein Schiff. Menü ab 16 €.

Le Safranier: 1, Pl. du Safranier, Tel. 04 93 34 80 50, So abend und Mo im Winter, Juli–Aug. Mo, Di mittag geschl. Achtung: keine Kreditkarten. Eine Terrasse in überdachter Gasse, ein günstiges Menü, teurere Fischgerichte und Dorfatmosphäre: In Antibes ist man vor Überraschungen nie sicher. Menü ab 10 €, à la carte das Doppelte, Bouillabaisse 27 €.

Trödelmarkt: Do 7–17 Uhr, Pl. Audiberti.

La Siesta: an der Küstenstraße nach Nizza, ab 22 Uhr bis in den Morgen. Eine der bekanntesten Diskotheken der Côte d'Azur, Tanzflächen u. a. im Pool. Ruinöse Preise – allein der Eintritt kostet 20 €.

Legend Café: Pl. Audiberti, bis 2.30 Uhr früh. Altstadtkneipe, jung & flott. Kennzeichen ist der umgestürzte Bootskiel.

Prozession der Fischer am Cap d'Antibes: s. S. 371.

Strände: La Gravette, kleiner Hausstrand zwischen Altstadt und Jachthafen. S. auch S. 371.

Tauchen: s. S. 371.

Aquasplash: Mai–Sept. tgl. 9–18 Uhr, neben dem Marineland an der N 7 Richtung Biot, im Sommer tgl. Funbad mit Wellenbad, einem Dutzend Riesenrutschen und künstlichem Fluss.

Marineland: an der N 7 Richtung Biot, in La Bragué, Tel. 04 93 33 49 49, tgl. 10–20, Juli-Aug. bis 22 Uhr. Freizeitpark mit Delfin- und Robbenshow, Schmetterlingsdschungel, Schaubauernhof für Kinder sowie Hochsee-aquarium.

Zug: Bahnhof, Av. Robert-Soleau, Tel. 08 36 35 35 35. Verbindungen nach Nizza, Cannes.
Bus: Busbahnhof, Pl. Guynemer, Busse nach Cannes, Nizza, Cagnes.

Längs der Baie des Anges

Reiseatlas: S. 20, E/F 2/3

Abstecher nach Biot

Von Antibes bis zur Mündung des Var schnüren Eisenbahnlinie und Küstenstraße wie ein Korsett die Strände an der westlichen Hälfte der Baie des Anges ein, gefolgt von Bettenburgen inklusive Marineland, Pferderennbahn und Achterbahn. Ein Abstecher ins Landesinnere nach Biot lohnt wegen der 1956 gegründeten **Verrerie de Biot** (Werksführungen und Galerie, Mo–Sa 9–18, Sommer bis 20 Uhr, an der D 4, Chemin des Combes). *Verre bullé* heißen die von Blasen durchzogenen Glasprodukte. Biot ist zudem das Dorf, in dem Fernand Léger gelebt hat. Seine Witwe Nadja ließ ein Museum für das Lebenswerk ihres Mannes bauen. 300 Werke dokumentieren den Werdegang des Künstlers im **Musée Fernand-Léger** (Chemin du Val-de-Pome, Mi–Mo 10–12.30, 14–18 Uhr, www.musee-fernandleger.fr).

Villeneuve-Loubet-Plage und Villeneuve-Loubet

Zurück ans Meer: Im flachen Umland der Var-Mündung schlagen weithin sichtbar die vier futuristischen Appartementkomplexe des Port des Anges von **Villeneuve-Loubet-Plage** Wellen. Die 1970 von André Minangoy entworfenen Bauten waren anfangs umstritten. Heute heben sie sich von den vielen anderen Betonbanalitäten wohltuend ab.

Im Hinterland wechseln die Bilder rasch. Über das alte Dorf **Villeneuve-Loubet** wacht wie eh und je der fünfeckige Donjon einer Burg. Im Dorf am Flüsschen Loup erblickte Auguste Escoffier, Urvater der französischen Haute Cuisine, 1846 das Licht der Welt. Später dirigierte er die Kochlöffel des Grand Hôtels von Monte-Carlo und des Ritz in Paris, wie beim Besuch des **Musée de l'Art culinaire** in Escoffiers Geburtshaus neben allem anderen Wichtigen in puncto Küchengeschichte zu erfahren ist (Do–Fr 14–18, sommers bis 19 Uhr, www.fondation-escoffier.org).

Office de Tourisme: 16, Av. de la Mer, 06270 Villeneuve-Loubet, Tel. 04 92 02 66 16, Fax 04 92 02 66 19, www.ot-villeneuveloubet.org.

Cagnes

Das alte Dorf **Haut-de-Cagnes** lebte einmal vom Olivenanbau. Im prächtigen Renaissancebau des Grimaldi-Schlosses hält das **Musée de l'Olivier** (Mi–Mo 10–12, 14–18, im Winter nur bis 17 Uhr; Tel. 04 92 02 47 31) die Olive hoch. Knorrige Olivenbäume sprießen um die Domaine des Collettes, die heute als **Musée Renoir** fungiert (im Sommer Mi–Mo 10–12, 14–18, im Winter bis 17 Uhr, Nov. geschl.). Hier lebte Renoir von 1908 bis zu seinem Tod 1919 – und malte zuletzt mit an seine arthritische Hand gebundenem Pinsel.

Burg und Gassen des Dorfes sind in den Hintergrund des Strandablegers **Cros-de-Cagnes** geraten. Markantestes Gebäude an der Uferstraße ist der 1900 gebaute Kirchturm. Ansonsten haben die gesichtslosen Hotelbauten des Ortsteils Le Logis vom ehemaligen Fischerdorf nicht viel übrig gelassen.

Der Var fließt nur einen Steinwurf nach Osten ins Meer. Bei **St-Laurent-du-Var** überdeckelt das breite Asphaltband von Autobahn und Landstraßen seine Mündung. Auf dem anderem Ufer schieben sich die Rollbahnen des Flughafens Nice-Côte d'Azur ins Meer vor.

Office de Tourisme für alle Teilorte von Cagnes: 6, Bd. Marchal Juin,

06800 Cagnes-sur-Mer, Tel 04 93 20 61 64, Fax 04 93 20 52 63, www.cagnes-tourisme.com.

Le Cagnard: 45, Rue sous Barri, Tel. 04 93 20 73 21, Fax 04 93 22 06 39, www.le-cagnard.com. 600 Jahre altes provenzalisches Herrenhaus unterhalb der Grimaldi-Burg, mit Blick über das alte Dorf und das Meer. Zimmer mit Luxusausstattung und Südterrasse. DZ ab 135 € (Hochsaison ab 185 €).

Camping Le Colombier: 35, Chemin Ste-Colombe, Tel. 04 93 73 12 77. Schattige Plätze, moderne Sanitäranlagen. Die Altstadt liegt nah, der Strand ist 2 km entfernt.

... in La Colle-sur-Loup:

(5 km nordwestl. von Cagnes-sur-Mer):

Hôtel Marc Hely: 535, Rte. de Cagnes, Tel. 04 93 22 64 10,Fax 04 93 22 93 84, www.hotel-marc-hely.com. Verstecktes kleines Hotel mit Blick auf die Voralpen und St-Paul-de-Vence. Großer Garten, Veranda. DZ 65–99 €.

Josy-Jo: 4, Pl. Planastel, Tel. 04 93 20 68 76, Sa mittag, So geschl. Madame Bandecchis heimeliges Restaurant erhielt für Zitronenmousse und gefülltes Gemüse nach Großmutters Rezept den Michelin-Stern. A la carte ab 40 €.

Fleur de Sel: 85, Montée de la Bourgade, Tel. 04 93 20 33 33, Mi, Do mittag geschl. Freundlicher Service, vom Saal einsehbare Küche – hier wird mit offenen Karten und ehrlich gekocht. Seebarsch mit Auberginen! Menü ab 21 €.

Entre Cour et Jardin: 102, Montée de la Bourgade, Tel. 04 93 20 72 27, Mo–Do mittag, Di geschl. Elegantes Ambiente und ebensolche Küche in einem 700 Jahre alten Gewölbe. Ausgezeichnet: Schnecken in Anis mit milder Knoblauchrahmsauce. Menü 29–60 €.

Strand: kilometerlange Kiesstrände, im Sommer zum Bersten voll. Toll: von Mitte Juli–Mitte Aug. bleibt der Uferboulevard in Cros-de-Cagnes verkehrsfrei!

... in La Colle-sur-Loup:

(5 km nordwestl. von Cagnes-sur-Mer):

La Maison des Arts: 10, Rue Maréchal Foch, Tel. 04 93 32 32 50, Fax 04 93 32 32 59, www.maisondesarts.com. Einwöchige Malkurse (englisch) inkl. Übernachtung, Transfers zum Flughafen Nizza, Vollpension, Getränke, Ausflüge, Material ab 980 € im DZ.

Zug: Bahnhof, Av. de la Station, Tel. 08 36 35 35 35. Züge nach Nizza und Cannes.

Die Pflückerinnen und Pflücker sammeln Blütenblätter wie eh und je – nur ihre Zahl hat sich deutlich verringert

Durchs Pays de Grasse in die Hauptstadt des Parfüms

Reiseatlas: S. 20, D/E 2

Unter dem schattigen Rathausplatz in **Magagnosc** weitet sich das Pays de Grasse als sanftes Hügelland in Richtung Riviera. Zwischen Küste und Dorf wellt sich das Pays de Grasse wie ein bunter Flickenteppich aus Blumenplantagen und Villenvierteln. Nach Westen begrenzen blaugrüne Wälder des Estérel-Massivs den Landstrich. In ihrem Schutz verflüchtigt sich der eisige Mistral des Hochlands zum sanft säuselnden Lüftchen. Für die Grasser Parfümeure bedeutet der metereologische Dauerglücksfall den Schlüssel zum Erfolg. In den Gärten vor Grasse ziehen sie seit der Renaissance alles heran, was die Nasen ihrer Klientel an Duftessenzen begehren. Ein halbes Dutzend Familienbetriebe produziert in Grasse noch Duftstoffe. Zwei davon, Mane und Robertet, sind Giganten mit weitläufigen Produktionsanlagen und einigen hundert Angestellten in und um Grasse. Drei Dutzend

Hinter die Kulissen geschaut: Rosenblätterpresse in Grasse

weitere kleine Labors, manchmal nicht größer als eine Hinterhauswohnung, pusten Wohlgerüche in die Altstadt. Die Zeiten haben sich seit dem Vormarsch der Multikonzerne geändert, vor allem für die Zulieferer aus dem Pays de Grasse. Längst kaufen die Großen ihre Rosen in Billiganbauländern wie Bulgarien, Marokko oder Indien. Näheres wird nicht verraten, die Parfümeure stecken in geschäftlichen Fragen ihre Nasen dicht zusammen: Betriebsgeheimnis, man bedauert. So viel dennoch: Im Pays de Grasse werden die Parfümrosen seltener. Bis zu 1800 t Jasminblüten sammelten Pflückerinnen früher pro Saison. Heute sind es 27 t. Auf dem Flughafen von Nizza und im Hafen von Marseille steigt dafür der Umschlag von Parfümrohstoffen. Grasse bemüht sich, die Hauptstadt natürlicher Duftessenzen zu bleiben. Bei den synthetisch hergestellten Düften haben Orte mit weit weniger klangvollen Namen, wie etwa das norddeutsche Holzminden, das Rennen gemacht.

Grasse

Reiseatlas: S. 20, D 2
Winzige Stücke Land, die von bäuerlichen Betrieben in Handarbeit abgeerntet werden, finden sich im Pays de Grasse trotz Billigblüten aus Übersee noch immer. Hecken und Hügel verbergen die blühende Pracht vor neugierigen Augen. Der Zufall kann beim Zuckeln über abgelegene Landstraßen zum Erfolg führen. Zwischen den Dörfern **Le Plan de Grasse** und **Plascassier** etwa verströmen Abertausende von rosa Centifolia-Rosen und Tango-Rosen sowie Millionen Jasminblüten ihre sinnenbetörende Note. Grasse zeigt sich bei der Anfahrt aus der Ebene von Plas-

cassier von seiner Schokoladenseite. Wie Schwalbennester hängen die Häuser an der Kante eines schroffen Hochlands. *Villebalcon* nennen die Grasser die in das Roquevignon-Plateau gestauchte Stadt. Die Lage nimmt sich wie ein Logenplatz mit dem Blick auf das Meer und die Gartenlandschaft der Tiefebene aus. Im Rücken schützen die abrupt aufragenden ersten Bergketten der Seealpen. In dieser Landschaft des Übergangs vermischt sich die sanfte Brise des Mittelmeers mit den herben Gerüchen der Haute Provence.

Geschichte

Europas gekrönte Häupter verzückte im vergangenen Jahrhundert die glückliche Lage der Stadt. Napoléons Schwester lancierte als eine der ersten die Kur-Mode in Grasse. Ob Blütenstaub und Höhenlage ihrem Brustweh Linderung verschufen, ist nicht bekannt. Auf die sich in ihrem Leid vorzüglich amüsierende Bonaparte folgte Queen Victoria. Deren Untertanen hatten just die Lust entdeckt, ihre Sommersprossen wintertags auf Nizzas Promenade des Anglais zu pflegen. Nicht so die Queen, die der besseren Luft wegen mit großem Gefolge über den Dächern von Nizza zu logieren wünschte. Ihre Wahl fiel auf Grasse. Es folgten die Rothschilds und anderer europäischer Geldadel. Am Ortsrand erinnern monumentale Hotelpaläste der Belle Epoque an das Stelldichein der Highsociety.

Bis in die Teesalons der besseren Gesellschaft drang der Grasser Alltag höchstens als Duftwolke vor. Die Stadt hatte mit der eitlen Riviera so wenig gemein wie ein fleißiges Dienstmädchen mit einer gefallsüchtigen Kokotte. Gassen so eng und duster wie Schluchten atmen bis heute den Geruch Schweiß treibender Handwerksgeschäftigkeit in drängender Enge. »Da war kein mächtiger Dom, der die Häuser überragte, bloß ein kleiner Stumpen von Kirchturm, keine dominierende Feste, kein auffallend prächtiges Gebäude. Die Mauern schienen alles andere als trutzig, da und dort quollen die Häuser über ihre Begrenzung hinaus, vor allem nach unten zur Ebene hin, und verliehen dem Weichbild ein etwas zerfleddertes Aussehen. Dieser zugleich unansehnliche und selbstbewusste Ort war die Stadt Grasse, seit einigen Jahrzehnten unumstrittene Handelsmetropole für Duftstoffe, Parfümeriewaren, Seifen und Öle«, kann in Patrick Süskinds Roman ›Das Parfum‹ nachgelesen werden.

Rund um die Place aux Aires

Einladend wirkt das mediterrane Treiben um den Brunnen an der **Place aux Aires,** wo sich die Welle der Tagestouristen von den Einheimischen durch die Wahl ihrer Lektüre unterscheiden lässt: Erstere halten eine Taschenbuchausgabe von Süskinds ›Das Parfum‹ in der Hand, letztere studieren die Lokalausgabe des ›Nice-Matin‹. Ringsherum blühen Blumen, freilich nur von 7 bis 14 Uhr (montags ausgenommen) – dann nämlich ist **Blumenmarkt.** Über den Geranientöpfen und Lavendelbüschen hebt sich ein wuchtiges Hôtel particulier hervor. Den **Palast** ließ der steinreiche Gerber und Parfümeur Maxime Isnard an der Stirnseite der lang gezogenen Place aux Aires erbauen. Prunkvolle schmiedeeiserne Geländer zieren den Balkon. Hinter den zugemauerten gotischen Spitzbogenfenstern in einer Nachbargasse steckt – ein Steuererlass! Als der Magistrat vor 400 Jahren alle Maueröffnungen mit einer Steuer belegte, saßen die Altstädter lieber im Dunkeln, als zu berappen. Sehr hell wird es in den dunklen Gassen ohnehin nicht. Zwischen die im Laufe der Jahrhunderte immer weiter aufgestockten Häuser dringt die Sonne erst am späteren Nachmittag vor. Einlullende Midi-Stimmung macht sich im diffusen Licht breit.

Aus den Gullis strömen Duftwolken, die Grasse eine sinnliche Schwere verleihen. Es riecht nach Jasmin, Nelken, Vetiver – aber auch nach Bananen und Erdbeeren. In Grasse haben die Parfümhersteller zur rechten Zeit den steigenden Bedarf an Lebensmittelaromen und -duftstoffen erkannt. Kaum ein Gericht aus Kühlfach oder Dose kommt ohne natürliche Aromastoffe aus. Grasse parfümiert längst nicht mehr nur Leiber, sondern ebenfalls Speis und Trank: 49 % des Umsatzes macht man bereits mit Lebensmittelzusätzen.

Auf seine feine Nase kommt es an: Parfümeur in Grasse

Vom Bischofspalast zum Parfümmuseum

Höhepunkt der Stadterkundung ist in des Wortes wahrstem Sinn der Blick vom ehemaligen **Bischofspalais**, in dem heute der Bürgermeister seines Amtes waltet (Besichtigung Mo–Fr 10–12, 14–17 Uhr). Von der Dachterrasse wirkt die Stadt noch weniger einschaubar als unten in den blickverengenden Gassen. Abgesehen von der Place aux Aires sucht das Auge vergeblich nach Flanierplätzen. Jeder Quadratmeter wurde zum Ausbau einer eng abgezirkelten Duftfestung gebraucht.

Bis heute unterscheiden sich die Quartiere kaum von der Stadt, die Katharina von Medici besucht hat. Der Legende nach soll sie den ersten Parfümeur namens Tombarelli aus ihrer Heimat nach Grasse geholt haben. Brunnen plätschern an jeder Straßenecke. Der ungewöhnliche Wasserreichtum begünstigte im ausgehenden Mittelalter das Gerberhandwerk, aus dessen übel riechender Tätigkeit das der ›Wohlgeruchsdestillateure‹ erwuchs. Parfümiertes Leder, vor 300 Jahren hoch bezahlte Ware an Europas Höfen, stand in Grasse am Anfang allen Dufts. Ein forscher Blick in diesen oder jenen Innenhof genügt, um zu erkennen, dass hinter jahrhundertealten Mauern weiterhin Essenzen gewonnen werden.

Die unscheinbare **Rue Tracastel** duftet abwechselnd wie ein Mimosenbaum in voller Blüte oder wie frische Aprikosenmarmelade. ›Maler des Königs‹ steht auf einer Plakette in der Rue Tracastel 23: Honoré Fragonard wurde in dem bescheidenen Haus als Sohn eines Grasser Parfümeurs geboren. Vielleicht war es das Ausschweifungen verheißende Metier des Vaters, das den Lieblingsmaler von Louis XVI zu seinen galant-frivolen Gemälden inspirierte ... Immerhin ein Fragonard-Gemälde – ›Le Lavement des Pieds‹ – und ein Rubens hängen in der lombardisch-romanischen Kathedrale **Notre-Dame-du-**

Puy (8.30–11.45, 14.30–18 Uhr). Skizzen und Kopien von Werken des Rokokomalers aus Grasse kann man in der **Villa-Musée Fragonard** bewundern (Juni–Sept. 10–19, sonst Mi–So 10–13, 14–19 Uhr). Der Name Fragonard taucht erneut unter den drei großen Parfümfabrikanten auf, bei denen man zusammen mit ganzen Busladungen von Touristen im Atelier herumschnüffeln darf: Einerlei ob man zu Fragonard, Gallimard oder Molinard geht, immer beendet eine Boutique mit den jeweiligen Produkten die Besichtigung.

Interessanter ist das 2006 nach gründlichem Umbau neu eröffnete **Musée International de la Parfumerie** mit einem Parfümpflanzengarten auf dem Dach (8, Pl. du Course, Mi–So 10–12, 14–17 Uhr, im Sommer tgl. 10–19 Uhr).

Office de Tourisme: 22, Cours Honoré Cresp, 06130 Grasse, Tel. 04 93 36 66 66, Fax 04 93 36 86 36, www.grasse.fr.

Hôtel du Patti: Pl. du Patti, Tel. 04 93 36 01 00, Fax 04 93 36 36 40. Neubau am Rand der Altstadt mit provenzalisch eingerichteten Zimmern. DZ ab 95 €.
Le Coteau de Malbosc: 210, Av. St-Exupéry, Tel./Fax 04 93 36 41 31, April–Okt. Zwei Chambres d'hôtes (Vermietung ab 3 Nächten) zum Garten. Terrasse. Außerhalb von Grasse (Plan wird zugesandt). Monsieur Malbrel, der Hausherr, organisiert gern Wanderungen in der Umgebung. DZ/F 80 €.
Hôtel Panorama: 2, Pl. du Cours Honoré, Tel. 04 93 36 80 80, Fax 04 93 36 92 04, www.hotelpanorama-grasse.com. Neubau, der dank Komfort, zentraler Lage und Blick auf Grasse überzeugt. DZ 54–90 €.

Bastide St-Antoine: 48, Av. H. Dunant, Quartier St-Antoine, Tel. 04 93 70 94 94, www.jacques-chibois.com. Ein-Sterne-Tempel in einem Landhaus des 18. Jh., idyllisch inmitten von Olivenbäumen gelegen. Provenzalische Küche auf absolutem Höchstniveau. Menü 130–170 € (mittags 53 €).
Café Arnaud: 10, Pl. du Foux, Tel. 04 93 36 44 88, Sa mittag, So geschl. Bistrot mit Gewölbe, winzige Terrasse, mediterrane Küche. Menü ab 25 € (mittags 17 €).

Huilerie Autran: Rue Mougins-Roquefort. Olivenöle und Seifen aus eigener Herstellung.
Marché aux fleurs: Di–So, Pl. aux Aires. Blumenmarkt.
Parfüm und Seifen: Molinard, 60, Bd. Victor-Hugo; Galimard, 73, Rte. de Cannes; Fragonard, 20, Bd. Fragonard. Jeweils Besichtigung mit Führung 9–12, 14–18 Uhr, danach Verkaufsberatung.

Expo Rose: 1. Mai-Wochenende, Fest zur Rosenblüte. Rosenarrangements und Rosenkorso.
Fête du Jasmin: 1. Wochenende im Aug., jasmingeschmückte Wagen, Feuerwerk, Ball auf dem Cours Honoré Cresp.

Bus: Busbahnhof, Pl. du Patti. Verbindungen nach Cannes, Cagnes-sur-Mer.

Ausflüge in die Umgebung

6 km westlich von Grasse hat man von der Burgruine in **Cabris** erneut einen Panoramablick über das Land des Parfüms. Camus und Gide haben das hübsche Dorf geliebt. Beim zweiten Panoramapunkt mit Blick auf den Lac de St-Cassien versteht man warum: So schön liegt ein Dorf selten. **St-Césaire-sur-Siagne** lockt mit seinen berühmten, weil roten Grotten. Für Wanderer ist **St-Vallier-de-Thiey** ein Muss: Vom Dorf ist es nur ein Katzensprung aufs kahle **Plateau de Caussols,** dessen bizarre Mondlandschaft vom Fernwanderweg GR 4 erschlossen wird.

Office de Tourisme: 10, Pl. du Tour, 06460 St-Vallier-de-Thiey, Tel. 04 93 42 78 00, Fax 04 93 42 78 00, saintvallier @ifrance.com.

... in Cabris:
Auberge du Vieux Château: Tel. 04 93 60 50 12. Charmanter Dorfgasthof bei der Burgruine. Rustikaler Saal, herzhafte Küche. Im Herbst Wild & Pilze. A la carte 30 €

Richtig Reisen-Tipp: Rosenblätter in der Blechdose

Begonnen hat das Familienunternehmen über dem rauschenden Loup 1949 mit kandierten Früchten und Konfitüren. Mittlerweilen werden selbst Basilikumblätter und Veilchen in Zucker konserviert. Für die gute alte **Rosenblattkonfitüre** kommen nach wie vor nur echte Tango-Rosen in Frage – aber die Köstlichkeit wird nun in einer trendigen Blechbüchse mit knallrosa Papiermanschette angeboten. Neu im Programm sind die **Sirups zum Mischen von Drinks** – Klatschmohn, Melone, Orangenblüte, Veilchen, Rose, abgefüllt in Glasfläschchen mit nostalgischem Porzellanverschluss (0,2 l-Fläschchen 6 €).

La Confiserie des Gorges du Loup, Le Pont-du-Loup, Tourrettes-sur-Loup, Tel. 04 93 59 32 91, www.confiserieflorian.com. Zweites Geschäft in **Nizza,** 14, Quai Papacino, beide 9–12, 14–18.30 Uhr.

Durch die Gorges du Loup nach St-Paul-de-Vence

Reiseatlas: S. 20, D/E 2

Von Gourdon nach Tourrettes-sur-Loup

Wie ein steinerner Adlerhorst klebt **Gourdon** samt Burg über der Westkante der tiefen Loup-Schlucht. Die Landschaft wirkt bereits alpin, trotz der Nähe zur Riviera. Nach der Umrundung der Schlucht über D 3 bzw. D 6 inklusive schwindelerregender Ausblicke auf den Wasserfall de Loup am Ostufer erreicht man den charmant gestrigen Weiler **Pont-du-Loup** (D 3/D 2210) auf der Ostseite der Schlucht. Das mittelalterlich enge **Tourrettes-sur-Loup** ist nicht nur ›eines der schönsten Dörfer Frankreichs‹, sondern auch die ›Hauptstadt der Veilchen‹: Wenn im März die Gärten lila blühen, feiert das Dorf mit großem Umzug die Blume, mit deren Züchtung man jahrhundertelang sein Geld verdiente.

Syndicat d'Initiative: Pl. Victoria, 06620 Gourdon, Tel. 04 93 09 68 25, Fax 04 93 09 68 25, www.gourdon-france.com.

... in Tourrettes-sur-Loup:
L'Auberge de Tourrettes: Le Village, Tel. 04 93 59 30 05, Fax 04 93 59 28 66, www.aubergedetourrettes.fr. 6 Zimmer über den Dächern eines Gebirgsdorfes. Klarer, neoprovenzalischer Stil. DZ ab 120 €.

Vence

In Vence weisen Schilder zur Tiefgarage unter der **Place du Grand-Jardin**. Cafés und Restaurants säumen das weite Geviert. Zur Altstadt sind es über die Avenue de la Résistance nur wenige Schritte. Vence wurde als Vinitium von den Römern am Fuß grüner Hügel unterhalb der Chaîne des Baous gegründet. Das heutige Bild aus verschachtelten Plätzen und krummen Gassen ist mittelalterlich, ein Provence-Städtchen wie aus dem Bilderbuch, wobei der ovale Stadtgrundriss dem antiken Forum entspricht. Vence war vom 5. Jh. an Bischofssitz und blieb es bis zur Revolution. An die einstige Bedeutung erinnern die **mittelalterlichen Mauern.** An der 400 Jahre alten **Porte du Peyra** plätschert ein Brunnen. In das Stadttor integriert ist der hoch aufragende Turm der ehemaligen Burg.

Von der Place du Peyra zweigt rechts die Rue du Marché mit ihren Obst- und Gemüsehändlern ab. Links geht es durch die Rue d'Alsace-Lorraine zum Wochenmarkt auf der **Place Surian** mit dem alten Rathaus, an dem das Stadtwappen prangt. Die Place Clemenceau schließt sich an die Place Surian an. Wo einmal der Bischofspalast mit einem Arkadengang zur Kathedrale stand, bestimmt seit 1910 das neue **Rathaus** samt Postamt das Bild der Place Clemenceau. Die Neorokokofassade der **Cathédrale de la Nativité de la Vierge** täuscht über die karolingischen Fundamente des Baus hinweg (9–18 Uhr). Innen zeigt sich, dass die dreischiffige romanische Kirche mehrmals verändert wurde, vor allem im Barock. Das Baptisterium ziert das Chagall-Mosaik ›Moses aus den Fluten errettet‹. Auf die Empore gelangt man über eine

Treppe links vom Eingang. Ihre auffallend kostbaren Schnitzarbeiten führte der Grasser Jacques Bellot um 1465 aus. Ebenfalls an der Place Clemenceau liegt die Burg ›intramuros‹ aus dem 13. Jh. Auf der **Place Godeau** steht eine der beiden Colonnes des Marseillais. Die Säulen erhielt Vence 263 n. Chr. aus Marseille zum Zeichen beider Handelsverbindungen. Die **Porte Signadour** ist stattlich, und wieder ziert ein Brunnen den Platz vor dem Tore.

Besuch der Chapelle du Rosaire

Ende des Ersten Weltkriegs begann Vences touristischer Aufstieg. Gide, Valéry und Dufy schauten vorbei. In den 1950er Jahren kamen Cocteau, Matisse und Chagall, der sich hier 1949 niederließ. Die auf einem Hügel gegenüber der Altstadt liegende **Chapelle du Rosaire** (der Ausschilderung nach St-Jeannet folgen) ist ein Werk von Matisse (sommers Di–Sa 14.30–17.30, Di, Do auch 10–11.30 Uhr, winters nur Di und Do ganztägig). Matisse, der sich von 1943 bis 1948 zur Erholung nach einer schweren Operation im Kloster der Nonnen Les Sœurs du Rosaire einquartierte, hinterließ das Werk aus Dank für die Fürsorge. Die Kapelle über dem kleinen Tal der Lubiane besticht im Innern durch ihre lichte Farbigkeit und Ausgewogenheit der Raummaße.»Sie ist so heiter, dass man daraus einen Ballsaal machen könnte«, frohlockte der Schriftsteller Louis Aragon. Picasso sah es nüchterner: Für ihn war die asketisch schlichte Chapelle »ein Badezimmer« …

Office du Tourisme: 8, Pl. du Grand Jardin, 06140 Vence, Tel. 04 93 58 06 38, Fax 04 93 58 91 81, www.ville-vence.fr.

La Colline de Vence: 808, Chemin des Salles (von Vence auf der D2 Richtung Col de Vence halten), Tel./Fax 04 93 24 03 66, www.collinevence.online.com. Chambres d'hôtes in den Farben des Südens, 2 im Erdgeschoss mit Aircondition und eigener Gartenterrasse, 3 im 1. Stock mit leichter Schräge (›Les Mimosas‹ mit Mezzanine und zusätzlichem Kinderbett), 1 Appartement im Erdgeschoss (›Les Tournesols‹). Alle mit Blick aufs Meer. Pool, Garten. Gehobene Ausstattung, südliches Ambiente. DZ/Fr je nach Saison ab 77/98 €, Appartement 530–640 €/Woche ohne Frühstück.

La Roseraie: 14, Av. Henri Giraud, Tel. 04 93 58 02 20, Fax 04 93 58 99 31. Blassrosa Villa aus der Zeit um 1900 mit farbenfrohem Interieur. Pool und Garten. Am Ortsrand mit Blick auf Vence. DZ ab 70 €.

Le Miramar: 167, Av. Bougearel, Plateau St-Michel, Tel. 04 93 58 01 32, Fax 04 93 58 20 22. www.hotel-miramar-vence.com. Ein Haus aus den 1920ern im Norden von Vence: viel Natur und Ausblick. DZ 68–98 €.

Auberge des Seigneurs et du Lion d'Or: Pl. du Frêne, Tel. 04 93 58 04 24, Fax 04 93 24 08 01, Nov.–Mitte März geschl. Aus groben Hausteinen errichtetes Gebäude am schönsten Platz von Vence. Das Hotel stammt zum Teil aus dem 14. Jh. Korrekte Zimmer, viel Atmosphäre, gekonnter Service. DZ ab 61 €.

Domaine de la Bergerie: Rte. de la Sine, Tel. 04 93 58 09 36. 3 km südöstl. Hügelige Wiesen. Campingplatz mit schönem Baumbestand.

Maximin: 689, Chemin de la Gaude (3 km östl. von Vence), Tel. 04 93 58 90 75, Juli/Aug. außer So mittag, sonst Mo, Di geschl. Ein Jahrhunderttalent fährt auf: Filet vom Hochseebarsch, kalte Tomatensuppe mit Krebsschwänzen, Scholle mit Krabben und Lauch in Trüffelbutter. Menü ab 50 €.

Auberge des Seigneurs: s. o. Auberge des Seigneurs et du Lion d'Or, Winter Mo, Di mittag geschl., Sommer Mo, Di geschl. In dem rustikalen Gemäuer aus dem 15. Jh. wird edel geschmaust. Lammrücken! Menü ab 39 €.

Les Béatilles: 8, Rue du Marché, Tel. 04 93 58 04 17. Sommer Di, Fr geschl. Tipp: mit Krebsfleisch gefüllte Zucchiniblüten oder krosse Täubchen. Zum kleinen Saal kommt im Sommer die Terrasse zur Place Clemenceau hinzu. Menü ab 23 €.

Wochenmarkt: Di und Fr, Altstadt.
Künstlerateliers (Glas, Malerei, Skulptur): Information in der Maison des artistes, Pl. Godeau, Tel. 04 93 58 29 42.

Fabrique de Nougat: 28, Av. Colonel Meyer. Nougat.

Bus: Verbindungen nach Nizza und Cagnes-sur-Mer; Pl. du Grand Jardin.

St-Paul-de-Vence

Reiseatlas: S. 20, E 2

Stadtbesichtigung

St-Paul-de-Vence ist viel kleiner als Vence. Bereits im Mittelalter war das Dorf befestigt, doch erst 1537 lässt François I St-Paul mit mächtigen Bollwerken uneinnehmbar machen. Wer über die **Place du Tilleul** das Stadttor **Porte de Vence** durchschreitet, muss an einer auf die Ankömmlinge gerichteten Kanone vorbei, die an die militärische Glorie von einst erinnert. Hinter dem Stadttor durchzieht die **Rue Grande** vorbei an Brunnen und Arkaden als Hauptachse in leichten Windungen das Dorf bis zum zweiten Stadttor, der **Porte de Nice,** die zum **Friedhof** leitet. Hier liegt Chagall begraben, der in einem Haus inmitten der Pinienwälder oberhalb des Dorfes seine letzten Lebensjahre verbrachte. Über der Porte de Nice entschädigt das traumhafte Panorama über den Friedhof auf seiner kleinen Felsnase sowie die Hügellandschaft für das reichlich kommerzielle Dorfkolorit.

Die an den Aussichtspunkt anschließenden Mauern parallel zur Rue de Fangas dürfen begangen werden. Links schaut man in die Orangengärten der Dorfbewohner, rechts bis auf die im Winter schneebedeckten Hochgebirgsgipfel. Die Rue de l'Allée steigt zur Linken über die Verlängerung Rue de la Cassette zum dörflichen Machtzentrum hoch: **Kapelle der Pénitents Blancs, Donjon mit Bürgermeisteramt, Musée d'Histoire locale,** schließlich die **Collégiale de la Conversion de St-Paul,** deren romanischer Chor und barocke Seitenkapellen in starkem stilistischen Gegensatz zueinander stehen. Ihr größter Schatz sind die Goldschmiedearbeiten einer der schönsten Reliquiensammlungen der gesamten Alpes-Maritimes.

Fondation Maeght

Außer Chagall haben Utrillo, Matisse, Vlaminck und Braque in St-Paul gemalt. Entsprechend groß ist die Zahl selbsternannter Künstler im Dorf, die im Stil der Meister weiterpinseln. Nur Originale verspricht ein Besuch der **Fondation Maeght** (Juli–Sept. tgl. 10–19, sonst 10–12.30, 14.30–18 Uhr, www.fondation-maeght.com), dem Highlight des Ortes schlechthin. Die Kunststiftung liegt in einem Waldstück vor dem Dorf.

Ursprünglich hatte sich der Nordfranzose Aimé Maeght in Cannes als Galerist niedergelassen, um 1945 mit seiner Frau Marguerite wieder nach Paris zu gehen. Zwischenzeitlich lebten die Maeghts mit den Malern und Bildhauern von St-Paul. In Erinnerung an die künstlerisch äußerst fruchtbare Periode finanzierte das Sammlerehepaar 1962 den Bau der nach ihnen benannten Stiftung, die

Das auf einem Hügel gelegene St-Paul-de-Vence hat seinen mittelalterlichen Charakter bis heute bewahren können

André Malraux 1964 eröffnet hat. Die Fondation ist mehr als eine Sammlung; Künstler sollen hier die Möglichkeit haben, sich zu begegnen und zu arbeiten. Neben den Ausstellungssälen wurden Künstlerwohnhäuser, Bibliothek, Kinosaal gebaut. Patios und Gärten sind in die der Landschaft angepassten Architektur von José-Luis Sert einbezogen. Schlichte, flache Linien nehmen trotz des Werkstoffs Beton das Wechselspiel von Gebäude und Natur auf. Rote Ziegel mildern die Härte des Betons ab. Wasserbecken spiegeln Serts Entwürfe wider, zu denen Chagall, Ubuc und Tal-Coat Mosaiken, Miró und Giacometti Skulpturen beigesteuert haben.

Die Dauerausstellung umfasst ein **einmaliges Spektrum der Moderne des 20. Jh.** in Gemälden, Skulpturen, Grafiken und Keramiken von Arp bis Zadkine.

Office de Tourisme: 2, Rue Grande, 06570 St-Paul-de-Vence, Tel. 04 93 32 86 95, Fax 04 93 32 60 27, www.saint-pauldevence.com.

La Colombe d'Or: Pl. Général-de-Gaulle, Tel. 04 93 32 80 02, Fax 04 93 32 77 78, Nov.–Weihnachten, 2 Wochen im Jan. geschl. Ländlich inspirierter Luxus am Fuße des Dorfes. Im Garten Skulptur von Calder, auf der Terrasse Wandkeramik von Léger, Pool mit Mosaik Braques. DZ 250 €. Restaurant mit feinster Hausmannskost. An den Wänden Miró, Picasso, Rouault, alles Originale! A la carte 50–70 €.
Le St-Paul: 86, Rue Grande, Tel. 04 93 32 65 25, Fax 04 93 32 52 94, www.lesaintpaul.com. Patrizierhaus. Heitere Zimmer im provenzal. Stil. Viel offenes Gebälk, Innenhof mit Restaurant. Menü 48–85 €. DZ ab 190 €.

Von Nizza nach Monte-Carlo

Reiseatlas S. 21/22

In Nizza lauten die Namen der Ladenbesitzer Graziani oder Caputo, ein Hinweis, dass dieselbe Familie wenige Generationen zuvor als Tagelöhner aus dem Piemont in die Stadt kam. Von oben überblicken Dörfer in Belvedere-Lage den Trubel eine Etage tiefer. Weiter östlich erheben sich die Banken- und Hoteltürme des Zwerg- und Operettenstaates Monaco.

15 Nizza

Cityplan: S. 386/387

Ein Spätnachmittag an der Engelsbucht: Milchig türkis schwappen die Wellen an den Kieselstrand von Nizza. Der Wind bläst von Südwest und raschelt an den Palmen. Plötzlich bricht die untergehende Sonne als roter Feuerball aus der Wolkenbank. Goldgelb und zinnober erstrahlen mit einem Schlag die Fassaden an der Promenade des Anglais. ›La lumière de Nice‹, dieses ganz besondere Licht, das die in Pfirsichrosa und Zitronengelb getünchten Fassaden wie unter Scheinwerfern erleuchten lässt, verfängt wie jeden Abend.

Der am linken Ufer der Var-Mündung weit ins Meer vorgetriebene Flughafen Nice-Côte-d'Azur ist heute nach Paris der wichtigste im Land. Allein damit behauptet sich Nizza als die unbestrittene Hauptstadt der Riviera. Metropole mit Joggern, Skatern und Urlaubern ist Nizza vor allem längs der majestätischen Uferpromenade. Ein Dorf hingegen in der neapolitanisch engen Altstadt. Beides zusammen macht den Reiz aus.

Die ›Winterhauptstadt Europas‹

Erst 1860 wurde Nizza französisch. Als Hauptstadt des organisierten Müßiggangs, genannt Urlaub, hatte es bereits voher Karriere gemacht. Noch unter der Herrschaft Savoyens fanden die ersten Engländer ihren Weg nach Nizza. 1755 Lady Fitzgerald, kurz darauf die Herzöge von York und von Gloucester, Lord und Lady Cavendish. 1787 zählte man bereits 1500 ausländische Familien, die hier überwinterten. Ein erstes Casino entstand, ein Theater ebenfalls. ›Lou Camin dei Anglès‹, die Promenade des Anglais, die der englische Pfarrer Lewis Way 1849 zur Milderung der Brotlosigkeit in der Stadt anlegen ließ, erleichterte den Briten bald das Promenieren an der Bucht. Nizza avancierte vom schmuddeligen Hafenstädtchen zur mondänen Lichterstadt der Belle Epoque. Hotelpaläste machten den Aufenthalt nicht nur angenehm, sondern luxuriös. Mit dem Art-déco-Palast des Palais de la Méditerranée, seinerzeit die modernste Vergnügungsstätte der Welt, erreichte das ›elegante Bauen‹ 1929 gleichzeitig Höhepunkt und Ende. Dann ging es mit der ›Winterhauptstadt Europas‹ bergab.

Das Reiseziel Nizza boomt

Nizza heute: Das Palais de la Méditerranée ist als Luxushotel wiedererstanden, die Promenade des Anglais wurde neugestaltet, die Altstadt saniert. Fazit: Als Städtereiseziel brummt Nizza. Der Weg dahin war von Skandalen gepflastert. Immobilienskandale, spurlos verschwundene Casino-Erbinnen, Wahlerfolge des Rechtsradikalen Le Pen, Steueraffären und politische Possen (wie die Flucht von Bürgermeister Jacques Médecin nach Uruguay) machten in den 1980er Jahren Schlagzeilen.

Haifischbucht statt Engelsbucht? Die Frage zählt nicht mehr, wenn das Flugzeug

Mit dem Autor unterwegs

Socca bei Teresa

Wenn Markt auf dem **Cours Saleya** ist, preist Teresa ihre Socca-Fladen an. Teresa, schwarzer Schopf und viel Rouge auf den Lippen, ist eine Institution auf dem **Markt.** Das weiß ganz Nizza, das bringt sie den ortsunkundigen Flaneuren im Nu bei. Ihr Stand unter der Barockfassade der Chapelle de la Miséricorde ist stets umlagert. Wer Glück hat, ergattert einen Sitzplatz. Bestellt erst ein *pan bagnat* (in Olivenöl ›gebadetes‹ Brot mit Oliven, Tomaten, Sardellen etc.), dazu ein Glas Rosé, dann eine *socca* – nirgendwo anders schmecken die **Kichererbsenfladen** besser als bei Teresa.

Wandern und Baden am Cap Ferrat

Wo besaß der belgische König eine Villa? Am Cap Ferrat. Wo wohnten die Rothschilds? Nebenan. Geblieben sind die splendiden Villen, die mal maurisch, mal wie das Taj Mahal aussehen. Hinzugekommen ist der **Sentier littoral,** der Küstenwanderweg, der das Cap Ferrat immer auf Höhe der Wasserkante umrundet und mit Hinweistafeln auf einstige Berühmtheiten gespickt ist. Ein netter Zwischenstopp lässt sich an der **Plage Paloma** auf der Nordseite des Kaps einlegen: Vom bewirtschafteten Sandstrand schaut man auf Beaulieu und Monaco (www.paloma-beach.com; s. S. 397f.).

Riviera-Panorama von Eze und Roquebrune

Zwei Dörfer oberhalb der Küste wetteifern um den **spektakulärsten Blick** auf die Riviera. In Eze ›stürzt‹ der Blick von der Burgruine auf das Cap Ferrat hinab. Bei klarer Sicht schaut man sogar bis Korsika. Auf Steilflug gehen die Augen auch von der Pl. des Deux Fréres in Roquebrune. Diesmal landen sie auf Monte-Carlos Hochhaustürmen (s. S. 399ff.).

Schaulauf an der Place du Casino in Monte-Carlo

Mehr ›jubelnde‹ **Belle Epoque** als an der Place du Casino geht nicht: Casino, Oper, Café de Paris und Hôtel de Paris versuchen sich mit Dekor und Masse gegenseitig auszustechen. Wer die Pracht mit Ruhe und von innen genießen möchte, sollte sich einen **Drink an der Bar** oder besser noch Kaffee und Gebäck zur **Tea Time** im Salon gönnen. Kostet viel, aber der Schaulauf des ganz großen Geldes ist es wert (s. S. 406f.).

eine letzte Schleife vor der Landung über das Estérel-Massiv zieht. Auf dem Boden empfängt das besagte ›lumière de Nice‹ den Ankömmling. Selbst Nietzsche erlag sechs Winter lang den Reizen Nizzas: »Die Tage kommen hier mit einer unverschämten Schönheit daher«, notierte der Weltverächter. Nizza lebt. Und tost geradezu an Karneval, der auf das 13. Jh. zurückgeht. Die moderne Variante mit Konfetti und Luftschlangen wurde im Second Empire geschaffen. Etwas später konstituierte sich 1873 erstmals ein Comité des Fêtes. Seine Majestät Carneval thront seither unter einem Baldachin auf der Place Masséna. Am Abend des Mardi gras (Karnevalsdienstag) wird sein Ebenbild am Quai des Etats-Unis verbrannt, dann, wenn das Licht verloschen ist.

Colline du Château

Die Treppen der Montée du Château führen von der Altstadt auf die Colline du Château. Eine bequemere Alternative bietet der Aufzug am Aussichtsturm **Tour Bellanda** **1**. Auf der **Colline du Château** lag die Wiege der heutigen Stadt. Von der Burg, die dem bewaldeten Hügel den Namen gab, blieb nach dreimaliger Zerstörung in kurzer Zeit (1696, 1705, 1706) nicht viel. Schon im 16. Jh. hatten die letzten Bewohner die Ville Haute (Oberstadt) verlassen. Beider Fundamente wurden ausgegraben und sind Teil der Grünanlagen. Der

Nizza: Cityplan

Sehenswürdigkeiten

1 Tour Bellanda
2 Alter Friedhof
3 Chapelle St-Martin-St-Augustin
4 Port Lympia
5 Musée Terra Amata
6 Cours Saleya
7 Ste-Réparate
8 Palais Lascaris
9 Place St-François
10 Opéra
11 Place Masséna
12 Musée d'Art Moderne et d'Art contemporain (MAMAC)
13 Musée d'Art et d'Histoire
14 Musée des Beaux-Arts Jules Chéret
15 Russisch-orthodoxe Kathedrale
16 Promenade des Anglais
17 Palais de la Méditerranée
18 Jardin Albert
19 Hôtel Régina
20 Conservatoire
21 Musée Chagall
22 Arènes
23 Musée Matisse
24 Musée Franciscain

Übernachten

1 Le Négresco
2 Le Grimaldi
3 Le Pavillon d'Armenonville
4 Villa La Tour
5 Auberge de Jeunesse

Essen und Trinken

6 Le Merenda
7 L'Ane Rouge
8 Grand Café de Turin
9 L'Escalinada
10 La Zucca Magica
11 Fenocchio

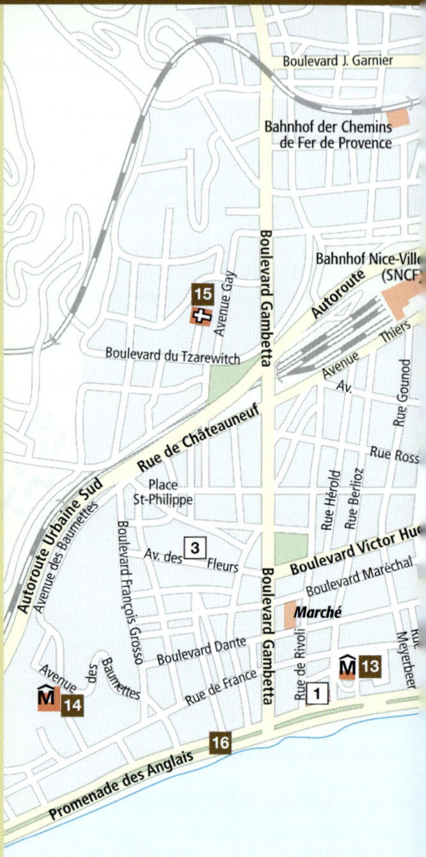

Blick vom Burghügel reicht je nach Standpunkt über Altstadt zwischen Cours Saleya und Boulevard Jean Jaurès, den alten Hafen, den Hausberg Mont Boron und die Promenade des Anglais.

Zu Füßen des Burghügels breiten sich der jüdische Friedhof und der **alte Friedhof** 2 mit bombastischen Grabmälern aus. Das des italienischen Freiheitskämpfers Giuseppe Garibaldi, der aus Nizza stammt, fällt vergleichsweise bescheiden aus. Ironie der Geschichte: Für die von Garibaldi ersehnte Einheit Italiens musste ausgerechnet Nizza aus

politischem Kalkül französisch werden. Garibaldi stimmte als einer der wenigen in Nizza dagegen. Vergebens, das Ergebnis lautete 6613 Ja-Stimmen gegen ganze elf Frankreichgegner – sein ›kleines Vaterland‹ wechselte die Grenzen. In der **Chapelle St-Martin-St-Augustin** 3 nördlich der Friedhöfe wurde Garibaldi getauft, wie die Kopie seiner Taufurkunde vom Juli 1807 im Chor beweist. Die nach dem italienischen Freiheitskämpfer benannte **Place Garibaldi**, zur der man durch die Rue Sincaire und Rue Cathérine Ségurane gelangt, ist mit ihren ockerfarbenen Arkaden ein Paradebeispiel piemontesischer Platzgestaltung, das deutlich an Turiner Vorbilder erinnert: Bis auf eine kurze Unterbrechung gehörte Nizza von 1383 bis 1860 zu Savoyen, dessen Hauptstadt die norditalienische Metropole war.

Port Lympia

Das Viertel um die Rue Cassini, die zum **Port Lympia** 4, dem alten Hafen mit den ligurisch-rot getünchten klassizistischen Häuserzeilen führt, gehört ganz den Trödlern und Antiquitätenhändlern. Vom Hafen legen die

Fähren nach Korsika ab. Am nahen Boulevard Carnot zeigt das paläontologische **Musée Terra Amata** 5 in situ Nizzas älteste, prähistorische Siedlungsstätte: In den Dioramen erfährt man etwa, wie und was vor 400 000 Jahren gejagt wurde (Di–So 10–12, 14–18 Uhr).

Die Altstadt

Auf dem **Cours Saleya** 6 wird täglich Blumen- und einmal die Woche Trödelmarkt abgehalten. *Tout Nice* gibt sich hier sein Rendezvous. Wo früher kleine Werften ihre Schiffchen zusammenzimmerten, reihen sich heute Café- und Restaurantterrassen vor ockerfarbenen Barockfassaden. Die in ›jubelndem‹ Barock erbaute **Chapelle de la Miséricorde,** das **Palais du Sénat** sowie das zur Place Pierre Gautier etwas zurückgelegene **Palais der Präfektur,** früher Schloss der Herzöge von Savoyen, an das der Justizpalast gefügt wurde, verleihen dem Platz eine theatralische Kulisse. Am südwestlichen Eckhaus des Platzes erinnert eine Tafel an Napoléon, der hier als Oberbefehlshaber der französischen Italienarmee 1796 logierte, aber ebenfalls mit der Wirtstochter Emilia poussierte, ohne Erfolg allerdings.

Verglichen mit der Weite des Cours Saleya fällt die **Place Rossetti** eher klein aus. Den Platz inmitten der Altstadt dominiert die **Kathedrale Ste-Réparate** 7. Weithin sichtbar ist die mit buntglasierten Ziegeln gedeckte Kuppel. Wo die Rue Rossetti die schmalbrüstige Rue Benoît Bunico kreuzt, stauchte sich einmal das jüdische Ghetto, das sich bis zum Meer ausdehnte. Eine Straße weiter in Richtung Schlosshügel lohnt in der Rue Droite das **Palais Lascaris** 8 wegen der Ausstattung im Genueser Stil des 17. Jh. den Besuch (Di–So 9.30–11.50, 14.30–17.50 Uhr).

Am Ende der Rue Droite stößt man auf die **Place St-François** 9 mit dem morgendlichen Fischmarkt und den kleinen Gemüseläden, Bäckereien und Gewürzhändlern: Durch diesen ›Bauch von Nizza‹ weht ein Hauch arabischer Souk. Zeit für eine typische Nizza-Spezialität, wie etwa ein *pan bagnat* (mit Gemüse, Oliven, Tunfisch gefülltes, würziges Brot, aus dem das Olivenöl trieft) oder besser noch eine *socca* (kräftig gepfeffertes, aus Kichererbsenmehl, Öl und Wasser gebackenes Fladenbrot), für das 1908 ein Volksaufstand auszubrechen drohte: Die Stadtväter wollten zur Aufpolierung des Images bei der reichen ausländischen Klientel die kleinen Socca-Buden schließen lassen. Die Altstadt rebellierte – und isst weiterhin *socca.*

An Karneval, der hier auf das 13. Jh. zurückgeht, steht ganz Nizza Kopf

Von westlichem Kopfende des Cours Saleya führt die Rue St François-de-Paule am Belle-Epoque-Palast der **Oper** 10 und eher unscheinbaren **Hôtel de Ville** vorbei auf die ausladenden Grünanlagen links und rechts der weiten **Place Masséna** 11. Der ochsenblutrote Platz gilt als das Zentrum von Nizza. Nobel erscheint das architektonische Ensemble von 1815 vor allem wegen seiner Arkaden und der klassizistisch nüchternen Fassaden. Nach Osten öffnen sich die Grünanlagen der Promenade Paillon, die in die Promenade des Arts übergeht. An deren Ende lockt hinter dem Theaterneubau das **Musee d'Art Moderne et d'Art contemporain (MAMAC)** 12. Allein die Aussicht von den Übergängen in luftiger Höhe zwischen den Museumstrakten lohnte den Besuch. Die Sammlung von Impressionismus bis Fluxus ist zudem grandios. Natürlich gehören auch ›blaue‹ Schlüsselwerke von Yves Klein dazu, der aus Nizza stammt (Mo 11–18, Fr bis 22 Uhr, www.mamac-nice.org).

Promenade des Anglais und Neustadt

Die Fußgängerzone der Rue Masséna ist Nizzas Shoppingmeile schlechthin. In westlicher Richtung folgt nach Boutiquen und Kaufhäusern an der Kreuzung Rue de Rivoli das **Palais Masséna** (1900) mit dem **Musée d'Art et d'Histoire** 13 zur Lokalgeschichte (Wiedereröffnung in 2007). Die Straße darf an ihrem oberen Ende wieder befahren werden und heißt nun Rue de France. An der Ecke Avenue des Baumettes geht es rechts ab zum **Musée des Beaux-Arts Jules Chéret** 14 in einer prachtvollen Villa aus dem Jahr 1878 (originales Interieur, Impressionisten, Symbolisten, Keramiken von Picasso, Okt.–April Di–So 10–12, 14–18, sonst 10–12, 15–18 Uhr).

Abseits der üblichen Stadtrundgänge versteckt sich die **russisch-orthodoxe Kathedrale** 15, übrigens die größte außerhalb

Eine Institution in Nizza: das Grand Café de Turin

Russlands, zwischen recht profanen Wohnblöcken. Man erreicht die mit fünf Zwiebeltürmen gekrönte Kirche über den Boulevard Grosso, der nach knapp 1 km landeinwärts rechts auf den Boulevard du Tzarevitch stößt. Zu der ab 1903 mit Geldern des Zaren Nikolaus II., errichteten Kathedrale gehört ein kleines Mausoleum, dessen Kuppeln innen vollständig vergoldet sind.

Zur **Promenade des Anglais** 16 geht es durch das prachtvolle Viertel zwischen Bahnlinie und Ufer, um an Belle-Epoque-Villen vorbeizuschlendern (Rue Cronstadt, Rue Giuglia). An der Promenade des Anglais angekommen, reihen sich stadteinwärts die Hotelpaläste: **Negresco** (Nr. 37, rote Eckkuppel), West-End (Nr. 31; das 1855 unter dem Namen Victoria gebaute erste Grand Hôtel der Stadt), Westminster (Nr. 27), schließlich Royal (Nr. 23). Wieder auferstanden ist das nüchtern elegante **Palais de la Méditerranée** 17 (Nr. 17). Den Endpunkt des Spaziergangs über die Promenade des Anglais markiert der **Jardin Albert** 18 mit seinem verspielten Théâtre de Verdure.

Cimiez

Auf Höhe des **Kongresszentrums Acropolis** zweigt links der Tunnel der Voie Malraux ab, der zum grandiosen Boulevard de Cimiez weiterleitet. Die Hügel von Cimiez bedeuten eine geballte Ladung Kultur. Die erhabene Lage hoch über dem Meer wählten zuerst die Römer als Standort ihrer Stadt. Im 19. Jh. entdeckte die ausländische Prominenz die herrliche Lage über den Dächern von Nizza. Auf dem Boulevard de Cimiez begegnet man einer Statue von Queen Victoria vor dem ehemaligen **Hôtel Régina** 19, das noch andere gekrönte Häupter als Gäste nennen konnte. Damit nicht genug: Matisse starb 1954 in dem blütenweißen Dinosaurier der Hotelschloss-Ära. In Cimiez ließ sich die reiche Oberschicht Nizzas nieder, was zum Bau opulenter Villen und Hotelpaläste veranlasste: Einige wie das Winter Palace, das Alhambra, das Majestic und das Hermitage stehen noch immer. Das **Musikkonservatorium** 20 war einmal die Villa Il Paradiso, das Château de Valrose wurde Teil der Universität. Musikkonservatorium und **Musée Chagall** 21 (gebaut in Abstimmung auf das 17-teilige Werk ›Le Message biblique‹, Juli–Sept. Mi–Mo 10–17.50, sonst 10–16.50 Uhr) markieren den Beginn eines Museumskomplexes, der bis zu den antiken **Arènes** 22 (rudimentär erhalten), antiken Thermen und dem Musée d'Archéologie (in der Villa des Arènes; tgl. außer Di 10–18 Uhr) führt. Der Neubau des **Musée Matisse** 23, in dem Meistergemälde wie ›Nu au fauteuil plante verte‹, ›Fauteuil rocaille‹ ausgestellt sind, fügt sich harmonisch in das

Mit der Bimmelbahn ins Gebirge

Nur gut drei Stunden Bimmelbahnfahrt trennen Digne, die Hauptstadt des Departements Alpes de Haute-Provence, von der Engelsbucht in Nizza, doch liegen Welten und Zeiten zwischen Abfahrt und Ankunft. Dafür bürgt der Train des Pignes.

An Erklärungen für den volkstümlichen Namen des Train des Pignes fehlt es nicht. Am glaubwürdigsten scheint immer noch diese: Als die Strecke noch mit Dampflokomotiven befahren wurde, kam der Zug wegen der vielen Steigungen so langsam voran, dass den Fahrgästen genug Zeit blieb, um während der Fahrt Pinienzapfen für die heimische Feuerstelle einzusammeln. An der Geschwindigkeit des Pinienzapfenzuges hat sich seit der Umstellung auf Diesel in den 1930er Jahren nicht viel verändert. Sowohl der altertümliche Schienenstrang wie auch die achterbahnwürdige Streckenführung und nicht zuletzt ein Dutzend Haltestellen bürgen nach wie vor für eine dem Süden gemäße Langsamkeit.

Knarrende Wartesaalbänke hinter kletterrosenberankten Fassaden; lange Schatten, die die Sonne auf den Mäanderfries der Bodenfliesen wirft; eine Stationsvorsteherin mit Kittel und Kopftuch über der Dauerwelle, die beim Pfeifen der Bahn das Strickzeug fallen lässt, um im Schaltkasten an der Außenwand ein Signal umzustellen – jeder Bahnhof ist eine Entdeckung. Dazu kommen so unerwartete Attraktionen wie etwa eine Fossiliensammlung des Chef de gare im Wartesaal von Barrème oder die Napoléon-Souvenirs im Bahnhofsrestaurant von Chaudon-Norante – der Kaiser kam 1815 durch das Dorf! Das alles wirkt so rührend gestrig, dass es sich für die Verfilmung eines Romans von Marcel Pagnol empfiehlt – und zum Aussteigen verleitet.

Man bleibt für eine Partie Boule, eine Forelle aus den Gebirgsbächen, ein paar holprige Gassen – oder quartiert sich gleich im Dorfgasthof ein. Der nächste Zug kommt bestimmt, gegen Abend oder am nächsten Morgen. Es bleibt die Qual der Ortswahl. Das von Vauban befestigte Felsennest **Entrevaux,** dessen Gassen zu eng für Autos sind, die Provence-Idylle von **Annot,** dessen stille Plätze Katzen beleben, oder **Touët-sur-Var,** dessen Bewohner den Felsen winzige Aprikosengärten abzwingen. Im Winter, wenn Schneefälle für kurze Zeit die Straßen durchs Var-Tal spiegelglatt machen, nutzen Pendler aus den Dörfern den Zug zum Arbeitsplatz nach Digne. Im Frühjahr und Herbst belegen Wanderer die Sitze: Von vielen Bahnhöfen kann man Tagestouren ins Gebirge unternehmen, entweder als Rundwege oder auf Strecken, die an einem anderen Bahnhof an der Linie enden. Beides erklärt die Beliebtheit des Zuges, dessen Nutzwert weit über reiner Nostalgie rangiert.

Vor etwas mehr als 100 Jahren wurde der erste Spatenstich zum Bau der Strecke getan. Ein schwieriges Unterfangen begann, das bis 1911 währen sollte. Schließlich schnauft der Train des Pignes durch **25 Tunnel,** von denen der längste bei La Colle-St-Michel stolze 3,5 km misst. Des Weiteren schunkelt die Bahn noch heute über **16 gemauerte Viadukte** und **13 Metallbrücken** im Schnörkelgeschmack der Belle Epoque.

Achterbahngefühle stellen sich jedoch nur auf der ersten Hälfte der Fahrstrecke ein. Hin-

Thema

ter Entrevaux werden die Blicke in Schwindel erregende Abgründe seltener. Die warme Brise des Mittelmeers zieht durchs Fenster. Das Tal des Var, durch das der Zug nun mit annähernd 80 km/h rattert, wird breiter, die Bebauung mit jedem Kilometer dichter. Quer durch zersiedelte Vorstädte und Industrieanlagen, auf die schließlich Nizzas weiß getünchte Viertel der Jahrhundertwende 19./20. Jh. folgen, fährt der Zug im neuen Bahnhof etwas oberhalb der alten **Gare du Sud** ein. Der alte Bahnhof wurde trotz massiver Einsprüche durch renommierte Denkmalschützer stillgelegt. Wenigstens die eiserne Dachkonstruktion des Hittorf-Schülers Prosper Bobin wurde vor Ankunft der Bagger zerlegt und abgebaut. Schließlich lehnte sich die Konstruktion deutlich an den Entwurf des Pariser Gare du Nord an, für den der deutschstämmige Architekt Jacques Hittorf verantwortlich zeichnete. Die Glaskuppel stammte vom russischen Pavillon auf der Pariser Weltausstellung von 1889. Zusammen ergab das Ensemble eine der wenigen Stahl- und Glaskathedralen des 19. Jh. im französischen Midi. Nur die steinerne Fassade des Gebäudes blieb.

Nach dem Aussteigen verfliegen die Bilder der verschlafenen Haute-Provence rasch. Eines weiß man im großstädtischen Treiben daher mit Bestimmtheit: Der Train des Pignes ist bei aller Bummeligkeit eine Zeitmaschine.

Information: Société des Chemins de Fer de la Provence, www.trainprovence.com. Büro Nizza: 4, Rue Alfred Binet (Gare du Sud), Tel. 04 97 03 80 80. Büro Digne: Espace Pierre Ferrié, Tel. 04 92 31 01 58. 4 Hin- und Rückfahrten pro Tag. An den Bahnhöfen erhältlich ist ein Führer mit vielen Informationen (Hotels, Restaurants, Wandern).

Blick auf den Hafen von Nizza, der unter dem Namen Port Lympia gegründet wurde

Ensemble ein (April–Sept. Mi–Mo 11–18, sonst 10–17 Uhr).

Am Osthang des Cimiez-Hügels liegt das alte **Franziskanerkloster**, das heute als **Musée Franciscain** 24 Mobiliar und liturgisches Gerät zur Ordensgeschichte ausstellt (Mo–Sa 10–12, 15–18 Uhr).

Tipp: Wer den 3 km langen Fußmarsch hoch nach Cimiez scheut, nimmt am besten einen **Bus der Transports urbains de Nice** (TN), von deren zentraler Haltestelle an der Avenue Felix.

i **Office de Tourisme:** Av. Thiers (am Bahnhof), 06000 Nice, am Flughafen (Terminal 1) sowie 5, Promenade des Anglais. Einheitliche Telefonnummer: 08 92 70 74 07, www.nicetourism.com.

Le Négresco 1: 37, Promenade des Anglais, Tel. 04 93 16 64 00, Fax 04 93 88 35 68, www.hotel-negresco-nice.com. Am pompösen Hotelpalast führt kein Weg vorbei. Seit 1957 gehört er der sammelwütigen Madame Augier, die ihren Besitz wie einen Tempel zu Ehren der Grand Nation führt. Unvergesslich: die Zimmer im Louis-XIV-Stil, die Teppichböden von Vasarely. DZ ab 220 €.

Le Grimaldi 2: 15, Rue Grimaldi, Tel. 04 93 16 00 24, Fax 04 93 87 00 24, www.le-grimaldi.com. Hohe Räume mit Stuck, die neoprovenzalische Einrichtung und die Lage in Flussnähe zur Promenade des Anglais sprechen für das kleine, feine Haus. DZ ab 90 €.

Le Pavillon d'Armenonville 3: 20, Av. des Fleurs, Tel. 04 93 96 86 00, Fax 04 93 44 66 53, www.hotel-armenonville.com. Zauberhafte alte Villa in versteckter Lage. Ruhig, grün, zentral. DZ ab 65 €.

Villa La Tour 4: 4, Rue de la Tour, Tel. 04 93 80 08 15, Fax 04 93 85 10 58, www.villa-latour.com. Verwinkelter Bau in der Altstadt, ein ehemaliges Kloster aus dem 18. Jh. Manche Zimmer buchstäblich über den Dächern von Nizza. Winzige Dachterrasse. 10 Min. zum Strand. Tipp: Das Parkhaus ›Théâtre‹ an der Av. St-Sébastien liegt um die Ecke. DZ je nach Saison 52–102 oder 57–141 €.

Auberge de Jeunesse de Nice 5: Rte. forestière du Mont-Alban, Tel. 04 93 89 23 64, Fax 04 92 04 03 10. Der Blick über Nizza ist wunderschön, die Jugendherberge deshalb oft ausgebucht. Frühmorgens ankommen! 13 € pro Nacht.

La Merenda 6: 4, Rue de la Terrasse, Sa, So, Mo und an Feiertagen geschl. Gourmettempel. Der Besitzer, Starkoch Dominique Lestanc, zelebrierte seine Kunst früher im Chanteclerc des Hotels Négresco! A la carte 35 €.
L'Ane Rouge 7: 7, Quai de Deux-Emmanuel, Tel. 04 93 89 49 63, Mi geschl., www.anerougenice.com. Köstliche Fischküche. Hummer! Ebenfalls grandios: Zucchiniblüten. Menü ab 26 €.
Grand Café de Turin 8: 5, Pl. Garibaldi, Tel. 04 93 62 29 52, www.cafe-de-turin.com. Nobel geht die Welt zugrunde – mit Austern zum Frühstück. Eine Institution, die für preisgünstige Meeresfrüchte bekannt ist. A la carte 25 €.
L'Escalinada 9: 22, Rue Pairolière, Tel. 04 93 62 11 71. Die Adresse steht seit Urzeiten für unverfälschte Nizzaer Küche. Von Einheimischen gut besucht. Menü ab 19 €.
La Zucca Magica 10: 4bis, Quai Papacino, Tel. 04 93 56 25 27, So, Mo geschl. Der gebürtige Römer Marco Folicaldi ist ein Koloss, dessen Liebe der vegetarischen Küche gehört. Man schmeckt, dass fleischlos nicht enthaltsam bedeuten muss. *Zucca* (Kürbis) steht selbstverständlich auch auf der Karte. Vergnügte Atmosphäre. Menü 14–20 €.
Naschen:
Fenocchio 11: Pl. Rosetti, Nov.–Jan. geschl. 70 verschiedene Sorten Eis und Sorbets – darunter so ausgefallene Geschmackssorten wie Steinpilz, Tomate, Basilikum, Kaugummi (!) – stellt die beste Eisdiele der Stadt her.

Märkte: Blumenmarkt: Di–So 8–14, Trödelmarkt: Mo 8–17, Fischmarkt: 8–13 Uhr.
Confiserie Auer: 7, Rue St-François-de-Paule. Kandierte Früchte. Altmodischer Probiersalon.
Nicolas Alziari: 14, Rue St-François-de-Paule. Neben exzellentem Olivenöl Spezialitäten wie Fenchel, Knoblauch oder Kräuteröl in Blechkanistern.
Georges Bartale: 7, Rue Ste-Réparate. Familienunternehmen, Pasta in allen Variationen. Ohne Chemie!
Oliviera: 8bis, Rue du Collet, Tel. 04 93 13 06 45. 50 Olivenöle im Verkauf, dazu Winzbistrot mit kleinen, leckeren Gerichten. Di, Mi, Do, Sa abend geschl.
Papeterie Rontani: 5, Rue Alexandre Mari. Mo morgen geschl. Herrlich altmodische Papierwarenhandlung, die schon Queen Victoria beliefert hat.
Trödelmarkt: Mo 8–17 Uhr, Cours Saleya.

Auf dem **Cours Saleya** sind Nizzas Nächte am längsten.
Casa del Sol: 69, Quai des Etats-Unis, Tel. 04 93 62 87 28, So, Mo geschl. Rest-Club mit cooler Lounge im Erdgeschoss und Restaurant eine Etage höher.
Chez Wayne: 15, Rue de la Préfecture, 11–1 Uhr. Livemusik und ausgelassene Stimmung in der Bar des gebürtigen Londoners Wayne.
Bar des Oiseaux: 5, Rue St-Vincent, 12–15, 19–0.30 Uhr. Durch die Bar schwirren Vögel, und die Patronne Noëlle liefert eine One-Woman-Show. Karte mit kleinen Happen.
Cave de la Tour: 3, Rue de la Tour. Eine Weinbar in der Altstadt, im Bistrot-Look. Leider nur 7–19 Uhr (So geschl.).

Fête des Pêcheurs: Juni, an St. Peter. Fest der Fischer mit einer Messe in der Kirche St-Jacques. Prozession zur Plage des Ponchettes.
Karneval: Feb., prächtiger Blumenkorso, Verbrennung der Statue von König Karneval mit viel Zeremoniell am Veilchendienstag.

7 km Kiesstrand an der **Baie des Anges:** im Mittelteil Liege und Sonnenschirm für saftige Tagessätze.

Flugzeug: internationaler Flughafen. Direktflüge nach Deutschland. Air France Tel. 0820 820 820.
Zug: Bahnhof, Av. Thiers. Verbindungen in alle Küstenorte von St-Raphaël bis Menton. Nice-Tende-Bahn: durch das bergige Hinterland ins Roya-Tal, ebenso TGV nach Paris.

Bus: Gare routière, Promenade du Paillon, Tel. 04 93 85 61 81.
Innerstädtische Busse, Transports urbains de Nice, Zentrale: 10, Av. Félix-Faure. Tageskarten in jedem Bus, Wochenkarten in der Zentrale.
Schiff: Büro der S.N.C.M.-Reederei, Quai du Commerce, Tel. 04 93 13 66 66. Fähren Nizza–Korsika.

Les Trois Corniches

Reiseatlas: S. 21/22, C/D 3/4
Gleich drei Küstenstraßen mit garantiert spektakulärem Ausblick auf die Riviera verbinden Nizza und Menton. Von der Küste bis auf 541 m Höhe staffeln sich in kurzem Abstand Petite, Moyenne und Grande Corniche. Mit der N 98 identisch ist die sich knapp oberhalb der Uferkante schlängelnde **Petite Corniche,** die alle Hafenorte auf 30 km Länge verbindet. Eine Etage höher schlängelt sich die in den Felshang gehauene, 28 km lange **Moyenne Corniche,** deren unbestrittener Höhepunkt das Burgdorf Eze-Village ist. Die **Grande Corniche** schließlich ähnelt einer Gebirgsstraße, mit Meeresblick freilich, deren 32 km lange Trasse Napoléon bauen ließ. Verbindungsträßchen erlauben den Wechsel von einer Corniche auf die andere, wobei jede wegen jeweils eigener Attraktionen und Panoramen die gesamte Strecke lohnt.

Villefranche-sur-Mer

Die Petite Corniche (N 98) führt von Nizza in dramatischen Kurven nach Villefranche, dessen rosafarben-pistaziengrüne-zitronengelbe Häuser theatralisch zum halbkreisförmigen Hafenbecken abfallen. Die **Reede von Villefranche** gilt als einer der schönsten Ankerplätze vor der Côte – und einer der tiefsten. Villefranche war wegen seiner tiefen Reede ein beliebter Ankerplatz für die französische Flotte, die bis heute noch ab und zu hier einen ihrer stahlgrauen Kolosse einlaufen lässt. Nach 1945 wurde die Stadt kurzfristig ebenfalls ein Stützpunkt für die amerikanische Flotte.

Unten am **Quai des Port de la Santé** wirkt das Städtchen wie ein in den Bogen schützender Hügel gebautes Amphitheater. Auf der anderen Seite der Bucht strebt die grüne Zunge des Cap Ferrat weit ins Tintenblau des Wassers.

Jean Cocteau suchte, von seiner Opiumsucht gemergelt, erstmals in den 1920er Jahren Zuflucht in Villefranche, wo er ›Orphée‹ verfasste. Am Hafen hinterließ er der Stadt ein ganz auf sie abgestimmtes Werk: Kurz vor seinem Tod 1963 malte er die **Chapelle St-Pierre** sowie deren Fassade in bunten Farben aus (sommers Di–So 10–12, 15–19.30, sonst 9–12, 14–17 Uhr). Biblische Szenen wechseln in typisch Cocteau'schem Pinselstrich mit einer Hommage an die Zigeuner von Saintes-Maries-de-la-Mer und einer weiteren für die Fischermädchen des Ortes. Etwas weiter empfängt das Hôtel Welcome wie zu Cocteaus Zeiten Gäste – doch die wilden Zeiten sind passé. War das Welcome damals die bevorzugte Adresse einer illustren homosexuellen Klientel, sind es heute Familien, die Villefranche für die Ferien wählen.

An die strategisch günstige Lage erinnert die mächtige **Zitadelle St-Elme** am Westende des Hafens, die der Herzog von Savoyen 1557 zu bauen befahl. Das Hôtel de Ville sowie zwei Museen sind in die alten Gemäuer eingezogen, die erst 1965 von der Armee verlassen wurden. Im der **Fondation-Musée Volti** werden die Skulpturen des zeitgenössischen Bildhauers gezeigt, im **Musée Goetz-Boumeester** Werke von Surrealisten und Modernen wie Picabia oder Hartung (Zitadelle und beide Museen außer So morgen und Di 10–12, 14–17, sommers bis 19 Uhr, Nov. geschl.).

Ganz im Gegensatz zu den italienisch bunten Quais mit den heiteren Terrassen und Flaneuren wirkt die parallel zum Hafen verlaufende **Rue Obscure** wie der Inbegriff des ›finsteren‹ Mittelalters. Die dusteren Gewölbe stammen aus dem 14. Jh. und sind somit so alt wie die Stadt selbst. Einen Rang höher folgt die malerische Gasse **Rue Poilu,** von der Treppen und Stiegen weiter hoch zur Kirche **St-Michel** führen: In der pastellfarbenen

Barockpracht ruht der Kommandant einer sardischen Galeere in seinem Grab.

Office du Tourisme: Jardin François-Binon, 06230 Villefranche-sur-Mer, Tel. 04 93 01 73 68, Fax 04 93 76 63 65, www.villefranche-sur-mer.com.

Hôtel Welcome: 1, Quai Amiral-Courbet, Tel. 04 93 76 93 93, Fax 04 93 01 88 81. Lachsfarbenes Haus am Hafen. Ehemaliges Kloster, seit 1780 Gasthof. Blick aufs Cap Ferrat und die Reede. DZ ab 155 €.

La Fille du Pêcheur: 13, Quai Courbet, Tel. 04 93 01 90 09, www.lafilledupecheur.com. Mi geschl., Juli/Aug. nur Abendessen. Mahagoniholz und Marinestil im Saal, Tintenfischsalat, Lachstartar, gegrillter Fisch vom Tagesfang auf der Karte. So gehört es sich für eine Fischerstochter. Menü 23 (mittags)–29 €.

Strände: Plage de la Darse: östl. des Hafens, Kieselstrand. Zwei öffentliche Sandstrände am Cap Ferrat, auf der Westseite Plage de Passable, außerhalb von St-Jean die Plage Paloma.

Bus: Verbindungen nach Nizza, Monte-Carlo, Menton ab Sq. François-Binon.

Am Cap Ferrat

Hinter Villefranche zweigt ein Rundweg von der Petite Corniche zum **Cap Ferrat** ab, an dessen Spitze sich blendend weiß ein Leuchtturm erhebt. Über 45 Seemeilen weit ist sein Feuer auf See auszumachen. Unvermeidlich wie der Leuchtturm ist in solch exponierter Lage ebenfalls das altgediente Grand Hôtel kurz vor der Spitze des Kaps. Die von dichtem Grün und ansehnlichen Villen überzogene Halbinsel blieb von der Betonwut im Großen und Ganzen verschont, nicht zuletzt auch, weil betuchte Prominente hier ihr Domizil errichteten. Jean-Paul Belmondo und Raymond Barre folgten auf Otto Preminger, Somerset Maugham, Nietzsche und den belgischen König Léopold II, dessen **Villa Les Cèdres** sich heute inmitten des Botanischen Gartens erhebt (Besichtigung der Villa nur nach gesonderter Absprache mit der Mairie von St-Jean-Cap-Ferrat). Schilder weisen auf andere ehemalige Häuser gekrönter Häupter hin, die freilich hinter hohen Hecken gut versteckt liegen.

Zu besichtigen ist dagegen die feudale **Villa Ephrussi de Rothschild** (Mitte Feb.–Nov. 10–18, sonst 14–18 Uhr, Wochenende ab 10 Uhr, www.villa-ephrussi.com) mit ihren thematischen Gärten. Zum Belle-Epoque-Anwesen im Stil der italienischen Renaissance, an dem elf Architekten mitgewirkt haben, weist ein Schild an der Uferstraße. Das splendide Anwesen mit Blick über die Bucht ging 1934 mit dem Tod der Erbauerin Béatrice Ephrussi de Rothschild als Schenkung an das Institut de France. Inneneinrichtung und Kunstsammlung (Tiepolo, Monet, Sisley) blieben unverändert, sodass Salons, Patio sowie der 7 ha große Besitz ein anschauliches Bild von Luxus und Geschmack der Jahrhundertwende vermitteln.

Im Rathaus von **St-Jean-Cap-Ferrat** hat Cocteau im Trauzimmer ein Gemälde hinterlassen. Ansonsten lohnt das ehemalige Fischerdorf wegen seiner Abgeschiedenheit und des Blicks bis Monaco einen Besuch.

Office de Tourisme: 59, Av. Denis Semaria, 06230 St-Jean-Cap-Ferrat, Tel. 04 93 76 08 90, Fax 04 93 76 16 67, www.ville-saint-jean-cap-ferrat.fr.

... in St-Jean-Cap-Ferrat:
Hôtel Brise Marine: 58, Av. Jean Mermoz, Tel. 04 93 76 04 36, Fax 04 93 76 11 49, www.hotel-brisemarine.com. Belle-Epoque-Hotel, etwas altmodisch, aber eben am Kap der Superreichen und mit *vue sur mer.* Seit über 45 Jahren achtet Monsieur Maîtrehenry darauf, dass der Garten gepflegt aussieht und die Zimmer regelmäßig renoviert werden. DZ 135–150 €.

... in St-Jean-Cap-Ferrat:
Capitaine Cook: 11, Av. Jean Mermoz, Tel. 04 93 76 02 66, Anfang Nov.–Weihnach-

ten, Mi, Do mittag geschl. Vom Tingeltangel der Riviera lässt sich der gebürtige Burgunder Lionel Pelletier auch nach 20 Jahren nicht beeindrucken. Herrlich: gegrillte Dorade mit Tapenade und eingelegten Tomaten, die Jakobsmuscheln im Krebssud. Menü 23–28 €.

Plage Paloma: Sandstrand, bewirtschaftet, mit Blick auf Beaulieu und Monaco (www.paloma-beach.com).
Plage des Fossettes: Kiesstrand, unbewirtschaftet, mit Blick aufs Cap Ferrat.

Beaulieu-sur-Mer

Nur einen Katzensprung weiter erreicht die Petite Corniche Beaulieu, und damit ein weiteres zuckerbäckriges Belle-Epoque-Ensemble, das sich vor der palmenbestandenen Uferpromenade erstreckt. Beaulieu lag und liegt in angenehm kurzer Entfernung zu Monaco, sodass viele Gäste den stillen Badeort der trubeligen Spielerstadt als Bleibe vorzogen. Mittlerweile macht Beaulieu mit dem drittgrößtem Casino Frankreichs Monaco Konkurrenz, doch die Ruhe blieb.

Im Schutz einer Hügelkette, zu dessen Füßen Beaulieu von einem außergewöhnlich milden Mikroklima profitiert, blühen Bananenstauden, Zitronen- und Orangenbäume. Eines der alten Viertel heißt deshalb nicht ganz zu Unrecht Petite-Afrique. Schon in der Antike war der Ort besiedelt. Später folgten die Landhäuser betuchter Bürger aus Nizza, die die Oliven aus Bello-loco, eben Beaulieu, in der ganzen Region bekannt machten.

Von den ersten Siedlungsbauten blieb nichts, doch mit der **Villa Kérylos** erweist der Ort seinem antiken Ursprung eine Reverenz (Feb.–Nov. 10–18, Juli/Aug. 10–19, sonst Di–Fr 14–18, Sa, So 10–18 Uhr, www.villa-kerylos.com). Die weiße Villa an der Pointe des Fourmis wird auf Hinweisen großmundig als ›einzigartiges Domizil des antiken Griechenland‹ angekündigt, stammt indessen aus dem Jahre 1902. Damals beauftragte der renommierte Archäologe, Numismatiker und nicht zuletzt Regionalpolitiker Theodor Reinach den nicht minder berühmten Architekten Emmanuel Pontremoli mit dem Bau einer Villa, die der Vorstellung der Belle Epoque von Hellas entsprechen sollte. Viele Details wurden tatsächlich nach dem Stand der damaligen archäologischen Forschung ausgeführt. Originale wie Vasen, Amphoren und Statuen runden die Täuschung ab, die dennoch immer den verschwenderischen Geschmack der Jahrhundertwende verrät.

Office de Tourisme: Pl. Georges-Clemenceau, 06310 Beaulieu-sur-Mer, Tel. 04 93 01 02 21, Fax 04 93 01 44 04, www.ot-beaulieu-sur-mer.fr.

Le Métropole: 15, Bd. du Maréchal Leclerc, Tel. 04 93 01 00 08, Fax 04 93 01 18 51, www.le-metropole.com. Ein Palasthotel wie vom Zuckerbäcker geliefert. Ganz in Cremeweiß und Zitronengelb, Zimmer im Louis-XVI-Stil. Direkt am Meer, aber mit Meereswasserpool – nobel geht die Welt baden. DZ ab 230 €.
Le Havre Bleu: 29, Bd. du Maréchal Joffre, Tel. 04 93 01 01 40, Fax 04 93 01 29 92, www.hotel-lehavrebleu.fr. Weiße Belle-Epoque-Villa mit blauen Fensterläden, einfache Zimmer mit Terrasse. 400 m zum Meer. Nachteil: die Zimmer zur Durchgangsstraße. DZ ab 55 €.

Le Café del Mar: 64, Port de Plaisance, Tel. 04 93 01 48 39. Trotz des spanischen Namens: Die Küche ist mit *saltinbocca* und *involtini* italienisch, und sogar auf der Weinkarte lässt Bella Italia grüßen. A la carte um 35 €.
African Queen: Port de Plaisance, Tel. 04 93 01 10 85. Die Einrichtung gaukelt Exotik vor, die Kellner tragen Shorts und Krawatte – der Patron hat zigmal Humphrey Bogart in ›African Queen‹ geguckt. Gute Pasta, knackige Salate und viel buntes Volk. Tagesgerichte ab 13 €, Menü 27 €.

Gemüse- und Fischmarkt: Di–So, Pl. Général de Gaulle.

Zug: Verbindungen nach Nizza, Monaco, Menton.

Richtig Reisen-Tipp: Also sprach Zarathustra

Friedrich Nietzsche mietete sich 1887 in Eze-Bord-de-Mer ein und notierte: »Ich schlief gut, lachte viel, fühlte mich wunderbar vor Kraft und Geduld.« Zugegeben, klingt gut, doch mit solchen Zeilen wird kein Philosoph weltberühmt. Dazu bedurfte es eines Standardwerks wie ›Also sprach Zarathustra‹, dessen dritten Teil Nietzsche in Eze verfasst hat. Die Umstände waren mühevoll. Der Denker kletterte unweit vom Bahnhof die Steilfelsen zum mittelalterlichen Oberdorf hoch. ›Der Wanderer‹ heißt übrigens das erste Kapitel im dritten Teil.

Heute bräunt sich U2-Sänger Bono manchmal am Strand. Antoinette Grimaldi, die Schwester des Fürsten von Monaco, besitzt eine Villa über dem Meer. Das Anwesen des ehemaligen Präsidenten Pompidou soll zum Luxushotel umgebaut werden. Den schweißtreibenden Pfad des Philosophen gibt es indes noch immer. Als **Sentier Nietzsche** führt er vom Strand an Olivenbäumen und Pinien vorbei in den steinernen Adlerhorst hoch oben an der Corniche Moyenne. Anderthalb Stunden dauert es hinauf. Runter geht's natürlich flotter, Dichterpausen jeweils nicht mitgerechnet. Wie sprach schon Zarathustra (dritter Teil, erstes Kapitel): »Ich bin ein Wanderer und ein Bergsteiger ...«

Der Sentier Nietzsche beginnt in **Eze-Village** an der Avenue du Jardin Exotique und endet in **Eze-Bord-de-Mer** an der Basse Corniche (Zugang zum öffentl. Strand über den Chemin des Pins, Richtung Bahnhof). Wer sich den Aufstieg zurück ersparen möchte: Von Mai bis Oktober verbindet der **Busshuttle** La Navette des 3 Corniches die beiden Ortsteile.

Eze

Die Petite Corniche streift als nächstes **Eze-Bord-de-Mer,** doch interressanter als der Strandableger ist das alte Dorf Eze an der Moyenne Corniche (identisch mit N 7). Vom Strandort, der vor allem aus zwischen Palmwipfel verstreuten Villen von 1900 besteht, wirkt **Eze-Village,** das alte Dorf auf einer 400 m hohen Felskante (s. Foto S. 416), wie zum Greifen nah. Zum steinernen Adlerhorst biegt eine kleine, steil aufsteigende Straße ab, die auf die Moyenne Corniche führt.

Das mittelalterliche Festungsstädtchen ist ein Besuchermagnet ersten Ranges, was alle namhaften Parfümeure aus dem entfernten Grasse zu Einrichtung von Filialen bewegt hat. Zu besichtigen lohnen die barocke **Chapelle des Pénintents-Blancs** (9–18 Uhr) sowie der **Jardin Exotique** mit seinen raren Tropengewächsen (im Sommer 8.30–20, sonst 9–12, 14–18.30 Uhr).

Stärker aber noch reizen die holprigen Gassen des sich um und auf seinen Felsen drängenden Dorfes. Ein paar weitere Schritte lohnt zudem der fantastische Blick von der Burgruine. Ein richtiges Dorf ist Eze trotz des Zusatzes ›Village‹ schon lange nicht mehr. Es wirkt reichlich geleckt, auffällig viele Bewohner lesen die ›Herald Tribune‹ oder haben das Schnitzen, Töpfern und Klöppeln als erkleckliche Touristeneinnahme entdeckt. Zwischen Stadttor und oberem Felsen geht es Steintreppe um Pflasterstein immer bergan. Nietzsche haben die Mühen des Aufstiegs durch die Gassen zur Vollendung seines ›Zarathustra‹ inspiriert.

i **Office du Tourisme:** Pl. du Général-de-Gaulle, 06360 Eze, Tel. 04 93 41 26 00, Fax 04 93 41 04 80, www.eze-riviera.com.

Château de la Chèvre d'Or: Rue Barri, Tel. 04 92 10 66 66, Fax 04 93 41 06 72, www.chevredor.com, März–Okt. Eine Hotellegende der Riviera, beliebt bei betuchten Japanern und Amerikanern. Der verschachtelte Bau klebt mit Terrassen und Gärten am Fels. Atemberaubender Blick aus 400 m Höhe über

Monte-Carlo liebt's bombastisch: Blick auf die überladen wirkende Oper

die Riviera. Still. Das **Restaurant** hat zwei Michelin-Sterne. DZ ab 270 €.
Château Eza: Rue de la Pise, Tel. 04 93 41 12 24, Fax 04 93 41 16 64, www.chateaueza.com, April–Okt. Absoluter Luxus verbirgt sich hinter dem 400 Jahre alten Gemäuer. Sehr geräumige Zimmer. Die Suite du Château hat einen Kamin und eine Terrasse mit unvergesslichem Ausblick. DZ ab 230 €.

L'Oliveto: Pl. Général-de-Gaulle, Tel. 04 92 41 50 40, März–Okt., Di, Mi mittag geschl. Kleines Restaurant am Hauptplatz, ital. inspirierte Küche. A la carte 35 €.
Le Troubadour: 4, Rue du Brec, Tel. 04 93 41 19 03, Mo mittag und So geschl. Gepflegtrustikaler Rahmen: gefüllte Zucchiniblüten, Entenbrust. Menü ab 19 €, à la carte teuer.

Eze d'Antan: Ende Juli. Ein ganzes Wochenende feiert sich das Dorf als Mittelalterschauspiel. Viele Kostümierte.

Kiesstrand
in Eze-Bord-de-Mer.

La Turbie

Bei La Turbie verläuft die Grande Corniche auf der Trasse der antiken Via Julia Augusta. ›Alpis Summis‹ hieß La Turbie zu römischer Zeit. Unübersehbares Relikt aus der Antike ist die **Trophée des Alpes.** Stolze 50 m Höhe misst das fast 2000 Jahre alte, im Auftrag des römischen Senats zu Ehren von Augustus errichtete Monument. Der Kaiser hatte zuvor 44 Bergvölker unter das Joch Roms gezwungen, die allesamt in der Inschrift aufgeführt sind.

Vorbei an der barocken Dorfkirche gelangt man durch das zum Hang ansteigende Dorf zur **Trophée,** die in den 1930er Jahren erforscht und restauriert wurde. Über die Jahrhunderte diente das aus dem für die Gegend typischen hellen Kalkstein errichtete Triumphmal als Festung und Steinbruch. Ein kleines **Museum** zeichnet die Geschichte des Baus sowie seine Rettung nach (Mai–Sept. 9.30–13, 14.30–18.30, sonst 10–13.30, 14.30–17 Uhr). Vom umliegenden Park hat man bei klarem Wetter einen Fernblick bis weit nach Italien und das Massif de l'Estérel, umrahmt von Mittelmeerblau.

Office de Tourisme: Pl. Detras, Tel. 04 93 41 21 15, Fax 04 93 41 13 99, www.ville-la-turbie.fr.

Le Napoléon: 7, Av. de la Victoire, Tel. 04 93 41 00 54, Fax 04 93 41 28 93. Haus mit Gartenterrasse, lachsfarbenen Mauern, grünen Fensterläden – Provence pur. Gemütliche Zimmer, von der oberen Etage Blick auf die Trophée. DZ ab 61 €.

Bus: Verbindungen nach Nizza und Monaco, Mo–Sa.

Roquebrune

Die Grande Corniche streift am Schluss Roquebrune. Der Blick von der Place des Deux Frères ins Blaue ist unvergleichlich schön. 1355 kaufte Grimaldi-Fürst Charles das Dorf mit Balkonblick auf die Riviera für ein stolzes Sümmchen auf. 1848 aber erhob sich das Dorf gegen das Fürstentum Monaco, um 1861 französisch zu werden. Die karolingische Burg über dem Dorf ist außergewöhnlich gut erhalten. Auf dem Friedhof liegt Le Corbusier gegraben.

Etwas unterhalb des Friedhofs purzelt ein Wirtschaftsweg vorbei an einem 1000 Jahre alten Olivenbaum runter zum **Cap Martin.** Aus dem dichten Pinien- und Eichenwald des Kaps lugen luxuriöse Villen, von denen eine in den 1920er Jahren von der Designerin Eileen Gray entworfen worden ist. Le Corbusier war übrigens Stammgast am Kap; der Architekt ertrank hier 1965 beim Baden. Zum exklusiven Ambiente gehört auch ein Grand Hôtel aus der Belle Epoque, in dem Kaiserin Sissi einst abstieg, der schönen Bäume ringsherum wegen, heißt es. Kaiserin Eugénie tat desgleichen. Beide Damen hielten eine Suite im Hotel.

Um die Landzunge führt eine Panoramastraße. Schöner ist der Fußweg **Promenade Le Corbusier,** der vom Kap in 2 Std. bis zum Strand von Monte-Carlo führt. Am Weg liegt Le Corbusiers Strandhütte. Der schlichte, einräumige **Cabanon,** den der Architekt als Prototyp für ein Ferienhaus erschuf, kann besichtigt werden (auf Anfrage, Tel. 04 93 35 62 87).

Office de Tourisme: 218, Av. Aristide Briand, 06190 Roquebrune-Cap-Martin, Tel. 04 93 35 62 87, Fax 04 93 28 57 00, www.roquebrune-cap-martin.com.

Hôtel Les Deux Frères: Pl. des Deux Frères, Tel. 04 93 28 99 00, Fax 04 93 28 99 10, www.lesdeuxfreres.com. Gepaukt wird in der alten Dorfschule von 1854 höchstens noch das Einmaleins der Faulheit. Ansonsten verbummelt man die Tage auf der Terrasse, schaut aus den nach Themen eingerichteten Zimmern (Afrika, Hochzeitsnacht, Marine) runter auf die Riviera oder bummelt durch das verschachtelte Dorf zum Friedhof, wo Le Corbusier begraben liegt. DZ ab 110 €. Anständige Küche mit Menü ab 24 €.
Café Fraise et Chocolat: Le Village, Do geschl. Kleiner Salon de thé. Panini, Sandwich, Konfitüren.

Plage de Cabbé (ca. 45 Min. zu Fuß, mit dem Auto 15 Min.), Sandstrand mit dem Cabanon von Le Corbusier.

Monaco/Monte-Carlo

Cityplan: S. 404/405
Cap d'Ail an den letzten Ausläufern der Voralpen wurde im 19. Jh. als mondäner Badeort lanciert. Heute arbeitet die Hälfte der Bewohner in Monaco, das direkt an die Ortsgrenze stößt. Auf der anderen Seite der Grenze betrachtet man Cap d'Ail ein wenig wie die grüne Enklave des zubetonierten Stadtstaates. Von **Mala-Strand,** dem alten Hausstrand von Cap d'Ail, verbindet ein 3 km langer **Wanderweg** den Küstenstreifen mit dem Marquet-Strand. Im Osten ist mit der Beschaulichkeit Schluss: Der Fels von Monaco schiebt sich ins Panorama. Das Grimaldi-Imperium erstreckt sich über die unteren Ränge eines gebirgigen Halbrunds, das der Tête de Chien (Hundskopf) mit 556 m und der Mont Angel (Engelberg) mit 1109 m beherrschen. An den Fels von Monaco schmiegt sich der alte Hafen, auf dessen östlicher Seite die Skyline von Monte-Carlo den zweifelhaften Ruf als Manhattan des Mittelmeers verteidigt. Spötter bringen das Zusammenspiel von Monaco und Monte-Carlo auf die folgende knappe Formel: Hüben der Fürst in seinem eher bescheidenen Schloss als Herr über ein Ländchen ohne große Ressourcen, drüben ein Klein-Manhattan in Luxusausführung mit den Einnahmequellen Steuerflucht, Spielcasino und Immobiliengeschäft.

Mehr als ein Steuerparadies?

Der erste Eindruck wirkt gemessen an der Fama vom Operettenstaat und dem Glamour seiner Roulettetische ernüchternd. Beton brutal für 10 000 Euro und mehr pro Quadratmeter, Asphaltschneisen, die sich in Tunneln und auf Stelzen durch die bis auf den letzten Zipfel verbaute 195 ha große Landesfläche ihren Platz bahnen. Mit etwas Glück ein freies Stück Steilfelsen. Wie mit der Nagelschere gestutzte Grünanlagen, um die herum penibel aufgeputzte Belle-Epoque-Paläste auf große Vergangenheit pochen. An jeder noch so winzigen freien Parzelle wird gebaut.

Zum Stichwort Steuerparadies: Wer hier seinen Wohnsitz nimmt, lacht dem Fiskus daheim etwas. Boris Becker und Freunde lassen grüßen, heben den Altersdurchschnitt jedoch nicht sonderlich. Silbergrau ist die meistgesehene Haarfarbe von Monaco, schließlich sind prominente Fürstentumbewohner wie Luciano Pavarotti, Shirley Bassey und Karl Lagerfeld auch nicht mehr die Jüngsten. Für Komfort und Sicherheit ist selbst im öffentlichen Raum gesorgt. Aufzüge hieven einen vom Liegeplatz der Jacht direkt ins Luxusappartement. Fernsehkameras an allen Ampeln haben alles im Objektiv. In Blitzesschnelle können die Grenzen abgeriegelt werden, doch die totale Kontrolle wird mit nobler Geste nach außen getragen: Weiß behandschuhte Polizisten leiten unentwegt Damen, deren Schmuck und Kleidung das üppige Bankkonto verraten, über den Zebrastreifen. Die auffällig dichte Flotte cremefarbener Rolls-Royce-Cabriolets und feuerroter Ferraris muss für einen Augenblick warten. In Restaurants und Cafés dürfte die Rate von Schlipsträgern europaweit rekordverdächtig sein. Man ist stolz auf sein Fürstentum: Überall wehen Wimpel in den Nationalfarben Rotweiß.

Neuer Fürst, neues Land? Thema

Vom greisen Fürst Rainier III. hieß es, er sei zuletzt verbittert gewesen. Sein Reich, das Steuerparadies Monaco & Monte-Carlo, war zusehends in die Kritik geraten. Der französische Nachbar warf dem Zwergstaat vor, Steuerflucht zu decken, geheime Bankkonten zu erlauben, Geldwäsche zu tolerieren.

Das Justizministerium in Paris rieb Rainier III eine dicke Ermittlungsakte mit der Aufschrift ›Finanzkriminalität‹ unter den grauen Schnäuzer. Der Fürst tobte und schrieb dem Grimaldi-Imperium mehr Ablösung von französischer Bevormundung vor. Schließlich sei Monaco ein unabhängiger Staat und Vollmitglied der UN und brauche sich nicht länger von Paris vorschreiben zu lassen, wer Polizeipräsident von Monaco wird – was der Staatsvertrag zwischen den beiden Ländern diktiert.

Am 6. April 2005 starb Rainier III. Auf den Thron folgte Kronprinz Albert, von der Hochglanzpresse rechtzeitig zur Übernahme der Amtsgeschäfte geouteter Vater und ansonsten verdächtig ewiger Junggeselle. Er steht nun vor der Herausforderung, ein finanziell angeschlagenes Land zu modernisieren. 2004 stand der Staatshaushalt mit 60 Mio. Euro im Minus. Die Gründe sind hohe öffentliche Investitionen und schwindende Tourismuseinnahmen. Die Regentschaft von Fürst Rainier III, der sich als Patron des Unternehmens Monaco sah, steht für die wirtschaftliche Diversifizierung des Fürstentums. Albert gilt als liberal und weniger autoritär als sein Vater. Er will das Image von Monaco als Hafen für Geldwäscher und Steuerhinterzieher loswerden – noch steht Monaco auf einer schwarzen Liste der Internationalen Weltwirtschaftsorganisation OECD zusammen mit Andorra, Liechtenstein, Liberia und den Marshall-Inseln.

Gelingt es Prinz Albert, Monacos Image als Hafen für Geldwäscher und Steuerhinterzieher loszuwerden?

Monaco/Monte-Carlo: Cityplan

Sehenswürdigkeiten

1 Musée océanographique
2 Pavillon des Staatsrates, Palais de Justice, Kathedrale
3 Fürstenpalast, Napoléon-Museum
4 La Condamine
5 Casino
6 Opèra
7 Hôtel de Paris
8 Café de Paris
9 Musée national de poupées et automates
10 Japanischer Park

Übernachten

1 Le Balmoral
2 Villa Boeri

Essen und Trinken

3 Brasserie du Café de Paris
4 Le Saint-Benoît

Geschichte

Seit 1308 regieren die Fürsten von Grimaldi über Monaco. Grimaldi-Fürst Francesco erschlich sich mit seinen Mannen 1297 durch eine List den Felsen von den Genuesern: Als verkleidete Mönche drangen sie in die Garnison der Republik Genua ein. Im 14. Jh. kamen Roquebrune und Menton hinzu, die sich erst 1848 wieder ablösten. Der Grund: Um 1850 war das mit steinigen Böden reichlich gesegnete Monte-Carlo bettelarm. 4 Mio. Francs Abschlag, die Frankreich 1860 für Roquebrune und Menton berappte, konnten nicht ewig vorhalten, wie auch die Abtretung von Zoll- und Salzrechten an Frankreich nur Aufschub vor größerer Misere brachten. Bereits 1856 hatte Charles III mit der Gründung der allmächtigen Société des Bains de Mer (S.B.M.) die Zeichen der Zeit erkannt. Monaco sollte zum ungezügelten Spielerparadies an der Riviera avancieren, zumal in Frankreich und Italien Spielbanken nicht zugelassen waren. 1866 wird dem neuen Viertel oberhalb des Hafens der noble Name Monte-Carlo verliehen. Drei Jahre später fallen alle direkten Steuern weg: Das Casino hatte genügend eingebracht. Die mondäne Welt strömte in das früh elektrifizierte und mit nach damaligem Standard modernstem Komfort ausgestattete Paradies der Ausschweifungen. Als weitere Attraktion fand 1911 die erste Rallye Monte-Carlo statt. Tschechow wandte sich freilich 1891 mit Grausen ab: »Ich liebe Luxus und Reichtum, aber dieser Roulette-Luxus wirkt auf mich wie ein unersättliches Klosett.«

Das Fürstentum zählt 32 000 Einwohner, doch einzig und allein die etwa 5000 Monegassen unter ihnen sind wahlberechtigt. 15 000 Grenzgänger kommen täglich aus Italien und Frankreich an ihren Arbeitsplatz. Das Spielcasino ist nur noch schöner Schein des Gestrigen. Brachte es 1890 dem Staat 95 % seiner Einnahmen ein, sind es heute ganze 4 %. Die Bankendichte ist weltweit führend. Radio und TV Monte-Carlo geben an der Riviera den Ton an. Künstlich angelegte Strände sind dem Tourismus förderlich, doch den größten Coup landete Monaco mit dem vom Meer abgetrotzten 31 ha großen Stadtteil **Fontvielle** vor der Westflanke des Monaco-Felsens.

Hochglanz-Image

Das Verhältnis zu Frankreich ist heikel. Es gibt zwar keine Grenzformalitäten, doch schwelt seit Jahrzehnten ein Dauerkonflikt. Schon vor der Hochzeit von Rainier III, dem damals begehrtesten Junggesellen an der Côte, mit Grace Kelly, war die Stimmung zwischen dem Zwergstaat und der Grande Nation einigermaßen gereizt, wobei auch die Verlagerung etlicher Firmensitze von Frankreich ins benachbarte prosperierende Steuerparadies ein Übriges tat. Erst als die Ex-Filmdiva mit der Geburt von Erbprinz Albert ihre Pflicht getan hatte und die beiden Länder sich vertraglich über die Steuerfrage arrangiert hatten, glätteten sich die Wogen.

Der Operettenstaat sonnt sich seit der sensationellen Hochzeit 1956 im ungebrochenen Interesse der Medien und Hofklatschsüchtigen. Tragischer Unfalltod von Grace Kelly alias Grazia Patrizia, gescheiterte Ehe und Witwenschaft von Prinzessin Caroline, schließlich die Schlagersternchenambitionen und amourösen Wechselfälle von Prinzessin Stéphanie sorgten dafür, dass Monaco nie aus den umsatzfördernden Schlagzeilen geriet.

Monaco

Die Altstadt Monaco-Ville drängt sich auf einer 300 mal 800 m großen Felsfläche. Vom **Parking des Pêcheurs** bringen Aufzüge die Besucher in die Grünflächen neben dem **Musée océanographique** **1** (Kernöffnungszeiten 10–18 Uhr, www.oceano.mc). 1899 wurde mit dem gigantischen Bau über der Steilklippe auf Weisung von Prinz Albert I begonnen, der ein fanatischer Meeresforscher und -sammler war. In den 90 mit Meerwasser gespeisten Becken, das größte fasst 40 000 l, schwimmt die gesamte Mittelmeerfauna, wie auch so ziemlich jeder Fisch, der sonst in den Tropen oder Amazonien beheimatet ist.

Der **Pavillon des Staatsrates,** das **Palais de Justice** und die neoromanische **Kathedrale** **2** mit der fürstlichen Grablege gruppieren sich ein paar Schritte über die Avenue St-Martin weiter zum weltlichen und kirchlichen Zentrum des Fürstentums. Die überschaubare, trotz enger Gassen geleckte Altstadt endet vor dem **fürstlichen Palast** **3** (Juni–Sept. 9.30–18.30, Okt. 10–17 Uhr). Touristischer Höhepunkt sind die farbenfrohen Wachwechsel (11.55 Uhr!) vor dem Palais, auf dessen Dach ein Fähnchen Fürst Alberts Anwesenheit anzeigt. Drinnen stehen ein paar Salons sowie das **Napoléon-Museum** (Juni–Sept. tgl. 9.30–18, Okt. 10–17, Dez.–Mai tgl. außer Mo 10.30–12.30, 14–17 Uhr) zur Besichtigung offen.

Monte-Carlo

Zwischem dem Monaco-Fels und dem Küstenstreifen von Monte-Carlo liegt das lebendige Hafenviertel **Condamine** **4**. Sein Wahrzeichen ist die Ste-Dévote-Kirche, in der die Reliquien der Heiligen und Schutzpatronin von Monaco verwahrt werden.

Bombastisches Zentrum von Monte-Carlo bleibt das **Casino** **5** im ornamentverliebten Liberty-Stil an der Place du Casino, dem Nabel des glamourösen Monte-Carlo (ab 12 Uhr

Roulette, ab 14 Uhr Spielautomaten). Der Architekt der Pariser Oper, Charles Garnier, schuf 1878 das berühmteste Gebäude der Stadt. Spielcasino und **Oper (Salle Garnier)** 6 bilden ein überladenes, wenn auch deutlich getrenntes Ensemble. In der Nachbarschaft sind **Hôtel de Paris** 7 und **Café de Paris** 8 wie das Casino einzigartige Belle-Epoque-Bauten.

Zum Anschauen mit Muße bieten sich die von Blüten überbordenden Parkanlagen der **Allée Boulingrins** an. Einige Nobelhotels wie das Métropole und das Hermitage runden das prunkvolle Freilichtmuseum eines überschäumenden 19. Jh. ab. Charles Garnier verewigte sich mit der Villa Sauber an der Avenue Princesse Grace ein zweites Mal, die jetzt **Musée national de poupées et automates** 9 ist und 2000 mechanische Puppen und Spielautomaten aus der fürstlichen Sammlung vereint (Okt.–Ostern 10–12.15, 14.30–18.30, sonst 10–18.30 Uhr).

Ein Tipp zum Entspannen: Der **Japanische Park** 10 neben dem modernen Grimaldi-Forum entführt nach Fernost, inklusive Teezeremonie, Bambus und Wasserfall.

Office de Tourisme: 2a, Bd. des Moulins, Monte-Carlo, Tel. 003 77/92 16 61 16, www.monaco-tourisme.com.

Le Balmoral 1: 12, Av. Costa, Tel. 003 77/93 50 62 37, Fax 003 77/93 15 08 69, www.hotel-balmoral.mc. Eines der noch bezahlbaren Hotels, seit 1886 in der Hand derselben Familie. Zimmer mit Blick auf den Hafen. Salon mit Empire-Möbeln. DZ 115–210 €.

... in Beausoleil (Frankreich):

Villa Boeri 2: 29, Bd. du Général Leclerc, Tel. 04 93 78 38 10, Fax 04 93 41 90 95, www.hotelboeri.com. Belle-Epoque-Bau, innen etwas düster. 2. und 3. Etage mit Balkonen und Blick aufs Meer. DZ ab 56 €.

Brasserie du Café de Paris 3: Pl. du Casino, Tel. 003 77/92 16 25 54. *Tout Monte-Carlo* trifft sich im Wintergarten oder auf der Terrasse zum Mittagessen. A la carte ab 35 €.

Le Saint-Benoît 4: 10, Av. de la Costa, Tel. 003 77/93 25 02 34, Mo geschl. Über dem Hafenbecken. Abends Blick von der Terrasse auf den beleuchteten Monaco-Fels. Menü 27–37 €.

Zébra Square: 10, Av. Princesse Grâce, Tel. 003 77/99 99 25 50, www.zebrasquare.com. Hoch geht's mit dem Aufzug. Oben dann ein trendiges Lokal mit toller Terrasse über dem Meer. Tagesfrische Küche. Die dazugehörige Bar ist ›the place to be‹ in der Stadt. Menü 27 €.

Stars'n Bars: 6, Quai Antoine-Ier. Michael Schumacher, Agassi, Peter Gabriel u. a. suchen das angesagte Bar-Disco-Restaurant auf.

Rallye Monte-Carlo: Jan.

Nationalfeiertag: 19. Nov., das ganze Fürstentum in den Nationalfarben Rot-Weiß.

Plage du Larvotto: teilweise öffentlicher Sand-Kiesstrand von Monte-Carlo. Am Cap d'Ail (westl. von Fontvieille): **Plage Mala,** kleine Badebucht, die nur zu Fuß zugänglich ist, und **Plage Marquet,** größer.

Wandern bei Cap d'Ail: vom Mala-Strand Wanderweg (3 km) zum Marquet-Strand.

Aquavision: Der schnittige, hypermoderne Katamaran legt vom Quai des Etats-Unis im Port d'Hercule ab (April–Mitte Okt., Tel. 003 77/92 16 15 15, 11 €). Ziel sind die felsigen Untergründe vor der Küste, in denen es vor Fischen wimmelt. Durch die Panzerglasscheiben kann man eine Stunde lang die Flossen zählen.

Zug: Bahnhof, Pl. de la Gare. Verbindungen nach Nizza und Menton, Tel. 003 77/93 50 92 27.

Schiff: Sightseeing mal auf eine etwas andere Art, nämlich vom Boot aus. Abfahrt Quai des Etats-Unis, Tel. 003 77/92 16 15 15, April–Sept.

Von den Felsdörfern über der Riviera nach Menton

Reiseatlas S. 21/22

›Villages perchés‹ heißen die Dörfer auf den sprungartig ansteigenden Felskämmen und -gipfeln, die sich wenige Kilometer Luftlinie hinter dem Küstensaum aufbauen. In ihrem Rücken steigen die knapp 3000 m hohen Gipfel des Nationalparks Mercantour an. Zu ihren Füßen aber wachsen Bananen, blühen Bougainvilleen und Zitronenbäume so wie in Menton, der italienischsten Stadt an der Riviera.

Zu den Adlerhorstdörfern über der Riviera

Reiseatlas: S. 21/22, C/D 2/3

Fast allen ›Villages perchés‹, Adlerhorstdörfern, gemein sind die dramatische Lage, der abenteuerliche Blick auf die Riviera – und die Ruhe vor Autolärm. Die **historische Salzstraße** verbindet die schönsten Felsdörfer im Hinterland von Nizza und Monaco. Als Nizza im 15. Jh. zum florierenden Mittelmeerhafen aufstieg, verdankte die Stadt ihren Reichtum dem Fernhandelsweg, der über die Südausläufer der Alpen ins Piemont führte. Salz aus den Salinen von Toulon und Hyères war eines der wichtigsten Handelsgüter, die auf dem Landweg nach Oberitalien geschafft wurden, daher der Name ›Route du Sel‹, Salzstraße. Die Dörfer profitierten vom regen Warenverkehr auf der Route. Von den steinernen Adlerhorsten ließ sich die Salzstraße überwachen, hier kehrten durchreisende Händler ein und errichteten Warendepots.

Von Contes nach Lucéram

Contes, das erste Dorf an der Route, das man von Nizza über die D 2204 und D 15 erreicht, macht als herausgeputzter Vorort von Frankreichs fünftgrößter Stadt eine Ausnahme: 4000 Einwohner leben mittlerweile in den perfekt restaurierten Gemäuern oberhalb des Gebirgsbachs Paillon. Vom einstigen Reichtum zeugt die reiche Barockausstattung der Pfarrkirche. Ein kleiner Schlenker über die D 815 führt ins nahe **Châteauneuf-de-Contes,** wo schon die Römer siedelten. Das Panorama auf die Ebene des Var, die Lérins-Inseln, Nizza und das Mercantour-Massiv ist unvergesslich.

Zurück auf die D 15 und immer Richtung Norden bis **Coaraze.** Das kreisrunde Dorf zwängt sich auf einen Fels in 650 m Höhe. An der Place du Château markiert das Barockkirchlein die Lage eines römischen Castrums. Bekannt ist Coaraze für die zahlreichen Sonnenuhren an den verwitterten Fassaden, die in den 1960er Jahren u. a. von Jean Cocteau, Henri Goetz und Douking geschaffen wurden.

Über die D 15 geht es weiter bergauf bis zum St-Roch-Pass auf knapp 1000 m, dann wieder bergab über die kurvenreiche D 2566. **Lucéram** scheint auf den ersten Blick eng in ein Tal gestaucht. Erst beim Näherkommen erkennt man, dass sich die Häuser des Bergdorfes auf einem Kalkkamm staffeln. Lucéram war eine der wichtigsten Stationen an der Route du Sel. Seine Bewohner unterstanden keinem Feudalherren und durften satte Gebühren für die Passage durchs Dorfs kassieren. Die romanisch-gotische Pfarrkirche Ste-Marguerite ist entsprechend prächtig ausgestattet: Fünf Altarbilder und ein Kirchenschatz, dessen edelsteinbesetzte Reliquiare und Monstranzen zu den schönsten ganz Südostfrankreichs zählt, werden hinter Panzerglas zur Schau gestellt.

Mit dem Autor unterwegs

Wanderung von Peille nach Peillon

Bereits in der Antike wurde der Weg zwischen den Villages perchés Peille und Peillon angelegt. Im Mittelalter wurde daraus der **Chemin des muletiers,** der Weg der Maultiertreiber. Heute ist die Trasse ein Wanderweg, auf dem man in etwa 2 Std. vom einen Dorf zum anderen gelangt – und der Lust auf weitere Fußmärsche im Hinterland der Riviera macht (s. u.).

Die Gärten von Menton

Im Stadtteil Garavan erwarben mitten im Ersten Weltkrieg gartenbesessene Briten ein Grundstück. Daraus erwuchs der **Clos du Peyronnet,** ein Garten Eden mit grandiosen Wasserkaskaden. Wer auf Anmeldung zur Besichtigung tropischer Raritäten vorbeischaut, wird unter himmelstürmenden Palmen vielleicht auf einen älteren Herrn mit soigniertem Kinnbart stoßen: William Waterfield, ehemals Lektor beim Oxford English Dictionary, verwaltet das Familienerbe in dritter Generation. Um das Wohl der städtischen Gärten von Menton-Garavan kümmert sich hingegen der Leiter des Gartenbauamtes. Unter seine Zuständigkeit fallen die **Serre de la Madone,** die als erster Garten Frankreichs unter Denkmalschutz gestellt wurden. Hinzukommen die Bananenstauden und Avocados im Jardin botanique exotique der **Villa Val Rahmeh**, die seltenen Palmen im **Jardin de Maria Sérena** und die Gartenfolie La Rotonde de Cervantes im spanisch inspirierten Garten **Fontana Rosa** (Infos: www.menton.com; s. auch S. 414).

Mit dem ›Zug der Wunder‹ von Nizza nach Tende

Eine der aussichtsreichsten und zugleich stressfreiesten Möglichkeiten, die alpine Welt der Täler von Bévéra, Roya, Paillon zu erkunden, ist die Touristenbahn **Le Train des Merveilles** von Nizza nach Tende. Jeden Morgen fährt der ›Zug der Wunder‹ von der Rivierametropole über L'Escarène, St-Dalmas, La Brigue nach Tende. Halt wird je nach Wochentag in einem anderen Dorf gemacht. Im Zug erklärt ein Führer **Fauna, Flora** und **Architektur** am Schienenstrang (Infos: www.royabevera.com; s. auch S. 414f.).

Office de Tourisme: 06440 Lucéram, Tel. 04 93 79 46 50, www.luceram.com.

... in Coaraze:
Auberge du Soleil: Quartier Porta-Savel, Tel. 04 93 79 08 11, Fax 04 93 79 37 79, Nov.–Mitte Feb. geschl. Die letzten Meter durch enge Gassen kommt man nur noch zu Fuß voran. Macht nichts, die Inhaber der zauberhaften Herberge helfen beim Rauftragen des Gepäcks. Die Zimmer sind schlicht und haben viel Aussicht, aber man will hinaus in den Garten, der in Terrassen angelegt ist, oder auf die schattige Restaurantterrasse (Menü 19–23 €). Billardzimmer! DZ 61–83 €.

Wandern: Von Coaraze lassen sich mehrere Wanderungen unternehmen, so auf den Mont Férion (1413 m hoch; 2 Std.), über den Weiler Berre-les-Alpes ins Dorf L'Escarène (3 Std.) oder auf die 1504 m hohe Cime de Rocca Seira (2 Std.). Eine Wanderbroschüre gibt es im Office de Tourisme, Tel. 04 93 79 37 47, Sommer tgl. 10–12, 15–17 Uhr).

Bus: Mo–Sa Busse ab Nizza; s. auch S. 396.

Peille und Peillon

Die D 2566 leitet über **L'Escarène**, durch das früher 30 000 salzbepackte Maulesel im Jahr zogen, nach **Peille,** das malerisch am Felshang klebt. Die Landschaft trägt weiterhin alpine Züge. Wie es sich gehört, thront eine Burgruine über dem Dorf. Der Dorfkern wirkt

Spektakulär: Serpentinenstraße am Col de Braus

mit Arkaden und Tunnelgängen wie aus dem Fels gehöhlt.

Noch spektakulärer ist der Anblick von **Peillon,** das 14 km über die aussichtsreiche D 53 entfernt auf einem Fels hockt. Olivenbäume, Pinien und Ginster bilden eine Allee am Schwindel erregenden Zufahrtssträßchen, bis eines der schönsten Dörfer im Departement Alpes-Maritimes erreicht ist. Wie eine Festungsmauer reihen sich die Häuser des Ortes am Felsrand, der steil abfällt. Vor der Kirche St-Sauveur liegt ein hübscher, kleiner Platz, von dem der Blick über Dächer und Umland von Peillon geht. Die Idylle à la Vieille France täuscht: Etliche Häuser sind in fremder Hand und heißen ›Cloud 9‹ oder ›Mon Cottage‹. Schließlich liegen Nizza, das ehemalige ›Salzkontor des Piemont‹, und das international eingestimmte Monaco nur eine halbe Autostunde von Peillon entfernt.

i Unter **www.beyond.fr/themes/route-sel.html** steht die Route du Sel im Internet (engl.). Histor. Abriss, Karten, Infos zu Übernachtungen, Sport, Besichtigungen.

... in Peillon:
Auberge de la Madone: Le Village, Tel. 04 93 79 91 17, Fax 04 93 79 99 36, Do mittags, Mi geschl. Himmlische Dorfherberge mit gepflegten Zimmern, Garten. Grandiose Küche. DZ ab 100 €. Menü 32–85 €.

2-stündige **Wanderung** von **Peille** nach **Peillon.**

Menton

Cityplan: S. 412/413
Menton … und es blühen die Zitronen. In den Parks, den Vorgärten, überall. Sogar Bananen gelangen im Freiland zur Reife. Mentons Treibhausklima ist selbst an der sonnenverwöhnten Côte d'Azur einmalig. Die Stadt beginnt mit langen Kieselstränden im Osten und endet kurz vor der italienischen Grenze mit Tropengärten, die spleenige Briten im späten 19. Jh. angelegt haben. Menton war eine Wiege der Riviera: »Weil es Mode ist oder aus Langeweile und aus Vergnügungslust reisen genauso viele Leute hierher wie wegen ihres schlechten Gesundheitszustandes«, notierte William Chambers 1870 in ›Wintering in Menton‹. Erst zehn Jahre zuvor hatte Menton wie Nizza die Einverleibung nach Frankreich durchgesetzt. Was folgte, war die Invasion betuchter englischer Wintergäste, die eine kräftige Bautätigkeit nach sich zog.

Hinter den Palästen und Palais bauen sich felszinnengekrönte Berghöhen auf. Diese halten den Mistral zurück – Mentons Jahresdurchschnittstemperatur liegt folglich bei rekordverdächtigen 16,3 °C. Den alljährlichen Saisonauftakt bildet zur Karnevalszeit die seit 1934 mit Blumenkorso, Pflanzenschauen und reichlich Zitronen gefeierte **Fête du Citron.** Denn Zitrusfrüchte und Zitronenmarmelade bleiben neben gesunder Bräune das bekannteste Erzeugnis der Stadt.

Die Belle-Epoque-Stadt

Die **Promenade du Soleil** verläuft oberhalb des Kieselstrandes in Richtung des alten Hafens. Hinter dem **Casino** 1 verbirgt sich die elegante **Avenue Boyer,** deren Grünanlagen, der **Jardin Biovès** 2, das Herz der Belle-Epoque-Stadt sind. Pompöse Bauten wie das Palais de l'Europe säumen die mit Orangen- und Zitronenbäumen bepflanzten Anlagen. Parallel zur Uferpromenade verläuft die Rue de la République am **Hôtel de Ville** 3 vorbei, dessen Trausaal – auch hier – Cocteau ausgemalt hat (Mi–Mo 10–12, 14–18 Uhr).

Zwischen Rue de la République und Uferpromenade fungiert die **Rue Felix Faure** als Einkaufsmeile von Menton. Sie mündet auf der von Caféterrassen gesäumten Place aux Herbes und der prachtvollen **Markthalle** 4. Wenn man die 1890 gebaute Halle durchschreitet, gelangt man erneut auf die Uferpromenade, die zum alten Hafen weiterführt. Auf Cocteau stößt man ein zweites Mal in der Bastion des alten Hafens. Der wehrhafte Bau wurde zum **Musée Jean Cocteau** 5 umfungiert, nachdem der Künstler Fassade und Innenräume mit Mosaiken verschönert hatte (Mi–Mo 10–12, 14–18, sommers bis 19 Uhr).

Menton: Cityplan

Sehenswürdigkeiten

1 Casino
2 Jardin Biovès
3 Hôtel de Ville
4 Markthalle
5 Musée Jean Cocteau
6 Vieux Port
7 St-Michel
8 Quai Bonaparte
9 Alter Friedhof

Übernachten

1 Aiglon
2 Le Royal Westminster
3 Auberge de Jeunesse
4 Camping Municipal

Essen und Trinken

5 A Braijade Méridounale
6 Au Pistou
7 Le Chaudron

Die Altstadt

Vom **alten Hafen** 6 und seiner Mole hat man den besten Blick auf die Altstadt von Menton, deren Häuser wie steile Blöcke in übereinanderliegenden Kammreihen den Hang aufsteigen. Wie zwei Bonbonnieren setzen ganz oben die Türme der Kirche **St-Michel** 7 und der **Chapelle de la Conception,** ehemals des Pénitents Blancs, der Altstadt barocke Hauben auf. Zum ›kleinen Vatikan‹ von Menton leiten die Treppen des Parvis St-Michel hoch, der am **Quai Bonaparte** 8 des alten Hafens anhebt.

Durch die schmale Rue longue gelangt man zum **alten Friedhof** 9 mit den Gräbern von Kommerzienräten aus Breslau, polnischen Gräfinnen und britischen Lords. Sie alle kamen im 19. Jh., um ein Lungenleiden auszuheilen – und starben an der tropisch feuchten Luft Mentons. Vom Friedhof schaut man auf den Sandstrand **Plage des Sablettes** im Südosten der Altstadt.

i **Office de Tourisme:** 8, Av. Boyer, 06500 Menton, Tel. 04 92 41 76 76, Fax 04 92 41 76 78, www.menton.fr.

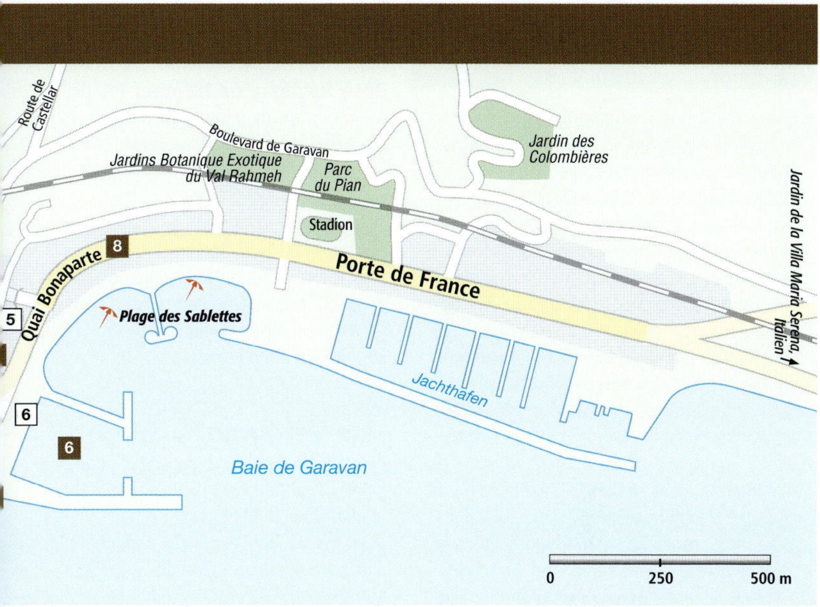

Aiglon 1: 7, Av. de la Madone, Tel. 04 93 57 55 55, Fax 04 93 35 92 39, www.hotelaiglon.net. Noble Belle-Epoque-Villa, Familienbetrieb mit Pool in Strandnähe. DZ ab 86 €.

Le Royal Westminster 2: 1510, Promenade du Soleil, Tel. 04 93 28 69 69, Fax 04 92 10 12 30, www.westminster06.com. Renovierter Belle-Epoque-Dinosaurier am Strandboulevard. Schöner Garten, gepflegte Atmosphäre. DZ ab 57 €.

Auberge de Jeunesse 3: Plateau St-Michel, Rte. des Ciappes et de Castellar, Tel. 04 93 35 93 14, Fax 04 93 35 93 07, März–Mitte Nov. Schweißtreibender Aufstieg, für den der Ausblick entschädigt. Für Fußmüde gibt's einen Bus ab Gare routière. 11 € im Schlafsaal.

Camping Municipal 4: Plateau St-Michel, Tel. 04 93 35 81 23. 170 Plätze oberhalb der Altstadt. Schöner Blick zur Küste. Mit etwas Glück bekommt man einen Platz unter Oliven- oder Eukalyptusbäumen.

A Braijade Méridounale 5: 66, Rue Longue, Tel. 04 93 35 65 65, Mi geschl., Juli/Aug. nur Mi abend geschl. Gemütliches Altstadtlokal am Ende einer langen Gasse. Köstliche Grillgerichte und regionale Klassiker – *daube niçoise* (Rindfleisch mit Steinpilzen in Weinsauce) mit Ravioli. Menü ab 25 €.

Au Pistou 6: 9, Quai Gordon Bennett, Tel. 04 93 57 45 89, Mitte Nov.–Mitte Dez., Mo, im Winter auch So abend geschl. Es gibt keine *grande table* in Menton, aber es bleibt beim unverwüstlichen *pistou: salade de fruits de mer,* Zucchiniblütenkrapfen, Tagliatelle mit Steinpilzen, einfach und gut. Menü 14–27 €.

Le Chaudron 7: 28, Rue St-Michel, Tel. 04 93 35 90 25, im Sommer Di, Winter Di, Mi abend geschl. Familiäre Adresse in quirliger Fußgängerzone, sommertags mit Terrasse. Originelle Küche: im 15-€-Menü etwa Petersfisch in Roquefortsauce mit jungem Gemüse. Menü ab 12 €.

L'Arche des Confitures (Maison Herbin): 2, Rue du Vieux Collége, Tel. 04 93 57 20 29; Betriebsbesichtigung Mo–Fr, Führung Mo, Mi, Fr 10.30 Uhr, 2, Rue Pal-

Richtig Reisen-Tipp: Gartenspleen

Ende des 19. Jh. überwinterten Englands *happy few* bevorzugt in Menton. Mit von der nebelverhangenen Insel brachten die Engländer ihre Gartenleidenschaft. Binnen weniger Jahre entstanden im Stadtteil Garavan **prachtvolle Tropengärten.** Rauschende Feste unter Bananenstauden, Königspalmen und Paradiesvogelblumen folgten. Menton ist der einzige Ort Kontinentalfrankreichs, an dem Bananen im Freiland zur Reife kommen, der einzige Ort, an dem die Temperatur niemals unter 5° C sinkt. Die britische Leidenschaft befiel bald die französischen Nachbarn. Ferdinand de Lesseps, ›Vater‹ des Suezkanals, etwa ließ sich 1880 einen 1,5 ha großen Garten um seine Villa kurz vor der italienischen Grenze anlegen. Verantwortlich für die Villa **Maria Serena** zeichnete kein Geringerer als Charles Garnier, Architekt der Pariser Oper. Das Tropenparadies mit Blick aufs Meer und einen der drei einzigen, im Freien gedeihenden *Draceana drago* Europas gehört heute der Stadt – deren Bürgermeister dort zu offiziellen Empfängen einlädt. Normalsterbliche Besucher müssen mit den **offiziellen Führungen** vorliebnehmen, die die **Maison du Patrimoine** hier wie in einem halben Dutzend weiterer historischer Gärten von Menton anbietet.

Führungen über **La Maison du Patrimoine:** Palais d'Adhémar de Lantagnac, 24, Rue St-Michel, Tel. 04 92 10 97 10, Fax 04 93 28 46 85, www.villedementon.com.

maro. Konfitüren ohne Farb- und Konservierungsstoffe. Allein neun Zitronensorten, etwa mit Eukalyptus oder Rosmarin. Tomate mit Ingwer, Feige mit Orangenblüten oder Rosenblättern.

Fête du Citron: Karnevalsdienstag, Korso mit zitronen- und orangengeschmückten Wagen: der Eiffelturm oder ein Rhinozeros ganz aus Zitrusfrüchten.

Plage du Soleil: graue Kieselsteine an Mentons Stadtstrand. Sand an der **Plage des Sablettes** hinter dem Vieux Port.
Base Nautique de Menton: Tel. 04 93 35 49 70, in städt. Hand. Wasserski, Segeln, Meereskajak, Lernkindergarten Les Mousillons (Schwimmen, Segeln etc., 4–11 Jahre).

Zug: Bahnhof, Rue de la Gare, Tel. 08 36 35 35 35.
Bus: Gare routière, Av. de Sospel, Tel. 04 93 35 93 60, tgl. Verbindungen nach Nizza, Eze, La Turbie, Sospel, Ventimille (Ventimiglia), San Remo, Cap Martin.

Von Ventimiglia durch das Roya-Tal nach Tende

Reiseatlas: S. 22, E 1–3, F 1
Ventimiglia, frz. Ventimille, erinnert mit Altstadt am Berg und Neustadt am Strand an Menton, liegt jedoch bereits in Italien. Höhepunkt der Woche ist der *mercato del venerdi,* der 2 km lange Freitagsmarkt am Ufer, zu dem die Massen von der französischen Riviera strömen. Ventimiglia ist Ausgangspunkt für eine Fahrt durch das tief in den Fels geschnittene Tal des Roya, an dessen Ende das Bergstädtchen Tende liegt. Tunnel erleichtern die Fahrt, doch zahllose Kehren und Schleifen über Schwindel erregendem Abgrund sind noch stets Garanten für harte Arbeit am Steuer.

Das erste Drittel der etwa 50 km langen Strecke führt durch Italien, bis bei **Fanghetto** wieder die Grenze zu Frankreich überschritten wird. Anfangs dicht bewaldet, nimmt die Vegetation mit steigender Höhe ab. Bergdörfer, von denen das komplett unter Denkmalschutz gestellte **Saorge** mit seinen Kirchen und im Halbkreis aufstrebenden Wohnhäusern am beeindruckendsten ist, laden zur Pause ein. Tief in den Fels gegraben rauscht der Roya. In St-Dalmas-de-Tende, wo Mussolini einen gewaltigen Bahnhof bauen ließ, bieten sich zwei Abstecher an. Der erste führt nach Osten zum Fuß des 2200 m hohen Mont Saccarel. In völliger Einsamkeit trifft man auf die Kapelle **Notre-Dame-des-Fontaines,** die komplett mit farbkräftigen Fresken aus dem 15. Jh. ausgemalt ist. Der zweite führt nach Westen in das alpine **Vallée des Merveilles.** Der Naturpark ist mit den bis zu 3000 m hohen Ausläufern der Südalpen ein ideales Revier für Climber, Biker, Wanderer (Infos: Büro des Parc National de la Vallée des Merveilles, Tende, Av. du 16-Septembre-1947, Tel. 04 93 04 67 00, oder Maison de la Montagne, Av. du 16-Septembre-1947, Tel. 04 93 04 77 73). Der Wagen bleibt am Ende der D 91 am Lac des Mesches stehen. Vom Hochgebirgssee wandert man in 3 Std. über den Col de l'Enfer zur Schutzhütte Les Merveilles.

Auf 876 m ist **Tende** erreicht, durch dessen Hauptstraße der Wind vom gleichnamigen, 1000 m höher gelegenen Kamm **Col de Tende** heftig blasen kann. Kirchturm, ein einsam aufragendes letztes Stück Mauer der Burgruine sowie der in Etagen am Hang angelegte Friedhof bestimmen die Stadtsilhouette aus blaurotem Schiefer. Der Ort kam erst 1947 per Volksentscheid unter die französische Trikolore, da Napoléon III 1860 galanterweise das Mercantour-Massiv Emmanuel II. von Italien als Jagdrevier beließ. An der spätgotischen Kirche Ste-Marie-des-Bois zieren die für das Roya-Tal typischen Blumengirlanden in Altrosa die Ostfassade, die in ihrer Heiterkeit mit den ebenfalls typischen, abweisend kargen Fassaden der hochgeschossenen Häuser kontrastieren.

Office de Tourisme: Av. du 16-Septembre-1947, 06430 Tende, Tel./Fax 04 93 04 68 77, www.tendemerveilles.com.

... in St-Dalmas-de-Tende:
Le Prieuré: Le Village, Tel. 04 93 04 75 70, Fax 04 93 04 71 58. Sympathischer Dorfgasthof mit ordentlichen Zimmern, rustikalem Restaurant. DZ ab 48 €. Menü ab 12 €.

... in Tende:
L'Auberge Tendasque: Le Village, Tel. 04 93 04 62 26, Fax 04 93 04 68 34. Außer am Wochenende abends geschl. Schattige Terrasse, ausgemalte Decke und deftige Küche. Menü ab 14 €.

Wandern: Naturpark Vallée des Merveilles s. o.

Nationalpark Mercantour

Reiseatlas: S. 21/22, A–F 1, C/D 2
Kurz vor Breil-sur-Roya zweigt die D 2204 in Richtung **Sospel** ab. Sospels mittelalterliche Straßenzüge schmiegen sich an die Ufer der Bévéra und belegen durch die reiche Architektur von Arkadenfassaden, Karmeliterkloster und Pfarrkirche die Blüte des Städtchens im 18. Jh. Die Trompe-d'œil-Lüftelmalereien verweisen auf den italienischen Einfluss, der Sospel maßgeblich geprägt hat. Es geht steil weiter in die alpine Welt des **Parc National du Mercantour** (D 2566; www.parc-mercantour.com). Der Nationalpark reicht vom Tal der Ubaye bis kurz vor die italienische Grenze. Arktis und Mittelmeer scheinen sich zwischen schneebedeckten Dreitausendern und azurblauem Himmel zu treffen. Gemse, Steinbock, Mufflonschaf, Murmeltier sind keine Seltenheit. Der Park ist zudem die Heimat Zigtausender Schafe, die im Frühjahr auf die Almwiesen getrieben werden. Ein Netz von 600 km Wanderwegen durchzieht den Park. Die an Aussichten reichste Route ist der Fernwanderweg **GR 52:** 90 km lang geht es auf Höhen von 500 bis 2000 m durch Gletschertäler, Schluchten und Krater.

Die D 2566 schraubt sich durch das Bévéra-Tal hoch zum **Col de Turini.** Ziel ist die **Vallée de Vésubie,** eines der wildesten Täler im Hinterland der Riviera. Von Lantosque bis Plan-du-Var, wo die Vésubie in den Var mündet, verengt sich das Tal zusehends. In St-Jean-la-Rivière sollte man unbedingt einen Abstecher nach **Utelle** wagen: 6 km oberhalb des Dorfes liegt die Pilgerkapelle Madone d'Utelle auf 1174 m Höhe. Bei klarer Sicht schaut man auf den Alpenkamm, das Cap d'Antibes und das Vésubie-Tal. Südlich von St-Jean-la-Rivière beginnt mit den **Gorges de la Vésubie** der landschaftlich reizvollste Talabschnitt – kurz vor der Mündung in den Var hat die Vésubie sich tief in eine Schlucht gegraben, die teilweise 4 m eng ist.

Register

Register

1 / 2
3 / 4
5 / 6
7 / 8
9 / 10
11 / 12
13 / 14
15 / 16
17 / 18
DRÔME
Valence
Mézilhac
Privas
Crest
Die
Drôme
Ardèche
Aubenas
Rhône
Montélimar
Luc-en-Diois
Gap
Embr
Serres
Le Lauzet-
Grignan
Nyons
St-Paul-Trois-Châteaux
Génolhac
Barjac
Ouvèze
Sisteron
ALPES-DE-HAUTE-PROVE
Vaison-la-Romaine
Mont Ventoux
1909 m
Montagne de Lure
1826 m
Bagnols-sur-Cèze
Orange
Alès
VAUCLUSE
Sault
Château-Arnoux
Digne-les-Bai
Anduze
Châteauneuf-du-Pape
Carpentras
Uzès
GARD
Avignon
Fontaine-de-Vaucluse
Forcalquier
L'Isle-sur-la-Sorgue
Apt
Moustiers-Ste-Marie
Caste
Nîmes
Tarascon
Bonnieux
Luberon
1125 m
Les Baux
St-Rémy-de-Provence
Gréoux-les-Bains
Grand Canyon
Durance
Salon-de-Provence
Arles
Aups
Montpellier
Aigues-Mortes
Petit Rhône
Grand Rhône
BOUCHES-DU-RHÔNE
Aix-en-Provence
Barjols
Dragu
VAR
Camargue
Etang de Berre
St-Maximin-la-Ste-Baume
Argens
Stes-Maries-de-la-Mer
Gardanne
Brignoles
Massif de la Ste-Baume
Aubagne
Marseille
Massif des M
Cassis
Bandol
Toulon
Hyères
Mittelmeer

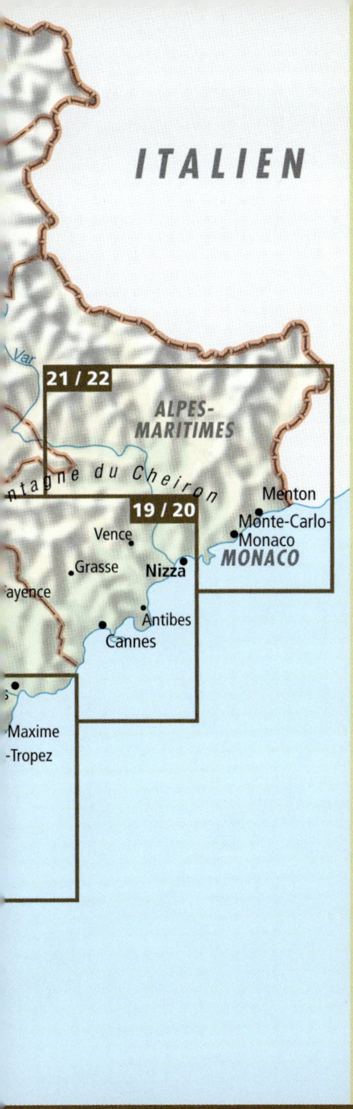

Legende

- Autobahn mit Anschlussstelle
- Schnellstraße mit Anschlussstelle
- Fernstraße
- Hauptstraße
- Nebenstraße; Fahrweg
- Straße ungeteert; Fußweg
- Straße in Bau; Straße in Planung
- Straße für Kfz gesperrt
- Tunnel
- Eisenbahn
- Fähre, Schiffsverbindung
- Staatsgrenze; Departementgrenze
- Nationalpark; Naturpark
- Sperrgebiet
- A 75 N9 123 E 90 Straßennummern
- Hafen, Ankerplatz; Quelle
- Internationaler Flughafen; Flugplatz
- Sehenswürdigkeit
- Archäologische Stätte; Kapelle
- Kloster; Klosterruine
- Kirche; Kirchenruine
- Burg; Burgruine
- Sendeturm; Leuchtturm
- Windmühle; Hütte
- Wasserfall; Höhle
- Berggipfel; Pass
- Seilbahn
- Museum
- Badestrand
- Campingplatz
- Aussichtspunkt

Reiseatlas Provence/Côte d'Azur

A
B
C
1
2
3
4
Crouziols
Les Estables
Rocher Tourte
1535 m
Freycenet-la-Cuche
Ancienne Chartreuse de Bonnefoy
Mont Mézenc
1753 m
La Rochette
Azette
Borée
Massas
Arcens
Le Cheylard
Cornuscle
Eysse
Suc de Sara
1520 m
St-Martial
Accons
St-Christol
Beauvène
Col de Ceyssouan
810 m
Talaron
Gluiras
Dorne
Dornas
Col de la Faye
1019 m
Gerbier de Jonc
1551 m
Source de la Loire
Le Chambon
Le Béage
Suc de Montfol
1601 m
Veyradeyre
Gage
1343 m
Le Lac-d'Issarlès
Loire
Ste-Eulalie
Cros-de-Géorand
Lachamp-Raphael
Mézilhac
Albon
Glueyre
St-Pierreville
Marcols-les-Eaux
La Tour
St-Etienne-de-Serre
Cordon
Issamoulenc
Col de Fiolebise
1249 m
Usclades
Padelle
Cascade du Ray-Pic
Sagnes-et-Goudoulet
Gorges
Col des Quatre Vios
1149 m
St-Julien-du-Gua
Auzène
Ajoux
Pourchères
Les Eperviers
St-Cirgues-en-Montagne
Rieutlar
La Baricaude
Lac Ferrand
Suc du Pal
1402 m
Bourges
Bézorgues
Laviolle
Volane
Col de la Fayolle
877 m
Burzet
Labastide-sur-Besorgues
Antraigues-sur-Volane
Gourdon
Roc de Gourdon
1061 m
Mézayon
Veyras
Abbaye
Mazan-l'Abbaye
Le Roux
Montpezat-sous-Bauzon
Juvinas
St-Joseph-des-Bancs
Col de l'Escrinet
787 m
St-Priest
La Chavade
Source de l'Ardèche
Fontaulière
Eperon de Pourcheyrolles
St-Andéol-de-Vals
St-Michel
N.D. de Pra-Maillet
Col du Benas
795
Freyssenet
Serre de le Pierre Plantée
846 m
Chirols
Thieuré
Château des Montlaur
Thueyts
Meyras
Château de Boulogne
Astet
N102
Barnas
Ventadour
519 m
Vals-les-Bains
Ardèche
Château de Chadenac
Pont-de-Labeaume
N304
Col du Pendu
435 m
Mayres
Serre de la Croix de Bauzon
Lalevade
Ucel
Luol
Darbres
Vesseaux
1513 m
Col de la Croix de Bauzon
1308 m
La Souche
Bruget
Jaujac
Labegude
St-Privat
Vendrias
Gladuègne
Lignon
St-Louis
Col de la Croix de Millet
776 m
Aubenas
St-Didier
Lussas
Mirabel
Col de Meyrand
1378 m
Sal. de Coucouludde
1412 m
Mt. Aigu
1316 m
1448 m
Le Tanargue
Prunet
834 m
Chazeaux
St-Etienne-de-Fontbellon
361 m
St-Jean-le-Centenier
Valgorge
Laboule
1202 m
Ligne
Auzon
Lavilledieu
Massif de Prataubérat
Blaunac
Lachapelle-sous-Aubenas
St-Sernin
N102
Ibie
Dompnac
Pourcharesse
Rocles
Joannas
Luth
Chassiers
Vogüé
Museumseisenbahn
St-Germain
Villeneuve de Berg
Largentière
Parc Aérocity
Terme Noir
435 m
Sueille
Beaumont
Le Gua
Sanilhac
Vinezac
Auzon
Sablières
Beaume
Montréal
St-Maurice-d'Ardèche
Rochecolombe
Village féodal
Drobie
Uzer
Balazuc
Vernon
Leyris
St-André-Lachamp
Ribes
La Crotte
Vieil Audon
St-Maurice-d'Ibie
Peyre
Lauriol
Planzolles
Joyeuse
Rosières
Chauzon
La Chadenède
Intras
Brès
Lablachère
Défilé
Pradons
Les Salelles
ARDÈCHE
07
N.D. de Bon Secours
Gorges de la Beaume
Labeaume
Ruoms
N.D. d'Ajude
Plateau des Gras
Malarce-sur-la-Thines
Les Chanels
Thines
Payzac
Lagorce
Gras
Dent de Rez
719 m
520 m
Gravières
St-Alban-Auriolles
Sampzon
Vallon-Pont-d'Arc
Les Hellys
Les Assions
Vompdes
Les Salelles
Bois de Païolive
Chassagnes
Chandolas
Grottes des Tunnels
St-Remèze
Les Vans
Gorges du Chassezac
St-Eugène
Grospierres
Salavas
Grotte Chauvet Pont d'Arc
Cirque Gaude
N.D.
Brahic
Berrias
Camps
Chames
Aven de Marzal
Tiourre
539 m
La Croisée-de-Jalès
Les Laurents
Labastide-de-Virac
Gournier
Gorges de l'Ardèche
Granzon
Banne
Beaulieu
Belvédères de la Haute Corniche
Malbosc
St-Paul-
Cheyrès
Les Avelas
Bessas
Vagnas
Aven de
Réserve
Grotte de la Madeleine
1
3

1 cm = 3,5 km
1 : 350.000
0
5 km
10 km
D
E
F
VALENCE
Valence-Sud
A 7
Crozat
de Crussol
Champ de Tir
Boffres
Les Faugs
Vernoux-en-Vivarais
Croix-de-Nodon
Toulaud
Soyons
Portes-lès-Valence
Château de la Tourrette
Le Villard
Col de Serre Mure
Turzon
Embroye
Charmes-sur-Rhône
St-Georges-les-Bains
St-Julien-le-Roux
765 m
Château de Pierre-Gourde
St-Fortunat-sur-Eyrieux
St-Laurent-du-Pape
Beauchastel
Rhône
Véore
La Voulte-sur-Rhône
Eyrieux
Malissard
Chabeuil
Châteaudouble
Combovin
Montvendre
Barcelonne
Beaumont-lès-Valence
Beauvallon
Montéléger
Étoile-sur-Rhône
Montmeyran
La Baume-Cornillane
Upie
Montoison
Ozon
Gigors-et-Lozeron
389 m
Vaunaveys-la-Rochette
Cobonne
Suze
Eurre
Allex
Livron-sur-Drôme
St-Cierge-la-Serre
Laval
Serre l'Eglise 826 m
Lyas
St-Julien-en-St-Alban
Le Pouzin
Loriol
Drôme
La Gardette
Loriol-sur-Drôme
Mont Brian 474 m
Grane
Crest
Aouste-sur-Sye
Mirabel-et-Blacons
Lambres
Coux
Flaviac
Ouvèze
Privas
St-Symphorien
Cliousclat
Chomérac
Moras
Alissas
Baix
Saulce-sur-Rhône
La Tour-de-Veyre
Autichamp
Le Bois
St-Lager-Bressac
Rochessauve
Montélimar-Nord
DRÔME 26
Sichier
Le Logis-Neuf
Église romane
Les Tourettes
La Répara-Auriples
Payre
St-Bauzile
Cruas
Marsanne
Roynac
Saou
St-Pierre-la-Roche
St-Vincent-de-Barrès
La Coucourde
Condillac
N.D. de Fresneau
St-Martin
E.D.F. (Centrale nucléaire)
Puy-St-Martin
Lavezon
Cléon-d'Andran
Champ de Tir
La Laupie
Manas
Pont-de-Barret
Pic de Chenavari
Meyse
Bonlieu-sur-Roubion
Sceautres
Savasse
Sauzet
St-Gervais-sur-Roubion
Charols
Félines-sur-Rimandoule
Aubignas
Rochemaure
Ancone
St-Marcel-lès-Sauzet
Rochebaudin
TGV
Joviac
Salettes
Théâtre romain
Montboucher-sur-Jabron
La Bégude-de-Mazenc
971 m
La Roche
Roubion
Maurin
Lalo
La Bâtie-Rolland
Le Teil
Montélimar
Puygiron
Le Poët-Laval
Dieulefit
Mélas
La Violette
N.D. de Montceau
Couvent de Trappistines
Espeluche
La Touche
898 m
St-Thomé
Aleyrac
Montjoux
St-Alban
Allan
425 m
Citelles
Ancien Village
Bois de Taulignan
Pont romain
Malataverne
Roche-St-Secret-Béconne
Bayne
Viviers
Châteauneuf-du-Rhône
Montélimar-Sud
Montjoyer
Belle-Eau
N.D. de Montcham
Bois de Grignan
Salles-sous-Bois
Gorge de la Ste-Baume
Abbaye de N.D. d'Aiguebelle
Montbrison
Taulignan
Donzère
Le Pègue
St-Montant
St-André de Mitroys
Réauville
Roussas
Valaurie
Grignan
La Clarté Notre-Dame
Rousset-les-Vignes
Grotte de Rochecourbière
Font-de-Barral
Charnève
Berre
Chantemerle-lès-Grignan
Roche Colombe
La Garde-Adhémar
Chamaret
Grillon
St-Pantaléon-les-Vignes
Capelle du Val-des-Nymphes
Valréas
Pierrelatte
Clansayes
Margerie
St-Roch
Faveyrolles
Tricastin
Montségur-sur-Lauzon
Coronne
Bourg-St-Andéol
Romanin
Richerenches
VAUCLUSE 84
Lauzon
St-Paul-Trois-Châteaux
Beaupan
Ferme aux Crocodiles
Solérieux
La Baume-de-Transit
Vinsas
St-Juste
St-Marcel-d'Ardèche
Frémigières
St-Sépulcre
St-Restitut
Le Colombier
Vinsobres
N.D.
Les
4
5
2

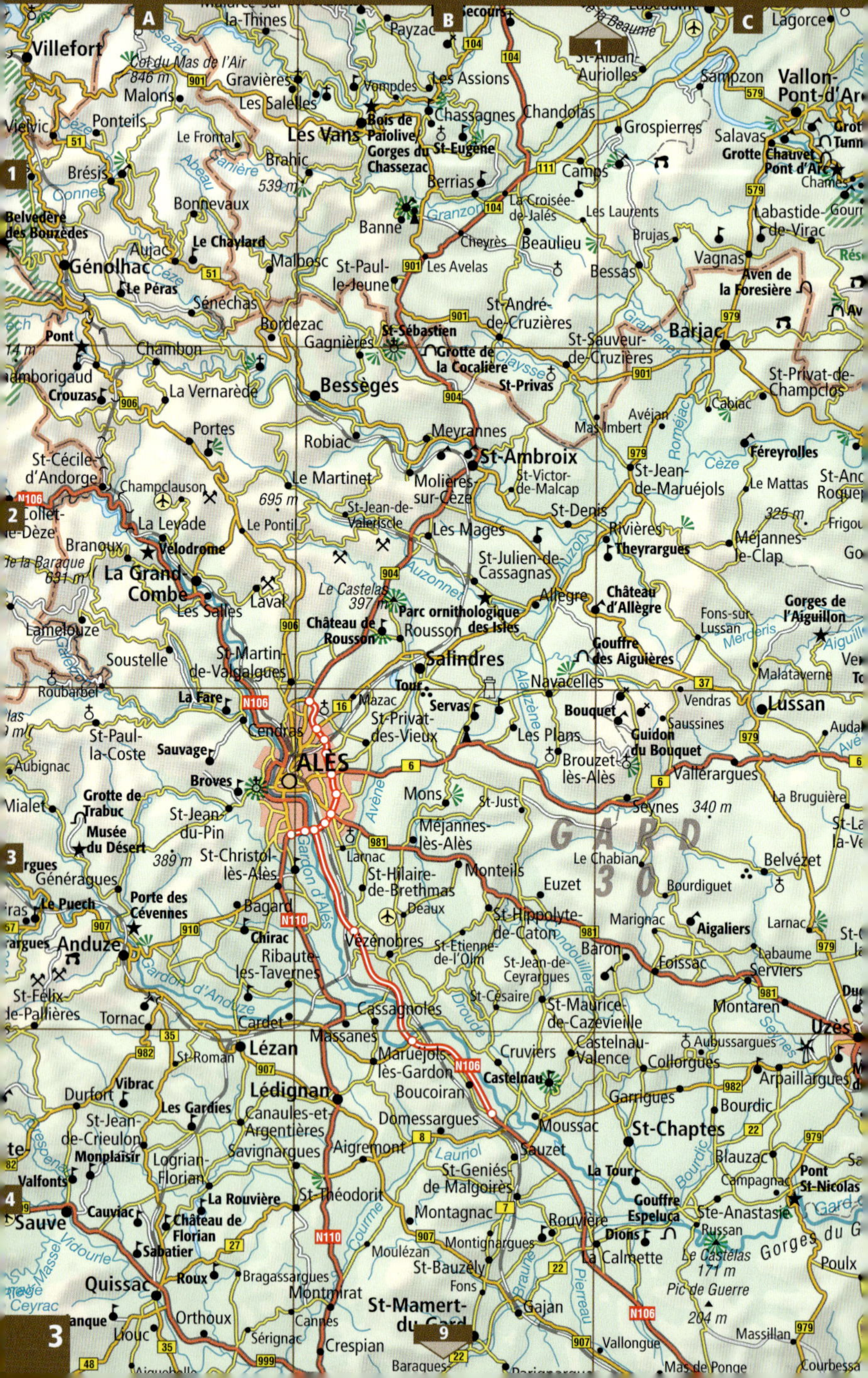
A
B
C
1
2
3
4
Villefort
Col du Mas de l'Air
846 m
Malons
Gravières
Les Salelles
Vompdes
Payzac
Les Assions
Chassagnes
Chandolas
St-Alban-Auriolles
Sampzon
Vallon-Pont-d'Arc
Lagorce
Ponteils
Le Frontal
Les Vans
Bois de Païolive/ Gorges du Chassezac
St-Eugène
Grospierres
Salavas
Grotte Chauvet Pont d'Arc
Brésis
Brahic
539 m
Berrias
Camps
Labastide-de-Virac
Belvedère des Bouzèdes
Bonnevaux
Banne
La Croisée-de-Jalès
Les Laurents
Brujas
Le Chaylard
Chèyres
Beaulieu
Vagnas
Génolhac
Aujac
Malbosc
St-Paul-le-Jeune
Les Avelas
Bessas
Aven de la Forésière
Le Péras
Sénéchas
St-André-de-Cruzières
Barjac
Pont
Bordezac
Gagnières
St-Sébastien
Grotte de la Cocalière
St-Sauveur-de-Cruzières
Chambon
St-Privas
St-Privat-de-Champclos
Crouzas
La Vernarède
Bessèges
Cabiac
Avéjan
Portes
Robiac
Meyrannes
Mas Imbert
Féreyrolles
St-Ambroix
St-Cécile-d'Andorge
Champclauson
Le Martinet
Molières-sur-Cèze
St-Victor-de-Malcap
St-Jean-de-Maruéjols
Le Mattas
695 m
St-Jean-de-Valériscle
St-Denis
325 m
La Levade
Le Pontil
Les Mages
Rivières
Méjannes-le-Clap
Branoux
Vélodrome
St-Julien-de-Cassagnas
Theyrargues
631 m
La Grand-Combe
Le Castelas
397 m
Allègre
Château d'Allègre
Gorges de l'Aiguillon
Laval
Parc ornithologique des Isles
Fons-sur-Lussan
Lamelouze
Les Salles
Château de Rousson
Rousson
Gouffre des Aiguières
Soustelle
St-Martin-de-Valgalgues
Salindres
Malataverne
Roubarbel
La Fare
Tour
Navacelles
Vendras
Mazac
Servas
Lussan
St-Privat-des-Vieux
Bouquet
Saussines
Cendras
Guidon du Bouquet
St-Paul-la-Coste
Sauvage
Les Plans
Aubignac
ALÈS
Brouzet-lès-Alès
Vallérargues
Broves
Mons
St-Just
La Bruguière
Mialet
Grotte de Trabuc
St-Jean-du-Pin
Seynes
340 m
Méjannes-lès-Alès
Musée du Désert
St-Christol-lès-Alès
Larnac
GARD
30
Le Chabian
Belvézet
389 m
Générargues
St-Hilaire-de-Brethmas
Monteils
Euzet
Bourdiguet
Le Puech
Porte des Cévennes
Bagard
Deaux
St-Hippolyte-de-Caton
Marignac
Aigaliers
Larnac
Anduze
Chirac
Vézénobres
Baron
Labaume
Ribaute-les-Tavernes
St-Etienne-de-l'Olm
St-Jean-de-Ceyrargues
Foissac
Serviers
St-Félix-de-Pallières
Tornac
Cassagnoles
St-Césaire
St-Maurice-de-Cazevieille
Montaren
Cardet
Massanes
Uzès
Lézan
St-Roman
Maruéjols-lès-Gardon
Cruviers
Castelnau-Valence
Aubussargues
Collorgues
Arpaillargues
Vibrac
Durfort
Lédignan
Castelnau
Boucoiran
Garrigues
Bourdic
Les Gardies
Canaules-et-Argentières
St-Jean-de-Crieulon
Domessargues
Moussac
St-Chaptes
Monplaisir
Savignargues
Aigremont
Lauriol
Sauzet
Blauzac
Logrian-Florian
St-Geniès-de-Malgoires
La Tour
Campagnac
Pont St-Nicolas
Valfonts
La Rouvière
St-Théodorit
Gouffre Espeluca
Ste-Anastasie
Sauve
Cauviac
Château de Florian
Montagnac
Rouvière
Dions
Russan
Sabatier
Montignargues
Le Castelas
171 m
La Calmette
Gorges du G
Poulx
Moulézan
St-Bauzély
Quissac
Roux
Bragassargues
Pic de Guerre
Montmirat
Fons
Ceyrac
St-Mamert-du-Gard
Gajan
204 m
Orthoux
Cannes
Liouc
Sérignac
Crespian
Massillan
Vallongue
Mas de Ponge
Courbessac
Baraques
Cèze
Abeau
Conne
Granzon
Claysse
Auzon
Auzonnet
Avène
Alauzène
Droude
Gardon d'Alès
Gardon d'Anduze
Bourdic
Courme
Braune
Pierreau
Vidourle
Seynes
Merdéris
Aiguillon
Roméjac
N106
N110
1
9

1 cm = 3,5 km 1 : 350.000

0 5 km 10 km

A
B
C
2
4
5
11
Roussas
Réauville
Valaurie
Grignan
Grotte de Rochecourbière
La Clarté Notre-Dame
Le Pègue
Rousset-les-Vignes
N. D. de Beauvoir
Font-de-Barral
Cougou
1214 m
St-Pons
Condorcet
Chantemerle-lès-Grignan
Chamaret
Grillon
Garde-Adhémar
Capelle du Val-des-Nymphes
Clansayes
Tricastin
Margerie
Montségur-sur-Lauzon
Richerenches
Valréas
St-Pantaléon-les-Vignes
Venterol
Les Faviers
Aubres
Gorge
Nyons
Les Pilles
Les Latards
St-Paul-Trois-Châteaux
Romanin
Solérieux
La Baume-de-Transit
VAUCLUSE 84
Les Cornuds
Le Pont de Mirabel
Garde Grosse
944 m
St-Juste
St-Sépulcre
St-Restitut
Le Colombier
Vinsobres
Verone
Mirabel-aux-Baronnies
St-Jean
Piégon
Chabrières
La Borie
St-Turquoit
N. D. des Vignes
Visan
St-Ferréol
Gourdon
Bouchet
Suze-la-Rousse
Tulette
St-Maurice-s.-Eygues
Villedieu
Mérindol-les-Oliviers
Propiac
Bollène
Lignane
Buisson
St-Roman-de-Malegarde
St-Romain-en-Viennois
Faucon
Mollans-s.-Ouvèze
St-Ariès
Rochegude
Ste-Cécile-les-Vignes
Roaix
Vaison-la-Romaine
Ruines Romaines
Mondragon
Massillan
Lagarde-Paréol
Cairanne
Rasteau
N. D. d'Aubusson
Crestet
Entrechaux
Alcyon
Séguret
Cirque de St-Amand
536 m
La Galle
St-Estève
Sérignan-du-Comtat
Le Martinet
Sablet
Aiguevillee
Piolenc
Travaillan
St-André
N. D. du Groseau
Camaret-sur-Aigues
Gigondas
Dentelles de Montmirail
Suzette
Malaucène
Violès
Arc de Triomphe
Malijay
Lafare
La Roque Alric
Le Barroux
ORANGE
Causans
Chabert
Vacqueyras
Montmirail
Beaumes-de-Venise
Crillon-le-Brave
Bédoin
Théâtre Antique
Jonquières
Les Roques
Caromb
St-Pierre-de-Vassols
Caderousse
Aubignan
Modène
Rocan
Courthezon
Torreau
Loriol-du-Comtat
Vaudieu
Verclos
Serres
Château de l'Hers
Le Montellier
Sarrians
Mormoiron
Châteauneuf-du-Pape
Les Talliades
Mazan
Cimetière
Fortia
Carpentras
St-Geniès-de-Comolas
Roquemaure
Les Fines-Roches
Bédarrides
Malemort-du-Comtat
Sauveterre
Monteux
Aqueria
Sorgues
Entraigues-s.-la-Sorgue
Althen-des-Paluds
Pernes-les-Fontaines
St-Didier
Unang
Venasque
Tringuevédel
Pujaut
Gorges
Le Beaucet
Col de Murs
627 m
Insolas
Les Valayans
La Roque-s.-Pernes
St-Gens
Villeneuve-lès-Avignon
Le Pontet
St-Saturnin-lès-Avignon
Velleron
632 m
Pont St-Bénézet
Morières-lès-A.
Grotte de Thouzon
Cambuisson
Saumane-de-Vaucluse
Les Angles
Palais des Papes
Abbaye de Sénanque
AVIGNON
Le Thor
L'Isle-sur-la-Sorgue
Montfavet
Châteauneuf-de-Gadagne
Fontaine-de-Vaucluse
Bories
Barbentane
Tour
Rognonas
Velorgues
Lagnes
Cabrières-d'Avignon
Châteaurenard
Caumont-s. Durance
Les Vignères
Le Petit Palais
Noves
Coustellet
Cabanes
Orange
Orange-S.
Avignon-N.
Avignon-Sud
Rhône
Ouvèze
Aigues
Eygues
Sorgue
Durance
Lez
Lauzon
Groseau
TGV

D
E
F
Rémuzat
Montréal-Les-Sources
Raton
Moydans
Rosans
Ribeyret
Esclate
L'Epine
Blème
Montclus
1278 m
Méreuil
Montrond
Tour
Verclause
St-André-de-Rosans
Sorbiers
HAUTES-ALPES
05
Rer. de Beaumont
1545 m
N75
94
994
Le Poët-Sigillat
Baronnies
Montferrand-la-Fare
Sironne
Montjay
Trescléoux
Buëch
Lagrand
Blaisance
Lemps
1213 m
Le Suillet
1324 m
Ste-Jalle
St-Sauveur-Gouvernet
Roussieux
Armalauze
Laux-Montaux
Villebois-les-Pins
Orpierre
Céans
La Bâtie-Verdun
Chauvac
1359 m
Bésignan
Autanne
Vercoiran
546
Ste-Euphémie-s.-Ouvèze
St-Auban-sur-Ouvèze
Montguers
Ruissas
1461 m
Laborel
Les Espranons
1352 m
Barret-le-Haut
Montagne de Chabre
Buis-les-Baronnies
Défilé
DRÔME
26
Gorges
La Combe
Montauban
La Roche-s.-le-Buis
La Rochette-du-Buis
Ouvèze
Ballons
942
Barret-le-Bas
La Nible
Les Sias
1342 m
Pelleret
Mgne.de Banne
1382 m
Eygaliers
Plaisians
Gorges
Aulan
Charuis
Mévouillon
Villefranche-le-Château
542
Eygalayes
Lachau
Montagne de Chanteduc
Derbous
Aiguières
Clue
St-Léger-du-Ventoux
Toulourenc
1442 m
N. D. de la Brune
Méouge
Séderon
Eourres
Montagne de Mare
Chante Duc
1427 m
St-Basile
Brantes
72
Barret-de-Lioure
Montbrun-les-Bains
Les Omergues
Montfroc
Ancien Village
946
Les Patins
Jabron
Château Miravail
Savoillan
Reilhanette
Col des Tempêtes
1841 m
1263 m
1388 m
Gour des Oules
Ventoux
Jas-des Melettes
974
Plateau de Perrache
Le Ventouret
164
Aurel
Ferrassières
La Gabelle
Aven
Largue
Montagn
7
Le Contadour
Saumane
L'Hospitalet
St-Trinit
Sault
1
Croc
950
Revest-du-Bion
N. D. de l'Ortiguière
La Gabelle
Monieux
30
Plateau d'Albion
Belair
Grou de Banc
Lardiers
N. D. des Anges
Auzon
Rocher du Cire
de la Nesque
St-Jean-de-Sault
Vaucluse
Gouffre du Caladaire
Banon
Le Rer-d'Ongles
Gorges
St-Hubert
Aven Jean Nouveau
943
St-Christol-d'Albion
Le Crozat
Calavon
890 m
Sarraud
La Resclave
Montsalier
La Pourcine
Javon
Observatoire Sirène
N. D. de Lamaron
Aven
Simiane-la-Rotonde
Val Martine
Revest-des-Brousses
Limans
Plateau de Vaucluse
Lagarde-d'Apt
Valsaintes
51
Forcalq
Bézaure
Fontjouvale
1062 m
N. D. de Bellevue
N. D. de Salagon
Murs
Lioux
St-Saturnin-lès-Apt
Oppedette
Vachères
Observatoire Haute-Provence
Les Bassacs
Bourgane
Rustrel
Bouvène
Gignac
Gorges d'Oppedette
Ste-Croix-à-Lauze
St-Michel-l'Observatoire
Joucas
Villars
Riaille
Colorado provençal
22
Parc Régional
Roussillon
Gargas
Jean-Jean
Viens
14
Chaussée des Géants
Carrière d'Ocre
Caseneuve
Reillanne
Le Chêne
Apt
N100
Les Huguets
563 m
St-Martin-de-Castillon
Céreste
Les Granons
Goult
Saignon
12
La Bégude
Tour
Encrême
645
Pont-

A
B
C
1
2
3
6
7
13
L'Epine
Montclus
1278 m
Méreuil
Rer. de Beaumont
1545 m
HAUTES-ALPES
05
Sorbiers
Montjay
Trescléoux
Blaisance
Le Bersac
Beaujeu
Roc de l'Esculier
1432 m
Montrond
Tour
Crête des Selles
Monêtier-Allemont
Rousset
Malaup
1561 m
Claret
Montagne de St-Genis
Ventavon
Eyguians
Lazer
Melve
Lagrand
Le Suillet
1324 m
Laux-Montaux
Villebois-les-Pins
Orpierre
Upaix
Rourebeau
Thèze
Sigoyer
Tête des Monges
1055 m
Laragne-Montéglin
Les Espranons
1352 m
Le Poët
ALPES-DE-HAUTE
Vaumeilh
Nibles
Laborel
Montagne de Chabre
Barret-le-Haut
Les Armands
Valernes
Sasse
Le Plan
Ballons
Barret-le-Bas
Mison
St-Geniez
Eygalayes
Lachau
Somt. de la Platte
1482 m
La Flogère
Ribiers
Sisteron-Nord
Plan-de-la-Baume
PROVEN
04
Montagne de Chanteduc
Eourres
Montagne de Mare
Crête de l'Ane
1615 m
Montagne de l'Ubac
Sisteron
Vilhosc
Chante Duc
1427 m
St-Martin
Noyers-s.-Jabron
Grande Bastide
Pécoule
Prieuré
Les Omergues
Montfroc
Ancien Village
St-Vincent-s.-Jabron
Sisteron-Sud
Salignac
Les Patins
Jabron
Châteauneuf-Miravail
Perivoye
Valbelle
Montagne de Pélegrine
Sourribe
1388 m
Peipin
Montagne de Lure
Signal de Lure
1826 m
Refuge de Lure
Église romane
Aubignosc
Volonn
Le Contadour
Saumane
N. D. de Lure
Combe de la Sapée
Châteauneuf-Val-St-Donat
St-Jean
Château-St-Aubar
Revest-du-Bion
L'Hospitalet
St-Auban
Grou de Banc
Cruis
Mallefougasse
Lardiers
St-Donat
Malijai
N. D. des Anges
St-Etienne-les-Orgues
St-Joseph
Gouffre du Caladaire
Banon
St-Sébastien
Le Rer-d'Ongles
Peyruis
Rochers des Mées
Les Mées
Laye
Montsalier
Fontienne
Prieuré de Ganagobie
Sigonce
Aven
Simiane-la-Rotonde
Val Martine
Revest-des-Brousses
La Pourcine
Limans
N. D. du Plan
Dabisse
Puimichel
Lurs
Paillerol
Valsaintes
Forcalquier
Plateau
N. D. de Bellevue
Pierrerue
N. D. des Anges
Le Castellet
N. D. de Salagon
Mane
Oppedette
Vachères
Observatoire Haute-Provence
Niozelles
La Brillanne
Rancure
Sauvan
Brillanne
Oraison
Valbonette
Gorges d'Oppedette
Ste-Croix-à-Lauze
Tour
St-Maime
N. D. de la Roche
St-Michel-l'Observatoire
St-Pancrace
de Valensole
Viens
Dauphin
Reillanne
St-Martin-les-Eaux
Volx
Le Bars
Céreste
St-Clément
Les Granons
645 m
Valensole
Mont d'Or
St-Jean
Tour
N75
N85
N96
N100
E 712
A 51
942
946
948
951
546
542
950
51
13
14
907
4

1 cm = 3,5 km 1 : 350.000
0 5 km 10 km

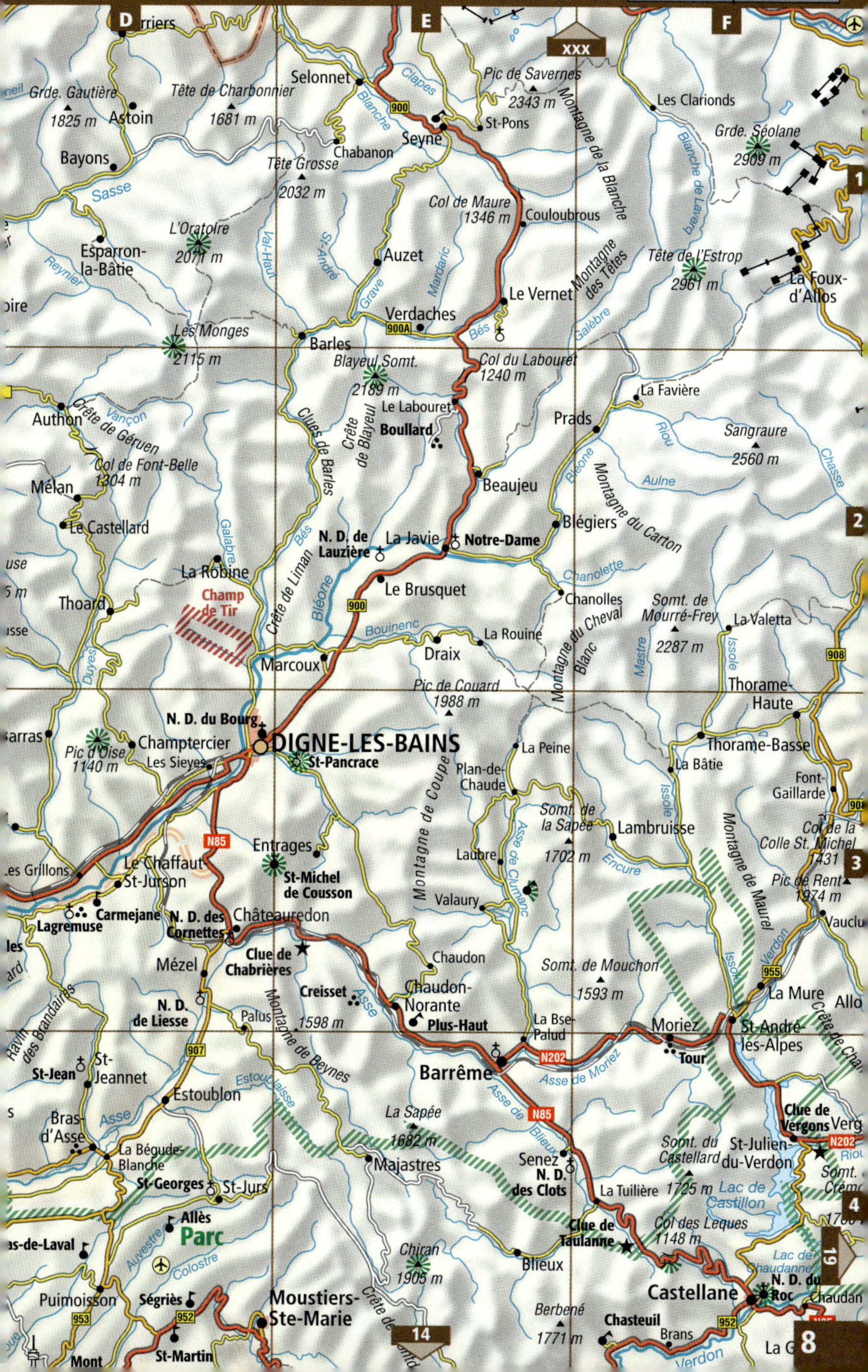

A
B
C
1
2
3
4
Planque
Liouc
Orthoux
Cannes
Crespian
du-Gard
Baraques-de-Montpezat
Parignargues
Vallongue
Massillan
Mas de Ponge
Courbessac
Aiguebelle
Brouzet-lès-Quissac
Sardan
Vic-le-Fesq
Combas
Montpezat
St-Pierre-de-Vacquière
Claret
Sauteyargues
Carnas
Gailhan
Lecques
Fontanes
St-Etienne-d'Escattes
St-Côme-et-Maruéjols
Clarensac
Caveirac
Arènes
NÎMES
St-Clément
Aspères
Salinelles
Souvignargues
Sinsans
St-Dionisy
Langlade
Nîmes-Ouest
Caissargues
Garrigues
Campagne
Sommières
Aujargues
Calvisson
Nages
Solorgues
Boissières
Milhaud
Ste-Croix-de-Quintillargues
St-Bauzille-de-Montmel
Saussines
Boisseron
Congénies
Bizac
Bernis
Aubord
La Tuillerie
Montaud
Aubais
Aigues-Vives
Vergèze
Uchaud
Vestric
Générac
HÉRAULT
34
Guzargues
Beaulieu
St-Christol
Villetelle
St-Seriès
Gallargues
Codognan
Beauvoisin
Restinclières
Ambrussum
Gallargues-le-Montueux
Sussargues
Vérargues
La Bruyère
St-Geniès-des-Mourgues
Ste-Colombe
Lunel
Aimargues
Vauvert
Fontmagne
Teyran
Castries
Lunel-Viel
Le Cailar
La Margue
St-Gilles
Baillargues
Vendargues
Valergues
Lunel
Marsillargues
Franquevaux
Espeyran
St-Just
St-Aunès
Lansargues
St-Nazaire-de-Pezan
St-Laurent-d'Aigouze
Mas Bourry
Gallician
Etang de Grey
Etang de Scamandre
La Fosse
MONTPELLIER
Mudaison
Candillargues
Etang du Charnier
Canal du Rhône
Mauguio
Montpellier-Est
Cabanes de Lunel
Mas Psalmody
P. des Tourradons
Mas des Iscles
Grand-
Tour Carbonnière
Tamariguières
Mas Ste-Cécile
Quatret
Les Cabanes
Etang de Mauguio
Château Montcalm
Montpellier-Méditerranée
Lattes
Aigues-Mortes
Tour de Constance
Mas de Capette
Pérols
Port de Carême
Etang du Ponant
Mas du Bosquet
Etang de la Ville
Etang du Lairan
Sylvéréal
Etang de Pérols
La Grande-Motte
Le Boucanet
Carnon-Plage
Le Grau-du-Roi
Etang du Repausset
Etang de Caitives
Cabanes de Cambon
Palavas-les-Flots
Port-Camargue
Pointe de l'Espiguette
Etang du Roi
Pin-Fourcat
Etang de l'Arameau
Centre d'Information de Ginès
Parc ornithologique
Petit Camargue
Etang de Malegal
Golfe d'Aigues-Mortes
Phare de l'Espiguette
Etang des Salants
Etang du Cabri
Le Grand-Radeau
Etang de l'Icard
Grau d'Orgon
Mer Méditerranée
(Mittelmeer)
A 9
A 54
N113
N110
N313
N572
N106

D
E
F
4
1
2
3
4
11
Meynes
Montfrin
Bezouce
Pazac
Marguerittes
Redessan
Jonquières-St-Vincent
Comps
Vallabrègues
Ste-Marie
St-Pierre-de-Mézoargues
Boulbon
St-Michel-de-Frigolet
Graveson
Abbaye de St-Roman
La Motte
Musée
Maillane
Eyragues
Verquières
St-Sauveur
Église romane
Bournissac
Paluds-de-Noves
Noves
Lagoy
Beaucaire
Tarascon
Le Roubian
Mas-Blanc-des-Alpilles
Massane
St-Rémy-de-Provence
St-Paul-de-Mausole
Mas des Tourelles
Goubelet
Le Grand Castelet
St-Etienne-du-Grès
Les Antiques
Ruines de Glanum
Romanin
Chaîne des Alpilles
GR6
Bellegarde
Mas-de-Ranguy
Lansac
St-Gabriel
Val d'Enfer
Les Baux-de-Provence
Rhône
Canal des Alpilles
Saujean
Vigulier
Fontvieille
Montauban
Le Paradou
Maussane-les-Alpilles
Pierredon
Mas de Fléchon
Le Destet
Les Baumettes
Les Calans
Moulin de Daudet
Aqueducs romains
Servannes
Tours de Castillon
Ste-Croix
Anc. Abbaye de Montmajour
Meunerie
Le Grand Barbegal
Mouriès
Beauregard
Petit Rhône
Fourques
Eymini
ARLES
Canal de la Vallée des Baux
La Fourbine
Villepail
Bois-Vert
Mas du Tort
Les Passerons
Villepail
Observatoire
Peou-Meau
Saliers
Stanislas
Pont de Crau
Balarin
Raphèle-les-Arles
Tourniaire
St-Martin-de-Crau
La Sam.
Figarès
Bouchaud
Canal d'Arles au Port de Fos-sur-Mer
Ecomusée de la Crau
Musée Camarguais
Mas du Rousty
Tour de Mondony
St-Hippolyte
St-Martin-de-Crau
Poscros
Étang d'Entressen
de la Vigne
Signoret
Albaron
Ste-Cécile
Gageron
Mas de l'Hoste
Canal de Langlade
La Dynamite
Petit Rouvian
Brunet
Plaine de la Crau
Parc militaire de Beausseng
Le Paty-de-la-Trinité
Mas d'Agon
Mas du Cabassolle
Villeneuve
Bellan
Étang des Aulnes
Vergières
Les Bruns
Plaine de la Camargue
L'Armellière
Mas Thibert
Capeau
Canal d'Istres
Arène
Méjanes
Grand Rhône
Mas d'Icart
Étang de Vaccarès
Réserve Naturelle
La Capelière
Parc Régional
Zoologique
et Botanique
de Camargue
Les Frignants
Ile de Mornès
Le Sambuc
Canal d'Arles au Port de Fos-sur-Mer
Aérodr. d'Istres-le-T.
Etang de Malagroy
Fiélouse
Tour du Valat
Grande Boisviel
Étang du Landre
Camargue
Bois de Rièges
Étang du Fournelet
Salin-de-Badon
Musée
Etang de l'Impérial
Etang du Lion
Peaudure
La Porcelette
Digue de la Mer
Phare de la Gacholle
Le Paradis
Badon
Zone Industrielle
Etang du Tampan
St-Bertrand
Can. de Fumemorte
Salin du Relai
Fos-sur-Mer
Stes-Maries-de-la-Mer
Etang de Galabert
Etang du Fangassier
Chamone
L'Eysselle
La Béluge
Beauduc
Faraman
Salin-de-Giraud
Port de Fos
Plage de Beauduc
Et. du Gr. Rascaillan
Port-St-Louis-du-Rhône
Phare de St-Louis
Golfe du Beauduc
Belvédère
Plan du Bourg
Pointe du Sablon
Et. de Beauduc
Et. du Vaisseau
Salin de Giraud
Etang de Faraman
La Palissade
Phare de Beauduc
Phare de Faraman
Etang de Grande Palun
They de Roustan
They de la Gracieuse
Plage de Piémanson
Plage d'Arles
A 54
E 80
N113
N570
N572
N568
N544
N268
N86
TGV

A
B
C
1
2
3
4
5
10
St-Michel-de-Frigolet
Graveson
Maillane
Noves
Eyragues
Verquières
Cabannes
St-Sauveur
St-Andiol
Cavaillon
Coustellet
Robion
Maubec
Oppède-le-Vieux
Les Taillades
Cheval-Blanc
Bastidon-du-Pradon
Église romane
Bournissac
Paluds-de-Noves
Musée
Lagoy
Mollèges
Plan-d'Orgon
Orgon
Mas-Blanc-des-Alpilles
Massane
St-Rémy-de-Provence
St-Paul-de-Mausole
Ruines de Glanum
Les Antiques
Romanin
Valdition
N. D. de Beauregard
Mas de la Brune
St-Sixte
Eygalières
L'Aumône
Le Logis Neuf
Gorges du Régalon
Mérindol
Le Perier
Redon
Sénas
La Tapie
619 m
Roubian
St-Etienne-du-Grès
St-Gabriel
Chaîne des Alpilles
Val d'Enfer
Les Baux-de-Provence
GR6
BOUCHES-DU-RHÔNE 13
Les Plaines
365 m
314 m
Pierredon
Mas de Fléchon
Castelas de Roquemartine
Grottes de Calès
La Baronnerie
Mallemort
Fontvieille
Montauban
Le Paradou
Maussane-les-Alpilles
Les Calans
Le Destet
Les Baumettes
Aureille
Eyguières
Alleins
Vernègues
Aqueducs romains
Meunerie
Tours de Castillon
Servannes
Le Grand Barbegal
Canal de la Vallée des Baux
Mouriès
Beauregard
Bois-Vert
La Jasse
Mas-Neuf
Salon-Nord
Aurons
La Fourbine
Villepail
Observatoire
Peou-Meau
Raphèle-les-Arles
Tourniaire
Ecomusée de la Crau
St-Martin-de-Crau
La Samatane
Le Merle
Bel-Air
Salon-de-Provence
Pélissanne
St-Hippolyte
Poscros
Étang d'Entressen
Suffren
Beauchamp
Salon-Ouest
Camp milit.
Grans
Salon-Sud
Lançon-Provence
La Dynamite
Petit Rouvian
Plaine de la Crau
Parc militaire de Beausseng
Entressen
Miramas
Le Pont-de-Rhaud
Champ de Tir
Canal de Langlade
Bellan
Étang des Aulnes
Vergières
Centre d'essais
Miramas-le-Vieux
Cornillon-Confoux
Mas Thibert
Capeau
Canal d'Istres
Sulauze
St-Chamas
Pont Flavien
Calissanne
Les Baisses
Mas d'Icard
Canal d'Arles au Port-de-Fos-sur-Mer
Le Sambuc
Aérodrome d'Istres-le-Tubé
Oppidum du Castellan
Mauran
La Suzanne
St-Estève
Grande Boisviel
Étang du Landre
Istres
N. D. de Caderot
Étang de Berre
Musée
Peaudure
La Porcelette
Varage
St-Mitre-les-Remparts
Étang de Lavalduc
Le Ventillon
Fouilles de St-Blaise
Zone Industrielle
Fos-sur-Mer
Étang de l'Estomac
Plage de Jai
Marignane
Chamone
L'Eysselle
Salin du Relai
Plage-de-Fos
N. D. des Marins
Martigues
La Mède-Ouest
La Mède-Est
Faraman
Salin-de-Giraud
Port de Fos
Port-de-Bouc
M.-Nord
Châteauneuf-les-Martigues
Port-St-Louis-du-Rhône
Phare de St-Louis
Raffinerie
M.-Sud
M.-Centre
La Mède
Belvédère
Plan du Bourg
Salin de Giraud
Ponteau
Les Ventrons
St-Julien-les-Martigues
La Palissade
Golfe de Fos
Agut
Chaîne de l'Estaque
Phare de Faraman
Étang de Grande Palun
They de Roustan
They de la Gracieuse
E.D.F.
La Folie
Pointe de Bonnieu
Sausset-les-Pins
Plage de Piémanson
Plage d'Arles
La Couronne
Carro
Cap Couronne
Carry-le-Rouet
25 m
A 7
A 54
A 55
E 80
E 714
N7
N113
N538
N568
N569
N1569
N544
N268
N570

D
E
F
6
Goult
Pont-Julien
Saignon
de-Castillon
La Bégude
Tour d'Embarbe
Céreste
Les Granons
645 m
Montfuron
St- Elzéar
Lacoste
Bonnieux
Buoux
Sivergues
Auribeau
Castellet
Glorivette
Grand Luberon
Mourre Nègre
1125 m
1064 m
830 m
Vitrolles-en-Luberon
721 m
Pierrevert
Petit Luberon
Fort de Buoux
Prieuré de St-Symphorien
La Cavalerie
Régusse
Montagne du Luberon
598 m
Cabrières-d'Aigues
654 m
Peypin-d'Aigues
Fiéraque
532 m
Vaugines
Cucuron
St-Martin-de-la-Brasque
Pradine
La Bastide-des-Jourdans
Porchere
Corbières
Fontenille
Lourmarin
La Gravière
La Motte-d'Aigues
Sannes
Grambois
Borrys
Malconseil
du Luberon
602 m
Beaumont-de-Pertuis
414 m
Lauris
Cadenet
Ansouis
La Tour-d'Aigues
La Roque-d'Anthéron
Marcouniéou
Charleval
Anc. Abbaye de Silvacane
Villelaure
Les Auquiers
457 m
La Bastidonne
Mirabeau
Pertuis
Pont-de-Mirabeau
Chaîne des Côtes
Durance
409 m
Castellane
Mt. de Malacoste
475 m
Les Vagues
Mallabè
Le Puy-Ste-Réparade
Le Logis-d'Anne
N.D. de Consolation
Pit St-Paul
Aiguebelle
Rognes
Arnajon
Pertuis
Vauclaire
Peyrolles-en-Provence
Bèdes
Notre-Dame
Mgne. de Vautubière
2
Brest
La Cride
Beaulieu
Meyrargues
Aqueduc Romain
Jouques
Traconnade
Citrani
St-Antonin
St-Cannat
Le Village des Automates
Le Seuil
Ganay
Meyrargues
Colline St-Pierre
Venelles
Concors
779 m
Le Taulisson
Canal de Provence
Les Quatre-Termes
Clos-Guiot
Venelles
La Campane
Mgne. des Ubacs
13
Camaïsse
Lignane
Val
Sibourg
Eguilles
Les Gervais
Les Platanes
Gorges
Lambruisse
630 m
Vestiges Antiques
Lac de Bimont
Vauvenargues
Can. de Marseille
Coudoux
Oppidum d'Entremont
St-Marc-Jaumegarde
Infernet
Le Puits-d'Auzon
Bios de la
AIX-EN-PROVENCE
609 m
Pic des Mouches
1011 m
Ventabren
Champ de Tir
Mgne. Ste-Victoire
La Croix de Provence 945 m
Puyloubier
Église romane
Le Tholonet
Gallice
Aix-Ouest
Velaux
Aqueduc de Roquefavour
St-Pons
Les Milles
Aix-Est
Beaurecueil
Richeaume
Picolin
St-Pancr
3
La Merindolle
Le Canet
Châteauneuf-le-Rouge
Logis-de-la-Colle
Rognac
Berre
La Tour d'Arbois
Gardanne
Luynes
Meyreuil
Les Bannettes
Rousset
Mas de Cadenet
Rognac
Bouc Bel-Air
Château Gardanne
L'Arc
Res. du Réaltor
Luynes
Fuveau
Vitrolles
Calas
Bouc-Bel-Air
Gardanne
Les Michels
Peynier
Trets
TGV
Cabriès
Vitrolles
Cité Biver
Bas
La Diote
Gréasque
Belcodène
St-Jea
Gardanne
Marignane
Les Pennes-Mirabeau
Simiane-Collongue
Mimet
Mgne. de Regagnas
Kirbon
Pas de la Couelle
500 m
Plan de Camp.
St-Victoret
Pas-des-Lanciers
Les Pennes
Septèmes-les-Vallons
651 m
Chaîne de l'Etoile
Cadolive
Le Pigeonnier
La Bouilladisse
Les Termes
Pas-de-Trets
Mont-Vert
St-Za
Gignac-la-Nerthe
Auriol
Le Rove
Gignac
Le Rove
Grottes Loubière
La Destrousse
Le Pujol
L'Estaque
St-Antoine
Château Gombert
Plan-de-Cuques
4
Les Bosq
844 m
Tête de Roussargue
749 m
Plan-d'Aups-Ste-Baume
Roquevaire
730 m
La Madrague-de-la-Ville
St-Joseph
Croix-Rouge
Allauch
Redonne
Niolon
Rade de Marseille
Pont de l'Etoile
Col de l'Espigoulier
728 m
Massif de la Sainte
St-Just
St-Julien
La Treille
MARSEILLE
St-Barnabé
La Valentine
15
Aubagne
Gémenos
Parc
Aubagne
12

A
B
C
1
2
3
4
7
12
15
Manosque
Mont d'Or
St-Jean
St-Clément
Valensole
Tour d'Embarbe
Glorivette
Montfuron
St-Elzéar
Vitrolles-en-Luberon
830 m
721 m
Pierrevert
Les Naisses
Villedieu
La Trinité
Bel-Air
La Fuste
Ravin de Vallongue
La Cavalerie
Auriol
Régusse
Ste-Tulle
Rousset
Ravin de Laval
Pinet
Ravin de Pinet
654 m
Peypin-d'Aigues
Fiéraque
La Bastide-des-Jourdans
Porchère
Gréoux-les-Bains
St-Martin-de-Brômes
St-Martin-de-la-Brasque
Pradine
Grambois
Corbières
Pontoise
Sorbiou
du Luberon
602 m
Forêt de Vinon
Pigette
Esparron-de-Verdon
Beaumont-de-Pertuis
414 m
Aurabelle
Canal du Verdon
Bois du Défends
Lac d'Esparron
La Tour-d'Aigues
Marcounieou
Verdon
Vinon-s.-Verdon
Pheline
595 m
Les Auquiers
St-Paul-lez-D.
Malaurie
l'Eclou
Les Rouvières
Les Bernes
La Bastidonne
Mirabeau
Centre d'Etudes de Cadarache
Boutre
St-Julien-le-Montagnier
Pertuis
Pont-de-Mirabeau
St-Paul-lez-Durance
Bois de Malassoque
Castellane
Mt. de Malacoste
Ginasservis
Le Pardigaou
Le Neuve
Les Vagues
475 m
Mallabe
Le Logis-d'Anne
La Roque
Les Bourdas
Grd. Blé
E.D.F.
N.D. de Consolation
N. D. d'Eglise
691 m
Peyrolles-en-Provence
Mgne. de Vautubière
La Bastide-Blanche
La Raphèle
Bèdes
Notre-Dame
490 m
La Verdière
Bois de Queirand
Meyrargues
Jouques
Traconnade
Silo
St-Antoine
Aqueduc Romain
Citrani
St-Antonin
Pigoudet
Bois de Mont Major
Notre Dame
Orat
Rians
Varages
Meyrargues
Colline St-Pierre
Artiques
St-Martin
St-Pothin
Canal de Provence
Concors
Le Taulisson
Mgne d'Artigues
Esparron
Les Annelles
779 m
Bas-Vacon
La Bérarde
Fontenouille
582 m
La Campane
Mgne. des Ubacs
598 m
Barjols
630 m
Orat
Les Vernes
Von. des Rigouards
Lac de Bimont
Gorges
Lambruisse
Bios de la Gardiole
Le Puits-de-Rians
VAR 83
St-Marc-Jaumegarde
Vauvenargues
Oppidum Pain de Munition
57 m
Le Puits-d'Auzon
Les Selves
Cantarelle
Eau Salée
Infernet
Pic des Mouches 1011 m
Pain de Munition 612 m
Séouve Somt. 609 m
Brue-Auriac
609 m
Mgne.Ste-Victoire
Collombe
Champ de Tir
Puyloubier
Bois de Pourrières
588 m
Source d'Argens
Notre-Dame
La Croix de Provence 945 m
Le Tholonet
Picolin
Seillons-Source-d'Argens
St-Estève
Beaurecueil
Richeaume
Pourrières
Rouvière
377
Le Canet
Châteauneuf-le-Rouge
Logis-de-la-Colle
St-Pancrace
St-Hilaire
Argens
Cadry
446 m
Ollières
Arc
Les Bannettes
Rousset
Mas de Cadenet
Bras
N. D. d'Esp
St-Etienne
Châteauneuf-Gardanne
Pourrières
Font-Couv
Pourcieux
St-Maximin
L'Arc
Gardanne
Fuveau
Olympe
880 m
St-Maximin-la-Ste-Baume
Cauron
461 m
Bois
Martelle
708 m
Les Michels
Peynier
Trets
La Diote
Gréasque
Belcodène
Les Puits
St-Jean-du-Puy
Valiancelle
Tourves
Les Gaë
Mimet
Kirbon
Brandine
La Gaye
Mgne. de Regagnas
Pas de la Couelle 500 m
La Jauberte
St-Julien
Le Pigeonnier
Cadolive
Canal de Provence
Moulin-de-Carami
La Bouilladisse
Les Termes
St-Zacharie
Rougiers
Pas-de-Trets
Mont-Vert
Châteauneuf
485 m
Auriol
N. D. d'Orgnon
La Destrousse
Nans-les-Pins
830
Le Pujol
Peïruy
Huveaune
Roquevaire
730 m
Les Bosq
844 m
La Ste-Baume
Les Glacières
Mazaugues
La Roqu
Tête de Roussargue 749 m
Plan-d'Aups-Ste-Baume
St-Pilon
915 m
Forêt de Mazaugues
Allauch
Pont de l'Etoile
Col de l'Espigoulier 728 m
Hôtellerie
994 m
Le Latay
La Treille
Massif de la Sainte Baume
Le Pied-de-la-Colle
Latay
La Verguine
826 m
Aubagne-N.
Mas de Peyrougier
Aubagne
Gémenos
de St-Pons
602 m
Chibron
Signes
Cuges-les-
551 m
La Capellière
Mé
A 51
A 52
A 8
E 712
E 80
N96
N7
N560
N1
Naturel
58
Allen en-Pr
Qui

1 cm = 3,5 km
1 : 350.000
0
5 km
10 km
D
E
F
8
18
17
16
17
1
2
3
4
Puimoisson
Ségriès
Moustiers-Ste-Marie
Crête de Montdenier
Colostre
Auves
St-Martin
Mont St-Maxime
Campagne
Baptistere
Régional
Col de l'Olivier 711 m
Mayreste
Belvédère de Mayreste
La-Palud-s-Verdon
Boulogne
Chasteuil
Brans
Clue de Casteuil le Réglès
Rougon
Point Sublime
Verdon
St-Thyrse
La Garde
Eoulx
Le Bouguet
Ste-Anne
Châteauvie
Soleils
1028 m
Trigance
Riblaquon
Le Castellas
Jabron
1171 m
722 m
Lac de Ste-Croix
Montagnac
Les Salles-s.-Verdon
Aiguines
Les Roux
Cirque de Vaumale
Grand Canyon du Verdon
Corniche Sublime
Gorges du Verdon
Ste-Croix-de-Verdon
Balcons de la Mescla
Pont de l'Artuby
Bauduen
Font-Castellan
1300 m
Tels-de-Fayet 1011 m
Bois de Fayet
Comps-s-Artuby
Chamay
1152 m
Paresse
St-Laurent-du-Verdon
N. D. de Baudinard
Baudinard-s.-Verdon
Mocrouis 1052 m
Grand Plan de Canjuers
Camp Militaire de Canjuers
1027 m
Serrière de Lagne
1108 m
Canyon de l'Artuby
Artuby
La Colle
Fontayne
Collet de l'Aigle 1118 m
du Verdon
Villeneuve
Bois St-Jean
La Roquette
Moissac-Bellevue
N. D. de Liesse
Vérignon
Mgne. de Barjaude
La Cabrière 1131 m
Peygros 941 m
Blaque Meyanne 1032 m
Bois du Défens
Régusse
618 m
Mgne. de Beau-Soleil
Montmeyan
Bois de Pélenq
Aups
St-Priest
Cresson
904 m
Couan
St-Martin
Favas
Bargem
Montferrat
Claviers
Callas
Ampus
Châteaudouble
Gorges de Châteaudouble
La Garde
551 m
Fabrègues
Taurenne
Cormeil
Bréguière
Bresc
Fox-Amphoux
Bresque
Tourtour
St-Pierre-de-Tourtour
Rebouillon
Figanières
Les Clèdes
Barras
St-Barthélemy
Villecroze
Les Mandins
Le Malmont
Camp de Tir
Notre Dame
Sillans-la-Cascade
La Prégentière
Salernes
St-Jean
Les Plans
Le Flayosquet
Draguignan
Mgne. du Serre
Le Babadie 471 m
Monastère St-Joseph
Gros Bessillon 813 m
471 m
Cotignac
Riforan
Les Moulières
Mentone
Les Salques
Flayosc
Florieye
Nartuby
N. D. des Selves
Cascades
Trans-en-Provence
Bois du Bessillon
N. D. de Grâces
Entrecasteaux
St-Antonin-du-Var
Berne
Sauve-Clare
Roubine
Saut du Capelan
Vallon Sourn
Correns
Nestuby
Cassolle
Ste-Foy
N. D. de Benva
Lorgues
Les Nourradons
Ste-Roseline
Montfort-s.-Argens
Carcès
Abbaye du Thoronet
Pont-d'Argens
N. D. de Florieye
Ott
Les Arcs
Les Valises
Argens
Réal-Martin
Les Riaux
St-Vincent
Lac de Carcès
Les Maneous
Taradeau
Les Crotes
La Cognasse
Le Val
Vins-s.-Caramy
Cabasse
N. D. du Glaive
Le Thoronet
Les Germains
St-Louis
Vidauban
Tholon
Notre Dame
Caramy
337 m
St-Pastour 431 m
Chaumes
Aille
Sommet du Peynier 301 m
Les Pommiers
St-Martin
Le Cannet-d.-M.
Brignoles
La Seigneurie
Le Luc
Les Espérifets
La Bastide-Rouge
Bedin
Le Cannet-des-Maures
St-Julien
Hoste
Bois de Bouis
Camps-la-Source
Péregrinage
528 m
Flassans-s.-Issole
387 m
Les Bertrands
Reillanne
Bois du Rouquan
Nible
Les Pierrou
Plan-de-la-Tour
557 m
Besse-s.-Issole
Repenti
Les Plaines
Sta-Anastasie-s.-Issole
Ste-Agathe
Mourrefrey
Neuf
La Moure
Forcalqueiret
Gangasset
Gonfaron
Riaux
Fort
Courruero
575 m
Thèmes
421 m
Les Mayons
La Garde-Freinet
Les Varnades
Rocbaron
Fort
Carnoules
N. D. du Figuier
Forêt des Mayons
Daumas
Roches Blanches 636 m
N. D. de Miramar
La Foux
Pignans
Col des Fourches 681 m
Col de la Bigue
Puget-Ville
Le Fédon 449 m
N. D. des Anges
Vaucau
453 m
St-
A 8
A 57
E 80
N7
N97
N85
14

A
B
C
1
2
3
4
12
11
Ventabren
Velaux
Aqueduc de Roquefavour
Chaîne de Vitrolles
Aix-Ouest
Gallice
L'Ensoleillé
Pioline
Les Milles
Le Merindolle
AIX-EN-PROVENCE
Aix-Est
Le Tholonet
Ste-Victoire
Beaurecueil
Le Canet
Châteauneuf-le-Rouge
Meyreuil
300 m
Luynes Gardanne
Honorat
La Tour d'Arbois
Rognac
Rognac Berre
Réservoir du Réaltor
Lenfant
Châteauneuf-l.-R. Gardanne
Étang de Berre
Vitrolles
Calas
Bouc Bel-Air/ Luynes
Bouc-Bel-Air
Gardanne
Fuveau
L'Arc
Marseille-Provence
Montvallon
Cabriès
La Salle
Cité Biver
Bas
Les Michels
Gréasque
Belcodène
Marignane
Plan de Campagne
Simiane-Collongue
Mimet
St-Victoret
Pas-des-Lanciers
Les Pennes-Mirabeau
Les Pennes
Les Peyrets
Pilon du Roi
670 m
St-Savournin
Cadolive
La Valentine
Valdonne
Gignac-la-Nerthe
Septèmes-les-Vallons
Grand Etoile 590 m
Chaîne de l'Etoile
Les Cadeneaux
La Bouilladisse
Pas-de-Trets
Peypin
Laure
La Nerthe
Notre-Dame-Limite
St-Antoine
La Gautte
La Destrousse
Pichauris
Gignac La Nerthe
Chaîne de l'Estaque
Le Rove
St-André/Henri
L'Estaque
Les Aygalades
La Batarelle
Château-Gombert
Le Logis-Neuf
Roquevaire
Lascours
Ensuès-la-Redonne
La Calade
Le Merlan
Plan-de-Cuques
Croix de Garlaban
710 m
Niolon
La Vesse
Croix-Rouge
Allauch
Pont de l'Etoile
Rade de Marseille
Les Ports/St-Louis
La Treille
Napollon
Pont de l'Etoile
St-Pierre-les-Aubagne
MARSEILLE
Les Trois-Lucs
Camoins-les-Bains
Les Camoins
Aubagne-N.
Aubagne
St-Marcel/La Valentine
La Valentine
Ile Ratonneau
Château d'If
La Penne-sur-Huveaune
Aubagne-E.
Iles de Frioul
Ile Pomègues
Menpenti
Pl. de Pologne
St-Marcel
La Barasse
La Penne-sur-Huveaune
Carnoux
Chaîne de St-Cyr
Carnoux-en-Provence
Cap Caveaux
Col de la Gineste
327 m
La Gélade
Roquefort-la-Bédoule
Rovière
La Bédoule
N. La Bédoule
La Madrague-de-Montredon
Massif de Marseilleveyre
Luminy
Cassis
Cap Croisette
Les Goudes
432 m
GR 98
GR 98b
Cassis
La Ciotat
Ile Tiboulen
Ile Maire
Ile de Planier
Cap 362 m
Canaille
Route des Crêtes
Ile de Jarre
Ile Calseraigne
Isles Congloué
Grotte Cosquer
Calanques
Cal. de Sormiou
Cal. de Morgiou
Cap Morgiou
Cal. de Sugiton
Cal. de Devenson
Cal. d'En-Vau
Cal. de Port-Pin
Cal. de Port-Miou
Séma-phore
La Ciotat
Ile de Riou
50 m
Cap
Mer Méditerranée
(Mittelmeer)

D
E
F
13
1
2
3
4
17
Le Général
Pourrières
Pourrières/Trets
Source d'Argens
Seillons-Source-d'Argens
Ollières
Argens
Cauron
Châteauvert
Vallon
Bourn
Correns
Bois de Bessillion
Bras
578 m
Font-Couverte
Pourcieux
St-Maximin-la-Ste-Baume
Basilique
St-Maximin
Roquefeuille
Trets
Olympe
880 m
Mont Aurélien
Brignoles/Le Val
Le Val
Notre Dame
Brignoles
St-Jean-du-Puy
Valiancelle
Tourves
N 7
Chappelle de la Gayole
St-Julien
St-Pré
La Celle Abbaye (Église romane)
La Celle
St-Zacharie
N 560
Rougiers
Carami
Moulin-de-Redon
N.-D. d'Orgnon
Nans-les-Pins
Montagne de la Loube
830 m
La Roquebrussane
Forcalqueiret
Mazaugues
La Ste-Baume
St-Pilon
994 m
Signal de la Ste-Baume
1147 m
Le Mourré d'Agnis
915 m
Le Latay
Plan-d'Aups
Col de l'Espigoulier
Garéoult
Issole
Néoules
Rocbaron
Massif de la Sainte-Baume
Le-Pied-de-la-Colle
Riboux
Signes
Pilon St-Clément
705 m
Méounes-les-Montrieux
Parc d'attraction
Col de l'Ange
218 m
Le Camp-du-Castellet
Autodrome Circuit du Castellet
Chartreuse-Montrieux-le-Vieux
Chartreuse-Montrieux-le-Jeune
Belgentier
Jas de Laure Serra
826 m
Valcros
Cuers
Ste-Anne-du-Castellet
Orat
Grand Caunet
473 m
Plateau de Siou-Blanc
Gapeau
Destel
Cuers-Nord
A 57
Le Brulat
Rocher de l'Aigle
605 m
Solliès-Toucas
Les Lecques/St.-Cyr-sur-Mer
Le Castellet
Le Beausset
Valfaury
Les Terrins/Solliès
Ste-Christine
Solliès-Pont
La Cadière-d'Azur
Mont Caume
801 m
Solliès-Ville
Les Lecques
St-Cyr-sur-Mer
Le-Plan-du-Castellet
N 8
Broussan
Le Revest-les-Eaux
La Madrague
Les Baumelles
Rampale
Ste-Anne-d'Evenos
Bau de 4 Heures
Fort du L. Girardon
La Farlède
Le Gros Cerveau
Evenos
576 m
Mont Faron
542 m
N 97
Bandol
429 m
Gorges
Église romane
Ollioules
Baudouvin
La Valette-N.
La Valette-Centre
La Valette-S.
La Garde
Pointe Grenier
A 50
St-Roch
N 98
Pointe du Déffend
Bandol
La Beaucaire
Le Pradet
Ile de Bendor
Toulon-Ouest
Camp Laurent
P. des Gaux
La Garde
La Moutonne
Sanary-sur-Mer
Le Pradet
TOULON
Six-Fours-les-Plages
Seyne-sur-Mer
La Garonne
Les Oursinières
Fort de la Gava
Les Sablettes
St-Mandrier-sur-Mer
Cap de Carqueiranne
St-Pierre-aux-Liens
Golf de
Le Brusc
Fabregas
Cap Cépet
Ile des Embiez
Pointe Gaou
Presqu'île de St-Mandrier
Notre-Dame-du-Mai
Cap Sicié

A
B
C
14
16
1
2
3
4
La Martinette
Taradeau
Le Thoronet
St-Loup
La Plaine
Les Crottes
Vidauban
Le Val
Brignoles/
Le Val
Notre Dame
Vins-sur-Carami
Carami
Cabasse
St-Pastour
Église
romane
Brignoles
A 8
Autoroute la Provençale
E 80
N 7
Le Luc
Le Cannet-
des-Maures
St-Pré
Celle Abbaye
La Celle
Oppidum
(enceinte celtique)
Camps-la-Source
Flassans-sur-Issole
Besse-
sur-Issole
Ste-Anastasie-
sur-Issole
Ste-Agathe
Repenti
Autodrome
du Var
Forcalqueiret
La Croix de Bontar
A 57
Plan
Peirassou
Gonfaron
Garéoult
Le Village
de Tortues
Les Mayons
575 m
Néoules
Issole
Rocbaron
Carnoules
Servante
Pignans
Notre-Dame-
du-Figuier
Notre-Dame-
des-Anges
Pilon St-Clément
705 m
Ste-Philomène
Puget-Ville
Sauvette
779 m
N 97
Réal Martin
Le Peyrol
440 m
Collobrières
Capelu
Belgentier
Valcros
Cuers
Cuers-Nord
Réal Collobrières
La Rivière
Église romane
et gothique
Montaud
Pierrefeu-du-Var
Baisse du Castellas
340 m
Col de Babaou
415 m
Les Campeaux
N 98
Pansard
St-Guillaume
Cuers-Sud
Solliès-
Toucas
Ste-Christine
Les Terrins/
Solliès
Solliès-Pont
Solliès-Ville
M a s s i f d e s
357 m
Valcros
Arboretum
Col de Barral
871 m
Môle
Col de Gratteloup
199 m
Pas-du-Cerf
La Farlède
La Castille
Cavalière
Aiguebelle
Les Borrels
St-Honoré
Bormes-
les-Mimosas
St-Clair
La-Londe-
les-Maures
Réserve
du Trabari
Baudouvin
La Farlède
La Garde
La Crau
L'Argentière-
Plage
Baie du Ga
Le Lavandou
La Favière
La Valette-S.
La Garde
La Moutonne
La Crau
A 570
Hyères
Le Salins-
d'Hyères
Léoube
Port-de-
Miramar
Brégançon
Gau
Plage de la Favièr
Centre
Hospitalier
Port-Pothuau
Berriau-Plage
Bénat
Le Pradet
Carqueiranne
Ayguade-Ceinturon
Cabasson
Cap de Brégançon
Cap Bénat
Rade d'Hyères
Cap Blanc
La Garonne
Fort de la Colle-Noir
Fort de la Gavaresse
Hyères-Plage
Golf de Giens
La Capte
Salins et Etang
des Pesquiers
Presqu'île
de Giens
Giens
Plage
Notre-Dame
La Tour-
Fondue
Ile de
Bagaud
Sémaphore
Pointe du Grand Langoustier
Porquerolles
Port-Cros
Vallon
Cap d'Arme
Parc National
de Port-Cros
Ile de Porquerolles
Iles d'Hy

1 cm = 3 km
1 : 300.000
0
5 km
10 km
Abbaye
e-Roseline
Le Muy
la Combe
Parc Zoologique-Safari
Puget-sur-Argens
N.-D.-de-la-Roquette
Le Muy/Draguignan/St-Tropez
A 8
19
D
E
F
20
Roquebrune-sur-Argens
Argens
N 7
Fréjus
Aquatica
Valescure
Église romane
ST-RAPHAËL
Agay
N 98
Le Dramont
Boulouris
Sémaphore
Cap du Dramont
Île d'Or
Plage du Fournas
Fréjus Plage
Golfe de Fréjus
Corniche
N.-D.-de-Pitié
Le Clos
Villepey
Vieux-Revest
Aille
La Bastide-Rouge
474 m
La Mère
Col de Gratteloup
225 m
442 m
St-Aygulf
La Gaillarde
Les Issambres
Val d'Esquières
San-Peïre-sur-Mer
La Moure
Plan-de-la-Tour
352 m
La Nartelle
Préconil
Courruères
La Garde-Freinet
Cap des Sardinaux
Tourelle de la Sèche-à-l'Huile
Ste-Maxime
Beauvallon
Golfe de St-Tropez
Cap St-Pierre
Église romane Enceinte
St-Pons-les-Mûres
Port-Grimaud
Cap de St-Tropez
Grimaud
La Foux
Plage de la Bouillabaisse
ST-TROPEZ
Château de la Moutte
Plage des Salins
St-Maur
Bourrian
Moulin Pampelonne
St-Amé
Pointe du Capon
Cogolin
Plage de Tahiti
Moulins de Paillas
Pampelonne
Rebois
Gassin
Plage de Pampelonne
Ramatuelle
Plage de Bonne Terrasse
Col de Paillas
110 m
La Croix-Valmer
Cap Camarat
les Pradels
Bouillabaisse
Col de Collebasse
129 m
528 m
Baie de Cavalaire
Gigaro
Plage de l'Escalet
Plage de la Bastide Blanche
Cap Taillat
Cavalaire-sur-Mer
Le Rayol
Plage de la Briande
Cap Lardier
Corniche des Maures
Mer Méditerranée
(Mittelmeer)
Île du Levant
50 m
200 m
1000 m

A
B
C
1
2
3
4
N 85
Clue de Taulanne
Col de la Blache 800 m
Col de Leques 1146 m
Pré Chauvin 1741 m
Berbene 1771 m
Castellane
N.-D.-du-Roc
Enceinte
Barrage de Chaudanne
1760 m
Demandolx
Col de St-Barabé 1367 m
Soleilhas
La Sagne
Le Prignolet
Brianconnet
St-Auban
Clue de St-Auban
1590 m
Col de Luens 1054 m
La Garde
Eoulx
Verdon
Peyroules
La Foux
Les Lattes
Col de Bleine 1439 m
Thorenc
La Ferrière
Valderoure
Le Mousteiret
Malamaire
Clue de Chasteuil 1447 m
Rougon
Soleils
St-Thyrs
Valcros
Sublime
Clue de Carejuan 1028 m
Le Bourguet
Châteauvieux
Brenon
Château de Taulane
Le-Logis-du-Pin
Séranon
Caille
Andon
Villaute
Col de Valferrière 1169 m
La Martre
Trigance
Le Plan d'Anelle
le Castellas 1420 m
La Lubi
Varneige
Montagne de
1642
L'Audib
Grand Canyon du Verdon
Jabron
Bargème
Esclapon
1392 m
Escragnolles
Bail
Pont de l'Artuby
1037 m
La Bastide
La Roque-Esclapon
La Souche
Le Moutet
Canyon de L'Artuby
Comps-sur-Artuby
1152 m
Mons
St-Va
Camp Militaire de Canjuers
Rochetaillée
Gorges
1122 m
Bourigaille
St-Cézaire-sur-Siagne
Camp Militaire
Col du Bel-Homme 915 m
1032 m
Seillans
N.-D.-de-l'Ormeau
Fayence
Tourrettes
Callian
Montauroux
14
La Magdeleine
Favas
Montferrat
Couan
Bargemon
Méaulx
N.-D.-des-Cyprès
Les Selves
Ste-Anne
Col de Boussague 431 m
Claviers
Brovès-en-Seillans
Les Saquetons
La Colle Noire
Ampus
Châteaudouble
Gorges de Châteaudouble
Callas
La Colle Blanche
Garron
La Bégude
Lac de St-Cassien
Rebouillon
Grime
Figanières
Les Clèdes
Cascade de Pennafort
St-Paul-en-Forêt
Endre
Reyran
St-Pons
Draguignan
Pierre de la Fée
Enceinte
Bompin
St-Denis
Bagnols-en-Forêt
Flayosc
Les Petits Esclan
Le Rouet
Gorges
Auberge des
St-Michel-d'Esclans
Trans-en-Provence
La Bouverie
Pin-de-la-Lègue
la Motte
Selle
Valbourgès
Parc Zoologique-Safari
Fréjus/St-Raphaël
Ancienne Abbaye Ste-Roseline
Le Muy
la Combe
Puget-sur-Argens
N.-D.-de-la-Roquette
Les Arcs
Taradeau
Oppidum
Le Muy/Draguignan/St-Tropez
Roquebrune-sur-Argens
Théâtre romain
Les Crottes
Argens
FRÉJUS
ST-RAPHAËL
Eglise
Vidauban
N.-D.-de-Pitié
Ste-Brigitte
Aquatica
Le Clos
Villepey
Fréjus Plage
Golfe de Fréjus
Vieux-Revest
Aille
18
474 m
La Mère
La Bastide-Rouge
St-Aygulf
N 7
A 8
N 555

1 cm = 3 km 1 : 300.000
0 5 km 10 km

A
B
C
1
2
3
4
Valberg
Beuil
Villars
Roubion
Roure
St-Sauveur-sur-Tinée
Pont Maïssa
la Trinité
Col St-Martin
1500 m
St-Martin-Vésubie
Challandre
Lauvet d'Ilonse
1991 m
Tinée
Rimplas
Valdeblore
La Roche
St-Dalmas
Venanson
Berthe
les-Ba
Gorges Supérieures du Cians
les Cluots
2105 m
Le Sueil
Valdeblore
Rigons
Libaret
Plate
Berth
Dôme de Barrat
2137 m
Cians
Pierlas
Ilonse
Marie
Mt. Tournairet
2085 m
Roquebillière
Ciavanette
Mt. Fraccia
1784 m
Tinée
Granges-de-la-Brasque
Lieuche
Clans
Ciabanette
La Bollène-Vé
Quinson
Les Fournes
Mt. Mairole
1601 m
Rigaud
Thiéry
La Madone
Bairols
Pont-de-Clans
Lantosque
Gorges Inférieures du Cians
Roussillon
Pélasque
Brec d'Utelle
1606 m
Vésubie
Villars-sur-Var
Tournefort
La Tour
Touët-sur-Var
Var
Massoins
Le Figaret
St-A
Le Suquet
St-Jean-la-Rivière
La Penne
Rourebel
Ascros
Mt. Brune
1518 m
Malaussène
Var
Utelle
Madone d'Utelle
Cime de Ro
1504
St-Pierre
St-Antonin
Toudon
Mt. Vial
1549 m
L'Engarvin
Duranus
Revest-les-Roches
Gorges de la Vésubie
Cuébris
Pierrefeu (Ancien Village)
Mont Férion
1413 m
Clue du Riolan
Sallagriffon
Sigale
Roquesteron
Le Chaudan
Levens
Coar
Aiglun
Ranc
Pierrefeu
Bonson
Paillon
Les
Aiglun
Estéron
Les Ferres
Gilette
Plan-du-Var
Cascade de Vegay
Clue de la Bouisse
Conségudes
Clue de la Péguière
Bendeju
Gironde
Gréolières-les-Neiges
Ste-Marguerite
Bouyon
Montagne du Cheiron
1278 m
St-Blaise
St-Martin-du-Var
Cime du Cheiron
1777 m
Bézaudun-les-Alpes
Le Broc
Châtea
de-Con
Gréolières
Coursegoules
St-Pons
Castagniers
Tourrette-Le
Corand
Mouton d'Anou
1085 m
Carros
Aspremont
Loup
Cipières
Mont Chauve
854 m
Cantaro
Bramafan
St-Barnabé
Var
Rayet
Col de Vence
970 m
Gattières
Colomars
1334 m
Falicon
St-Lampert
St-Maurice
St-Jeannet
Caussols
Courmes
Chap. du Rosaire
Plateau de Caussols
La Gaude
Lingostière
Nice-Nord
1335 m
Gourdon
Gorges du Loup
Tourrettes-sur-Loup
Vence
La Malle
Pont-du-Loup
Enceinte
La Baronne
Courmettes
Fondation Maeght
Nice-St-Isidore
Le-Bar-sur-Loup
St-Paul
Enceinte
NIZZA
Col du Pilon
786 m
Le Rouret
Loup
La-Colle-sur-Loup
Cagnes-sur-Mer
St-Augustin
St-Laurent-du-Var
Nice
Plage de la Ville
Magagnosc
Le Pré du Lac
Rouret
Roquefort-les-Pins
Napoleon
Châteauneuf-Grasse
La Bégude
Villeneuve-Loubet
Cagnes-sur-Mer
Cros-de-Cagnes
St-Laurent-du-Var
Cabris
Eglise romane
Grasse
Aéroport Nice-Côte d'Azur
Plascassier
Valbonne
Villeneuve-Loubet
Bouches-du-Loup
Cros-de-Cagnes
Peymeinade
Le Plan-de-Grasse
Anc. abbaye
Bouches-du-Loup
Villeneuve-Loubet-Plage
St-Jacques
Marineland
Villeneuve-Loubet-Plage
Sophia-Antipolis
Mouans-Sartoux
N 202
N 7
N 98
N 85
E 80
20
20

D
E
F
1
2
3
4
Madonne de Fenestre
Casterino
Tende
Morignole
Vallée des Merveilles
Les Mesches
91
St-Dalmas-de-Tende
La Brigue
N.-D.-des-Fontaines
Mt. Saccarel 2200 m
Les Merveilles
St-Grat
Cime du Diable 2685 m
Granile
Verdéggia
Realdo
Parc National du Mercantour
Bergue Supérieur
Gorges de Paganin
Grotta di Creppo
Creppo
Bergue Inférieur
Cime de Marte 2136 m
La Lauze
Gorges de Bergue
Pointe des Communes
St-Claire
Fontan
Triora
E 74
Maurioun
Saorge
Mt. Peyrevieille 2038 m
Gorges de Saorge
Bendole
Col de Turini 1604 m
Ste-Anne
Maglia
Roya
N 204
Búggio
La Giandola
Mangiabo 1801 m
2566
Breil-sur-Roya
Pigna
Moulinet
Alpes Maritimes
Castèl Vittório
Peïra-Cava
Nervia
Col de Brouis 879 m
Baiardo
Libre
St-Roch
Basse
Piaon
2204
Piene Haute
Rocchetta Nervina
Fanghetto
Apricale
Col de Braus 1002 m
Le Golf
Airole
Isolabona
Perinaldo
Sospel
Olivetta San Michele
Roia
San Romolo
Doria
St-Laurent
Collabassa
Borello
Mont Razet 1281 m
Mont Grammont 1378 m
Dolceacqua
Torri
Touët-de-l'Escarène
Col de Castillon 707 m
Castillon
San Biagio de Cima
San Remo Ovest
Villatella
Bévera
L'Escarène
Vallebona
A 10
Gorges du Peillon
Sealza
Camporosso
Coldirodi
Monti
Pic de Baudon
Ventimiglia
Bordighera
Castellar
Peille
Ste-Agnès 1264 m
Latte
Ospedaletti
Menton
59
E 80
Blausasc
la Grave
Garavan
Mortola
VENTIMIGLIA
BORDIGHERA
Mont Agel 1110 m
Gorbio
Peillon
Riviera di Ponente
Roquebrune/Monaco
58
ITALIEN
A 8
Roquebrune
MENTON
Laghet
La Turbie
Beausoleil
57
Monaco
56
Cap Martin
50 m
MONTE-CARLO
MONACO
Eze
N 98
MONACO
Cap d'Ail
Mer Méditerranée
aulieu-sur-Mer
200 m
anche-sur-Mer
Plage Paloma
(Mittelmeer)
Jean-Cap-Ferrat
Plage des Fossettes
Cap Ferrat
1000 m
2000 m

Abbildungsnachweis
Archiv für Kunst & Geschichte, Berlin: S. 45
Bilderberg, Hamburg: S. 204 (Drexel), 312 (Ellerbrock), 224/225 (Girandou), 2 unten, 88 (Schmitz)
Freyer, Ralf, Freiburg: S. 1 rechts, 302
Gerth, Roland, Thal/Schweiz: S. 9 Mitte, 17, 170, 257
HB Verlag, Ostfildern: S. 26, 35, 38/39, 160/161, 186, 210 (Böttcher/Tiensch), 5 Mitte, 196/197 (Huber), 7 oben, 7 Mitte, 299, 304/305, 308/309, 317, 320/321, 342, 346/347, 348/349, 351 (Wackenhut)
Käflein, Achim, Freiburg: S. 75, 83, 267
laif, Köln: S. 403 (Amme), 21 (Bialobrzeski), 126/127, 390/391 (Bungert), 9 oben, 329, 352/353 (Celentano), Titelbild (Heeb), 6 oben, 252/253, 260, 269 (Heidorn), Umschlag hinten rechts, 1 Mitte,10/11 (Hilger), 130, 290 , 295 (Knechtel), 179 (Kreuels), Umschlag hinten links, 1 links, 3 oben, 3 Mitte, 4 oben, 5 unten, 9 unten, 43, 56/57, 86/87, 114/115, 122/123, 136, 152, 222/223 230/231, 242, 244/245, 262, 274/275, 278/279, 280/281, 378, 410/411 (Krinitz), 394 (Kristensen), 292/293 (Lange), 52 (Tophoven), 8 unten, 370/371 (Valentin)
laif/GAFF: S. 6 unten, 324/325 (Adenis)
laif/Gamma: S. 7 unten, 363 (Legrand)
laif/Hemispheres: S. 3 unten, 102/103; 364/365 (Frances), 216 (Gil), 5 oben, 28, 94/95, 110/111, 148, 156/157 (Guiziou), 4 unten, 138/139, 167 (Nicolas), 2 oben, 108 (Rieger)
laif/Hollandse Hoogte: S. 374/375 (Okhuizen)
laif/Le Figaro Magazine: S. 8 oben, 400/401 (Voge)
laif/Madame Figaro: S. 340/341 (Wickrath)
laif/REA: S. 388/389 (Fourmy), 213 (Parrot)
laif/Reporters: S. 376 (Damanet), vordere Umschlagklappe (Verpoorten)
LOOK, München: hintere Umschlagklappe, S. 234/235 (Richter)
van der Meulen, Erika, Köln: S. 382/383
Richner, Werner, Saarlouis: S. 190/191, 337, 360/361
Stankiewicz, Thomas, München: S. 332
Thomas, Martin, Aachen: S. 68, 77, 176/177

Kartografie
DuMont Reisekartografie, Puchheim

Umschlagfotos
Titelbild: Lavendelfeld bei Bayonne
Umschlaginnenklappen: Olivenölgeschäft in Aix (vorn); Dächer von Roquebrune (hinten)

Über den Autor: Klaus Simon liebt und bereist Frankreich seit vielen Jahren. Er schreibt für Reise- und Feinschmeckermagazine sowie für überregionale Tageszeitungen. Für den DuMont Reiseverlag hat er bereits mehrere Reiseführer zu Frankreich verfasst, u. a. über die Normandie, das Burgund und die Bretagne.

Hinweis: Autor und Verlag haben alle Informationen mit größtmöglicher Sorgfalt geprüft. Gleichwohl sind Fehler nicht vollständig auszuschließen. Alle Angaben erfolgen ohne Gewähr. Bitte schreiben Sie uns! Über Ihre Rückmeldung zum Buch und über Verbesserungsvorschläge freuen sich Autor und Verlag:
DuMont Reiseverlag, Postfach 3151, 73751 Ostfildern, E-Mail: info@dumontreise.de

1. Auflage 2007

Grafisches Konzept: Groschwitz, Hamburg
Druck: Rasch, Bramsche
Buchbinderische Verarbeitung: Bramscher Buchbinder Betriebe